TANRI'NIN TARİHİ

Pegasus Yayınları: 1545
Tarih: 4

Tanrı'nın Tarihi

Karen Armstrong

Özgün Adı: A History of God

Yayın Koordinatörü: Yusuf Tan
Editör: Kemal Küçükgedik
Düzelti: Halûk Kürşad Kopuzlu
Sayfa Tasarımı: Ezgi Gültekin
Kapak Tasarımı: Yunus Bora Ülke

Baskı-Cilt: Alioğlu Matbaacılık
Sertifika No: 11946
Orta Mah. Fatin Rüştü Sok. No: 1/3-A
Bayrampaşa/İstanbul
Tel: 0212 612 95 59

2. Baskı: İstanbul, Mayıs 2017
ISBN: 978-605-299-061-2

Yayıncı Sertifika No: 12177

Pegasus Yayıncılık Tic. San. Ltd. Şti.
Gümüşsuyu Mah. Osmanlı Sk. Alara Han
No: 11/9 Taksim / İSTANBUL
Tel: 0212 244 23 50 (pbx) Faks: 0212 244 23 46
www.pegasusyayinlari.com / info@pegasusyayinlari.com

KAREN ARMSTRONG

TANRI'NIN TARİHİ

İngilizceden çevirenler:
Oktay Özel
Hamide Koyukan
Kudret Emiroğlu

PEGASUS YAYINLARI

İçindekiler

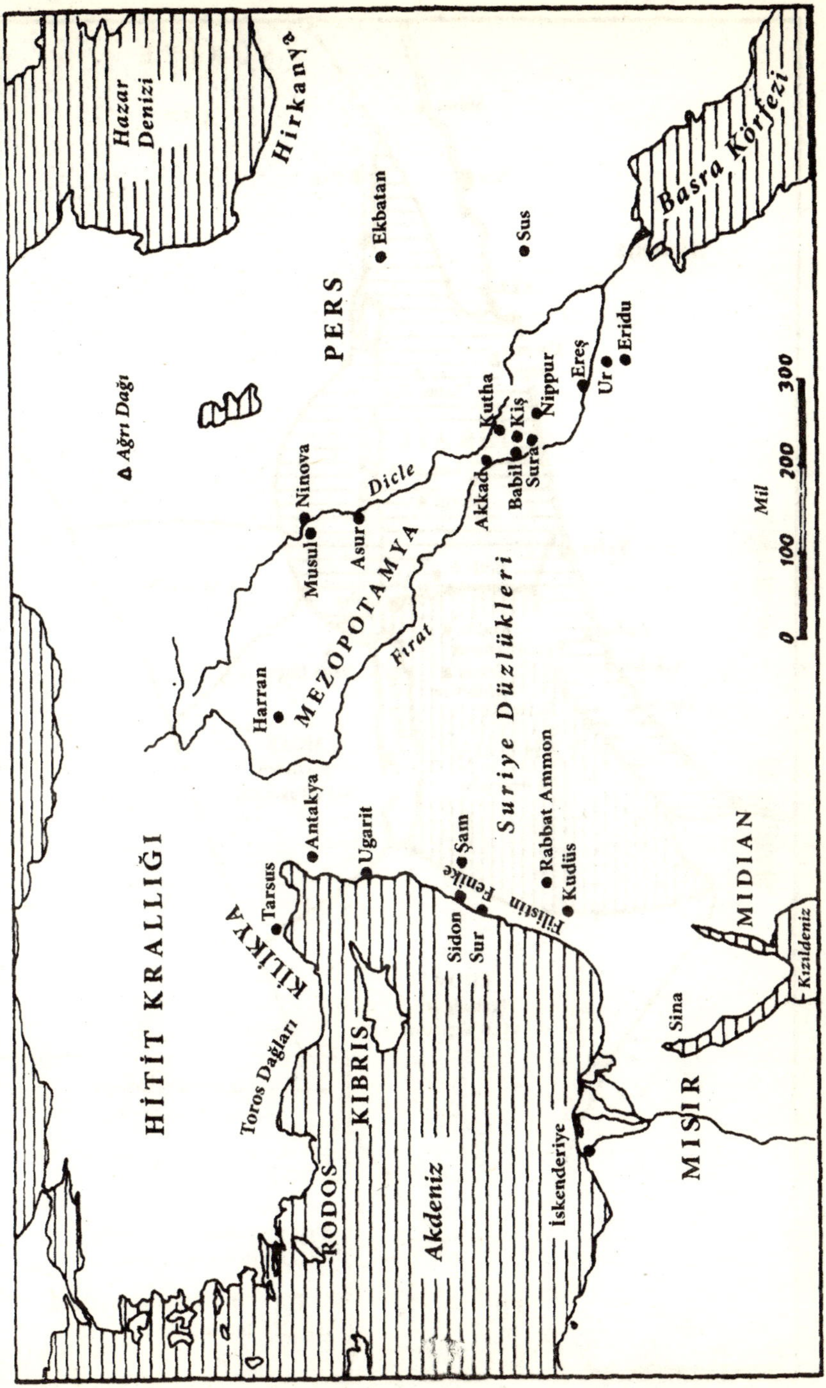

Antik Ortadoğu

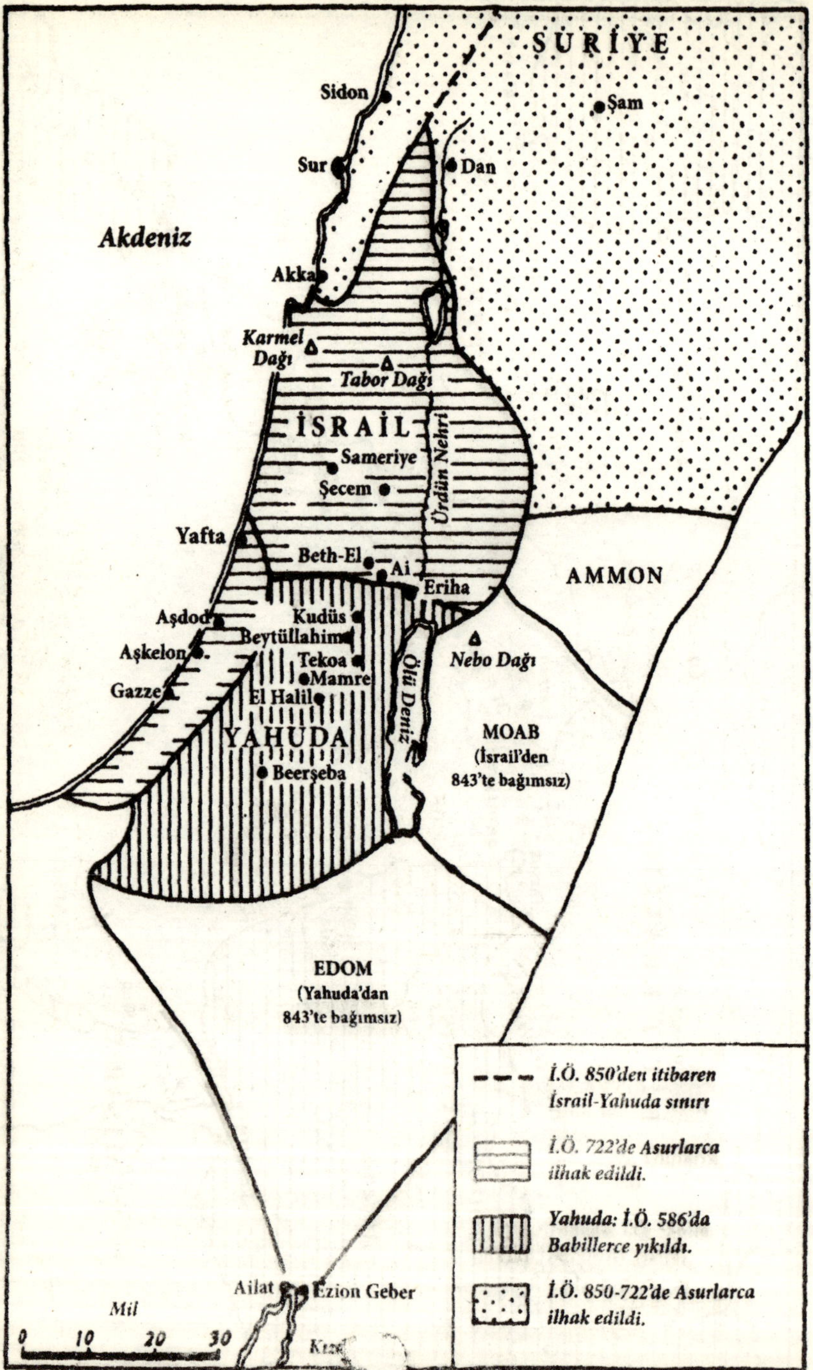

İ.Ö. 722-586 İsrail ve Yahuda

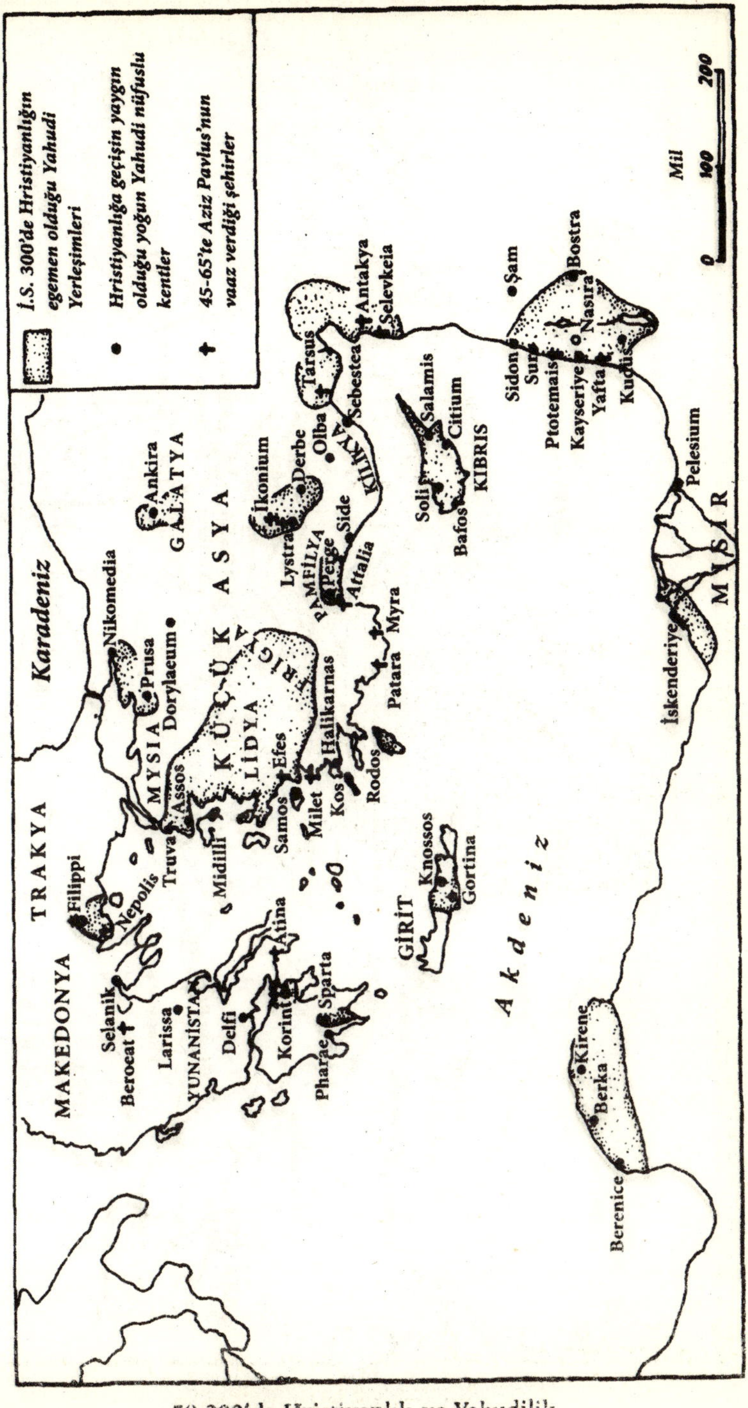

50-300'de Hristiyanlık ve Yahudilik

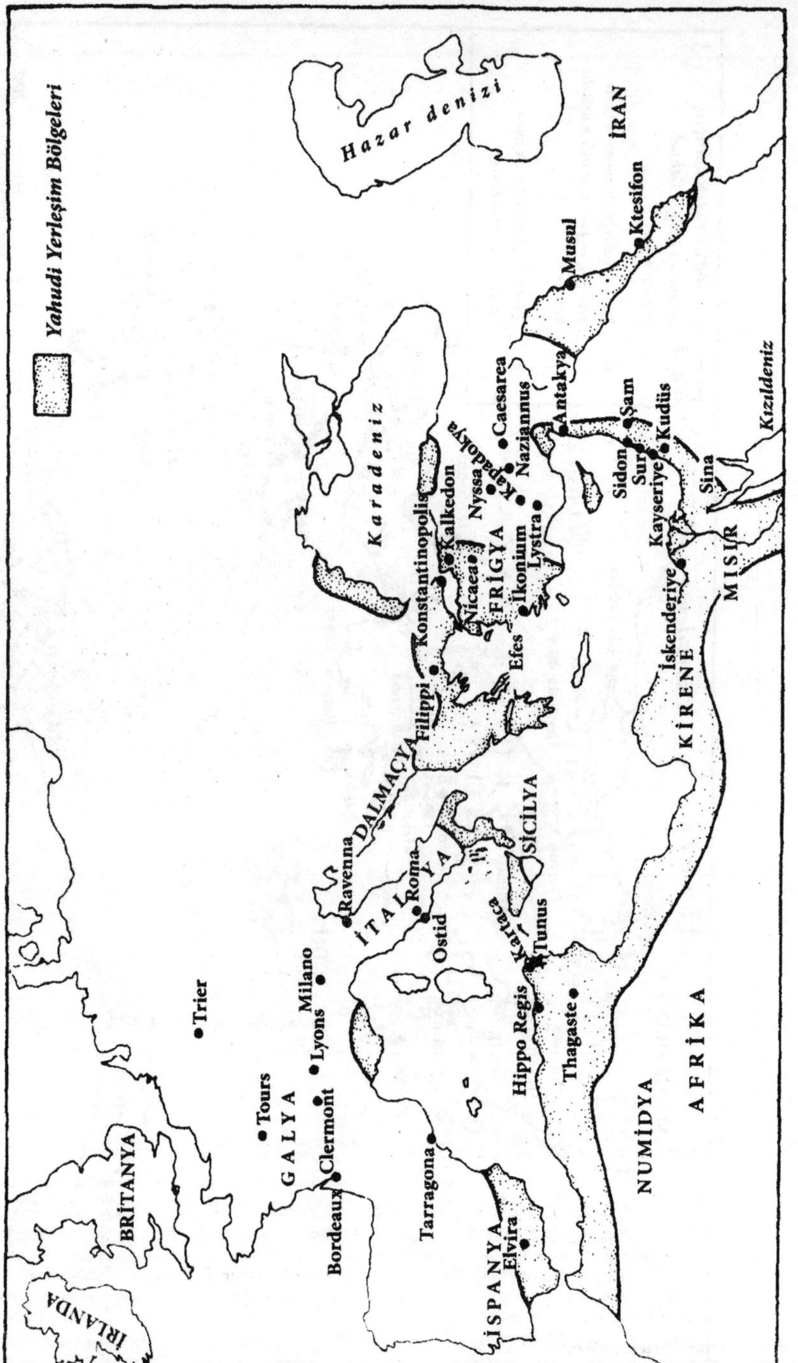

Kilise Babalarının Dünyası

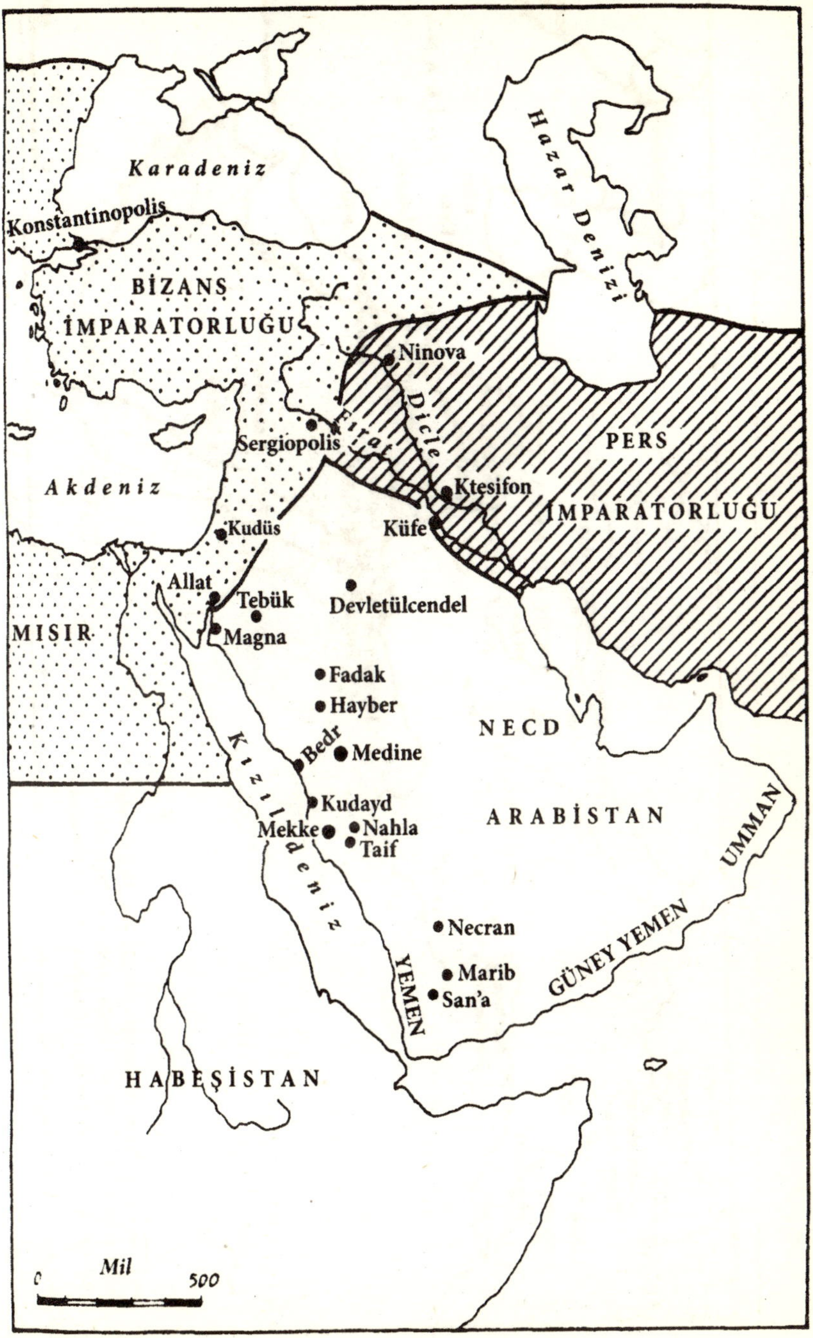

570-632 Arabistan ve çevresi

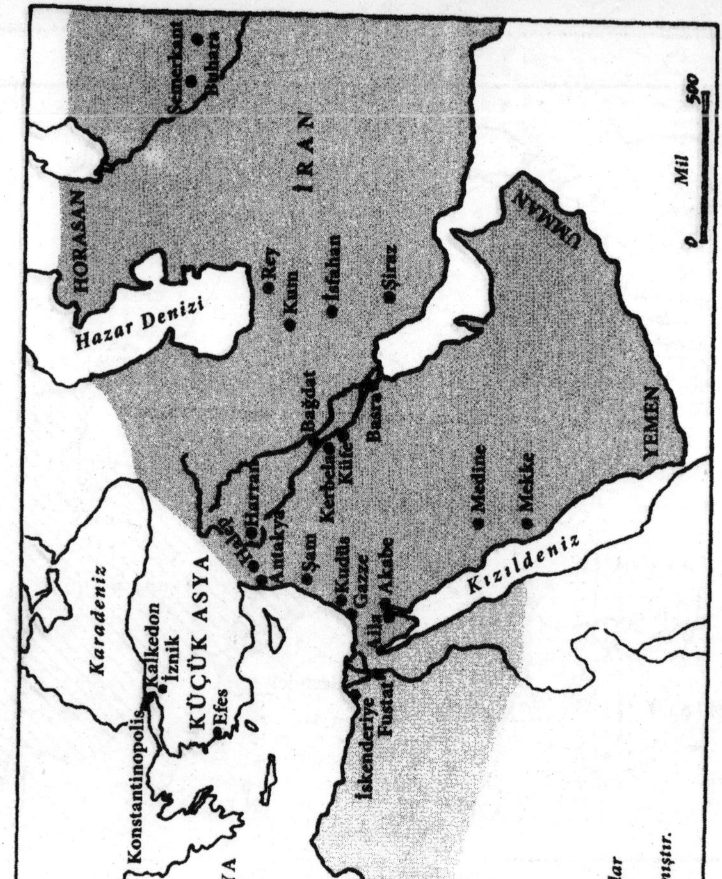

750 yılında İslam İmparatorluğu

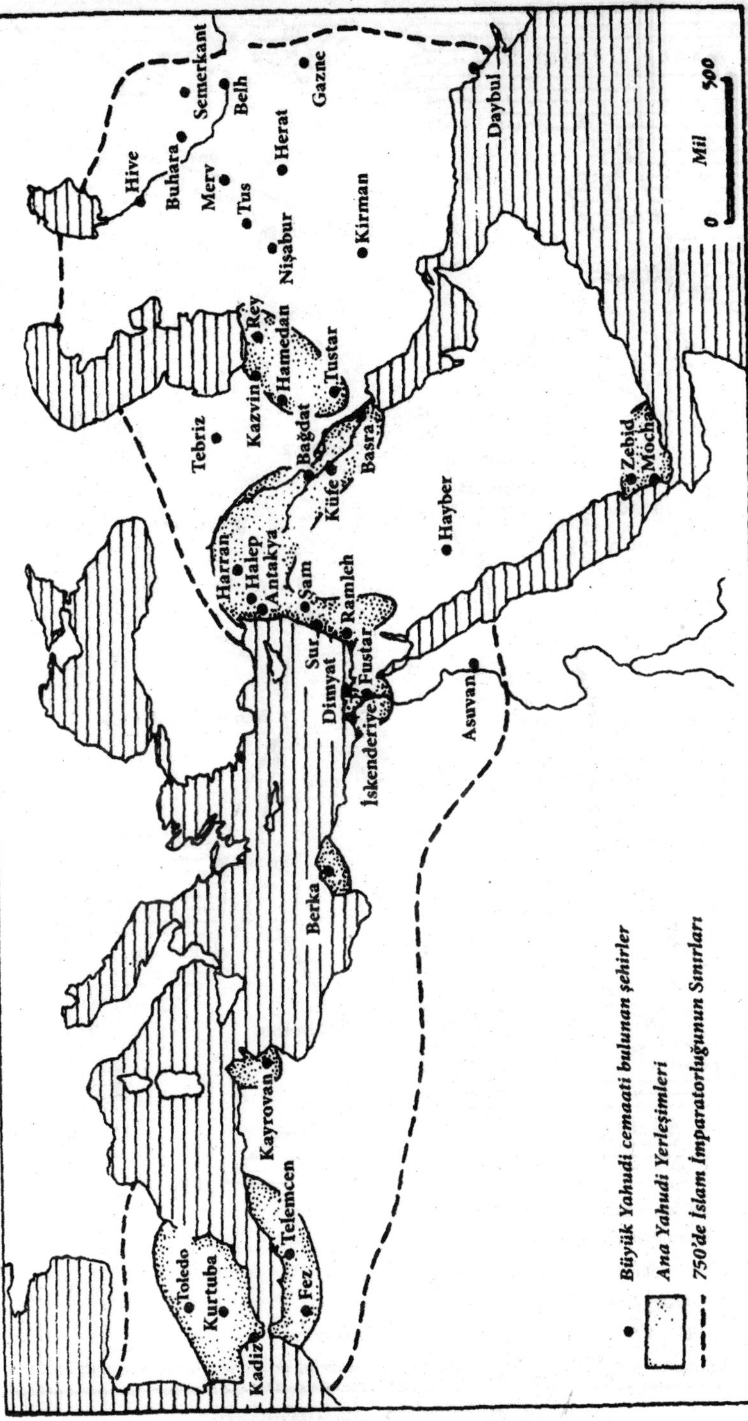

750 civarında İslam Dünyasında Yahudiler

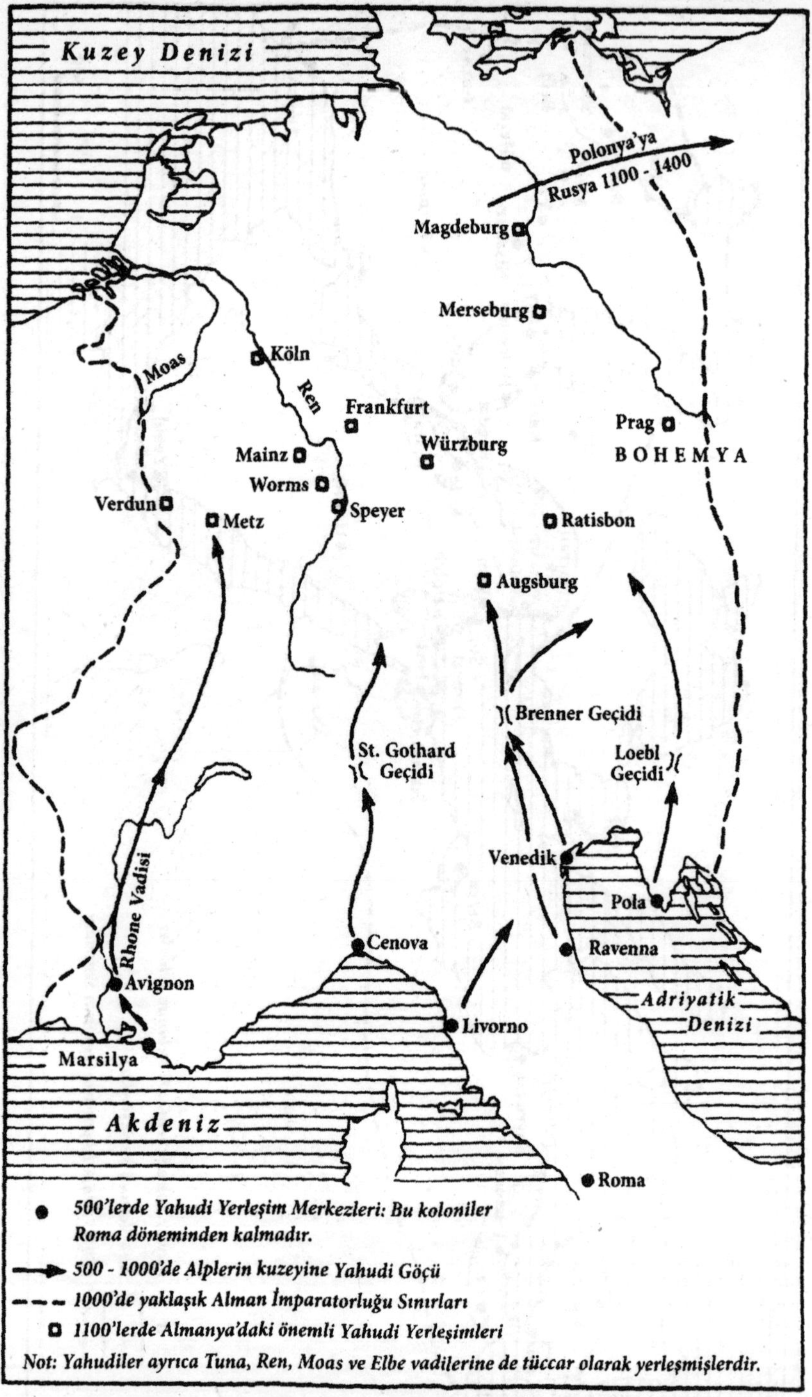

500-1100 De Fransa Almanya Yahudi Yerleşimi

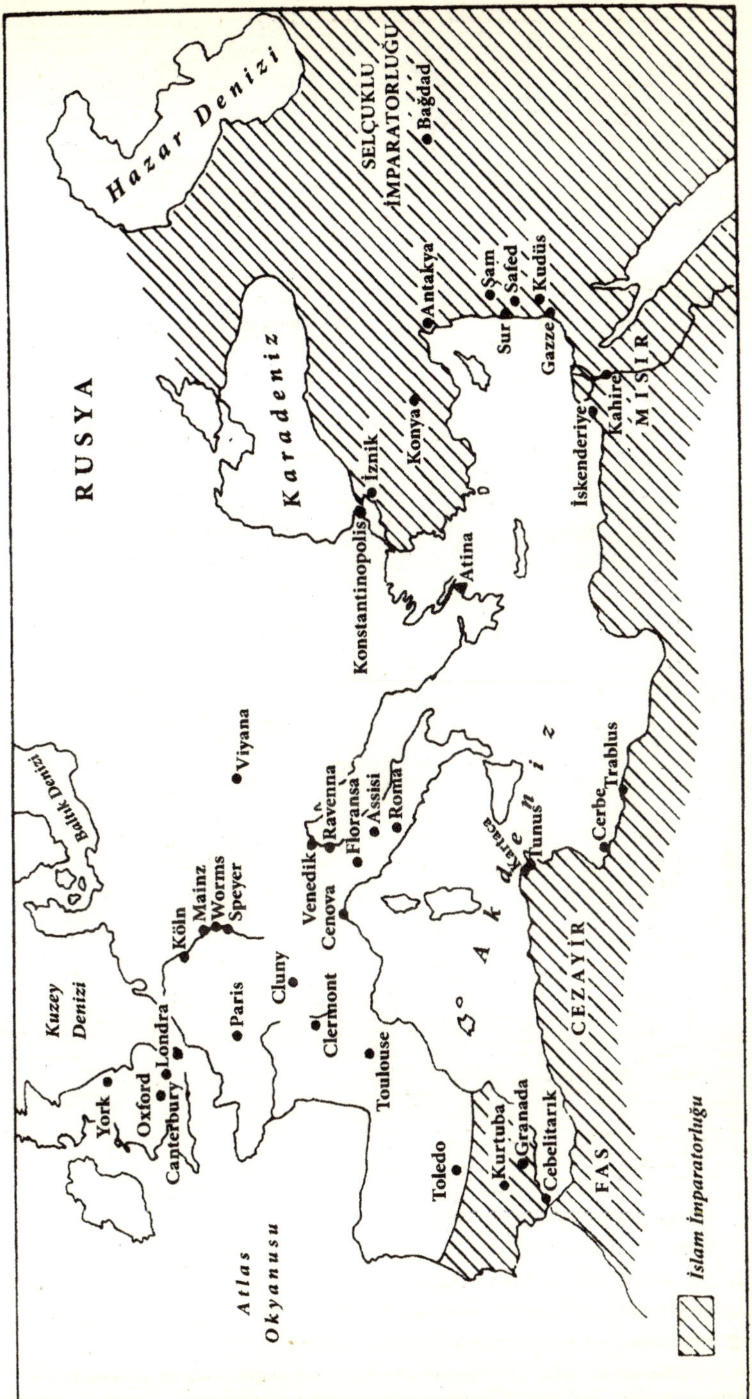

Orta Çağ'da Yeni Hristiyan Batı

Giriş

Çocukken, bir dizi güçlü dinsel inancım oldu fakat Tanrı'ya pek iman edemedim. Bir dizi önermeden oluşan bütüne inanmakla, onlara kendimizi verme anlamını içeren iman arasında fark vardır. Tanrı'nın varlığına tamamıyla inanıyordum ayrıca İsa'nın Gerçek Varlığı'na ve Komünyon'a, ayinlerin yararlı etkisine, ezeli lanetin geleceğine ve Araf'ın nesnel gerçekliğine de inanmaktaydım. Ama nihai gerçeklik hakkındaki bu dinsel görüşlere inancımın, burada, dünyadaki yaşamın iyi ve yararlı olduğu güvenini bana verdiğini söyleyemem. Çocukluğumun Roma Katolikliği biraz ürkütücü bir akideydi. James Joyce Sanatçının Bir Genç Adam Olarak Portresi'nde çok doğru söyler: Cehennem ateşi ayinlerinden payımı alıyordum. Gerçekten de Cehennem, Tanrı'dan daha güçlü bir gerçeklik olarak görünüyordu çünkü imgelemimde yaratabildiğim bir şeydi. Tanrı ise, biraz gölgeler arkasında bir kimlikti, imgelerden çok entelektüel soyutlamalarla tanımlanıyordu. Sekiz yaşlarına geldiğimde "Tanrı nedir?" sorusuna karşılık gelen kateşizm cevabını ezberlemek zorundaydım: "Tanrı Yüce Rabtır; kendi başına vardır ve bütün mükemmellik içinde sonsuzdur." Bu cümlenin benim için bir anlamı olmaması şaşırtıcı değil ve beni bugün de etkilemediğini söylemeliyim. Bu her zaman yalnızca kuru, kibirli ve belagatlı bir tanım olarak kalmıştır. Ayrıca bu kitabı yazalı, yanlış olduğuna da inanmaya başladım.

Büyüdükçe, dinde korkudan fazlasının bulunduğunu anlamaya başladım. Azizlerin yaşamlarını, metafizik şairleri, T. S. Eliot'ı ve mistiklerin daha yalın yazılarını okudum. Liturjinin güzelliğinden etkilenmeye ve Tanrı uzak kalmayı sürdürse de O'na yaklaşmanın olası olduğunu ve görümün (vision) bütün yaratılmış gerçekliği dönüştüreceğini hissetmeye başladım. Bunu becerebilmek için bir tarikata girip yeni başlayan bir öğrenci ve genç bir rahibe olarak, iman hakkında çok daha fazla şey öğrendim. Kendimi ilahiyat savunmalarına, kutsal yazılara, teoloji ve kilise tarihine verdim. Manastır yaşamının tarihine ve ezbere bilmemiz gereken tarikatımın düsturlarıyla ilgili ayrıntılı tartışmalara girdim. Bunlarda da Tanrı kendisini göstermiyordu. Dikkat ikincil ayrıntılarda yoğunlaşmış ve dinin daha dolaylı yönlerine kaymış gibiydi. İbadette kendimle mücadele ediyor, zihnimi Tanrı'yla karşılaşmaya zorluyordum ama Tanrı, benim düsturlara takılmamı gözlemleyen seri bir angaryacı olarak kalıyor ya da hepten hayal kırıklığı yaratarak, görünmüyordu. Azizlerin yaşamlarındaki vecdi okudukça daha fazla başarısızlık duygusuna kapılıyordum. Üzüntüyle yaşadığım bütün dinsel deneyimin, bir biçimde kendi duygularım ve imgelemim üstünde uğraşmakla kendi yarattığım bir duygu olduğu bilincine varıyordum. Bazen Gregoryen şarkının ve liturjinin güzelliğine verilen estetik karşılıkla duyulan bağlılık duygusu vardı. Ama benim dışımda hiçbir kaynaktan bana hiçbir şey olmadı. Hiçbir zaman peygamber ve mistiklerce anlatılan Tanrı'yı fark edemedim. Tanrı'dan daha fazla dilimizden düşürmediğimiz İsa, içinden çıkılmaz biçimde son dönem antikiteye yerleştirilmiş saf tarihi bir kişilik olarak görünüyordu. Kilisenin bazı öğretileri konusunda da ciddi kuşkular beslemeye başlamıştım. İnsan İsa'nın dirilen Tanrı olduğu nasıl bilinebilirdi ve bu inanış ne anlama geliyordu? Yeni Ahit gerçekten incelikli ve fazlasıyla çelişkili Teslis öğretisini mi öğretiyordu, yoksa bu, inanç konusundaki birçok başlık gibi, İsa'nın Kudüs'te ölmesinden yüzyıllar sonra teologlarca geliştirilmiş bir uydurma mıydı?

Sonunda, hayal kırıklığı içinde din yaşamını terk ettim; başarısızlık ve yetersizlik yükünden kurtulunca da Tanrı inancımın sessizce *kayıp gittiğini hissettim. Elimden geleni yapmış olmama karşın, Tanrı, yaşamımda hiçbir gerçek iz bırakmamıştı.*

Artık endişeli değildim, kendimi suçlu da hissetmiyordum. Tanrı, gerçek olamayacak kadar benden uzaklaşmıştı. Ama dinle olan ilişkim devam ediyordu ve Hristiyanlık tarihi ile dinsel deneyimin yapısıyla ilgili televizyon programları yaptım. Dinler tarihini daha fazla öğrendikçe, daha önceki korkularım daha çok doğrulandı. Çocukken sormadan kabul ettiğim öğretiler, gerçekten uzun bir zaman içinde ortaya çıkmış insan işiydi. Bilim Yaratıcı Tanrı'yı elden çıkarmış görünüyordu ve Kitab-ı Mukaddes üstüne çalışanlar İsa'nın hiçbir zaman tanrısallık iddia etmediğini kanıtlamışlardı. Saralı biri olarak, daha çok nevrotik nedenlerle görümler gördüğümü biliyordum: Azizlerin görüm ve vecdleri de böyle basit zihni tuhaflıklardan mı kaynaklanıyordu? Tanrı, gittikçe daha fazla insanın kendisini kurtardığı bir sapkınlık olarak görünmeye başlamıştı.

Rahibe olarak geçirdiğim yıllara karşın, Tanrı'yla ilgili deneyimlerimin olağan dışı olduğunu sanmıyorum. Tanrı hakkında düşüncelerim çocukluğumda oluşmuştu ve öteki disiplinlerde artan bilgimle eşdeğer biçimde gelişmiyordu. Noel Baba'ya dair çocukluk çağındaki saf görüşleri gözden geçiriyordum; insanlık hallerinin anaokulunda olanaklı olandan daha karmaşıklarını daha olgun biçimde anlamaya başlamıştım. Ama Tanrı hakkındaki ilk, karışık düşüncelerim ne düzelmiş ne de gelişmişti. Benim özel dinsel geçmişime sahip olmayan insanlar da Tanrı hakkındaki düşüncelerinin çocukluklarında oluştuğunu fark edebilirler. O günden sonra da çocukça işleri bir kenara bırakıyor ve ilk yıllarımızın Tanrı'sını göz ardı ediyoruz.

Ama dinler tarihi çalışmalarım bana insanların tinsel hayvanlar olduğunu öğretti. Gerçekten de homo sapiens'*in* homo religiosus *olduğunu ileri sürmenin geçerliliği var. İnsanlar insan olarak tanındıkları andan itibaren tanrılara tapmaya başlıyorlar; sanat eseri yarattıkları anda dinler yaratıyorlar. Bu yalnız korkunç güçleri yatıştırmak isteğinden kaynaklanmıyor, bu ilk inançlar güzel ama aynı zamanda da korkutucu bu dünyadaki insan deneyiminin ayrılmaz bileşeni olan merak ve gizemi ifade ediyorlar. Sanat gibi din de bedenin miras aldığı acıya karşın, yaşamda değer ve anlam bulma çabasının bir sonucu. Öteki bütün insan etkinlikleri gibi din de kötüye kullanılabilir ama daima yaptığımız bir iş gibi görünüyor. Din yalnızca yönlendirici kralların ve rahiplerin başlangıçtaki laik yapısıyla dümen tutup gitmiyor, insanlık için doğal bir yapısı da var. Gerçekte şimdi geçerli olan laiklik tamamıyla yeni bir deneyim, insanlık tarihinde öncesi yok. Ama nasıl işlediğini daha da görmemiz gerekiyor. Bizim Batılı liberal hümanizmimizin bize doğal olarak gelen bir şey olmadığı da doğru; şiir ve resimden zevk almamız gibi, onun da geliştirilmesi gerekiyor. Hümanizm kendi başına tanrısız bir din ve elbette bütün dinler teistik değil. Bizim etik laik ülkümüzün kendi zihne ve yüreğe ilişkin disiplinleri var ve insan yaşamına bir zamanlar daha gelenekçi dinlerin sağladığı nihai anlama inanılması için araçlar veriyor.*

Birbiriyle ilişkili üç tektanrılı dinde, Yahudilik, Hristiyanlık ve İslam'da, tanrı düşünce ve deneyiminin tarihini araştırmaya başladığımda, Tanrı'nın insan gereksinim ve arzularının bir yansıması olduğunu bulmayı bekliyordum. Bu gelişimin her aşamasında "O"nun, toplumun korku ve özlemlerinin aynası olacağını düşünüyordum. Sezgilerim tamamıyla yanlış çıkmadı ama bazı bulgularım beni fazlasıyla şaşırttı ve bunları otuz yıl önce, dinsel yaşama başladığımda öğrenmiş olmayı isterdim. Tanrı'nın yukardan bana inmesini beklemek yerine kendi içimde O'nun duygusunu yaratmaya çalışmam gerektiğini –üç inancın yetkin tek tanrıcılarından– duymak beni bir yığın endişeden kurtarırdı. Hahamlar, rahipler ve sufiler beni, Tanrı'nın "orada yukarda" bir gerçeklik olduğu inancından kurtarırdı; onu sıradan akılcı süreçlerle nesnel bir olgu olarak yaşamayı bekleme konusunda beni uyarırlardı. Tanrı hakkındaki önemli duygunun, o kadar esinleyici bulduğum şiir ve müzik gibi, yaratıcı imgelemin bir eseri olduğunu söylerlerdi. Bana sessizce ve güvenle Tanrı'nın gerçekten var olmadı-

ğını ama dünyadaki en önemli gerçeğin "O" olduğunu söyleyen saygın birkaç tektanrıcı olmalıydı.

Bu kitap Tanrı'nın dile gelmez, zaman ve mekânın ötesindeki kendi gerçekliğinin tarihi olmayacak, İbrahim'den günümüze kadar insanların onu nasıl algıladığının tarihi olacak. İnsanların Tanrı düşüncesinin bir tarihi var çünkü O daima her zaman diliminde farklı gruplar için biraz farklı anlamlar taşımıştır. Bir kuşakta belli insanlar tarafından oluşturulan Tanrı düşüncesi bir başka kuşakta anlamsız kalmıştır. Gerçekten de, "Tanrı'ya inanıyorum," cümlesinin nesnel bir anlamı yoktur o da bütün öteki cümleler gibi, söylendiği toplumda, kendi bağlanımda anlam taşır. Sonuç olarak "Tanrı" sözcüğünde içerilen değişmeyen bir düşünce yoktur ama bazıları çelişen hatta bazıları karşılıklı olarak birbirini dışlayan bir anlamlar tayfı söz konusudur. Tanrı kavramı bu kadar esnek olmasaydı, insanlığın en önemli kavramlarından biri haline gelmezdi. Tanrı kavramlarından biri anlamını veya geçerliliğini yitirdiğinde, sessizce göz ardı edilir ve yeni bir teoloji onun yerini alır. Köktenci biri bunu inkâr edebilir çünkü köktencilik tarih dışıdır, İbrahim'in, Musa'nın ve daha sonraki peygamberlerin hepsinin Tanrı'yı aynı bugün bizim hissettiğimiz gibi yaşadıklarına inanır. Ama üç dinimize bakarsak, hiç de nesnel bir "Tanrı" görüşü olmadığını görürüz: Her kuşak kendisi için geçerli olan Tanrı imgesini yaratmak zorunda kalmıştır. Ateizm için de aynısı geçerlidir. "Tanrıya inanmıyorum," cümlesi de tarihin her döneminde farklı anlama gelmiştir. Zamanında "ateist" adı verilen insanlar, tanrısallığın belirli kavramlaştırılmalarını reddedenlerdir. Bugün ateistlerin reddettiği "Tanrı", patriklerin, peygamberlerin, filozofların, mistiklerin veya on sekizinci yüzyıl teistlerinin tanrısı mıdır? Bütün bu ilahlar tarihin belirli dönemlerinde Yahudilerce, Hristiyanlarca, Müslümanlarca Kitab-ı Mukaddes'in ve Kur'an'ın Tanrısı olarak saygı görmüştür. Bunların birbirinden çok farklı olduğunu göreceğiz. Ateizm genellikle geçici bir aşamadır: Yahudiler, Hristiyanlar, Müslümanlar pagan çağdaşlarınca "ateist" olarak nitelendirilmişlerdir çünkü tanrısallık ve aşkınlığın devrimci bir kavranışını benimsemişlerdir. Modern ateizm de artık günümüzün sorunlarına karşılık vermekte yetersiz kalan Tanrı'nın benzer biçimde reddedilmesi midir?

Öteki dünyayla ilişkisine karşın, din fazlasıyla pragmatiktir. Belirli bir Tanrı düşüncesinin mantık veya bilim açısından anlamlı olmasından çok, işlerlik taşımasının daha önemli olduğunu göreceğiz. Etkinliğini yitirir yitirmez değiştirilecektir, bazen çok köktenci biçimde. Bu durum eskiden, tek tanrıcıları o kadar rahatsız etmezdi çünkü onlar Tanrı hakkındaki düşüncelerinin o kadar da kutsal dokunulmaz olmadığını, ancak geçici olabileceğini biliyorlardı. Bu düşünceler tamamıyla insan işiydi, başka türlü de olamazdı; imledikleri de tanımlanamaz gerçeklikten oldukça ayrıydı. Bazen bu can alıcı ayrımı vurgulamak için oldukça cüretli yollar geliştirdiler. Ortaçağ mistiklerinden biri –yanlışlıkla "Tanrı" denilen– nihai Gerçekliğin Kitab-ı Mukaddes'te sözü bile edilmediğini söyleyecek kadar ileri gitti. Tarih boyunca insanlar ruhun bu geçici dünyayı aşan boyutunu hissettiler. Gerçekten de insan zihninin bu biçimde kendisini aşan kavramlar düşünebilmesi onun dikkate değer bir özelliğidir. Nasıl yorumlarsak yorumlayalım, bu aşkınlık deneyimi yaşamın gerçeği olmuştur. Bunu herkes tanrısal görmeyebilir; Budistler, göreceğimiz gibi, görüm ve anlayışlarının doğaüstü bir kaynaktan geldiğini reddetmişlerdir; bunları insanlık için doğal bulurlar. Öteki bütün büyük dinler ise, bu aşkınlığı olağan kavramların diliyle tanımlamanın olanaksızlığında uyuşurlar. Tektanrıcılar bu aşkınlığa "Tanrı" demiştir ama bunu önemli kayıtlarla sınırlamışlardır. Yahudiler, örneğin, Tanrı'nın kutsal adını söylemeyi yasaklarlar ve Müslümanlar da tanrısal imgelemi görsel olarak ifade etmemelidir. Bu titizlik, "Tanrı" dediğimiz gerçekliğin bütün insani ifadeleri aştığını anımsatmak içindir.

Bu kitap alışılmış anlamıyla tarih kitabı değildir çünkü Tanrı düşüncesi bir noktadan başlayarak, çizgi içinde ilerleyip bir sonuca ulaşmaz. Bilimsel kavramlar için böyle olabilir ama sanat ve din düşüncesi böyle değildir. Aşk şiirinde nasıl belli sayıda tema varsa, insanlar da Tanrı hakkında aynı şeyleri tekrar tekrar söylemişlerdir. Gerçekten de *tanrısallık hakkında Yahudi, Hristiyan ve İslam düşüncesinin çarpıcı derecede benzerlik taşıdığını göreceğiz. Yahudi ve Müslümanların, Hristiyanların Teslis ve Diriliş öğretilerini kâfirlik olarak görmelerine karşın, bu çelişkili konularda onlar da kendi öğretilerini geliştirmişlerdir. Bu evrensel temaların her ifadesi biraz farklılık gösterir, ancak Tanrı'ya verdiği anlamı ifade etme çabasında insan imgeleminin gösterdiği hüner ve yaratıcılığı ortaya koyar.*

Konu çok kapsamlı olduğu için, nihai gerçeklikle ilgili pagan, Hindu ve Budist kavramlara tektanrıcılığı daha iyi anlaşılır kılmak amacıyla yer vermekle birlikte, kendimi Yahudi, Hristiyan ve Müslümanlarca tapılan tek Tanrı'yla sınırlı tuttum. Tanrı düşüncesinin oldukça bağımsız gelişim gösteren dinlerdeki yakınlığı dikkat çekicidir. Tanrı'nın gerçekliği konusunda hangi sonuçlara varırsak varalım, bu düşüncenin tarihi bize insan zihni ve esinlenişimizin yapısı hakkında önemli şeyler söyler. Batılı toplumların din dışı gidişatına karşın, Tanrı düşüncesi milyonlarca insanı etkilemektedir. Son araştırmalar Amerikalıların yüzde doksan dokuzunun Tanrı'ya inandıklarını söylediklerini ortaya koymaktadır. Sorun, hangi Tanrı'ya inandıklarını düşündüklerindedir.

Teoloji genellikle sıkıcı ve soyuttur ama Tanrı tarihi ateşli ve coşkulu olmuştur. Bazı başka nihai kavramların tersine, genellikle acılı mücadele ve gerilimle elde edilmiştir. İsrail peygamberleri Tanrı'yı, kendilerini heyecan ve sevinçle dolduran, bütün gövdelerini ezen fiziki bir acıyla hissetmişlerdir. Tanrı adını verdikleri gerçeklik genellikle aşırılık aşamasında yaşanmaktaydı: dağ tepeleri, karanlık, yalnızlık, çarmıha gerilme ve şiddeti göreceğiz. Batılıların Tanrı deneyimi özellikle travmatik görünüyor: Bu kalıtımsal gerilimin nedeni neydi? Başkaları ışık ve dönüşümden söz ediyor. Yaşadıkları gerçekliğin karmaşıklığını ifade etmek için ortodoks teolojinin ötesine geçen çok cesur imgeler kullanmışlardır. Son zamanlarda mitolojiye ilgi artmıştır; bu, dinsel gerçeğin imgelemci ifadesine duyulan yaygın arzuyu belirtiyor olabilir. Amerikalı bilim adamı Joseph Campbell'ın yapıtları özellikle popüler olmuştur: Campbell, antik mitoslarla geleneksel toplumlarda halen geçerli olan mitoslar arasında bağlantılar kuran, insanlığın zamana dayanıklı mitolojilerini keşfetmiştir. Genellikle üç semavi dinin mitoloji ve şiirsel simgecilikten arınmış olduğu düşünülür. Ama tektanrıcılar, pagan komşularının mitolojilerini reddetmiş olmalarına karşın, bunlar genellikle daha sonra onların dinlerine sızmıştır. Örneğin mistikler Tanrı'yı bir kadında vücut bulmuş diye görmüşlerdir. Başkaları da Tanrı'ya cinsellik atfeder ve tanrısallığa kadınlık öğesi katarlar.

Böylece zorlu bir noktaya geliyorum. Tanrı erkek bir ilah olarak başladığı için, tektanrıcılar genellikle ona erkeği belirten "o" zamiriyle atıfla bulunurlar. Son yıllarda feministler buna anlaşılır biçimde itiraz etmektedirler. Bense Tanrı'ya erkeklik atfedenlerin düşünce ve anlayışlarını kaydettiğim için bu zamiri korudum. Gene de Tanrı'dan söz ederken ortaya çıkan eril tınının özellikle İngilizcede sorun oluşturduğunu belirtmek gerekir. İbranice, Arapça ve Fransızcada ise, dilbilgisindeki cinsiyet ekleri ilahiyat söylemine bir tür cinsel kontrpuan ve diyalektik kazandırıyor ve İngilizcede bulunmayan bir denge sağlıyor. Örneğin Arapçada Allah dilbilgisi bakımından erildir, fakat Tanrı'nın ulaşılamaz tanrısal özüyle ilgili sözcük ez-zat ise dişildir.

Tanrıyla ilgili bütün konuşmalar olanaksız zorluklar içeriyor. Ama tektanrıcılar; aşkın gerçekliği dile getirme yeteneğini reddederlerken aynı zamanda dil konusunda daima olumlu olmuşlardır. Yahudilerin, Hristiyanların, Müslümanların Tanrısı, bir anlamda, konuşmaktadır. Onun sözleri üç dinde de çok önemlidir. Kültür tarihimizi biçimlendiren Tanrı Kelamı olmuştur. Bugün "Tanrı" sözcüğünün bizim için ne ifade ettiğine karar vermeliyiz.

1

Başlangıçta

İnsanoğlu, başlangıçta, her şeyin İlk Nedeni, gökyüzü ve yeryüzünün hâkimi olan bir Tanrı yarattı. Bu tanrı biçimsel olarak betimlenmedi; hizmetinde ne bir tapınak ne de din adamları vardı. Ve o, yetersiz insan kültüyle ilişkilendirilemeyecek kadar yüceydi. Zamanla insanların bilincinden silindi. O derece uzaklaştı ki insanlar artık ona ihtiyaç duymadıklarını düşündüler. Sonunda, kaybolup gittiği söylendi.

Bu, en azından, Peder Wilhelm Schmidt'in ilk olarak 1912'de yayınlanan *The Origin of the Idea of God* (Tanrı Fikrinin Kökeni) adlı yapıtında popülerleştirilen bir kuramdır. Schmidt, insanların bir dizi Tanrı'ya tapınmaya başlamalarından önce ilkel bir tek tanrıcılığın varolduğunu ileri sürer. İlk önce, dünyayı yaratan, insanın yaşamını uzaktan yöneten tek bir Yüce Tanrı'ya inanılmıştır. Göklerle ilişkilendirildiğinden beri bazen Gök Tanrı olarak da adlandırılan böylesi bir Yüce Tanrı inancı bugün de hâlâ birçok Afrika kabilesinin dinsel yaşamının bir özelliği olmaya devam etmektedir. İbadetlerinde o Tanrı'ya güçlü duygularla yakarırlar; onun kendilerini izlediğine, yanlışlıkları cezalandıracağına inanırlar. Bununla birlikte, ilginçtir ki o, kendilerinin günlük yaşamlarında ortalıkta gözükmez; hiçbir özel kült oluşturmaz ve asla hiçbir şekilde betimlenemez. Kabile halkı onun tasvir edilemez olduğunu ve insanoğlunun dünyasınca kirletilemeyeceğini söyler. Kimileri onun tamamen "çekip gittiğine" inanır. Antropologlar bu Tanrı'nın fiilen daha alt seviyedeki ruhlar ve daha ulaşılabilir tanrılarca ikame edilecek derecede uzaklaşıp ululaştırıldığını ileri sürerler. Schmidt'in kuramı aynı şekilde, eski çağlarda Ulu Tanrı'nın, yerini pagan panteonlarının daha cazip tanrılarına bıraktığını iddia eder. Dolayısıyla, başlangıçta Tek Tanrı vardı. Bu doğruysa, tektanrıcılık insanoğlunca yaşamın sırrı ve trajedisini açıklamak için geliştirilmiş en eski düşünsel tasarımlardan birisiydi. Bu, aynı zamanda, böylesi bir tanrının karşılaşabileceği problemlere de işaret etmektedir.

Şu veya bu şekilde bunu kanıtlamak olanaksız. Dinin kökeni üzerine birçok kuram geliştirilmiştir. Ancak öyle görünüyor ki tanrılar yaratmak insanoğlunun oldum olası yaptığı bir şeydir. Bir dinsel tasarım, kendileri için artık anlamsız hale geldiğinde, onu bir başkasıyla değiştirmişlerdir. Söz konusu tasarımlar, tıpkı Gök Tanrı gibi, büyük bir gürültü koparmadan, sessizce kaybolurlar. Günümüzde birçok insan, Yahudi, Hristiyan ve Müslümanların yüzyıllardır tapındıkları Tanrı'nın neredeyse Gök Tanrı kadar uzaklaştığı düşüncesindedir. Kimileri ise, aslında onun öldüğünü söyler. Şurası gerçek ki onun, özellikle Batı Avrupa'da gittikçe artan sayıdaki insanın yaşamından, bilinçlerinde bir zamanlar işgal ettiği yerde Tanrı tarafından şekillenmiş bir boşluk bırakarak, tamamen çıktığı görülüyor. Bazılarınca ne kadar ilgisiz gibi görünse de o, bizim tarihimizde çok önemli bir rol oynamıştır ve insanoğlunun yarattığı gelmiş geçmiş en büyük düşünsel tasarımlardan birisidir. Ne kaybettiğimizi –eğer o gerçekten yok oluyorsa– anlamak için insanların bu Tanrı'ya tapmaya başladıklarında neler yapmakta olduklarına, bunun onlar için ne ifade ettiğine ve nasıl algılandığına bir göz atmamız, bunun içinse, yaklaşık 4000 yıl önceye, söz konusu

Tanrı tasarımımızın ortaya çıktığı o eski Orta Doğu dünyasına geri dönmemiz gerekmektedir.

Dinin bugün pek ilgi çekmeyen bir şey gibi görünmesinin nedenlerinden birisi, birçoğumuzun, artık etrafımızın bilinmeyenle çevrili olduğunu unutmuş olmasıdır. Bilimsel kültürümüz bizleri, dikkatlerimizi önümüzde duran fiziksel ve maddi dünyaya odaklandıracak şekilde eğitmektedir. Dünyaya bu tarz bakışın büyük başarılara imza attığı inkâr edilemez. Bununla beraber, bunun sonuçlarından birisi de daha geleneksel toplumların her düzeyindeki insanların yaşamlarını kaplayan, bir zamanlar bu dünya yaşantımızın temel unsurlarından biri olan "tinsel" ve "kutsal" olana yönelik algı ve düşüncemizi silip atmış olmamızdır. Güney Denizi Adaları'nda bu gizemli güç mana olarak adlandırılır; diğerleri bunu bir varoluş ya da ruh olarak duyumsar; bazen de radyoaktivite veya elektrik türünden cisimsiz bir güç olarak hissedilir. Onun kabile şefinin vücudunda, bitkilerde, kayalıklar ya da hayvanlarda yaşadığına inanılmıştır. Latinler *numina*'nın, yani ruhların kutsal korularda barındıklarını düşünmüşler, Araplar bütün yeryüzünün cin'lerle dolu olduğuna inanmışlardır. Doğal olarak insanlar bu gerçekle ilişki kurmak ve bunun kendilerinin hayrına çalışmasını sağlamak için uğraşmışlar; öte yandan, ona karşı bir hayranlık, takdir duygusu geliştirmişlerdir. Bu görünmeyen güçlere şahsiyet verip onları rüzgâr, güneş, deniz ve yıldızlarla ilişkili, fakat insanın özelliklerine sahip tanrılara dönüştürdüklerinde, insanlar görünmeyene ve kendilerini çevreleyen dünyaya olan ilgi ve yakınlık duygularını dışa vurmaktaydılar.

Alman din tarihçisi Rudolf Otto 1917'de basılan *The Idea of the Holy* (Kutsalın Tasarımı) adlı önemli yapıtında bu "gizemli" duygunun dinin temeli olduğuna inandığını dile getirir. Bu duygu, dünyanın kökenini açıklama ya da ahlaklı davranışa bir temel bulma arzusundan daha önce gelmiştir. Söz konusu esrarlı duygu insanlarca farklı şekillerde duyumsanmıştır bazen yaban, coşkulu heyecanlara bazen derin sükûnete ilham kaynağı olmuş; bazen de insanlar yaşamlarının her boyutunda kendini gösteren gizemli gücün varlığı karşısında dehşet, korku ve acizlik duygusuna kapılmışlardır. İnsanlar kendi mitoslarını yaratıp kendi tanrılarına tapmaya başladıklarında doğadaki olgulara uygun bir açıklama bulmanın peşinde değillerdi. Simgesel hikâyeler, mağara resimleri ve yontular meraklarını dışavurma ve bu kapsamlı sırrı kendi yaşamlarıyla ilişkilendirme çabasının birer sonucuydu. Gerçekten de şairler, sanatçılar ve müzisyenler bugün de çoğu zaman benzer bir arzunun dürtüsüyle üretirler. Örneğin tarımsal üretimin gelişmekte olduğu Paleolitik dönemde Ana Tanrıça kültü, insan yaşamını dönüştüren bereketin aslında kutsal olduğu düşüncesini yansıtmaktaydı. Sanatçılar, arkeologların bütün Avrupa, Ortadoğu ve Hint Yarımadası'nda buldukları, onun çıplak ve gebe bir kadın şeklinde tasvir edildiği heykelleri yonttular. Bu Büyük Ana insan muhayyilesindeki önemini yüzyıllarca sürdürdü. Gök Tanrı'da olduğu gibi, o da sonraki dönemlerin panteonlarına dâhil edildi ve eski tanrıların yanında yerini aldı. Ancak o, genellikle tanrıların en güçlülerinden biri olagelmiştir; hele hele, oldukça sönük bir şahsiyet olarak kalan Gök Tanrı'dan kesinlikle daha güçlüydü. Eski Sümerlerde İnanna, Babil'de İştar, Filistin'de (Kenan ili) Anat, Mısır'da İsis ve Yunanistan'da Afrodit olarak anıldı ve bütün bu kültürlerde onun insanların tinsel yaşamlarındaki rolünü dile getiren oldukça benzer hikâyeler oluşturuldu. Söz konusu mitoslar sözel anlamlarıyla yetinilmek amacıyla oluşturulmadılar; daha ziyade, bir başka şekilde dile getirilemeyecek ve anlaşılamayacak derecede karmaşık olan bir gerçeğin ifadesine yönelik metaforik birer girişimdiler. Tanrıların ve tanrıçaların bu dramatik, cezbedici öyküleri insanların etraflarını çeviren güçlü fakat görünmeyen güçler hakkındaki duygu ve düşüncelerini ifade etmelerine yardım etti.

Gerçekten de eski dünyada insanların, ancak bu tanrısal yaşamın bir parçası haline gelmekle gerçek anlamda insan olacaklarına inandıkları anlaşılıyor. Bu dünyadaki yaşam kesinlikle geçiciydi ve ölümlülük onu gölgeliyordu, fakat eğer insanlar tanrıların davranışlarını örnek alırlarsa onların daha büyük olan güç ve etkinliklerini de bir dereceye kadar paylaşmış olurlardı. Böylece, denilir ki tanrılar insanoğluna kendilerinin tanrısal âlemdeki evlerinin birer kopyası olan kentler ve tapınakları nasıl yapacaklarını gösterdiler. Mitosta dile getirildiği gibi, tanrıların kutsal dünyası yalnızca insanoğlunun peşinde koşması gereken bir ideal değil aynı zamanda insan varlığının ilk modeliydi; burada, aşağıdaki yaşamımızın kendine model aldığı ilk örnek ya da asıl düzendi. Böylece, yeryüzündeki her şeyin tanrıların dünyasındaki bir şeyin örneği olduğuna inanılmıştır; bu, antik kültürlerin birçoğunun mitoloji, rit ve toplumsal düzenleri hakkında çok şey söyleyen bir anlayıştır ve günümüzün daha geleneksel toplumlarını etkilemeye devam etmektedir.[1] Örneğin eski İran'da, bu dünyadaki (*getik*) her kişi ya da nesnenin, ilahi hakikatin (*menok*) asli dünyasında bir karşılığının bulunduğuna inanılırdı. Bu, modern dünyamızda anlamakta güçlük çektiğimiz bir yaklaşımdır, çünkü bizler özerklik ve özgürlüğü en yüksek insani değerler olarak görüyoruz. Oysa şu ünlü *post coitum omne animal tristis est*[2] deyişi bugün de ortak bir tecrübeyi dile getirmektedir: Hararet ve büyük bir şevkle beklenen bir anın ardından, çoğu kez, sahip olduklarımızın ötesinde kalan daha büyük bir şeyi kaçırdığımızı hissederiz. Tanrı'yı örnek almak günümüzde de önemini koruyan dinsel bir davranıştır; Şabat gününde dinlenmek ya da Maundy Thursday'de[3] birinin ayağını yıkamak gibi kendi içinde anlamsız görünen eylemler bugün de önemli ve kutsaldır; çünkü insanlar bir zamanlar Tanrı'nın da bunları yaptığına inanmaktadır.

Benzer bir tinsellik eski Mezopotamya dünyasında da başattır. Bugün Irak sınırları içindeki Dicle-Fırat vadisi uygar dünyanın (Ekümene) ilk büyük kültürlerinden birini oluşturan Sümerler adıyla

---

1 Mircea Eliade, *Ebedi Dönüş Mitosu.*

2 (Lat.) "Birleşmeden sonra bütün canlılar hüzünlenir." (ç. n.)

3 Katoliklerin fakirlerin ayaklarını yıkadıkları, Paskalya'dan evvelki perşembe günü (ç. n.)

bilinen halk tarafından İ.Ö. 4000'ler gibi eski bir tarihte iskân edilmiştir. Sümerler Ur, Ereş ve Kiş kentlerinde kendi çiviyazılarını icat ettiler, ziggurat adı verilen olağanüstü kule-tapınaklar inşa ettiler ve etkileyici bir hukuk, edebiyat ve mitoloji geliştirdiler. Çok zaman geçmeden bölge Sümerlerin dil ve kültürünü alan Sami Akadlarca istila edildi. Akabinde, İ.Ö. 2000'lerde bu Sümer-Akad uygarlığını Amuriler ele geçirdi ve Babil'i kendilerine başkent yaptılar. Nihayet, 500 yıl kadar sonra, Asur yakınlarına yerleşmiş olan Asurlular İ.Ö. sekizinci yüzyılda Babil'i fethettiler. Bu Babil geleneği, ileride İsrailoğullarının Vadedilmiş Toprakları haline gelecek olan Filistin'in (Kenan ili) mitoloji ve dinini de etkiledi. Kadim dünyanın diğer halklarında da olduğu gibi, Babilliler, kültürel başarılarını, kendi yaşam tarzını mitolojik atalarına aktarmış olan tanrılarına atfettiler. Böylece Babil, her biri bir göksel tanrısal sarayın kopyası olan tapınaklarıyla cennetin bizzat kendisi olarak kabul edildi. Tanrısal dünyayla kurulan bu ilişki her yıl İ.Ö. on yedinci yüzyıla kadar iyice kurumlaşmamış olan büyük Yeni Yıl Festivali'nde kutlanarak tekrarlandı. Nisan ayında kutsal kent Babil'de kutlanan festivalde kral tahta çıkarılır ve saltanatı yeni bir yıl için tekrar pekiştirilirdi. Bununla birlikte, bu siyasi istikrar ancak, dünyayı yaratırken ezeli kaostan bir düzen çıkaran tanrıların daha sürekli ve etkin bir hükümetinin devreye girişine kadar sürebilirdi. Böylece, festivalin on iki kutsal günü ritüeller aracılığıyla insanları dünyevi zamandan tanrıların kutsal ve ebedi dünyasına yöneltmekteydi. Bir günah keçisi eski ve ölmekte olan yılın simgesi olarak kurban edilir; kralın kamu önünde tahkir edilmesi ve yerine karnaval kralının tahta çıkarılmasıyla başlangıçtaki kaos canlandırılır; tanrıların yıkıcı güçlere karşı mücadelesi bu alay ve istihza savaşıyla yeniden temsil edilirdi.

Bu simgesel eylemlerin ayinsel bir değeri vardı; Babil halkının kutsal güç ya da mana ile yani büyük uygarlıklarının dayanağıyla temasa geçmesini sağlıyordu. Kültür, her an düzensizlik ve yıkıcı güçlerin tuzağına düşebilecek derecede hassas ve kırılgan bir başarı olarak görülmekteydi. Festival'in dördüncü gününün akşamında din adamları ve koro, Kutsalların Kutsalı'nda, tanrıların kaosa karşı zaferini simgeleyen epik şiir Enuma Eliş'i okumak üzere yerlerini alırlardı. Öykü, yeryüzündeki yaşamın fiziksel başlangıcının gerçek anlatımı olmaktan çok, büyük bir muamma, hikmet sunan ve onun kutsal gücünü ortaya çıkaran bilinçli simgesel bir girişimdi. Yaratılışın gerçek hikâyesini sunmak, o tasavvur edilemez olaylara kimse tanık olmadığından, olanaksızdı: Dolayısıyla, mitos ve simgeler onu tasvir etmek için en uygun yollardı. Enuma Eliş'e kısaca bir göz atmak, yüzyıllar sonra bizim Yaratıcı Tanrı'mızı doğuran tinselliğe yönelik birincil nitelikte ve önemde veriler sağlamaktadır. Her ne kadar yaratılışın Kitab-ı Mukaddes ve Kur'an'daki öyküsü nihayetinde oldukça farklı bir şekil almaktaysa da bu ilginç mitoslar hiçbir zaman tamamen yok olmadı; aksine, tektanrıcı deyimlerin içine yedirilmiş olarak Tanrı'nın tarihine çok daha sonraki bir tarihte yine girdiler.

İleriki sayfalarda görüleceği gibi, öykü Yahudi ve İslam mistisizminde oldukça önemli yer tutan tanrıların kendilerinin yaratılışıyla başlar. Enuma Eliş, başlangıçta, tanrıların, kendisi de kutsal olan şekilsiz balçıktan çifter çifter oluştuklarını söyler. Babil efsanesinde, sonradan Kitab-ı Mukaddes'te de olduğu gibi, eski dünyanın yabancısı olduğu yoktan varoluş düşüncesine rastlanmaz. Söz konusu kutsal balçık, gerek tanrılar gerekse insanoğlundan da önce, ta ezelden beri mevcuttu. Babilliler bu kutsal ilk maddenin, herhalde, sellerin insanlarca binbir zahmetle meydana getirdikleri ürünleri her an silip süpürme tehlikesi gösterdiği Mezopotamya'nın bataklık topraklarına benzediğini düşündüler. Bu yüzden Enuma Eliş'te kaos kıpkızıl fokurdayan bir kütle değil, hiçbir sınır, tanım ve kimlik özelliğine sahip olmayan gevşek bir karmaşa hali olarak tasvir edilir:

> birleştiğinde tatlı ile acı
> ne yeşeren ot ne suyu bulandıran sazlık
> tanrılar isimsiz, kimliksiz, geleceksiz.[4]

---

4 "The Babylonian Creation", çev.: N. K. Sandars, *Poems of Heaven and Hell from Ancient Mesopotamia* (Londra, 1971), s. 73.

Ardından, bu çorak topraktan üç tanrı peyda oldu: Apsu (Nehirlerin tatlı suyu), onun karısı Tiamat (tuzlu su) ve kaosun rahmi Mummu. Ancak, onlar sözde geliştirilebilir, olgunlaşmamış ve henüz yetkinleşmemiş birer modeldiler. "Apsu" ve "Tiamat" adları "gayya kuyusu", "boşluk" ya da "derin uçurum" olarak çevrilebilirler. Başlangıcın biçimsizliğindeki şekilsiz ataleti paylaşan bu tanrılar henüz açık seçik bir kimlik kazanmamışlardı.

Sonuçta, yayılma (*sudûr, emanation*) olarak bilinen ve Tanrımızın tarihinde oldukça önemli yere sahip bir olay gerçekleşti: Bu tanrılardan birbirini takiben diğer tanrılar zuhur etti. Tanrısal evrim ilerledikçe her biri bir öncekinden daha belirgin bir kimlikle çifter çifter yeni tanrılar ortaya çıktılar. Önce, isimleri alüvyonların getirdiği kumlu toprak (balçık) anlamına gelen, su ve toprağın birlikteliğini simgeleyen Lahmu ve Laham, ardından, sırasıyla gökyüzü ve denizin ufuklarını simgeleyen Anşer ve Kişar geldiler. Bunları Anu (gökler) ve Ea (yeryüzü) takip etti ve süreç tamamlanmış oldu. Böylece, tanrısal evren birbirinden farklı ve ayrı gökyüzü, nehirler ve yeryüzünden oluşmaktaydı. Ancak yaratılış daha yeni başlamıştı: Kaotik ve yıkıcı güçlerle ancak zahmetli ve kesintisiz bir mücadeleyle başa çıkılabilirdi. Daha genç olan tanrılar anne-babalarına karşı ayaklandılar; Ea, Apsu ve Mummu'ya karşı zafer kazandıysa da Tiamat'ın kendisiyle savaşmak üzere yarattığı bir dizi canavar karşısında başarılı olamadı. Bereket versin ki Ea'nın harikulade bir oğlu vardı: Marduk, Güneş Tanrısı, tanrısal evrenin en kusursuz varlığı. Tanrıların bir Büyük Meclis toplantısında Marduk kendisinin hükümdar olması koşuluyla Tiamat'a karşı savaşma sözü verdi. Ancak, uzun ve tehlikeli bir mücadele sonunda Tiamat'ı güçlükle öldürebildi. Bu mitosta yaratıcılık, büyük zorluklara karşı ancak emek harcanarak kazanılabilen bir mücadele olarak ortaya çıkmaktadır.

Sonunda Marduk, Tiamat'ın cesedinin başında, yeni bir dünya yaratmaya karar verdi: Tiamat'ın vücudunu gökyüzünü ve insanların dünyasını oluşturmak üzere ikiye ayırdı; ardından, her şeyin belirlenmiş kendi yerinde kalmasını sağlamak için yasalar koydu. Düzen sağlanmalıydı. Kesin zafere henüz ulaşılmamıştı. Bu, özel liturji aracılığıyla her yıl yeniden pekiştirilmeliydi. Sonunda tanrılar yeni dünyanın merkezinde, Babil'de toplandılar; göksel ayinlerin icra edildiği bir tapınak inşa ettiler. Böylece Marduk'un onuruna yapılmış yeryüzü tapınağı, sonsuz gökyüzünün sembolü büyük Ziggurat ortaya çıktı. İnşası tamamlandığında, tanrıların hep bir ağızdan haykırışları eşliğinde Marduk tapınağın zirvesindeki tahta oturdu: "Burası Babil, Tanrı'nın aziz kenti, senin sevgili evin!" Ardından, evrenin biçimlenişi, gizli dünyanın sırrının açığa çıkarılışı ve tanrıların evrendeki yerlerinin belirlenişine dair liturjiyi icra ettiler.[5] Bu yasa ve ritüeller herkes için bağlayıcıydı; o derecede ki tanrılar bile yaratılışın sürekliliğinin sağlanması için bunları gözetmeliydiler. Mitos, Babillilerin anladığı biçimiyle uygarlığın özünü, gerçek anlamını dile getirmektedir. Ziggurat'ı kendi atalarının inşa ettiğini biliyorlardı ama Enuma Eliş'te anlatılan öykü, onların yaratıcı girişimlerinin ancak tanrısal güçle bütünleşmesi durumunda ayakta kalabileceğine olan inançlarını dile getirmekteydi. Yeni Yıl'da sergilenen liturji insanın ortaya çıkışından çok önce oluşturulmuştu: O adeta şeylerin doğasına nakşedilmişti ve tanrılar bile buna boyun eğmek zorundaydılar. Mitos, ayrıca, Babil'in kutsal bir kent, dünyanın merkezi ve tanrıların evi olduğu inancını da gözler önüne sermekteydi; bu antik çağın hemen bütün dinsel sistemlerinde önemli yer tutan bir inançtı. İnsanların kutsal güçlerle yakın ilişki içinde olduğu, bütün varoluşun ve etkinliğin kaynağı olan bir kutsal kent düşüncesi bizim tanrımızın içinde şekillendiği her üç tektanrılı dinde de merkezi bir öneme sahip olacaktır.

En sonunda, neredeyse sonradan akla gelmiş bir şeymiş gibi, Marduk insanı yarattı. Tiamat'ın Apsu'yu bertaraf ettikten sonra yarattığı kendi sersem kocası Kingu'yu ele geçirip öldürdü ve onun

---

5 Aynı eser, s. 99.

kutsal kanıyla toprağı karıştırarak ilk insana şekil verdi. Tanrılar şaşkınlık ve hayranlık içinde seyrettiler. Bütün bunlara rağmen, mitosun insanın kökeni hakkında sunduğu bu öyküde yaratılışın esasıyla ilgili olmayan ama tanrıların en aptal ve aciz olanından kaynaklanan bir mizah unsuru söz konusudur. Aslında bu öykü bir başka önemli noktaya dikkat çekmektedir, ilk insan bir tanrıdan yaratılmıştır. Bu yüzden o, her ne kadar sınırlı da olsa, tanrısal bir öze sahiptir. Dolayısıyla, insan ile tanrı arasında herhangi bir uçurum mevcut değildir. Maddi evren, erkek, kadın ve bizzat tanrılar aynı özü paylaşırlar ve aynı tanrısal maddeden vücut bulurlar. Pagan görüş bütüncü bir nitelik taşıyordu. Tanrılar, insan soyundan farklı bir ontolojik düzlemde onlardan kesin olarak ayrı bir kategori oluşturmuyorlardı: Tanrısallık temelde insanlıktan farklı değildi. Bu yüzden, tanrıların yukarıdan aşağıya indirdiği özel bir vahye ya da tanrısal bir yasaya gerek yoktu. Tanrılar ve insanoğlu aynı kaygıyı taşıyorlardı; tek fark, tanrıların daha güçlü ve ölümsüz olmalarıydı.

Bu bütüncü görüş yalnızca Orta Doğu'ya özgü olmayıp eski dünyada oldukça yaygın bir anlayıştı. İ.Ö. altıncı yüzyılda Pindaros'un Olimpiyat oyunlarında sunduğu epik şiirde bu düşüncenin Yunan versiyonunu görüyoruz:

Soy tektir, tek,
İnsan ve tanrılar soyu;
Tek anneden soluk aldık.
Ama her şeydeki farklı güç
Ayırır bizi birbirimizden.
Tek başına pırıltılı gökyüzünden başka bir şey olmayan kişi
Yalnızca öylesine var olur sonsuza dek.
Oysa ki zihnimiz ve vücudumuzun muhteşemliğiyle
Ölümsüzler arasına katılabiliriz[6]

---

6 Pindar, *Bütün Zafer Şarkıları.*

Pindaros, atletlerinin herbirini kendi başlarına ellerinden gelenin en iyisini yapmaya çabalar görmek yerine, insanların tüm başarıları için model oluşturan tanrıların istismarına karşı mücadeleye yöneltir. İnsanlar, ümitsiz derecede uzak varlıklar olan tanrıları sorgusuzca taklit etmemekte, temelde tanrısal nitelikteki kendi özgüçlerini kullanarak yaşamaktaydılar.

Marduk ve Tiamat efsanesinin Kitab-ı Mukaddes'te zaman zaman oldukça övücü sözlerle anılan fırtına ve bereket tanrısı Baal-Habad hakkında benzer bir öyküye sahip Filistin halkı üzerinde etkili olduğu anlaşılıyor. İ.Ö. on dördüncü yüzyıla ait tabletlerde Baal'ın deniz ve nehirlerin tanrısı Yam-Nahar'la olan savaşının hikâyesi anlatılır. Baal ve Yam'ın her ikisi de Filistinlilerin Yüce Tanrısı El ile aynı zamanda yaşamışlardı. El'in topladığı Medis'te Yam, Baal'ın kendisine gönderilmesini ister. Baal, iki sihirli silahın yardımıyla Yam'ı yener; tam öldürmek üzereyken El'in karısı ve tanrıların anası Aşera devreye girer ve bir tutsağı öldürmenin onursuzluk olduğunu söyler. Bunun üzerine, toprağın verimliliğini sağlayan fırtına tanrısı Baal utanır; toprak için sürekli bir sel tehdidi oluşturan, deniz ve nehirlerin düşmanca olan yanını temsil eden Yam'ı öldürmekten vazgeçer. Mitosun bir diğer versiyonunda Baal, İbranicede Leviathan adıyla geçen yedi başlı ejderha Lotan'ı öldürür. Ejderha, neredeyse bütün kültürlerde belirsizi, şekilsizi ve farklılaşmamış olanı simgeler. Baal, böylece, tamamen yaratıcı bir tavırla, başlangıçtaki şekilsizliğe dönüşün önüne geçer ve tanrılarca kendisinin onuruna inşa ettirilen güzel bir sarayla ödüllendirilir. Bundan dolayıdır ki dinin çok eski aşamasında yaratıcılık tanrısal bir eylem olarak görülür; bugün bile gerçeğe yeni bir biçim veren ve dünyaya yeni bir anlam kazandıran yaratıcı ilhamdan söz ederken dinsel bir dil kullanıyoruz.

Buna rağmen Baal'ın başına tam tersi gelir: Ölür ve ölüm ile kısırlık tanrısı Mot'un dünyasına inmek zorunda kalır. Yüce Tanrı El, oğlunun akıbetini öğrendiğinde tacını tahtını bırakır, yasa bürünür, yüzünü gözünü parçalar ama oğlunu geri getiremez. Bunun üzerine Baal'ın sevgilisi ve kızkardeşi Anat tanrısal âlemi terk edip, ineğin buzağısına ya da dişi koyunun kuzusuna duyduğu cinsten bir arzu ve iştiyakla ruhunun ikizini aramaya çıkar.[7] Baal'ın cesedini bulduğunda, onun şerefine büyük bir ziyafet verir; ardından Mot'u ele geçirir, kılıcıyla vücudunu yarar, unufak eder, yakar ve tıpkı tahıl gibi öğüterek toprağa savurur. Ölü tanrıyı aramaya girişen ve toprağı yeni bir yaşamla tazeleyen İnana, İştar ve İsis gibi diğer büyük tanrıçalar için de benzer hikâyeler anlatılır. Bununla birlikte, Anat'ın zaferi her yıl yapılan dinsel törenlerle ebedileştirilmeliydi. Daha sonra, kaynakların yetersizliği yüzünden nasıl olduğunu bilemediğimiz bir şekilde Baal tekrar yaşama döner ve Anat'a kavuşur. Cinsiyetlerin birliğiyle simgelenen bütünsellik ve ahengin böylesi ilahlaştırılışı eski Filistin'de ritüel cinsellik vasıtasıyla kutlanmıştır. Erkekler ve kadınlar tanrıları bu şekilde taklit ederek kısırlığa karşı birlikte mücadele vermekte ve dünyanın yaratıcılık ve üretkenliğini sağlamaktaydılar. Bir tanrının ölümü, tanrıçanın arayışı ve sonunda tanrısal dünyaya yeniden dönüş birçok kültürde sıkça gözlenen temalardır; bu Yahudi, Hristiyan ve Müslümanların tapındığı oldukça farklı bir Tek Tanrı dininde de görülecektir. Söz konusu din, Kitab-ı Mukaddes'te, İ.Ö. yirmi ve on dokuzuncu yüzyıllarda bir zamanda Ur kentini terk ederek Filistin'e yerleşen İbrahim'e atfedilir. İbrahim hakkında hiçbir çağdaş belge mevcut değildir, ancak bilim adamları onun, İ.Ö. üçüncü binin sonlarında halkını Mezopotamya'dan Akdeniz'e doğru yönelten gezgin kabile şeflerinden birisi olabileceği üzerinde durmaktadırlar. Mezopotomya ve Mısır kaynaklarında bir kısmı Abiru, Apiru ya da Habiru olarak adlandırılan bu göçmen kabileler İbranice'nin de bir parçası olduğu Batı Semitik dillerini konuşuyorlardı. Bunlar, mevsim değişmelerine göre sürüleriyle göçen Bedeviler gibi düzenli çöl göçebeleri olmaktan ziyade, tutucu yöneticilerle sürekli çatışma halinde, tasnifi daha

7 Anat-Baal Metinleri 49:11:5, zikreden E.O. James, *The Ancient Gods* (Londra, 1960), s. 88.

zor bir grup oluşturmaktaydılar. Kültürel konumları çöl halklarına göre daha yüksekti. Bazıları paralı asker, bazıları yönetim aygıtının memurları olarak hizmet vermekte, diğerleri de ticaretle uğraşmakta, hizmetçilik ve tamircilik yapmaktaydı. Aralarından zenginleşenler ise böylece toprak edinme ve yerleşme olanağına kavuşmaktaydı. Tekvin'de İbrahim'in Sodom Kralı'nın hizmetinde paralı asker olarak çalıştığı, Filistin ve çevresindeki yönetimlerle sık sık çatışmaya girdiği anlatılır. Sonunda İbrahim, karısı Sarah öldüğünde Filistin'de, bugünkü Batı Şeria'da bulunan El Halil'de bir parça toprak satın alır.

İbrahim ve onun yakın soyu hakkında Tekvin'de anlatılanlar, ilk İbranilerin Filistin yani bugünkü İsrail'de yerleşmeleri sürecinde üç ana döneme işaret etmektedir. İlki İbrahim ve El Halil'le ilgili olup İ.Ö. 1850'lerde gerçekleşmiştir. İkinci bir göç dalgası, sonradan İsrail (Tanrı ona güç versin!) olarak adlandırılan, İbrahim'in torunu Yakub'la ilişkilidir; Yakub, Şekem (Shechem)'e, yani bugünkü Batı Şeria'daki Arap kenti Nablus'a yerleşti. Kitab-ı Mukaddes, sonradan İsrail'in on iki kabilesinin atalarını oluşturacak olan Yakub'un oğullarının Filistin'deki şiddetli bir kıtlık esnasında Mısır'a göçtüklerini söyler. İbrani yerleşmesinin üçüncü dalgası ise İ.Ö. 1200 sıralarında, İbrahim'in torunları olduğunu söyleyen bir kısım kabilenin Mısır'dan gelip Filistin'e yerleşmeleriyle gerçekleşti. Bunlar, kendilerini Mısırlıların esir aldığını ama liderleri Musa'nın tanrısı olan Yehova tarafından kurtarıldıklarını anlatmaktaydılar. Zorluklar içinde kendilerine Filistin'de bir yer edindikten sonra buradaki İbranilerle ittifak oluşturdular ve İsrail halkı olarak tanındılar. Kitab-ı Mukaddes, bizim eski İsrailoğulları olarak bildiğimiz insanların, esas olarak Musa'nın Tanrısı olan Yehova'ya sadakatin birleştirdiği değişik etnik gruptan insanlardan oluşan bir konfederasyondan başka bir şey olmadığını açıkça dile getirir. Bununla birlikte, daha eski dönemlerin sözlü kaynaklarına dayanmasına rağmen, Kitab-ı Mukaddes'te anlatılanlar yüzyıllar sonra yazıya geçirilmiştir. On dokuzuncu yüzyılda Kitab-ı

Mukaddes üzerine çalışan bazı Alman bilim adamları Kitab-ı Mukaddes'in ilk beş bölümünün –Tekvin, Çıkış, Levililer, Sayılar ve Tesniye– dört farklı kaynağı olduğunu gösteren eleştirel bir yöntem geliştirdiler. Bunlar sonradan, İ.Ö. beşinci yüzyılda, Pentateuch olarak bilinen nihai metin içinde harmanlandılar. Bu eleştirel tutum birçok sert tepkiye yol açmasına rağmen, Yaratılış ve Tufan gibi bazı anahtar olayların neden birbirinden oldukça farklı iki versiyonu olduğu ve Kitab-ı Mukaddes'te neden bazen çelişkili ifadelere rastlandığı konularında bugüne kadar hiç kimse daha doyurucu bir açıklama getirmemiştir. Tekvin ve Çıkış'a kaynaklık ettiği söylenen en eski iki yazar, söz konusu metinleri, bazıları daha erken bir tarih vermesine rağmen, büyük ihtimalle sekizinci yüzyılda kaleme almışlardı. Bu yazarlardan, metninde Tanrı'yı "Yehova" olarak zikredeni "J", daha formel tanrısal lakap olan "Elohim"i kullanmayı tercih edeni ise "E" olarak adlandırılır. İsrailoğulları sekizinci yüzyıla gelinceye kadar Filistin'i iki ayrı krallığa bölmüşlerdi. J güneydeki Yahuda Krallığı'nda yazarken, E kuzeydeki İsrail Krallığı'ndan gelmekteydi. (s. Haritalardaki haritaya bakınız). Pentateuch'un diğer iki kaynağını –İsrail'in eski tarihini anlatan Tesniye yazan (Deuteronomist) (D) ve Priestly (P) versiyonları– ikinci bölümde ele alacağız.

Her iki yazarın da birçok açıdan Orta Doğu'nun komşu kavimlerinin dinsel perspektiflerini paylaştığını göreceğiz; bununla birlikte onların anlattıkları İ.Ö. sekizinci yüzyıla gelinceye kadar İsrailoğullarının kendi özgün bakış açılarını geliştirmeye başladıklarını göstermektedir. Örneğin J, Tanrı'nın tarihine Enuma Eliş'le kıyaslandığında insanı hayrete düşürecek derecede gelişigüzel anlatılmış olan dünyanın yaratılışıyla başlar:

> Tanrı Yehova yeryüzü ve gökyüzünü yarattığında, yeryüzünde ne yaban bir çalılık ne de yeşermiş bir bitki vardı; çünkü Tanrı, Yehova yeryüzüne yağmur göndermemişti. Ayrıca, toprağı işleyecek insan da yoktu. Bununla birlikte,

yeryüzünden bir sel yükselmekte ve toprağın bütün yüzeyini sulamaktaydı. Tanrı Yehova toprağın (adamah) çamurundan insanı (adam) şekillendirdi. Ardından, ona yaşam nefesini üfledi; böylece insan canlı bir varlığa dönüştü.[8]

Bu tamamen yeni bir başlangıçtı. Dünyanın yaratılışına ve Mezopotamya ve Filistin'in kendi çağdaşı paganlarında olduğu gibi, tarihöncesi döneme eğilmek yerine J, daha çok bildik tarihsel zamanla ilgilenmekteydi. İ.Ö. altıncı yüzyıla gelinceye kadar İsrail'de yaratılışa yönelik gerçek bir ilgiye tanık olunmamış, bu dönemde bizim P olarak adlandırdığımız yazar bugün Tekvin'in ilk bölümünü oluşturan muhteşem öyküyü kaleme almıştır. J, Yehova'nın gökyüzü ve yeryüzünün gerçek yaratıcısı olup olmadığı konusunda kesinlikle açık bir ifade dile getirmemektedir. Bununla beraber, en önemlisi, J'nin insan ile tanrısal olan arasında yaptığı belirgin bir ayrımı vurgulamasıdır. İnsan (adam), tanrısıyla aynı kutsal maddeden oluşma yerine, mecazda da görüldüğü gibi, yeryüzüne (adamah) aittir.

J, pagan komşularının aksine, tanrıların kutsal ve esas olan zamanı karşısında dünyevi, zayıf ve dayanıksız olanın olağan tarihini reddetmez. Tufan ve Babil Kulesi olaylarını da içeren mitolojik dönemin sonuna kadarki tarih öncesi olayları çabucak geçiştirdikten sonra İsrail halkının tarihinin başlangıcına gelir. Bu ise, beklenmedik bir şekilde, insan Abram'ın –ki sonradan Abraham (Çokluğun Babası), yani İbrahim olarak adlandırılacaktır– Yehova tarafından, ailesini Harran'da bırakarak Akdeniz kıyısındaki Filistin'e göçmesinin emredilmesi öyküsüyle On İkinci Bölüm'de başlar. Burada bize, bir pagan olan babası Terah'ın çok daha önceden ailesiyle birlikte

---

8 Tekvin 2:57. Kitab-ı Mukaddes'ten burada ve aşağıda yapılan bütün alıntıların Türkçe çevirisi için, Kitab-ı Mukaddes şirketinin 1981 tarihli yayınına başvurulmakla birlikte, bu yayının yer yer eski, karışık ve anlaşılmaz Türkçesi yüzünden, çoğunlukla kitaptaki İngilizce metinlerden doğrudan tercüme yoluna gidilmiştir. (ç. n.)

Ur'dan ayrılarak Batı'ya göçtüğü anlatılır. Yine Yehova İbrahim'e kendisini özel bir kaderin beklediğini söyler: İbrahim, bir gün gökteki yıldızlardan daha kalabalık güçlü bir milletin atası haline gelecek, torunları Filistin topraklarını ele geçirerek burayı kendilerine yurt tutacaktır. J'nin anlattığı İbrahim'e yönelik bu çağrı, bu Tanrı'nın gelecekteki tarihinin de bazı ipuçlarını sunmaktadır. Kadim Orta Doğu'da tanrısal mana ritüel ve mitoslarda yaşa(nır)dı. Marduk, Baal ve Anat'ın kendilerine tapan insanların sıradan, dünyasal yaşamlarına karışmaları beklenmezdi; onların eylemleri kutsal zamanda gerçekleşmekteydi. Oysa ki İsrailoğullarının tanrısı kendi gücünü gerçek dünyanın güncel olaylarında etkili kılmaktaydı. O şimdi ve burada bir değer olarak görülüp kabul ediliyordu. Kendisiyle ilgili ilk vahiy bir emri içermektedir: İbrahim, *halkını* terk edecek ve Filistin'e göçecek.

Sahi, kimdir Yehova? İbrahim, Musa'yla aynı tanrıya mı tapınmaktaydı; ya da onu başka bir isimle mi anmaktaydı? Bu, bugün bizler için çok önemli bir konu olsa da Kitab-ı Mukaddes bu konuda merak uyandıracak derecede belirsiz görünmekte ve bu soruya çelişkili yanıtlar vermektedir. J, Âdem'in torunundan itibaren insanların Yehova'ya taptıklarını söylerken, altıncı yüzyılda P, yanan bir çalılık şeklinde Musa'ya göründüğü ana kadar İsrailoğullarının Yehova adını hiç duymadıklarını öne sürer. P Yehova'ya, oldukça tartışmalı da olsa, kendisinin gerçekten de İbrahim'in tanrısıyla aynı tanrı olduğunu söyletmektedir: Musa'ya, İbrahim'in kendisini "El Şadday" olarak çağırdığını ve kutsal Yehova ismini bilmediğini söyler.[9] Bu fark ne Kitab-ı Mukaddes yazarlarını ne de onların derleyicilerini ciddi bir şekilde düşündürmüş gibi görünüyor. J, tanrısını baştan sona "Yehova" olarak adlandırır. Onun yazdığı dönemde Yehova İsrail'in tanrısıydı ve önemli olan da buydu. İsrail dini pragmatik bir dindi ve bugün bizleri düşündüren spekülatif ayrıntılarla pek fazla ilgilenmiyordu.

---

9 Tekvin, 4:26; Çıkış, 6:3.

Bununla birlikte, ne İbrahim' in ne de Musa'nın, tanrılarına, bugün bizlerin inandığı gibi inandıklarını sanmamalıyız. Bizler Kitab-ı Mukaddes'in öyküsüne ve İsrail'in daha sonraki tarihine o derece aşinayız ki daha sonraki Yahudi dini hakkındaki bilgilerimizi bu ilk dönemin tarihsel kişiliklerine teşmil etme eğilimi gösteriyoruz. Buna bağlı olarak, İsrail'in üç büyük atasının –İbrahim, oğlu İshak ve torunu Yakub– yalnızca tek bir Tanrı'ya inanan tektanrıcılar olduğunu düşünürüz. Bunun hiç de böyle olmadığı görülüyor. Gerçekten de bu ilk dönem İbranilerini Filistin'deki komşularının birçok dinsel inanışını paylaşan paganlar olarak adlandırmak belki daha doğru olur. Onlar, kesinlikle, Marduk, Baal ve Anat gibi tanrılara inanmış olmalılar. Hepsinin aynı tanrıya inandığını söylemek zordur. İhtimaldir ki İbrahim'in tanrısı, İshak'ın "korkusu" ya da "akrabası" ile Yakub'un "muktedir"i üç ayrı tanrıydılar.[10]

Daha da ileri gidebiliriz. İbrahim'in tanrısının, Filistin'in Yüce Tanrısı El olma ihtimali oldukça yüksektir. Tanrı, İbrahim'e kendisini El Şadday (Dağların El'i) olarak tanıtmıştır ki bu, El'in geleneksel lakaplarından birisidir.[11] Bir başka yerde ise El Elyan (En Yüce Tanrı) ya da Beth-El'in El'i olarak çağrılır. Filistin Yüce Tanrısı'nın adı İsra-El ya da İsma-El gibi İbrani isimlerinde de karşımıza çıkmaktadır. İsrail halkının bu Yüce Tanrı'yı Orta Doğu'nun pagan halklarının aşina olmadığı bir şekilde algıladığını düşünmek zordur. İsrailoğullarının, yüzyıllar sonra, Yehova'nın mana ya da kutsallığını korkunç bir şey olarak algıladıklarını göreceğiz. Örneğin o, Sina Dağı'nda Musa'ya korkunç bir volkanik patlamanın ortasında görünmüş ve İsrailoğulları ondan uzak durmak zorunda kalmışlardır. Bir karşılaştırma yapmak gerekirse, İbrahim'in El'i oldukça yumuşak, ılımlı bir tanrıdır. O İbrahim'e insan suretinde bir arkadaş olarak görünmüştür. Tecelli olarak adlandırılan, Tanrı'nın, bu örnekte

10 Tekvin, 31:42; 49:24.

11 Tekvin, 17: 1.

olduğu türden, fiziki olarak görünmesi antik çağın pagan dünyasında oldukça yaygındı. Tanrıların ölümlü insanların yaşamlarına doğrudan müdahalesi beklenmemesine rağmen, mitolojik zamanlarda bazı ayrıcalıklı bireyler tanrılarıyla yüz yüze gelebiliyorlardı. *İlyada* bu tür tecellilerle doludur. Tanrı ve tanrıçalar hem Yunanlılara hem Truvalılara rüyalarında insani ve tanrısal dünya arasındaki sınırın ortadan kalktığına inanıldığı bir anda görünmüşlerdir. *İlyada*'nın en sonunda, Priamos'u, kendisini nihayet Hermes olarak tanıtacak olan cazip, genç bir erkek Yunan gemilerine ulaştırmıştır.[12] Yunanlılar, geriye, kendi kahramanlarının altın çağına baktıklarında, sonuç olarak insanoğluyla aynı özden gelen tanrılarla yakın ilişki içinde olageldiklerini hissederler. Bu tecelli öyküleri bütüncü pagan anlayışı dile getirir: Tanrısal olan, temelde ne doğadan ne de insani olandan ayrışmıyor idiyse bu, büyük gürültüler koparmadan da yaşanabilirdi. Dünya, her an her köşede ya da geçmekte olan bir yabancının kişiliğinde beklenmedik bir şekilde algılanan tanrılarla doluydu. Öyle anlaşılıyor ki sıradan insanların kendi yaşamlarında böylesi tanrılarla karşılaşmaları pekâlâ mümkündü. Bu, Resullerin İşleri'ndeki ilginç öyküyü –İ.S. birinci yüzyıl gibi erken bir tarihte havari Pavlus ve şakirdi Barnabas'ın bugünkü Türkiye'deki Listra halkı tarafından Zeus ve Hermes sanılmalarını da– açıklayabilir.[13]

Aynı şekilde, İsrailoğulları kendi altın çağlarına baktıklarında, kendi tanrılarınınkine benzer bir yaşam sürmüş olan İbrahim, İshak ve Yakub'u görmüşlerdir. Herhangi bir şeyh veya kabile şefi gibi, El onlara tavsiyelerde bulunur: Onların kaygılarının giderilmesine yardımcı olur, kiminle evleneceklerini söyler, onlarla rüyalarında konuşurdu. Arada bir onu insan şeklinde gördükleri de anlaşılıyor ki bu, sonradan İsrailoğullarının lanetledikleri bir şey haline gelmiştir. Tekvin'in On Sekizinci Bölümü'nde J, Tanrı'nın İbrahim'e El Halil

---

12 *İlyada.*

13 Resullerin İşleri, 14:11-18.

civarında Mamre'deki meşe ağacının yanında göründüğünü anlatır. İbrahim, günün en sıcak bir anında başını kaldırıp baktığında, üç yabancının çadırına doğru yaklaşmakta olduğunu fark eder. Tipik Orta Doğu misafirperverliğiyle, kendisi bir taraftan yiyecek bir şeyler hazırlarken, onların oturup dinlenmelerini söyler. Sohbetleri esnasında, oldukça doğal bir şekilde, bu adamlardan birinin, J'nin hep "Yehova" olarak bahsettiği, kendi tanrısından başkası olmadığı ortaya çıkar. Diğer ikisinin ise melek olduğu anlaşılır. Kimsenin bu olaydan özellikle şaşkınlığa düşmediği görülüyor. J'nin yazdığı İ.Ö. sekizinci yüzyılda hiçbir İsrailli Tanrı'yı bu şekilde görmeyi ummazdı; çoğu bunu hayretle karşılardı. J'nin çağdaşı E, İsraillilerin atalarının Tanrı'yla olan bu yakınlığına yönelik öyküleri pek gerçekçi bulmaz: E, İbrahim ya da Yakub'un Tanrı'yla olan ilişkilerini anlatırken, olaya mesafeli yaklaşmayı, bu eski efsaneleri daha az insanbiçimli bir hâle getirmeyi tercih eder. O böylece, Tanrı'nın İbrahim'le bir melek aracılığıyla konuştuğunu söyleyecektir. Öte yandan J, E'nin bu mesafeli yaklaşımını paylaşmaz ve kendi öyküsünde bu ilkel tecellinin o eski lezzetini muhafaza eder.

Aynı şekilde, Yakub da bir dizi tecelliyle karşılaşmıştır. Bunlardan birinde, akrabaları arasından kendine bir eş bulmak üzere Harran'a dönmeye karar verir. Yolculuğunun ilk kısmında Ürdün vadisi civarında Luz'da geceler; bir taşı kendisine yastık eder. O gece rüyasında, yeryüzünden gökyüzüne uzanan bir merdiven görür; melekler bu merdiven aracılığıyla insan ve tanrının dünyası arasında mütemadiyen inip çıkmaktaydılar. Bu bize adeta Marduk'un Zigguratını hatırlatır: Bir insan sanki yer ile gök arasında asılı gibi duran tepe noktasında tanrılarıyla buluşabilirdi. Yakub, bu merdivenin tepesinde El'i görür; El kendisini kutsar ve daha önce İbrahim'e verdiği sözleri tekrar eder: Yakub'un torunları güçlü bir millet oluşturacak ve Filistin topraklarını ele geçireceklerdir. Ayrıca, ileride göreceğimiz gibi, Yakub üzerinde büyük etki bırakan başka bir vaatte de bulunur. Pagan dini çoğu zaman yerel bir nitelik gösterir. Bir tanrının hükmü ancak belli bir bölgede geçerdi; bu bölgenin dışına çıkıldığında ise, bir önlem olarak, her zaman o bölgelerin yerel tanrılarına tapılırdı. Ancak El, Yakub'a, Filistin'i terk edip yabancı bir toprakta dolaştığında dahi kendisini koruyacağı sözünü verir: "Her zaman seninleyim! Nereye gidersen git seni koruyacağım."[14] Paganların tanrısallığın kutsal gücü ile karşılaştıklarında genellikle yaptıkları gibi, Yakub, içini dolduran merakın dürtüsüyle, "Ne ürkütücü bir yer! Bir Tanrı evinden (Beth-El) hiç aşağı değil; eminim ki burası gökyüzünün kapısı,"[15] diye düşünür. Yakub böylece, duygularını gayriihtiyarî olarak kendi zamanı ve kültürünün dinsel diliyle dile getirmiştir. Tanrı'nın evi Babil'in bizzat kendisi, "tanrıların kapısı" (Bab-ili) olarak adlandırılmıştır. Yakub, ülkesinin geleneksel pagan tutumuyla bu kutsal yerle özel olarak ilgilenmeye karar verdi. Yastık olarak kullandığı taşı kaldırdı, dikine yerleştirdi ve bir saçıyla kutsadı. O andan itibaren bu yer artık Luz değil, Beth-El, yani El'in Evi olarak adlandırılacaktır. Beride göreceğimiz gibi, İ.Ö. sekizinci yüzyıla kadar Beth-El örneğinde oldukça gelişmiş bir şekilde karşımıza çıkan dikili taşlar, Filistin'in bereket kültlerinin çok yaygın bir karakteristiğini oluşturur. Sonradan İsrailoğullarının bu tür bir dini şiddetle lanetlemelerine rağmen, pagan Beth-El mabedi ilk dönem efsanelerinde Yakub ve onun Tanrısı ile ilişkilendirilmiştir.

Yakub, Beth-El'i terk etmeden önce, orada karşılaştığı tanrıyı kendi *elohim*'i yapmaya karar verdi. Bu, bir tanrının insanların gözünde temsil ettiği her şeyi simgeleyen teknik bir terimdi. Yakub, eğer kendisini yabancı bir toprak olan Harran'da gerçekten koruyup kollayabilecek güçte ise, El'in ya da J'nin kullandığı biçimiyle Yehova'nın, özellikle etkili bir tanrı olması gerektiğini düşündü. Aklına hemen bir pazarlık geldi: El'in özel koruması karşılığında Yakub onu kendi *elohim*'i, taptığı tek tanrı yapacaktı. İsraillinin tanrı inancı

---

14 Tekvin, 28:15.

15 Tekvin, 26:16-17. J'deki unsurlar bu öyküye E tarafından ilave edilmiştir, dolayısıyla Yehova adı kullanılmıştır.

oldukça pragmatikti. İbrahim ve Yakub'un her ikisi de El'e inandılar, çünkü o kendileri için çalışmaktaydı. Oturup onun varlığını ispata çalışmadılar; El felsefi bir soyutlama değildi. Kadim dünyada mana yaşamın hikmeti kendinden menkul bir gerçeğiydi ve bir tanrı, etkinliğini sürdürdüğü müddetçe, kendi değerini kanıtlamış olurdu. Söz konusu pragmatizm Tanrı'nın tarihinde hep önemli bir faktör olagelmiştir. İnsanlar belli bir tanrı kavramını her zaman bilimsel ya da felsefi açıdan tutarlı göründüğü için benimsemiş değillerdir.

Yıllar sonra, Yakub karıları ve ailesiyle birlikte Harran'dan döndü. Filistin topraklarına adımını attığı anda bir diğer ilginç tecelliyle karşılaştı. Batı Şeria'daki Yebbok geçidinde bütün gece kendisiyle güreşecek olan bir yabancıyla karşılaştı. Gündüz ara verdikleri sırada yabancı gitmek için izin istediğinde, tinsel varlıkların çoğunda olduğu gibi, Yakub bırakmadı; ismini öğrenmeden gitmesine izin vermedi. Kadim dünyada, birinin ismini bilmek size onun üzerinde belli bir otorite, güç kazandırırdı. Yabancının Yakub'a ismini vermekte çekimser davrandığı anlaşılıyor. Bu ilginç karşılaşmanın devamında Yakub, bu yabancının bizzat El'den başkası olmadığını anlar.

> Ardından, Yakub ısrar etti, "Yalvarıyorum, bana ismini söyle." Ancak o, "İsmimi niçin öğrenmek istiyorsun?" diye karşılık verdi ve Yakub'u orada takdis etti. Yakub bu yeri Peni-El (El'in Yüzü) diye adlandırdı, "çünkü El'i bizzat gördüm," dedi ve devam etti: "ve hayatta kaldım."[16]

Bu tecellinin özü, tanrısal olan ile böylesi bir ilişki kurmanın bir küfür olarak algılandığı sonraki Yahudi tektanrıcılığından ziyade İlyada'nın ruhuna daha yakın düşmektedir.

Öte yandan, bu ilk dönem hikâyeleri bizlere, İsrailoğullarının söz konusu atalarını pagan çağdaşları gibi tanrılarıyla bizzat

16 Tekvin, 32:30-31.

ünsiyet kurarken göstermesine rağmen, yeni bir dinsel yaşantı düzlemi de sunmaktadırlar. Kitab-ı Mukaddes'te İbrahim'den hep bir "inanç" adamı olarak bahsedilir. Bizler günümüzde inancı, dinsel inançtan çok entelektüel bir haslet olarak tanımlıyoruz. Ancak, görüldüğü gibi, Kitab-ı Mukaddes yazarları Tanrı inancını soyut ya da metafizik bir inanç olarak görmemişlerdir. İbrahim'in "iman"ını yücelttiklerinde, onun ortodoksisinin, yani Tanrı hakkında doğru teolojik düşünceyi kabul etmiş olmasının değil, bir kişi ya da ülküye olan inancımızı dile getirişimizdeki ısrarımızda olduğu türden tutumunun takdir edilmesi söz konusuydu. Kitab-ı Mukaddes'te İbrahim, her ne kadar saçma görünse bile, Tanrı'nın verdiği sözleri yerine getireceğine olan şaşmaz inancından dolayı bir inanç adamı olarak tasvir edilmiştir. Çocuk yapacak durumda olmayan bir karısı (Sarah) olan İbrahim nasıl olur da bir milletin atası olarak anılabilirdi? Gerçekten de Sarah'ın çocuk sahibi olabileceği düşüncesi o derece komikti ki –her şeyden önce, menopoz dönemini çoktan geçirmişti– Tanrı'nın böyle bir söz vermesi karşısında bizzat kendileri kahkahayla gülmekten kendilerini alamamışlardı. Bütün garipliğine ve inanılmazlığına karşın, sonunda bir çocuk sahibi olduklarında, ona, "kahkaha" anlamına gelen İshak[17] adını koydular. Bununla birlikte, Tanrı onlardan bu tek oğullarını kendisine kurban etmeleri gibi korkunç bir istekte bulunduğunda, bu şaka bir anda tatsız bir hal aldı.

Tanrılara insan kurban etmek pagan dünyasında yaygın bir uygulamaydı. İlk çocuğun, genellikle, anneyi bir çeşit senyörlük hakkının (droit de seigneur) gereği olarak gebe bırakan bir tanrının çocuğu olduğuna inanılırdı. Çocuğu dünyaya getirirken tanrının enerjisi azalırdı, dolayısıyla, bunu yenilemek ve bütün olası manaların dolaşımını sağlamak için ilk çocuk kutsal babasına geri gönderilirdi. Bununla beraber, İshak örneği oldukça farklıydı. İs-

17 İslam geleneğinde, İbrahim'den kurban etmesi istenen oğlu İshak değil, Hacer'in oğlu İsmail'dir (ç. n.)

hak, tanrının doğal çocuğu değil onun bir hediyesiydi. Bu yüzden kurban etmek gerekmezdi; tanrısal enerjinin ikamesi de söz konusu olamazdı. Öte yandan, böyle bir kurban olayı, İbrahim'in, büyük bir milletin atası olacağı vaadi üzerine kurulu bütün yaşamını bir anda anlamsız kılacaktı. Bu tanrı, daha şimdiden eski dünyanın diğer tanrılarından farklı bir şekilde algılanmaya başlanıyordu. İnsanların kaygı ve endişelerini paylaşmıyor, erkeklerin kadınlara enerji aktarmasını istemiyordu. O ayrı bir düzlemdeydi ve istediğini talep edebilirdi. İbrahim tanrısına güvenmeye karar verdi. Oğlu İshak'la birlikte üç günlük yoldaki Moriya Dağı'na, sonradan Kudüs'teki mabedin inşa edildiği yere gitmek üzere yola çıktı. Tanrı'nın talebinden habersiz olan İshak üstelik kendi felaketi için odun da taşımak zorunda kalmıştı. İbrahim'in bıçağı eline aldığı son anda Tanrı merhamete geldi ve İbrahim'e bunun sadece bir sınama olduğunu söyledi. Böylece İbrahim, gökteki yıldızlar ya da kumsaldaki kum tanecikleri kadar kalabalık güçlü bir milletin atası olmaya hak kazanmıştı.

Günümüz insanı için bu oldukça ürkütücü bir öyküdür. Tanrı'yı despotik ve kaprisli sadist bir varlık olarak tasvir eder ve günümüzde bu öyküyü çocukluklarında sıkça dinleyen birçok insanın bu tür bir tanrıyı kabul etmek istememesi kimseyi şaşırtmamalıdır. Tanrı'nın Musa ve İsrailoğullarını özgürlüklerini kazanmaları için harekete geçirdiğinde yaşanan Mısır'dan kitle halinde göçleri de çağımız duyarlılığı karşısında aynı derecede rahatsız edicidir. Firavun, İsrail halkının gitmesini istememektedir; bunun üzerine Tanrı Mısır halkı üzerine on kez korkunç veba salgını salar. Nil nehri kan akmaya başlar; toprakları çekirge ve kurbağa sürüleri istila eder. Bütün ülke içinden çıkılamaz bir karanlığa gömülür. Tanrı sonunda en feci veba salgınını salar; İbrani kölelerin oğulları dışında bütün Mısırlıların en büyük erkek çocuklarını öldürmek üzere Ölüm Meleği'ni yollar. Nihayet, Firavun İsrailoğullarının Mısır'ı terk etmelerine izin verir. Ama sonradan fikrini değiştirir ve ordusuyla birlikte onları takibe koyulur. Onları Göller Bölgesi'nde[18] yakalar ancak Tanrı denizi yararak İsrailoğullarının buradan öte yakaya geçmelerini sağlar. Ardından Mısırlılar da aynı yerden geçmeye teşebbüs ettiklerinde ise denizi kapatır. Böylece bütün ordusuyla birlikte Firavun da boğulur gider.

Bu son derece zalim, tarafgir ve katil bir tanrıdır: Orduların Tanrısı, Yehova Sabaoth olarak bilinecek olan bir savaş tanrısıdır. İflah olmaz derecede partizan bir tanrıdır bu; kendi gözdeleri dışında hiç kimseye küçücük bir merhamet kırıntısı taşımayan, basit bir kabile tanrısıdır. Yehova, böylesine vahşi bir tanrı olarak kalması durumunda, ne kadar erken yok olursa elbette ki herkes için o kadar iyi olurdu. Kitab-ı Mukaddes'in bize aktardığı kadarıyla, en son Çıkış mitosu, olayların görünen şekliyle anlamlandırıldığı bir öykü olarak sunulmamaktadır. Bununla beraber, bu belki de denizleri ikiye ayıran tanrılara alışkın eski Orta Doğu insanına açık bir mesaj içeriyordu. Öte yandan, Marduk ve Baal'ın aksine Yehova'nın, tarihsel zamanın cisim dünyasında gerçek bir denizi ikiye böldüğü iddia edilmekteydi. Gerçekçi olma yolunda çok az bir çaba söz konusuydu. İsrailoğulları Çıkış öyküsünü yeniden ele aldıklarında, bugün bizlerin sahip olduğumuz türden tarihsel gerçekliğe uygunluk gibi bir kaygıları yoktu. Aksine; gerçek olay ne olursa olsun, olayın bizatihi gerçekliğinden çok, onlar için nasıl bir önem taşıdığını ortaya koymak derdindeydiler. Günümüzün bazı bilim adamları Çıkış öyküsünün Mısır ve onun Filistin'deki bağlaşıklarının hâkimiyetine karşı girişilen başarılı bir köylü ayaklanmasının mitosa dönüşmesinden ibaret olduğunu ileri sürmektedirler.[19] Bu, o dönem için oldukça ayrıksı bir olay olarak, onu bizzat yaşayan insanların belleğinde silinmez izler bırakmış olsa gerektir. Ayrıca bu olayın,

---

18 Orijinal metinde "Sea of Reeds" (ç. n.)

19 George E. Mendenhall, "The Hebrew Conquest of Palestine", *The Biblical Archeologist*, 25, 1962; M. Weippert, *The Settlement of the Israelite Tribes in Palestine* (Londra, 1971).

ezilen insanların güçlü ve acımasız olana karşı olağanüstü bir güç gösterisi şeklinde algılanmış olabileceği de düşünülebilir.

Söz konusu mitosun her ne kadar her üç tektanrılı dinde de önemli bir yeri olsa da Yehova'nın Çıkış'ın acımasız ve zalim tanrısı olarak kalmadığını göreceğiz. Şaşırtıcı görünse de İsrailoğulları onu tanınmaz derecede bir yücelik ve merhamet simgesine dönüştürmüştür. Öte yandan, Çıkış'ın feci öyküsü, tehlikeli tanrı anlayışları ve intikamcı bir teolojiye ilham kaynağı olmaya devam etmiştir. İ.Ö. yedinci yüzyılda Tesniye yazarının (D), her üç dinin tarihinde farklı zamanlarda hayati rol oynamış olan bu ürkütücü seçim teolojisini vurgulamak için söz konusu eski mitosu kullandığını göreceğiz. Her insani tasarımda olduğu gibi, Tanrı kavramı da sömürülebilir, suistimal edilebilir. Seçilmiş Halk mitosu ve tanrısal seçim ta Tesniye döneminden, günümüzde maalesef oldukça yaygın olan Yahudi, Hristiyan ve İslam köktenciliğine varıncaya kadar, çoğu zaman dar, kabilesel bir teolojiye kaynaklık edegelmiştir. Bununla birlikte, Tesniye yazarı, zayıfın ve ezilenin yanında bir Tanrı'dan söz eden tektanrıcılığın tarihinde eşit derecede olumlu etkide bulunan bir Çıkış mitosu yorumunu da muhafaza etmiştir. Tesniye'nin Yirmi Altıncı Bab'ında Çıkış öyküsünün, J ve E tarafından anlatılan versiyonlarının kaleme alınmasından önceye ait olması muhtemel eski bir yorumuna rastlıyoruz. İsrailoğullarına, elde ettikleri hasadın ilk ürünlerinin Yehova'nın din adamlarına sunulması emredilir ve bu arada şu söylenir:

> Babam gezgin bir Arami idi. Sığınacak bir yer bulmak için Mısır'a gitti. Az sayıdaydılar, ancak orada büyük, muktedir, güçlü bir millet haline geldiler. Mısırlılar bize merhametsiz davrandılar, barış içinde yaşamamıza izin vermediler ve bize esirliği reva gördüler. Ama biz babalarımızın Tanrısı Yehova'dan yardım istedik. Yehova sesimizi duydu, ıstırabımızı, acılarımızı ve ezilmişliğimizi gördü. Ve Yehova güçlü

ve her yere uzanan elleriyle büyük bir şiddetle, işaret ve mucizelerinin yardımıyla bizi Mısır'dan çıkardı ve buraya (Filistin'e) getirdi. Süt ve Bal fışkıran bu toprakları bize verdi. Bu yüzden, Yehova, bana verdiğin bu toprağın hasadının ilk ürünlerini sana sunuyorum.[20]

Tarihteki bu ilk köylü ayaklanmasına ilham kaynağı olan Tanrı devrimci bir tanrıdır. Her üç inançta da toplumsal adalet ülküsüne kaynaklık etmiştir, her ne kadar Yahudi, Hristiyan ve Müslümanların çoğu zaman bu ülküye uygun bir yaşam sürmedikleri ve onu statükonun tanrısı haline dönüştürdükleri söylenmiş olsa bile.

İsrailoğullarının Yehova'yı "atalarımızın tanrısı" diye çağırmalarına rağmen, onun, atalarının taptığı Filistin'in Yüce Tanrısı El'den oldukça farklı bir tanrı olma ihtimali söz konusudur. O, İsrail'in Tanrısı haline gelmeden önce pekâlâ diğer halkların da tanrısı olabilirdi. Yehova, Musa'ya ilk görünmelerinde hep tekrar tekrar ve uzun uzadıya kendisinin, her ne kadar başlangıçta El Şadday olarak adlandırılmış olsa da gerçekten de İbrahim'in Tanrısı olduğunda ısrar eder. Bu ısrar, Musa'nın Tanrısı'nın kimliği konusunda çok eski bir tartışmanın uzak çağrışımlarını da içinde barındırabilir. Bazılarınca, Yehova'nın aslında bugünkü Ürdün'de tapınılmış olan savaşçı bir tanrı, volkanların tanrısı olduğu ileri sürülmüştür.[21] Eğer o gerçekten de tamamen yeni bir tanrı idiyse, İsrailoğullarının Yehova'yı nerede keşfettiklerini belki de hiçbir zaman bilemeyeceğiz. Bir kere daha vurgulayalım, bu bugün bizler için önemli bir problem olabilir, ancak Kitab-ı Mukaddes yazarları için hiç de o kadar önemli değildi. Pagan antik çağda tanrılar sık sık birbirine karıştırılır ve birleştirilir ya da bir bölgenin tanrıları bir başka halkın tanrısıyla özdeş kabul edilirdi.

---

20 Tesniye, 26:58.

21 L.E. Bihu, "Midianite Elements in Hebrew Religion", *Jewish Theological Studies,* 31; Salo Wittmeyer Baron, *A Social and Religious History of the Jesus,* 10 c., 2. basım, (New York, 1952-1967), I., s. 46.

Emin olduğumuz tek şey, kökeni ne olursa olsun, Çıkış'ta yaşanan olaylar Yehova'yı İsrailin egemen tanrısı konumuna getirmiştir ve Musa İsrailoğullarını, onun, İbrahim, İshak ve Yakub'un inandıkları tanrı olan El'le bir ve aynı olduğuna ikna etmeyi başarmıştır.

Yehova'nın aslında Ürdün halkının bir tanrısı olduğunu ileri süren bu "Ürdünlülük kuramı" bugün pek kabul görmemekle birlikte Musa Yehova'yı ilk olarak Ürdün topraklarında görmüştür. Musa'nın, bir İsrailli köleye kötü davranan bir Mısırlıyı öldürmesi üzerine Mısır'ı terk etmek zorunda kaldığı hatırlanacaktır. Bunun üzerine o Ürdün'e sığınmış, orada evlenmiş ve kayınpederinin koyunlarını güttüğü bir sırada ilginç bir görüntüyle karşılaşmıştır: tutuşturulmadan yanmış bir çalılık. İncelemek için yaklaştığında Yehova onu ismiyle çağırmış ve Musa, "Buradayım!" (*bineni!*) diye haykırmıştır. Bütün İsrail peygamberleri, kendilerinden mutlak dikkat ve sadakat isteyen Tanrı'yla karşılaştıklarında bu cevabı vermişlerdir:

> "Daha yakına gelme" dedi [Tanrı], "ayakkabılarını çıkar, çünkü üzerinde durduğun yer kutsaldır. Ben atalarının, İbrahim'in, İshak'ın ve Yakub'un tanrısıyım." Musa o anda Tanrı'ya bakmaktan korkarak yüzünü kapadı.[22]

Burada söz konusu Yehova'nın gerçekten de İbrahim'in Tanrısı olduğu iddiasına karşın, şurası açıktır ki o, İbrahim'le bir arkadaş olarak oturup bir yemeği paylaşan tanrıdan farklı türde bir tanrıdır. O şiddet çağrıştırmakta, mesafe koymaktadır. Musa ona ismini ve delillerini sorduğunda Yehova, ileride göreceğimiz gibi, tektanrıcı inanç mensuplarını yüzyıllarca uğraştıracak olan kelime oyunuyla karşılık verir: "Kimsem O'yum (Ehyeh aşer ehyeh)"[23] Bunun anlamı neydi? O kesinlikle, sonraki düşünürlerin iddia ettikleri gibi, kendisinin kendi

22 Çıkış, 3:56.

23 Çıkış, 3:14.

kendini var eden Varlık olduğunu kastetmiyordu. Çünkü İbranice o günkü gelişmişlik düzeyinde henüz bu türden metafizik bir boyut içermemekteydi ve böyle bir özelliği kazanması için ise daha iki bin yıl geçmesi gerekecekti. Tanrı'nın, burada daha dolaysız ve somut bir şey kastetmiş olduğu anlaşılıyor. Ehyeh aşer ehyeh İbranicede kasıtlı olarak belirsizlik bildiren bir deyimdir. Kitab-ı Mukaddes, "nereye gittilerse oraya gittiler" gibi bir ifade kullandığında, bu, "nereye gittikleri hakkında en ufak bir fikrim yok" anlamına gelir. O halde, Musa kim olduğunu sorduğunda, Tanrı gerçekte, "Bu seni ilgilendirmez!" ya da, "Üzerine vazife değil!" diye karşılık verir. Tanrı'nın doğası tartışılmayacak ve o kesinlikle, paganların kendi tanrılarının isimlerini tekrar tekrar zikrettiklerinde yaptıkları türden suistimal edilmeyecekti. Yehova Koşulsuz Olan'dır: *Ne olacaksam o olacağım!* O, kendisi ne isterse tamı tamına o olacak ve [hiç kimseye bu yolda] hiçbir garanti vermeyecektir. Kısaca, o kendi halkının tarihine müdahale edecektir. Çıkış mitosu bunun kesin kanıtıdır: En imkânsız koşullarda bile olsa gelecek için umut yaratabilmiştir.

Bu yeni güç kaynağının ödenmesi gereken bir bedeli vardı. Eski Gök Tanrılar insanın gündelik kaygılarından oldukça uzak tutulmuşlardı; Baal, Marduk ve Ana Tanrıçalar gibi daha genç tanrılar insana daha yakın durmuşlar ama Yehova, insan ile tanrısal dünya arasındaki uçurumu bir kez daha derinleştirmiştir. Sina Dağı öyküsü bunun açık bir ifadesidir. Dağa ulaştıklarında İsraillilere giysilerini temizlemeleri ve fazla yaklaşmamaları söylendi. Musa kendilerini uyardı: "Dağa yanaşmamaya veya dağın eteklerine dokunmamaya dikkat edin. Dağa dokunan kişi öldürülecektir." Kalabalık dağın uzağında durdu; Yehova ateş ve bulut içinde aşağıya indi:

> Üçüncü günün şafağı söktüğünde dağın tepesinden gökgürültüsü, şimşek ışıltıları, yoğun bir duman ve şiddetli davul sesleri gelmeye başladı, aşağıda kamptaki insanlar korku ve heyecandan tir tir titrediler. Musa Tanrı'yla bu-

luşmak üzere kalabalığı kamp dışına çıkardı, dağın eteğinde durdular. Ateş biçiminde inen Yehova yüzünden Sina dağı baştan başa dumana bürünmüştü. Bu duman tıpkı bir ateş yumağından fışkıran duman gibi yükseldi ve bütün dağ şiddetle sarsıldı.[24]

Musa tek başına yukarıya çıktı, burada Kanun tabletleri kendisine verildi. Pagan dünyanın düzen, ahenk ve adalet ilkelerini bizzat şeylerin doğasında gören anlayışı yerine, burada Kanun yukarıdan indiriliyordu. Tarihin Tanrısı, kendisinin bir eylem alanı olan sıradan dünyaya daha fazla ilgi gösterebilirdi elbette, ama burada ona karşı derin bir yabancılaşmaya yol açacak bir potansiyel de vardı.

Çıkış'ın İ.Ö. beşinci yüzyılda düzenlenmiş son metninde Tanrı'nın Sina Dağı'nda Musa ile 1200 civarında gerçekleştiği düşünülen bir anlaşma yaptığı söylenir. Bu iddia bilimsel bir tartışmaya yol açmıştır. Bazı eleştirmenler İsrailoğullarının İ.Ö. yedinci yüzyıla kadar bu anlaşmaya fazlaca önem vermediklerini ileri sürerler. Ama tarihi ne olursa olsun, böylesi bir anlaşma düşüncesi bizlere İsraillilerin o tarihlerde henüz tektanrıcı olmadıklarını gösterir, çünkü bu ancak çoktanrıcı bir ortamda bir anlam ifade etmektedir. İsrailoğulları Sina Tanrısı Yehova'nın biricik tanrı olmadığına inanıyorlar ama bu anlaşmayla diğer bütün tanrıları görmezden gelerek yalnızca ona tapacaklarına söz veriyorlardı. Pentateuch'un bütününde tektanrıcı bir ifade bulmak neredeyse imkânsızdır. Hatta Sina Dağı'nda indirilen On Emir bile bizatihi diğer tanrıların varlığını kabul etmektedir: "Gözümün önünde başka hiçbir tanrı olmayacak."[25] Tek bir Tanrı'ya tapınma hemen hemen daha önce örneği olmayan bir adımdı: Mısır firavunu Akenaton, Mısır'ın diğer geleneksel tanrılarını bir kenara iterek Güneş Tanrısı'na tapmaya kalkışmışsa da halefleri onun bu politikasını

---

24 Çıkış, 19: 16-18.

25 Çıkış, 20: 2.

hemen terk etmişlerdi. Potansiyel bir *mana* kaynağını görmezden gelmek açıkça bir ahmaklık olarak görülmüştür ve İsrailoğullarının müteakip tarihi onların diğer tanrılardan oluşan kültlerini bir kalemde silmeye pek yanaşmadıklarını göstermektedir. Yehova savaş konusundaki ustalığını göstermişti ama o bir bereket tanrısı değildi. İsrailoğulları Filistin'e yerleştiklerinde, neredeyse içgüdüsel olarak, en eski zamanlardan beridir ekinleri yeşertmekte olan Filistin'in Hâkimi Baal kültüne döndüler. Peygamberler İsrailoğullarını anlaşmaya sadık kalmaya çağırmışlar ancak büyük çoğunluk geleneksel tarzda Baal, Aşera ve Anat'a tapmayı sürdürmüşlerdir. Gerçekten de Kitab-ı Mukaddes bize, Musa'nın Sina Dağı'nın tepesinde bulunduğu sırada geride kalanların hepsinin Filistin'in eski pagan dinine geri döndüklerini söyler. El'in simgesi olarak altından bir öküz yapıp, önünde eski ritleri icra ederler. Bu olayın Sina Dağı'ndaki o garip tanrısal vahiyle yan yana anlatılması belki de Pentateuch'a son şeklini veren kişilerin İsrail'deki bölünmenin şiddetini gösterme çabası olarak ele alınabilir. Musa gibi peygamberler Yehova'nın yüce dinini vazettiler ancak halkın çoğu tanrılar ile doğa ve insan arasındaki bütüncü vahdet anlayışını içeren eski ritüellerde ısrar ettiler.

Bununla birlikte İsrailoğulları Yehova'yı Çıkış'tan sonra kendilerinin tek tanrısı yapma sözü vermişler, peygamberler yıllar sonra onlara bu sözleşmeyi hatırlatmışlardır. Kendilerinin elohim'i olarak yalnızca Yehova'ya tapacakları sözünü vermişler, karşılığında o da İsrailoğullarının kendisinin seçilmiş halkı olacağını ve onları etkin şekilde koruması altına almayı vaat etmişti. Ancak Yehova, bu anlaşmayı bozmaları durumunda kendilerini acımasızca cezalandıracağı uyarısında bulunmuştur. Buna rağmen İsrailoğulları böyle bir anlaşmaya evet demişlerdir. Yeşu kitabında İsraillilerle onların Tanrısı arasındaki bu sözleşmeyle ilgili olabilecek bir ilk dönem metni buluyoruz. Sözleşme, Orta Doğu politikasında iki tarafı birbirine karşı bağlamak için sık sık kullanılan resmî bir anlaşmaydı. Belirli bir formatı vardı. Sözleşme metni daha güçlü tarafı temsil eden kralı takdimle başlar ve ardından iki tarafın bugüne kadarki ilişkilerinin tarihine değinilirdi. En sonunda, sözleşmenin bozulması durumunda uygulanacak hükümler, koşullar ve cezalar sıralanırdı. Bütün sözleşme fikrinin temelini mutlak sadakat isteği oluşturmaktaydı. Hitit Kralı II. Murşili ile vassalı Duppi Taşed arasında on dördüncü yüzyılda yapılan sözleşmede kral talebini şöyle dile getirmiştir: "Başka hiçbir kimseye yanaşma. Ataların Mısır'a haraç ödedi; sen bunu yapmayacaksın... Benim dostumla dost, düşmanımla düşman olacaksın." Kitab-ı Mukaddes bize, İsrailoğullarının Filistin'e varıp, oradaki akrabalarına kavuştukları zaman bütün İbrahim soyunun Yehova'yla bir sözleşme yaptıklarını bildirmektedir. Tören Yehova'yı temsilen Musa'nın halefi Yeşu tarafından icra edilir. Sözleşme geleneksel formatı takip eder. Önce Yehova takdim edilir; onun İbrahim, İshak ve Yakub'la olan pazarlıkları hatırlatılır; ardından Çıkış olayıyla ilişkisi kurulur. Son olarak Yeşu sözleşmenin koşullarını dile getirir ve toplanmış İsrail halkının resmî onayını ister:

> Bu andan itibaren Yehova'dan korkun ve ona samimi olarak ve eksiksizce hizmet edin; bir zamanlar nehrin öte yakasında (Ürdün) ve Mısır'da biat ettiğiniz tanrıları bir kenara bırakıp, Yehova'ya inanın. Ancak, Yehova'nın yolunda gitmeyecekseniz, atalarınızın nehrin ötesinde inandıkları tanrılara mı yoksa şu anda içinde yaşadığınız Amurilerin tanrılarına mı biat edeceğinize burada karar verin.[26]

İsrailoğulları Yehova ile Filistin'in geleneksel tanrıları arasında bir seçim yapmak durumundaydılar. Hiç tereddüt göstermediler; Yehova'ya benzer başka bir tanrı yoktu; o ana kadar başka hiçbir tanrı kendine inananlar için bu derece etkili olmamıştı. Onun, yaşamlarına bu güçlü müdahalesi, Yehova'nın kendilerinin elohim'i olma

26 Yeşu, 24: 14-15.

görevini layıkıyla yerine getirdiğini hiçbir şüpheye yer bırakmayacak şekilde açıkça göstermişti: Elbette ki yalnızca *ona* tapacaklar, diğer tanrıları reddedeceklerdi. Yeşu onları uyardı: Yehova çok kıskanç bir tanrıydı. Eğer sözleşme hükümlerini yerine getirmeyecek olurlarsa kendilerini yok edecekti. İsrailliler kendilerinden emin bir şekilde, kendilerinin elohim'i olarak yalnızca Yehova'yı seçtiklerini bildirdiler. Yeşu, "Öyleyse aranızdaki yabancı tanrıları defedin!" diye haykırdı, "ve kalplerinizi Yehova'ya, İsrail'in Tanrısı'na yöneltin!"[27]

Bununla beraber, Kitab-ı Mukaddes İsraillilerin sözleşmeye sadık kalmadıklarını söylemektedir. Yehova'yı yalnızca savaş zamanlarında, onun askerî korumasına ihtiyaç duyduklarında hatırlamışlar, her şeyin yolunda gittiği zamanlarda ise yine Baal, Anat ve Aşera'ya eski tarzda tapmayı sürdürmüşlerdir. Yehova kültü, *barındırdığı* tarihsel yanlılık açısından temelde farklı olmasına rağmen, kendisini çoğu zaman eski pagan unsurlarla bezenmiş olarak ifade etmiştir. Kral Süleyman, babası Davut tarafından Yebüsilerden alınan Kudüs'te Yehova için bir tapınak inşa ettirdiğinde Filistin Tanrıları için yapılan tapınakların bir benzeri ortaya çıkmıştır. Bu tapınak, İsraillilerin yaban ellerde geçirdikleri yıllar boyunca yanlarında taşıdıkları Ahit Sandığı'nı içeren ve Kutsalların Kutsalı olarak bilinen küp şeklindeki küçük bir odaya çıkan üç adet dörtgen mekândan oluşmaktadır. Tapınakta Filistin mitosunun ilk denizi Yam'ı simgeleyen büyük bronz bir kazan ile Aşera'nın bereket kültünü simgeleyen iki adet kırk ayaklı bağlantısız sütun bulunmaktaydı. İsrailoğulları Yehova'ya Filistinlilerden devraldıkları, içinde düzenli olarak pagan dinsel törenlerinin icra edildiği Beth-El, Şiloh, El Halil, Beytüllahim ve Dan gibi kasabalarda bulunan eski kutsal mekânlarda tapınmaya, ibadet etmeye devam etmişlerdir. Bununla birlikte, görüleceği gibi, orada dikkati çekecek derecede heterodoks faaliyetler icra edilmesine rağmen, tapınak kısa sürede oldukça özel bir konum ve önem

27 Yeşu, 24:24.

kazandı. İsrailoğulları bu tapınağı Yehova'nın göksel sarayının bir kopyası olarak gördüler. Sonbaharda Tarziye Günü'nde günah keçisi töreniyle başlayıp beş gün sonra yeni ekim mevsiminin başlangıcı olarak kutlanan Gül Bayramı hasat şenliğiyle devam eden kendi Yeni Yıl Festivallerini icra ettiler.

Bazı mezmurlarda, tıpkı kaosa kesin olarak baş eğdirişin temsil edildiği Marduk'un tahta çıkışı gibi, Yehova'nın da Gül Bayramı'nda kendi tapınağında tahta çıkışının kutlandığı ileri sürülmüştür.[28] Kral Süleyman'ın bizzat kendisi büyük bir bağdaştırmacı idi: Kendi farklı tanrılarına tapan birçok karısı vardı ve pagan komşularıyla dostça ilişkiler içindeydi.

Yehova kültünün en sonunda popüler paganizm tarafından soğurulması tehlikesi her an mevcuttu. Bu, dokuzuncu yüzyılın ikinci yarısında özellikle gözle görülür bir hal aldı. 869'da kuzeydeki İsrail Krallığı'nın tahtına Kral Ahab geçti. Bugünkü Lübnan'da Sur ve Sayda Kralı'nın kızı olan karısı İzebel ülkeyi Baal ve Aşera'nın dinine döndürmeye çalışan sıkı bir pagandı. İzebel, Kral Davut'un fethettiği kuzey topraklarında Yehova inananlarına soğuk davranan ahali arasında kısa sürede kendi cemaatlerini oluşturacak olan Baal din adamlarını getirtti. Ahab, Yehova'ya inancını koruyordu ama İzebel'in bu girişimine müdahale etmedi. Saltanatının sonlarına doğru ülkesi büyük bir kuraklıkla karşı karşıya kaldığında, İlya (Eli-Yah, "Yehova benim Tanrımdır") adlı bir din adamı, basit bir elbise ve deri bir peştemal giyinmiş olarak bütün ülkeyi dolaşmaya başlayıp Yehova'ya gösterilen sadakatsizliğe lanetler yağdırdı. Kral Ahab ve halkını, Yehova ile Baal arasında yapılacak olan yarışma için Karmel Dağı'nda topladı. Burada, Baal'ın 450 peygamberi önünde kalabalığa haykırdı: İki tanrı arasında nasıl böyle kararsız kalabilirlerdi? Ardından, biri kendisi diğeri Baal'ın peygamberleri adına sunağa yerleştirilmek üzere iki öküz getirtti. Hangisinin kurbanı yakıp

---

28 James, *The Ancient Gods*, s.152; 29, 89, 93. Mezmurlar. Bununla birlikte bu mezmurlar sürgünden sonraki döneme aittir.

yok etmek üzere gökten ateş indireceğini görmek için her ikisi de kendi tanrılarını çağıracaklardı. "Anlaştık!" diye bağırdı kalabalık. Baal'ın peygamberleri yarım gün boyunca kendi sunakları etrafında hoplaya zıplaya dans edip, haykırışlar içinde kılıç ve mızraklarla kendilerini yaralayarak, tanrı Baal'ı çağırdılar. Ama, "Ne bir ses ne bir yanıt geldi." İlya kahkahalar patlatarak haykırdı: "Daha yüksek sesle çağırın! O bir tanrıdır; dalmıştır veya başka bir işle meşguldür ya da seyahate çıkmıştır; belki de uyuyordur, uyanır." Hiçbir şey olmadı: "Ne bir ses ne bir yanıt geldi, kimse onlara kulak asmadı."

Sıra İlya'ya geldi. Yehova'nın sunağının çevresinde bir hendek açıp kurbanın tutuşmasını daha da zorlaştırmak için içini suyla doldururken halk sunağın etrafında toplandı. Ardından İlya Yehova'yı çağırdı. Tabii ki anında gökyüzünden bir ateş indi, sunağı ve üzerindeki öküzle birlikte hendekteki bütün suyu yalayıp yuttu. Kalabalık yüzükoyun yere kapandı: "Yehova Tanrıdır!" diye haykırdılar, "Yehova Tanrıdır!" İlya hiç de lütufkâr bir kahraman gibi davranmadı. "Baal'ın peygamberlerini tutun!" diye bağırdı. Tek bir tanesi bile yaşatılmayacaktı: Yakındaki bir vadiye götürerek hepsini katletti.[29] İlginç İzebel istisnası bir yana, paganizm genellikle diğer insanlara kendini dayatmazdı, çünkü panteonda her zaman diğer tanrılara da yer vardı. Bu olay, Yehovacılığın başlangıçta şiddetli bir baskı ve diğer inançların reddi üzerine kurulduğunu gösteriyor. Bu olguyu bir sonraki bölümde inceleyeceğiz. Katliamın ardından İlya Karmel Dağı'nın tepesine çıkıp, zaman zaman ufku taraması için hizmetçisini göndererek, başı dizlerinin arasında ibadete durdu. Neden sonra hizmetçi, denizden yükselen insan eli büyüklüğündeki küçük bir bulutun haberini getirdi. İlya, hizmetçiden, gidip, yağmur kendisini engellemeden evine dönmesi için Kral Ahab'ı uyarmasını istedi. Daha sözünü bitirmemişti ki gökyüzü fırtına bulutlarıyla karardı ve sağanak gibi bir yağmur başladı. İlya huşû içinde üzerine

---

29 Krallar I, 18:20-40.

geçirdiği abaya sımsıkı sarındı ve Ahab'ın arabasının yanı başında koşmaya başladı. Yehova, yağmur göndermekle, Fırtına Tanrısı Baal'ın işlevini sahiplenmiş, böylece savaşta olduğu kadar bereket konusunda da etkili olduğunu kanıtlamıştı.

Peygamberleri katlinin doğurabileceği tepkiden çekinen İlya, Sina yarımadasına kaçıp Tanrı'nın Musa'ya göründüğü dağa sığındı. Burada, Yeni Yehovacı ruhu ortaya koyan bir tezahür yaşadı. Kendisine tanrısal etkiden korunması için bir kaya yarığına girmesi söylendi:

> O anda bizzat Yehova zuhur etti. Yehova'nın geçtiği yerden, dağları ayırıp kayaları darmadağın eden şiddetli bir rüzgâr çıktı. Ama Yehova rüzgârın içinde değildi. Rüzgârı bir zelzele takip etti. Ama Yehova zelzelenin içinde değildi. Zelzeleden sonra bir ateş peyda oldu. Ama Yehova ateşin de içinde değildi. Ve ateşten sonra tatlı bir esinti duyuldu. Ve İlya bunu duyar duymaz abasıyla yüzünü kapadı.[30]

Pagan tanrılarının aksine, Yehova herhangi bir doğa gücü içinde değil, uzak bir ülkedeydi. O paradoksal biçimde dile gelen bir sessizlik içinde, neredeyse zor fark edilen ince bir esinti olarak hissediliyordu.

İlya öyküsü Yahudi metinlerindeki geçmişe dair son mitsel anlatıyı içermektedir. Değişme bütün uygarlık boyunca devam etmiştir. İ.Ö. 800-200 dönemi Eksen Çağı (Axial Age) olarak isimlendirilmiştir. Bu dönemde uygar dünyanın bütün ana bölgelerinde insanlar son derece önemli ve biçim verici özelliklerini koruyan ve devam ettiren yeni ideolojiler yarattılar. Yeni dinsel sistemler, değişen toplumsal ve ekonomik koşulları yansıttılar. Tam olarak anlayamadığımız nedenlerle, daha henüz ticari ilişkilerin bile kurulmadığı bir dönemde (Çin ve Avrupa arasında olduğu gibi) önde gelen bütün uygarlıklar paralel çizgilerde gelişme gösterdiler. Tüccar sınıfının doğmasına yol açan

---

30 Krallar I, 19:11-13.

yeni bir refah söz konusuydu. İktidar, krallar ve din adamlarından, tapınak ve saraylardan pazar yerine kaymaktaydı. Yeni zenginlik entelektüel ve kültürel gelişmenin yanı sıra bireysel bilincin gelişmesine de yol açtı. Değişme hızının kentlerde artması ve insanların kendi eylemlerinin gelecek kuşakların kaderini etkileyebileceğini fark etmelerine paralel olarak eşitsizlik ve sömürü daha da belirginleşti. Her bölge bu sorunlar ve kaygılarla baş etmek için kendi farklı ideolojisini geliştirdi: Çin'de Taoculuk ve Konfüçyüsçülük, Hindistan'da Hinduizm ve Budizm, Avrupa'da felsefi akılcılık. Orta Doğu tek tip bir çözüm üretmediyse de İran ve İsrail'de sırasıyla Zerdüşt ve İbrani peygamberler tektanrıcılığın değişik versiyonlarını geliştirdiler. İlginç görünmekle birlikte, dönemin diğer büyük dinsel anlayışları gibi, "Tanrı" düşüncesi de saldırgan bir kapitalist ruhun başat olduğu pazar ekonomisi içinde gelişti.

Yeniden biçimlendirilen Yehova dininin incelendiği sonraki bölüme geçmeden evvel söz konusu gelişmelerin ikisine kısaca bir göz atalım. Hindistan'da dinsel yaşam benzer bir çizgide gelişmiş olmasına karşın, onun vurgu farklılığı İsraillilerin Tanrı anlayışının kendine özgü karakteristikleri ve problemlerinin daha iyi ortaya konmasına yardımcı olacak niteliktedir. Platon ve Aristoteles'in akılcılığı da önemlidir, çünkü Yahudi, Hristiyan ve Müslümanlar hep onların düşüncelerine dayanmış, Yunan tanrısı kendilerininkinden çok farklı olmasına karşın, onları kendi dinsel yaşamlarına uydurmaya çalışmışlardır.

İ.Ö. yedinci yüzyılda bugünkü İran'da yaşayan Ariler İndus vadisini istila etmişler ve yerli halka boyun eğdirmişlerdir. Rig-Veda olarak bilinen uzun manzum şiir derlemelerinde ortaya konduğunu gördüğümüz kendi dinsel düşüncelerini onlara dayatmışlardı. Burada, Orta Doğu'nun tanrılarındaki birçok ortak değeri dile getiren iktidar, yaşam ve şahsiyete bürünmüş doğa güçlerini temsil eden bir tanrılar kümesini görürüz. Öte yandan, insanların, birçok tanrının, onların hepsinin üzerinde olan tek bir tanrısal Mutlak'ın birer tezahürü olabileceğini düşünmeye başladıklarına dair kimi işaretler de vardı. Tıpkı Babilliler gibi, Ariler mitoslarının yaşanmış bir gerçekliğin ifadesi olmadığının açıkça farkındaydılar, ancak bizzat tanrıların bile inandırıcı bir şekilde açıklayamayacağı bir gizi dile getirmekteydiler. Tanrıların ve dünyanın o ilk kaostan nasıl evrildiklerini tasavvur ettiklerinde, kimsenin –hatta tanrıların bile– varlığın gizini anlayamayacağı sonucuna varmışlardı:

> Öyleyse kim, onun ve ondan doğanların ne zaman
> oluştuğunu bilebilir,
> Onu Tanrı'nın yaratıp yaratmadığını
> Yalnızca göğün en yücesinden onu gözleyen bilir.
> Veya belki o da bilmez![31]

Vedaların dini ne yaşamın başlangıcını açıklamaya ne de felsefi sorulara dört başı mamur yanıtlar vermeye çaba göstermiştir. Bunun yerine o, insanların varoluşun ihtişamı ve dehşetiyle başa çıkma çabalarına yardımcı olmak üzere tasarlanmıştır. Yanıtladığından daha çok sayıda, insanların saygılı bir meraka dayalı tutum geliştirmelerini sağlamaya yönelik sorular sormuştur.

İ.Ö. sekizinci yüzyıla gelinceye kadar, J ve E'nin kendi kroniklerini yazdıkları sıralarda, Hint altkıtasındaki toplumsal ve ekonomik koşullarda meydana gelen değişmeler, eski Veda dininin artık bir işlevi ve ilintisi kalmadığı anlamına gelmekteydi. Ari istilasını takip eden yüzyıllarda baskı altında tutulan yerli halkın düşünce ve inançları tekrar gün yüzüne çıktı ve bir dinsel açlığa yol açtı. Kişinin yazgısını kendi eylemlerinin belirlediği anlayışını ifade eden *karma*'ya yönelik bu canlı ilgi, insanların, kendilerinin sorumsuz davranışları için tanrıları suçlamalarına soğuk bakmalarına yol açtı. Tanrılar, giderek tek bir aşkın gerçeğin simgeleri olarak görülmeye başlandı.

---

31 *Rig-Veda* 10:29. Çevirip yayımlayan: R.H. Zaener, *Hindu Scriptures* (Londra ve New York, 1966) içinde, s. 12.

Veda dini fazlasıyla kurban ritüellerine odaklanmıştı. Oysa eski bir Hint uygulaması olan yoganın (özel bir konsantrasyon disipliniyle zihnin güçlerini "kontrol altına alma") tekrar canlı bir ilgi odağı haline gelmesi, dışsal olgular üzerinde yoğunlaşmış bir dinin artık insanları tatmin etmemeye başladığı anlamına geliyordu. Kurban ve liturji yeterli değildi; onlar bu ritlerin derin anlamını keşfetmek istiyorlardı. İleride değineceğimiz gibi, İsrail peygamberleri de aynı tatminsizliği hissetmişlerdir. Hindistan'da tanrılar artık kendi inananlarınca dışsal birer varlık olarak görülmüyorlardı; bunun yerine insanlar gerçeği içsel olarak kavramanın peşindeydiler.

Tanrıların Hindistan'da artık fazlaca bir önemi yoktu. Bu yüzden onlar, kendilerinden daha yüksek bir konuma sahip olduğuna inanılan din vaizi karşısında ikinci plana düştüler. Bu, insana verilen değerin ve yazgı üzerinde söz sahibi olma arzusunun çok güçlü bir ifadesiydi; Hindistan altkıtasının en güçlü dinsel anlayışı bu olmuştur. Yeni dinler, Hinduizm ve Budizm, tanrıları reddetmedikleri gibi insanların onlara tapmalarını da yasaklamamışlardır. Onlara göre böyle bir baskı ve reddedişin zararlı sonuçlar vereceği açıktı. Bunun yerine, Hindu ve Budistler tanrıları aşmanın, onların da ötesine geçmenin yollarını aramışlardır. Sekizinci yüzyılda bilge kişiler *Aranyaka* ve *Upanişadlar* adlı risalelerde bu konuları işlemeye başladılar. Bu risaleler topluca *Vedanta* olarak bilinir: Vedaların sonu. *Upanişadlar* İ.Ö. beşinci yüzyılın sonuna kadar gittikçe yaygınlaştı ve sayıları bu tarihte iki yüz civarına ulaştı. Hinduizm olarak adlandırdığımız din hakkında bir genellemede bulunmak olanaksızdır, çünkü bu din her türlü sistemden kaçınmakta ve tek bir yorumun yeterli olmayacağını ileri sürmektedir. Ancak, *Upanişadlar* tanrıları aşan ama varolan her şeyde mevcut kendine özgü bir tanrısallık kavramı geliştirmiştir.

Veda dininde insanlar kurban ritüelinde tanrısal bir güçle karşı karşıya gelmekteydiler. Bu kutsal gücü Brahman olarak adlandırmışlardı. Brahmanalar olarak bilinen din adamları kastının da bu güce sahip olduklarına inanılırdı. Ritüel kurban tüm evrenin bir küçük evreni olarak görüldüğü için, Brahman zamanla, her şeyi ayakta tutan bir güç anlamına gelmeye başladı. Bütün dünya bütün varoluşun derindeki anlamı olan Brahman'ın gizemli varlığından yükselen tanrısal etkinlik olarak görülmüştür. *Upanişadlar* insanları her şeye bir Brahman anlayışı içinde yaklaşmaya teşvik etmiştir. Bu, sözcüğün tam anlamıyla vahiy-ifşa süreciydi: Bütün varlığın gizli kaynağının ortaya çıkışıydı. Meydana gelen her şey Brahman'ın bir tezahürüne dönüşmekteydi; gerçek, farklı görüngülerin gerisindeki vahdet anlayışında yatmaktaydı. Kimi *Upanişadlar* Brahman'ı kişisel bir güç olarak görürken, kimilerine göre o kesinlikle kişisel olmayan bir varlıktı. Brahman'dan "sen" şeklinde bahsedilemez; çünkü o cinsiyeti olmayan bir terimdir ve mutlak bir tanrının iradesi olarak da görülemez. Brahman insanla konuşmaz. İnsanlarla buluşmaz; o bütün insan etkinliklerinin üstündedir. Bizlere kişisel bir şekilde tepki vermez; günah onu "incitmez" ve bizlere karşı ne "sevgi" ne de "nefret" duyduğu söylenebilir. Dünyayı yarattığı için kendisine şükretmek ya da övgü düzmek kesinlikle uygunsuz bir davranıştır.

Eğer bizleri kaplamasa, ayakta tutmasa ve bizler için ilham kaynağı olmasaydı bu tanrısal güç tamamen yabancı bir şey olurdu. Yoga teknikleri insanların bir iç dünyayı fark etmelerini sağlamaktaydı. Bu duruş, nefes alış, yiyecek ve zihinsel konsantrasyon disiplinleri, ileride görüleceği gibi, bağımsız bir şekilde diğer kültürlerde de geliştirilmiş ve farklı şekillerde yorumlanan ancak insan için doğal sayılan bir aydınlanma tecrübesine yol açtığı görülmüştür. *Upanişadlar* buradaki kişinin kendinin başka bir boyutunu tecrübe edişinin bütün dünyayı ayakta tutan tanrısal gücün ta kendisi olduğunu ileri sürmüşlerdir. Her bir bireyin içindeki ebedi ilke Atman olarak adlandırılmıştır. Bu, paganizmin eski bütüncü anlayışının yeni bir versiyonu, esasen tanrısal olan bizlerin içinde ve dışardaki Tek Yaşam'ın yeni terimlerle yeniden keşfi idi. *Çhandoga Upanişad* bunu tuz kıssasında şöyle açıklar: Sretaketu isimli bir genç on iki yıl boyunca Vedalar üzerinde çalışmıştı; oldukça da kendini beğenmiş biriydi. Babası Uddalaka ona yanıt veremeyeceği bir soru sorar ve peşinden onun tamamen cahili olduğu temel gerçek üzerine ona bir ders vermeye girişir. Oğluna, suyun içine bir parça tuz atmasını söyler. Ertesi gün oğlunu çağırır ve ondan tuzu kendisine geri getirmesini ister. Sretaketu tuzu bulamaz, çünkü tuz tamamen erimiştir. Uddalaka sorar:

> "Lütfen onu [tuzlu su] bu kıyısından tadar mısın? Neye benziyor?"
>
> "Tuz."
>
> "Orta kısımdan dene? Neye benziyor?"
>
> "Tuz."
>
> "Bir de öteki kenardan tad? Neye benziyor?"
>
> "Tuz."
>
> "Şimdi hepsini dök ve buraya gel."
>
> Sretaketu denileni yapar, ama [bu, tuzun] aynı kalmasını engellemez.
>
> [Babası]: 'Sevgili çocuğum' der, 'doğru, onun burada olduğunu algılayamazsın, ama şurası da gerçek ki o burada. Bu ilk öz bütün evrenin sahip olduğu kendi Özüdür: Gerçektir, Öz-varlıktır, yani sensin, Sretaketu!'

Böylece, biz onu görmesek de Brahman, Atman olarak dünyayı sarar ve her birimizde içsel olarak bulunur.[32]

Atman tanrının bir idol, "orada" dışsal bir Gerçeklik, kaygı ve endişelerimizin bir yansıması haline gelmesini önler. Hindu dininde Tanrı, bizim bildiğimiz dünyaya eklenmiş bir varlık değildir ve bunu akılla ölçemeyiz. O bizlere ancak yaşantı (*anubhara*) yoluyla "görünür" ve bu ne sözcüklerle ne de kavramlarla dile getirilebilir.

---

32 *Upanişadlar.*

Brahman, "sözcüklerle dile getirilemeyen, ancak orada sözcüklerin dile geldiği... zihinle düşünülemeyen, ancak orada zihnin düşünebildiği"dir.[33] Ne bunun gibi her yerde hazır ve nâzır Tanrı *ile* konuşmak ne de onun *hakkında* düşünmek, onu düşüncenin somut bir nesnesi haline getirmek mümkündür. O ancak gerçek anlamda nefsin ötesinde, vecd içinde algılanabilecek bir Gerçekliktir: Tanrı.

> onun, düşüncenin ötesinde olduğunu bilenlerin düşüncesine gelir, ona düşünce yoluyla ulaşılabileceğini hayal edenlere değil. Onu bilgin kişi bilemez, basit, cahil kişi bilir. O ebedi yaşamın kapılarını açan bir uyanışın vecd anında algılanır.[34]

Burada tanrılar gibi akıl da reddedilmemekte, ancak onun ötesine geçilmektedir. Brahman ya da Atman yaşantısı akılla bir müzik eseri ya da bir şiirde olduğundan daha fazla açıklanamaz. Böylesi bir sanat eserinin yaratılışı ve takdiri için zekâ gereklidir, ancak o saf mantıksal veya zihinsel gücün ötesine geçen bir deneyimi ifade eder. Bu da, Tanrı'nın tarihinde hep karşımıza çıkacak olan bir temadır.

Bireysel aşkınlık ereği, aydınlanma noktasına ulaşmak için ailesini bırakıp, bütün toplumsal bağ ve sorumluluklarını terk eden, kendini bir başka varoluş alanına taşıyan Yogi'de (yoga felsefesine kendini vermiş kişi) içkindir. İ.Ö. 538 sıralarında Siddharta Gautama isimli genç bir adam da Benares'in yüz mil kadar kuzeyinde Kapilavaştu'daki şahane evini, güzel karısı ve oğlunu terk etti ve dilenci keşişliğe başladı. Etrafındaki ıstırabın boyutları karşısında dehşete düşmüş bir halde çevresinde her şeyde gördüğü varoluş(un) ıstırabını sona erdirecek gizi keşfetmek istedi. Altı yıl boyunca değişik Hindu gurularının kapılarında dolaştı, kendine korkunç işkenceler yaptı ama bir sonuca ulaşamadı. Bilgelerin öğretileri onu etkilemedi;

---

33 A.g.e.

34 A.g.e.

çektiği acılar onu daha da umutsuzluğa itti. Bu yöntemleri tamamen terk edip vecd haline geçtiği bir gece aydınlanmaya ulaştı. Bütün evren şenlendi, yeryüzü sallanmaya başladı, gökten çiçekler yağdı, hava tatlı esintilerle doldu ve kendi âlemlerindeki tanrılar sevindiler. Pagan anlayışta olduğu gibi, tanrılar, doğa ve insanoğlu bir kez daha sevgiyle kenetlendiler. Artık ıstıraptan kurtulmak ve nirvanaya, acının sonuna ulaşmak için yeni bir umut doğmuştu. Gautama, Buda yani Aydınlanmış Kişi oldu. Başlangıçta Şeytan Mara ona olduğu yerde kalmasını ve yeni eriştiği bu saadetin keyfini çıkarması yönünde telkinde bulundu: Sözü yaymaya çalışmanın bir yararı yoktu, çünkü kimse kendisine inanmayacaktı. Ancak, geleneksel panteonun iki tanrısı –Maha Brahma ve Sakra, *deva*'ların efendisi– Buda'ya gelerek, yöntemini dünyaya açıklaması için yalvardılar. Bunu kabul eden Buda sonraki kırk beş yıl boyunca mesajını vazederek bütün Hindistan'ı dolaştı: Bu ıstırap dünyasında sadece bir şey istikrarlı ve sağlamdır: Dharma, bizleri tek başına acıdan kurtaracak olan doğru yaşamın gerçeği.

Ancak, bunun Tanrı'yla hiçbir alakası yoktu. Buda, kendi kültürel donanımının bir parçası olması hasebiyle zımnen de olsa tanrıların varlığına inanmaktaydı ama onların insanlara pek bir faydası olduğuna inanmıyordu. Onlar da acı ve ıstırap âleminde çırpınıyorlardı; kendisinin aydınlanmaya ulaşmasına yardımcı olmamışlardı. Onlar da diğer bütün varlıklar gibi yeniden doğuş döngüsü içindeydiler ve eninde sonunda kendileri de yok olacaklardı. Öte yandan, yaşamının en önemli anlarında –mesajını yayma kararını verişi gibi– tanrıların kendisini etkilediği ve üzerinde etkin rol oynadıklarını düşünüyordu. Dolayısıyla Buda, tanrıları reddetmemekte ama ebedi Gerçek nirvananın tanrılardan daha yüksekte olduğuna inanmaktaydı. Budacılar meditasyon esnasında mutluluk veya aşkınlık duygusunun hiç de doğaüstü bir varlıkla kurdukları bir ilişkiden kaynaklandığına inanmıyorlardı. Bu gibi durumlar insan için doğaldı; doğru yönde bir yaşam süren ve yoga tekniklerini öğrenen herkesçe tecrübe edilebilirdi. Dolayısıyla, bir Tanrı'ya dayanmaktansa, Buda, şakirtlerinden kendilerini kurtarmalarını istemiştir.

Buda, aydınlanmayı yaşadıktan sonra kazandığı ilk şakirtlerine tek bir temel olgu üzerine kurulu sistemini anlattı: Bütün varoluş *dukkha*'dan ibaretti. Bu tamamen ıstırabı içermekteydi; yaşam bütünüyle çarpıktı. Şeyler anlamsız bir akış içinde gidip gelmekteydiler. Hiçbir şeyin sürekli bir önemi yoktu. Din bir şeylerin yanlış olduğu düşüncesiyle başlar. Pagan antik çağda bu, kendi gücünü insanlığa aktaran dünyamıza tekabül eden tanrısal, asıl örnek bir dünya mitosunun doğuşuna yol açmıştı. Buda, yumuşak, ince ve uygun konuşan ve davranan, zihni bulandıran her tür uyuşturucu ve zehirden uzak duran bütün canlı varlıkların merhametli bir yaşam sürmekle *ḍukkha*'dan kurtulmasının mümkün olduğunu öğretmiştir. Ve o, bu sistemi kendisinin icat ettiği iddiasında değildir. Israrla, onu keşfettiğini söylemiştir. "Geçmiş zamanlardaki Budalar tarafından arşınlanmış eski bir patika, eski bir Yol gördüm"[35]. Paganizmin kanunları gibi bu, yaşam tarzının bizzat kendisinde içsel varoluşun temel yapısıyla sıkı sıkıya bağlıydı. Nesnel gerçekliği vardı ama bu, onun mantıksal olarak kanıtlanabilirliğiyle değil, uygun şekilde yaşamayı ciddi olarak deneyen kişi tarafından fark edilmesiyle ortaya çıkmaktaydı. Bir dinin başarısının esas ölçüsü onun felsefi ya da tarihsel açıdan kanıtlanmasından ziyade, onun etkinliği olagelmiştir: Yüzyıllar boyunca dünyanın birçok bölgesinde Budacılar böylesi bir yaşam biçiminin bir çeşit aşkın anlam duyusu geliştirdiğini görmüşlerdir.

Karma insanları sonsuz bir döngüyle acı yaşamlar dizgesine yeniden doğmaya mahkûm eder. İnsanlar ancak bencil davranışlarını düzelttikleri takdirde kendi yazgılarını değiştirebilirler. Buda yeniden-doğum sürecini lambayı tutuşturan bir aleve benzetir; öyle bir alev ki kendisinden bir ikinci lamba tutuşturulur ve bu, alev sönünceye kadar böyle devam eder. Eğer bir kişi ölüm esnasında

---

35 *Samyutta-Nikaya, Part II*: Nidana Vagga. Çevirip yayımlayan: Lean Feer, Londra 1888, s. 106.

bile yanlış davranış içinde yanıyorsa, o bir başka lamba yakacaktır. Ama eğer ateş sönmüşse, ıstırap döngüsü sona erecek ve nirvanaya ulaşılacaktır. Nirvana'nın sözcük anlamı "sükûnete erme" ya da "sönmek"tir. Bununla birlikte o, tamamıyla olumsuz bir durum değildir ama Budaca yaşamada Tanrı'nınkine benzer bir rol oynamaktadır. *Buddhism: Its Essence and Development* (Budacılık: Özü ve Gelişimi) adlı kitabında Edward Conze'nin açıkladığı gibi, Budacılar çoğu zaman nihai gerçek nirvanayı tanımlamak için teistlerle aynı imgeleri kullanırlar:

> bizlere nirvananın daimi, sarsılmaz, yok edilemez, hareket ettirilemez, yaşlanmaz, ölmez, doğmaz ve dönüşmez olduğu söylendi; bu güç, saadet ve mutluluk, güvenli kaçış, sığınak ve tecavüz edilemez derecede güvenli yer demektir; gerçek Doğru ve yüce Gerçek; iyi, yüce gaye ve yaşamımızın tek besin kaynağı, sonsuz, gizli ve akıl ermez barıştır.[36]

Kimi Budistler bu benzetmeye karşı çıkabilirler, çünkü "Tanrı" kavramını kendilerinin nihai gerçek kavramını ifade etmede çok yetersiz bulmaktadırlar. Bu büyük ölçüde teistlerin "Tanrı" sözcüğünü sınırlı bir anlamda, bizden çok farklı olmayan bir varlığa atıfta bulunmak üzere kullanmalarından kaynaklanmaktadır. Upanişadlar'ın bilgeleri gibi, Buda nirvananın herhangi bir insan gerçeğiymişçesine tanımlanması ve tartışılmasını reddetmiştir.

Nirvanaya ulaşmak, Hristiyanların çoğu zaman ondan anladıkları "cennete gidiş" gibi bir şey değildir. Buda nirvana ya da diğer ezeli meselelere yönelik sorulara yanıt vermeyi, "uygunsuz" ve "yakışıksız" oldukları için, hep reddetmiştir. Nirvanayı tanımlayamayız, çünkü sözcüklerimiz ve kavramlarımız değişken duyular dünyasıyla sınırlıdır. Yaşantı tek güvenilir "kanıt"tır. Onun takipçileri biliyorlardı

---

36 Edward Conze, *Buddhism: Its Essence and Development* (Oxford, 1959), s. 40.

ki nirvana gerçekti, çünkü kendilerinin iyi yaşam pratikleri onların bunu algılamalarını sağlamıştı.

> Keşişler doğmayan, dönüşmeyen, yapılmayan, birleştirilmeyen bir şey var. Eğer bir doğmayan, dönüşmeyen, yapılmayan, birleştirilmeyen olmasaydı, burada doğan, dönüşen, yapılan, birleştirilenden kurtuluş olmazdı. Ama doğmayan, dönüşmeyen, yapılmayan, birleştirilmeyen olduğundan, doğandan, dönüşenden, yapılandan, birleştirilenden bir kurtuluş var.[37]

Onun keşişleri nirvananın doğası üzerine spekülasyon yapmazlar. Buda'nın yapabileceği tek şey, onlara, "daha uzak kıyıya" geçebilecekleri bir sandal vermektir. Nirvanaya ulaşmış bir Buda'nın ölümden sonra yaşayıp yaşamadığı sorulduğunda, o, bu soruyu "uygunsuz" olduğu için reddederdi. Bu, bir alevin, "söndükten" sonra hangi yöne gittiğini sormaya benzerdi. Bir Buda'nın, var olmadığı halde, nirvanada varlığını sürdürdüğünü söylemek de eşit derecede yanlıştır: "var olma" sözcüğünün bizim anlayabileceğimiz hiçbir durumla bir ilişkisi yoktur. Göreceğimiz gibi, yüzyıllar boyunca Yahudiler, Hristiyanlar ve Müslümanlar Tanrı'nın "varlığı" sorusuna hep aynı yanıtı vermişlerdir. Buda dilin kavramlar ve aklın ötesindeki bir gerçeği ifade edecek derecede donanımlı olmadığını göstermeye çalışıyordu. O, burada da aklı reddetmiyor ancak açık seçik ve doğru dil kullanımının ve düşünmenin öneminde ısrar ediyordu. Bununla birlikte, nihai olarak, Buda, bir kişinin, parçası olduğu ritüel gibi, inandığı teoloji ve inançların önemsiz olduğunu ileri sürmüştür. Bunlar ilgi çekici olabilirdi ama nihai bir önemleri yoktu. Önemli olan tek şey iyi yaşamdı. Teşebbüs edildiği takdirde,

37 *Udana* 3:13, zikreden ve çeviren Paul Steintha, *Udanan* (Londra, 1885), s. 81.

Budacılar Dharma'nın gerçek olduğunu görürlerdi; bu gerçeği mantıksal olarak ifade edemeseler bile.

Öbür yandan Yunanlılar mantık ve akla tutku derecesinde ilgi duymaktaydılar. Platon (İ.Ö. 427-346) sürekli olarak epistemoloji sorunları ve bilgeliğin doğasıyla uğraşmaktaydı. Onun ilk dönem çalışmalarının büyük bir kısmı, insanları zihin uyarıcı sorularıyla kendi düşüncelerini açık seçikleştirmeye zorlayan, ancak 399 yılında tanrılara karşı saygısızlık ve gençleri zehirlemek suçlamasıyla ölüme mahkûm edilen Sokrates'in savunmasına adanmıştı. Bir bakıma Hindistan halkının durumuna benzer şekilde, Sokrates, küçültücü ve yakışıksız bulduğu eski festivaller ve dinsel mitoslardan bıkmıştı. Platon da İran ve Mısır kanalıyla belki de Hindistan'daki fikirlerden etkilenmiş olan altıncı yüzyıl düşünürü Pisagor'un etkisi altında kalmıştı. O, ruhun, tıpkı bir mezar gibi, beden içine hapsolmuş çökmüş, kirlenmiş ve aralıksız yeniden doğuş döngüsüne mahkûm bir tanrı olduğuna inanmaktaydı. Bizlerin asli unsuru olmadığı anlaşılan bir dünyada insanların paylaştıkları yabancılık hissini dile getirmişti. Pisagor ruhun ritüel arınma yoluyla özgürleştirilebileceğini, böylece ruhun evrenin düzenliliğiyle bir uyum oluşturabileceğini ileri sürmekteydi. Platon da algılar dünyasının ötesinde tanrısal, değişmeyen bir gerçekliğin olduğuna inanmaktaydı; ruh aslından uzaklaşmış, bedene hapsolmuş, çökmüş bir tanrısallıktı. Ancak o, zihnin muhakeme gücünün arındırılması yoluyla tanrısal konumunu tekrar kazanabilirdi. Ünlü mağara mitosunda Platon insanın yeryüzündeki yaşamının karanlık ve belirsizliğini anlatmıştır: O yalnızca ezeli gerçeklerin mağara duvarındaki titrek ışıldamalarını algılar. Ancak insan, zihnini tanrısal ışığa alıştırmakla gitgide bu döngünün dışına çıkarak aydınlanma ve özgürlüğe ulaşabilir.

Platon, yaşamının sonraki dönemlerinde bu ezeli formlar ve idealar öğretisinden uzaklaşmış olabilir ama bunlar birçok tektanrıcı için, kendi Tanrı anlayışlarını dile getirmeye giriştiklerinde yaşamsal bir önem kazandı. Bu idealar zihnin muhakeme gücü tarafından kavranabilecek sağlamlıkta ve süreklilikte idiler. Onlar, duyularımızla algıladığımız değişken, kusurlu maddi görüngülerden daha tam, daha sürekli ve etkili gerçeklerdir. Bu dünyanın şeyleri sadece tanrısal âlemin ezeli formlarını yansıtır, onlardan "pay alır" ya da onları "taklit eder". Sevgi, Adalet ve Güzellik gibi sahip olduğumuz her bir genel kavrama karşılık gelen bir idea vardır. Bununla birlikte, İyi ideası hepsinin üstündedir. Platon eski ilk örnekler mitosunu felsefi bir forma dönüştürmüştü. Onun ezeli ideaları, sıradan şeylerin en katıksız gölgeleri olduğu mitsel tanrısal dünyanın akılcı bir versiyonu olarak görülebilir. Bazan ideal Güzellik ve İyi'nin yüce bir gerçeği temsil ediyor görünmesine rağmen, Platon, Tanrı'nın doğasını tartışmayıp, asıl mesaisini formların tanrısal dünyasına hasretti. Tanrısal dünyanın durağan ve değişmez olduğuna ikna olmuştu. Yunanlılar devinim ve değişmeyi daha aşağı gerçeğin işaretleri olarak görmekteydiler: değişmezlik ve süreklilikle tanımlanan, hep aynı kalan gerçek kimliğe sahip bir şey gibi. Dolayısıyla, en mükemmel hareket döngü hareketiydi, çünkü o sürekli kendi ilk noktasına dönmekte, tekrar dönmekte, gökkürenin dairesel dönüşü tanrısal dünyayı elden geldiğince taklit etmekteydi. Bu tamamen durağan tanrısallık imgesinin, her ne kadar Kitab-ı Mukaddes'in sürekli aktif, yenilikçi ve insanı yarattığına pişman olduğunda fikrini bile değiştirip insan soyunu Tufan'la yok etmeye karar veren Tanrısı'yla çok az ortak yanı olmasına rağmen, Yahudi, Hristiyan ve Müslümanlar üzerinde oldukça büyük bir etkisi olmuştur.

Platon'un, tektanrıcıların hoşlarına giden başka, mistik bir yanı vardı. Onun tanrısal formları "orada, uzakta" değil, özün kendi içinde keşfedilebilecek gerçeklerdi. *Şölen* adlı yapıtındaki dramatik diyalogda Platon, güzel vücuda duyulan sevginin nasıl arındırılıp ideal Güzellik'in cezbedici tefekkürüne (*theoria*) dönüştürüldüğünü gösterir. O, Sokrates'in hocası Diotima'nın ağzından, söz konusu Güzellik'in, bu dünyada tecrübe ettiğimiz diğer her şeyden oldukça farklı, biricik, ebedi ve mutlak olduğunu söyler:

> Bu Güzellik, artık hep var, doğurmaz, ölümsüz, artmaz, eksilmez bir güzelliktir, bir bakıma güzel, bir bakıma çirkin, bugün güzel yarın çirkin, şuna göre güzel, buna göre çirkin, bir yerde güzel, bir yerde çirkin, kiminin gözünde güzel, kiminin gözünde çirkin bir güzellik değildir. Bir güzellik ki bir yüzle, elle, ayakla, bedene bağlı hiçbir şeyle göstermeyecek, ne bir söz olacak ne bir bilgi, bir canlıda, belli bir varlıkta bulunmayacak, ne canlıda ne yerde ne gökte, hiçbir yerde, kendi var, kendinde var, kendisiyle hep bir örnek.[38]

Kısacası, Güzellik gibi bir ideanın, çoğu teistin "Tanrı" olarak adlandıracağı şeyle birçok ortak yönü vardır. Bununla birlikte, aşkın doğasına karşın, idealar insanın zihninde bulunabilirdi. Biz modern insanlar düşünmeyi bir etkinlik, yaptığımız bir şey olarak görürüz. Platon ise onu zihinle ilgili bir şey olarak tasavvur etmiştir: Düşünce nesneleri, onları düşünen insanın anlağında aktif olan gerçek(lik) lerdi. O, Sokrates gibi, düşünceyi bir anımsama süreci, hep sahip olup da unutmuş olduğumuz bir şeyin idraki olarak görmüştür. Çünkü insanoğlu bozulmuş tanrısallıktı, tanrısal dünyanın formları onun içindeydi ve onunla, basit bir rasyonel ya da tanrısal etkinlikten ibaret olmayan, içimizdeki ebedi gerçeğin sezgisel algısına akıl yoluyla "temas edilebilir"di. Bu anlayış tarihsel tektanrıcılığın her üç dinini de büyük ölçüde etkilemiştir.

Platon evrenin esas olarak rasyonel olduğuna inanıyordu. Bu bir başka mitos ya da gerçeğin imgeci kavramıydı. Aristoteles (İ.Ö. 384-322) bunu bir adım daha ileri götürdü. O, bütün bilimin temeli olan mantıksal akıl yürütmenin önemini anlayan ilk kişiydi ve bu yöntemle evrenin anlaşılmasının mümkün olduğuna inanmaktaydı. Metafizik (terim, onun denemelerini "Fizik'ten sonra": meta ta physika,

38 Platon, *Şölen*.

şeklinde düzenleyen kişi tarafından icat edilmiştir) adıyla bilinen on dört denemesinde gerçeği kuramsal anlamaya girişmenin yanı sıra, Aristoteles teorik fizik ve deneysel biyoloji de çalışmıştı. Bununla birlikte çok derin bir entelektüel eksiklik duygusuna sahipti; hiç kimsenin gerçeği tam olarak kavrayamayacağı, ancak kollektif anlayışımıza küçük bir katkıda bulunabileceğini ısrarla vurgulamaktaydı. Onun Platon'un çalışmalarını değerlendirişi oldukça yoğun tartışmalara yol açmıştır. Öyle görünüyor ki o, Platon'un üstün formlar görüşüne sert bir şekilde karşı çıkmış, söz konusu formların önsel, bağımsız bir varlığa sahip oldukları anlayışını reddetmiştir. Aristoteles'e göre, formlar ancak dünyamızdaki somut, maddi nesneler içinde var oldukları ölçüde bir gerçekliğe sahiptirler.

Somut dünyayı esas alan yaklaşımı ve sürekli bilimsel gerçekle ilgilenmesine rağmen, Aristoteles ince bir doğa anlayışına sahipti ve din ile mitolojinin önemini teslim etmekteydi. O, değişik gizem dinlerine mensup insanlardan gerçekleri öğrenmelerinin değil, "belli duyguları yaşamaları, belli şekilde dışavurmaları"nın beklendiğini söylemekteydi.[39] Buradan hareketle, onun ünlü edebiyat kuramı oluştu: tragedya, bir yeniden doğuş tecrübesine yol açan korku ve merhamet duygularının arınmasını (*katharsis*) etkilemiştir. Başlangıçta dinsel bir festivalin parçasını oluşturan Yunan trajedilerinin mutlaka tarihsel olayların gerçek hikâyesi olması gerekmediği bir yana, onlar daha ciddi bir gerçeği dile getirmeye çalışmaktaydılar. Gerçekten de tarih, şiir ve mitostan daha önemsizdi: "Biri ne olduğunu anlatır, diğeri ise ne olabileceğini. Bu yüzden, şiir tarihten daha felsefi ve ciddi bir şeydir; şiir neyin evrensel olduğunu, tarih ise neyin özgül olduğunu anlatır."[40] Akhilleus ya da Oidipus birer tarihsel gerçek olabilirler de olmayabilirler de ancak, onların gerçek yaşamlarının bizim Homeros ve Sofokles'te gördüğümüz karakterler-

---

39 *Philosophy*, 15. Fragment

40 Aristoteles, *Poetika*.

ler açısından bir önemi yoktur; onlar, farklı ama insanlık durumu hakkında daha derin bir gerçeği dile getirirler. Aristoteles'in tragedyanın *katharsis*'i üzerine söyledikleri, *Homo Religiosus'un* hep sezgisel olarak anlayageldiği gerçeğin felsefi bir ifadesiydi: Günlük yaşamda katlanılamayan olayların simgesel, mitsel ve ritüel olarak dile getirilmesi onları kurtarabilir ve onu saf, hatta keyif verici bir şeye dönüştürebilir.

Aristoteles'in Tanrı tasarımı sonraki tektanrıcılarda, özellikle Batı dünyasının Hristiyanları üzerinde oldukça derin izler bıraktı. Fizik'te o, gerçeğin doğasını, evrenin yapısı ve tözünü inceledi. Sonunda, yaratılışa dair eski sudûr öyküsünün felsefi bir versiyonunu geliştirdi: Her biri formu temsil eden ve bir aşağıdakine dönüştüren bir varoluş hiyerarşisi mevcuttu. Ama eski mitosların aksine, Aristoteles'in kuramında, ortaya çıkan her şey, kaynağından uzaklaştıkça daha da zayıflamaktaydı. Bu hiyerarşinin tepesinde, Aristoteles'in Tanrı olarak tanımladığı, ilk Hareket Ettirici vardı. Bu Tanrı, ezeli, hareketsiz ve tinsel olan saf bir varlıktı. Saf düşünce, aynı anda hem düşünendi hem de düşüncenin kendisiydi; o, bilginin en yüksek nesnesi olan kendisi hakkında sonsuz bir düşünme halinde idi. Bu Tanrı ya da en yüce varlıkta maddesel bir yan yoktur, çünkü madde eksik ve ölümlüdür. İlk Hareket Ettirici, evrendeki bütün cevaplar ve devinimin kaynağıdır, çünkü her devinimin, sonunda bizi tek bir kaynağa ulaştıran bir nedeni olmalıdır. O bir cazibe sürecinde dünyayı harekete geçirmektedir, çünkü bütün varlıklar Kendi olmaya doğru sürüklenirler.

İnsanın ayrıcalıklı bir konumu vardır; onun ruhu, kendisini Tanrı'ya akraba kılan ve tanrısal doğanın bir parçası haline getiren tanrı vergisi bir anlağa sahiptir. Bu tanrısal özellikli akıl onu bitki ve hayvanlardan üstün kılar. Öte yandan, bir beden ve ruh olarak insan, bütün evrenin, içinde yalnızca kendi en temel maddi unsurlarını değil tanrısal kaynaklı aklı da içeren, bir küçük evrendir. Aklını arındırarak kendini ölümsüz ve tanrısal kılmak onun görevidir. Bilgelik (*sophia*) insani erdemlerin en yükseğiydi; bu, Platon'da olduğu gibi, bizleri bizzat Tanrının eylemlerini taklit yoluyla tanrısallaştıran felsefi hakikatin tefekkürü (*theoria*) şeklinde gerçekleşir. *Theoria*'ya yalnızca mantık yoluyla ulaşılamaz; o, aynı zamanda, kendini aşmayla sonuçlanan disiplinli bir sezgidir. Bununla birlikte çok az insan bu noktaya ulaşabilir ve çoğunluk sadece *phronesis*'le, yani gündelik yaşamda öngörü ve anlakla yetinmek durumundadır.

Sistemi içinde İlk Hareket Ettirici'nin sahip olduğu önemli konuma rağmen, Aristoteles'in tanrısının dinsel bir boyutu neredeyse yoktur. Dünyayı o yaratmamıştır, çünkü bu ona hiç yakışmayan değişmeyi, dünyevi bir eylemi içermektedir. Her şeyde ona yönelen bir sevgi eğilimi bulunmasına karşın, bu tanrı evrenin varlığına karşı oldukça kayıtsızdır, çünkü o kendinden daha aşağı olan hiçbir şeyi düşünemez. O kesinlikle bu dünyayı yönetmemekte, ona yol göstermemekte ve yaşamımıza hiçbir şekilde müdahale etmemektedir. Dahası, Tanrı'nın, kendi varoluşunun gereği olan evrenin varlığının kendinden kaynaklandığını bilip bilmediği de tartışmalıdır. Böylesi bir tanrının varlığı tamamıyla ikincil bir konudur. Aristoteles yaşamının sonraki döneminde kendisinin ileri sürdüğü bu teolojiden vazgeçmiş olabilir. Eksen Çağı'nın insanları olarak Aristoteles ve Platon'un her ikisi de birey vicdanı, iyi yaşam ve toplumsal adalet sorunları üzerinde durmuşlardır. Öte yandan, onların düşünceleri seçkinciydi. Platon'un saf formlar dünyası ve Aristoteles'in uzaktaki tanrısı sıradan ölümlülerin yaşamları üzerinde çok önemsiz bir etki gösterebilirdi; bu, sonraki dönemlerde kendilerine çok değer veren Yahudi ve Müslüman düşünürlerce de kabul edilmiştir.

Nitekim Eksen Çağı'nın yeni ideolojilerinde, insan yaşamının, temel aşkın bir unsuru içerdiği konusunda bir görüş birliği söz konusudur. Ele aldığımız çeşitli bilgeler, bu aşkınlığı farklı şekillerde yorumlamalarına karşın, onu insanların kâmil birer varlık olma yolunda gelişimlerinde çok önemli bir aşama olarak görmüşlerdir. Onlar, eski mitolojileri birer safra gibi atmamışlar, yeniden yorumlayarak insanların onları aşmalarına yardımcı olmuşlardır. Dönemin bu ideolojilerinin biçimlendiği sırada, İsrail peygamberleri, değişmekte olan koşullara ayak uydurmak için kendi geleneklerini geliştirmekteydiler; bu süreç sonunda Yehova tek Tanrı haline gelmiştir. Fakat ters tabiatlı, hırçın Yehova, öteki yüce görümlerin standartlarıyla nasıl uyuşabilirdi?

2

Tek Tanrı

İ.Ö. 742'de Yahudi kraliyet ailesinin bir mensubu Kral Süleyman'ın Kudüs'te yaptırdığı Tapınak'ta Yehova'yı gördü. İsrail halkı için sıkıntılı yıllardı. Yahuda kralı Uzzia o yıl ölmüş ve yerine, tebasının Yehova'nın yanı sıra pagan tanrılara da tapmalarını teşvik eden, oğlu Ahaz geçmişti. Kuzeydeki İsrail krallığı neredeyse tam bir anarşi içindeydi: Kral II. Yereboam'ın ölümünden sonra, 746 ile 736 yılları arasında beş kral tahta geçmişti. Bu sırada Asur Kralı III. Tiglatpileser genişlemekte olan imparatorluğuna katmak düşüncesiyle bu topraklara göz dikmişti. 722'de halefi Kral II. Sargon kuzeydeki İsrail Krallığı'nı fethedip, halkını göç ettirir: Buradaki on İsrail kabilesi asimilasyona ya da tarihten silinmeye zorlandı. Bu sırada küçük Yahuda Krallığı kendi geleceğinden endişe etmekteydi. İşaya, Kral Uzzia'nın ölümünden kısa bir süre sonra Tapınak'ta dua ederken belki de felaketi sezmekteydi; aynı zamanda tedirgin bir şekilde Tapınak'taki törenlerde yapılan israfın yanlışlığının farkındaydı. İşaya yönetici sınıfa mensup olmasına rağmen popülist ve demokratik görüşlere sahipti, yoksulların içinde bulunduğu sefalet konusunda oldukça hassastı. Kutsalların Kutsalı önündeki kutsal mekânın tütsüyle dolduğu ve kurban edilmiş hayvanın kanıyla kaplandığı esnada o, belki de İsrail dininin bütünlüğünü ve gerçek anlamını çoktan yitirmiş olduğunu düşünmekteydi.

Birden Yehova'yı, göklerdeki sarayının yeryüzündeki kopyası olan Tapınak'ın tam üstünde, gökyüzünde tahtında otururken görür gibi oldu. Tapınak Yehova'nın refakatçileriyle doldu; ona eşlik eden, kanatlarıyla yüzlerini kapatmış iki melek kendisine bakmaktaydı. Yüzleri birbirine dönük olarak haykırdılar: "Kutsal! Kutsal! Haşmeti bütün dünyayı saran kutsal Yehova Saboath."[41] Seslerin çıkardığı gürültüyle sanki bütün Tapınak temellerine kadar sarsıldı ve tıpkı Sina Dağı'nda onu Musa'dan gizleyen bulut ve duman gibi, ortalık Yehova'yı sarmalayan yoğun bir dumanla kaplandı. Bizler bugün "kutsal" sözcüğünü genellikle etik mükemmellik anlamında kullanıyoruz. Bununla birlikte, İbranicedeki *kaddaş*'ın böyle bir etikle hiçbir ilgisi yoktu, kısaca öteki oluşu, kökten bir ayrımı ifade etmekteydi. Yehova'nın Sina Dağı'nda görünüşü insani ve tanrısal âlem arasında birden ortaya çıkan o büyük uçurumu vurgulamaktaydı. Burada melekler, "Yehova farklıdır! Farklı! Farklı!" diye haykırmaktaydılar. İşaya, zaman zaman insanların üzerine çöken, onları hayret ve dehşete düşüren esrarlı bir duygu içindeydi. Rudolf Otto, klasik eseri *The Idea of Holy*'de bu tedirgin edici aşkın gerçek hissini *mysterium terribile et fascinans* olarak tanımlamaktadır: Dehşet vericidir (*terribile*) çünkü bu, bizleri olağanın teselli ediciliğinden uzaklaştıran derin bir şok şeklinde ortaya çıkmaktadır. Öte yandan hayranlık vericidir (*fascinans*) çünkü paradoksal olarak, dayanılmaz bir cazibesi vardır. Otto'nun müzik ve erotiğin etkisiyle karşılaştırdığı bu çok güçlü hissin akılla izah edilecek hiçbir yanı yoktur. Onun yol açtığı duyguları doğru dürüst ifade edecek ne bir söz ne de kavram vardır. Gerçekten de bu Tamamıyla Farklı olanın algısının da "var"lığından bahsedilemez çünkü onun, bizim olağan gerçeklik tasarımımız içinde

---

41 İşaya, 6:3.

bir yeri yoktur.[42] Eksen Çağı'nın bu yeni Yehova'sı hâlâ "orduların tanrısıydı" (*saboath*) ama artık yalnızca savaş tanrısı değildi. Dahası, o artık tutku derecesinde İsrail yanlısı basit bir kabile tanrısı da değildi. Onun azameti şimdi yalnızca Vadedilmiş Topraklar'la sınırlı değildi; bütün dünyayı sarmalamaktaydı.

İşaya, aydınlanma yaşayarak sükûnet bulup, saadete erişen bir Buda değildi. İnsanoğlunun mükemmele ulaşmış bir mürşidi de değildi. Aksine, ölümlülere mahsus dehşet içinde haykırmaktaydı:

> Ne perişan bir haldeyim! Kayboldum,
> Çünkü ben dudakları murdar bir adamım
> ve yine dudakları murdar insanlar arasında yaşıyorum,
> ve gözlerim Kral'a, Yehova Saboath'a döndü.[43]

Yehova'nın aşkın kutsallığı karşısında kendinden geçen İşaya, yalnızca kendisinin yetersizliği ve ritüel kirliliğinin farkındaydı. Buda ya da Yogi'nin tersine o, bir dizi tinsel hazırlıkla kendini bu olaya önceden hazırlamamıştı. Birden başına gelen bu olayın dehşeti karşısında tam anlamıyla sarsılmıştı. Meleklerden biri, elinde kor halinde bir kömür parçasıyla, kendisine doğru uçtu ve dudaklarını temizledi. Bu dudaklar ancak şimdi Tanrı'nın adını anabilirdi. Birçok peygamber ya Tanrı adına konuşmaya istekli değildi ya da bunu yapacak güçleri yoktu. Tanrı, bütün peygamberlerin ilk örneği olan Musa'nın adını yanmakta olan bir çalılıktan çağırıp ona, kendisinin Firavun ve İsrailoğulları için görevlendirdiği peygamberi olmasını emrettiğinde, Musa, "iyi bir hatip olmadığı" gerekçesiyle buna pek yanaşmamıştı.[44] Tanrı, onun bu eksikliğini anlayışla karşılayarak,

42 Rudolf Otto, *The Idea of the Holy, An Inquiry into the Non-Rational Factor in the Idea of the Divine and its Relation to the Rational* (çev. John W. Harvey), (Oxford, 1923), s. 29-30.

43 İşaya, 6:5.

44 Çıkış, 4:11.

Musa'nın yerine kardeşi Harun'un tebliğ etmesine izin vermişti. Peygamberlere özgü yeteneklerle ilgili öykülerde sıkça rastlanan bu motif, Tanrı kelamını dile getirmenin güçlüğünü simgelemektedir. Peygamberler ilahi mesajı tebliğ etmeye pek gönüllü değillerdi ve bu büyük gerilim ve acı içeren ağır misyonu yüklenmekte pek de istekli davranmamışlardı. İsrail Tanrısının, aşkın gücün bir simgesi haline dönüşmesi sessiz sedasız değil de acı ve mücadele dolu bir süreç içinde gerçekleşmiştir.

Hindular Brahman'ı bir büyük kral olarak tanımlamamışlardır, çünkü onların tanrısı bu gibi insani terimlerle tanımlanamazdı. Öte yandan, İşaya'nın yaşadığı bu anın öyküsünü çok da fazla göründüğü şekliyle yorumlamamaya dikkat etmemiz gerekir. Bu bir tanımlanamazı tanımlama girişimidir ve İşaya, halkına, kendisinin neler yaşadığı hakkında bir fikir vermek için, içgüdüsel bir tavırla, onların mitolojik geleneklerine dönmüştür. Mezmurlar çoğunlukla, Yehova'nın, oldukça benzer tapınaklarda hükümdar olarak oturan komşularının tanrıları Baal, Marduk ve Dagon[45] gibi, kendi tapınağında tahta oturduğunu anlatırlar. Bununla birlikte, mitolojik görüntünün altında İsrail'de oldukça farklı bir nihai gerçek kavramı doğmaya başlıyordu: Bu Tanrı'yla kurulan ilişki, bir kişiyle karşılaşmadan ibaretti. Ürkütücü farklılığına rağmen, Yehova konuşabiliyor ve İşaya da karşılık verebiliyordu. Tekrar belirtelim ki *Upanişadlar*'ın bilgeleri için böyle bir şey tahayyül bile edilemezdi, çünkü onların Brahman-Atman'la söyleşmesi veya karşılaşması düşüncesi oldukça yakışıksız insanbiçimci bir yaklaşım olurdu.

Yehova sordu: "Kimi göndermeliyim? Elçimiz kim olacak?" İşaya, tıpkı Musa gibi, haykırdı: "Buradayım! (*hineni*!) Beni gönder!" Bu görümün önemi peygamberi aydınlatmak değil ona pratik bir görev vermekti. Peygamberler, her şeyden önce, Tanrı'nın huzuruna çıkan kişidir ama bu aşkın tecrübe Buda dinindekinin aksine, bilginin

---

45 Mezmurlar, 29, 19, 93 Dagon Filistinlilerin tanrısıydı.

aktarılmasıyla değil eylemle sonuçlanır. Peygamber mistik bir aydınlanmayla değil itaatle tanımlanır. Beklenileceği üzere, mesaj hiç de kolay değildir. Tipik semitik paradoks içinde, Yehova İşaya'dan halkın kabul etmeyeceği bir şeyi yapmasını ister. Tanrının kelamını reddetmeleri durumunda hiddete kapılmamalıydı: "Git ve onlara de ki; 'Anlamasanız da tekrar tekrar dinleyin; Algılayamasanız da tekrar tekrar görün.'"[46] Yedi yüz yıl sonra, kendisinin aynı sertlikteki mesajını halkın reddetmesi üzerine, ise bu sözleri tekrarlayacaktır.[47] İnsanoğlunun gerçekle arası pek iyi değildir. İşaya'nın devrinde İsrailliler savaşın ve yok olmanın eşiğindeydiler ve Yehova'nın onlara mesajı hiç de iç açıcı değildi: Kendileri yok edilecek, ülke yakıp yıkılacak ve yerlerinden yurtlarından olacaklardı. İşaya, 722'de kuzeydeki krallığın yıkılışını ve on kabilenin göçürülmesini bizzat yaşamıştı. 701'de Sanherib büyük bir Asur ordusuyla Yahuda'yı işgal etmiş, kırk altı kent ve kaleyi ele geçirmiş, kendilerini savunan idarecileri kazığa oturtmuş, iki bin civarında insanı göçe zorlamış ve Kudüs'teki Yahudi kralını "kafesteki bir kuş gibi" hapse tıkmıştı.[48] İşaya yaklaşan bu felaket konusunda hiç de hoş olmayan bir görevle, halkı uyarmakla yükümlüydü:

> Ülke neredeyse boşalacak,
> ve geride onda bir nüfus bile kalsa, onlar da,
> devrildiğinde yalnızca gövdesi kalan
> bir çitlenbik ağacı gibi yok olacaklar.[49]

Sağduyulu bir gözlemci için bu felaketleri öngörmek hiç de zor değildi. İşaya'nın mesajındaki nahoş orijinallik onun durumu

---

46 İşaya, 6:10.

47 Matta, 13:14-15.

48 Chaim Potok, *Wanderings, History of the Jewo* (New York, 1978), s. 187'de zikredilen bir çiviyazısı tablet üzerindeki metin.

49 İşaya, 6:13.

değerlendiriş şekliydi. Daha önce Musa'nın tarafgir Tanrısı Asur ülkesine düşman rolünü biçmiş olabilirdi; İşaya'nın Tanrısı onları kendisi için bir vasıta olarak görmekteydi. İsrailoğullarını sürgüne gönderen ve ülkelerini mahveden II. Sargon ve Sanherib değildi. "Halkı yerinden yurdundan eden bizzat Yehova'ydı."[50]

Bu, Eksen Çağı peygamberlerinin mesajlarında sürekli tekrarlanan bir temaydı. İsrail'in Tanrısı, başından beri, yalnızca mitoloji ve liturjide değil, bizzat somut olayların içinde görünerek, kendini pagan tanrılardan ayırmaktaydı. Şimdi, yeni peygamberler, zaferin olduğu kadar siyasi felaketlerin de tarihin efendisi ve yapıcısı haline gelen Tanrı'yı görünür kıldığında ısrar ediyorlardı. O bütün ulusları eli altında tutmaktaydı. Öte yandan, Asur ülkesi de kendi payına hayal kırıklığına uğrayacaktı, çünkü onların kralları kendilerinden daha büyük bir varlığın elinde birer araç olduklarının farkında değillerdi.[51] Yehova, Asur ülkesinin de sonunda tarumar olacağını önceden bildirdiği için gelecek hakkında pek zayıf bir umut vardı. Ancak, hiçbir İsrailli başlarına gelen bu siyasal yıkımın kendi dar görüşlü politikaları ve yozlaşmış davranışlarından kaynaklandığına inanmak istemezdi. Aynı şekilde, yine hiç kimse 722 ve 701 yıllarında, ülkelerine yönelik başarılı Asur saldırılarını bizzat Yehova'nın, tıpkı Yeşu, Gideon ve Kral Davut'un ordularını yönlendirdiği gibi, planladığını duymaktan mutlu olmayacaktı. O [Yehova], kendisinin Seçilmiş Halkı olan bir ulusa ne yapmaya çalışıyordu? İşaya'nın Yehova tasvirinde öyle pek arzuya şayan bir yan yoktu. İnsanlara bir çare göstermek yerine Yehova, insanların istenilmeyen gerçekle yüz yüze gelmeleri için kullanılmaktaydı: Onları geriye, mitolojik zamanlara götüren eski kültlere uygun dinsel davranış biçimlerine sığınma yerine, İşaya gibi peygamberler kendi halklarının, tarihsel

50 İşaya, 6:12.

51 İşaya, 10:56.

olayları olduğu gibi ve bunları, tanrılarıyla olan dehşet verici bir diyalog olarak kabul etmelerini sağlamaya çalışıyorlardı.

Musa'nın Tanrısı muzaffer olmak isteyen bir tanrıyken, İşa-ya'nın Tanrısı hüzünle doluydu. Bizlere ulaştığı kadarıyla tebliğ, Yehova'yla anlaşma yapan bu halka oldukça acı veren kederli bir feryatla başlamaktadır: Boğa ve katır kendi sahibini bilir ama, "İsrail halkı hiçbir şey bilmiyor, benim halkım hiçbir şey anlamıyor."[52] Tapınakta kurban edilen buzağıların yağı, boğa ve keçilerin kanıyla yaşanan felaketlerde dökülen kanın ağır kokusu karşısında Yehova isyan etmişti. Artık onların festivallerine, Yeni Yıl şenliklerine ve ziyaretlerine dayanamıyordu.[53] Bu, İşaya'nın hitap ettiği halk için tam bir şok olabilirdi: Orta Doğu'da bu kültlere dayalı kutlamalar dinin temelini oluşturmaktaydı. Pagan tanrılar, azalan enerjilerini yenilemek için bu törenlere muhtaçtılar; prestijleri de bir bakıma, kendileri için yapılan tapınakların haşmetiyle ölçülmekteydi. Yehova, şimdi bütün bunların anlamsız olduğunu söylüyordu. Uygar dünyanın diğer bilge ve filozofları gibi, İşaya biçimsel dindarlığın yetersiz olduğunu düşünmekteydi. İsrailliler kendi dinlerinin batıni anlamını keşfetmek zorundaydılar. Yehova kurban değil merhamet istemekteydi:

> Dualarınızı artırsanız da dinlemeyeceğim.Elleriniz kan
> içinde, yıkanın, temizlenin.
> Kötülüklerinizi gözüm görmesin. Kötülük etmekten
> vazgeçin. İyilik etmeyi öğrenin,
> adaleti arayın, ezilene yardım edin, öksüzün hakkını
> koruyun, dul kadınla ilgilenin.[54]

---

52 İşaya, I:3.

53 İşaya, I:11-15.

54 İşaya, 1:15-17.

Peygamberler Eksen Çağı'nda ortaya çıkan bütün büyük dinlerin ayırıcı özelliği haline gelecek olan merhametli olmanın, kendilerinin en önemli görevleri olduğunu keşfetmişlerdi. Yine bu dönemde uygar dünyada gelişen yeni ideolojilerin hepsi, dinsel yaşantının gündelik yaşamla başarılı bir şekilde bütünleşmesini onların inanılırlıklarının ölçüsü olarak ele almışlardı. İbadeti artık ne tapınakla ne de mitosların zaman-dışı dünyasıyla birleştirmek yeterliydi. Aydınlanmanın ertesinde, insanlar pazar yerine, sokağa dönmeli ve bütün canlılara merhamet göstermeliydiler. Peygamberlerin toplumsal idealleri Sina'dan bu yana bizzat Yehova kültü içinde saklıydı: Çıkış öyküsü Tanrı'nın zayıf ve ezilenin yanında olduğunu vurguluyordu. Şu farkla ki şimdi İsraillilerin kendileri zalim olarak suçlanıyordu. İşaya'ya peygamberlik verildiği sırada, tam bir kaos içinde bulunan kuzeydeki krallıkta iki peygamber benzer bir mesajı tebliğ etmekteydiler. Bunlardan ilki, İşaya gibi aristokrat olmayıp ve evvelce güney krallığındaki Tekoa'da yaşamış bir çoban olan Amos idi. 752 civarında, ani bir dürtüyle kendini kuzeydeki İsrail Krallığı'nda buldu. Ayakları adeta kendisini eski Beth-El tapınağına sürükledi ve orada yapılmakta olan ayini kıyamet kehanetiyle altüst etti. Beth-El'in rahibi Amatsya kendisini oradan uzaklaştırmaya çalıştı. Onun bu kaba çobana yönelttiği kibirli azarlamasında yerleşik düzenin egemen sesini duyabiliriz. Rahip doğal olarak Amos'un ortalıkta dolaşıp, geçimlerini fal bakarak sağlayan kâhinlerden biri olduğunu düşünmüştü. Küçümseyerek bağırdı: "Buradan uzaklaş, kâhin! Yahuda'ya geri dön, ekmeğini orada kazan, orada peygamberlik et. Beth-El'de artık kehanet istemiyoruz, burası kralın mabedidir, bir ulusal tapınaktır." Bu sözlerin altında kalmayan Amos, göğsünü kabartıp diklenerek, kendisinin o tür kâhin olmayıp, doğrudan Yehova'dan emir aldığını söyledi: "Ne kâhindim, ne de herhangi bir kâhinler grubuna mensuptum. Basit bir çobandım ve otlakları beklerdim. Ama Yehova beni hayvan gütmekten alıkoydu ve dedi ki: 'Git, kavmim

İsrail'e peygamberlik et.'"[55] Beth-El mensupları Yehova'nın mesajını duymak mı istemediler? Güzel, öyleyse işte onlara bir kehanet daha: Onların kadınları sokaklarda sürünecek, çocukları katledilecek ve kendileri de İsrail'den uzakta, sürgünde ölecekler.

Yalnızlık bir peygamber için kaçınılmaz bir şeydi. Tıpkı Amos gibi, o kendi başınaydı; geçmişteki görevlerinden, alıştığı yaşamından koparılmıştı. Bu, kendisinin seçtiği değil, iradesi dışında başına gelmiş bir şeydi. Sanki o, bilincin olağan örüntüsü dışına atılmıştı ve artık normal denetim işlevini yerine getiremez hale gelmişti. Kendisi istese de istemese de tebliğe zorlanmıştı. Amos'un sözleriyle:

> Arslan kükrer de korkulmaz mı?
> Efendi Yehova peygamberlik emreder de bu
> reddedilebilir mi?[56]

Amos, Buda gibi, nirvananın öz duygusundan uzak, mutlak yok oluş durumunu yaşamamış ama Yehova onun benliğinin yerini alarak, kendisini başka bir dünyaya sürüklemişti. O, toplumsal adalet ve merhametin önemini vurgulayan ilk peygamberdi. Tıpkı Buda gibi, ıstırap içindeki insanlığın çektiği acının pekâlâ farkındaydı. Amos'un tebliğinde, Yehova ezilenler adına konuşuyor, sesleri çıkmayanların, yoksulun çaresiz acılarının sesi oluyordu. Bizlere kadar gelen tebliğinin daha ilk satırında, Yehova, Yahuda ve İsrail dâhil Yakın Doğu'nun bütün ülkelerindeki sefaleti düşündüğü zaman, Kudüs'teki tapınağından korkunç bir şekilde kükremekteydi. İsrailliler de en az goyim, İsrailli olmayanlar kadar kötüydü: Onlar yoksullara yapılan zulmü görmezden gelebilirlerdi ama Yehova buna göz yumamazdı. O her bir dolandırıcılık, sömürü ve acımasızlığı bir kenara yazmaktaydı: "Yehova, Yakub'unki gibi, gururla yemin etti: 'Yaptık-

55 Amos, 7: 15-17.

56 Amos, 3:8.

larınızın hiçbirini asla unutmayacağım.'[57] Onlar gerçekten de büyük bir yüzsüzlükle, Yehova'nın İsrail'i yüceltip goyim'i aşağılayacağı, Efendinin Günü'nü mü bekliyorlardı? O halde kendilerini bekleyen şoka hazır olmalıydılar: "Yehovanın Günü'nü siz ne sanıyorsunuz? O [sizin için] aydınlık değil karanlık bir gün olacak!"[58] Kendilerini hâlâ Tanrının Seçilmiş Halkı olarak mı görüyorlar? Öyleyse onlar, aslında, ayrıcalık değil sorumluluk demek olan anlaşmayı tamamıyla yanlış anlamışlardı: "Dinleyin Ey İsraloğulları! Burada Yehova size konuşuyor!" diye haykırdı Amos, "Mısır topraklarından çıkarıp kurtardığı kavmine söylüyor:

> 'Yeryüzündeki bütün kavimler arasında yalnızca sizi
> seçtim,
> bu yüzden, günahlarınız için sizi cezalandıracağım.'"[59]

Sözleşme, İsrail halkının tamamının Tanrı'nın gözdesi olduğu anlamına gelmekteydi; bu yüzden, ona göre iyi muamele görmeliydiler. Tanrı yalnızca İsrail'i yüceltmek için değil, toplumsal adaleti sağlamak için tarihe müdahale etmişti. Bu onun için tarihi bir riskti, gerekirse, kendi ülkesinde adaleti sağlamak amacıyla Asur ordusunu devreye sokabilirdi.

Beklenildiği gibi, İsraillilerin çoğu peygamberin, onları Yehova'yla diyaloğa çağıran davetine kulak asmadı. Kendilerinden daha az şey talep eden, Kudüs'deki Tapınak'ta ya da Filistin'in eski bereket kültlerinde icra edilen kült ibadetine dayalı bir dini tercih ettiler. Bu böylece devam edegeldi. Bir merhamet dini az sayıda insan tarafından kabul edilir; çoğu dindar insan sinagog, kilise, tapınak ve camilerdeki biçimsel ibadetle yetinir. Kadim Filistin dinleri İsrail'de hâlâ

---

57 Amos, 8:7.

58 Amos, 5:18.

59 Amos, 3:12.

canlılığını korumaktaydı. Onuncu yüzyılda Kral I. Yeroboam, Dan ve Beth-El mabetlerine iki kült boğa yerleştirdi. Çağdaşı peygamber Hoşea'nın kehanetlerinde görüldüğü gibi, iki yüzyıl sonra İsrailliler, hâlâ bereket ayinleri düzenleyip kutsal seks icra ediyorlardı.[60] Kimi İsraillilerin, diğer tanrılar gibi, Yehova'nın da bir karısı olduğunu düşündükleri görülüyor. Arkeologlar son zamanlarda "Yehova ve onun Aşera'sına" ithaf edilmiş yazıtlar buldular. Özellikle Hoşea, İsrail'in Baal gibi diğer tanrılara tapınmayı sürdürerek anlaşmanın hükümlerini ihlal etmelerinden oldukça rahatsızlık duymaktaydı. Bütün yeni peygamberler gibi, o da dinin derin anlamıyla ilgiliydi. Onun Yehova'ya söylettiği gibi: "Kurban değil sevgi (*hesed*), felaket değil Tanrı'yı bilmenizi (*daath Elohim*) istiyorum."[61] Burada o, teolojik bilgiyi kastetmiyordu; *daath* sözcüğü İbranicede cinsellik çağrışımlı "bilmek" anlamına gelen *yada*'dan türemiştir. Bu yüzdendir ki J, Âdem'in karısı Havva'yı "bildiğini" söyler.[62] Eski Filistin dininde Baal toprakla evlendiği zaman, halk bunu bir ritüel eğlenceyle kutlamıştı ve Hoşea, sözleşmeden itibaren Yehova'nın, Baal'ın yerini alıp İsrail halkıyla evlendiğini iddia ediyordu.[63] O İsrail'i hâlâ bir sevgili gibi arzuluyordu ve onu baştan çıkaran Baal'dan geri alabilmek için bütün cazibesini kullanmaya kararlıydı:

> O gün geldiğinde –Yehova konuşuyor–
> beni "kocam" diye çağıracak,
> "Baal'im" diye çağırmayacak artık.
> Dudaklarından Baal gibi isimleri kazıyacağım,
> ve bu isimler bir daha asla anılmayacak.[64]

---

60 Hoşea, 85.

61 Hoşea, 6:6.

62 Tekvin, 4:1.

63 Hoşea, 2:234.

64 Hoşea, 2:18-19.

Amos eleştirilerini toplumsal kötülüğe yöneltirken, Hoşea İsrail dininin derinlikten yoksun oluşu üzerinde durmuştur. Tanrının "bilgisi" "hesed"le, yani biçimsel ibadetin önüne geçmesi gereken bir çeşit iç tutarlılık ve yakınlıkla ilişkiliydi.

Hoşea bizlere, peygamberlerin kendi Tanrı imgelerini nasıl geliştirdiklerine dair şaşırtıcı bilgiler vermektedir. Görevinin ilk aşamasında Yehova'nın sarsıcı bir emir verdiği görülüyor.[65] Hoşea'ya, gidip bir fahişeyle (*esheth zeuunim*) evlenmesini söyler, çünkü bütün ülke "Yehova'yı terk etmiş bir fahişe" haline gelmişti. Bununla birlikte, Tanrı'nın Hoşea'ya bir fahişe bulmak için sokakları arşınlamasını emretmediği anlaşılmaktadır: *esheth zeuunim* (sözcük anlamı, "fahişelik yapan eş"), gelgit akıllı bir kadın anlamına gelebileceği gibi, bir bereket kültünde kutsal fahişeyi de ifade etmektedir. Hoşea'nın bereket ritüelleriyle fazlaca ilgilendiği hesaba katıldığında, karısı Gomer'in Baal kültündeki kutsal şahsiyetlerden birisi haline gelmiş olması olasılığı yüksektir. Bu yüzdendir ki onun evliliği Yehova'nın inançsız İsrail'le olan ilişkisinin bir simgesi gibiydi. Hoşea ve Gomer'in önemli, simgesel adlar taşıyan üç çocuğu vardı. En büyüğününki ünlü bir savaşa atfen Jezreel kızlarınınki Lo-Ruhamah (bahtsız anlamında), küçük oğullarınınki ise Lo-Ammi (başkasının halkı) idi. Bu sonuncusunun doğumu sırasında, Yehova İsrail halkıyla olan anlaşmasına son vermişti: "Siz benim halkım değilsiniz ve ben de sizin Tanrı'nız değilim."[66] İleride göreceğimiz gibi, peygamberlerin, çoğu zaman kendi halklarının endişe ve korkularını dile getiren ince mimler icra etme gereği duymalarına rağmen, Hoşea'nın evliliğinin daha başından duygusuzca planlanmadığı görülmektedir. Elimizdeki metin Gomer'in, çocukları dünyaya gelene kadar *esheth zeuunim* olmadığını açıkça ortaya koymaktadır. Hoşea, evliliğinin

---

65 Hoşea, 1:2.

66 Hoşea, 1:19.

Tanrı tarafından ayarlanmış olabileceğini ancak şimdi fark etmekteydi. Karısını kaybedişi onun için büyük bir yıkım olmuştu. Bu olay Hoşea'nın, Yehova'nın, Baal gibi tanrıların peşinden koşan halkı tarafından terk edilmesi karşısında yaşamış olabileceği duyguları daha iyi anlamasını sağlamıştı. Hoşea ilk anda Gomer'i reddedip onunla hiçbir şekilde ilgilenmemeye niyetlendi: Gerçekten de yasalar, erkeğin kendisine ihanet eden karısını boşaması gerektiğini söylemekteydi. Ama Hoşea, Gomer'i hâlâ seviyordu; peşinden gidip onu yeni sahibinden satın aldı. Kendisinin Gomer'i kazanmak için ortaya koyduğu arzu ve isteğini, Yehova'nın İsrail'e bir şans daha tanımak eğiliminin bir işareti olarak gördü.

Peygamberler kendi insani duygu ve tecrübelerini Yehova'ya atfettiklerinde, bir anlamda, kendi suretlerinde bir tanrı yaratmaktaydılar. Kraliyet ailesinin bir mensubu olan İşaya, Yehova'yı bir kral olarak görmekteydi. Amos kendisinin acı çeken yoksullara duyduğu sempatiyi Yehova'ya atfetmişti. Hoşea, benzer şekilde Yehova'yı, karısı için hâlâ şefkat dolu bir sıcaklık duyan, reddetmiş bir koca olarak görmüştür. Bütün dinler mutlaka bir miktar insanbiçimcilikle başlar. Aristoteles'in İlk Hareket Ettirici'si gibi, insandan tamamen uzakta bir tanrı, tinsel bir arayışa ilham kaynağı olamaz. Bu yansıtma kendi içinde bir son oluşturmadığı sürece kullanışlı ve yararlı olabilir. Şurası da belirtilmeli ki Tanrı'nın insani terimlerle tanımlandığı bu hayali portresi Hindu dininde mevcut olmayan bir toplumsal kaygıya kaynaklık etmiştir. Her üç Tanrı dini de Amos ve İşaya'nın eşitlikçi ve toplumcu ahlakını paylaşırlar. Yahudiler, eski dünyada, pagan komşularının hayran kaldığı müreffeh bir sistem kuran ilk halk olmuştur.

Bütün diğer peygamberler gibi, Hoşea da putperestlik karşısında dehşete düşmüştü. Kuzey kabilelerinin, bizzat yaptıkları tanrılara tapmakla tanrının gazabını üzerlerine çekeceklerini düşünmekteydi:

Ve şimdi günahlarına günah katıyorlar,
kendi gümüşlerinden yaptıkları suretleri,
hepsi zanaatkârların marifeti,
kendi mamulleri olan heykelleri kokluyorlar.
"Onlara kurban verin" diyorlar.
İnsanlar [onların] ayaklarını öpüyorlar![67]

Bu şüphesiz ki Filistin dininin en acımasız, çok basite indirgenmiş bir tasviriydi. Filistin ve Babil halkı hiçbir zaman yaptıkları tanrı heykellerinin bizzat kendilerinin kutsal olduklarına inanmadılar; hiçbir zaman bir heykel karşısında, sırf bir heykel olduğu için eğilmediler. Heykel tanrının bir simgesiydi. Tıpkı, tasavvur edilemeyen ilk olaylar hakkında yarattıkları mitoslar gibi, bu da ibadet eden kişinin dikkatini kendi ötesine yöneltmesi için geliştirilmiş bir araçtı. Esagila Tapınağı'ndaki Marduk heykeli ve Filistin'deki Aşera'yı simgeleyen dikili taş hiçbir zaman tanrının bizzat kendisi olarak görülmemiş, insanların yaşamlarının aşkın bir boyutuna yoğunlaşmasına yardım eden bir merkez işlevi görmüşlerdir. Öte yandan, peygamberler sık sık pagan komşularının tanrılarına akla gelmedik saygısızlıklarla gülüp geçmekteydiler. Onlara göre bu, insan elinden çıkma tanrılar altın ve gümüşten başka bir şey değildiler; bir zanaatkâr elinde bir iki saatte ortaya çıkmaktaydılar; görmeyen gözleri, işitmeyen kulakları vardı; hareket edemezlerdi ve ancak onlara tapanlarca kımıldatılabilirlerdi. Başına külah geçirilmiş korkuluklardan hiç de farklı olmayan hayvansı ve aşağılık yaratıklardı. İsral'in Elohim'i Yehova'yla karşılaştırıldığında, onlar elilim, yani birer hiçtiler. Onlara tapan goyim'ler olsa olsa birer ahmaktı ve Yehova onlardan nefret ederdi.[68]

---

67 Hoşea, 13:2

68 Yeremya 10; Mezmurlar 31:16; 115:48; 135:15.

Yazık ki, tektanrıcılığın bir özelliği olarak ortaya çıkan hoşgörüsüzlüğü bugün öylesine kanıksamış bulunuyoruz ki diğer tanrılara karşı düşmanlığın yeni bir dinsel tavır olduğunu göremeyebiliriz. Paganizm temelde hoşgörülü bir inançtı. Yeni bir tanrının gelişi eski kültler için bir tehdit oluşturmadıkça, mevcut panteonda her zaman başka bir tanrıya yer vardı. Eksen Çağı'nın yeni ideolojileri eski tanrılara yönelik inançların yerini aldığında bile, eski tanrılar böylesine şiddetle reddedilmemişlerdi. Gördük ki Hinduizm'de ve Budizm'de insanlar, tanrıları gönülsüzce kabul etmek bir yana, tanrıların da ötesine geçmeleri için teşvik edilmişlerdir. Bununla birlikte, İsrail peygamberleri, Yehova'nın rakibi olarak gördükleri tanrılara karşı böylesi bir soğukkanlılık gösteremediler. Yahudi metinlerinde yeni "putperestlik" günahı, "sahte" tanrılara tapma, insanda kusma hissi uyandıracak derecede olumsuz bir şey olarak geçer. Bu, belki de bazı Kilise Babaları'nın cinsel arzu duymalarının yaratacağı şaşkınlığa benzer bir tepkiydi. Bu ise akılcı, sağduyulu bir tepkiden çok derin endişenin ve bastırılmış bir duygunun dışavurumuydu. Peygamberler, kendi dinsel tutumlarına yönelik gizli bir kaygı mı beslemekteydiler? Yoksa, pek kolay olmasa da kendi Yehova anlayışlarının paganların putperestliğinden pek de farklı bir şey olmadığının farkında mıydılar? Çünkü ne de olsa, onlar da tanrılarını kendi suretlerinde yaratmaktaydılar.

Hristiyanların cinsellik karşısındaki tutumuyla yapılacak bir karşılaştırma bir başka açıdan aydınlatıcı olabilir. Çoğu İsrailli gizlice de olsa pagan tanrıların varlığına inanıyordu. Yehova'nın kimi noktalarda giderek Filistinlilerin *elohim*'inin bazı işlevlerini üstlenmekte olduğu bir gerçektir. Örneğin, Hoşea, Yehova'nın Baal'dan daha iyi bir bereket tanrısı olduğunu iddia ediyordu. Ama kesinlikle eril olan Yehova'nın, İsrailliler arasında büyük rağbet gören Aşera, İştar ve Anat gibi tanrıçaların işlevini üstlenmesi, açıktır ki çok zordu. Tektanrıcılar, tanrılarının bildik kadın-erkek cinselliğinin ötesinde olduğunu ileri sürmelerine karşın, ileride göreceğimiz gibi, her ne kadar kimileri bu dengesizliği gidermeye çalıştıysa da o, temelde erkek bir tanrı olarak kalmıştır. Bu bir bakıma, onun bir kabilenin savaş tanrısı olarak ortaya çıkışıyla bağlantılıdır. Öte yandan, onun tanrıçalara karşı sürdürdüğü savaş, genel olarak kadınlar ve dişil varlıkların statüsünde bir düşmenin yaşandığı Eksen Çağı'nın pek olumlu olmayan bir özelliğini yansıtmaktadır. Öyle görünüyor ki daha ilkel toplumlarda kadınların bazen erkeklerden daha saygın konumları vardır. Geleneksel dinde büyük tanrıçaların sahip olduğu prestij, dişil olanın kutsallık derecesinde yüceltildiğini gösterir. Bununla birlikte, kentlerin doğuşu, daha haşin, fiziki güce dayalı erkeksi özelliklerin dişil özellikler karşısında daha fazla yüceltilmesini ifade etmiştir. Bu andan itibaren kadınlar marjinal bir konuma itilmiş ve yeni dönemin uygarlıklarında ikinci sınıf yurttaşlar haline gelmişlerdir. Örneğin, kadınların konumları eski Yunan'da özellikle düşüktür ve Batılıların, Doğu'nun ataerkil tutumunu kınarken bu gerçeği unutmamaları gerekir. Demokratik ideal, tecrit edilmiş bir yaşam süren ve aşağı yaratıklar olarak görülen Atinalı kadınları hesaba katmamıştır. İsrail toplumu da daha erkeksi bir görüntü kazanmaktaydı. İlk başlarda kadınlar güçlüydü ve kendilerini kocalarıyla eşit görmekteydiler. Hatta Deborah gibi bazıları savaşlarda ordulara bile komuta etmişlerdi. İsrailliler Yudit ve Ester gibi kimi kadın kahramanları saygıyla anmaya devam etmişler, ancak Yehova'nın, Filistin'in ve Orta Doğu'nun diğer tanrı ve tanrıçalarını başarılı bir şekilde ortadan kaldırıp tek tanrı konumuna gelmesinden sonra, onun dini neredeyse tamamen erkeklerce sürdürülmüştür. Tanrıçalar kültü bir kenara bırakılmış ve bu yeni uygarlaşan dünyanın özelliği, kültürel değişmenin bir belirtisi olarak ortaya çıkmıştır.

Göreceğimiz gibi, Yehova'nınki zor kazanılmış bir zaferdi. Büyük acılara, şiddet ve çatışmaya malolmuş ve İsraillilerin bu yeni tektanrı dinini benimsemeleri hiç de Budizm'in Hint yarımadası halkınca benimsenmesi gibi kolay olmamıştır. Yehova'nın eski tanrıları barışçıl bir yolla doğal bir şekilde aşmayı başaramadığı görülmektedir; bunun için savaşmak zorunda kalmıştır. Böylece, Seksen İkinci Mezmurda onu, hem Babil hem de Filistin mitosunda oldukça önemli bir yeri olan Tanrısal Konsey'in liderliği için bir oyun ortaya koyarken görüyoruz:

> Tanrılar arasında düşüncelerini söylemek için
> El Konseyi'nde söz alır Yehova.[69]
>
> "Artık adaletin ihlaline,
> bayağıların kayırılmasına hayır!
> Bırakın zayıf ve öksüzler adaletten nasibini alsın,
> aç ve sefillere adil davranın,
> aciz ve muhtaca yardım edin,
> onları aşağılık yaratıkların pençesinden kurtarın!"
>
> Körü körüne yaşayan cahiller ve duygusuzlar
> insanlığın temellerini oyarlar
> Bir zamanlar, "Sizler tanrısınız,
> hepiniz, El Elyan'ın çocuklarısınız," demişti.
> Ama aynı kapıya çıkar, hepiniz öleceksiniz;
> birer insan olan siz tanrılar, hepinizin sonu gelecek.

Başından beri El'in yönettiği konseyi karşısına aldığında, Yehova diğer tanrıları zamanın toplumsal gereklerine yanıt vermek konusunda başarısızlıkla suçlar. Burada Yehova, peygamberlerin çağdaş, merhametli olma özelliğini temsil etmektedir; oysa onun meslektaşı tanrılar uzun zamandır adalet ve eşitliği sağlamak için hiçbir şey yapmamışlardı. Eskiden olsa, Yehova onları *elohim*, El-Elyan'ın ("En Yüce Tanrı")[70] oğulları olarak tanıyıp kabul edebilirdi

---

69 Bu manzum parçanın çevirisi için bkz. John Bowker, the Religious Imagination and the Sense of God (Oxford, 1978), s. 73.

70 Tekvin, 14:20.

ama şimdi tanrılar artık hiçbir işe yaramadıklarını kanıtlamışlardı. Tıpkı ölümlü insanlar gibi yok olacaklardı. Mezmur yazan Yehova'yı yalnızca diğer tanrıları lanetlerken tasvir etmekle kalmıyor, bu yolla Yehova, İsrail'de hâlâ belli bir tabanı olduğu anlaşılan geleneksel El'in ayrıcalıklı konumunu da ele geçirmiş oluyordu.

Kitab-ı Mukaddes'te şiddetle karşı çıkılmasına rağmen, putperestlik kendi başına hiç de olumsuz bir şey değildi. O, ancak büyük bir özen ve sevgiyle yaratılan Tanrı imgesinin tekabül ettiği o tarif edilemez muhteşemlikteki gerçekle karıştırılması durumunda karşı çıkılacak ya da naif bir şey haline gelirdi. Tanrının tarihinde ileriki dönemlerde göreceğimiz gibi, bazı Yahudi, Hristiyan ve Müslümanlar bu mutlak gerçeğin ilk imgesi üzerinde kafa yormuşlar ve Hindu ya da Budist anlayışınkine oldukça yakın bir sonuca ulaşmışlardı. Bununla birlikte, birçok insan hiçbir zaman buna yanaşmayıp kendi Tanrı anlayışlarını ebedi sırla özdeş görmüşlerdir. "Putperest" bir dinsellik İ.Ö. 622 sıralarında Yahuda Kralı Yoşiya döneminde açıkça tehlikeli bir hale gelmiştir. Bu kral, halkının Yehova'nın yanı sıra Filistin tanrılarına da tapmasını teşvik eden selefleri Manasse (687-42) ile Amon (642-40)'un bağdaştırmacı politikalarını değiştirmek niyetindeydi. Canlı bir bereket kültünün yaşadığı Tapınak'a, Manasse bizzat kendisi Aşera'nın bir heykelini koydurtmuştu. İsraillilerin büyük çoğunluğu Aşera'ya bağlı olduğu ve hatta bazıları onun Yehova'nın karısı olduğunu düşündüğü göz önüne alındığında, bu durumu bir küfür olarak görenler yalnızca en keskin Yehovacılardı. Yehova kültünü geliştirmeye çalışan Yoşiya Tapınak'ta büyük çaplı bir tamirata girişti. İşçilerin her şeyi altüst ettiği bir sırada, Baş Kâhin Hilkiya'nın, üzerinde Musa'nın İsraloğullarına son hutbesi olduğu ileri sürülen eski bir kitap bulduğu söylenir. Hilkiya bunu hemen Yoşiya'nın danışmanı Şafan'a vermiş, o da kralın huzurunda seslice okumuştur. Genç kral dehşet içinde dinlemiş, kızgınlıktan saçını başını yolmuştu: Hiç şüphe yok ki Yehova, seleflerine çok kızmıştı! Onlar Yehova'nın Musa'ya verdiği emirleri hiçbir şekilde yerine getirmemişlerdi.[71]

Hilkiya'nın bulduğu "Kanun Kitabı"nın bizim bugün Tesniye olarak bildiğimiz metnin temelini oluşturduğu hemen hemen kesindir. Bu kitabın reformcu kesim tarafından tam zamanında "bulunmuş" olması, bu konu üzerinde değişik kuramların ileri sürülmesine yol açmıştır. Hatta bazıları, bunu Hilkiya ve Şafan'ın, Yoşiya'nın kendisine danıştığı kâhin Hulda'nın da yardımıyla, bizzat kendilerinin gizlice kaleme almış olduklarını dahi ileri sürmüşlerdir. Bunu hiçbir zaman kesin olarak bilemeyeceğiz ama söz konusu Kanun Kitabı kesin olarak yedinci yüzyıl bakış açısını yansıtan yepyeni bir ihtilafı dile getirmektedir. Son hutbede, Musa'nın anlaşmaya ve İsrail'in özel olarak seçilişine merkezi bir konum verdiğini görmekteyiz. Yehova'nın İsrail halkını diğer bütün uluslardan ayrı tutması, İsraillilerin özel bir niteliğinden değil, Yehova'nın büyük sevgisinden kaynaklanmaktaydı. Buna karşılık, kendisine tam sadakat ve diğer bütün tanrıların şiddetle reddedilmesini istiyordu. Tesniye'nin esasını oluşturan tema, daha sonra Yahudi inancının temeli haline gelecek olan şu ifadeyi içermektedir:

> Dinle (şema) Ey İsrail! Yehova bizim Elohimimizdir, Yehova tektir (ehad)! Yehova'yı bütün kalbinle, bütün ruhunla, bütün gücünle seveceksin. Şimdi burada sizlere söylediğim bu sözler kalplerinize nakşedilsin.[72]

Tanrı'nın seçimi İsrail'i goyim'den böyle ayırmıştı; metnin yazarı, İsraillilerin yerli halkla hiçbir ilişki kurmayacakları Vadedilmiş Topraklar'a vardığında Musa'ya bunları söyletiyordu. "Yerli halkla hiçbir anlaşma yapmayacaklar, onlara en ufak bir merhamet göster-

---

71 Krallar II 32:310; Tarihler II 34:14.

72 Tesniye 6:46.

meyecekler"di.[73] Asla kız alıp verme, toplumsal karışma olmayacaktı. En önemlisi, Filistin dininin köküne kibrit suyu dökeceklerdi: Musa İsraillilere, "Onların sunaklarını yerle bir edin, ayakta bir tek taş bırakmayın, kutsal tütsüleri indirip putlarını ateşe verin," diye emrediyor, "siz ki Yehova'yı kendinize Elohim seçtiniz, O, sizi dünyanın bütün diğer kavimlerinden ayırıp kendi kavmi seçti," diyordu.[74]

Yahudiler bugün şema'yı okuduklarında, ona tektanrıcı bir yorum getirmektedirler: Bizim tanrımız Yehova tek ve biriciktir. Tesniye yazarının henüz böyle bir bakış açısı yoktu. "Yehova ehad," Tek olan Tanrı'yı değil, kendisine tapılmasına izin verilen tek tanrıyı ifade etmekteydi. Diğer tanrılar hâlâ bir tehdit oluşturmaktaydı. Kültleri hâlâ bir cazibe merkeziydi ve İsraillileri baştan çıkararak, kıskanç bir tanrı olan Yehova'dan uzaklaştırılabilirlerdi. İsrailliler emirlerine uyarlarsa, Yehova onları kutsayıp müreffeh kılacak, kendisini terk etmeleri halinde ise akıbetleri korkunç olacaktı:

> Kendinize mülk edinmek üzere adımınızı attığınız topraklardan koparılıp atılacaksınız. Yehova sizi dünyanın bir ucundan diğerine, diğer uluslar arasına dağıtacak; orada ne sizin ne de atalarınızın bilmediği ağaç ve taş tanrılara hizmet edeceksiniz... Yaşamınız daha başından itibaren size bir yük olacak... Size sabahları, "Ah! bir akşam olsa!" akşamları da, "Ah! bir sabah olsa!" dedirtecek bir dehşet kalplerinizi sarmalayacak, gözleriniz böyle şeyler görecek.[75]

Yedinci yüzyılın sonlarında Kral Yoşiya ve halkının bu sözleri işittikleri sırada, yeni bir siyasi tehdit kapıya dayanmak üzereydi. O ana kadar Asurluları uzakta tutmayı başarmışlar, böylece, Mu-

73 Tesniye 7:3.

74 Tesniye 7:56.

75 Tesniye 28:6-48.

sa'nın dile getirdiği cezalara karşı ayakta durmaya çalışan kuzeyin on kabilesinin uğradığı akıbetten kendilerini kurtarmışlardı. Fakat İ.Ö. 606'da Babil Kralı Nebupolassar Asurluları yenmiş ve kendi imparatorluğunu kurmaya başlamıştı.

Tesniye yazarının dile getirdikleri bu aşırı tehlikeli ortamda büyük bir etki yarattı. Yehova'nın emirlerini yerine getirmekten oldukça uzak bir politika takip eden son iki İsrail kralı bile bile felakete davetiye çıkarmıştı. Yoşiya hemen şiddetli bir reforma girişti. Tapınak'ta bulunan bütün heykeller, idoller ve bereket simgeleri yerlerinden kaldırılarak yakıldı. Yoşiya, bu arada Aşera'nın büyük heykelini de indirtip içinde Aşera'ya giyecek dokumakta olan Tapınak fahişelerinin odalarını yerle bir ettirdi. Ülkede paganizmin faaliyet gösterdiği bütün eski dinsel mekânlar yıkıldı. Ve rahiplerin artık pislikten arındırılmış olan Kudüs Tapınağı'nda, yalnızca Yehova'ya kurban sunmalarına izin verildi. Yoşiya'nın reformlarını yaklaşık üç yüz yıl sonra kaleme alan kronik yazarı, bu gözü kara reddediş ve baskıyı etkileyici bir dille anlatır:

> [Yoşiya] Baalların sunaklarının yıkılışını seyretti; tütsü sunaklarını, üzerlerine çıkarak devirdi; kutsal tütsüleri parçaladı, un ufak etti ve tozunu, onlara kurban sunanların mezarlarına saçtı. Rahiplerinin kemiklerini sunakları üzerinde yaktı ve Yahuda ile Kudüs'ü tertemiz yaptı. Aynı şeyi Manasse, Efrayim, Simeon ve hatta Naftali kentleri ile civarlarındaki yerle bir edilmiş bölgelerde de gerçekleştirdi. Sunakları ve kutsal tütsüleri yıktı, idolleri un ufak etti, İsrail topraklarındaki bütün tütsü sunaklarını yerle bir etti.[76]

Burada, Buda'nın kendisinin içinde yetiştiğine inandığı tanrıları soğukkanlı bir şekilde kabul edişinden çok uzaktayız. Bu topyekûn

76 Tarihler II 34:57.

yıkım, derinlerde gizlenmiş olan endişe ve korkunun yarattığı bir nefretten kaynaklanmaktaydı.

Reformcular İsrail tarihini yeniden yazdılar. Yeşu, Hâkimler, Samuel ve Krallara ait tarihsel kitaplar yeni ideolojiye göre değiştirildi. Ardından Pentateuch'un editörleri J ve E'nin eski öykülerine, Çıkış mitosunun Tesniye'deki yorumunu içeren parçalar eklediler. Yehova, şimdi artık Filistin'deki kutsal imha savaşının baş aktörüne dönüşmüştü. İsraillilere, Filistin'in yerli halkının kendi ülkelerinde yaşatılmamaları gerektiği anlatılmaktaydı[77] ki bu politika hiç de kutsal olmayan bir biçimde Yeşu'ya uygulattırılmıştır:

> Bunun üzerine Yeşu geldi ve Anakları (Anakim) dağlıktan, Hebron'dan, Debir'den ve Anab'dan ve bütün Yahuda dağlığından ve bütün İsrail'den sürüp attı. Kendilerini kasabalarıyla birlikte yok etti. Gazza, Gat ve Aşod dışında, İsrail topraklarında tek bir Anak kalmadı.[78]

Çok kan aktığı şüphesiz ise de gerçekte, Yeşu'nun Filistin'i fethi hakkında hiçbir şey bilmiyoruz. Bununla birlikte bugün, söz konusu kan gölüne dinsel bir gerekçe ileri sürülmektedir. İşaya'nın aşkın perspektifince onaylanmayan böylesi bir seçim üzerine kurulu bir teolojinin tehlikeleri, tektanrıcılığın tarihinde kanayan bir yara haline gelen kutsal savaşlarda açıkça ortaya çıkmaktadır. Tanrı, kendi önyargılarımızdan kurtulmanın ve bizleri eksikliklerimiz üzerinde düşünmeye zorlamanın bir simgesi olarak görülmeyip bencil nefretimizi meşrulaştırma ve mutlaklaştırmanın bir aracı olarak kullanılmaktadır. Bu, Tanrı'nın da tıpkı bizler gibi, sanki kendisi de bir başka insanmış gibi davranmasına yol açmaktadır. Böylesi bir Tanrı,

---

77 Çıkış 23:33.

78 Yeşu 11:2-12.

insandan kendine karşı acımasız bir eleştirellik talep eden Amos ve İşaya'nın Tanrısı'ndan daha cazip ve popüler olabilmektedir.

Yahudilerin, kendilerinin Seçilmiş Halk olduğu yolundaki inançları çoğu zaman eleştirilmesine karşın, onları eleştirenler, o dönemde putperestliğe karşı uygulanan şiddeti ateşleyen benzer bir inkârın da çoğu zaman sorumlusu olagelmişlerdir. Her üç tektanrıcı inanç da kendi tarihlerinde, farklı zamanlarda benzer seçim teolojileri geliştirmişler, hatta bazen Yeşu'nun kitabında hayal edilenden daha da korkunç sonuçlar ortaya çıkmıştır. Batı Hristiyanları, kendilerinin Tanrı'nın gözdeleri olduğunu düşünmeye özel bir eğilim göstermişlerdir. On bir ve on ikinci yüzyıllarda haçlılar, Yahudi ve Müslümanlara karşı giriştikleri kutsal savaşı, kendilerinin, Yahudilerin çoktandır kaybettiği tanrısal misyonu devralmış yeni Seçilmiş Halk oldukları iddiasıyla meşrulaştırmışlardır. Calvinci seçim teolojisi, Amerikalıların kendilerini Tanrı'nın gerçek ulusu olduklarına inanmaya teşvik eden önemli bir etken olmuştur. Yeşu'nun Yahuda Krallığı'nda olduğu gibi, böylesi bir inanç, insanların artık sonlarının geldiği korkusuyla dehşete düştükleri bir siyasi kargaşa ortamında canlanma eğilimi gösterir. Belki de söz konusu inanç bu nedenle, kaleme alındıkları dönemlerde Yahudi, Hristiyan ve Müslümanlar arasındaki yaygın köktenciliğin değişik biçimlerinde kendine yeni bir hayat alanı bulabilmiştir; Yehova gibi kişileştirilmiş bir tanrı, Brahman gibi kişileştirilmemiş bir tanrının hiçbir zaman karşılaşmayacağı bir muameleye muhatap kalabilir, dört bir yandan kuşatılmış bir kişiliği güçlendirmek için kullanılabilir.

Hemen belirtelim ki Kudüs'ün İ.Ö. 587'de Nebukadnezar tarafından yıkılıp Yahudilerin Babil'den sürülmelerini önceleyen yıllarda İsrallilerin hepsi Tesniye'nin bu hâkim düşüncesini benimsemiyordu. Nebukadnezar'ın tahta geçtiği 604 yılında peygamber Yeremya, muzaffer Seçilmiş Halk öğretisini tersyüz eden İşaya'nın perspektifini canlandırdı: Tanrı İsrail'i cezalandırmak için Babil'i bir araç olarak kullanıyordu. Şimdi "yok olma" sırası İsrail'indi[79] ve yetmiş yıl sürgünde kalacaklardı. Kral Yehoyakim bu kehaneti duyduğunda kâtibin elindeki tomarı hiddetle kapıp paramparça etti ve ateşe attı. Hayatından endişelenen Yeremya saklanmak zorunda kaldı.

Yeremya'nın yaşamı, daha bir meydan okuyan bu Tanrı imgesini yerleştirme sürecinin içerdiği yoğun çaba ve acıyı ortaya koymaktadır. O bir peygamber olmaktan nefret ediyor; sevdiği halkını lanetlemek zorunda kalmış olmanın derin üzüntüsünü yaşıyordu.[80] Üstelik doğası gereği hiç de ateşli bir insan değildi, aksine yumuşak kalpli bir adamdı. Kendisine vahiy indiğinde, karşı koyup haykırmıştı: "Yehova, Ya Rab; görüyorsun, nasıl konuşacağımı bilmiyorum; bir çocuk gibiyim!" Yehova, elini uzatıp onun dudaklarına dokunmuş, böylece kendi sözlerini onun ağzına aktarmıştı. Kendisinden iletmesi istenilen mesaj pek açık değildi ve üstelik çelişkiliydi: "Yırt at ve yere ser, yok et ve kaldır, yap ve üret."[81] Uzlaştırılması imkânsız bu uç noktalar arasında acı veren bir gerilime davetiye çıkarılmaktaydı. Yeremya'nın Tanrı'yla teması dizlerinin bağını çözen bir ağrıya dönüşmüş, kalbini kırmış ve neredeyse bir sarhoş gibi yalpalayarak dolaşmasına yol açmıştı.[82] Peygamberin yaşadığı bu *mysterium terrible et fascinans* aynı zamanda hem bir baştan çıkarma hem de bir tecavüz olayıydı:

> Yehova, beni baştan çıkardın ve ben buna kandım,
> Irzıma geçtin ve ben karşı koyamadım...
> Kendime, "Onu düşünmeyeceğim,
> artık adını anmayacağını," derdim.
> Sonra, böğrüme sıkışmış,

---

79 Yeremya 25:8, 9.

80 Yeremya 13:15-17.

81 Yeremya 1:6-10.

82 Yeremya 23:9.

kalbimde bir ateş yanıyor gibi oldu.
Bundan kurtulma gayreti beni tüketti,
artık dayanamıyorum.[83]

Tanrı Yeremya'yı iki farklı yöne çekiyordu: Bir yandan o, Yehova'ya, kendini baştan çıkarıcılığın bütün cazibesine teslim eden derin bir yakınlık duyuyor ama bir başka zaman ise, kendisini onun iradesine karşı koymaya iten bir gücün elinde kıvranıyordu.

Amos'tan bu yana, peygamberler hep nevi şahsına münhasır adamlardı. Bu dönemde uygar dünyanın diğer bölgelerinin aksine, Orta Doğu geniş çaplı bütüncül bir dinsel ideoloji geliştirememiştir.[84] Peygamberlerin Tanrısı, İsraillileri Orta Doğu'nun mitoloji bilincinden koparmaya ve egemen anlayıştan çok farklı bir doğrultuda yürümeye zorlamaktaydı. Yeremya'nın çektiği acıda, bunun ne büyük bir kırılma ve yerinden olmaya yol açtığını görüyoruz. İsrail pagan bir dünyayla çevrili, Yehovacılığın egemen olduğu küçük bir adacıktı ve Yehova'yı reddeden İsrailli sayısı hiç de az değildi. Tanrı imgesi daha az tehditkâr olan Tesniye yazarı bile Yehova'yla buluşmayı rahatsız edici bir çatışma şeklinde ele almıştır. Burada o Musa'ya, Yehova'yla aracısız ilişki kurma beklentisiyle şaşkına dönmüş olan İsraillilere, Tanrı'nın, etkinliğini en acı bir şekilde hissettirmek için kendilerine her kuşakta bir peygamber yollayacağını söyletir.

Yehova kültü içinde henüz Atman'la karşılaştırılabilecek, her yerde hazır ve nâzır, içsel bir tanrısal ilke yoktu. Yehova dışsal, aşkın bir gerçek olarak algılanmıştır. Ve onun yabancı görünümünden biraz kurtarılabilmesi için bazı yönlerden insanileştirilmesi gerekiyordu. Siyasi durum kötüye gitmekteydi. Babilliler Yahuda'yı istila etmişler, kralla birlikte bir grup İsrailli sürgüne gönderilmişti. Son

---

83 Yeremya 20:7, 9.

84 Çin'de Tao ve Konfüçyüsçülük deruni ve zahiri insanla ilgili aynı tinselliğin iki ayrı yüzü olarak görülür. Hinduizm ve Budizm birbiriyle yakından ilgilidir ve her ikisi de reforma uğramış bir paganizm olarak değerlendirilebilir.

olarak da bizzat Kudüs düşmüştü. Koşullar kötüleştikçe, Yeremya Yehova'ya insani duygular atfetme âdetini sürdürdü. Tanrı kendi yersiz yurtsuzluğu, bahtsızlığı ve yalnızlığına üzülmekte, kendini halkı kadar şaşkın, aşağılanmış ve terk edilmiş hissetmekte, onlar gibi beyni dumura uğramış, yabancılaşmış görünmekteydi. Yeremya'nın duyduğu, içini kemiren kızgınlık, onun kendi kızgınlığı değil, Yehova'nın öfkesiydi. Peygamberler ne zaman "insan"a baksalar, kendiliğinden, yeryüzündeki varlığı ayrılmaz bir şekilde kendi halkıyla iç içe geçmiş olan "tanrı"yı düşünmekteydiler.[85] Gerçekten de Tanrı, ne zaman yeryüzünde bir şey yapmak istese insana ihtiyaç duymaktaydı. Bu düşünce Yahudilerin tanrı anlayışında çok önemli bir yer tutmaktadır. Hatta insanoğlunun kendi duygu ve davranışlarında Tanrı'nın etkinliğini görebileceklerine dair ifadeler de vardır. Bu, Yehova'nın insanlık durumunun bir parçası olduğu anlamına gelmekteydi.

Tanrı önündeyken hep halkı adına konuşan Yeremya, düşmanın kapıya dayandığı zaman halkına olan öfkesini Tanrı'nın ağzından dile getirmekteydi. Kudüs 587'de Babillilerin eline geçtiğinde, Yehova'dan biraz daha iç açıcı kehanetler gelmeye başladı: Artık dersini almış olan halkını kurtarma ve yurtlarına geri getirme sözü vermekteydi. Babil yöneticileri Yeremya'nın Yahuda'da kalmasına izin verdiler; böylece o geleceğe güvenle baktığını söyleyebilmiş ve hatta mülk bile satın almıştır: "Değil mi ki Yehova Sabaoth şöyle demiştir: 'İnsanlar bu topraklarda tekrar bağ ve bahçe edinecekler.'"[86] Beklenileceği gibi, kimileri yaşanan felaket için Yehova'yı suçladı. Yeremya, Mısır'ı bir ziyaretinde Delta bölgesine kaçmış ve Yehova'ya ayıracak zamanları olmayan bir grup Yahudiyle karşılaşmıştı. Kadınları, gökyüzünün kraliçesi İştar şerefine yaptıkları geleneksel ayinleri icraya devam ettikleri müddetçe her şeyin yolunda gittiğini ama Yeremya'nın

---

85 Yeremya 2:31, 32; 12:7-11; 14:79; 6:11.

86 Yeremya 32:15.

arzuları doğrultusunda bunu bıraktıkları anda felaket, yenilgi ve yoksulluğun sökün ettiğini ileri sürmüşlerdi. Yaşanan trajedinin, Yeremya'yı derin duygulara sürüklediği anlaşılmaktaydı.[87] Kudüs'ün düşmesi ve Tapınak'ın yıkılışından sonradır ki o, dinin böylesi dışsal tuzaklarının aslında içsel, öznel bir ruh halinin simgelerinden başka bir şey olmadığını anlamıştır. İsrail kavmiyle yapılan anlaşma ileride oldukça farklı bir şekil alacaktı: "Onların ta derinliklerine kendi kanunumu yerleştirecek, onu kalplerine nakşedeceğim..."[88]

Sürgüne gönderilenler, 722'de kuzeyin on kabilesinin başına geldiği gibi bir asimilasyona zorlanmadılar, iki topluluk halinde yaşadılar: Biri bizzat Babil'de, diğeri ise Fırat nehrinin kollarından olan Kebar ırmağının yamacında, Nippur ve Ur'a yakın bir bölgede, Tel Aviv (Bahar Tepesi)'ndeydi. 597'de sürülen ilk grup içinde Hezekiel isimli bir rahip vardı. Yaklaşık beş yıl boyunca evinde tek başına yaşamış ve kimseyle tek bir kelime konuşmamıştı. Sonra bir gün, çarpıcı bir şekilde Yehova kendisine göründü, bu onu kelimenin tam anlamıyla büyük bir şaşkınlığa düşürmüştü. Hezekiel'in Yehova'yı bu ilk görüşünü bir parça ayrıntılı anlatmamız gerekiyor, çünkü bu yüzyıllar sonra, Yedinci Bölüm'de göreceğimiz gibi, Yahudi mistikleri için oldukça büyük bir önem kazandı. Hezekiel arada bir şimşeklerle bölünen bir ışık bulutu görmüştü. Kuzeyden kuvvetli bir rüzgâr esiyordu. Bu fırtınamsı belirsizliğin ortasında, dört güçlü kuvvetli hayvan tarafından çekilen büyük bir araba görür *gibi* olmuştu ki Hezekiel, görüntünün bir anlık oluşunu vurgulamaya bilhassa dikkat göstermiştir. Babil'deki saray kapılarına yontulmuş, *karibu*'ya benzeyen bu hayvanları, Hezekiel neredeyse canlandırılması güç bir şekilde tasvir eder: Her biri, biri insan, biri arslan, biri öküz ve biri de kartal olmak üzere dört başlıydı. Her bir tekerlek birbirinden ayrı yöne dönüyordu. Bu görüntü, açıkça Hezekiel'in ifade etmekte

87 Yeremya 44:15-19.

88 Yeremya 31-33.

zorlandığı görümlerin hiç de aşina olunmayan bir etki yaratması amacını taşımaktaydı. Bu yaratıkların kanat çırpışları kulakları sağır edecek bir gürültü çıkarmaktaydı; "Tıpkı Şadday'ın, bir fırtınanın, bir kamp alanının çıkardığı sese benzer, hızla akan sesi," gibi bir gürültü. Arabanın üzerinde tahtı "andıran" bir şey, onun üzerinde de "insana benzeyen bir yaratık" vardı. Kıpkızıl parlıyor ve ağzından ateş fışkırıyordu. Üstüne üstlük "Yehova'nın ihtişamını (*kavod*) andıran bir şey" vardı.[89] Hezekiel anında yere kapandı ve kendisini çağıran bir ses duydu. Ses, sanki insanlık ile tanrısal âlem arasında artık açıkça ortaya çıkan mesafeye vurgu yaparcasına, Hezekiel'i "Âdemoğlu" diye çağırmaktaydı. Bununla birlikte, bir kez daha, Yehova'nın görünüşünü bir eylem planı takip edecekti. Hezekiel, isyankâr İsrailoğullarına Tanrı'nın kelâmını iletecekti. Tanrısal mesajın insan ötesi niteliği şiddetli bir simgeyle aktarıldı: Bir tomarı sımsıkı kavramış bir el iniltiyle peygambere uzanmaktaydı. Hezekiel'e, Tanrı'nın kelâmını iyice hazmedip kendinin bir parçası haline getirmesi için tomarı yiyip yutmasını emretti. Hep olageldiği gibi, *misterium*, hem *terribile* hem de *fascinans* idi. Tomar bal gibi lezzetliydi. Hezekiel, sonunda şunları söyler: "Ruh beni ayağa kaldırıp kendine çekti; yürüdükçe kalbim acı ve kızgınlıkla dolup taştı ve Yehova'nın ağır eli üzerime çöktü."[90] Tel Aviv'e vardığında bir hafta boyunca "taş kesilmiş gibi" kalakaldı.

Hezekiel'in ilginç öyküsü, tanrısal âlemin insanlığa ne kadar yabancılaşıp ondan ne kadar uzaklaştığını vurgulamaktadır. Bu arada bizzat kendisi söz konusu yabancılığın bir işareti haline gelmiştir. Yehova, onu sık sık kendisini normal insanlardan ayıracak garip mimler icraya zorlamaktaydı. Bunlar aynı zamanda bu bunalım dönemi İsrail'inin içler acısı halini göstermek için tasarlanmış olup daha derinde, bizzat İsrail'in, Pagan dünya içinde bir yabancı durumuna

---

89 Hezekiel 1:4-25.

90 Hezekiel 3:14-15.

gelişini göstermekteydi. Böylece, karısının ölümünde Hezekiel'in yas tutması yasaklanmıştı; 390 gün bir yanı, 40 gün de diğer yanı üzerinde yatmak zorunda bırakılmıştı. Eşyalarını toplayıp artık müsamahasız bir kent olan Tel Aviv'de bir mülteci gibi dolaşmaya başladığında, Yehova, kendisini, artık sarsılmadan ve amaçsızca oradan oraya sürüklenmekten alakoyamayacak derecede şiddetli bir korku içine sürüklemişti. Bir keresinde, Kudüs'ün kuşatılması esnasında, soydaşlarının açlığa karşı çaresizce çırpınışlarının bir göstergesi olarak dışkı yemeye zorlanmıştır. Hezekiel, Yehova kültündeki bu keskin kırılmanın bir simgesi haline gelmişti: Hiç bir şeyden emin olunulamazdı ve normal tepkiler reddedilmekteydi.

Öte taraftan, pagan anlayış tanrılarla doğal evren arasında varlığına inandığı devamlılığın tadını çıkarmaktaydı. Hezekiel, artık bir alışkanlık olarak "iğrenç" diye adlandırdığı eski dinde hiçbir teselli bulamıyordu. Görünümlerinin birinde, bir kılavuz eşliğinde Kudüs Tapınağı'nı gezmişti. Burada, dehşet içinde, Yahuda halkının yokoluşun eşiğinde bile, üstelik Yehova'nın evinde, gayet umursamaz bir şeklide pagan tanrılara tapınmayı sürdürdüklerini gördü. Tapınağın kendisi bizzat bir kâbusa dönüşmüştü: Odaların duvarları kıvrılmış yılanlar ve vahşi hayvanlarla süslenmiş, "iğrenç" ayinler icra eden rahipler, sanki neredeyse arka odada seks âlemi gerçekleştiriyormuşçasına loş bir ışık içinde tasvir edilmekteydiler: "Âdemoğlu, İsrail tahtının önde gelenlerinin karanlıkta, her biri kendi rengârenk odalarında ne yaptıklarını gördün mü?"[91] Bir diğer odada bir kadın oturmuş, ıstırap içinde tanrı Tammuz'a gözyaşı dökmekteydi. Kimileri sırtları mabede dönük olarak güneşe tapıyordu. Sonunda, peygamberin ilk görümünde gördüğü ilginç araba Yehova'nın "ihtişamı"nı da yanına alarak uçup gitti. Her şeye rağmen, Yehova tamamen uzak bir tanrı değildi. Kudüs'ün imhasından hemen önceki günlerde Hezekiel onu, İsraillilerin dikkatini çekmek ve kendini onlara kabul ettirmek için

91 Hezekiel 8:12.

beyhude ateş püskürürken tasvir eder. Yaklaşan felaketin tek sorumlusu bizzat İsraillilerdi. Yehova, her zamanki gibi, İsraillilere, tarihin gelgitlerinin hiç de seyrek ve rastgele olmayıp, daha derin bir mantık ve adaleti olduğunu görmelerini sağlamaya çalışıyordu. Uluslararası politikanın acımasız dünyasında bir anlam arayışı içindeydi.

Kimi sürgünler, Babil ırmaklarının yamacında otururken, beklenileceği gibi, Vadedilmiş Topraklar'ın dışında kendi dinlerini yaşayamayacaklarını anlamışlardı. Pagan tanrıları hep belli bir bölgeyle sınırlıydılar ve kimilerine Yehova'nın şarkılarını yabancı bir ülkede söylemek imkânsız görünüyordu. Hınç içinde, ileride Babilli bebekleri bir kayaya savurup beyinlerini darmadağın etmenin hayalini kurmaktaydılar.[92] Gel gör ki yeni peygamber sükûnet telkin ediyordu. Bu peygamber hakkında hiçbir şey bilmiyoruz. Onun önemi belki de buradadır çünkü kehanet ve mezmurları, seleflerinin yaptığı türden hiçbir kişisel mücadeleye işaret etmezler. Onun faaliyetleri sonradan İşaya'nın sözlerine eklenmiş ve kendisi de genellikle İkinci İşaya olarak anılmıştır. Sürgündeki bazı Yahudiler, Babil'in eski tanrılarına tapmaya başlamışlarsa da diğerleri yeni bir dinsel uyanma yaşadılar. Yehova'nın Tapınağı harap olmuş, Beth-El ve El Halil'deki eski kült merkezleri tahrip edilmişti. Dinsel yaşamlarının merkezinde yer alan ve kendi evlerinde özgürce yerine getirdikleri liturjileri Babil'de icra edemiyorlardı. Sahip oldukları tek şey Yehova'ydı. İkinci İşaya bunu bir adım daha ileri götürüp Yehova'nın tek Tanrı olduğunu ilan etti. Yeniden yazdığı İsrail tarihinde Çıkış mitosu, Marduk'un ilk denizi simgeleyen Tiamat karşısındaki zaferini anımsatan bir görüntü içinde sunulmuştur:

> Ve Yehova nefesinin ateşiyle
> Mısır Denizi'nin ağzını kurutacak,
> ve kolunu nehire [Fırat] uzatıp,

---

92 Mezmur 137.

onu yedi kola ayıracak.
Kavminden arta kalanlar,
tıpkı Mısır diyarından çıktıklarında
İsrailliler için yapılanlar gibi,
kuru yerden geçsinler diye
bir patika açacak.[93]

İlk İşaya tarihi tanrısal bir uyarı olarak sunmuştu. Felaketin ardından İkinci İşaya ise Teselli Kitabı'nda, tarihi gelecek için yeni bir umut kaynağı olarak görmüştür. Yehova geçmişte İsrail'i nasıl kurtarmışsa, aynı şeyi tekrar yapabilirdi. O tarihsel akışın beyniydi; onun gözünde bütün *goyim* bir kova suyun içindeki bir damladan başka bir şey değildi. O, gerçekten de dikkate alınacak tek Tanrı'ydı. İkinci İşaya, Babil'in eski tanrılarını kağnıya bağlanmış bir şekilde günbatımına doğru ağır ağır ilerlerlerken hayal ediyordu.[94] Artık onların devri kapanmıştı: Sürekli "Ben Yehova değil miyim?" diye soruyordu, "benden başka bir tanrı yok."[95]

Benden önce hiçbir tanrı olmadı,
benden sonra da olmayacak.
Ben, ben Yehova'yım,
benden başka kurtarıcı yok.[96]

İkinci İşaya, felaketten beri zafer kazanmış gibi görünebilecek goyim'in tanrılarını reddetmeye çalışmakla vakit geçirmez. O, oldukça soğukkanlı bir şekilde, bu dünyayı var eden büyük mitolojik eylemi, Marduk ve Baal değil, Yehova'nın gerçekleştirdiğini düşünmekteydi.

93 İşaya 11:15-16.

94 İşaya 51:9, 10; Bu sürekli bir tema olmuştur. Bkz. Mezmur 65:7; 74:13-14; 77:16; Eyüp 3:8; 7:12.

95 İşaya 46:1.

96 İşaya 45:21.

Böylece, ilk olarak İsrailliler Yehova'nın yaratılıştaki rolüyle ciddi bir şekilde ilgilenmeye başladılar. Bu belki de Babil'in kozmolojik mitoslarıyla yeniden ilişki kurmalarının bir sonucuydu. Onlar burada, şüphesiz ki evrenin maddi kökenini açıklamaya girişmemekte, devirlerinin acımasız dünyası içinde bir teselli bulmaya çalışmaktaydılar. Eğer Yehova yaratılıştan önceki zamandaki kaosun zebanilerini ortadan kaldırabilmiş idiyse, pekâlâ İsraillileri de sürgünden kurtarabilirdi. Çıkış mitosuyla, paganların, zamanın başlangıcında su çevresinde oluşan kaos üzerinde kazanılmış zafer öyküleri arasındaki benzerliği fark eden İkinci İşaya, halkından, güven içinde, tanrısal kudretin yeni bir tezahürünü beklemelerini istemiştir. Burada, örneğin, Filistin yaratılış mitolojisinin deniz zebanisi Lotan ki Rahab, Timsah (tannim) ve dipsiz kuyu (tehom) diye de bilinir, karşısında Baal'ın kazandığı zafere atıfta bulunur.

> Uyan, uyan! Gücünü topla,
> Yehova'yı silahlandır.
> Uyan, geçmişteki,
> çok önceki kuşakların zamanındaki gibi.
> Rahab'ı ikiye ayırıp,
> Timsahı (tannim) parçalamadın mı?
> Deniz yatağını
> arta kalanların geçeceği bir yol yapmak için
> denizi ve o büyük dipsiz kuyunun (tehom'un) sularını
> kurutmadın mı?[97]

Yehova sonunda rakiplerini İsral'in dinsel muhayyilesinde eritmişti. Sürgünde, paganizm cazibesini yitirmiş ve Yahudilik dini doğmuştu. Belki de Yehova kültünün tamamen yok olmasının beklenildiği bir zamanda o, insanların imkânsız koşullarda bir umut bulmalarını sağlayan bir vasıtaya dönüşmüştür.

---

97 İşaya 43: 11, 12.

Böylece, Yehova tek ve biricik Tanrı haline gelmiştir. Kimse, onun bu iddiasını felsefi açıdan meşrulaştırmaya girişmemiştir. Her zamanki gibi, yeni ideoloji, akliliği kanıtlandığı için değil, ümitsizliği önleme ve umut aşılamada gösterdiği etkinlik sayesinde başarılı olmuştur. Yahudiler, yersiz yurtsuz kaldıklarında, artık Yehova kültündeki kopukluğu kanıksamıyor ve rahatsız edici bulmuyorlardı. O, samimi bir şekilde kendi durumlarına hitap etmekteydi. Öte yandan, İkinci İşaya'nın Tanrı imgesinde herhangi bir gariplik yoktu. O, insan zihninin ulaşamayacağı bir yerde durmaktaydı:

> Düşüncelerim senin düşüncelerin,
> davranışlarım senin davranışların olmadığı için Yehova
> konuşur.
> Evet, nasıl ki gökler yeryüzünden,
> benim davranışlarım seninkinden daha yüksekse,
> benim düşüncelerim [de] seninkinden yüksektir.[98]

Tanrı gerçeği sözcüklerin ve kavramların ulaşamayacağı bir yerde durmaktaydı. Ve Yehova, her zaman halkının kendisinden beklediklerini yapmamaktaydı. Oldukça cesur bir parçada ki bugün için özellikle elem vericidir, peygamber İsrail'in yanı sıra Mısır ve Asur ülkesinin de Yehova'nın halkı haline geleceği bir günü bekler. Yehova şunu söyler: "Mısır'ı kavmim, Asur'u ellerim ve İsrail'i mirasım olarak takdis ediyorum."[99] Artık o, seçim üzerine yapılan kısır yorumları önemsiz ve yakışıksız gören, aşkın bir gerçeğin simgesi haline gelmişti.

Pers Kralı Keyhüsrev İ.Ö. 539 yılında Babil'i fethettiği zaman, sanki peygamberlerden bir öç alınmıştı. Kyros yeni tebasına Pers tanrılarını dayatmamış ama muzaffer bir şekilde Babil'e girdiğinde

---

98 İşaya 55:8, 9.

99 İşaya 19:24, 25.

Marduk'un Tapınağı'nda ibadet etmiştir. Dünyanın artık büyük uluslararası imparatorluklar idaresinde yaşamaya alıştığı bir zamanda, Keyhüsrev belki de eski sürgün yöntemlerini dayatma gereği duymamıştı. Tebasının kendi topraklarında kendi tanrılarına tapması yönetimin yükünü hafifletirdi. İmparatorluğun her tarafında, tanrıların kendisine verdiğini iddia ettiği görev gereği, eski tapınakların tamir edilmesini teşvik etmiştir. O tam bir hoşgörünün ve kimi pagan dinsel anlayışların görüş genişliğinin simgesiydi. Keyhüsrev 538'de Yahudilerin Yahuda'ya geri dönme ve kendi tapınaklarını inşa etmelerine izin veren bir ferman yayınladı. Buna rağmen, çoğunluk kalmayı tercih etti. O andan itibaren, Vadedilmiş Topraklar'da yalnızca küçük bir azınlık yaşadı. Kitab-ı Mukaddes Babil ve Tel Aviv'i 42.360 kişinin terk edip anavatanlarına döndüğünü ve burada, geride kalmış olan şaşkın kardeşlerine kendi Yahudilik anlayışlarını dayattıklarını söylemektedir.

Bunun, sürgünden sonra kaleme alınıp sonradan Tesniye'ye de giren P metinlerine nasıl yansıdığını görebiliriz. Burada, E ve J'de anlatılan olaylar farklı bir şekilde yorumlanmış ve iki yeni kitap, Sayılar ve Levililer, eklenmiştir. Beklenileceği gibi P, daha bir yüceltilmiş ve sofistike bir Yehova sunmaktaydı. Örneğin o, gerçekte kimsenin, Tanrı'yı J'nin belirttiği şekilde göremeyeceğini ileri sürmekte ve Hezekiel'in çoğu görüşünü paylaşarak, insanın Tanrı anlayışı ile gerçeğin bizzat kendisi arasında bir fark olduğuna inanmaktaydı. P'nin Sina Dağı'ndaki Musa üzerine anlattıklarında Yehova'nın, "Benim yüzümü göremezsin, kimse beni görüp hayatta kalamaz," demesine rağmen, Musa onun yüzünü görmek için yalvarmaktadır.[100] Üstüne üstlük, kendisini tanrısal etkiden korumak için bir kaya yarığına sığınmak zorunda kalmış, ancak burada Yehova'nın ayrılışı sırasında, onu belli belirsiz bir şekilde görebilmiştir. P, Tanrı'nın tarihinde oldukça önemli bir yer tutacak olan bir düşünce ileri sürmüştü. Buna

---

100 Çıkış 33:20.

göre insanlar, tanrısal varlığın ancak batan güneşin son ışınları gibi ardında bıraktığı etkisini görebilirler. "Yehova'nın ihtişamı" (*kavod*) olarak adlandırdığı bu olay, Yehova'nın varlığının bir tezahürü olup Tanrı'nın bizzat kendisiyle karıştırılmamalıydı.[101] Musa dağdan indiğinde bu "ihtişam" onun yüzüne yansımakta ve hiçbir İsraillinin bakamayacağı derecede dayanılmaz bir ışıkla parlamaktaydı.[102]

Yehova'nın "ihtişamı", onun yeryüzündeki varlığının bir simgesiydi, bu sıfatla da insanlarca yaratılan sınırlı Tanrı imgeleriyle Tanrı'nın bizzat kendisinin kutsallığı arasındaki farkı vurguluyordu. Böylece o, İsrail dininin putperest doğası karşısında bir denge unsuruydu. P geriye, eski Çıkış öykülerine baktığında, Yehova'nın oradan oraya savruluşunda İsraillilere bizzat eşlik ettiğini görmüyordu; çünkü bu gizli bir insanbiçimcilik anlamına gelirdi. Bunun yerine o, Yehova'nın "ihtişamı"nı, onun Musa'yla buluştuğu yerdeki boşluğu dolduran bir şey olarak gösterir. Benzer şekilde, Tapınak'ta oturan da ancak "Yehova'nın ihtişamı" olabilirdi.[103]

P'nin Tesniye'ye en büyük katkısı, şüphesiz ki *Enuma Eliş*'e dayanan Tekvin'in ilk bölümündeki yaratılış öyküsüdür. P, Yehova'nın gökler ve yeryüzünü kendisinden şekillendirdiği dipsiz kuyunun sularıyla (*tehom*, Tiamat'ın bozulmuşu) başlar. Bununla birlikte, ne tanrıların herhangi bir savaşı ne de Yam, Lotan ya da Rahab'la bir mücadele söz konusuydu. Her şeyin var olmasından yalnızca Yehova sorumluydu. Gerçek zamanla ortaya çıkmamıştı, ancak Yehova hiçbir çaba göstermeden, kendi iradesinin doğal bir sonucu olarak düzeni kurmuştu. P doğallıkla, dünyayı Yehova'nın da kendisinden oluştuğu maddeden şekillenmiş kutsal bir varlık olarak algılamamıştır. Gerçekten de Yehova evrene, geceyi gündüzden, balçığı kuru topraktan ve aydınlığı karanlıktan ayırarak düzen vermiştir. Ve her aşamada

---

101 Çıkış 33:18.

102 Çıkış 34:29-35.

103 Çıkış 40:34, 35; Hezekiel 9:3.

yaratılışı kutsamış, takdis etmiş ve onu "iyi" olarak tanımlamıştır. Babillilerin öyküsünün aksine, insanın vücuda gelişi komik bir son dakika kararı değil, yaratılışın zirve noktasıydı. İnsanların kutsal bir doğası olmayabilirdi ama Tanrı onları kendi suretinde yaratmıştı. Dolayısıyla, insanlar onun yaratıcı görevlerini sürdürmeliydiler. *Enuma Eliş*'teki gibi yaratılışın altı gününü, yedinci günde bir dinlenme anı takip etmişti. Babillilerin öyküsünde bu, Büyük Konsey'in "yazgıları belirlemek", Marduk'un tanrısal sıfatlarını onaylamak üzere toplandığı gündü. P'de bu dinlenme günü, ilk kaosla simgesel bir tezat oluşturmaktaydı. Didaktik tonlama ve tekrarlar, P'nin yaratılış öyküsünün de *Enuma Eliş* gibi Yehova'nın marifetini yüceltmek, onu yaratıcı ve İsral'in Hâkimi tahtına çıkarmak amacıyla düzenlenen liturjik ayinler için tasarlandığını gösteriyor.[104]

Yeni tapınağın, doğal olarak P'nin Yahudiliğinde merkezi bir konumu vardı. Yakın Doğu'da tapınak çoğunlukla evrenin küçük bir örneği olarak görülegelmiştir. Tapınak inşa etmek insanoğlunun, bizatihi tanrıların yaratıcılığında kendine bir yer bulmasını sağlayan bir *imitatio dei*, tanrının taklit edilmesi eylemiydi. Birçok Yahudi, sürgündeyken Tanrı'nın, halkıyla birlikte üzerine "kendi çadırını kurup", onların evsiz barksızlığını paylaştığı seyyar mabed, Ahit Sandığı etrafındaki eski öykülerde teselli aramıştı. P, çölün ortasında mabedin, Toplantı Çadırı'nın inşasını anlatırken eski mitolojiye dayanmaktaydı. Mabedin mimari tasarımı orijinal olmayıp tanrısal modelin bir kopyasıydı: Yehova Sina'da Musa'ya oldukça uzun ve ayrıntılı emirler vermişti: "Aranızda oturabilmem için bana bir mabet inşa edin. Mabedin yapımı ve tefrişatı konusunda size göstereceğim yolun dışına çıkmayın."[105] Bu mabedin inşasıyla ilgili uzun öykünün, görünürdeki şekliyle anlaşılsın diye anlatılmadığı açıktır. Hiç kimse eski İsraillilerin, gerçekten, "altın, gümüş ve bronzdan,

---

104 Krş. Mezmurlar 74 ve 104.

105 Çıkış 25:8, 9.

pembeli, morlu, allı, kırmızılı malzemeden, ince astar, keçi tüyü, koç derisi, akasya ağacından..." ve bunlar gibi diğer malzemelerden oldukça karmaşık bir mabet yaptıklarını düşünmemekteydi.[106] Bu oldukça uzun, ayrıntılı tasvir P'nin yaratılış öyküsüyle büyük ölçüde benzeşmektedir. Mabet inşasının her bir aşamasında Musa "bütün inşaatı gözden geçirmiş" ve tıpkı yaratılışın altı günü boyunca Yehova'nın yaptığı gibi, halkı "takdis" etmiştir. Mabet yılın ilk ayının ilk gününde tamamlandı. Mimarı Bezalel, ilhamını aynı zamanda dünyanın yaratılışını da tasarlayan Tanrı'nın ruhundan (*ruach elohim*) almıştı. Her iki öykü de şabat dinlenmesinin önemini vurgulamaktadır.[107] Mabedin inşası, aynı zamanda insanoğlunun dünyayı mahvetmesinden önce yaşanan uyumun da bir simgesiydi. Tesniye'de şabat, köleler de dâhil herkese Çıkış'taki İsraillileri hatırlatmak amacıyla tasarlanmıştı.[108] P, bu güne yeni bir önem kazandırdı: buna göre, bu gün, Tanrı'nın taklit edilmesi ve onun dünyayı yaratışının bir anısı haline gelir. Yahudiler Şabat tatilinde ibadet ettiklerinde, Tanrı'nın da başlangıçta tek başına gerçekleştirdiği ritüele katılmış oluyorlardı. Kısaca bu, simgesel anlamda tanrısal bir yaşam sürme çabasıydı. Eski paganizmde insanın her eylemi tanrıların eylemlerinin birer taklidiyken, Yehova kültü tanrısal ve beşeri dünya arasında büyük bir uçurum ortaya koymaktaydı. Şimdi Yahudilerin, Musa'nın Tevrat'ını takip ederek Yehova'ya daha da yakınlaşmaları teşvik edilmekteydi. Tesniye, On Emir'i de içeren, uyulması zorunlu bir dizi kural sıralamaktadır. Sürgün sırasında ve hemen sonrasında bu emirler, daha da geliştirilerek, Kitab-ı Mukaddes'in ilk beş bölümünde (Pentateuch) 613 emiri (*mitzvot*), içeren karmaşık bir hukuki düzenleme haline getirilmiştir. Bu ayrıntılı hükümler bir yabancı için itici görünmektedir ve İncil'deki bir polemikte çok olumsuz bir

---

106 Çıkış 25:3-5

107 Çıkış 39:32, 43; 40:33; 40:2, 17; 31:3, 13.

108 Tesniye 5:12-17.

şekilde sunulmuştur. Hristiyanlardaki eğilimin tersine, Yahudiler bunları altından kalkılamaz bir yük gibi değil, Tanrı'nın huzurunda bir yaşam sürmenin simgesel yolu olarak görmüşlerdir. Tesniye'deki diyet kuralları İsrail'in özel konumunun bir işaretiydi.[109] P, onları ayrıca Tanrı'nın kutsal farklılığının ritüel bir çabayla paylaşılması, insan ile tanrısal olan arasındaki acı kopukluğun giderilmesi olarak da görmüştür. İnsanın doğası ancak İsraillilerin, sütü etten, temizi kirliden, şabatı diğer günlerden ayırarak Tanrı'nın yaratıcı eylemlerini taklit ettikleri zaman kutsanabilirdi.

P metinleri J, E ve Tesniye yazarının anlattıklarıyla birlikte Pentateuch'a dâhil edilmiştir. Bu her büyük dinin birçok bağımsız görünme ve tinselliği içerdiğinin de bir göstergesidir. Kimi Yahudiler, İsraillileri *goyim*'den şiddetle ayıran Tesniye'nin Tanrısı'na meyletmişler, kimileri bunu ahir zamanda Yehova'nın Günü'nün gelmesini bekleyen Mesihçi mitoslara kadar genişletmiştir ki burada Tanrı İsrail halkını yüceltecek, diğerlerini lanetleyecektir. Bu mitolojik öyküler Tanrı'yı çok uzak bir varlık olarak görmeye eğilimliydiler. Sürgünden sonra, peygamberlik döneminin sona erdiği yolunda keskin bir görüş birliği oluşmuştu. Bundan sonra Tanrı'yla artık hiçbir şekilde doğrudan ilişki kurulmayacaktı. Bu ancak uzak geçmişin Enoş ve Daniel gibi büyük şahsiyetlerine atfedilen simgesel görümler söz konusu olduğunda başarılabilmişti.

Babil'de ıstıraba tahammülün bir örneği olarak ortaya çıkan bu eski zaman kahramanlarından birisi Eyüp idi. Sürgünün ardından, hayatta kalanlardan biri bu eski efsaneyi Tanrı'nın doğası ve insanın çektiği ıstıraptaki sorumluluğu hakkında bazı temel soruları gündeme getirmek için kullanmıştır. Bu eski hikâyeye göre, Tanrı Eyüb'ü sınamıştı; çünkü sebepsiz yere çektiği ıstırap karşısında tahammülünü kaybetmemişti. Sonunda Tanrı onu eski refahına kavuşturarak ödüllendirmişti. Eyüb'ün öyküsünün yeni versiyonunda yazar, hikâ-

109 Tesniye 14:121

yenin ikinci yarısını görmezden gelip Eyüb'ü, Tanrı'ya karşı isyan ettirir. Eyüp kendisi gibi hali vakti yerinde olan üç kişiyle birlikte Tanrı'nın hükümlerini sorgulama cesaretini göstererek şiddetli bir entelektüel tartışmaya girişir. Böylece, Yahudi dininin tarihinde ilk defa, dinsel imgelem, daha soyut nitelikte bir kurguya dönüşmüştü. Peygamberler Tanrı'nın, İsraillilerin, günahları yüzünden ıstırap çekmesine göz yumduğunu ileri sürmüşlerdi. Eyüp öyküsünün yazarı, kimi İsraillilerin geleneksel yanıtlarla artık tatmin olmadıklarını gösteriyor. Eyüp bu görüşe karşı çıkar ve onun entelektüel açıdan hiç de tatmin edici olmadığını gösterir. Fakat Tanrı birden onun bu hırçın kurgusuna müdahale eder. Kendisini bir görüm aracılığıyla Eyüp'e gösterir ve kendisinin yaratmış olduğu dünyanın harika yanlarına dikkati çeker: Eyüp gibi zavallı küçük bir yaratık nasıl olur da aşkın Tanrı'yla böyle bir çekişme içine girebilirdi? Bunun üzerine Eyüp başını eğer. Istırap sorununa daha kapsamlı ve felsefi bir yanıt bekleyen günümüz okuyucusu doğal olarak bu çözümle tatmin olmayacaktır. Öte yandan, Eyüp öyküsünün yazarı soru sorma hakkını reddetmemekte ama aklın tek başına böylesi kritik sorularla baş edebilecek bir donanımda olmadığını ileri sürmektedir. Entelektüel kurgu, tıpkı peygamberlerde olduğu gibi, doğrudan Tanrı'nın vahyini gerektirmelidir.

Yahudiler henüz felsefe yapmaya başlamamışlardı. Bu ancak, dördüncü yüzyılda Yunan akılcılığının etkisi altına girmeleriyle söz konusu olacaktır. İ.Ö. 332'de Makedonyalı İskender, Pers Kralı III. Darius'u (Dara) yenmiş ve Yunanlılar Asya ve Afrika'yı kolonileştirmeye başlamışlar, Sur, Sayda, Gazze, Amman, Tripoli ve hatta Şecem'de şehir devletleri kurmuşlardı. Filistin ve civarındaki Yahudiler Helen kültürüyle sarılmışlardı; kimileri bunu rahatsız edici bulmuşsa da diğerleri Yunan tiyatrosu, felsefesi, spor ve şiirinin heyecan verici etkisiyle durumdan gayet memnundular. Gimnazyumda eğitim görüp Yunanca öğrenen bu İsrailliler Yunan isimleri aldılar. Bazıları ise Yunan ordusunda paralı asker oldular. Hatta kutsal metinlerini

Yunancaya çevirdiler; böylece, Septuagint olarak bilinen versiyon ortaya çıktı. Bu arada, bazı Yunanlılar İsrail Tanrısı'nı tanıyıp Zeus ve Dionysos'un yanı sıra Yehova'ya (ya da onların verdikleri isimle Iao) da tapmaya başladılar. Kimileri, bölge Yahudilerinin Tapınak ibadeti yerine geliştirdikleri sinagog ve toplantı yerlerinin cazibesine kapıldı. Orada Yahudilerin kutsal metinlerini okudular, ibadet edip ilahilerini dinlediler. Sinagog, eski dinlerin dünyasındaki hiçbir şeye benzemiyordu. Herhangi bir ritüel ya da kurban töreni olmadığı için, sinagog büyük ihtimalle onlara bir çeşit felsefe okulu gibi görünmekteydi. Birçoğu, tanınmış bir Yahudi vaiz geldiğinde, tıpkı kendi filozoflarını dinlemek için kuyruğa girdikleri gibi, sinagogu doldurmaktaydı. Kimi Yunanlılar Tevrat'ın belli kısımlarını ibadetlerinde kullanmış ve bağdaştırmacı tarikatlarda Yahudilere katılmışlardır. İ.Ö. dördüncü yüzyılda bazı Yahudi ve Yunanlıların, nadir de olsa Yehova'yı Yunan tanrılarından birisi haline getirdikleri görülmüştür.

Bununla birlikte, Yahudilerin çoğu bundan uzak durdu ve Orta Doğu'nun Helenistik kentlerinde yaşayan Yahudiler ile Yunanlılar arasında bir gerilim doğdu. Kadim dünyada din kişisel bir sorun değildi. Tanrılar bir kent için oldukça önemliydi ve ihmal edildikleri takdirde, koruyuculuklarından vazgeçeceklerine inanılmaktaydı. Bu tanrıların varlığına inanmayan Yahudiler "ateist" ve toplum düşmanı olarak görülmekteydiler. İ.Ö. ikinci yüzyıla gelinceye kadar düşmanlık giderek arttı. Hatta Filistin'de Selevkos valileri Antiokhos ve Epifanes'in Kudüs'ü Helenleştirmeye ve Tapınak'a Zeus kültünü sokmaya çalıştıkları zaman bir isyan çıkmıştır. Yahudiler, kısa zamanda, bilgeliğin Yunan zekâsının değil, Yehova korkusunun bir eseri olduğunu ileri süren kendi literatürlerini yaratmağa başladılar. Bilgelik literatürü Orta Doğu'da kökleşmiş bir edebi tür oluşturmaktaydı ve bu, yaşamın anlamını sorgulama eyleminde felsefi düşünmeye değil iyi yaşamanın en uygun yolunun araştırılmasına ağırlık veren bir türdü. Çoğu zaman da oldukça pragmatikti. İ.Ö. üçüncü yüzyılda kaleme alınan Süleyman'ın Meselleri kitabının yazarı, bir adım daha ileri giderek, bilgeliğin Tanrı'nın dünyayı yarattığı zaman geliştirdiği ana plan, dolayısıyla kendisinin ilk yaratısı olduğunu ileri sürmüştür. Dördüncü bölümde göreceğimiz gibi bu fikir ilk Hristiyanlar için oldukça önem kazanacaktır. Yazar, bilgeliği kişileştirmekte, böylece o ayrı bir kişiymiş gibi görünmektedir.

> Yehova, karar verdiğinde,
> eski işlerinden önce, beni yarattı.
> Ezelden, dünya var olmadan önce,
> başlangıçta, iyice şekillendim...
> O usta zanaatkârın yanındaydım,
> ve hep onun huzurunda,
> kendisini her gün mutlu eder,
> dünyanın her yerinde hazır ve nazır,
> Âdemoğullarıyla sevinirdim.[110]

Öte yandan, bilgelik tanrısal bir şey değildi ama onu Tanrı'nın yarattığı özellikle vurgulanmıştır. O, P'nin tasvir ettiği Tanrı'nın "ihtişamı" gibi, insanların yaratılışta ve kendi yaşamlarında gözlemleyebilecekleri Tanrı'nın planını simgelemekteydi. Yazar, sokakları arşınlayarak Bilgeliği (*Hokhma*=hikmet) temsil etmekte ve insanları Yehova'dan korkmaya çağırmaktaydı. İ.Ö. ikinci yüzyılda, Kudüslü dindar bir Yahudi olan Sira oğlu Yesse, Bilgeliği benzer bir şekilde tanımlamıştır. Onu Tanrısal Konsey'de ayağa kalkmış, kendi ilahilerini söylerken tasvir eder: O, Tanrı'nın dünyayı yarattığı kutsal, en Yüce Sözcük'ten ortaya çıkmıştı; yaratılışın her yerinde mevcuttu ama İsrail halkı içinde yaşamaktaydı.[111]

Yehova'nın "ihtişamı" gibi, Bilgelik figürü, Tanrı'nın yeryüzündeki eyleminin bir simgesiydi. Yahudiler, insan yaşamına doğrudan

---

110 Süleyman'ın Meselleri 8:22, 23, 30, 31.

111 Ben Sirah 24:36.

müdahale etmesi düşünülemeyen, oldukça yüceltilmiş bir Yehova anlayışının tohumlarını atmaktaydılar. P gibi, onlar da bizim bildiğimiz ve algıladığımız Tanrı ile tanrısal gerçeğin bizzat kendisini birbirinden ayırmaya dikkat etmişlerdir. Tanrısal Bilgeliği, dünyada insanlığı aramak amacıyla Tanrı'nın bir kenara bırakılması olarak okuduğumuzda, İştar, Anat ve İsis gibi kurtarıcı bir misyonla tanrısal âlemden inen pagan tanrıçalarını hatırlamamak mümkün değildir. Bilgelik literatürü İ.Ö. 50 civarında İskenderiye'de polemikçi bir biçim kazandı. Önemli bir Yahudi topluluğunun yaşadığı bu kentin Yahudilerinden olan Süleyman, Süleyman'ın Bilgeliği'nde, Yahudileri, çevrelerini saran Helen kültürünün cazibesine karşı direnmeleri ve kendi geleneklerine bağlı kalmaları konusunda uyarır: Gerçek bilgeliği Yunan felsefesi değil Yehova korkusu oluşturur. Süleyman ayrıca, Yunanca da yazmış, Bilgeliği (*Sophia*) kişileştirmiş ve onun Yahudi Tanrısı'ndan ayrı düşünülemeyeceğini ileri sürmüştür.

> [Sophia] Tanrı'ya gücünü veren nefestir,
> O Yüce varlığın ihtişamının saf suduru;
> bu yüzden ona kirli hiçbir şey ulaşamaz.
> O ebedi ışığın bir yansımasıdır,
> Tanrının eylemli gücünün kararmayan aynası,
> onun iyiliğinin görüntüsüdür.[112]

Bu parça, İsa'nın durumu tartışıldığında, Hristiyanlar için de oldukça büyük bir önem kazanmıştır. Öte yandan, Yahudi yazar, Sophia'yı kendisini insanın algılayabileceği bir şekle sokan Tanrı'nın bir boyutu olarak görmüştür. O, kendini insanlara gösterdiği kadarıyla Tanrı'dır, yani her zaman algımızın dışında kalan Tanrı gerçeğinden anlaşılmaz bir şekilde farklı olan insanın algıladığı Tanrı'dır.

---

112 *Süleyman'ın Bilgeliği* 7:256.

Süleyman'ın Bilgeliği'nin yazarı, Yunan düşüncesiyle Yahudi dini arasında bir gerilim sezmekte haklıydı. Şunu görüyoruz ki Aristoteles'in, kendi yarattığı dünyayla nadiren ilgilenen tanrısıyla, Kitab-ı Mukaddes'in ısrarla ve tutkuyla insan yaşamına müdahale eden Tanrısı arasında önemli, belki de uzlaştırılamaz bir fark vardır. Yunan tanrısı insan aklının bir eseriyken, Kitab-ı Mukaddes'in Tanrısı kendisini ancak vahiy aracılığıyla tanıtmaktadır. Yehova'yı büyük bir uçurum bu dünyadan ayırmaktayken, Yunanlılar kendilerine bağışlanmış olan aklın insanı Tanrı'yla akraba kıldığını, dolayısıyla ona kendi çabalarıyla ulaşabileceklerine inanmaktaydılar. Bununla birlikte, tektanrıcılar ne zaman Yunan felsefesinin cazibesine kapıldılarsa, hep onun tanrısını kendilerininkine uydurmaya çalışmışlardır. Bu, öykümüzün en önemli temalarından birini oluşturmaktadır. Bu işe girişen ilk insanlardan biri büyük Yahudi Filozofu İskenderiyeli Filon'du (İ.Ö. 30-I.S. 45). Filon bir Platoncu idi ve yaptıklarına bakıldığında, akılcı bir filozof olarak tanınmaktaydı. Çok güzel Yunanca yazardı; İbraniceyi bilmiyor görünmesine karşın, *mitzvot* hükümlerine uyan dindar bir Yahudiydi. Kendi tanrısı ile Yunanlıların tanrısı arasında hiçbir uyumsuzluk görmemekteydi. Bununla birlikte, burada, Filon'un tanrısının Yehova'dan çok farklı olduğunu belirtmek gerekir. Bir örnek vermek gerekirse, Filon ayrıntılı alegorilere dönüştürmeye çalıştığı Kitab-ı Mukaddes'in tarihsel boyutundan utanıyordu. Hatırlanacağı gibi, Aristoteles tarihi felsefi olmayan bir şey olarak görmüştü. Onun tanrısı insani özellikler taşımıyordu. Örneğin, onun "kızgın" olduğunu söylemek oldukça yanlış olurdu. Tanrı hakkında bütün bildiğimiz, onun varlığının apaçık bir gerçek olduğuydu. Öte yandan, ibadetini aksatmayan bir Yahudi olarak Filon, Tanrı'nın kendisini peygamberlere gösterdiğine inanmaktaydı. Bu nasıl mümkün olabilmişti? Filon, problemi tamamen tasavvur edilemez olan Tanrı'nın özü (*ousia*) ile onun "güçler" (*dynameis*) ya da "etkinlikler" (*energeiai*) adını verdiği dünyadaki eylemleri arasında önemli bir ayrım yaparak açıklamaktadır. Bu aslında, P ve Süleyman'ın Bilgeliği yazarının çözümlerinin bir benzeridir. Tanrı'yı, o kendi başına bir varlık olduğu için hiçbir zaman bilemeyiz. Filon, onu Musa'ya şunu söylerken tasvir ediyor: "Beni algılamak insan doğasının kaldıramayacağı bir şeydir, evet, bütün gökyüzü ve evren [benden bir parça] ihtiva etse bile [bu mümkün değildir]."[113] Tanrı kendini, bizlerin sınırlı aklına uydurmak için, bizlerle Platon'un tanrısal formlarının (ki Filon bu konuda her zaman tutarlı değildir) mukabili; gibi görünen çeşitli "güçler" aracılığıyla iletişim kurar. Onlar, insan zihninin algılayabileceği en yüce gerçeklerdir. Platon ve Aristoteles'in bunları sonsuz bir şekilde İlk Neden'den kaynaklanan evren olarak görmelerine karşın, Filon'a göre onlar Tanrı'dan vücut bulmaktaydılar. Bu güçlerden ikisi özellikle önemliydi. Filon bunları evrenin düzeni içinde Tanrı'nın görüntüsü olan Hükümdarlık gücü ve Tanrı'nın insanları kutsaması şeklinde kendini gösteren Yaratıcı güç olarak adlandırır. Bunların her ikisi de çözülemez bir sır olarak kalan tanrısal öz (*ousia*) ile karıştırılmamalıdır. Onlar, sadece bizlerin algımız dışında bulunan bir gerçek hakkında bir parçacık bilgi edinmemizi sağlar. Filon, bazen Tanrı'nın öz varlığının Hükümdarlık ve Yaratıcı güçle birlikte bir üçlü oluşturduğundan; bahseder. Örneğin, Yehova'nın iki melek eşliğinde Mamre'de İbrahim'i ziyaret edişi öyküsünü yorumlarken, bunun, Tanrı'nın *ousia*'sının iki düşük düzeyli güçle birlikte alegorik sunuluşundan ibaret olduğunu ileri sürer.[114]

J böyle bir yorum karşısında hayretler içinde kalırdı; gerçekten de Yahudiler Filon'un Tanrı anlayışını hep bir parça yapay bulmuşlardır. Bununla birlikte, Hristiyanlar ondan oldukça fazla yararlanmışlar ve göreceğimiz gibi, Yunanlılar Tanrı'nın bilinemez "özü" ile "etkinlikler" arasındaki bu ayrıma dört elle sarılmışlardır. Onlar ayrıca, Filon'un tanrısal Logos kuramından da etkilenmişlerdir. *Süleyman'ın Bilgeliği* yazarı gibi, Filon da Tanrı'nın, Platon'un

113 De Specialibus Legibus, 1:43.

114 God is Immutable, 62; The Life Moses, 1: 75.

formlar dünyasına karşılık gelen, bir ana planı (*logos*) olduğunu düşünmektedir. Bu formlar sonradan fiziki evren olarak yeniden doğmuşlardır. Bir kere daha belirtelim ki Filon'un düşünceleri her zaman tutarlı değildir. Bazan Logos'un güçlerden biri olduğunu ileri sürerken, bir başka zaman, onun güçlerden daha yüksek, insanoğlunun ulaşabileceği en yüksek Tanrı ideası olduğunu düşünür gibidir. Bununla birlikte, Logos'u üstüne tefekkür ettiğimizde Tanrı hakkında hiçbir olumlu bilgi edinemeyiz; gidimli aklın ötesindeki "bir düşünme tarzından daha yüksek, sırf düşünce olan her şeyden daha değerli" olan sezgisel bir kavrayışa geçeriz.[115] Bu, Platon'un tefekkürüne (*theoria*) benzer bir etkinlikti. Filon ısrarla, gerçekte olduğu şekliyle Tanrı'ya hiçbir zaman ulaşamayacağımızı söyler: Algılayabileceğimiz en yüksek hakikat, Tanrı'nın insan zihnini tamamen aşan bir varlık olduğunun içtenlikle kabul edilmesidir. Bu hiç de göründüğü kadar sevimsiz bir şey değildir. Filon, bilinmeyene doğru, kendisini özgürleştiren, yaratıcı etkinlikle dolduran tutkulu, sevinçli bir yolculuktan bahseder. Platon gibi o da, fiziki dünya işleri arasında sıkışıp kalmış ruhun bir sürgün hayatı yaşadığını ileri sürer. Ruh, tutkuyu, duyulan hazları, hatta dili geride bırakıp gerçek yuvasına, Tanrı katına yükselmelidir; çünkü bütün bunlar bizi mükemmel olmayan bu dünyaya bağlamaktadır. Son olarak, kendisini nefsin anlamsız sınırlarının dışına çıkarıp, daha büyük, daha tam gerçeğe ulaştıracak bir vecd durumuna gelecektir. Görülüyor ki Tanrı kavrayışı çoğu zaman imgesel bir etkinlik olagelmiştir. Peygamberler kendi yaşam deneyimleri üzerine kafa yorup, onun Tanrı olarak adlandırdıkları varlığa atfedilebileceğini düşünmüşlerdir. Filon, dinsel tefekkürün yaratıcılığın diğer şekilleriyle birçok ortak yanı olduğunu göstermiştir. Kitaplarıyla boğuşup, hiçbir çıkış bulamadığı zamanlar olduğu gibi, bazen da tanrısal bir şeyin esiri olduğunu söylemektedir:

---

115 Abraham, 12-13.

> Birden kâmil bir insan oldum, fikirler birbiri ardınca sökün etti; öyle ki beni içine alan tanrısallığın etkisinde Sibel rahibi gibi coşkuyla dolup, mekânın, insanın, zamanın, kendimin, söylenmiş ve yazılmış olan her şeyin cahili haline geldim. Buna karşın, açık seçiklik, fikir, yaşama sevinci, keskin görüş ve görüntünün ayan beyanlığı sayesinde, gözle görülebilecek nesneleri oldukça kendine özgü bir açıklıkta görebilme yeteneği kazandım.[116]

Yahudiler, Yunan dünyasıyla böylesi bir sentezi oluşturabilmelerinin imkânsız olduğunu kısa sürede anladılar. Filon'un öldüğü yıl, İskenderiye'deki Yahudi topluluğuna karşı bir katliama girişilmişti ve bir Yahudi ayaklanmasından endişe ediliyordu. İ.Ö. birinci yüzyılda Romalılar imparatorluklarını Kuzey Afrika ve Orta Doğu'ya iyice genişlettiklerinde, bizzat kendileri, atalarının tanrılarını Yunan panteonuna sokup, Yunan felsefesini heyecanla benimseyerek Yunan kültürünün üstünlüğünü kabul etmişlerdi. Bununla birlikte, Yunanlıların Yahudi düşmanlığından uzak durdular. Gerçekten de çoğu zaman Yahudileri Yunanlılara tercih ettiler; onları Roma'ya karşı yerleşik bir düşmanlığın olduğu Yunan kentlerinde kendileri için yararlı bir müttefik olarak gördüler. Yahudilere tam bir dinsel özgürlük verdiler; onların dini büyük antikitenin önemli bir parçasıydı ve buna saygı gösterilmeliydi. Yahudiler ile Romalılar, yabancı yönetimlerin daha zor yerleştiği Filistin'de bile genellikle iyi ilişkilerini sürdürdüler. Miladi birinci yüzyıla gelindiğinde, Yahudilik'in Roma İmparatorluğu'nda oldukça güçlü bir konumu vardı. Bütün imparatorluğun onda biri Yahudiydi; Filon'un İskenderiye'sinde Yahudiler nüfusun yüzde kırkını oluşturmaktaydı. İmparatorlukta insanlar yeni dinsel çözümler arayışındaydı; tektanrıcı yaklaşımlar gündemdeydi ve yerel tanrılar giderek daha kapsayıcı bir tanrısallığın açık

---

116 The Migration of Abraham, 345.

tezahürleri olarak görülmekteydi. Romalılar kendilerini Yahudiliğin yüksek ahlaki niteliğine kaptırmışlardı. Sünnet edilmekten çekinen ve Tevrat'ın ilkelerine bütünüyle uymakta zorlananlar sinagogların onur üyesi oluyorlar ve "tanrı korkusu taşıyanlar" şeklinde adlandırılıyorlardı. Bunların sayıları giderek artıyordu. Hatta Konstantin'in daha sonra Hristiyanlığı seçmesi gibi, Flavius[117] imparatorlarından birinin Yahudiliği kabul ettiği ileri sürülmüştür. Öte yandan, Filistin'de gözü kara bir grup insan Roma yönetimine karşı şiddetli bir mücadele başlatmışlardı. Miladi 66 yılında, bunlar Roma'ya karşı bir ayaklanma örgütlediler ve inanılmaz bir şekilde, Roma ordularını dört yıl boyunca sınırları ötesinde tutmayı başardılar. Yöneticiler, isyanın bölgedeki Yahudilere de sıçramasından korkmaktaydı; bu yüzden isyancıları acımasızca bastırma yolunu seçtiler. 70 yılında, yeni imparator Vespasianus'un orduları sonunda Kudüs'ü ele geçirdi. Tapınağı yerle bir edip, kenti Aelia Capitolana adıyla bir Roma kentine dönüştürdüler. Bu arada, Yahudiler bir defa daha, sürgüne zorlandı.

Yeni Yahudiliğin ilham kaynağını oluşturan Tapınak'ın yıkılması büyük bir mateme yol açtıysa da bölgenin Helenleşmiş Yahudilerine göre çoğunlukla daha muhafazakâr olan Filistin Yahudilerinin daha önceden kendilerini felakete hazırladıkları anlaşılmaktadır. Kutsal topraklarda, kendilerini bir şekilde Kudüs Tapınağı'ndan uzak tutan değişik tarikatlar ortaya çıktı. Esseni ve Kumran mezhepleri Tapınak'ın çoktandır yanlış bir yola girip, yozlaştığına inanıyorlardı; Ölü Deniz kıyısında manastır tarzı bir yaşam süren ayrı topluluklar halinde yaşamaya itilmişlerdi, insan yapısı olmayan yeni bir Tapınak inşa ettiklerine inanmaktaydılar. Onlarınki ruhani bir tapınaktı; eskinin hayvan kurbanı yerine, kendilerini günahtan arındırıp, vaftiz törenleri ve toplu ayinlerle günahlarının bağışlanmasına çalışıyorlardı. Tanrı taştan bir tapınakta değil, sevecen bir kardeşlik ortamında yaşardı.

---

117 Flavius hanedanı: Eski Roma'da İ.S. 69-96 yılları arasında hüküm süren, Flavius soyundan imparatorlar [ç. n.]

Filistin Yahudileri arasında en yenilikçi olanı, Essenilerin çözümünü fazlaca ateist bulan Ferisilerdi. İncil'de Ferisiler bariz ikiyüzlüler olarak gösterilmiştir. Bu ilk yüzyılda ortaya çıkan bir polemiğin tahrifinden kaynaklanmıştır. Ferisiler saplantı derecesinde ruhani Yahudilerdi. Bütün İsrail'in rahiplerden oluşan bir ulus olarak adlandırıldığına inanıyorlardı. Bunun sonucunda, yalnızca evlerindeki mabedlerde gerçekleştirilen özel arınma kurallarını yerine getiren resmî bir ruhban kastı gibi yaşamaya başladılar. Yemeklerini tam bir ritüel saflık ortamında yemeye bilhassa özen gösterdiler, çünkü her bir Yahudinin masası Tanrı'nın Tapınak'taki sunağı gibi olmalıydı. Gündelik yaşamlarının en küçük ayrıntısında bile Tanrı'nın mevcudiyeti düşüncesini yerleştirdiler. Yahudiler ancak bu şekilde Tanrı'ya hiçbir ruhban sınıfı ve ince ritüellere gerek kalmadan doğrudan ulaşabilirlerdi. Günahlarını, komşularına sevgi ve nezaket kuralları içinde yaklaşarak affettirebilirlerdi. İhtiyacı olanlara yardım etmek Tevrat'ın en önemli *mitzvah*'ı idi. İki veya üç Yahudi Tevrat üzerinde birlikte çalışıyorlarsa, Tanrı onlarla birlikte demekti. Yüzyılın başlarında iki rakip okul ortaya çıktı. Daha keskin olan ilkinin başını Şammay, kısa zamanda en popüler Ferisi grup konumuna gelen ikincisinin başını ise büyük Haham Hillel çekiyordu. Bu konuda bir rivayet anlatılır. Bir gün Hillel'e yaklaşan bir pagan ona, tek ayaküstünde bütün Tevrat'ı kendisine ezberden okuması durumunda Yahudiliği kabul edeceğini söyler. Hillel karşılık verir: "Kendine yapılmasını istemediğini başkasına yapmayacaksın: Tevrat'ın özü işte budur; git ve bunu öğren."[118]

Felaket yılı olan 70 yılında, Ferisiler Filistin Yahudiliğinin en önemli ve saygın tarikatı konumuna geldiler; daha şimdiden kendi topluluklarına, Tanrı'ya ibadet etmek için herhangi bir tapınağa ihtiyaçları olmadığını göstermişlerdi. Aşağıdaki ünlü öykü bununla ilgilidir:

---

118 Shabbat,31a.

Haham Zakkai oğlu Yuhannan Kudüs'ten gelirken, Haham Yeşu onun ardından yetişip, harabeye dönmüş olan Tapınak'ı gösterir.

"Vah başımıza gelenler!" der ve ardından ilave eder, "burası, İsrail'in günahlarının bedelinin ödendiği bu yer, viraneye dönmüş". "Oğlum," der Haham Yuhannan, "üzülme. Ödememiz gereken en az bunun kadar önemli başka bir kefaretimiz var. Bu nedir biliyor musun? 'Kurban değil şefkat istiyorum,' sözünde denildiği gibi, bu sevgi ve şefkatle hareket etmektir.'"[119]

Kudüs'ün işgalinden sonra, Haham Yuhannan'ın alevler içindeki kentten bir tabut içinde dışarıya kaçırıldığı söylenir. O Yahudi ayaklanmasına karşıydı ve Yahudilerin devlet olmadan daha müreffeh bir yaşam süreceklerine inanıyordu. Romalılar onun, Kudüs'ün batısındaki Yabne'de kendi kendini yöneten bir Ferisi topluluğu oluşturmasına izin verdiler. Filistin ve Babil'de de birbiriyle yakından bağlantılı benzer topluluklar ortaya çıktı. Bu topluluklar aralarında Haham Yuhannan'ın kendisi, mistik Haham Akiva ve Haham İsmail gibi tanınmış din adamlarının da bulunduğu *tannaim* adı verilen bilginler yetiştirdiler. Bunlar, dağınık dinsel hükümleri güncelleştirip, sözlü hükümleri derleyip kanunlaştırdılar; böylece Mişna ortaya çıktı. Onları takiben, *amoraim* diye bilinen yeni bir bilginler kümesi Mişna üzerine yorumlara başladılar ve bir bütün olarak Talmud ismiyle anılan risaleleri kaleme aldılar. Gerçekte iki ayrı Talmud derlenmiştir: İlki, dördüncü yüzyıl sonuna kadar bitirilen Kudüs Talmudu, diğeri ise daha yetkin olduğu söylenen ve ancak beşinci yüzyıl sonlarına doğru bitirilen Babil Talmudu'dur. Bu süreç her kuşak bilginlerinin Talmud ile seleflerinin Talmud tefsirleri üzerine yeni yorumlara girişmesiyle böylece devam etti. Bu hukuksal gözden geçirme, dışarıdan bakan birine görünebileceği kadar da kuru bir

---

119 Aroth de Rabba Nathan, 6.

şey değildi. Bu, Tanrı'nın Dünyası, yeni Kutsalların Kutsalı üzerinde sonsuz bir meditasyon eylemiydi; her bir yorum katmanı, Tanrı'nın kendi halkı arasındaki varlığını yansıtan yeni bir mabedin duvarları ve salonlarını simgeliyordu.

Yehova her zaman, insanları yukarıdan ve uzaktan yönlendiren bir tanrıydı. Hahamlar onu, insanoğlunun içinde yaşamın en küçük ayrıntısından daha yakın bir şekilde var olan bir Tanrı'ya dönüştürdüler. Tapınak'ın yıkılması ve yaşanan yeni bir sürgün felaketinden sonra, Yahudiler kendi aralarında, kendileriyle birlikte yaşayan bir Tanrı'ya ihtiyaç duydular. Hahamlar Tanrı hakkında hiçbir biçimsel öğreti oluşturmadılar. Bunun yerine, onu neredeyse elle tutulur bir varlık olarak algıladılar ve yaşadılar. Onların tinselliği "olağan bir mistisizm" olarak tanımlanmıştır.[120] Talmud'un ilk parçalarında Tanrı, gizemli fiziksel olaylar içinde algılanmıştır. Hahamlar, yaratılışı ve mabedin inşasını gerçekleştiren Kutsal Ruh'tan bahsetmekte, esen bir rüzgâr ya da yalayan bir alevde onun varlığının hissedilmesine çalışmaktaydılar. Kimileri bir çan sesinde ya da tiz bir seste onu duyuyordu. Örneğin, bir gün Haham Yuhannan oturmuş Hezekiel'in araba imgelemini tartışırken, gökyüzünden bir ateş inip, yanında melekler belirmiş ve yukarıdan bir ses hahamın Tanrı tarafından özel bir misyonla görevlendirildiğini söylemişti.[121]

Onların varlığı o derece güçlü olarak hissedilmekteydi ki bunun yanında herhangi bir resmî, nesnel öğretinin hiçbir hükmü olamazdı. Hahamlar sık sık, Sina Dağı'nın eteklerinde dolanan her bir İsraillinin Tanrı'yı farklı bir şekilde algıladığını ileri sürmüşlerdir. Sanki Tanrı, kendini her birine onların "algılama yeteneğine göre", farklı şekillerde göstermişti.[122] Bir hahamın sözleriyle, "Tanrı insana dayatıcı

120 Louis Jacobs, *Faith* (Londra, 1968), s. 7.

121 Levililer Rabba 34:2; Sotah 9b.

122 Çıkış Rabba 8:2; Hagigah 13b; Çıkış (Mekilta) 15:3.

bir şekilde değil, kişinin onu benimseme gücüne göre görünür."[123] Hahamların bu çok önemli yaklaşımı, Tanrı'nın herkes için aynıymış gibi standart bir şekilde tanımlanamayacağı anlamına gelmekteydi. O, temelde öznel bir deneyimdi. Her bir kişi, "Tanrı" gerçeğini kendi ihtiyaçlarını karşılayacak ya da kendi özgül tarzına uygun düşecek farklı şekillerde algılamaktaydı. Hahamlar, her bir peygamberin Tanrı'yı farklı algıladığını ısrarla vurgulamışlardır, çünkü onların kişilikleri tanrı anlayışlarını da etkilemiştir. Diğer tektanrıcıların da çok benzer bir anlayış geliştirdiklerini göreceğiz. Günümüzde, Yahudilikte Tanrı hakkındaki teolojik fikirler özel hayatın alanına girmektedir ve kurulu düzenin hiçbir baskısı söz konusu değildir.

Her tür resmî öğreti Tanrı'nın esas gizemini sınırlamak anlamına gelirdi. Hahamlara göre o, tam anlamıyla kavranılamaz, tasavvur edilemezdi. Musa bile Tanrı'nın gizini aralamayı başaramamıştı. Uzun bir araştırmadan sonra Kral Davud, onu anlamaya çalışmanın beyhude bir şey olduğunu kabul etmişti; çünkü o insan zihninin altından kalkamayacağı kadar büyük bir şeydi.[124] Hatta onu dile getirmeye yönelik her girişimin kaçınılmaz bir şekilde eksik kalmaya mahkûm olduğunun hatırlatılması olarak, Yahudilerin onun adını dahi ağızlarına almaları yasaklanmıştı. Tanrı'nın ismi YHWH şeklinde yazılmıştı ve hiçbir metinde tam olarak telaffuz edilmemiştir. Tanrı'nın doğadaki eylemlerini hayranlıkla izleyebiliriz ama bu Haham Huna'nın dediği gibi, bize gerçeğin ancak çok küçük bir boyutunu verirdi: "İnsan, gökgürültüsü, tayfun, fırtına, evrenin düzeni ve kendi doğasının anlamını bilemez; öyleyse, Kralların Kralı'nı bütün boyutlarıyla anlayabileceğini nasıl ileri sürebilir?"[125] Tanrı tasarımının bütün amacı, dörtbaşı mamur çözümler bulmak değil, insanda bir gizem duygusu, yaşam hakkında bir merak uyandırmaktı. Hatta hahamlar, İsraillileri

123 Baba Metzia 59b.

124 Mişna Mezmur 25:6; Mezmur 139:1; Tanhuma 3:80.

125 Eyüb Yorum 11:7; Mişna Mezmur 25:6.

ibadetlerinde Tanrı'nın sıkça yüceltilmesi konusunda uyarmışlardı, çünkü onların sözleri eksik kalmaya mahkûmdu.[126]

Bu aşkın ve tam anlamıyla anlaşılamaz varlığın dünyayla ne gibi bir ilişkisi vardı? Hahamlar bu konudaki yaklaşımlarını bir paradoksla dile getirmişlerdir. "Tanrı yeryüzünün mekânıdır ama yeryüzü Tanrı'nın mekânı değildir."[127] Tanrı dünyayı sarmalayarak, ona şimdiki şeklini vermiştir. Ama o, diğer yaratıklar gibi dünyada ikamet etmemekteydi. Hahamlar çok beğendikleri bir diğer imgede, Tanrı'nın dünyayı, tıpkı ruhun vücudu doldurduğu gibi doldurduğunu söylerlerdi: Onu bilgilendiriyor, fakat aynı zamanda, onu aşıyordu. Aynı şekilde, Tanrı'nın bir at sürücüsüne benzediğini söylemişlerdi: Üzerinde olduğu müddetçe sürücü ata bağlıdır ama ondan üstündür ve kontrolü elinde bulundurur. Bunlar yalnızca imgelerdi ve elbette ki eksiktiler. Bu imgeler, içinde yaşadığımız, hareket ettiğimiz ve var olduğumuz büyük ve tanımlanamaz "bir şey" hakkında ürettiğimiz tasavvurlardan ibaretti. Hahamlar, Tanrı'nın yeryüzündeki mevcudiyetinden söz ettiklerinde, onun, ulaşılamaz olan o büyük tanrısal gizden, görmemize izin verdiği ipuçlarını ayrı tutmak konusunda en az Kitab-ı Mukaddes yazarları kadar dikkat göstermişlerdi. Sürekli olarak, algıladığımız Tanrı'nın, tanrısal gerçeğin özüne tekabül etmediğini bizlere hatırlatan YHWH'nin ve Kutsal Ruh'un "ihtişamı" (*kavad*) imgelerini özellikle benimsemişlerdi.

Onların Tanrı için sıkça kullandıkları isimlerden birisi, İbranicede ikamet etmek ya da çadır kurmak anlamına gelen *şakan*'dan türemiş olan Şekina idi. Tapınak'ın artık mevcut olmadığı bir zamanda, çölde oradan oraya savruluşları sırasında İsraillilere eşlik eden Tanrı imgesi, Tanrı'nın ulaşılabilir olduğu anlamına gelmekteydi. Kimileri, yeryüzünde halkı ile birlikte ikamet eden Şekina'nın, viraneye dönmüş bile olsa hâlâ Tapınak Tepesi'nde yaşadığını ileri sürmüştü.

---

126 Rabbi Yuhannan b. Nappacha: "Her kim ki Tanrı'nın yüceliğini sıkça anar ve onunla çok fazla ilişki kurarsa, bu dünyayla ilişkisi kesilecektir".

127 Tekvin Rabba 68:9.

Diğer hahamlar, Tapınak'ın imhasının Şekina'yı Kudüs'ten kurtarıp dünyanın geri kalan kısmında yerleşmesini olanaklı kıldığını iddia ettiler.[128] Şekina, tanrısal "ihtişam" ya da Kutsal Ruh gibi, ayrı bir tanrısal varlık olarak değil, Tanrı'nın yeryüzündeki mevcudiyeti olarak görülmüştü. Hahamlar, halklarının tarihine dönüp baktıklarında, onun her zaman kendilerine eşlik etmiş olduğunu görmüşlerdi:

> Gel, İsraillilerin Tanrı katında ne kadar sevildiğini gör. "Atalarınız Mısır'dayken kendimi onlara açık seçik bir şekilde göster[me]dim mi?" denildiği gibi, nereye gittilerse Şekina onları takip etti. "Sizin iyiliğiniz için Babil'e gönder[il]dim," denildiği üzere, Şekina Babil'de de onlarla birlikteydi. "Rab, sizin Tanrı'nız, tutsaklığınızda sizinle olacak," denildiği gibi, gelecekte, İsrail'in kurtarılacağı zaman da Şekina onlarla birlikte olacaktır. Bu, Tanrı, tutsaklığınızda size yardım etmek için dönecek demektir.[129]

İsrail ile Tanrı arasındaki ilişki o derece güçlüydü ki geçmişte kendilerini kurtardığında İsrailliler kendisine şunu söylerlerdi: "[Bizi kurtarmakla] kendini kurtarmış oldun."[130] Hahamlar kendilerine özgü Yahudi tarzlarıyla, Hinduların Atman olarak adlandırdığı öz ile özdeş bir Tanrı anlayışı geliştirmekteydiler. Şekina imgesi, sürgünlerin, kendileri neredeyse orada hazır ve nazır bir Tanrı anlayışı geliştirmelerine yardımcı oldu. Hahamlar, Şekina'nın, bir sinagogdan diğerine koşuşturmasından söz etmekteydiler. Kimileri de onun, bir Yahudinin Çalışma Salonu'na giden yolda attığı her bir adımı takdis etmek üzere sinagogun kapısında beklediğini ileri sürmüştü. Şekina, ayrıca, Yahudiler orada topluca *Şema*'yı

128 B. Berekoth 10a; Levililer Rabba 4:8; Mezmur (Yalkut) 90:1; Çıkış Rabba.

129 B. Migillah 29a.

130 Neşideler Neşidesi Rabba 2; Jerusalem Sukkah 4.

söylerlerken de sinagogun kapısında durmaktaydı.[131] Hahamlar, İsraillilerin, ilk Hristiyanlar gibi, kendilerini "tek vücut, tek ruh" bir topluluk olarak görmelerini teşvik etmekteydiler.[132] Her yerde hazır ve nazır Tanrı'yı kutsallaştıran yeni mabet cemaatin bizzat kendisiydi. Böylece *Şema*'yı, "kendilerini vererek, tek bir sesle, tek fikir ve tek tonda" tam bir birlik halinde söylemek için sinagoga adımlarını attıklarında, Tanrı orada, onlarla birlikteydi. Ancak o, topluluk içindeki uyumsuzluktan nefret eder, bu durumda meleklerin "tek ses ve tek nefesle" ilahi okudukları gökyüzüne geri dönerdi. Tanrı ile İsrail'in daha yüksek birliği ancak daha alt düzeyde, İsraillilerin kendi içlerinde tam bir birlik oluşturduklarında mümkün olabilirdi.[133] Hahamlar sürekli olarak, onlara, bir grup Yahudi ne zaman Tevrat üzerinde birlikte çalışsa, Tanrı'nın o anda kendileriyle birlikte olduğunu söylemişlerdi.[134]

Sürgün yıllarında Yahudiler, kendilerini çevreleyen dünyanın acımasızlığını daha yakından hissettiler; bu her an hazır bulunuş fikri, onların, müşfik bir Tanrı tarafından sarmalandıklarını hissetmelerini sağlamıştır. Muskalarını (*tfillin*) elleri ve alınlarına yapıştırıp, ritüel perçemlerini (*zizit*) takıp, *Şema*'dan bazı parçaları içeren *mezuza*'yı kapılarının üzerine astıklarında, Tesniye'nin öngördüğü gibi bu anlaşılmaz ve kendine özgü uygulamaları açıklamaya çalışmamalıydılar. Bu onların değerini azaltırdı. Bunun yerine, bu *mitzvot* uygulamalarının onları, Tanrı'nın her şeyi sarmalayan sevgisini fark etmeye yöneltmesine izin vermeliydiler; "İsrail sevgilidir. Kitab-ı Mukaddes onu *mitzvot*'la sarmalar: el ve alında *tfillin*, kapıda *mezuza* giysilerinde *zizit*."[135] Bunlar tıpkı bir kralın, kendisine daha güzel

131 Sayılar Rabba 11:2; Süleyman'ın Meselleri'ne dayanarak, Tesniye Rabba 7:2.

132 Çıkış (Mekilta de Rabbi Simon) 19:6. Krş. Resullerin işleri 4:32.

133 Neşideler Neşidesi Rabba 8:12.

134 Neşideler Neşidesi (Yalkut) 1:2.

135 Tesniye (Şifre) 36.

görünsün diye karısına hediye ettiği mücevherler gibiydi. Bu kolay bir şey değildi. Talmud, bazı insanların, böyle karanlık bir dünyada Tanrı'nın varlığının öyle pek bir şeyi değiştirip değiştirmediğini merak ettiklerini gösteriyor.[136] Hahamların ruhaniyeti, Kudüs'ü terk edenler arasında değil ama geride kalanların Yahudiliğinde normatif bir konum kazandı. Bu, onun hiç de öyle sağlam bir kuramsal temele dayanmasından ileri gelmiyordu. Kanunun çoğu uygulamasının hiçbir mantıksal anlamı yoktu. Hahamların dini, bir işe yaradığı için benimsenmişti. Hahamların görümü, halklarının umutsuzluğa kapılmalarını önlemişti.

Öte yandan, bu tür bir ruhaniyet yalnızca erkeklere mahsustu; kadınların haham olması, Tevrat üzerinde çalışması ya da sinagogda ibadet etmesi gerekmiyordu, çünkü buna izin verilmemişti. Tanrı dini, dönemin diğer ideolojilerinin çoğu gibi ataerkil bir nitelik kazanmaktaydı. Kadının görevi, evdeki ritüel saflığın sürmesini sağlamaktı. Yahudiler uzun bir süre yaratılışı, onun değişik parçalarını birbirinden ayırarak kutsallaştırmıştı; bu anlayış içinde kadınlar, tıpkı mutfaklarında sütü etten ayırdıkları gibi, erkeklerden farklı, daha düşük bir kategoriye itilmişlerdi. Her ne kadar hahamlar, kadınların Tanrı tarafından takdis edildiklerini söylemişlerse de erkeklerden, sabah dualarında, pagan, köle ya da kadın olarak yaratılmadıkları için Tanrı'ya teşekkür etmeleri istenmekteydi. Öte yandan, evlilik kutsal bir görev addediliyordu ve aile yaşamı kutsaldı. Hahamlar, çoğu zaman yanlış anlaşılmış olan bir hukuki düzenlemede, ailenin kutsallığını vurgulamışlardı. Kadınların aybaşı döneminde cinsel ilişkiye girmek yasaklanmıştı ama bunun nedeni, kadının o anda pis ve iğrenç olarak görülmesi değildi. Aybaşının gerekçesi aslında, erkeğin, karısını "elde var bir" olarak görmesini önlemekti. "Çünkü bir erkek, karısını fazlasıyla kanıksar duruma gelebilir ve karısı da onu arzulamaz; bu yüzden Tevrat der ki kadın aybaşından sonra yedi

---

136 A. Marmorstein, *The Old Rabbinic Doctrine of God, the Names and Attributes of God* (Oxford, 1927), s. 1714.

gün boyunca *niddah* [cinsel ilişkiye kapalı] olmalı böylece sonunda kocası gözünde evlendikleri günkü kadar sevgili bir konuma gelecektir."[137] Bir tören gününde sinagoga gitmeden evvel erkeğin ritüel bir banyo yapması emredilmiştir, bunun da nedeni onun herhangi bir şekilde temiz olmaması değil kendini bir hizmet için daha kutsal kılmak istemesidir. İşte bu anlayış içinde kadının, aybaşından sonra ritüel banyo yapması ve kendini, onu bekleyen şeyin yani kocasıyla cinsel ilişkinin, kutsallığına hazırlaması emredilmişti. Cinselliğin bu şekilde kutsanması, bazen seks ile Tanrı'yı karşılıklı birbirini dışlayan şeyler olarak gören Hristiyanlık için yabancı bir olgudur. Sonraki Yahudilerin, hahamların bu emirlerine çoğu zaman olumsuz bir tavırla yaklaştıkları doğrudur, ancak hahamların bizzat kendileri kasvetli, münzevi ve yaşamdan uzak bir ruhaniliği vaz etmemişlerdi.

Aksine, iyi ve mutlu bir yaşam sürmenin Yahudiler için bir yükümlülük olduğunu vurgulamışlardı. Yakub, Davut ve Ester gibi Kitab-ı Mukaddes'te geçen kişiler, hasta ya da mutsuz oldukları anlarda, Kutsal Ruh'un kendilerini "bırakıp", "terk ettiği"ni ileri sürmüşlerdir.[138] Ruhun kendilerini terk ettiğini hissettiklerinde, Yirmi İkinci Mezmur'u zikretmeleri söylenmiştir; "Tanrım, Tanrım, beni niçin terkettin?" Bu, çarmıha gerildiğinde İsa'nın aynı sözleri söylediği o gizemli haykırışı hakkında ilginç bir soru işareti doğurmaktadır. Hahamlar, Tanrı'nın insanların acı çekmesini istemediğini vazetmişlerdir. Tanrı'nın suretinde yaratılmış olduğu için vücuda saygı gösterilmeliydi. Hatta şarap ve seks gibi zevklerden uzak durmak günah bile sayılırdı, çünkü Tanrı bunları insanın mutluluğu için yaratmıştı. Tanrı'ya ıstırap ve inzivayla ulaşılamazdı. İnsanlardan Kutsal Ruh'a "sahip olmak" için pratik yollar talep ederlerken, bir anlamda onlardan kendi Tanrı imgelerini yaratmalarını istemekteydiler. Hahamlara göre, Tanrı'nın eyleminin nerede başlayıp insanın-

---

137 Naddah 31b.

138 Samuel II (Yalkut) 22;B Yoma 22b; Ester (Yalkut) 5;2

kinin nerede bittiğini söylemek kolay değildi. Peygamberler, kendi özelliklerini ona atfederek, Tanrı'nın yeryüzünde işitilegelmesini sağlayabilmişlerdi. Şimdi, hahamların, aynı anda hem insani hem tanrısal bir görevi yerine getirdikleri düşünülüyordu. Yeni hukuk düzenini oluşturduklarında, yaptıkları iş hem Tanrı'nın hem kendilerinin işi olarak görülmüştü. Onlar dünyada Tevrat'ın sayısını arttırarak Tanrı'nın dünyadaki varlığını genişletmekte ve onu daha etkin kılmaktaydılar. Hahamlar bizzat, Tevrat'ın kendilerinde vücut bulduğu insanlar olarak saygı görmekteydiler; hukuk konusundaki uzmanlıkları yüzünden, diğer herkesten daha fazla "Tanrı'ya benziyorlar"dı.[139]

Bu her yerde hazır ve nâzır Tanrı anlayışı, Yahudilerin, insanlığı kutsal bir varlık olarak görmelerini kolaylaştırmıştı. Haham Akiva, "Komşunu kendin gibi seveceksin," hükmünün (*mitzvah*) "Tevrat'ın en büyük ilkesi" olduğunu' söylemiştir.[140] Bir insana hakaret etmek, insanları kendi suretinde yaratmış olan Tanrı'yı inkâr etmek anlamına geliyordu. Bu, ateizmle eş bir tutumdu ve tanrıya küfretmek demekti. Bu yüzden cinayet en büyük suç ve günahtı. "Kitab-ı Mukaddes, her ne sebeple olursa olsun, insan kanı dökmenin tanrısal imgeyi küçültmek anlamına geldiğini söyler."[141] Bir diğer insana yardım etmek, bir *imitatio dei*'dir; bu Tanrı'nın himmet ve merhametinin bu dünyadaki tezahürü demektir. Herkes eşittir, çünkü Tanrı onları kendi suretinde yaratmıştır. Bir insanı yaralayan Büyük Rahip bile olsa cezalandırılır; çünkü bu Tanrı'nın varlığının inkârı anlamına gelir.[142] Her kim ki tek bir insan hayatına kasteder, bütün dünyaya kasdetmiş gibi cezalandırılır; Tanrı adam'ı, o tek bir adamı, bizlere bunu öğretmesi için yaratmıştır. Keza, bir hayat kurtarmak bütün

139 Jacob E. Neusner, 'Varieties of Judaism in the Formative Age', (der.) Arthur Green, Jewish Spirituality, 2 cilt, (Londra 1986, 1988), I, s. 172-3.

140 Levililer (Şifre) 19:8.

141 Çıkış (Mekhilta) 20:13a.

142 Piske Aboth 6:6; Horayat 13a.

dünyayı kurtarmak demekti.[143] Bu abartılı bir duygusallık değil temel bir hukuk ilkesiydi. Bu, hiçbir bireyin katledilemeyeceği anlamına geliyordu; örneğin Yahudilere karşı girişilen bir katliam bile, tek bir insanı öldürmenin gerekçesi olamazdı. Bir kimseyi, hatta bir *goy* [Yahudi olmayan] ya da bir köleyi aşağılamak en büyük hakaretlerden biri sayılırdı, çünkü bu cinayetle, Tanrı'nın imgesinin saygısızca reddedilmesiyle eşit bir suçtu.[144] Özgür olmak çok önemli bir haktı. Bütün haham literatüründe hapis cezasına dair bir atıf bulmak kolay değildir, çünkü bir insanın özgürlüğünü ancak Tanrı sınırlayabilirdi. Birisi hakkında rezalet çıkarmak keza, Tanrı'nın varlığını inkâr anlamına gelirdi.[145] Yahudiler Tanrı'yı, kendilerinin her hareketlerini yukarıdan izleyen bir Büyük Birader olarak düşünmemekte, bunun yerine her insanın içine bir Tanrı düşüncesi yerleştirmeye çalışmaktaydılar; diğer insanlarla olan ilişkimiz ancak bu yolla kutsal bir hale gelirdi.

Hayvanlar kendi doğalarına göre yaşamakta hiçbir güçlük çekmezler ama insanlar için tam anlamıyla insan olmak güçtür. İsrail Tanrısı'nın bazen, en bayağı ve insanlık dışı zorbalığı teşvik ettiği görülür. Ancak, yüzyıllar içinde Yehova, insanların merhamet duygusunun gelişmesine ve Eksen Çağı dinlerinin temel özelliği, insan soydaşlarına saygı göstermelerine yardımcı olan bir ideale dönüşmüştür. Hahamların idealleri, aynı geleneğin doğrudan bir ürünü olan Tanrı dinlerinin ikincisine oldukça yakındı.

143 Sanhedrin 4:5.

144 Baba Metziah 58b.

145 Arakin, 15b.

3

Putperestlere[146] Bir Işık

Filon'un İskenderiye'de kendi Platoncu Yahudilik anlayışını açıkladığı ve Hillel ile Şamay'ın Kudüs'de tartıştıkları sırada, Kuzey Filistin'de karizmatik bir kişilik olarak ortaya çıkan, sahip olduğu bazı insanüstü dinsel güçler yoluyla şifa dağıtan bir adam insanları irşada başlamıştı. Adı İsa olan bu kişi hakkında çok az şey biliyoruz. Onun tam bir yaşam öyküsünü, ölümünden yaklaşık kırk yıl sonra, 70 yıllarına doğru yazıya geçirilmiş olan Aziz Markos İncili'nde bulmaktayız. O zamana kadar, tarihsel gerçekler, İsa'nın, takipçileri gözünde kazandığı anlamı düz bir biyografinin yapabileceğinden daha doğru bir şekilde dile getiren mitsel unsurlarla kaplanmıştı. İlk Hristiyanlar onu yeni bir Musa, yeni bir Yeşu, yeni bir İsrail'in kurucusu olarak görmüşlerdir. Buda gibi, İsa'nın da halkının çok derindeki bazı özlemlerini dile getirdiği ve yüzyıllardır Yahudi halkının içlerinde barındırdıkları hayallere somut bir içerik kazandırdığı görülmektedir. Yaşadığı dönemde Filistin'deki

146 Orijinal başlıkta "Gentiles" kullanılmıştır. Bu sözcük, Kitab-ı Mukaddes geleneğinde genel olarak Yahudi olmayanlar, pagan Romalılar için kullanılmıştır. Daha sonra Hristiyanlarca Hristiyan olmayan anlamında da kullanılmıştır. Hepsindeki ortak nokta, dönemlerinin çok tanrılı, pagan, putperestlerine atıfla kullanılmış olmasıdır (ç. n.)

birçok Yahudi onun Mesih olduğuna inanmıştı; Kudüs'e gitmiş ve orada Davut'un Oğlu olarak görülmüştü ama birkaç güne kalmadan, Romalıların feci uygulaması olan çarmıha gerilerek ölüme mahkûm edilmişti. Bununla birlikte, bir Mesih'in adi bir suçlu gibi ölmesine rağmen, havarileri, kendisine olan inançlarının yanlış çıktığına inanmadılar. Onun öldükten sonra göğe yükseldiğine dair rivayetler söz konusuydu. Kimileri, ölümünden üç gün sonra mezarının boş bulunduğunu ileri sürmüş, bazıları da onun görümlerini görmüşlerdi; hatta bir seferinde beş yüz kişi onu aynı anda görmüştü. Havarileri onun çok yakın bir zamanda Mesih'in Tanrı Krallığı'nı kurmak üzere geri döneceğine inanmaktaydılar. Böylesi bir inanç o dönemde hiç de sapkınlık değildi ve onların mezhebi en az Hillel'in torunu ve en büyük *tannaim*'lerden biri olan Haham Gamaliel'in Yahudiliği kadar gerçek bir inanç olarak kabul edilmişti. Takipçileri, dindar birer Yahudi olarak, her gün Tapınak'ta ibadet ettiler. Bununla birlikte, sonunda İsa'nın yaşamı, ölümü ve yeniden doğuşundan ilham alan Yeni İsrail, zaman içinde kendi farklı Tanrı anlayışını oluşturan Yahudilik dışı bir inanç haline geldi.

İsa'nın öldüğü 30 yıllarına gelindiğinde, Yahudiler son derece sıkı tektanrıcı insanlardı ve kimse Mesih'in kutsal bir kişilik olduğunu düşünmüyordu; o belki ayrıcalıklı ama herkes gibi sıradan bir insandı. Bazı hahamlar onun ismini ve kimliğini Tanrı'nın ezelden beri bildiğini ileri sürmüşlerdir. Dolayısıyla, bu anlamda Mesih'in, tıpkı Meseller ve Vaiz'deki[147] tanrısal Bilgelik gibi zamanın başlangıcının da öncesinden beri "Tanrı'yla birlikte" olduğu söylenmiştir. Yahudiler kutsanmış bir kişi olan Mesih'in, bir Kral ve ruhani lider olarak Kudüs'te ilk bağımsız Yahudi Krallığı'nı kurmuş olan Kral Davud'un soyundan geleceğini ummaktaydılar, Mezmurlar bazen Davud ya da Mesih'i "Tanrı'nın oğlu" olarak adlandırmışlarsa da bu, sadece onun Yehova'yla olan yakınlığını dile getirmek içindi.

147 Kitab-ı Mukaddes'in on beşinci kitabı (ç. n.)

Babil'den geri dönüldüğünden beri, hiç kimse, *goyim*'in iğrenç tanrıları gibi, Yehova'nın gerçekten bir oğlu olduğunu düşünmemişti.

İlki olması açısından en güvenilir İncil olarak kabul edilmiş olan Markos'un İncili, İsa'yı, erkek ve kız kardeşleri olan, oldukça sıradan bir adam olarak sunar. Ne doğumunu melekler ilan etmiş ne de beşiği başında oturup ona ninni söylemişlerdi. Ne çocukluğunda ne de gençliğinde hiçbir şekilde olağanüstü bir insan olarak ortaya çıkmamıştı. Tebliğe başladığı zaman, Nâsıra'daki hemşehrileri, kasabalarının marangozunun oğlunun birden böylesi bir mucizevi insana dönüşmesi karşısında hayrete düşmüşlerdi. Markos, öyküsüne İsa'nın dinsel kariyeriyle başlar. Öyle anlaşılıyor ki İsa başlangıçta, Esseni olma ihtimali yüksek bir gezgin derviş olan Vaftizci Yahya'nın bir şakirdi idi. Yahya Kudüs yönetimini iflah olmaz derecede yozlaşmış görüyor ve bu yönetime karşı ağır ithamlarla dolu konuşmalar yapıyordu. Ahaliyi tövbe etmeye ve Essenilerin Ürdün Nehri'nde yaptıkları vaftiz yoluyla arınma ayinine katılmaya davet ediyordu. İsa, kendisini Yahya vaftiz etsin diye Nasıra'dan, Yahuda'daki Erden'e uzun bir yolculuğa çıkmıştı. Markos'un aktardığına göre, "Sudan henüz çıkmıştı ki göklerin yarıldığını ve Ruh'un bir güvercin gibi kendi üzerine doğru indiğini gördü." Ve göklerden bir ses dedi ki, "Sen benim Sevgili Oğlumsun, senden razıyım."[148] Vaftizci Yahya, hemen İsa'yı Mesih olarak tanıdı. İsa hakkında bundan sonra duyduğumuz ilk şey, onun Celile'nin bütün kasaba ve köylerini "Tanrı'nın Krallığı'nın [vaktinin] geldiğini!" ilan ederek dolaşıp, vaaza başladığıdır.[149]

İsa'nın misyonunun tam niteliği hakkında çok fazla spekülasyon yapılmıştır. Onun gerçekte söylediği sözlerden çok azının incillerde yazıldığı ve onların sunduğu bilginin büyük bir kısmının, İsa'nın ölümünden sonra Aziz Pavlus tarafından kurulan kiliselerin sonraki gelişimlerinin etkisi altında şekillendiği anlaşılmaktadır. Bununla

148 Markos 1:18, 11.

149 Markos 1:15. Bu çoğu zaman "Tanrı'nın Krallığı'nda yaşıyoruz" diye çevrilir ama Yunancası daha sağlamdır.

birlikte, onun faaliyetlerinin temelde Yahudi niteliğine işaret eden ipuçları vardır. O dönemde Celile'de, oldukça fazla sayıda okuyup üfleyerek şifa dağıtan din adamı olduğu ileri sürülmüştür. Bunlar, İsa gibi vaaz veren, hasta ve içlerine şeytan girmiş kişilere şifa dağıtan dilencilerdi. Yine İsa gibi Celile'nin bu kutsal adamlarının çok sayıda kadın müridi vardı. Bazıları İsa'nın, tıpkı Hristiyanlığa geçmeden önce bir Ferisi olup Haham Gamaliel'e müridlik eden Pavlus gibi, Hillel'in okuluna bağlı bir Ferisi olduğunu ileri sürer.[150] Şurası gerçek ki İsa'nın öğretisi Ferisilerin bellibaşlı savlarıyla örtüşmekteydi; o da yardımseverlik ile sevgi ve şefkatin en önemli *mitzvat* olduğuna inanmaktaydı. Ferisiler gibi, Tevrat'a oldukça bağlıydı ve bu konuda çağdaşlarının çoğununkinden daha sıkı bir bağlılığı önerdiği söylenmekteydi.[151] O ayrıca, Hillel'in Altın Kuralı'nı öğretiyor, bütün Kanun'un "kendine yapılmasını istemediğini başkasına yapma" vecizesiyle özetlenebileceğini ileri sürüyordu.[152] Aziz Matta İncili'nde, İsa'ya, "Yazıcılar[153] ve Ferisilere" karşı şiddetli ve kötü örnek olabilecek ağır sözler söyletilerek, bunlar sefil ikiyüzlü yaratıklar olarak tanıtıldılar.[154] Bunun, gerçeklerin iftira derecesinde tahrifi ve İsa'nın misyonunu simgelemesi gereken yardımseverlik düsturunun çirkin bir ihlali olduğu gerçeği bir yana, Ferisilerin sert bir şekilde reddedilmesi neredeyse kesinlikle mümkün değildir örneğin Luka, hem İncil'inde hem de Resullerin İşleri'nde Ferisilerden oldukça olumlu bir şekilde bahsetmektedir. Kaldı ki eğer Ferisiler gerçekten, İsa'yı ölüme gönderen, onun yeminli düşmanları olsalardı, Pavlus kendi Ferisi geçmişine bu derece açık bir şekilde değinemezdi. Matta'nın İncili'ndeki antisemitik hava 80'li yıllarda Yahudiler ile Hristiyan-

---

150 Bkz. Geza Vermes, *Jesus the Jew* (Londra, 1973); Paul Johnson, *A History of the Jews* (Londra, 1987).

151 Matta 5:17-19.

152 Matta 7:12.

153 Kutsal Kitapları istinsah, tefsir ve tatbik eden [illegible] [ç. n.]

154 Matta 23.

lar arasındaki gerilimi yansıtmaktadır. İnciller, İsa'yı çoğu zaman Ferisilerle tartışırken gösterirler, fakat bu ya dostça bir tartışmadır ya da daha keskin söylemli Şammay okulu hakkında aralarındaki anlaşmazlığın bir yansıması olabilir.

Ölümünden sonra, takipçileri İsa'nın tanrısal bir kişiliği olduğuna karar verdiler. Bu hemen gerçekleşmedi; göreceğimiz gibi, İsa'nın insan şekline girmiş Tanrı olduğu öğretisi, dördüncü yüzyıla kadar nihai şeklini almadı. Hristiyanlarda Enkarnasyon (Hu-lûl) inancı tedrici ve karmaşık bir süreç içinde gerçekleşmiştir. İsa, kesinlikle hiçbir zaman kendisinin Tanrı olduğunu ileri sürmemiştir. Vaftizi sırasında gökten gelen bir ses tarafından Tanrı'nın Oğlu olarak çağrılmıştır, fakat bu büyük ihtimalle onun sevgili Mesih olduğunun tasdikinden ibaretti. Yukarıdan gelen böylesi bir sözde özellikle alışılmadık bir taraf yoktu; Hahamlar çoğu zaman, *bat qol* (sözcük anlamı, "Sesin Kızı") dedikleri bir olayla karşılaşmaktaydılar. Bu daha doğrudan bir vahyin yerini alan bir çeşit ilhamdı.[155] Haham Zakkai oğlu Yuhannan, Kutsal Ruh'un kendisi ve müridleri üzerine ateş şeklinde indiği sırada, kendisine verilen misyonu tasdik eden böyle bir *bat qol* duymuştu. İsa kendisini bizzat "Âdemoğlu" diye çağırmaktaydı. Bu lakap meselesi üzerine çok fazla tartışma ortaya çıkmıştır ama orijinal Aramca terimin (*bar nasha*), açıkça insanlık durumunun zayıflık ve ölümlülüğünü vurguladığı ortadadır. Bu durumda İsa'nın, kendisinin bir gün acı çekip ölecek olan zayıf bir insan olduğunu vurgulayan bir yol tutturduğu anlaşılmaktadır.

Bununla birlikte İnciller, Tanrı'nın İsa'ya, sıradan bir ölümlü olmasına rağmen, hastaları iyileştirme ve günahları affetme gibi Tanrısal işler yapmasını mümkün kılan bazı ilahi "güçler" (*duanist*) verdiğini söylerler. Dolayısıyla, insanlar İsa'yı bu işleri yaparken gördüklerinde, onu Tanrı'nın yaşayan, nefes alan bir imgesi gibi algıladılar. Bir seferinde, müridlerinden üçü, buna her zamankinden

---

155 T. Sof. 13:2.

daha açık bir şekilde tanık olduklarını ileri sürmüşlerdir. Öykü, her üç İncil'de de anlatılmaktadır ve Hristiyanların sonraki kuşakları için oldukça büyük bir önem kazanmıştır. Öyküde, İsa'nın Petrus, Yakub ve Yuhanna'yı, Celile'deki Tabor Dağı olduğu sanılan çok yüksek bir dağa götürdüğü anlatılır. İsa, orada, onların gözü önünde "şekil değiştirdi": "yüzü güneş gibi parladı, elbiseleri ışık gibi bembeyaz oldu."[156] Birden, sırasıyla Kanunu ye peygamberleri temsil eden Musa ve İlya, İsa'nın yanında belirdiler ve üçü birlikte sohbete daldılar. Petrus dehşet içinde, ne söylediğini bilmez bir halde, yüksek sesle haykırarak, bu görümün anısına üç sunak kurmaları gerektiğini söyledi. Sina Dağı'na inene benzer parlak bir bulut dağın tepesini kapladı ve bir *bat qol* yaşandı: "Sevgili Oğlum budur; ondan razıyım. Onu dinleyin."[157] Yüzyıllar sonra, Yunanlı Hristiyanlar bu görümün anlamı üzerinde düşündüklerinde, Tanrı'nın "güçleri"nin, İsa'nın şekil değiştirmiş vücudu aracılığıyla kendini gösterdiğine karar verdiler.

Ayrıca İsa'nın, hiçbir zaman bu tanrısal "güçler"in (ki Filon gibi onlar da bunu *dynameis* olarak isimlendirmişlerdir) yalnızca kendisinde toplandığını iddia etmediğine de dikkati çekmişlerdir. İsa, şakirtlerine defalarca, "inandıkları" takdirde söz konusu güçlerden kendilerinin de yararlanacakları sözünü vermiştir. İnanmaktan onun kastettiği, şüphesiz ki doğru teolojiyi seçmek değil, Tanrı'ya karşı teslimiyet ve açıklık gibi içsel bir tutum geliştirmeleriydi. Kendilerini, hiç tereddüt etmeden, oldukları gibi Tanrı'ya açıp teslim etmeleri halinde, İsa'nın yaptığı her şeyi şakirtleri de yapabilirdi: Hahamlar gibi İsa da Ruh'un, yalnızca ayrıcalıklı bir seçkin zümre için değil bütün iyi insanlar için olduğuna inanıyordu. Bazı parçalarda, yine bazı hahamlar gibi İsa'nın da *goyim*'in bile Ruh'u edinebileceklerine inandığı ileri sürülmektedir. Şakirtleri, "inançlı" olmaları durumunda, kendisinden daha büyük şeyler başarabilirlerdi. Yalnızca günahları

156 Matta 17:2.

157 Matta 17:5.

affetmek ve şeytanları kovmayı başarmakla kalmazlar, koca bir dağı denize göçürebilirlerdi.[158] Kendi zayıf, ölümlü varlıklarının, Mesih Krallığı'nın dünyasında mevcut ve etkin halde bulunan Tanrı'nın "güçleri"nce şekil değiştirdiğini keşfedebilirlerdi.

İsa'nın ölümünden sonra, şakirtleri, onun, bir şekilde, Tanrı'nın imgesi olduğu yolundaki inançlarını bir kalemde silip atamadılar. Ta en başından ona ibadet etmeye başladılar. Tanrı'nın güçlerine *goyim*'in de ulaşabilmesi gerektiğine inanan Aziz Pavlus, İncili'ni bugünkü Türkiye, Makedonya ve Yunanistan'da vazetmeye başladı. O, Musa'nın Kanunları'na tam olarak uymasalar bile, Yahudi olmayanların da Yeni İsrail'in mensupları haline gelebileceklerine inanmıştı. Daha çok bir Yahudi mezhebi olarak kalmak isteyen ilk havarilerden oluşan bir grup bundan rahatsız oldu ve çok şiddetli bir tartışmadan sonra Pavlus'la yollarını ayırdılar. Bununla birlikte, Pavlus'un dönmelerinin çoğunluğunu ya bölgenin Yahudileri ya da içinde Tanrı korkusu taşıyan insanlar oluşturmaktaydı; böylece Yeni İsrail büyük ölçüde Yahudi olarak kaldı. Pavlus İsa'yı hiçbir zaman "Tanrı" olarak anmamış onu, Yahudilere özgü anlamıyla "Tanrı'nın Oğlu" olarak çağırmıştır. O, İsa'nın bizatihi Tanrı'nın enkarnasyonu olduğuna kesinlikle inanmamaktaydı; İsa yalnızca Tanrı'nın yeryüzündeki varlığının tezahürü olan, ulaşılamaz tanrısal özle özdeşleştirilemeyen "güçler"ine ve "Ruhu"na sahipti. Beklenildiği gibi putperest bir dünyada, yeni Hristiyanlar bu temel ayrımı her zaman muhafaza edemediler; böylece, kendisinin zayıf ve herkes gibi fâni bir insan olduğunu vurgulayan bir adam, sonunda tanrısal bir nitelik kazandı. Tanrı'nın İsa'nın vücudunda tecelli ettiği öğretisi, Yahudilerce her zaman bir kepazelik olarak görülmüş, daha sonra Müslümanlar da bunu küfür saymışlardır. Bazı tehlikeli yanlar içeren bu açıklaması zor öğretiyi, Hristiyanlar her zaman çok kabaca yorumlamışlardır. Öte yandan bu tür bir enkarnasyon inancı, din tarihinde hep var

158 Matta I:20; Markos 11:223.

olagelmiş bir temadır; hatta Yahudiler ve Müslümanlar bile, bu konuda şaşırtıcı benzerlikler gösteren kendi teolojilerini geliştirmişlerdir.

İsa'nın şaşırtıcı bir şekilde tanrısallaştırılmasının arkasındaki dinsel dürtüyü görebilmek için, aynı dönemde Hindistan'da yaşanan bazı gelişmelere kısaca bakmak gerekir. Hem Budizm'de hem de Hinduizm'de, bizzat Buda veya insan şeklinde görünen Hindu tanrıları gibi yüceltilmiş varlıklara aşırı bir düşkünlük vardı. Bakti olarak bilinen bu tür kişisel bağlılık, insanın, bir bakıma, insanileştirilmiş bir dine duyduğu sürekli özlemi dile getirmekteydi. Bu tamamen yeni bir çıkış noktası olmakla birlikte, her iki inançta da temel önceliklerle herhangi bir şekilde uzlaştırılmadan, dinle bütünleştirilmişti.

İ.Ö. altıncı yüzyılın sonlarında Buda'nın ölümünün ardından, insanlar, doğal olarak, onun anısını yaşatmak istediler; ancak bunun için bir heykelin de uygun olmadığını düşünmekteydiler, çünkü Buda nirvanada artık bilinen herhangi bir şekilde "mevcut değildi". Öte yandan, Buda sevgisi gittikçe gelişti ve onun aydınlanmış insanlığını tefekkür arzusu o derece güçlendi ki İ.Ö. birinci yüzyılda Kuzey Batı Hindistan'daki Gandhara ile Jumna nehri üzerindeki Mathura'da ilk heykeller ortaya çıktı. Tanrısal özün dışındaki bir varlığa bu derece bağlılığın Gautama'nın öğretisindeki iç disiplinden çok farklı olmasına rağmen, bu imgelerin gücü ve verdiği ilham Budacı tinselliği içinde merkezi bir önem kazandı. Bütün dinler değişir ve gelişir. Aksi takdirde mutlak hale gelirler. Budacıların çoğu için *bakti* çok değerliydi ve onun kendilerine, kaybolma tehlikesiyle karşı karşıya olan bazı temel gerçekleri hatırlattığını düşünmekteydiler. Hatırlanacağı gibi Buda ilk aydınlanmasını gerçekleştirdiğinde, bunu kendine saklama eğilimindeydi. Ancak acı çeken insanlık için duyduğu merhamet, onu daha sonraki kırk yıl boyunca bu Gerçek Yolunu insanlara vazetmeye itmişti. Bununla beraber, İ.Ö. birinci yüzyıla gelindiğinde, kendi adlarına nirvanaya ulaşmak için manastırlara kapanan Budist rahiplerinin bu anlayışı artık kaybettikleri anlaşılmaktaydı. Manastır hayatı kolayca göze alınamayacak bir idealdi ve bu birçokları için altından kalkılamayacak bir şeydi. İ.S. birinci yüzyılda, yeni tip bir Budist ilah ortaya çıktı: Buda örneğini takip ederek kendini insanlara adayan, bu yüzden kendi nirvanasından vazgeçen *bodhisattva*. Acı içinde kıvranan insanları kurtarmak için kendisi yeniden doğuma katlanmaya razıydı. İ.Ö. birinci yüzyılın sonunda derlenen *Parajna-paramita Sutras* (Bilgeliğin Mükemmelliği Üzerine Vaaz)'ın bildirdiğine göre, *bodhisattvalar*, kendi özel nirvanalarına ulaşmayı istemezler. Aksine, oldukça acı verici varlıklar âlemini gözlemlemişlerdir, öte yandan en yüksek aydınlanmayı kazanmak arzusu içinde, doğum ve ölüm korkusu taşımazlar. Onlar dünya için duydukları merhamet duygusundan hareketle, dünyaya yararlı olmak ve onu sıkıntıdan kurtarmak için yola çıkmışlardır. "Dünya için bir sığınma ve dinlenme yeri, nihai kurtuluşu, adaları, ışıkları [ve nihayet onun] kurtuluş vasıtasının kılavuzu olacaklarına," karar vermişlerdir.[159]

Daha da ötesi *bodhisattva*, daha düşük ruhanilik düzeyine sahip olanlara yardım edebileceği sonsuz bir marifet ve fazilete sahipti. *Bodhisattva*'ya dua eden kişi, Budist kozmolojinin, aydınlanmaya ulaşmayı kolaylaştıran koşullara sahip cennetlerinden birinde yeniden doğabilirdi.

Budist metinler, bu fikirlerin göründüğü şekliyle yorumlanmaması gerektiğini vurgulamaktadırlar. Onların bu dünyadaki sıradan mantık ya da olaylarla hiçbir ilgisi yoktu ve anlaşılması daha zor bir gerçeğin simgeleriydiler. İ.S. ikinci yüzyılın başlarında, Boşluk Okulu'nun kurucusu olan filozof Nagarcuna, sıradan kavramlarla çalışan dilin yetersizliğini göstermek için paradoksu kullanmış ve diyalektik bir yöntem devreye sokmuştur. Nihai gerçeklerin, yalnızca, meditasyonun zihinsel disiplini içinde sezgisel olarak kavranabileceğini iddia etmiştir. Buda'nın öğretisi bile, kendisinin bizzat göstermeye

---

159 Astasahasrika 15:293, zikreden Edward Conze, *Buddhism its Essence and Development* (Oxford, 1959), s. 125.

çalıştığı gerçeğin tam hakkını vermeyen geleneksel ve insan yapısı fikirlerdi. Bu felsefeye inanan Budistler, yaşadığımız her şeyin bir yanılsama olduğu yolunda bir inanç geliştirmişlerdir: Batı'da biz bunları idealistler olarak adlandırıyoruz. Her şeyin derindeki özü olan Mutlak bir boşluk, bildiğimiz anlamda mevcut olmayan bir hiçliktir. Bu boşluğu nirvanayla özdeşleştirmek doğaldır. Gautama gibi bir Buda nirvanaya ulaştığına göre bu demektir ki o tarif edilemez bir şekilde nirvana haline gelmiştir ve Mutlak ile özdeştir. Öyleyse, nirvanaya ulaşmak isteyen herkes, aynı zamanda, Budalarla özdeşlik kurmak durumundaydı.

Budalar ve *bodhisatva*'lara yönelik bu *bakti*'nin (bağlılığın), Hristiyanların İsa'ya bağlılığıyla benzeştiğini söylemek mümkündür. Bu aynı zamanda, bir inancın daha fazla insana ulaşmasını da sağlamıştır; tıpkı Pavlus'un, Yahudiliğin *goyim*'e de açık olmasını istemesi gibi. Aynı dönemde Hindu dininde de benzer bir *bakti*'nin ortaya çıktığını görüyoruz; burada söz konusu olan figürler ise, Veda geleneğinin en önemli tanrılarından ikisi, Şiva ve Vignu idi. Keza burada da popüler bağlılık, *Upanişadlar*'ın felsefi sofuluğundan daha güçlü olduğunu göstermiştir. Gerçekte, Hindular bir Teslis (Üçleme) geliştirmişlerdi: Brahman, Şiva ve Vişnu; bunlar biricik, tanımlanamaz gerçeğin üç simgesini ya da boyutunu temsil ediyorlardı.

Tanrı'nın gizemini, iyi ve kötünün, üretkenlik ve münzeviliğin paradoksal tanrısı, hem yaratıcı hem de yok edici olan Şiva boyutu altında düşünmek bazen yararlı olabilir. Yaygın efsaneye göre, Şiva aynı zamanda büyük bir Yogidir ve kendine bağlı olanları meditasyon aracılığıyla kişisel tanrısallık kavramlarını aşmaya yöneltmiştir. Vişnu genellikle daha müşfik, daha neşelidir. Kendini insanoğluna çeşitli enkarnasyonlarda, *avatar*, göstermekten hoşlanırdı. Onun canlandırdığı ünlü karakterlerinden biri, bir soylu ailenin mensubu olarak dünyaya gelen, ancak çoban olarak büyüyen Krişna'ydı. Tanrı'yı, Ruhun Sevgilisi olarak tasvir eden halk efsanesi için, onun sığırtmaç kızlarla cilveleşmelerine dair hikâyeler oldukça cazip bir konu oluşturmuştur. Öte yandan, Vişnu, *Bhagavad-Gita*'da Prens Arjuna'ya Krişna olarak göründüğünde, bu korkunç bir şeydir:

Ah Tanrı,
Senin vücudunda,
tanrıları görüyorum,
ve boynuzlarını çeşit çeşit yaratıkların:
evrenin yaratıcısı Brahman'ı,
ve onun lotus tahtı üzerinde,
bütün kâhinler ve kutsal iblisleri.[160]

Bir bakıma, her şey Krişna'nın vücudunda mevcuttur: Onun ne başı ne sonu vardır, mekânı doldurur ve akla gelebilecek bütün tanrıları içerir: "Kükreyen fırtına tanrıları, güneş tanrıları, ışık saçan tanrılar ve ritüel tanrılar."[161] O aynı zamanda, "insanın yorulmaz ruhu", insanlığın özüdür.[162] Her şey Krişna'ya doğru koşar; ırmakların denize akıp gitmesi, pervane böceğinin yanan ateşe doğru uçması gibi. Bu feci manzara karşısında Arjuna'nın yapabileceği tek şey, tamamen bitkin bir şekilde ürperip titremekti.

Bakti'nin gelişimi, halkın nihai olan ile bir çeşit kişisel ilişki kurma gibi köklü bir ihtiyacına cevap vermiştir. Brahman'ın tamamen aşkın bir figür olarak görülmesi, onun çok nadiren gündeme gelmesi ve böylece, eski Gök Tanrı gibi, insan bilincinden silinmesi tehlikesini doğurabilirdi. Budizm'de *Bodhisattva* ideali ile Vişnu'nun *avatar*'larının evriminin, dinsel gelişmenin bir başka aşamasını, insanların, Mutlak'ın insandan daha düşük bir şey olamayacağı konusundaki ısrarını temsil ettiği görülüyor. Bununla birlikte bu simgesel öğretiler ve mitoslar Mutlak'ın yalnızca tek bir tecellide dışa vurulabileceğini

160 *Bhagavat-Gita, Krishna's Counsel in War* (NewYork, 1986), xı, 14, s. 97.

161 Aynı eser XI:21, s. 100.

162 Aynı eser XI: 18, s. 100

kabul etmemektedir: Sayısız miktarda Budalar ve *bodhisattva*'lar mevcuttu ve Vişnu'nun çok çeşitli *avatar*'ları vardı. Bu mitoslar aynı zamanda insanlık için bir ideali dile getirmekte, insanoğlunu, olması gerektiği gibi, aydınlanmış ve tanrılaşmış göstermekteydiler.

Miladi birinci yüzyıla gelindiğinde, Yahudilikte tanrısal varoluş için benzer bir susamışlık söz konusuydu. Bir kişi olarak İsa'nın bu ihtiyaca cevap verdiği anlaşılmaktadır. Bugün Hristiyanlık olarak bildiğimiz dini yaratan ilk Hristiyan metin yazarı olan Aziz Pavlus, Tanrı'nın dünyaya kendini Tevrat yerine esas olarak İsa'da gösterdiğine inanmaktaydı.[163] Onun bununla ne kastettiğini tam olarak bilemiyoruz. Pavlus'un mektupları, dört başı mamur bir teolojinin kapsamlı anlatımı olmaktan ziyade, zaman içinde karşılaştığı belli sorulara verilmiş yanıtlardan ibaretti. O, İsa'nın Mesih olduğuna kesinlikle inanıyordu. "Christ" sözcüğü Yahudilerin *Massiach*'ının çevirisiydi ve Kutsanmış Kişi anlamına geliyordu. Pavlus ayrıca İsa'dan bir insan olarak da bahsetmekte ama yine onun sıradan bir insandan daha fazla bir şey olduğunu söylemekteydi. Bununla birlikte bir Yahudi olarak Pavlus, onun insan şekline girmiş Tanrı olduğuna inanmamaktaydı. Kendisinin İsa'yı algılayışını tanımlarken sürekli olarak "Christ'te" (Mesih'te) deyimini kullanmaktaydı: Hristiyanlar "Mesih'te" yaşıyorlardı; onun ölümüyle salih kılınmışlardı; Kilise bir anlamda onun vücudunu simgelemekteydi.[164] Bu Pavlus'un mantıklı bir biçimde açıklamadığı bir gerçekti. Birçok Yahudi gibi o da tam anlamıyla "saçmalık" olarak tanımladığı Yunan akılcılığına karşı soğuk bir tutum içindeydi.[165] Onu İsa'yı, "içinde yaşadığımız, hareket ettiğimiz ve var olduğumuz" bir çeşit atmosfer içinde tasvir etmeye

---

163 Galatyalılar 1:11; 14.

164 Örneğin bkz. Romalılara Mektup 12:5; Korintoslulara Birinci Mektup 4:15; Korintoslulara ikinci Mektup 2:17, 5:17.

165 Korintoslulara Birinci Mektup, 1:24.

sevk eden şey öznel ve mistik bir yaşantıydı.[166] İsa, Pavlus'un dinsel yaşantısının kaynağı haline gelmişti; dolayısıyla o, İsa hakkında çağdaşlarının ancak bir Tanrı hakkında konuşabilecekleri şeyler söylemekteydi.

Pavlus, kendisine sunulan inancı açıklarken, İsa'nın "bizim günahlarımız" yüzünden acı çekip öldüğünü söylemiştir.[167] Daha çok erken bir dönemde, onun ölümüyle sarsılmış olan havariler bunu, böyle olmasının bir bakıma bizim hayrımıza olduğunu söyleyerek izah etmişlerdir. Dokuzuncu Bölüm'de, on yedinci yüzyılda ortaya çıkan bir başka Mesih'in tam bir skandala dönüşen sonu için bazı Yahudilerin benzer bir açıklama getirdiklerini göreceğiz. İlk Hristiyanlar İsa'nın, gizemli bir şekilde de olsa yaşadığına ve onun sahip olduğu "güçler"e, söz verdiği üzere, şimdi kendilerinin sahip olduğuna inanmaktaydılar. Pavlus'un mektuplarından, ilk Hristiyanların yeni tür bir insanlığın başladığını işaret edebilecek bin bir çeşit alışılmadık yaşantıları olduğunu anlıyoruz: Kimileri okuyup üfleyerek şifa dağıtmaya, kimileri tanrısal bir dille konuşmaya başlamıştı; kimileri de ilhamını Tanrı'dan aldıkları kehanetleri etrafa yaymaktaydılar. Kilise hizmetleri gürültülü, tanrı vergisi yetenek gerektiren konular ise bugünkü bir küçük kasaba kilisesinde söylenen zevkli ve ahenkli şarkılardan oldukça farklıydı. Öyle görünüyor ki İsa'nın ölümü gerçekten de bazı açılardan yararlı olmuştu: "Yeni tür bir yaşam"ın, "yeni bir yaratış"ın –ki bunlar Pavlus'un mektuplarında sürekli karşılaşan temalardır– önünü açmıştı.[168]

Bununla birlikte, İsa'nın çarmıha gerilişini, bir çeşit Âdem'in "İlk Günahı"nın kefareti olarak gören ayrıntılı kuramlar yoktu. Böyle bir teolojinin dördüncü yüzyıla kadar gündeme gelmediğini

---

166 Resullerin İşleri (17:28) yazarınca bir vaazında Pavlus'a zikrettirilmiştir. Alıntı muhtemelen Epimanides'dendir.

167 Korintoslulara Birinci Mektup 15:4.

168 Romalılar 6:4; Galatyalılar 5:16-25; Korintoslulara ikinci Mektup 5:17; Efesoslular 2:15.

ve bunun yalnızca Batı'da bir önem taşıdığını ileride göreceğiz. Ne Pavlus ne de diğer İncil yazarları, hiçbir zaman, tecrübe ettikleri kurtuluşun açık ve net bir açıklamasını yapmadılar. Öte yandan, İsa Mesih'in kurban edilircesine ölümü olayı, bu sıralarda Hindistan'da gelişmekte olan *bodhisattva* idealiyle benzerlik göstermekteydi. Mesih, tıpkı *bodhisattva* gibi gerçekte insanlık ile Mutlak arasında bir aracı konumuna gelmişti; aradaki tek fark Mesih'in tek aracı olması ve onun önerdiği kurtuluşun, tıpkı *bodhisattva*'nınki gibi geleceğe yönelik gerçekleşmemiş bir özlem olmayıp bir *fait accompli*, emrivaki oluşuydu. Pavlus, İsa'nın kurban edilişinin biricikliğinde ısrar etmekteydi. Pavlus, kendisinin diğer insanların iyiliği için çektiği ıstırabın bir yarar sağladığına inanmasına rağmen, İsa'nın çektiği acının ve ölümünün tamamen başka bir kategoriye girdiğini açıkça söylüyordu.[169] Burada potansiyel bir tehlikeyle karşı karşıyayız. Sayısız Budalar ile anlaşılması zor, paradoksal *avatar*'ların hepsi, dindar kişiye nihai gerçeğin hiçbir şekilde tam olarak dile getirilemeyeceğini hatırlatmışlardır. Hristiyanlığın, tüketilemez Tanrı gerçeğinin tamamının tek bir insanda tezahür etmiş olduğunu ileri süren tek enkarnasyonu, tam olgunlaşmamış bir putperestliğe yol açabilirdi.

İsa, tanrısal güçlerin (*duanis*) yalnızca kendisi için söz konusu olmadığını ısrarla vurgulamıştır. Pavlus İsa'nın yeni tür bir insanlığın ilk örneği olduğunu ileri sürerek bu anlayışı geliştirmiştir. O yalnızca eski İsrail'in yapamadığı şeyleri yapmakla kalmamış, bizzat kendisi yeni *adam*, *goyim* de dâhil, bütün insanları bir şekilde içine alan yeni insanlık haline gelmiştir.[170] Bir kere daha vurgulamak gerekirse, bu bütün Budalar Mutlak ile aynileştikleri için, insanlık idealinin Budalığa intisap edeceğini ileri süren Budist inançtan çok farklı değildi.

---

169 Koloselilere Mektup 1:24; Efesoslulara Mektup 3:1, 13; 9:3; Korintoslulara Birinci Mektup 1:13.

170 Romalılar 1:12-18.

Pavlus, Filipi'deki kiliseye yazdığı bir mektupta, Hristiyanlığın çok eski dönemine ait olduğu düşünülen ve çok önemli bazı konuları gündeme getiren bir duayı zikreder. Burada o din değiştirttiği insanlara, İsa'nın fedakâr tutumunu örnek almaları gerektiğini söylemektedir,

> [Mesih ki] Tanrı'nın suretinde olduğu halde
> Tanrı'ya eşit olmayı
> bir ganimet bilmedi,
> bir kul olmayı kabul edip.
> ve insanlar gibi,
> kendi nefsinden uzaklaştı;
> ve insanlar gibi,
> ölüme, çarmıhta ölüme
> rıza göstererek,
> nefsini alçalttı.
> Bunun üzerine Tanrı onu yükseltti
> [Ona] bütün isimlerin üzerinde olan
> bir isim verdi,
> ki göklerde, yerde ve yer altındaki
> bütün canlılar
> İsa'nın ismi karşısında diz çöksün,
> Ve Baba Tanrı'nın ihtişamı için
> bütün diller
> "İsa Mesih Rab"dir kyrios diye ikrar etsin.[171]

Bu dua İsa'nın, bir *bodhisattva* gibi insanlığın çektiği acıyı paylaşmaya karar verip, kendi "nefsinden arınmak" (*kenosis*) suretiyle insan haline gelmeden önce "Tanrı katında" sürdürülmüş bir yaşamı olduğuna dair ilk Hristiyanlar arasında yaşayan bir inancı yansıtmak-

---

171 Filipililere Mektup 2:6-11.

tadır. Pavlus, Mesih'in ezelden beri YHWH'nin yanı başında ikinci bir tanrısal varlık olarak mevcut olduğu düşüncesini kabul edemeyecek kadar inançlı bir Yahudi idi. Dua, İsa'nın yüceltilişinden sonra bile kendisini yükseltip, ona *kyrios* ünvanını bahşeden Tanrı'dan farklı ve daha düşük bir konumda olduğunu dile getirmektedir. Üstelik bu konumu kendi başına elde etmemiş, ona bu ünvan, "Baba Tanrı'nın ihtişamını göstersin diye," verilmişti.

Yaklaşık kırk yıl sonra, 100 yılı civarında kaleme alınmış olan Aziz Yuhanna İncili'nin yazarı benzer bir öneride bulunur. Giriş kısmında, "başlangıçtan beri Tanrı'yla birlikte" olup, yaratılışa aracılık eden Söz (*logos*)'u şöyle tanımlar: "Her şey onun aracılığıyla var oldu, hiçbir şey onsuz var olmadı."[172] Yazar burada, Yunanca *logos sözcüğünü* Filon'un kullandığı anlamda kullanmamıştır; İncil yazarının Helenleşmiş Yahudilikten daha çok Filistin Yahudiliğine yakın bir dil kullandığı anlaşılmaktadır. İbrani dinsel metinlerinin Targumlar olarak bilinen ve bu dönemde derlenen Aramca çevirilerinde, *Memra* (söz) terimi Tanrı'nın dünyadaki eylemlerini tanımlamak için kullanılmaktadır. Terim, "ihtişam", "Kutsal Ruh" ve "Şekina" gibi Tanrı'nın dünyadaki mevcudiyetiyle, kavranılması imkânsız Tanrı gerçeğinin bizzat kendisi arasındaki farkı vurgulayan teknik terimlerle aynı işlevi görmektedir. Tıpkı tanrısal Bilgelik gibi, "Söz" Tanrı'nın yaratma eylemindeki ilk planını simgelemekteydi. Pavlus ve Yuhanna İsa'dan, sanki onun daha önceden sürdürdüğü bir çeşit yaşamı varmış gibi bahsederlerken onun, sonraki Teslis anlamında, ikinci bir kutsal "insan" olduğunu ileri sürmüyorlardı. Bütün söylemeye çalıştıkları, İsa'nın, dünyevi ve bireysel varoluş tarzlarının üstünde, onlara aşkın olduğu idi. Çünkü onun yeniden sunduğu "güç" ve "bilgelik" Tanrı'dan kaynaklanan eylemlerdi; o bir anlamda, "nelerin başlangıçtan beri mevcut olduğunu" ifade etmiştir.[173]

---

172 Yuhanna 1:13.

173 Yuhanna'nın Birinci Mektubu 1:1

Bu fikirler ancak tamamen Yahudi[lik] bağlamında bir anlam ifade etmekteydi ama Yunan temeline dayanan sonraki Hristiyanlar bunları farklı şekillerde yorumlamışlardır. İ.S. 100 gibi ileri bir tarihte kaleme alınan Resullerin İşleri'nde, ilk Hristiyanların hâlâ tamamen Yahudilere özgü bir Tanrı kavramına sahip olduklarını görmek mümkündür. Bütün Yahudi dünyasından yüzlerce Yahudi'nin, Sina'da Tevrat'ın inişini kutlamak için bir araya geldikleri Pentecost şöleninde, Kutsal Ruh İsa'nın yoldaşlarını ziyaret etmişti. "Gökyüzünden gelen güçlü bir rüzgârınkine benzer bir ses" duymuşlar ve "...ateşin dillerine benzer bir şey peyda olmuştu."[174] Kutsal Ruh, aynen çağdaşları *tannaim*'e olduğu gibi bu ilk Yahudi Hristiyanlarına da kendini göstermişti. Havariler hemen dışarı çıkıp Mezopotamya, Yahuda ve Kapadokya, Pontus ve Anadolu, Frigya ve Pamfilya, Mısır ve Libya'nın Kirene bölgesinden gelmiş olan Yahudiler ile içinde Tanrı korkusu taşıyan kalabalığa vaaza başladılar.[175] Herkes, hayret içinde kalmıştı; vaizler, hepsine kendi dilinde vazediyordu. Kalabalığa hitap etmek üzere ayağa kalkan Petrus, bu olayı Yahudiliğin doruk noktası olarak sundu. Tanrı'nın bir gün kendi ruhunu insanlığa saçacağı ve böylece kadınlar ve kölelerin bile görümleri olabileceği ve hayaller göreceklerini peygamberler önceden bildirmemişler miydi?[176] Tanrı'nın yeryüzünde kendi insanlarıyla birlikte olduğu o gün, Mesih Krallığı döneminin başladığı gündü. Petrus, Nâsıralı İsa'nın, Tanrı olduğunu iddia etmemişti. O, "Tanrı'nın sizlere mucizeler, deliller ve işaretlerle gönderdiği bir insandı ve bizimle birlikte olduğu müddetçe Tanrı eylemlerini onun aracılığıyla gerçekleştirmiştir." Feci bir şekilde ölmesinden sonra Tanrı onu yeniden yaşama döndürmüş ve "Tanrı'nın sağ kolu" olarak özel bir konuma yükseltmişti. Peygamberler ve Mezmur yazarları bütün bu olayları önceden bildirmişlerdi; bu

---

174 Resullerin İşleri 2:2.

175 Aynı eser, 2:9, 10.

176 Yoel 3:15.

yüzden, "bütün İsrail Ailesi", İsa'nın uzun zamandır beklenen Mesih olduğundan emin olabilirdi.[177] Öyle anlaşılıyor ki bu konuşma ilk Hristiyanların [insanlara sunduğu] mesajı (*kerygma*) dile getirmekteydi.

Hristiyanlar, dördüncü yüzyılın sonuna kadar, tam da Resullerin İşleri kitabının yazarının yukarda sıraladığı bölgelerde güç kazanmışlar ve "içinde tanrı korkusu olan" çok sayıda insanı ya da dönmeyi cezbetmiş olan Yahudi bölgelerindeki sinagoglarda iyice kök salmışlardı. Pavlus'un yeni bir şekil kazanmış Yahudiliğinin, bu insanların içine düştükleri birçok ikilemi de ortaya serdiği anlaşılmaktadır. Üstelik "çok çeşitli dilleri konuşuyorlar"dı; tek bir ses oluşturamamışlar ve kendilerine belirgin bir konum sağlayamamışlardı. Birçok bölge Yahudisi, Kudüs'teki Tapınak'ı eskiden olduğu gibi hayvan kanına boğulmuş, ilkel ve barbarca bir kurum olarak görmekteydi. Resullerin İşleri'nde, İsa'nın mezhebine geçen ve küfürle suçlanıp Yahudi idare heyeti Sahnedrin'in kararıyla taşlanarak öldürülen Helenleşmiş bir Yahudi olan İstefanos'un öyküsü anlatılarak aynı görüş paylaşılmaktadır. İstefanos, yaptığı en son ateşli konuşmada, Tapınak'ın Tanrı'nın doğasına bir hakaret olduğunu iddia etmiştir: "Varlıkların En Yücesi, insan elinden çıkma bir evde oturmaz."[178] Kimi bölge Yahudileri, Tapınak'ın yıkılmasından sonra hahamlar tarafından geliştirilen Talmud Yahudiliğini benimsemişti; kimileri ise, Tevrat'ın konumu ve Yahudiliğin evrenselliği gibi diğer konulardaki sorularına Hristiyanlıkta cevap bulmuşlardır. Şüphesiz ki 613 *mitzvot* yükümlülüğü altına girmeden Yeni İsrail'in tam mensubu haline gelmiş, içinde Tanrı korkusu taşıyan insanlar için Hristiyanlığın özel bir çekiciliği vardı.

Birinci yüzyılda Hristiyanlar da Tanrı'yı düşünüp ona Yahudiler gibi ibadet etmeyi sürdürdüler; Hahamlar gibi tartıştılar, üstelik kiliseleri de sinagogları andırmaktaydı. Hristiyanlar, Tevrat'ı dikkate

177 Resullerin İşleri 2:22-36.

178 Aynı eser, 7:48

almadıkları için İ.S. 80'li yıllarda sinagoglardan resmen kovuldular. Bunun üzerine Yahudilerle şiddetli bir kavga yaşandı. Birinci yüzyılın başlarında birçok insan Yahudiliğin cazibesine kapılıp din değiştirmesine rağmen 70 yılından sonra Roma İmparatorluğu'yla içine girdikleri çatışma ortamı Yahudilerin konumunun kötüleşmesine yol açtı. İçinde Tanrı korkusu taşıyanların Hristiyanlığı tercih etmeleri Yahudileri bu dönmeler hakkında şüpheye düşürdü; bundan sonra artık paganları Yahudiliğe döndürmek için fazla bir çaba göstermediler. Önceden Yahudiliğe geçmiş olan paganlar, şimdi yüzlerini Hristiyanlığa dönmekteydiler. Ancak bunlar daha çok köleler ile alt sınıflara mensup insanlardı. İyi eğitim görmüş paganlar, ancak ikinci yüzyılın sonlarında Hristiyanlığı seçtiler ve kararsız pagan dünyaya bu yeni dini açıklayabildiler.

Roma İmparatorluğu'nda Hristiyanlık önceleri Yahudiliğin bir kolu olarak görüldü ama Hristiyanlar kendilerinin artık sinagogla hiçbir ilişiklerinin kalmadığını açıkça dile getirdiklerinde, atalarının inancından koparak Tanrı'ya karşı saygısızlık gibi büyük bir günaha girmiş olan fanatiklerin *religio*'su olarak, lanetle anılmaya başlandılar. Roma yaşam tarzı oldukça muhafazakârdı ve aile reisinin otoritesi ile atalarından devralınan geleneğe büyük değer verilmekteydi. "İlerleme", geleceğe doğru korkusuzca ilerleme değil, bir Altın Çağ'a geri dönüş olarak görülmekteydi. Geçmişle ilişkinin bilinçli bir şekilde koparılması, değişmeyi kurumsallaştırmış olan bugünkü toplumumuzun aksine, potansiyel bir yaratıcılık olarak algılanmamaktaydı. Yenilenme tehlikeli ve sapkınca bir eylemdi. Romalılar, geleneğin sınırlarını aşan kitle hareketlerine karşı oldukça şüpheyle yaklaşmakta olup, yurttaşlarını dinsel "şarlatanlık"tan korumak için her an tetikteydiler. Bu yüzden, imparatorluk içinde bir tedirginlik ve gerilim yaşanmaktaydı. Büyük bir dünya imparatorluğunda yaşıyor olmak eski tanrıların küçük ve anlamsız görünmesine yol açmıştı. İnsanlar kendileri için bir rahatsızlık kaynağı olan yabancı kültürlerin farkındaydılar ve yeni tinsel çözümler peşindeydiler. Bu çerçevede, Doğu kültleri Avrupa'ya ithal edildi; devletin koruyucuları olan geleneksel Roma tanrılarının yanı sıra İsis ve Semele gibi tanrıçalara da tapınılmaktaydı. Miladi birinci yüzyılda yeni gizem dinleri, mensuplarına kurtuluş ve sözde gelecekteki dünyanın içsel bilgisini önermekteydi. Ama bu yeni dinsel heyecanların hiçbiri eski düzeni tehdit etmiyordu. Doğunun tanrıları, keskin bir din değiştirme ve bildik ritlerin reddini talep etmekten ziyade yeni bir görünüm ve daha geniş bir dünya anlayışı sunan yeni birer aziz gibiydiler. İstediğiniz kadar gizem kültüne dâhil olabilirdiniz; eski tanrılar için bir tehlike oluşturacak ölçüde etkin olmadıkları sürece bu gizem dinlerine hoşgörüyle yaklaşılmış, kurulu düzenin bir parçası durumuna getirilmişlerdi.

Hiç kimse dini, büyük bir meydan okuma olarak görmüyor, onun yaşamın anlamı hakkında dört başı mamur bir cevap sunmasını beklemiyordu. Son dönem antik çağın Roma İmparatorluğu'nda insanlar, tanrılara, zor zamanda kendilerine yardım etmeleri, devletlerini takdis etmesi ve geçmişle ferahlatıcı bir süreklilik duygusu yaşamak için tapıyorlardı. Din bir fikirler manzumesi olmaktan ziyade bir kült ve ritüel meselesiydi; bir ideoloji ya da bilinçli olarak kabul edilmiş bir kuram değil, duygu temelinde yaşanan bir olguydu. Bu günümüz için yabancı olmayan bir şeydir kendi toplumumuzda dinsel törenlere katılan insanların birçoğu teolojiyle ilgilenmemekte, çok egzotik bir şey peşinde koşmamakta ve değişim fikrinden hoşlanmamaktadırlar. Ritüellerin, gelenekle bir bağ kurmalarını sağladığını ve kendilerine bir güven duygusu verdiğini görmektedirler. Kilise vaazlarından çok parlak fikirler ummamakta ve liturjideki değişmelerden rahatsızlık duymaktadırlar. Aynı şekilde, antik çağın son döneminde paganların birçoğu, kendilerinden önceki kuşakların yaptığı gibi atalarının tanrılarına tapınmaktan haz duymaktaydı. Eski ritüeller onlara bir kimlik duygusu vermekte, yerel gelenekleri ayakta tutmakta ve her şeyin olageldiği gibi devam edeceği konusunda sanki bir güvence teşkil etmekteydi. Uygarlık, özenle yaklaşılması gereken hassas, kırılgan bir başarı gibi görünmekteydi ve onun bekasını sağlayacak olan ana tanrıların bir kalemde silinmek tehlikesiyle karşılaşmaması gerekiyordu. Babalarının inancını bertaraf etmek amacıyla yola çıkan her bir kült karşısında belli belirsiz kendilerine yöneltilmiş bir tehdit duygusu hissetmekteydiler. Bu yüzden Hristiyanlık her iki dünyanın da en kötü taraflarını içeriyordu. Yahudiliğin sahip olduğu köklülüğün verdiği saygıdan yoksun olduğu gibi paganizmin herkesin görüp tatbik edebileceği o çekici ritüellerinin hiçbirine sahip değildi. Ayrıca, potansiyel bir tehdit kaynağıydı, çünkü Hristiyanlık kendi Tanrısı'nın tek Tanrı, diğer bütün tanrıların ise bir kuruntudan ibaret olduğunu iddia ediyordu. Romalı biyografi yazarı Gaius Suetonius'a (70-160) göre, Hristiyanlık, sadece "yeni" olduğu için "soysuz", *superstitio nova et prava*, akıl dışı ve eksantrik bir hareketti.[179]

Eğitim görmüş paganlar aydınlanmak için dine değil felsefeye bakmaktaydılar. Onların azizleri ve ışık kaynakları antik çağın Platon, Pisagor ya da Epictetos gibi filozoflarıydı. Hatta onları "Tanrının oğulları" olarak görmekteydiler. Örneğin Platon'un, Apollo'nun oğlu olduğuna inanılmaktaydı. Filozoflar dine karşı soğukkanlı bir saygı duymuşlarsa da onu, kendi yaptıkları işten temelde farklı bir şey olarak değerlendirmişlerdir. Onlar fildişi kulelerde oturan işe yaramaz akademisyenler değil, kendi özel okullarındaki disiplinlere çekerek çağdaşlarının ruhlarını kurtarma kaygısı duyan birer misyon adamlarıydılar. Sokrates ve Platon'un her ikisi de kendi felsefeleri konusunda "dinsel" birer tutum içindeydiler; bilimsel ve metafizik araştırmaları, onlara evrenin ihtişamını gösteren bir görüş kazandırmıştı. Bu yüzden, miladi birinci yüzyıla gelindiğinde, zeki ve düşünen insanlar yaşamın anlamının açıklanması, kendilerine ilham kaynağı olabilecek bir ideoloji ve etik motivasyon için yüzlerini onlara dönmüştü. Hristiyanlık barbarca bir itikat olarak görünmekteydi.

179 Zikreden A.D. Nock, *Conversion, The Old and the New in Religion from Alexander the Great to Augustine of Hippo* (Oxford, 1933), s. 207.

Hristiyanların Tanrısı, insan ilişkilerine akıl dışı bir yolla müdahale etmeye devam eden vahşi ve ilkel bir tanrıydı; onun Aristoteles gibi bir filozofun değişmeyen Tanrısı'yla hiçbir benzerliği yoktu. Platon ve Büyük İskender çapındaki insanların Tanrının oğulları olduğunu iddia etmekle, Roma İmparatorluğu'nun silik bir köşesinde utanç verici bir şekilde ölüp gitmiş bir Yahudiden aynı şekilde bahsetmek bambaşka şeylerdi.

Platonculuk antik çağın son döneminin en popüler felsefelerinden biriydi. Birinci ve ikinci yüzyılın Yeni Platoncuları Platon'a, bir ahlakçı ve siyasi düşünür olarak değil bir mistik olarak ilgi duymaktaydılar. Onun öğretileri, filozofun ruhunu vücut cenderesinden kurtararak kendi gerçek özünü fark etmesine yardımcı oluyor, böylece onun tanrısal âleme yükselmesine imkân sağlıyordu. O, kozmolojiyi süreklilik ve ahengin bir imgesi olarak kullanan soylu bir sistemdi. Bir, zamanının kötülükleri ötesinde kendi hakkındaki derin tefekkürde ve büyük varoluş zincirinin zirvesindeki değişmede yaşamaktaydı. Bütün varlık Bir'den, onun saf varoluşunun gerekli bir sonucu olarak kaynaklanmaktaydı. Ebedi formlar Bir'den fışkırmakta ve buna karşılık, her biri kendi alanında güneş, yıldızlar ve aya hayat vermekteydiler. Sonunda, şimdi Bir'in melekvâri elçileri olarak görülen tanrılar, insanoğlunun dünyevi yaşamına tanrısal etkiyi aktarmaktaydılar. Platoncunun ne aniden dünyayı yaratmaya karar veren ya da az sayıdaki insanla doğrudan iletişim kurmak için kurulu hiyerarşiyi görmezden gelen Tanrı'ya dair barbarca öykülere, ne de çarmıha gerilmiş Mesih aracılığıyla gerçekleşecek grotesk bir kurtuluşa ihtiyacı vardı. Bir filozof, her şeye hayat veren Tanrı'ya benzediği için, akılcı ve düzenli bir yolda göstereceği kendi çabasıyla tanrısal âleme yükselebilirdi.

Hristiyanlar inançlarını pagan dünyaya nasıl izah edebildiler? Öyle anlaşılıyor ki ne Romalıların anladığı tarzda bir din ne de bir felsefe olan Hristiyanlık, iki arada bir derede bir konuma sahipti. Üstelik Hristiyanlar, kendi "itikatlarını" sıralamakta güçlük çekebilirler, belirgin bir düşünce sistemi oluşturmanın yeterince bilincinde olmayabilirlerdi. Bu konuda pagan komşularına benzemekteydiler. Tutarlı bir "teolojisi" olmamasına karşın, Hristiyanlığı, özenle geliştirilmiş bir kendini vakfediş olarak tanımlamak daha doğru olur. "İtikatlarını" dile getirdiklerinde, belli bir önkabuller bütünü üzerinde anlaşmış olmuyorlardı. Örneğin *credere* sözcüğünün, kendini vakfetme anlamına gelen *cor dare*'den türediği anlaşılıyor. "*Credo*" (veya Yunanca *pisteno*) dediklerinde, bu akli olmaktan ziyade duygusal olanı çağrıştırmaktaydı. Bu yüzden, 392-428 yılları arasında Kilikya'daki Mopsuestia piskoposu olan Theodore Hristiyanlığa yeni kazandırdığı insanlara şunları söylemekteydi:

> Tanrı'nın önünde "kendimi adadım" (pistone) dediğiniz zaman, ona sadık kalacağınızı, hiçbir zaman ondan uzaklaşmayacağınızı ve onu, olmak ve birlikte yaşamak isteyeceğiniz her şeyden daha yüce bir varlık olarak göreceğinizi ve onun emirleri doğrultusunda yaşayacağınızı göstermiş oluyorsunuz.[180]

Sonraki Hristiyanlar, inançlarının daha kuramsal bir açıklamasını yapma gereği duymuşlar ve büyük bir tutkuyla dünya din tarihinde eşi görülmedik bir teolojik tartışmanın içine girmişlerdir. Örneğin, Yahudilikte resmî bir ortodoksi olmadığını ve Tanrı hakkındaki düşüncelerin temelde kişisel bir sorun olarak algılandığını gördük. İlk Hristiyanlar büyük olasılıkla bu yaklaşımı paylaşmaktaydılar.

Bununla birlikte, ikinci yüzyılda Hristiyanlığa yeni geçmiş bazı paganlar, yeni dinlerinin gelenekleri yıkan bir din olmadığını göstermek amacıyla inançsız komşularına ulaşmaya çalışmışlardır. Bu ilk apolojistlerden biri, inancı uğruna şehit olan Kayseriyeli Iustinos (100-165) idi. Onun dur durak bilmez anlam arayışında dö-

---

180 *Ad Baptizandos*, Homily 13:14, zikreden Wilfred Cantwell Smith, *Faith and Belief* (Princeton, 1979), s. 259 .

nemin tinsel endişesini sezmek mümkündür. Iustinos ne öyle derin ne de parlak bir düşünürdü. Hristiyanlığa geçmeden evvel Stoacı peripatetik bir filozofun, bir Pisagorcu'nun öğrencisiydi ama onların felsefe sistemlerinin içeriğini anlamakta açıkça başarısız olmuştu. Felsefe için uygun mizaca ve yeterli zekâya sahip değildi, dinsel bir kült ve ritüele iman etmekten daha fazlasına ihtiyacı olmadığı anlaşılmaktaydı. Sonunda çözümü Hristiyanlıkta buldu. Yaklaşık 150 ve 155 yıllarında kaleme aldığı iki *apologiae*'de Hristiyanların, aynı zamanda sadece bir tek Tanrı'nın olduğunu söyleyen Platon'un çizgisini takip ettiklerini ileri sürmüştür. Hem Yunan filozoflar hem Yahudi peygamberler İsa'nın geleceğini önceden bildirmişlerdi; bu kerametlere karşı yeni bir heyecanın duyulduğu o günün paganlarını etkileyebilecek bir söylemdi. Iustinos, ayrıca, İsa'nın *logos*'un, yani tanrısal aklın enkarnasyonu olduğunu ileri sürmekte, Stoacıların da evrenin düzeninde mevcut olduğunu söyledikleri *logos*'un, bütün tarih boyunca dünyada aktif bir halde bulunduğunu ve Yunanlılar ile İbranilere aynı şekilde ilham verdiğini ileri sürmekteydi. Öte yandan, bir bakıma yeni olan bu düşüncenin yol açacağı sonuçları açıklamamıştır: *Logos* bir insanda nasıl vücut bulabilirdi? *Logos* Söz ve Bilgelik gibi Kitab-ı Mukaddesçi imgelerle aynı şey miydi? Tek Tanrı'yla ne tür bir ilişkisi olabilirdi?

Diğer Hristiyanlar, sırf kurgu olsun diye değil içinde bulundukları derin huzursuzluğu gidermek amacıyla daha keskin teolojiler geliştirmekteydiler. Özellikle *gnostikoi*, yani Bilenler, kendilerinin tanrısal âlemden ayrılışlarının tam anlamını açıklamak amacıyla yüzlerini felsefeden mitolojiye çevirdiler. Bu mitoslar, kendileri için açıkça bir üzüntü ve utanç kaynağı olan Tanrı hakkındaki cehaletleriyle çatışmaktaydı. 130 ile 160 yılları arasında İskenderiye'de hocalık yapan Basilides ile Roma'da ders vermek üzere Mısır'ı terk eden çağdaşı Valentinus kısa sürede büyük bir öğrenci kitlesi kazanmışlar ve Hristiyanlığı seçen birçok insanın ne yapacağını bilmez bir halde yollarını ve yerlerini kaybetmiş olduğunu göstermişlerdir.

Gnostikler, Mabud diye adlandırdıkları bütünüyle kavranılması imkânsız gerçekle işe başlamışlardır çünkü o, "Tanrı" dediğimiz daha düşük konumdaki varlığın da kaynağını oluşturmaktaydı. Sınırlı aklımızın algılama kapasitesinin tamamen dışında olduğu için, onun hakkında söyleyebileceğimiz hiçbir şey yoktur. Valentinus'un açıkladığı gibi Mabud,

> kusursuz ve ezelidir... Görünmez ve tarifi imkânsız yükseklikte ikamet eder: Bu başlangıcın öncesi ve ata ve derinliktir. O sınırlanamaz ve görünmez, ebedi ve ezelidir. Sakin ve sonsuza kadar yalnızdır. Ayrıca, Fazilet ve Sükûnet olarak adlandırılan düşünce de onunla birliktedir.[181]

İnsanoğlu bu Mutlak hakkında her zaman bir kurgu ortaya koymuştur, ancak getirilen hiçbir açıklama tam değildir. Ne "iyi" ne "kötü" olan, hatta "mevcudiyeti"nden bile bahsedilemeyen bu Mabud'u tanımlamak imkânsızdır. Basilides, başlangıçta Tanrı'nın değil yalnızca Mabud'un var olduğunu ileri sürmüştür; bu, kesin bir ifadeyle "hiçbir şey"dir, çünkü o bizim anlayabileceğimiz hiçbir anlamda mevcut değildir.[182]

Ama bu Hiçlik kendini bilinir kılmayı arzulamıştı, çünkü Derinde ve Sessizlikte yalnız kalmaktan memnun değildi. Onun anlaşılamaz derinliklerinde bir iç devrim yaşanmış ve bu, eski pagan mitolojilerinde tarif edilenlere benzer bir dizi sudûr, fışkırmayla sonuçlanmıştı. Bunlardan ilki bildiğimiz, kendisine taptığımız "Tanrı"ydı. Bununla birlikte bu "Tanrı" bile bizler için ulaşılamaz bir konumdaydı ve daha fazla bir açıklama gerektirmekteydi. Sonunda, Tanrı'dan her biri kendisinin vasıflarını ortaya koyan çiftler halinde yeni varlıklar

---

181 Irenaeus'un (Heresies) anlattığı öykü. İlk "sapkınlar"ın çoğunun yazdıkları metinler imha edilmiş ve yalnızca Ortodoks karşıtlarının polemiklerinde günümüze ulaşmıştır.

182 Hippolytus, *Heresies*, 7.21.4.

zuhur etti. "Tanrı"nın cinsiyeti yoktu ama *Enuma Eliş*'teki gibi, ortaya çıkan her çift bir erkek ve bir dişiden oluşmaktaydı; bu, daha geleneksel tektanrıcılığın eril niteliğini etkisiz kılma girişiminin bir yansımasıdır. Ortaya çıkan her çift, tanrısal kaynağından daha bir uzaklaştığı için giderek zayıflamış ve azalmıştır. Sonunda, bunun gibi otuz sudûr (ya da çağ) yaşandığında, süreç sona ermiş ve tanrısal âlem tamamlanmıştır. Gnostikler hiç de o kadar korkunç bir kozmoloji önermiyorlardı, çünkü herkes evrenin böylesi çağlar, ifritler ve tinsel güçlerle dolu olduğuna inanmaktaydı. Filozoflar bu görünmez güçlerin eski tanrılar olduğuna inanıp onları insanoğluyla Bir arasında aracılar konumuna getirirlerken, Aziz Pavlus, Tahtlar, istibdatlar, Hükümranlıklar ve Güçlerden bahsetmiştir.

Gnostiklerin değişik şekillerde tanımladıkları bir felaket, bir ilk çöküş söz konusuydu. Kimilerine göre, en son ortaya çıkan *Sophia* (Bilgelik) Erdemden düşmüştü, çünkü o ulaşılamaz Mabud'un yasaklanmış bilgisini edinme arzusuna kapılmıştı. Kibirli cüreti yüzünden Pleroma'dan düşmüş ve onun üzüntü ve sıkıntısı gündelik dünyayı oluşturmuştu. Sürgün ve kayıp *Sophia* kutsal kaynağına geri dönmek ümidiyle evreni dolaşmaktaydı. Doğu ve pagan fikirlerin bu bileşkesi, Gnostiklerin, dünyamızın bir anlamda tanrısallıktan sapmış, cehalet içinde ve olması gerekenden başka bir konumda doğduğu yolunda bir anlayışı derinden paylaştıklarını ortaya koymaktaydı. Diğer bazı Gnostikler, "Tanrı"nın maddi dünyayı yaratmadığını, çünkü onun böylesi bayağı bir işle hiçbir alakası olamayacağını ileri sürmüşlerdir. Bu *demiourgos* ya da Yaratıcı olarak adlandırdıkları çağlardan birinin işiydi. O, "Tanrı"yı kıskanmış ve merkezinde olmayı arzulamıştı. Sonunda o da düşmüş ve kendini göstermek amacıyla dünyayı yaratmıştı. Valentinus'un açıkladığı gibi, "hakkında bir şey bilmediği gökyüzünü yaratmış; tamamen cahili olduğu insanı biçimlendirmiş; ne olduğunu anlamadığı yeryüzünü ortaya çıkarmıştır."[183] Ama diğer

183 Irenaeus, *Heresies*, 1.5.3.

bir çağ *Logos* yardıma gelmiş, insanlara tekrar Tanrı'ya giden yolu göstermek amacıyla İsa şeklinde yeryüzüne inmişti. Sonunda bu tür Hristiyanlığın bastırılmış olmasına karşın, göreceğimiz üzere, yüzyıllar sonra Yahudi, Hristiyan ve Müslümanlar, kendilerinin "Tanrı" deneyimlerini ortodoks teolojinin sunduğundan daha doğru bir şekilde dile getirdiğini gördükleri bu tür bir mitolojiye döneceklerdir.

Bu mitoslar hiçbir zaman yaratılış ve kurtuluşun gerçek hikâyesi olma iddiasında bulunmamışlardır; yalnızca içsel bir gerçeğin simgesel ifadeleriydiler. "Tanrı" ve Pleroma "orada bir yerde", dışsal birer gerçek olmayıp, ancak içeride bulunabilirdi:

> Tanrı'yı, yaratılışı ve benzer diğer şeyleri aramaktan vazgeç. Onu aramaya kendinden başla. İçinde her şeyi kendisi yapan ve Tanrı'm, zihnim, düşüncem, ruhum, vücudum diyenin kim olduğunu öğren. Üzüntünün, sevincin, sevginin, nefretin kaynağını öğren. Birinin nasıl iradesi dışında seyrettiğini, iradesi dışında sevdiğini öğren. Bütün bunları dikkatlice araştırırsan, onu kendi içinde bulacaksın.[184]

Pleroma ruhun bir haritasını simgelemekteydi. Tanrısal ışık bu karanlık dünyada bile bulunabilirdi, yeter ki Gnostik nereye bakacağını bilsin. İlk Düşme'de –ister Sophia ister Demiourgos'unki olsun– Pleroma'dan bazı tanrısal ışık parçaları da düşmüş ve gündelik yaşam içinde bir yerlere sıkışıp kalmıştı. Gnostik bu ışığı kendi ruhunda bulabilir, doğru yolu bulmasına yardım edecek olan içindeki o kutsal unsuru görebilirdi.

Gnostikler, Hristiyanlığa yeni geçen insanların Yahudilikten devraldıkları geleneksel Tanrı tasarımından pek memnun olmadıklarını göstermişlerdir. Onlar dünyayı "iyi" bir şey, merhametli bir tanrının eseri olarak yaşamamaktaydılar. Benzer bir düalizm ve

---

184 Hippolytus, *Heresies*, 8. 15.12.

yerinden olmuşluk Roma'da kendi muhalif kilisesini kurup büyük bir katılım sağlayan Markion'un (100-165) öğretisine de damgasını vurmuştur.[185] İsa ancak sağlam bir ağacın iyi meyve vereceğini söylemişti: Baştan aşağı kötülük ve acıyla dolu bir dünya nasıl olur da iyi bir Tanrı tarafından yaratılmış olabilirdi? Markion'un aklı, adalet hırsı içinde bütün bir nüfusu yok eden zalim ve acımasız bir Tanrı sunan Yahudi metinlerini de bir türlü almıyordu. Sonunda dünyayı "savaşa tutkun, davranışlarında bir süreklilik olmayan ve kendisiyle çelişen" bu Yahudi Tanrısı'nın yaratmış olduğuna karar verdi.[186] Ancak İsa, Yahudi metinlerinin hiç bahsetmediği bir başka Tanrı'nın varlığından söz etmişti. Bu ikinci Tanrı "yumuşak, ılımlı, kısaca iyi ve mükemmel" bir tanrıydı.[187] O, dünyanın acımasız "hesap soran" yaratıcısından tamamıyla farklıydı. Bu yüzden, zaten yaratılışında onun bir katkısı olmayan ve bu merhametli tanrı hakkında bize hiçbir şey söylemeyen bu dünyadan yüzümüzü çevirmeli ve "Eski" Ahidi reddedip İsa'nın ruhunu muhafaza eden Yeni Ahit kitapları üzerine eğilmeliydik. Markion'un öğretisinin popülerliği, onun ortak bir endişeyi dile getirdiğini göstermekteydi. Hatta bir ara ayrı bir Kilise kuracağı izlenimini vermiştir. Hristiyan yaşantısında önemli bir noktaya parmak basmıştı; kuşaklar boyu Hristiyanlar onu maddi dünyayla olumlu anlamda nasıl ilişkilendirecekleri konusunda zorluk çekmişler ve halen de İbrani Tanrısı'yla ne yapacaklarını bilmeyen önemli miktarda insan vardır.

Bununla birlikte Kuzey Afrikalı teolog Tertullianus (160-220) Markion'un "iyi" Tanrısı'nın Kitab-ı Mukaddes'in Tanrısı'ndan çok Yunan felsefesinin Tanrısı'na benzediğini ileri sürmüştür. Bu kusurlu dünya ile hiçbir ilişkisi olmayan bu yüce tanrı, İsa'nın Yahudi Tanrısı'ndan ziyade Aristoteles'in ilk Hareket Ettiricisi'ne

185 Luka 6:43.

186 Irenaeus, *Heresies*, 1.27.2.

187 Tertullian, *Against Marcion*, 1.6.1.

daha yakındı. Gerçekten de Yunan-Roma dünyasında birçok insan Kitab-ı Mukaddes'in Tanrısı'nı tapmaya değmez aptalca hareket eden, vahşi bir tanrı olarak görmekteydi. 178 yılı civarında pagan filozof Celsus, Hristiyanları, dar ve bölgesel bir Tanrı anlayışına sahip olmakla suçlamıştır. Hristiyanların kendilerinin ayrıca özel bir vahiyleri olması gerektiği iddiası karşısında şaşkına dönmüştü: Tanrı bütün insanlara açıktı ama Hristiyanlar "Tanrı[nın] bütün dünyayı ve göklerin devinimini bile terk edip yalnızca bizimle ilgilenmek için dünyanın geri kalanını gözden çıkardı"ğını iddia edenlerin bir araya gelmesiyle oluşmuş küçük sefil bir güruhtu.[188] Roma yöneticileri Hristiyanları cezalandırdıklarında onları "ateizm"le suçlamışlardır, çünkü onların tanrı kavramı Roma yaşam tarzını ciddi bir şekilde incitmekteydi. Geleneksel tanrılara prim vermediklerini gören halk, Hristiyanların devlet için bir tehlike oluşturup, hassas düzeni altüst edeceklerinden korkmaktaydılar. Hristiyanlık uygarlığın başarılarını görmezden gelen barbarca bir itikat olarak görülmekteydi.

Yine de ikinci yüzyılın sonlarına gelindiğinde gerçekten iyi eğitimli kimi paganlar Hristiyan olup Kitab-ı Mukaddes'in Semitik Tanrısı'nı Yunan-Roma idealiyle bağdaştırmayı denediler. Bunların ilki, Hristiyan olmadan önce belki de Atina'da felsefe okumuş olan İskenderiyeli Clemens (yaklaşık 150-215) idi. Clemens'in Yehova'nın ve Yunan filozoflarının Tanrısı'nın aynı ve tek bir tanrı olduğundan şüphesi yoktu; Platon'u Attika'nın Musa'sı olarak adlandırmaktaydı. Bununla birlikte, hem İsa hem de Aziz Pavlus onun teolojisi karşısında hayrete düştüler. Platon ve Aristoteles'in Tanrısı gibi, Clemens'in Tanrısı da *apatheia*'sıyla tanımlanmaktaydı: Tamamen duygudan uzak, acı çekemez ve değişemezdi. Hristiyanlar, Tanrı'nın soğukkanlılık ve vakarını taklit ederek bu tanrısal dünyanın bir parçası olabilirlerdi. Clemens, Hahamların ayrıntılı davranış kurallarına şaşırtıcı derecede benzeyen bir yaşam kuralı geliştirdi; bir farkla

188 Origenes, *Against Celsus*, 1.9.

ki onunki Stoacı ideale daha yakındı. Bir Hristiyan yaşamın her ayrıntısında Tanrı'nın sükûnetini taklit etmeliydi: Doğru oturmalı, sakin konuşmalı, şiddetten, katılarak gülmekten ve hatta hafifçe geğirmekten kaçınmalıydı. Bu büyük bir gayretle çalışılarak kazanılmış soğukkanlılıkla, Hristiyanlar içerdeki, Tanrı'nın kendi varlıklarına kazınmış imgesi olan o büyük Sükûneti görebilirlerdi. Tanrı ile insanlık arasında bir uçurum yoktu. Hristiyanlar tanrısal ideale bir kez uyum sağladılar mı, "evimizi bizimle paylaşan, masada oturan, yaşamımızdaki bütün etik çabalarımızı paylaşan" bir ilahi Yoldaşa sahip olduklarını fark edeceklerdi.[189]

Öte yandan Clemens, İsa'nın bir Tanrı, "acı çeken ve kendisine tapılan yaşayan bir Tanrı" olduğuna inanmaktaydı.[190] "Bizlerin ayaklarını yıkayan, havluya saran" İsa, "gurur tanımayan Tanrı ve Evrenin Efendisi"ydi.[191] Eğer Hristiyanlar İsa'yı taklit etmiş olsalar, onlar da tanrılaşırlardı: ilahi, bozulmaz ve duygusuz. Gerçekten de İsa insan suretine girmiş tanrısal *logos*'tu, dolayısıyla, nasıl Tanrı olunabileceğini bir insandan öğrenebilirsin."[192] Batıda, Lyons Piskoposu Iraneaus (130-200) da benzer bir öğreti vazetmişti. İsa, bu dünyada *Logos*'un, tanrısal aklın enkarnasyonuydu. O insan haline geldiğinde, insanın gelişiminin her aşamasını kutsamış ve Hristiyanlar için bir model olmuştur. Tıpkı bir aktörün canlandırdığı karakterle aynılaştığına nasıl inanılıyorsa, insanlar da onu aynı şekilde taklit etmeliydiler ve böylece kendi insan potansiyellerini kullanmış olurlardı.[193] Clemens ve Iraneaus'un her ikisi de Yahudi Tanrısı'nı kendi dönemlerinin ve kültürlerinin özelliklerine uyarlamaktaydılar. Her ne kadar onun, peygamberlerin esasen merhamet ve hassasiyetiyle

---

189 Exhortation to the Greeks 59.2.

190 Aynı eser, 10.1064.

191 *The Teacher* 2.3.38.

192 Exhortation to the Greeks 1.8.4.

193 *Heresies* 5.16.2.

simgeleşen Tanrısı'yla pek fazla bir benzerliği olmasa da Clemens'in *apatheia* öğretisi Hristiyanların Tanrı kavramı için vazgeçilmez bir önem kazanmıştır. Yunan dünyasında insanlar duygu karmaşası ve kararsızlıktan kurtulmak ve insanüstü bir sükûnete ulaşmak arzusu içindeydiler. Kendi iç çelişkisine rağmen bu ideal muhafaza edildi. Clemens'in teolojisi önemli soruları yanıtsız bırakmaktaydı. Sıradan bir insan nasıl *Logos* ya da tanrısal akıl olabilirdi? İsa'nın ilahiliği tam olarak ne anlama geliyordu? *Logos* "Tanrının Oğlu"yla aynı şey miydi ve Helen dünyasında bu Yahudi lakabının anlamı neydi? Duygusuz bir Tanrı, İsa'nın vücudunda nasıl acı çekebilirdi? Hristiyanlar bir taraftan İsa'nın ilahi bir varlık olduğuna inanırlarken, diğer taraftan Tanrı'nın tek olduğunda nasıl ısrar edebilirlerdi? Hristiyanlar üçüncü yüzyılda giderek bu problemlerin daha fazla farkına varıyorlardı. Yüzyılın başlarında, oldukça silik bir kişilik olan Sabellius Roma'da, Kitab-ı Mukaddes'teki "Baba", "Oğul", ve "Kutsal Ruh"un dramatik bir rol oynayan aktörlerin seslerini izleyiciye duyurmak için giydikleri masklarla (*personae*) karşılaştırılabileceğini ileri sürmüştür. Böylece Tek Tanrı, dünyayla ilgilenirken değişik *personae*'ler giymekteydi. Sabellius bu söylemiyle bazı şakirtler edindiyse de Hristiyanların çoğu onun kuramından rahatsız olmuştu: çünkü o duygudan uzak Tanrı'nın, Oğul rolünü oynarken bir anlamda acı çektiğini ileri sürmekteydi ki insanların bu fikri kabul etmeleri oldukça zordu. Öte yandan, 260-272 yılları arasında Antakya Piskoposu olan Samosatalı Paulos, İsa'nın tıpkı bir tapınakta olduğu gibi içinde Tanrı'nın Söz ve Bilgeliği'nin barındığı sıradan bir insan olduğunu ileri sürmüştür. Bu da aynı ölçüde ortodoks çizginin dışında bir yaklaşım olarak değerlendirilmiştir. Paulos'un teolojisi 264 yılında Antakya kilise kurulunda lanetlenmiş, buna rağmen Paulos, Palmira Kraliçesi Zenobia'nın desteği sayesinde Piskoposluk makamını korumayı başarmıştır. Hristiyanların İsa'nın Tanrısalllığı inancını, eşit derecede kuvvetli Tek bir Tanrı'nın olduğu inancıyla bağdaştırmanın pek kolay olmadığı açıkça görülmekteydi.

Clemens 202 yılında Kudüs Piskoposluğu'nda rahip olarak çalışmak için İskenderiye'yi terk ettiğinde, soru-cevap yöntemini uygulayan okulundaki yeri, o sıralarda yirmi yaşlarında olan, parlak öğrencisi genç Origenes tarafından dolduruldu. Bir delikanlı olarak Origenes, ancak şehitlik yoluyla cennete gidilebileceğine şiddetle inanmaktaydı. Babası Leonides dört yıl önce bu yolda mücadele ederken ölmüştü ve Origenes de ona katılmaya çalışmıştı. Bununla birlikte, annesi, giysilerini saklayarak onun bu girişimini engellemişti. Origenes önceleri Hristiyan yaşamının bu dünyadan yüz çevirmek anlamına geldiğine inanmaktaysa da sonradan bu düşüncesini terk etmiş ve bir çeşit Hristiyan Platonculuğu geliştirmiştir. Tanrı ile dünya arasında, yalnızca şehitlik yoluyla radikal bir şekilde yer değiştirerek köprü kurulabilecek, duygusuz bir uçurum görmek yerine, Origenes Tanrı'nın dünyayla birlikte sürekliliğini vurgulayan bir teoloji geliştirmiştir. Onunkisi aydınlık, iyimserlik ve sevinç üzerine kurulu bir tinsellikti. Bir Hristiyan, adım adım varlık zincirinin yukarı halkalarına yükselebilirdi, ta ki kendisinin doğal unsuru ve evi olan Tanrı'ya ulaşıncaya kadar.

Origenes, bir Platoncu olarak, Tanrı ile ruh arasında bir akrabalığın var olduğundan emindi: Tanrısalın bilgisi insanlığın doğal bir boyutuydu. O, özel disiplinler aracılığıyla "hatırlanmalı" ve uyandırılmalıydı. Origenes, Platoncu felsefesini Semitik metinlerle bağdaştırmak için Kitab-ı Mukaddes'i okumanın simgesel bir yöntemini geliştirdi. Böylece, İsa'nın bakire Meryem'in rahminden dünyaya gelişi sözcük anlamıyla, gerçekmiş gibi değil, tanrısal bilgeliğin ruh içindeki doğuşu olarak anlaşılmalıydı. Origenes, Gnostiklerin bazı fikirlerini de kendi kuramına uygulamıştır. Esasında, tinsel dünyadaki bütün varlıklar, kendisini onlara *Logos*, tanrısal Söz ve Bilgelik şeklinde gösteren o tanımlanamaz Tanrı'yı düşünmüşlerdi. Ama bu mutlak düşünmeden yorulmuşlar ve tanrısal âlemden, içine hapsoldukları vücuda düşmüşlerdi. Bununla birlikte her şey kaybedilmemişti. Ruh, ölümden sonra devam edecek olan uzun ve istikrarlı bir yolculuk sonunda Tanrı katına yükselebilirdi. Giderek vücut prangasından kurtulup, cinsiyet sınırlarını aşıp saf ruh haline gelirdi. Tefekkür (*theoria*) yoluyla ruh, Tanrı'nın bilgisine (*gnosis*) ulaşma sürecinde ilerler; Platon'un ileri sürdüğü gibi bu süreç ruhun kendisinin tanrısallaşmasına kadar devam ederdi. Tanrı derin bir gizemdi ve hiçbir insani sözcük veya kavram onu doğru olarak tanımlayamazdı; ancak ruh, onunla aynı tanrısal doğayı paylaştığı için, Tanrı'yı tanıma kapasitesine sahipti. Bütün tinsel varlıklar aslında birbirine eşit olduğundan, *Logos*'u düşünmek bizler için doğaldı. Düştüklerinde, yalnızca İsa'nın müstakbel aklı tanrısal âlemde Tanrı'nın Sözünü düşünerek kalmaktan memnundu ve bizim ruhumuz onunkine eşti. Bir insan olan İsa'nın tanrısallığına inanmak sadece bir aşamaydı; o yolculuğumuzda bizlere yardım edecek, ama sonunda Tanrı'yla yüz yüze geleceğimiz zaman kendisi aşkın bir konuma yükselecekti.

Dokuzuncu yüzyılda Kilise Origenes'in bazı fikirlerini sapkınca bularak lanetlemiştir. Ne Origenes ne de Clemens, sonradan ortodoks Hristiyan öğretisi haline gelen, Tanrı'nın dünyayı yoktan (ex nihilo) yarattığına inanmaktaydılar. Origenes'in, İsa'nın tanrısal niteliği ve insanlığın kurtuluşu üzerine düşünceleri sonraki dönemin resmî Hristiyan öğretisiyle kesinlikle uyuşmuyordu. Origenes, İsa'nın ölümüyle bizlerin "kurtarıldığı"na inanmıyordu; ona göre, ancak kendi gayretimizle Tanrı katına yükselebilirdik. Burada önemli nokta, Origenes ve Clemens'in Hristiyan Platonculuğu çizgisindeki düşüncelerini kaleme alıp öğrettikleri dönemde henüz resmî bir öğretinin olmamasıydı. Hiç kimse, Tanrı'nın dünyayı yarattığından ya da insanın nasıl tanrısal bir varlık olduğundan kesin olarak emin değildi. Ortodoks inancın belirgin bir tanımı ancak dört ve beşinci yüzyılların çalkantılı olayları esnasında yaşanan acı bir mücadele sonunda yapılabilmiştir.

Origenes belki de en iyi kendini kısırlaştırmasıyla bilinir. İncillerde İsa bazı insanların Tanrı Krallığı aşkına kendilerini hadım ettiklerinden bahsetmekteydi; Origenes işte bu sözlerden yola çıkarak kendini hadım etmişti. Hadım etme antik çağın sonlarında oldukça yaygın bir uygulamaydı. Origenes basit bir şekilde hemen bıçağa sarılmadığı gibi, hadım kararına, Aziz Jerome (342-420) örneği bazı Batılı teologlarda olduğu gibi, cinselliğe karşı duyulan bir çeşit nevrotik nefret sonucu da ulaşmamıştı. İngiliz bilgin Peter Brown, bunun kendisinin ruhun hemen aşkın bir konuma yükselmesi gerektiği inancına dayanan insanlık durumunun belirsizliği öğretisinin bir sonucu olabileceğini ileri sürer. Cinsiyet gibi değişmez faktörlerin tanrısallığa giden uzun yolda geride bırakılması gerektiği açıktı, çünkü Tanrı ne erkek ne de dişiydi. Filozofların, bilgeliklerinin bir simgesi olarak uzun sakallarla tanımlandığı bir çağda, Origenes'in temiz yanakları ve tiz sesi şaşırtıcı bir görünüm arzetmekteydi.

Plotinos (205-270) İskenderiye'de Origenes'in yaşlı hocası Ammonius Sakkas'la çalıştı ve ardından, çalışmayı çok arzuladığı Hindistan'a ulaşabilmek umuduyla, Roma ordusuna katıldı. Yazık ki sefer tatsız sonuçlandı ve Plotinos Antakya'ya kaçtı. Daha sonra Roma'da prestijli bir felsefe okulu kurdu. Kendisi hakkında hiç konuşmayan ve hatta kendi doğum gününü bile kutlamayan ketum bir adam olduğu için, hakkında pek başka bir şey bilmiyoruz. Celsus gibi Plotinos da Hristiyanlığı baştan aşağı karşı durulacak bir itikat olarak görmesine rağmen, her üç semavi dinin gelecekteki tek tanrıcılarını etkilemiştir. Bu yüzden onun Tanrı anlayışı hakkında biraz ayrıntılı bilgi vermek gerekmektedir. Plotinos bir dönüm noktası olarak değerlendirilmiştir: yaklaşık 800 yıllık Yunan felsefesinin ana çizgisini özümsemiş ve onu, devrimizin T.S. Elliot ve Henri Bergson gibi önemli isimlerini etkileyecek bir biçimde kendisinden sonra gelenlere aktarmıştır. Plotinos, Platon'un fikirlerine dayanarak özü anlamaya yönelik bir sistem geliştirmiştir. O ne evrenin bilimsel açıklamasını yapmaya yeltenmiş ne de yaşamın maddi kökenlerini açıklamaya girişmiştir. Plotinos, nesnel bir açıklama için dünyanın dışında bir yere bakmak yerine, şakirtlerinden kendi içlerine çekilmelerini ve soruşturmaya insan ruhunun derinliklerinden başlamalarını istemiştir.

İnsanoğlu kendi durumunda bir şeylerin yanlış olduğunun farkındadır; insanlar kendilerini, kendileri ve başkalarıyla mesafeli ve içsel doğalarından uzakta ve yanlış yönlendirilmiş hissederler. Öyle görünüyor ki varoluşumuzu çatışma ya da basitliğin eksik oluşu belirlemektedir. Öte yandan, sürekli olarak olguların çeşitliliğini birleştirmeye ve onları düzenli bir bütüne indirgemeye çalışırız. Bir insana şöyle bir baktığımızda yalnızca bir ayak, bir kol, bir diğer kol ve bir kafa görmekle kalmaz, bütün bu unsurları bütünleşmiş bir insanoğlu şeklinde birleştiririz. Bu birlik arzusu zihinlerimizin çalışma şekli için esastır ve Plotinos, bunun ayrıca genel olarak şeylerin de özünü yansıttığını düşünmüştür. Gerçeklikteki ayırt edici doğruyu bulmak için ruh kendini yeniden tasarlamalı, bir arınma süreci, *katharsis* yaşamalı ve Platon'un önerdiği gibi, tefekküre (*theoria*) başlamalıydı. Gerçeğin tam kalbine ulaşmak için evrenin, algıların dünyasının ve hatta anlağın sınırlarının ötesine yönelmeliydi. Bununla birlikte bu, kendi dışımızdaki bir gerçekliğe yükselme değil, zihnimizin en derin girintilerine bir inişti. Bu bir anlamda içsel tırmanmadır.

Nihai gerçek Plotinos'un Bir olarak isimlendirdiği ezeli birlikti. Her şey varlığını bu kudretli gerçeğe borçluydu. Çünkü Bir'in kendisi bizzat sadelikti, hakkında söyleyecek hiçbir şey yoktu: Onun, özünden farklı nitelikleri yoktu, dolayısıyla da sıradan bir tanımlaması yapılamazdı. O yalnızca vardı. Sonuç olarak, Bir isimsizdir: "Eğer Bir'i olumlu bir şekilde düşünecek olursak," der Plotinos, "Sessizlikte daha fazla hakikat buluruz."[194] Kendisi olarak var olduğu, "bir şey olmadığı ve fakat her şeyden farklı olduğu" için onun var olduğunu bile söyleyemeyiz.[195] Gerçekten de Plotinos'a göre, "o Her şey ve Hiçbir şeydir; mevcut şeylerin hiçbiri olamaz ama bununla birlikte,

194 Enneads 5.6.

195 A.g.e. 5.3.11.

o hepsidir."[196] Beride göreceğimiz gibi bu anlayış Tanrı'nın tarihinde sürekli bir tema olarak kalacaktır.

Ancak bu Sessizlik Plotinos'un ileri sürdüğü hakikatin tamamı olamaz, çünkü tanrısalın bilgisinin bir kısmına ulaşacak durumdayız. Eğer Bir, kendisinin o ulaşılamaz soyutluğu içinde gömülü kalmış olsaydı bu olanaksız bir şey olurdu. Bir, bizim gibi hiç de mükemmel olmayan yaratıkların kavrayabilmeleri için, kendini aşmış, Sadeliğinin ötesine geçmiş olmalıydı. Bu tanrısal aşkınlık tam anlamıyla bir "vecd hali" olarak tanımlanabilir çünkü o, saf bir cömertlik içinde "özünün dışına çıkış"tı: "Hiçbir şey peşinde koşmayan, hiçbir şeye sahip olmayan, hiçbir şeyi eksik olmayan bir mükemmeldir ve metaforik bir ifadeyle, haddinden fazla yükselmiş ve onun coşkusu yeniyi üretmiştir."[197] Bütün bunların içinde hiçbir kişisel boyut yoktu. Plotinos Bir'i bütün insan ve kişilik kategorilerinin dışında bir şey olarak görmekteydi. O, bu tamamen basit Kaynakları var olan her şeyin yayılmasını açıklamak için eski yayılma mitosuna dönmüş ve bu süreci tanımlarken birçok analojiler kurmuştur: Bu güneşten parlayan bir ışık ya da bir ateşin yaydığı ısı gibiydi ve alev halindeki merkezine yaklaştığınızda daha da bir ısınmaktaydı. Plotinos'un en çok sevdiği benzetmelerinden biri, Bir'i bir çemberin merkezindeki noktayla karşılaştırmasıdır; bu, bundan ileride daha fazla çemberin doğması olasılığını içermekteydi. Tıpkı bir taşı havuza attığınızda meydana gelen dalgalanma etkisine benzemekteydi. Biri diğerinden doğan tanrıların giderek daha mükemmel ve etkili hale geldiği *Enuma Eliş* gibi bir mitostaki yayılmanın aksine, Plotinos'un şemasında bunun tam tersi söz konusuydu. Gnostik mitoslarda olduğu gibi bir varlık, Bir'deki kaynağından ne kadar uzaklaşırsa o kadar zayıflamaktaydı.

---

196 A.g.e. 7.3.2.

197 A.g.e. 5.2.1.

Plotinos, Bir'den ortaya çıkan ilk iki varlığın tanrısal olduğunu ileri sürer, çünkü bunlar bizlerin Tanrısal yaşamı tanıyıp öyle bir yaşam sürmemizi sağlamışlardır. Bu ikisi Bir'le birlikte bazı açılardan Hristiyanların nihai Teslis çözümüne yakın bir Üçlü oluşturmuşlardır. Plotinos'un modelinde ilk ortaya çıkan Zihin (*nous*), Platon'un idealar âlemine karşılık gelmekteydi; Bir'in sadeliğini anlaşılır kılan buydu. Ancak burada bilgi sezgisel ve aniden edinilen bir şeydir. Araştırma ve muhakeme süreci sonunda bir emek karşılığı edinilmemiş, tıpkı duyularımızın algıladıkları nesneleri soğurmalarına benzer bir şekilde soğrulmuştur. Zihnin Bir'den meydana gelmesi gibi Zihinden ortaya çıkan Ruh (*psyche*), mükemmellikten birazcık daha uzaktır ve bu âlemde bilgi, ancak çıkarımsal bir yolla elde edilebilir, dolayısıyla mutlak sadelik ve tutarlılıktan yoksundur. Ruh ancak bizim algıladığımız gerçeğe karşılık gelir; maddi ve tinsel varoluşun geri kalan kısmı, dünyamıza kendinin sahip olduğu birlik ve ahengi sunan Ruh'tan ortaya çıkar. Tekrarlarsak, Plotinos Bir, Zihin ve Ruh'tan oluşan üçlemeyi "uzakta, orada" olan bir tanrı gibi algılamamıştır. Tanrısallık varoluşun bütününü kapsamaktaydı. Tanrı var olanların hepsiydi ve daha alt düzeydeki varlıklar ancak Bir'in mutlak varlığına katıldıkları ölçüde var olabilirlerdi.[198]

Dışarıya doğru akan yayılma, mukabil bir Bir'e dönüş hareketince durdurulmuştur. Zihnimizin çalışmasından, çatışma ve çeşitlilikten haz duymayışımızdan anlayacağımız üzere, bütün varlıklar birliği arzularlar. Bir'e dönme özlemi içindedirler. Yukarıda da belirtildiği gibi bu dışsal bir gerçeğe yükselmeden çok, zihnin derinliklerine doğru içsel bir iniştir. Ruh çoktandır unuttuğu sadeliği hatırlamalı ve kendi gerçek özüne dönmelidir. Nasıl bütün ruhlara aynı Gerçek hayat verdiyse, insanlık bir yönetmen etrafında dizilmiş bir koroya benzetilebilirdi. Tek bir kişinin şaşırması halinde bir ahenksizlik ve uyumsuzluk meydana gelir ama hepsinin yönetmene dönüp dikkatle-

198 A.g.e. 4.3.9.

rini ona yöneltmeleri durumunda, "olması gerektiği gibi söyledikleri ve gerçekten onunla bütünleştikleri" için, bütün topluluk bundan kazançlı çıkardı.[199]

Bir, kesinlikle fiziksel bir varlığa sahip değildir; cinsiyeti yoktur ve bizlere karşı ilgisizdir. Benzer şekilde, Zihin (*nous*) gramer olarak eril, Ruh (*psyche*) ise dişildir; bu Plotinos'un, cinsel denge ve ahenk üzerine kurulu eski pagan anlayışı koruma arzusunu ortaya koymaktaydı. Kitab-ı Mukaddes'in Tanrısı'nın aksine Bir, bizimle buluşmaz, bize yol göstermez. Bizlere karşı arzu, sevgi beslemez ya da kendini bize göstermez. Kendisi dışında hiçbir şeyi bilmez.[200] Bununla birlikte, insan ruhu zaman zaman vecd halinde Bir'i düşünür ve *kendinden* geçer. Plotinos'un felsefesi mantıksal bir süreç olmaktan çok tinsel bir soruşturmadır:

> Bizlere burada düşen, diğer her şeyi bir kenara bırakıp kendimizi, yalnızca buna ayarlamak, bütün bağımlılıklarımızdan sıyrılıp yalnızca Bu olmaktır; bütün dünyevi bağlarımızdan kurtularak, bütün varlığımızla Tanrı'yı kucaklamak için buradan uzaklaşmakta acele etmeliyiz, ta ki Tanrı'ya sarılmamış hiçbir tarafımız kalmasın. Kanunun gösterdiği üzere Tanrı'yı ve kendimizi orada görebiliriz: Anlak ışığıyla veya daha ziyade saf, kıpır kıpır, görülmeyen ışığın bizzat kendisiyle dolmuş olan kendimizi, muhteşemliği içinde, tanrısallaşmış daha doğrusu, bizzat tanrı olarak görürüz.[201]

Bu Tanrı bir yabancı nesne değil, kendimizin en iyi özüdür. O "ne öğrenerek, ne Entelektüel varlıkları [Zihinde, yani *nous* içinde]

---

199 A.g.e. 4.3.9.

200 A.g.e. 6.7.37.

201 A.g.e. 6.9.9.

keşfeden idrak aracılığıyla kendini ortaya koyar. Aksine, o bütün bilgilerin üstünde bir varoluş (*parousia*) durumudur."[202]

Hristiyanlık, Platoncu idealarm baskın olduğu bir dünyada kendine yer bulmaya başlamıştı. İleride Hristiyan düşünürler kendi dinsel deneyimlerini açıklamaya çalıştıklarında, doğal olarak yüzlerini Plotinos'un ve onun pagan ardıllarının Yeni Platoncu anlayışına dönmüşlerdir. Maddi olmayan, insani kategorilerin dışında ve fakat insanlığa özgü bir aydınlanma, aynı zamanda Plotinos'un çalışmayı çok arzu ettiği Hindistan'daki Hindu ve Budacı ideale çok yakındı. Dolayısıyla, bazı yüzeysel farklılıklara karşın gerçeğin tektanrıcı ve diğer görümleri arasında derin benzerlikler vardı. Öyle anlaşılıyor ki insanlar mutlak üzerinde düşündüklerinde, çok benzer fikir ve deneyimlere ulaşmışlardır. Nirvana, Bir, Brahman veya Tanrı olarak adlandırılan bir gerçeğin varlığı karşısında, varoluş, vecd ve korku duygusunun bir zihinsel durum, insanoğlunca durmaksızın peşinde koşulmuş doğal bir anlayış olduğu anlaşılıyor.

Kimi Hristiyanlar Yunan dünyasıyla dostça bir ilişki kurmakta kararlıydı. Kimileriyse onlardan bucak bucak kaçıyordu. 170'li yıllarda başlayan yaygın kovuşturma sırasında, günümüz Türkiye'sindeki Frigya'da, kendisinin ilahi bir avatar olduğunu iddia eden, Montanus adında yeni bir peygamber ortaya çıktı. "Bir insan suretinde inmiş kadiri mutlak 'Tanrı'yım," diye haykırmaktaydı; "Baba, oğul ve Kutsal Ruh'um." Yoldaşları Priscillianus ve Maksimos da benzer iddialarda bulunmuşlardı.[203] Montanizm, korkunç bir Tanrı portresi çizen sert bir apokaliptik[204] itikattı. İnananlarının, yalnızca bu dünyaya sırtı dönük tam bir bekâr hayatı sürdürmeleri bir yana, kendilerine Tanrı'ya giden en emin yolun şehitlik olduğu söylenmekteydi. İnançları uğruna acılar içinde ölümleri Mesih'in

---

202 A.g.e. 6.9.4.

203 Jaroslav Pelikan, *The Christian Tradition. A History of the Development of Doctrine,5 Vols, 1. The Emergence of the Catholic Tradition* (Chicago, 1971), s. 103.

204 Kıyamet günü inancına dayalı [ç. n.]

gelişini hızlandırmaktaydı: Şehitler şeytani güçlere karşı savaşan Tanrı'nın askerleriydiler. Bu korkunç itikat Hristiyan tinsellik içindeki potansiyel bir aşırılığa hitap etmekteydi. Montanizm Frigya, Trakya, Suriye ve Fransa (Gaul)'da çok hızlı bir şekilde yayıldı. İnsanların tanrılara kurban edilmesi uygulamasının yaygın olduğu Kuzey Afrika'da daha bir güç kazanmıştı. İlk doğan çocuğun kurban edilmesini öngören Baal kültü, burada imparator tarafından ancak ikinci yüzyılda bastırılabilmişti. Sapkınlığın, Latin Kilisesi'nin önde gelen teologlarından Tertullianus gibi bir kişiyi de cezbetmesi uzun sürmedi. Doğuda Clemens ve Origenes Tanrı'ya dönmenin barışçı ve insana haz veren yollarını vazederlerken, Batı Kilisesi'nde daha korkunç bir Tanrı kurtuluşun baş koşulu olarak feci bir şekilde ölümü talep etmekteydi. Bu aşamada Hristiyanlık, Batı Avrupa ve Kuzey Afrika'da mücadele halinde bir dindi ve daha baştan aşırılık ve katılığa doğru bir eğilim vardı.

Öte yandan Hristiyanlık, Doğu'da büyük bir ilerleme göstermekteydi ve 235 yılına kadar Roma İmparatorluğu'ndaki en önemli dinlerden biri haline gelmişti. Hristiyanlar artık aşırılık ve eksantriklikten kaçınan tek bir inancın hâkim olduğu bir Büyük Kilise'den bahsediyorlardı. Ortodoks teologlar Gnostiklerin, Markionist ve Montanistlerin kötümser anlayışlarını yasaklamışlar ve orta bir yolda karar kılmışlardı. Hristiyanlık, gizem kültlerinin karmaşıklığından ve katı münzevilikten uzak duran bir kent inancı haline gelmekteydi. İnancını Yunan-Roma dünyasının anlayabileceği bir şekilde geliştirebilecek çok zeki insanlara seslenmeye başlamaktaydı. Yeni din, ayrıca kadınlara da seslenmekteydi: Kutsal metinleri Mesih'in ne erkek ne de dişi olduğunu vazediyor ve O'nun kiliseyi yücelttiği gibi erkeklerin de karılarını yücelttiklerinde ısrar ediyordu. Hristiyanlık, bir zamanlar Yahudiliği cazip kılan bütün avantajlara sahipti, üstelik Yahudilikteki sünnet ve yabancı bir Kanun gibi dezavantajları da yoktu. Paganlar da kiliselerin sağladığı refah sistemi ve Hristiyanların birbirlerine karşı merhametli davranışlarından özellikle etkilenmişlerdi. İçerden bir ayrılma yaşamadan, kendilerine yönelik katliam girişimlerine karşı giriştiği uzun mücadele sırasında kilise, neredeyse imparatorluğun bir küçük evreni gibi çalışan yetkin bir örgütlenme haline geldi: Çok ırklı, katolik, uluslararası, evrensel bir yapıydı ve yetkin bürokratlarca yönetilmekteydi.

Kilise bir istikrar unsuru olmuştu ve 312 yılında Milvian Köprüsü savaşından sonra Hristiyanlığı kabul edip ertesi yıl Hristiyanlığı meşru kılan İmparator Konstantin'i kazanmıştı. Hristiyanlar artık mülk edinebiliyorlar, özgürce ibadet ediyor, kamu yaşamına özgün katkılarda bulunabiliyorlardı. Paganizmin iki yüzyıl daha canlılığını sürdürmesine rağmen, Hristiyanlık imparatorluğun resmî dini olmuş, maddi imkânlarını geliştirmek için Kilise'ye katılmak isteyen insanları din değiştirmeye teşvike başlamıştı. Zulme uğrayan ve hoşgörü isteyen bir mezhebin temsilcisi olarak doğan Kilise, çok geçmeden insanlardan, kendi kanunları ve itikatlarına uymalarını talep etmeye başladı. Hristiyanlığın zaferinin gerisindeki nedenler pek bilinmiyor; her ne kadar yeni problemler getirmişse de bu başarıda Roma İmparatorluğu'nun desteğinin kesinlikle önemli bir rolü olmuştur. Aşırı derecede talihsiz bir tarihe sahip bu din, henüz en parlak dönemini yaşamamıştı. İlk olarak çözümlenmesi gereken problemlerin başında Tanrı öğretisi geliyordu. Bu o derece ciddi bir iç tehlike haline geldi ki Konstantin'in Kilise'ye barış getirmesine fırsat kalmadan, Hristiyanlar kendilerini şiddetli bir iç savaşa sürükleyecek kamplara ayrıldılar.

4

Teslis: Hristiyan Tanrısı

320'lerde Mısır, Suriye ve Küçük Asya kiliselerinde şiddetli bir teolojik tutku baş gösterdi. Denizci ve gezginler yalnızca Baba'nın gerçek, ulaşılmaz ve tek Tanrı olduğunu ilan eden şarkılar söylüyorlardı; Oğul onunla birlikte ezeli ve ebedi değildi, yaratılmamış da değildi çünkü yaşamını ve varlığını Baba'ya borçluydu. Hamama gidenlere uzun nutuklar atan bir hamamcı biliyoruz; Oğul'un hiçlikten geldiğini söylüyordu. Bir tefeci para değişim oranı sorulduğunda, cevabına uzun uzun yaratılmış düzen ile yaratılmamış Tanrı arasındaki farkı anlatarak başlıyordu. Bir fırıncı da müşterisine Baba'nın Oğul'dan yüce olduğunu bildiriyordu. İnsanlar, bugün futbolun konuşulduğu aynı şevkle bu soyut konuları tartışıyorlardı.[205] Çekişme Arius adlı karizmatik, yakışıklı bir İskenderiyeli papaz tarafından ateşlenmişti. Yumuşak, etkili bir sesi, çarpıcı, melankolik bir yüzü vardı. Piskopos Aleksandros'un görmezlikten gelemediği ama çürütmekte daha da zorlandığı bir konu ortaya atmıştı: İsa, Baba'yla aynı biçimde nasıl Tanrı olabilmişti? Arius, İsa'nın tanrısallığını reddetmiyordu;

205 Kaynak Nyssa'lı Gregorios'dur.

gerçekten de İsa'yı "güçlü Tanrı" ve "tam Tanrı" diye nitelemişti.[206] Ama yapı olarak tanrısal olduğunu düşünmenin kâfirce olduğunu ileri sürüyordu: İsa, Baba'nın kendisinden yüce olduğunu özellikle belirtmişti. Aleksandros ve parlak yardımcısı Athanasius bunun hiç de teolojik bir incelik olmadığını hemen anladılar. Arius Tanrı'nın yapısına ilişkin can alıcı sorular soruyordu. Bu sırada yetenekli bir propagandacı olan Arius düşüncelerini müziğe dökmüştü ve çok geçmeden konuyu piskoposlarla birlikte halktan kişiler de tartışmaya başlamıştı.

Tartışma o kadar canlandı ki İmparator Konstantin müdahale edip Nicaea'da (İznik'te) konuyu görüşmek için bir konsül topladı. Bugün Arius'un adı sapkınlıkla birlikte anılıyor ama tartışma başladığında bu konuda ortodoks bir resmî görüş yoktu ve Arius'un niçin yanlış olduğu hatta olup olmadığı da kesin değildi. İddiasında yeni bir yön yoktu; iki tarafın da saygı gösterdiği Origenes, benzer bir öğretiyi savunmuştu. Ama İskenderiye'deki entelektüel atmosfer Origenes'in zamanından beri değişmişti ve insanlar artık Platon'un Tanrısı'nın, Kitab-ı Mukaddes'in Tanrısı'yla pekâlâ bir araya gelebileceğine pek ikna olmuş değillerdi. Arius, Aleksandros ve Athanasius, örneğin, herhangi bir Platoncuyu şaşırtacak bir öğretiye inanmaya başlamışlardı. Tanrı'nın dünyayı hiçlikten (*ex nihilo*) yarattığını düşünüyorlardı ve düşüncelerini kutsal metinlere dayandırıyorlardı. Gerçekte Tekvin'de böyle bir iddia yoktu. Yazar Tanrı'nın dünyayı ilk kaostan yarattığını yazmıştı ve Tanrı'nın bütün evreni mutlak boşluktan yarattığı kavramı tamamıyla yeniydi. Bu Yunan düşüncesine yabancıydı ve Platoncu yayılma sistemini savunan Clemens veya Origenes gibi teologlarca da öğretilmiş değildi. Ama dördüncü yüzyıla gelindiğinde Hristiyanlar, Gnostiklerin dünyanın Tanrı'dan engin bir boşlukla ayrılan kırılgan ve mükemmellikten uzak olduğu görüşünü paylaşmaya başlamışlardı. Yeni *ex nihilo* yaratılış öğretisi

206 Bağlaşığı Eusebius'a yazdığı mektubundan ve Thalia'dan; Robert C. Gregg ve Denis E. Groh, *Early Arianism, A View of Salvation*, Londra, 1981, s. 66'dan.

evrenin özünde bozuk, varoluşu ve yaşamını tamamıyla Tanrı'ya borçlu olduğunu vurguluyordu. Tanrı ve insanlık artık Yunan düşüncesinde olduğu gibi aynı soydan değillerdi. Tanrı her varlığı dipsiz yokluktan çağırmıştı ve her an koruyucu elini bunlardan çekebilirdi. Artık ezeli Tanrı'dan yayılma zinciri yoktu; tanrısal *mana*'yı dünyaya aktaran ruhsal varlıkların aracı dünyası da yoktu. İnsanlar artık kendi çabalarıyla varlık zincirini çıkıp Tanrı'ya varamazlardı. Kendilerine ezeli kurtuluşu ancak başında onları yokluktan çıkarıp sürekli varoluşlarını sağlayan Tanrı verebilirdi.

Hristiyanlar İsa'nın ölümü ve dirilişiyle kendilerini kurtardığını biliyorlardı; yokluktan kurtarılmışlardı ve bir gün Varlık ve Yaşam'ın kendisi olan Tanrı'nın varlığını paylaşacaklardı. Fakat İsa nasılsa Tanrı ile insanlığı ayıran boğazı geçmelerini sağlamıştı. Soru bunu nasıl yaptığıydı? Yüce tanrısallığın hangi yanında idi? Artık, Pleroma aracı ve sonsuzluklarla Dolu Yer yoktu. İsa, Söz, ya tanrısal dünyaya aitti (ve artık burası yalnızca Tanrı'nın yeriydi) ya da kırılgan yaratılmış düzene aitti. Arius ve Athanasius onu farklı yakalara koyuyorlardı: Athanasius tanrısal dünyaya, Arius yaratılmış düzen içine.

Arius tek Tanrı ile onun bütün yaratıkları arasındaki önemli farkı vurgulamak istiyordu. Piskopos Aleksandros'a yazdığı gibi, Tanrı "tek doğurulmayan, tek ezeli olan, tek başlangıcı olmayan, tek gerçek, tek ölümsüz olan, tek bilge, tek iyi ve tek muktedir olan"dı.[207] Arius tanrısal metinleri iyi biliyordu ve Söz İsa'nın ancak bizim gibi bir yaratık olduğu iddiasını desteklemek için birçok metin ortaya koyuyordu. Anahtar parçalardan biri tanrısal Bilgeliği Mezmurlar'da tanımlayan ve açıkça Bilgeliğin yaratılışın aracı olduğunu ifade eden bölümdü.[208] Bu düşünce Yuhanna İncili'nde de yinelenmişti. Söz başlangıçta Tanrı'yla birlikteydi:

---

207 Arius, Epistle to Alexander, 2.

208 Mezmurlar 8.22; s. 81-2'de anılmıştır.

Her şey onunla oldu,
ve olmuş olanlardan hiçbir şey onsuz olmadı.[209]

Logos, Tanrı'nın öteki yaratıkları var etmek için kullandığı araçtı. Dolayısıyla bütün öteki varlıklardan farklıydı ve olağandışı yüksek konumu vardı ama Tanrı tarafından yaratılmış olduğu için *Logos* da özünde Tanrı'nın kendisinden farklı ve ayrıydı.

Aziz Yuhanna İsa'nın Logos olduğunu açıkça ifade ediyordu; Logos Tanrı'dır da diyordu.[210] Ama yapı olarak Tanrı değildi diye ısrar ediyordu Arius, Tanrı tarafından kutsallaştırılmıştı. Bizlerden farklıydı çünkü Tanrı onu dolaysız, bizleri onun aracılığıyla yaratmıştı. Tanrı *Logos*'un insan olduğunda O'na mükemmel biçimde itaat edeceğini öngörmüştü ve deyim yerindeyse, tanrısallığı İsa'ya avans olarak vermişti. Ama İsa'nın tanrısallığı onun yapısından değildi; ancak ona verilmiş bir armağandı. Arius ayrıca bu görüşünü de destekleyen birçok metin gösterebilirdi. İsa'nın Tanrı'ya "Baba" demesi bile ayrımı gösterirdi; babalık, yapısı gereği, oğlundan daha önce var olmayı ve ona karşı belirli üstünlükleri gerektirir. Arius ayrıca İsa'nın insanlığını ve zayıflıklarını vurgulayan bölümleri de ortaya koyuyordu. Onun, düşmanlarının iddia ettiği gibi, İsa'yı küçültmek gibi bir niyeti yoktu. İsa'nın erdemleri hakkında yüce kavramları vardır ve kurtuluşumuzu sağlayan ölümünü de kabul eder. Arius'un Tanrısı Yunanlı filozofların, uzak ve tamamıyla aşkın Tanrısı'na yakındır ve o da Yunan kurtuluş anlayışına bağlanır. Stoacılar örneğin, erdemli bir insanın tanrısallaşmasını olanaklı görmüşlerdir; Platoncu görüşte de böyledir. Arius Hristiyanların kurtarılıp kutsandığına, Tanrı'nın yapısını paylaştığına tutkuyla inanır. Bu ancak İsa'nın bize açtığı yolla olanaklı olmuştur. O mükemmel bir insan yaşamı sürmüş, çarmıhta ölene kadar Tanrı'ya itaat etmiş,

---

209 Yuhanna 1:3.

210 Yuhanna 1:2.

Aziz Pavlus'un dediği gibi ölene kadar Tanrı'ya itaati onu özel, yüce konuma çıkarmış ve ona kutsal Efendi (*kyrios*) adını verdirmiştir.[211] Eğer İsa insan olmasaydı bizim için hiçbir umut kalmazdı. Yapı olarak Tanrı olsaydı yaşamında övgüye değer ve bizim için örnek alınacak bir yön olmazdı. İsa'nın mükemmel itaat gösterdiği oğul yaşamını tefekkür etmekle Hristiyanların kendileri de tanrısallaşabilir. İsa'yı, o mükemmel yaratığı taklit etmekle onlar da "Tanrı'nın değişmez ve değiştirilemez yaratık[lar]ı olacaklardır."[212]

Ama Athanasius'un insanın Tanrı katında yetenekleri konusunda daha az iyimser görüşleri vardı. İnsanlığı kalıtımsal olarak zayıf görüyordu; hiçlikten gelmiştik ve günah işlediğimizde hiçliğe dönüyorduk. Dolayısıyla Tanrı yaratılışı düşündüğünde:

> bütün yaratılmış doğanın, kendi başına bırakıldığında, çürümeye uğrayıp bozulduğunu gördü. Bunu engellemek ve evrenin geri, yokluğa dönmesini durdurmak için, her şeyi kendi özünden, Logos'tan yaptı ve mahlûkatı yarattı.[213]

İnsan ancak *Logos* aracılığıyla Tanrı'ya katılarak yok olmaktan kurtulabilir çünkü tek mükemmel varlık yalnızca Tanrı'dır. *Logos*' un kendisi zarar görebilir bir yaratık olsaydı, insan soyunu yok olmaktan kurtaramazdı. *Logos* bize yaşam verebilmek için ete kemiğe bürünmüştür. Tanrı'nın sarsılmazlık ve ölümsüzlüğünden payımızı almamız için ölümlü ve çürümüş dünyaya inmiştir. Ama bu kurtuluş *Logos*'un kendisi zayıf, yokluğa dönecek bir yaratık olsa, olanaksız olabilirdi. Ancak dünyayı yaratmış olan onu kurtarabilir ve bu da ete kemiğe bürünen *Logos*, İsa'nın, Baba'yla aynı özden

---

211 Filipililere Birinci Mektup, 6-11; s. 105'de alıntı.

212 Arius, Epistle to Alexander, 6:2

213 Athanasius, Against the Heathen, 41.

yapılmış olmasını gerektirir. Athanasius'un dediği gibi Söz, bizim tanrısallaşmamız için insan olmuştur.[214]

20 Mayıs 325'te piskoposlar bunalımı çözmek için İznik'te toplandığında, çok az kişi Athanasius'un İsa hakkındaki görüşünü paylaştı. Pek çoğu Athanasius ile Arius arası bir tutum benimsiyordu. Gene de Athanasius teolojisini delegelere kabul ettirmeyi becerdi ve enselerinde imparatorun soluğu olduğu halde, yalnızca Arius ile iki cesur arkadaşı bu akideyi imzalamayı reddetti. Bu belge *ex nihilo* yaratılışı ilk kez resmî Hristiyan öğretisi yaptı ve İsa'nın alelade bir mahlûk veya sonsuzluk olmadığı kabul edildi. Yaratıcı ve Kurtarıcı tekti.

Tek Tanrı'ya inanıyoruz.
Yüce Baba'ya,
görülen görülmeyen her şeyi yapan,
ve tek Efendi, İsa'ya,
Tanrı'nın Oğlu,
Baba'nın tek evladı,
yani Baba'nın özünden (ousia) olan
Tanrı'dan çıkan Tanrı,
ışıktan çıkan ışık,
gerçek Tanrı'dan çıkan gerçek Tanrı
yapılmayıp doğurulmuş
Baba'yla aynı özden (homoousion)
her şey onun aracılığıyla yapılmış
gökte olan şeyler
yerde olan şeyler
biz insanlar için ve kurtuluşumuz için
yere inip insan olan
acı çeken

---

214 Atahanasius, *On the Incernation*, 54.

üçüncü gün tekrar yükselen
ve gelecek olan
canlılarla ölüleri yargılamaya.
Ve biz Kutsal Ruh'a inanırız.[215]

Bir anlaşmaya varılması, teolojik konularda hiç bilgisi olmayan Konstantin'i memnun etti, oysa gerçekte İznik'te fikir birliği yoktu. Konsilden sonra piskoposlar vaazlarına eskisi gibi devam ettiler ve Arius bunalımı altmış yıl daha sürdü. Arius ile izleyicileri mücadeleyi sürdürerek imparatorun yakınlığını yeniden kazandılar. Athanasius en az beş kez sürgüne yollandı. Akidesini yerleştirmesi çok zor oldu. Özellikle *homoousion* (aynı maddeden yapılma) terimi, Kitab-ı Mukaddes'e aykırı olduğu, ayrıca da maddi bir yönü olduğu için çok tartışmalı bir terimdi. İki bakır paranın da *homoousion* olduğu söylenebilir çünkü maddeleri aynıdır.

Athanasius'un akidesi ayrıca birçok sorun da içeriyordu. İsa'nın tanrısal olduğunu söylüyor fakat Logos'un nasıl ikinci, Tanrı olmadan Baba'yla "aynı özden" olduğunu açıklamıyordu. 339'da Athanasius'un sadık dostu ve hatta bir keresinde onunla birlikte sürgüne giden çalışma arkadaşı olan Ankara piskoposu Marcellus, *Logos*'un ezeli tanrısal varlık olamayacağını ileri sürdü. O yalnızca Tanrı *içindeki* bir nitelik veya olanaktı; bu durumuyla İznik formülü üç tanrıcılıkla, yani üç tanrı –Baba, Oğul, Kutsal Ruh– olduğu inancı demeye gelmekle suçlanabilirdi. Tartışmalı *homoousion* terimi yerine Marcellus benzer özden anlamında uzlaştırıcı *homoiousion* terimini önerdi. Bu tartışmanın dolambaçlı niteliği çoğunlukla saçma bulundu; öncelikle Gibbon Hristiyan birliğinin basit bir heceyle tehdit edilmesini akıldışı buldu. Fakat dikkat çekici olan Hristiyanların ısrarla, kavramsallaştırılması o kadar zor olsa da İsa'nın tanrısallığının önemi üstünde durmalarıdır. Marcellus gibi birçok Hristiyan tanrısal

---

215 Bu genellikle İznik Akidesi olarak bilinen ve gerçekte 381'de Konstantinopolis Konsili'nde oluşturulan öğreti manifestosundan farklıdır.

birliğin tehdit edilmesinden sıkıntı duyuyordu. Marcellus *Logos*'un yalnızca bir geçiş aşaması olduğuna inanır görünüyor. İsa yaratılış sırasında Tanrı'dan çıkmış, İsa biçiminde vücut bulmuş ve kurtuluş tamamlanınca, tanrısal yapı içinde erimiştir ve hepsi tek Tanrı'dır.

Athanasius sonunda Marcellus'u ve öğrencilerini güçlerini birleştirmeye ikna etmeyi başardı çünkü birbirleriyle ortak yönleri Ariusçulardan fazlaydı. *Logos*'un Baba'yla aynı özden olduğunu söyleyenler ile Baba'yla benzer özden olduğunu söyleyenler "yalnızca terminoloji konusunda çatışan ve aynı anlamı ifade eden kardeşler"di.[216] Öncelik Arius'a muhalefet etmekte olmalıydı; o, Oğul'un Baba'dan farklı ve temelde başka bir özden olduğunu iddia ediyordu. Dışarıdan bakıldığında bu teolojik tartışmalar kaçınılmaz olarak zaman kaybı olarak görülür. Hiç kimse kesin bir kanıta sahip olamaz ve çekişmenin bölücü olacağı ortadadır. Ama tartışmaya katılanlar için bu kuru bir çekişme olmayıp Hristiyan deneyiminin yapısıyla ilgilidir. Arius, Athanasius ve Marcellus, hepsi de İsa ile dünyaya yeni bir şey geldiğine emindiler ve bu deneyimi kendilerine ve başkalarına kavramsal simgelerle açıklayabilmek için çaba gösteriyorlardı. Sözcükler ancak simgesel olabilirdi, çünkü işaret ettikleri gerçeklikler dile gelmezdi. Ne yazık ki, Hristiyanlığa sonunda 'doğru' veya ortodoks simgenin önemini ve zorunluluğunu kabul edecek olan dogmatik bir hoşgörüsüzlük girmeye başlamıştı. Bu öğreti saplantısı Hristiyanlığa özgüdür ve kolayca insan simgeciliği ile tanrısal hakikat gerçek karışıklığa yol açabilir. Hristiyanlık daima paradokslar inancı olmuştur: ilk Hristiyanların güçlü dinsel deneyimi çarmıha gerilen Mesih skandalına baskın çıkan ideolojik bir itiraza dönüşmüştür. Ve Kilise İznik'te, tektanrıcılıkla açıkça uyuşmamasına karşın, Diriliş paradoksunu yeğlemiştir.

Athanasius *Life of Antony*'de, ünlü çöl zahidini anlatırken, yeni öğretinin Hristiyan tinselliğini nasıl etkilediğini göstermeye çalışır.

216 Athanasius, On the Synods of Ariminium and Seleucia, 41.1.

Tektanrıcılığın babası olarak bilinen Antonios Mısır çölünde zorlu bir zahitlik yaşamı sürmüştür. Ama the *Sayings of the Fathers* adlı çöl keşişlerinin anonim seçkisinde ortaya zayıflıkları olan bir insan olarak çıkar; sıkıntı içindedir, insani sorunlardan dolayı acı çekmektedir ve yalın, açık seçik bir öğütte bulunur. Athanasius ise yazdığı biyografide onu bambaşka bir şekilde anlatır. Örneğin, Ariusçuluğa sert bir biçimde muhalefet eder olmuştur, gelecekteki kutsanışının çoktan tadını almaya başlamıştır, çünkü önemli derecede tanrısal *apatheia* sahibidir. Örneğin, yirmi yılını şeytanlarla dövüşerek geçirdiği mezarlardan çıktığında, Athanasius'a göre Antonios'un gövdesi hiçbir yaşlanma izi göstermez. O mükemmel bir Hristiyandır, huzur ve dokunulmazlığı öteki insanlardan farklıdır: "ruhu durgundu ve dolayısıyla dış görünüşü de sakindi."[217] İsa'yı mükemmel biçimde taklit etmişti: *Logos*'un ete bürünüp çürümüş dünyaya inmesi ve kötü güçlerle savaşması gibi, Antonios da şeytanların yurduna inmişti. Athanasius, Clemens veya Origenes gibi Platoncu Hristiyanlar için kutsanma ve kurtuluşun aracı olan tefekkürden hiç söz açmaz. Artık sıradan ölümlülerin kendi doğal güçleri ile Tanrı'ya yükselmeleri olanaksız görülmektedir. Bunun yerine Hristiyanlar ete bürünüp çürümüş, maddi dünyaya inen *Logos*'u taklit etmelidirler.

Hristiyanların kafası hâlâ karışıktır: eğer tek Tanrı varsa, *Logos* nasıl tanrısal olabilir? Sonunda Kapadokyalı üç önde gelen teolog Doğu Ortodoks Kilisesi'ni tatmin eden bir çözüm bulmuştur. Bunlar Kayseri piskoposu Basileios (329-79), küçük kardeşi Nyssa piskoposu Gregorios (335-95) ve arkadaşları Nazianzus'lu Gregorios'dur (329-91). Bu Kapadokyalılar, ruhani kişilerdir. Kurgu ve felsefeden fazlasıyla hoşlanırlar fakat Tanrı sorununda anahtarın dinsel deneyim olduğuna emindirler. Yunan felsefesi eğitimi almışlardır ve hakikatin olgusal içeriği ile anlaşılması daha zor yönleri arasındaki önemli ayrımın farkındadırlar. İlk Yunanlı akılcılar buna dikkat çekmişlerdir: Platon

217 Athanasius, *Life of Antony*, 67.

felsefe ile (felsefe akılcı terimlerle ifade edilmektedir ve dolayısıyla kanıt verebilir) bilimsel kanıtlardan uzak mitoloji aracılığıyla edinilen aynı derecede önemli öğretileri karşılaştırır. Aristoteles de insanların gizem dinlerine bir şey öğrenmek için değil (*malhein*) fakat deneyim sahibi olmak için (*pathein*) girdiklerini söylerken benzer bir ayrım yapmıştır. Basileios *dogma* ile *kerygma* arasında ayrım yaparken, aynı görüşü Hristiyan gözüyle ifade eder. İki tür Hristiyanlık bilgisi de din için önemlidir. *Kerygma* Kilisenin kutsal metinlere dayanan açık öğretisidir. *Dogma* ise, Kitab-ı Mukaddes'teki hakikatin daha derin anlamını temsil eder ve ancak dinsel deneyimle elde edilip simgesel biçimde ifade edilebilir. Havarilerden, İncil'in açık mesajı yanında, gizli ve ezoterik bir gelenek de "gizem" içinde ulaştırılmıştır ve bu "özel ve gizli bilgi"dir,

> tanrısal pederlerin heyecan uyandırmayı ve merak çekmeyi önleyen sessizliğiyle korunmuştur... gizemin tanrısal karakteri bu sessizlikle korunur. Kabul edilmeyenlere bunlar iletilemez: Onların anlamı yazıyla ifşa edilmemelidir.[218]

İsa'nın liturjik simgeleri ve açık öğretileri yanında, inancın daha gelişkin anlamını taşıyan gizli bir dogma vardır.

Ezoterik ve eksoterik hakikat arasındaki ayrım Tanrı'nın tarihinde çok önem taşıyacaktır. Bu sadece Yunanlı Hristiyanlarla sınırlı değildir; Yahudi ve Müslümanlar da ezoterik bir gelenek geliştirmişlerdir. "Gizli öğreti" düşüncesi insanları dışarda tutmak değildir. Basileios masonluğun ilk dönem biçimlenişinden söz etmiyordu. Yalnızca bütün dinsel hakikatin mantıkla ve açıkça ifade edilemeyeceğine dikkati çekiyordu. Bazı dinsel anlamların her bireyce kendi zamanında anlaşılabilecek, Platon'un *theoria*, tefekkür adı verdiği içsel titreşimleri vardı. Din, olağan kavram ve kategorilerin ötesinde dile gelmez bir gerçekliğe yöneldiğine göre, konuşma sınırlayıcı ve

218 Basil, On the Holy Spirit, 28:66.

karıştırıcıydı. Eğer bu hakikatleri ruhun gözüyle "görmüyorlarsa", fazla deneyimi olmayan insanlar yanlış düşünceler edinebilirlerdi. Sözlük anlamları yanında, kutsal metinlerin her zaman iletilmesi mümkün olmayan özel anlamları da vardı. Buda da bazı soruların, sözün alanı dışında kalan gerçekliklere atıf yaptıklarında "uygunsuz" veya geçersiz olduklarını söylemişti. Bunlar ancak tefekkürün içe dönük teknikleriyle keşfedilebilirdi; bir anlamda onları kendiniz için yaratmanız gerekirdi. Bunları sözle ifade etmeye kalkışmak, Beethoven'in kuartetlerini sözle açıklamaya çalışmak kadar tuhaf olacaktır. Basileios'un dediği gibi, bu anlaşılması zor dinsel gerçeklikler ancak litirujik simgesel hareketlerle veya daha iyisi sessizlikle düşünülebilir.[219]

Batı Hristiyanlığı çok daha konuşkan bir din olup *kerygma* üstünde yoğunlaşabilirdi; bu durum, onun Tanrı'yla ilgili en önemli sorunlarından birini oluşturmuştur. Yunan Ortodoks Kilisesi'nde ise bütün iyi kuramlar sessiz veya apofatiktir.[220] Ketum Nyssa'lı Gregorios'un dediği gibi Tanrı'ya ilişkin her kavram basit taklittir, yanlış bir benzerlik, idoldür; Tanrı'nın kendisini açıklayamaz.[221] Hristiyanlar İbrahim gibi olmalıdır; Gregorios'a göre İbrahim, Tanrı hakkındaki bütün görüşleri bir yana bırakarak, saf veya karmaşık her türlü kavramı bir yana bırakıp inanca sarılmıştır.[222] Gregorios *Life of Moses* adlı eserinde "peşinde olduğumuz gerçek görüm ve bilgi kesinlikle 'görmek'le ilgili değil, hedefimizin her türlü bilgiyi aştığını ve bizi kavranılmazlığın karanlığıyla sarıp sarmaladığını anlamakla ilgili" diye ısrar etmiştir.[223] Tanrı'yı akılla "göremeyiz" ama Sina Dağı'ndan inen bulutun bizi sarmasına izin verirsek, O'nun

219 A.g.e.

220 Değilleme yoluyla tanrının bilinmesi. [ç. n.]

221 Nyssa'lı Gregorios, *Against Eunomius*, 3.

222 Nyssa'lı Gregorios, *Answer to Eunomius Second Book*.

223 Nyssa'lı Gregorios, *Life of Moses*, 2.164.

varlığını *hissedebiliriz*. Basileios, Filon'un Tanrı'nın özü (*ousia*) ve dünyadaki etkinlikleri (*energeiai*) arasında yapmış olduğu ayrıma döner: "Tanrı'mızı yalnızca işleri (*energeiai*) ile biliyoruz ama O'nun özüne yaklaşamıyoruz."[224] Gelecekte Doğu Kilisesi'nin bütün teoloji anlayışında bu görüş temel dayanak olacaktır.

Kapadokyalılar Kutsal Ruh kavramını da geliştirme konusunda etkindiler; İznik'te bu kavramın çok baştan savma ele alındığını düşünüyorlardı: "Ve Kutsal Ruh'a inanıyoruz" Athanasius'un akidesine sanki sonradan akla gelip eklenmiş bir cümle gibidir. Kutsal Ruh konusunda insanların aklı karışıktır. Bu yalnızca Tanrı'nın eşanlamlısı mıdır yoksa daha fazla bir şey midir? Nazianzus'lu Gregorios, "Bazıları [Kutsal Ruh'u] bir etkinlik olarak anladılar," diye yazıyor, "bazıları bir yaratık, bazıları Tanrı ve bazıları da ne diyeceklerini bilemediler."[225] Aziz Pavlus Kutsal Ruh hakkında yenileştirici, yaratıcı ve kutsayıcı olduğunu fakat bu etkinliklerin ancak Tanrı tarafından yerine getirildiğini söyler. Dolayısıyla buradan, varlığının bizim kurtuluşumuz olduğunu söylediğimiz Ruh-ül Kudüs'ün basit bir yaratık değil, tanrısal olması gerekir. Kapadokyalılar Athanasius'un Arius'la tartışmasında kullandığı formüle başvururlar: Tanrı'nın bizim için kavranılamaz kalan özü (*ousia*) tektir fakat onu bildiren üç ifadesi (*hypostases*) vardır.

Kapadokyalılar Tanrı tartışmalarına onun bilinmeyen özüyle (*ousia*) başlamak yerine, insanın *hypostases* deneyimiyle başlarlar. Tanrı'nın *ousia*'sının derinine varılamadığı için, O'nu anlık bize Baba, Oğul ve Kutsal Ruh tarafından vahyedilen yönleriyle bilebiliriz. Bunun anlamı, bazı Batılı teologların sandığı gibi Kapadokyalıların üç tanrısal varlığa inanmaları değildir. *Hypostases* sözcüğü, çok değişik anlamları olduğundan Yunanca bilmeyenlerin kafalarını karıştırır: Aziz Hieronymus (St. Jerome) gibi bazı Latin bilim adamları *hypos-*

224 Basil, *Epistle* 234.1.

225 Oration, 31.8.

tases sözcüğünün *ousia*'yla aynı anlama geldiğini ve Yunanlıların üç tanrısal öze inandıklarını düşünürler. Oysa Kapadokyalılar *ousia* ile *hypostases* arasında önemli bir fark olduğunda ısrarlıdırlar; bunu akılda tutmak gerekir. Bir nesnenin *ousia*'sı onu ne ise o yapandır; genellikle o nesne kendi başına ne ise onun için kullanılır. *Hypostases*, öte yandan, bir nesneyi dışardan bakıldığında belirtmek için kullanılır. Kapadokyalılar bazen *hypostases* yerine *prosopon* sözcüğünü yeğlerler. *Prosopon*'un özgün anlamı "kuvvet"tir fakat birçok ikincil anlam kazanmıştır. Böylece bir insanın içinde bulunduğu zihni tutumu yansıtmak bakımından yüz ifadesi anlamında da kullanılır. Veya bilerek yüklenilen bir rol yerini tutmak istediği bir karakteri de belirtir. Sonuç olarak *hypostases, prosopon* gibi birinin içyapısını, dışsal ifadesini veya dışardan bakan birinin onu nasıl gördüğünü belirtir. Yani Kapadokyalılar Tanrı'nın üç *hypostases* içinde tek *ousia* olduğunu söylediklerinde, Tanrı'nın kendi olarak tek olduğunu söylemektedirler. Yalnızca tek bir tanrısal bilinç vardır. Ama kendinden bir şeylerin yaratıkları tarafından sezilmesini istediğinde, üç *prosopoi*'dir.

Böylece *hypostases* Baba, Oğul ve Kutsal Ruh Tanrı'nın kendisiyle özdeşleştirilemez. Nyssa'lı Gregorios'un açıkladığı gibi "tanrısal yapı (*ousia*) adlandırılamaz ve dile gelmez." "Baba", "Oğul" ve "Kutsal Ruh" yalnızca kendisini bildirdiği *energeiai*'den söz ettiğimizde kullandığımız terimleridir.[226] Bu terimlerin simgesel anlamı vardır çünkü dile gelmez gerçekliği anlayabildiğimiz imgelere çevirirler. İnsan Tanrı'yı aşkın (Baba, gizli ulaşılmaz ışık), yaratıcı (*Logos*) ve içkin (Kutsal Ruh) olarak bilir. Ama bu üç *hypostases* tanrısal yapının yalnızca kısmi ve eksik görüntüleridir, kendisi bu tür imgelerin ve kavramlaştırmaların ötesindedir.[227] Teslis de sözlük anlamıyla ele

---

226 Nyssa'lı Gregorios, *Not Three Gods*.

227 G. L Prestige, *God in Patristic Thought* (Londra), s. 300

alınmamalı, Tanrı'nın gizli yaşamının gerçek olgulara karşılık gelen paradigmaları olarak anlaşılmalıdır.

Nyssa'lı Gregorios, *Alabius'a: Üç Tanrı Olmadığı Hakkında* adlı mektubunda bu üç tanrısal kişinin veya *hypostases*'in ayrılmazlığını veya birlikteliğini açıklayan önemli öğretisini özetler. İnsan, Tanrı'nın kendisini üçe böldüğünü düşünmemelidir, bu tuhaf ve gerçekten zındıkça bir düşüncedir. Tanrı dünyada görünmek istediğinde kendisini bu üç tezahüründe bütün olarak ve tamamıyla ifade etmiştir. Yani Teslis bize "Tanrı'dan yaratılışa giden her işlemde"ki örüntü hakkında fikir verir. Kutsal metinlerin gösterdiği gibi, kökeni Baba'dadır, Oğul'un temsilciliğine doğru ilerler ve içkin Kutsal Ruh aracılığıyla bu dünyada etkin olur. Ama tanrısal yapı bu işleyişin her aşamasında eşit derecede mevcuttur. Kendi deneyimimizde üç *hypostases*'in birbirine bağımlılığını görebiliriz. Eğer Oğul'da tezahür etmeseydi Baba'yı, Oğul'da bulunan Kutsal Ruh olmaksızın da Oğul'u bilemeyecektik. Kutsal Ruh, Baba'nın tanrısal sözüne eşlik eder; tıpkı soluğun (Yunanca *pneuma,* Latince *spiritus*) insanın konuşmasına eşlik etmesi gibi. Üç kişi tanrısal dünyada yan yana durmamaktadır. Onları bir kişinin kafasındaki üç farklı bilgi alanına benzetebiliriz. Felsefe tıptan farklı olabilir ama bilinçte farklı bir yer işgal etmez. Farklı bilimler birbirini kaplarlar, bütün zihni doldururlar ama gene de farklı kalırlar.[228]

Sonuçta Teslis'in ancak mistik veya tinsel deneyimde anlamı vardır. Onun bilinmesi değil yaşanması gerekmektedir çünkü Tanrı insani kavramların çok ötesindedir. Bu mantıklı veya entelektüel bir dile getiriş değildir, aklı karıştıran imgelemci bir paradigmadır. Nazianzus'lu Gregorios Tek içindeki Üç'ü tefekkür etmenin, düşünce ve entelektüel açıklığı bozan derin ve baskın bir duygu yarattığını açıkladığında bunu ortaya koymaktadır.

---

228 Nyssa'lı Gregorios, *Not Three Gods.*

> Tek olanı düşündüğümde Üç'lünün görkemi ile aydınlanıyorum; Üç'ü ayırt ettiğimde gene Tek olana geri dönüyorum. Üç'ten birini düşündüğümde, onu bütün olarak düşünüyorum ve gözlerim doluyor ve düşündüğüm şeyin daha büyük kısmı benden kaçıyor.[229]

Yunan ve Rus Ortodoks kiliseleri Teslis'in tefekküründe esinleyici bir dinsel deneyim bulmayı sürdürüyor. Çoğu Batılı Hristiyan içinse Teslis sadece şaşırtmadan ibarettir. Çünkü onlar yalnızca Kapadokyalıların *kerygmatik* adını verdikleri niteliklerle ilgileniyorlar, oysa Yunanlılar için sezgiyle öğrenilen ve dinsel deneyim sonucu edinilen yalnızca dogmatik hakikatlerdir. Mantıksal olarak, elbette bunun hiçbir anlamı yoktur. Daha ilk vaazlarından birinde Nazianzus'lu Gregorios Teslis *dogma*'sının kavranılamazlığının bizi Tanrı'nın mutlak gizemiyle karşı karşıya getirdiğini açıklamıştır; bize O'nu anlama umudu olmadığını anımsatır.[230] Bizi Tanrı hakkında kolay cümleler kurmaktan alıkoyar; Tanrı kendisini bildirmek istediğinde yapısını ancak dile gelmez biçimde ifade eder. Basileios da bizi Teslis'in nasıl işlediğini düşünme konusunda uyarmıştır; örneğin, Yüce Mabud'un üç *hypostases*'inin nasıl tek, aynı zamanda da özdeş ve farklı olduğunu anlamaya çalışmanın yararı yoktur. Bu sözcüklerin, kavramların ve insanın çözümleme gücünün ötesindedir.[231]

Yani Teslis sözlük anlamıyla yorumlanmamalıdır; bu muğlâk bir "kuram" değil, *theoria*'nın, tefekkürün sonucudur. Hristiyanlar Batı'da on sekizinci yüzyılda bu *dogma*'dan utanıp onu fırlatıp atmak istediklerinde, Tanrı'yı akılcı ve Akıl Çağı'na uygun olarak kavranılır kılmak istiyorlardı. On dokuz ve yirminci yüzyıllarda, göreceğimiz gibi sözde Tanrı'nın Ölümü'ne yol açan etkenlerden

---

229 Nazianzus'lu Gregarios, *Oration*, 40:41.

230 Nazianzus'lu Gregarios, *Oration*, 29:6-10.

231 Basil. *Epistle*, 38:4.

biri buydu. Kapadokyalıların bu imgelemci paradigmayı geliştirmelerinin nedenlerinden biri Tanrı'nın Yunan felsefesinde olduğu ve Arius gibi sapkınlar tarafından anlaşıldığı üzere akılcı kılınmasını önlemekti. Arius'un teolojisi az da olsa açık ve mantıksaldı. Teslis, Hristiyanlara "Tanrı" adını verdiğimiz gerçekliğin insan zekâsıyla kavranamayacağını anımsatıyordu. Diriliş öğretisi, İznik'te ifade edildiği biçimiyle önemliydi ama basit bir putperestliğe de götürebilirdi. İnsanlar Tanrı'yı çok insani biçimde düşünmeye başlayabilirlerdi. O'nun bizim gibi düşündüğünü, hareket edip planlar yaptığını hayal etmek bile mümkündü. Buradan her türlü önyargıyı Tanrı'ya atfetmek ve mutlaklaştırmak ancak küçük bir adım olurdu. Teslis bu eğilimi düzeltmek için bir adımdı. Bunu Tanrı hakkındaki bir olgunun ifadesi olarak görmek yerine, belki de şiir veya "Tanrı" hakkında ölümlüler tarafından inanılan ve kabul edilenlerle herhangi bir cümle veya *kerygma*'nın ancak eğreti olabileceği zımni bir akla uydurma arasında teolojik dans olarak görülmesi gerekirdi.

"Teori" sözcüğünün Yunan ve Batılı kullanımları arasındaki fark öğreticidir. Doğu Hristiyanlığında *theoria* daima tefekkür anlamına gelir. Batı'da "teori" mantıkla kanıtlanacak akılcı varsayım anlamına gelir. Tanrı hakkında "teori" geliştirmek "O"nun insani düşünce sistemi içinde yer alabileceğini de içerir. İznik'te yalnız üç Latin teolog vardı. Çoğu Batılı Hristiyan tartışmada bu dereceye gelmemişti ve Yunan terminolojisini de bilmiyorlardı, çoğu Teslis öğretisinden rahatsız olmuştu. Belki de başka bir deyimle tam anlamıyla çevrilmesi olanaksızdı. Her kültür kendi Tanrı düşüncesini yaratmak durumundadır. Batılılar Teslis'in Yunan yorumunu yabancı bulmuşlarsa da kendi teslis versiyonlarıyla karşılaşacaklardır.

Teslis'i Latin Kilisesi için tanımlayan Latin teolog Augustinus'tu. O da ateşli bir Platoncu'ydu ve Plotinos'a bağlıydı; dolayısıyla da bu Yunan öğretisine yakınlığı Batılı arkadaşlarından daha sistematikti. Açıkladığı gibi yanlış anlama genellikle basit terminoloji sorunlarından çıkardı:

> Dile gelmez konuları tanımlayabilmek için hiçbir zaman tamamıyla ifade edemeyeceklerimizi bir biçimde ifade etmemiz gerekir. Yunanlı dostlarımız bir öz ve üç yapıdan, Latinler bir öz veya yapı ve üç kişiden (personae) söz ediyorlar.[232]

Yunanlılar Tanrı'ya üç *hypostases*'i düşünerek, onun tek, açıklanmamış özünü çözümlenmeyi reddederek yaklaşırken, Augustinus'un kendisi ve onu izleyen Batılı Hristiyanlar tanrısal birlikle başladılar ve sonra onun üç tezahürünü tartışmaya başladılar. Yunanlı Hristiyanlar Augustinus'u Kilise'nin en büyük Babalarından biri kabul edip saygı gösterdiler; ama onun Teslis teolojisini güvenilmez buldular, çünkü Tanrı'yı çok akılcı ve insanbiçimli bir kılığa soktuğunu düşündüler. Augustinus'un yaklaşımı Yunanlıların yaklaşımı gibi metafizik değil, psikolojik ve fazlasıyla kişiseldi.

Augustinus'a Batı ruhunun kurucusu denebilir. Aziz Pavlus dışında başka hiçbir teolog Batı'da bu kadar etkili olamamıştır. Onu son dönem antikitesinin herhangi bir düşünüründen daha iyi tanıyoruz; çünkü Tanrı'yı keşfedişini belagatla ve duygulu bir biçimde *İtiraflar*'da anlattı. İlk yıllarından itibaren Augustinus teist bir din aradı. Tanrı'yı insanlık için zorunluluk olarak görüyordu: *İtiraflar*'ın başında Tanrı'ya, "Bizi kendin için yaptın," diye seslenir, "ve yüreklerimiz senden huzur bulana kadar huzur bilmez!"[233] Kartaca'da retorik öğretirken Maniheizm'e, Gnostisizm'in Mezopotamyalı bir türüne girdi ama kozmolojisini tatmin edici bulmadığından bu inancı terk etti. Tanrı'ya ilişkin çirkin bir düşünce olarak İğrenç Diriliş kavramını türetti ama İtalya'dayken Milano piskoposu Ambrose onu Hristiyanlığın Platon ve Plotinos'la çelişmediğine ikna etti. Augustinus gene de son adımı atıp vaftiz olmayı kabul etmekte isteksizdi. Hristiyanlığın bekâr kalmayı gerektirdiğini hissediyor ve bu adımı

---

232 On the Trinity vii.4.7.

233 *Confessions* 1.1, çev.: Henry Chadwick, Londra, 1991, s. 3.

atmak istemiyordu: "Rabbim bana ismet ver ama daha değil," diye dua ediyordu.[234]

Sonunda dini benimsemesi *Sturm und Drang*'la oldu,[235] geçmişinden şiddetli bir kopuşla acılar içinde yeniden doğdu; bu Batı dinsel deneyimi açısından karakteristiktir. Bir gün, arkadaşı Alypios'la Milano'daki bahçelerinde otururken, kafasında mücadele başladı:

> Gizli derinliklerden kendimi geniş biçimde incelememle sefaletin tepesinden "yüreğimin ışığıyla" yukarı çekildim (Mezmur 18:15). Bu sel gibi gözyaşlarıyla dolu bir koca fırtına başlattı... izleyen hırlamalarla birlikte bütün gözyaşlarını dökmek için Alypios'un yanından kalktım (yalnızlık ağlama işimde daha uygun göründü)... kendimi nasılsa bir incir ağacının dibine attım ve gözyaşlarımı bıraktım. Gözlerimden ırmaklar çağladı, sana uygun bir kurban (Mezmur 50:19) ve bu sözcüklerle olmasa da bu anlamda tekrar tekrar "Daha ne kadar Ey Rabbim, ne kadar kızacaksın?" dedim (Mezmur 6:4).[236]

Tanrı bize Batı'da öyle kolay gelmez. Augustinus'un dine girişi psikolojik abreaksiyon[237] gibi görünüyor; bundan sonra dini benimseyen kimse tükenmiş, tüm tutkuları bitmiş olarak Tanrı'nın kollarına düşer. Augustinus ağlayarak yatarken aniden yakınlardaki bir evden şarkı söyleyen bir çocuk sesi duydu: "*Tolle, lege*! Al ve oku, al ve oku!" Bunu kehanet olarak kabul eden Augustinus ayağa fırladı, taş kesilmiş ve acılar içindeki Alypios'un yanına gitti ve onun Yeni Ahit'ini kaptı. Aziz Pavlus'un Romalılara yaptığı konuşmayı

---

234 A.g.e. VIII vii 17, s. 145.

235 (Alm.): Buhran devresi [ç. n.]

236 A.g.e. VIII xii 28, s. 152.

237 İnsanın belleğinde baskı altında tuttuğu bir olayla ilgili duyguyu dışarı vurarak rahatlaması (ç. n.)

açtı: "Maskaralık ve sarhoşlukla değil, erotizm ve yolsuzlukla değil, niza ve hasetle değil, iyi halle hareket edelim. Fakat Rab İsa Mesih'i giyin ve bedeni şehvetten uzak tutun." Uzun mücadele bitmişti: "Daha fazla okumak istemedim ve zaten buna gerek de yoktu," diye anımsıyor Augustinus. "O anda, cümlenin son sözlerini okuduğum anda, yüreğimi dolduran endişeler üstümden kalktı. Bütün kuşku gölgeleri yok oldu."[238]

Tanrı neşe kaynağı da olabilir. Augustinus dine girişinin üstünden çok geçmeden bir gece vecde gelerek kendisi ile annesi Monica'yı Ostia'da Tiber Irmağı'nda gördü. Bunu yedinci bölümde daha ayrıntılı biçimde değerlendireceğiz. Platoncu olduğundan Augustinus Tanrı'nın akılda bulunacağını biliyordu ve *İtiraflar*'ın X. Kitabında *Memoria,* bellek adını verdiği yeteneği tartıştı. Bu anımsama yeteneğinden daha karmaşıktı ve psikologların bilinçaltı dedikleri şeye çok yakındı. Augustinus'a göre bellek bütün zihni, bilinci ve bilinçaltını temsil ediyordu. Karmaşıklığı ve çeşitliliği onu şaşırtıyordu. Bu "huşu veren bir gizem", imgelerin kavranılamaz dünyası, geçmişimizin görüntüleri ve sayısız ova, koyak ve mağaraydı.[239] Bu iç dünyayı görmekle Augustinus paradoks olarak hem kendi içinde bulunan hem de ondan yukarıda bulunan Tanrı'ya ulaştı. Dış dünyada Tanrı'nın kanıtını aramanın yararı yoktu. Tanrı ancak zihnin gerçek dünyasında keşfedilebilirdi:

> Uzun zamandır seni nasıl sevdim, o kadar eski ve o kadar yeni güzellik; uzun zamandır seni sevdim. Ve senin içimde olduğunu, kendimin dış dünyada olduğumu ve seni orada aradığımı görüyorum ve benim sevgisiz durumumda senin yaptığın o sevimli yaratıkların içine düştüm. Sen benim içimdeydin ve ben sensizdim. Sevimli şeyler seni benden

---

238 A.g.e. VIII xii 29, s. 1523. Metin, Aziz Pavlus'un Romalılara Mektubu'ndan: 13:13-14.

239 A.g.e. X xvii 26, s. 194.

uzak tuttu; onların senin içinde varlıkları yoktuysa zaten hiçbir varlıkları yoktu.[240]

Tanrı, yani nesnel bir gerçeklik, kendi içimizin karmaşık derinliklerindeki tinsel varlıktı. Augustinus bu görüşü yalnız Platon ve Plotinos'la paylaşmıyordu, tanrısız dinlerdeki Budacılar, Hindular ve Şamanlarla da paylaşıyordu. Ama yine de onun tanrısı cismani kişiliği olmayan bir tanrı değil, Yahudi Hristiyan geleneğinin fazlasıyla kişilik sahibi olan Tanrısı'ydı. Tanrı lütfederek insanın zayıflığına karşı tenezzül göstermiş ve onu aramıştı:

Sen bağırdın, seslendin ve benim sağırlığımı yok ettin. Sen ışık saçıyordun ve göz alıcıydın, benim körlüğümü sen açtın. Sen güzel kokuluydun ve ben soluğumu çektim ve şimdi senin gibi nefes alıyorum. Seni tattım ve senin için açlık ve susuzluk duyuyorum. Sen bana dokundun ve ben senin verdiğin huzura ulaşmak için tutuşuyorum.[241]

Yunanlı teologlar genellikle kendi kişisel deneyimlerini teolojik yazılarına katmazlar ama Augustinus'un teolojisi kendi kişisel öyküsünden fışkırıyordu.

Augustinus'un zihni büyülenişi onu kendi Teslis öğretisini geliştirmeye yöneltti ve beşinci yüzyılın başlarında *De Trinitate*'i yazdı. Tanrı bizi kendi suretinde yarattığından, zihnimizin derinliklerinde Teslis'i fark edebilirdik. Yunanlıların uğraştığı metafizik soyutlamalar veya söze dayalı ayrımlar yerine Augustinus keşfine çoğumuzun yaşadığı bir anlık hakikatle başladı. "Tanrı ışıktır" veya "Tanrı hakikattir" gibi cümleler duyduğumuzda sezgisel olarak ruhsal ilgimizin arttığını ve "Tanrı'nın yaşamımıza anlam ve değer verebileceğini" hissederiz. Ama bu anlık aydınlanmadan sonra, "alışılmış ve dünyevi şeylere" takılarak olağan zihni çerçevemize

---

240 A.g.e. V xxvii 38, s. 201.

241 A.g.e.

geri döneriz.[242] Ne kadar uğraşsak da bu iyi ifade edilemeyen özlemi yeniden yakalayamayız. Olağan düşünce süreçleri bize yardım etmez; bunun yerine "O Hakikattir" türünden cümlelerle "yüreğin anlatmak istediklerini" dinlemeliyiz.[243] Ama bilmediğimiz bir gerçekliği sevmemiz olanağı var mı? Augustinus kendi zihnimizde de herhangi Platoncu imge gibi, Tanrı'yı yansıtan Teslis bulunduğunu, ilk örneği biçimlendirilmiş olduğumuz özgün örüntüyü aradığımızı göstermeye çalışıyor.

Eğer kendisini seven zihni düşünerek yola çıkarsak, teslis değil ikilik buluruz: sevgi ve zihin. Ama zihin kendini bilmeden, yani bilincine ulaşmadan, kendisini sevemez. Descartes'a öncülük ederek, Augustinus kendini bilmenin bütün öteki bilgilerin başı olduğunu ileri sürüyor. Kuşku deneyimimiz bile bizi kendimiz hakkında bilinçlendirir.[244]

Ruhta üç özellik vardır: bellek, anlama ve istek. Bunlar bilgi, kendini bilme ve sevgiye tekabül eder. Üç tanrısal kişilik gibi, bu zihinsel etkinlikler özünde tektir çünkü üç ayrı zihin oluşturmazlar fakat her biri zihnin bütününü işgal eder ve öteki ikisiyle örtüşür. "Bellek ve anlayış sahibi olduğumu anımsıyorum; anladığımı ve istediğimi anlıyorum. Kendi isteğimi, anımsayışımı ve anlayışımı istiyorum."[245] Kapadokyalıların tanımladığı tanrısal Teslis gibi, üç özellik de "tek yaşam, tek zihin, tek öz oluşturur."[246]

Zihnin işleyişine ilişkin bu anlayış, ancak, yalnızca ilk adımdır: içimizde bulduğumuz teslis Tanrı'nın kendisi değildir, bizi yaratan Tanrı'nın izidir. Athanasius ve Nyssa'lı Gregorios, Tanrı'nın insan ruhundaki dönüştürücü varlığını tanımlamak için ayna imgesini

---

242 *On the Trinity* VIII.ii.3.

243 A.g.e.

244 A.g.e. X.x.14.

245 A.g.e. X.xi.l8.

246 A.g.e.

kullanmışlardır ve bunu doğru anlamamız için Yunanlıların ayna imgesinin gerçek olduğuna, aynayı tutanın gözünden çıkan ışıkla nesneden çıkan ışığın karışımının camın yüzeyinde yansımasıyla biçimlendiğine inandıklarını unutmamalıyız.[247] Augustinus zihindeki teslisin aynı zamanda Tanrı'nın varlığının bir yansısı olduğuna ve O'na yöneldiğine de inanıyordu.[248] Ana cama yansıyan karanlık imgenin ötesine geçip Tanrı'ya nasıl ulaşacağız? Tanrı ile insan arasındaki koca mesafe yalnızca insan çabasıyla aşılamaz. Ancak Tanrı'nın vücut bulmuş Söz'le bize gelmek istemesiyle içimizdeki günahla zarar görüp bozulan Tanrı imgesini kurabiliyoruz. Kendimizi bizi üç türlü disiplinle dönüştürecek tanrısal etkinliğe açıyoruz. Augustinus bunlara inanç üçlüsü adını verir: *retineo* (diriliş hakikatini akılda tutmak), *contemplatio* (bunların tefekkürü) ve *dilecto* (bunlarla hoşnut olmak). Bu biçimde zihinlerimizdeki Tanrı'nın varlığı duygusunu sürekli geliştirerek Teslis açıklığa kavuşur.[249] Bu bilgi yalnızca öğrenilenlerin beyne aktarılması değildir bizi kendi derinliklerimizdeki tanrısal boyutu anlayarak dönüştürecek yaratıcı bir disiplindir de.

Bu günler Batı'nın karanlık ve korkunç zamanlarıdır. Barbar kabileler Avrupa'ya akmakta ve Roma İmparatorluğu'nu çökertmektedir. Batı'da uygarlığın çöküşü kaçınılmaz olarak oradaki Hristiyan tinselliğini etkilemiştir. Ambrose, Augustinus'un yüce kılavuzu, özünde saldırgan olan bir inanç vazediyordu; bunun en önemli erdemi bütünlük yani *integritas*'tı. Kilise, öğretilerine sahip çıkmak durumundaydı ve Bakire Meryem'in saf bedeni gibi çoğu Ariusçuluğa girmiş olan barbarların yanlış öğretilerinin kendi öğretisine sızmasına engel olunmalıydı. Augustinus'un son eserini etkileyen derin bir üzüntü de vardı: Roma'nın düşüşü onun İlk Günah görüşünü etkilemişti. Bu görüş Batı insanının dünyaya bakış

---

247 Andrew Louth, *The Origins of the Christian Mystical Tradition*, Oxford, 1983, s. 79.

248 Augustinus, *On the Trinity* xiii.

249 A.g.e.

biçiminde ana açıyı oluşturacaktı. Augustinus Tanrı'nın insanlığı ezeli lanete mahkûm ettiğine inanıyordu; sırf Âdem'in o biricik günahından ötürü. Kalıtımsal günah, Augustinus'un "şehvet" adını verdiği duyguyla kirlenmiş olan cinsel eylemle onun bütün soyuna geçmişti. Şehvet, Tanrı yerine yaratıklardan zevk almaya yol açan akıldışı arzuydu; özellikle aklımızın tutku ve duyguyla başımızdan gittiği, Tanrı'nın tamamıyla unutulduğu ve yaratıkların utanmazca birbirlerine açıldıkları cinsel eylem sırasında hissediliyordu. Duyguların karmaşası ve kural tanımaz tutkularla aşağı çekilen akıl imgesi, çöken Roma'yla rahatsız edecek derecede benzeşiyordu. Roma Batı'nın akılcılık, yasa ve düzen kaynağıydı; barbar kabilelerce yıkılmıştı. Bu etkiyle Augustinus'un katı öğretisi amansız Tanrı'nın korkunç bir resmini çiziyordu:

> Günahından sonra [cennetten] kovulan Âdem kendi soyunu da ölüm ve lanet cezasıyla bağladı; günah işleyerek soyunu da yozlaştırmıştı öyle ki (ona itaatsizliği nedeniyle uygun bir ceza olarak verilen bedeni şehvet aracılığıyla) ondan ve eşinden, günahının nedeni ve lanet yoldaşı da oydu, kim doğsa, her çağda İlk Günah'ın ağırlığıyla sürüklenecekti ve bununla, sonunda asi meleklerin sonsuz işkencelerine uğrayana kadar, birçok hatalar ve acılardan geçecekti... Yani bu durumda, insanlığın lanetli gövdesi yüzükoyun yatmış, yo, hayır, kötülük içinde debeleniyor, bir kötülükten ötekine başaşağı yuvarlanıyor ve günah işlemiş olan melekler arasına katılıyor, kâfir hainliğinin hak ettiği cezayı ödüyordu.[250]

Ne Yahudiler ne de Yunanlı Hristiyanlar Âdem'in kovuluşunu böyle felakete dönüştürdüler ne de daha sonra Müslümanlar bu

---

250 *Enchyridion* 26.27.

karanlık İlk Günah teolojisini benimsediler. Yalnızca Batı'ya özgü bu öğreti, Tanrı'nın daha önce Tertullianus tarafından düşünülen katı portresini tamamlar.

Augustinus bize zorlu bir miras bırakmıştır. İnsanlara insanlığın tarihsel olarak kusurlu olduğunu öğreten bir öğreti onları kendilerine yabancılaştırabilir. Genelde cinselliğin ve özelde kadınlığın lekelendiği bu yabancılaşma hiçbir yerde bu kadar açık değildir. Hristiyanlık özgün haliyle kadınlar hakkında oldukça olumlu olmasına rağmen, Batı'da Augustinus zamanında çoktan kadın düşmanı bir eğilim içine girmişti. Hieronymus'un mektupları çoğunlukla rahatsız edici biçimde kadınlara duyulan nefretle doludur. Tertullianus kadınları kötü baştan çıkarıcılar, erkekler için ezeli tehlike diye azarlar:

> Her biriniz birer Havva olduğunuzu bilmiyor musunuz? Tanrı'nın sizin cinsinizle ilgili sözleri bu çağda da geçerli: Suç da zorunlu olarak yaşayacak, siz şeytanın kapısısınız; siz yasak meyvanın mührünü açansınız; tanrısal yasayı ilk terk edensiniz; şeytanın saldırmaya cesaret edemediği erkeği ikna eden sizsiniz. Siz dikkatsizce insanı, Tanrı'nın imgesini yıktınız. Sizin terk edişiniz yüzünden Tanrı'nın Oğlu da ölmek zorunda kaldı.[251]

Augustinus bunlara katılıyordu: Bir arkadaşına, "Ne fark eder," diye yazıyordu, "ister eş ister anne olsun, her kadında sakınmamız gereken aynı Havva."[252] Augustinus gerçekten de Tanrı'nın kadın cinsini yaratmasına şaşmaktadır: Ne de olsa, "Âdem'in dostluk ve sohbete gereksinimi var idiyse, bir erkek ile bir kadındansa, iki erkeğin olmasıyla bu çok daha iyi sağlanırdı."[253] Kadınların tek işlevi

---

251 On Female Dress, I, i.

252 Mektup 243, 10.

253 The Litteral Meaning of Genesis, IX, v, 9.

cinsel bir hastalık gibi İlk Günah'ın etkisini sonraki kuşaklara aktaran çocukları yetiştirmektir. İnsan soyunun yarısını beğenmeyerek ayrıca da zihnin, yüreğin ve gövdenin her türlü irade dışı hareketini ölümcül bir şehvetin belirtisi olarak görerek bir din ancak erkek ve kadınları kendi konumlarına yabancılaştırır. Batı Hristiyanlığı bu nevrotik kadın düşmanlığından hiçbir zaman tam anlamıyla kurtulamadı ve hâlâ kadınların papaz olarak atanmasına gösterilen dengesiz tepkiyle gündemdedir. Doğulu kadınlar o zamanki bütün uygar dünyanın kadınlarının yaşadığı aşağılanmanın yükünü paylaşırlarken, Batılı kızkardeşleri fazladan, onları toplum dışı bırakan korku ve nefrete yol açan günahkâr ve iğrendirici cinselliğin lekesini de taşıdılar.

Burada çifte ironi var çünkü Tanrı ete kemiğe bürünüp insanlığı bizle paylaştığına göre Hristiyanlar bedene daha fazla değer verebilirlerdi. Bu zorlu inanç konusunda başka tartışmalar da oldu. Dört ve beşinci yüzyıllarda Apollinarius, Nestorius ve Eutykhes gibi "sapkın"lar çok zor sorular soruyorlardı. İsa'nın tanrısallığı insanlığıyla nasıl uyum sağlayabilmişti? Meryem Tanrı'nın annesi değilken insan İsa'nın nasıl annesi oluyordu? Tanrı nasıl çaresiz, mızıklayan bir bebek olabilmişti? Sanki bir tapınaktaymış gibi, İsa'yla özel bir yakınlığı olduğunu söylemek daha doğru olmaz mıydı? Açık tutarsızlıklara karşın ortodokslar silahlarını bırakmadılar. İskenderiye piskoposu Kyrillos, Athanasius'un inancını tekrarladı: Tanrı bizim sakat ve yoz dünyamıza gerçekten inmiştir ve ölüm ile terk edilmişliği tatmıştır. Bu inançla Tanrı'nın acı veya değişime uzak amansızlığı inancını uzlaştırmak olanaksız görünmektedir. Yunanlıların temelde tanrısal *apatheia* ile karakterize edilen uzak Tanrısı, Mesih'te vücut bulmuş olduğu varsayılan Tanrı'dan tamamıyla farklı bir ilah gibi gelmektedir. Ortodokslar, acı çeken, çaresiz Tanrı düşüncesini fazlasıyla çirkin bulan "sapkın"ların, O'nu gizem ve mucizeden arındırmak istediklerini düşünüyorlardı. Diriliş paradoksu, bizim gönül rahatlığımızı sarsmak için hiçbir şey yapmayan ve tamamıyla akılcı olan Helen Tanrısı'na panzehir olarak görünüyordu.

529'da İmparator Justinianos Atina'daki eski felsefe okulunu, entelektüel paganlığın son kalesini kapattı. Okulun son büyük yöneticisi Proklos (412-485) Plotinos'un ateşli bir öğrencisiydi. Pagan felsefe yeni Hristiyanlık dinine yenilmiş görünüyordu ve yeraltına geçmişti. Dört yıl sonra ise anlamlı biçimde Aziz Pavlus'un Atina'da dine soktuğu ilk kişi Areopagites'li Dionysios tarafından yazılan dört mistik risale ortaya çıktı. Bunlar gerçekte altıncı yüzyılda adı bilinmeyen bir Yunanlı Hristiyan tarafından yazılmıştı. Takma adın simgesel gücü vardı çünkü yazarın kimliğinden daha önemliydi: Sahte Dionysios Yeni Platonculuğun anlayışını vaftiz etmeyi becermiş ve Yunanlıların Tanrısı ile Kitab-ı Mukaddes'in Tanrısı'nı birleştirmeyi başarmıştı.

Dionysios Kapadokyalı Babaların da mirasçısıydı. Basileios gibi o da *kerygma* ile *dogma* arasındaki ayrımı çok ciddiye alıyordu. Mektuplarından birinde ikisinin de havarilerden türeyen iki teolojik gelenek olduğunu bildiriyordu. Kerygmatik akide açık ve bilinebilirdi; dogmatik akide sessiz ve mistikti. Fakat ikisi de birbirine bağımlıydı ve Hristiyan inancı için önemliydi. Biri "simgeseldi ve disipline katılmanın önemi vardı" öteki "felsefiydi ve kanıt verebilirdi ve dile gelmez olan ifade edilebilenle iç içe örülüdür."[254] Dionysios Aristoteles'i anımsatan sözlerle vurguluyordu: *Kerygma* açık, ortada bulunan hakikati ikna ederek bildirir ama *dogma*'nın sessiz ve gizli geleneği kılavuzla başlamayı gerektiren bir gizemdi: "hiçbir şey öğretmeyen erginlemelerle Tanrı'yı ruhla buluşturur ve etkiler"di.[255] Gereğince söze dökülemeyen, mantık veya akılcı sözle ifade edilemeyen bir dinsel hakikat vardı. Bu simgesel olarak, liturjinin dil ve hareketleriyle veya sözle ifade edilemez anlamı "tanrısal peçe" ardında gözden saklayan ama aynı zamanda gizemli Tanrı'yı

---

254 Mektup XI.

255 A.g.e.

insani sınırlara uyarlayıp, Gerçekliğin kavramsal olarak değilse de imgelemce anlaşılmasını sağlayan öğretilerle ifade edilmekteydi.[256]

Gizli veya ezoterik anlam ayrıcalıklı seçkinler için değil bütün Hristiyanlar içindi. Dionysios yalnızca keşiş veya zahitlere uygun olan muğlâk bir disiplinin savunusunu yapmıyordu. Bütün inananların katıldığı liturji Tanrı'ya giden ana yoldu ve onun teolojisine egemen olan buydu. Bu hakikatlerin koruyucu bir peçenin ardında gizli olmasının nedeni insanları bu iyi niyetin dışında tutmak için değil, bütün Hristiyanları duygu algılarının ve Tanrı'nın kendi ifade edilemez gerçekliğinin üstüne taşımak içindi. Kapadokyalıların tüm teolojinin apofatik olduğunu savunmalarına yol açan alçakgönüllülük, Dionysios için ifade edilemez Tanrı'ya yüceliş için cüretkâr bir yöntem oldu.

Dionysios gerçekten de "Tanrı" sözcüğünü kullanmayı sevmiyordu, herhalde yetersiz ve insanbiçimli çağrışımlar yarattığı için. Proklos'un terimi *theurgy*'yi yeğliyordu; bu da fazlasıyla liturjiye aitti: *Theurgy* pagan dünyasında tanrısal *mana*'nın kurban ve tanrısallaşma yoluyla ilişki kurmasıydı. Dionysios bunu Tanrı'yla konuşma için kullandı; doğru anlaşıldığında bu aynı zamanda açık edilen simgelerde bulunan tanrısal *energeiai*'i da serbest bırakırdı. Kapadokyalılarla, Tanrı'yla ilgili bütün sözlerimizin ve kavramlarımızın yetersiz olduğu ve yeteneklerimizin ötesinde bulunan gerçekliğin doğru bir tanımının verilemeyeceği konusunda fikir birliği içindeydi. "Tanrı" sözcüğü bile yanlıştı, çünkü Tanrı "Tanrı"nın üstündeydi, varlığın ötesinde bir "gizem"di.[257] Hristiyanlar Tanrı'nın Yüce Varlık, daha aşağıdakilerin tepesinde bulunan hiyerarşinin en tepesindeki varlık olmadığını anlamalıydılar. Nesneler ve insanlar ayrı veya alternatif bir varlık olarak, bilgi nesnesi olarak Tanrı'yı izlemezler. Tanrı varolan nesnelerden biri değildir ve bizim deneyimimizdeki

---

256 The Celestial Hierarchy, I.

257 The Divine Names, II, 7.

her şeyden farklıdır. Gerçekte Tanrı'ya "Hiçlik" demek daha doğrudur. O'nu Teslis olarak da anmamalıyız çünkü O "bizim bildiğimiz anlamda ne birliktir ne de üçlü."[258] Her varlığın üstünde olduğu gibi her adın da üstündedir.[259] Ama Tanrı'yla ilgili olarak konuşamama yeteneksizliğimizi O'nunla birleşmeyi sağlayan bir yöntem olarak kullanabiliriz, çünkü O bizim kendi yapımızdaki tanrılaşmaktan (*theosis*) başka bir şey değildir. Tanrı adlarından bazılarını bize kutsal metinlerde belli etmiştir; "Baba", "Oğul" ve "Kutsal Ruh" bunlardandır ama bunu yaparken amaç O'nun hakkındaki bilgiyi bölümlemek değil, insanları O'na doğru çekmek ve O'nun tanrısal varlığını paylaşmalarını sağlamaktır.

Dionysios, *Tanrısal Adlar* adlı risalesinin her bölümüne Tanrı tarafından açıklanan *kerygmatik* bir hakikatle başlar: O'nun iyiliği, bilgeliği, babalığı vb. Sonra Tanrı'nın bu başlıklarla kendisine ait bir şeyleri bize açıklamakla birlikte kendisini açıklamadığını gösterir. Eğer Tanrı'yı gerçekten anlamak istiyorsak bu atıfları ve adları inkâr etmeliyiz. Böylece O'nun hem Tanrı hem de Tanrı olmayan olduğunu; hem iyi hem iyi olmayan olduğunu söylemeliyiz. Bilmeyi ve bilmemeyi içeren bu paradoksun yarattığı şaşkınlık bizi dünyevi düşüncelerin yukarısına, ifade edilemez gerçekliğin kendisine taşıyacaktır. Yani şöyle söyleyerek başlamalıyız:

> O'nda anlayış, mantık, bilgi, temas, algı, imgelem, ad ve daha birçok şey vardır. Ama O anlaşılmaz, O'nun hakkında hiçbir şey denemez, O'na ad verilemez. O bizim olduğumuz şeylerden biri değildir.[260]

---

258 A.g.e. VII, 3.

259 A.g.e. XIII, 3.

260 A.g.e. VII. 3.

Kutsal metinleri okumak Tanrı hakkında olguları keşfetmek değildir dolayısıyla *kerygma*'yı *dogma*'ya çeviren paradoks dolu bir disiplin olabilir. Bu yöntem *theurgy*'dir, tanrısal gücün bizi Tanrı'nın kendisine ulaşmamıza ve Platoncuların daima savunduğu gibi kendimizin tanrısallaşmasına olanak veren temasıdır. Bizi düşünmekten kurtaran bir yöntemdir! "Tanrısallıkla ilgili bütün kavramlarımızı arkada bırakmalıyız. Zihnimizin etkinliklerini durdururuz."[261] Hatta Tanrı'nın sıfatlarını reddedişimizi de bırakmalıyız. Ancak o zaman Tanrı'yla vecd içinde bir birliğe kavuşabiliriz.

Dionysios vecd hakkında konuştuğunda, özel bir zihin durumu veya belirsiz bir yoga disiplininin sağlayacağı alternatif bir bilinç durumundan söz etmiyor. Bu her Hrıtistiyanın bu paradokslu ibadet ve *theoria* yöntemiyle elde edebileceği bir şeydir. Bizi susturacak ve sessizliğin yerine getirecektir: "Anlağın ötesindeki bu karanlığa daldıkça, kendimizi yalnız konuşmaktan aciz değil, gerçekten konuşamaz ve bilmez bulacağız."[262] Nyssa'lı Gregorios gibi o da Musa'nın Sina Dağı'ndaki öyküsünü öğretici bulur. Musa dağa tırmandığında, zirvede Tanrı'nın kendisini görmedi ancak Tanrı'nın olduğu yere götürüldü. Kalın bir belirsizlik bulutuyla sarıldı ve hiçbir şey göremedi: Böylece *görebildiğimiz* ve *anlayabildiğimiz* her şey yalnızca bir simgedir (Dionysios "paradigma" sözcüğünü kullanır) ve bu her düşüncenin ötesinde olan gerçekliğin varoluşunu bize hissettirir. Musa cahilliğin karanlığına geçti ve bütün anlayışa baskın olanla birliği böyle elde etti. Biz de "bizi bizden alan" ve Tanrı'yla birleştiren vecde böyle kavuşacağız.

Bu ancak Tanrı'nın bizimle buluşmak için dağa gelmesiyle olanaklıdır. Dionysios burada Tanrı'yı durağan ve uzak olarak kavrayan, insan çabasına karşı tamamıyla ilgisiz görünen Yeni Platonculuktan ayrılır. Yunanlı filozofların Tanrısı O'nunla vecd içinde

---

261 A.g.e.

262 Mystical Theology, 3.

birlik oluşturan mistiklerden habersizdi oysa Kitab-ı Mukaddes'in Tanrısı insanlığa dönüktür. Tanrı da kendisini yaratıkların eksikli dünyasına götürerek kendisinden çıkıp vecd haline girer:

> Evrenin Yaratıcısının kendisinin, evrene yönelik güzel ve iyi sevgisinde... varoluş sahibi her şeye karşı lütuf dolu etkinlikleriyle kendisinden çıktığını söylemeliyiz (çünkü hakikat budur)... ve her şeyin üstündeki aşkın tahtından çıkıp, varlığın üstündeki vecd gücüyle, her şeyin kalbine girer ve gene kendi içinde kalır.[263]

Yayılım, otomatik bir süreç olmaktan çok, sevginin tutkulu ve gönüllü dökülüşüdür. Dionysios'un inkâr ve paradoks yolu bizim kendimize yaptığımız bir işlem değil, bize olan bir şeydir.

Plotinos'a göre vecd hali çok nadir bir kendinden geçiştir: Yaşamında ancak iki üç kez bunu yaşayabilmiştir. Dionysios vecdi her Hristiyan'ın daimi hali olarak görür. Kutsal metinlerin ve liturjinin en ufak hareketlerde ortaya çıkan gizli veya ezoterik iletisi budur. Böylece komünyona katılan kişi törenin başında mihrabı terk edip tapınağa dönmeden tanrısal suyu ona serperse, bu yalnızca arınma riti değildir; aynı zamanda o da olsa bile. Bu tanrısal vecdi taklit etmektir; Tanrı kendi yalnızlığını bırakır ve kendisini yaratıklarıyla kaynaştırır. Belki de Dionysios'un teolojisini anlamanın en iyi yolu, Tanrı hakkında bildiklerimizle, O'nun hakkında söyleyebileceğimiz her şeyin ancak simgesel olabileceğini anlamanın arasındaki o manevi danstır. Yahudilikte olduğu gibi, Dionysios'un Tanrısı'nın da iki yönü vardır: Biri bize dönüktür ve kendisini dünyada gösterir; öteki Tanrı'nın kendindeki uzak yönüdür, tamamıyla kavranılmaz kalır. O ezeli gizemiyle "kendisinde kalır" ve aynı zamanda yaratılış tarafından tamamıyla soğurulur. O, dünyaya eklenen, bir başka yaratık

263 Mystical Theology, 3.

değildir. Dionysios'un yöntemi Yunan teolojisinde kural olmuştur. Batı'da ise teologlar konuşmaya ve açıklamaya devam ederler. Bazıları "Tanrı" dediklerinde tanrısal gerçekliğin gerçekten kendi zihinlerindeki ideayla çakışacağını sanır. Bazıları kendi düşünce ve idealarını Tanrı'ya atfeder Tanrı'nın şunu istediğini, bunu yasakladığını, ötekini planladığını söyler; bu da tehlikeli biçimde putperestlik içerir. Yunan ortodoksluğunun Tanrısı ise gizemini sürdürür ve Teslis, Doğu Hristiyanlığında öğretilerin eğreti bir yönünü oluşturmaya devam eder. Sonunda Yunanlılar özgün teolojinin Dionysios'un iki ölçütüne uyum göstermesi gerektiğine karar vermişlerdir: Sessiz ve paradoks dolu olmalıdır.

Yunanlılar ve Latinler İsa'nın tanrısallığı konusunda çok farklı iki görüş geliştirdiler. Yunanlıların diriliş kavramı, Bizans teolojisinin babası olarak bilinen itirafçı Maksimos (y.580-662) tarafından geliştirildi. Bu Batılı görüşten çok Budacı ülküsüne yakındır. Maksimos insanların ancak Tanrı'yla birleştiklerinde kendilerini tam anlamıyla gerçekleştirebileceklerine inandı, tıpkı Budacıların insanın kaderinin gerçekte aydınlanma olması gerektiğine inanmaları gibi. "Tanrı" tesadüfi bir dışsallık, yabancı, insanlık durumuna eklenen dışsal gerçeklik değildir. İnsanların tanrısal olanakları vardır ve ancak bu gerçekleştiğinde daha fazla insan olabilirler. *Logos,* Âdem'in günahını tekrarlamak için insan olmamıştır; gerçekte Âdem günah işlememiş olsa da diriliş olabilirdi. İnsanlar *Logos*'un suretinde yaratılmışlardır ve ancak bu benzerlik mükemmelleştirilirse olanaklarının tamamını kullanabilirler. Tabor Dağı'ndaki İsa'nın görkemli insanlığı hepimizin esin alacağı kutsanmış insanlık durumunu göstermiştir. Söz, "tam insan Tanrı olsun, Tanrı'nın rahmetiyle kutsansın diye ete bürünmüştür; yapısıyla ruh ve gövdesiyle tam insan ve izzetiyle ruh ve gövdesiyle tam Tanrı."[264] Aydınlanma ve Budizm'in doğaüstü bir gerçeklik tarafından işgal edilmeyi içermemesi ama insanlık için doğal olan

---

264 *Ambigua*, Migne, PG 91, 1088c.

güçlerin teşvik edilmesi oluşu gibi tanrılaşan İsa da bize Tanrı'nın izzetiyle elde edebileceğimiz aşamayı göstermiştir. Hristiyanlar Tanrı insan İsa'ya, Budistlerin aydınlanmış Gautama'ya gösterdikleri saygı gibi saygı duymalıdır. Gerçekten yücelen ve insanlığı tamamlayan ilk örnek o olmuştur.

Yunanlıların diriliş görüşü Hristiyanlığı Doğu geleneğine yaklaştırırken, Batılı İsa görüşü daha kendine özgü bir yol izledi. Klasik teoloji Canterbury piskoposu Anselmus (1033-1109) tarafından *Why God Became Man*'de dile getirildi. Ona göre günah, öyle bir büyüklüğün sayılmamasıdır ki Tanrı'nın insan soyu için planları bütünüyle engellenmeyecekse, kefaret şart olmuştur. Söz bizim adımıza onarımın sağlanması için ete kemiğe büründürülmüştür. Tanrı'nın adaleti borcun hem insan hem Tanrı biri tarafından ödenmesini gerektirmiştir. Saldırının büyüklüğü ancak Tanrı'nın Oğlu'nun bizim kurtuluşumuzu sağlayabileceği kadardır ama bundan sorumlu olan insan olduğu için, kurtarıcının da insan soyunun bir üyesi olması gerekmiştir. Bu, Tanrı'nın düşünüşünü, yargısını ve insanmış gibi olanları tartışını gösteren küçük, kurallara uygun bir tasarımdı. Ayrıca Batı'nın, ancak bir tür insan kurbanı gibi sunulan kendi Oğlu'nun çirkin ölümüyle tatmin olan katı bir Tanrı imgesini de güçlendirdi.

Teslis öğretisi Batı dünyasında genellikle yanlış anlaşılır. İnsanlar ya üç ayrı kişilik hayal ederler veya bütün öğretiyi görmezden gelip "Tanrı"yı Baba'yla özdeşleştirir ve İsa'yı pek de aynı düzeyde olmayan tanrısal bir dost yaparlar. Müslüman ve Yahudiler de bu öğretiyi kafa karıştırıcı hatta zındıklık olarak görmüşlerdir. Ama Yahudi ve Müslüman mistiklerin de çok benzer tanrısallık kavramları geliştirdiklerini göreceğiz. *Kenosis* düşüncesi, Tanrı'nın kendisini boşaltan vecdi, örneğin, Kabbala ve Sufizm'in ikisinde de önemlidir. Teslis'te Baba bütün varlığını Oğul'a aktarır, her şeyi verir; hatta kendisini başka Söz'de ifade olasılığını bile. Bu Söz bir kez söylendi mi Baba sessiz kalır. O'nun hakkında söyleyebileceğimiz hiçbir şey yoktur, çünkü bildiğimiz tek Tanrı *Logos* veya Oğul'dur. Dolayısıyla Baba'nın olağan anlamıyla, bizim kimlik kavramımızla uyuşan kimliği yoktur, "ben"i yoktur. Varlığın tam kaynağında görülen Yokluk yalnız Dionysios tarafından değil, Plotinos, Philon, hatta Buda tarafından da yakalanmıştır. Baba'nın genellikle Hristiyan amacının hedefi olarak sunulması sonucu, Hristiyan yolculuğu hiçbir yere, hiçbir yöne ve hiç kimseye varmayan bir ilerleme olarak ortaya çıkar. Kişilik sahibi Tanrı veya kişileştirilmiş Mutlak insanlık için önemli olmuştur: Hindular ve Budistler *bakti*'nin kişisel kutsanmasına izin vermek durumunda kalmışlardır. Ama Teslis paradigma veya simgesi kişileşmenin aşkın olması ve Tanrı'yı bizlere çok benzer biçimde davranan iradeli bir insan gibi anlaşılmaması gerektiğini göstermektedir.

Diriliş öğretisi putperestlik tehlikesini etkisiz kılma yolunda bir başka çaba olarak da görülebilir. Tanrı "bir kez dışarıda"ki öteki bütün gerçeklik olarak görüldü mü kolayca basit bir put veya insanların kendi önyargı ve arzularını dışlaştırıp taptıkları yansıtmaları olabilir. Öteki dinsel gelenekler bu anlayışı Mutlak'ın bir biçimde insan koşullarına bağlantısı olduğunda ısrar ederek önlemişlerdir, tıpkı Brahman-atman paradigmasında olduğu gibi. Arius ve daha sonra Nestorius ve Eutykhes'in İsa'yı Tanrı veya insan yapmak istemelerinin bütün amacı, insanlık ile tanrısallık alanlarını birbirinden ayırma eğilimine direnme isteklerinden de kaynaklanmaktaydı. Onların çözümlerinin daha akılcı olduğu doğrudur ama *kerygma*'nın aksi olarak *dogma*, şiir veya müzik dışında, tamamıyla anlaşılır alana kapatılmamalıdır. Diriliş öğretisi, Athanasius ve Maksimos tarafından beceriksizce ifade edildiği gibi, "Tanrı" ve insanın ayrı olmaları gerektiği görüşünü evrensel olarak beyan etme girişimidir. Dirilişin bu biçimde dile getirilmediği Batı'da Tanrı'nın insan dışında kalması ve bildiğimiz dünyanın alternatifi bir gerçeklik olması eğilimi olmuştur. Sonuç olarak, bu "Tanrı" kavramını, son zamanlarda inanılırlığını yitirmiş, bu kavramı bir yansıtmaya dönüştürmek de çok kolay olmuştur.

Ama İsa'yı tek avatar yapmakla Hristiyanların dinsel hakikat konusunda dışsal bir kavram oluşturduklarını görüyoruz. İsa, Tanrı'nın, gelecekteki kurtuluşunu zorunlu olmaktan çıkaracak insanlığa ilk ve son sözüydü. Sonuçta, Yahudiler gibi yedinci yüzyılda Arabistan'da bir peygamber çıkıp Tanrı'dan vahiy aldığını ve halkına yeni bir kitap indirdiğini iddia ettiğinde şaşırıp kızdılar. Ama tektanrıcılığın İslam adıyla bilinen yeni biçimi Orta Doğu ve Kuzey Afrika'da şaşırtıcı bir hızla yayıldı. Helenizm'in anayurdu olmayan bu ülkelerde hevesle bu yeni dine giren birçok insan rahat soluk alarak Yunan Teslisi'nden yüz çevirdi. Bu yeni din Tanrı'nın gizemini onlara yabancı olan bir üslupla anlatıyordu, böylece onlar tanrısal gerçekliğin daha Semitik bir kavranışını benimsediler.

5

Birlik: İslam'ın Tanrısı

610 yıllarında Hicaz'daki işlek Mekke kentinde, Kitab-ı Mukaddes'i hiç okumamış ve olasılıkla İşaya, Yeremya ve Hezekiel'i hiç duymamış bir Arap tüccar, onlarınkine esrarengiz biçimde benzeyen bir deneyim yaşadı. Mekkeli Kureyş ailesinden Muhammed bin Abdullah, her yıl Ramazan ayında, ruhsal inziva amacıyla ailesini şehrin hemen dışındaki Hira Dağı'na götürüyordu. Bu, yarımada Arapları arasında oldukça nadir bir durumdu. Muhammed'in zamanını Arapların Yüce Tanrısı'na dua ederek ve bu kutsal zamanda onu ziyarete gelenlere yiyecek ve zekat dağıtarak geçirmesi gerekirdi. Herhalde endişeler içinde de çok zaman geçiriyordu. Sonraki yaşamından, son zamanlardaki gözle görünür başarısına karşın Mekke'nin endişe verici hastalığının çok iyi bilincinde olduğu anlaşılıyor. Daha iki kuşak önce Kureyş, Arap çölünde öteki Bedevi aşiretler gibi katı bir göçebe yaşamı sürüyordu: Her gün hayatta kalmak için acımasız bir mücadele gerekmekteydi. Altıncı yüzyılın son yıllarında ise ticarette büyük başarı göstermişler, Mekke'yi Arabistan'daki en önemli yerleşim yeri haline getirmişlerdi. Şimdi rüyalarında göremedikleri kadar zengindiler. Fakat önemli biçimde değişiklik göstermiş olan yaşam biçimleri eski aşiret değerlerinin, azgın ve acımasız bir düzenin ege-

menliği altına girmesi anlamına geliyordu. İnsanlar kökenlerinden uzaklaşmıştı ve yitiklik duygusu içindeydi. Muhammed Kureyş'in tehlikeli bir yolda olduğunu görüyordu ve yeni koşullarına uyum gösterebilmeleri için onlara bir ideoloji bulması gerekiyordu.

Bu sırada herhangi bir siyasal çözüm, dinsel nitelikte olmak durumundaydı. Muhammed Kureyş'in parayı din edindiğini biliyordu. Bu pek şaşırtıcı değildi çünkü yeni zenginliklerinin onları göçebe yaşamın tehlikelerinden kurtardığını, her Bedevi aşiretinin her gün yok olmakla karşı karşıya olduğu Arap çölünde salgın aşiret şiddetinden koruduğunu hissediyor olmalıydılar. Şimdi yeterli yiyecekleri vardı ve Mekke'yi uluslararası ticaret ve maliye merkezi yapmışlardı. Kendi kaderlerinin efendisi olmaya başladıklarını hissediyorlardı ve bazıları sanki zenginliklerinin onlara bir tür ölümsüzlük kazandıracağına da inanıyor gibiydi. Ama Muhammed bu yeni kendine yeterlik kültünün (*istaqa*) aşiretinin dağılması anlamına da gelebileceğini biliyordu. Eski göçebelik günlerinde aşiretin önce bireyin sonra gelmesi gerekirdi: Aşiretin her üyesi her birinin yaşamda kalmasının ötekine bağlı olduğunu bilirdi. Sonuç olarak etnik gruplarının fakirlerine ve ihtiyaç içindeki üyelerine bakmakla yükümlüydüler. Şimdi bireycilik toplumsal yaşamın yerini almıştı ve kural haline gelen rekabetti. İnsanlar kişisel servet biriktiriyor ve Kureyş'in ihtiyaç içindeki üyelerine aldırmıyorlardı. Her kabile veya daha küçük aile grubu, Mekke'nin zenginliğinden pay almak için birbiriyle rekabet içindeydi ve en başarısız kabilelerin bazılarının (Muhammed'in kendi kabilesi Haşimiler gibi) varlıklarının tehlikede olduğunu hissediyorlardı. Muhammed, Kureyş'in yaşamının merkezine bir başka aşkın değer koymayı, bencillik ve hırsını yenmeyi öğrenmedikçe, aşiretinin ahlaki açıdan parçalanacağına ve siyasal olarak birbiriyle mücadele eder duruma düşeceğine emindi.

Arabistan'ın geri kalan kesiminde de durum pek iç açıcı değildi. Hicaz, Necd yörelerinin Bedevi aşiretleri yüzyıllardır en temel yaşam gereklilikleri için birbirleriyle şiddetli rekabet içinde yaşamışlardı.

Yaşamın sürebilmesi için zorunlu olan toplumsal ruhun halk arasında gelişmesine yardımcı olmaya yönelik olarak Araplar mürüvvet adıyla anılan bir ideoloji geliştirmişlerdi ve bu ideoloji dinin işlevlerinden birçoğunu yerine getiriyordu. Arapların geleneksel anlamıyla dinle uyuşacak durumları yoktu. Pagan ilahlar panteonu vardı ve Araplar bunların putlarına taparlardı; fakat Araplar bu tanrıların ve kutsal yerlerin ruhsal yaşamdaki yerlerini açıklayan bir mitoloji geliştirmiş değillerdi. Ölümden sonra yaşam inancı da yoktu ve bunun yerine, zaman veya kader olarak çevrilebilecek olan *dehr*'in üstünlüğüne inanıyorlardı; ölüm oranının çok yüksek olduğu bir toplumda bunun önemini anlamak zor değildi. Batılı bilim adamları mürüvveti genellikle "erkeklik" olarak çevirirler ama bundan daha geniş bir anlamı vardır: Bu terim savaşta cesareti, acıda sabır ve metaneti ve aşirete mutlak bağlılığı ifade eder. Mürüvvet erdemlerine göre bir Arap, kendi yaşam güvenliği ne olursa olsun seyyid şeyhine anında itaat etmeli, kendisini aşiretine karşı işlenen suçların öcünü almak için şövalyece görevlere adamalı ve aşiretin zayıf üyelerini korumalıdır. Aşiretin yaşamını sürdürebilmesi için seyyid zenginlik ve mülkünü halkıyla paylaşır ve halkından bir kişinin ölümünün öcünü bile, katil aşiretten bir kişiyi öldürerek alır. Komün etiğini burada daha da net biçimde görüyoruz: Katilin kendisini cezalandırmak gibi bir görev yoktur, çünkü İslam öncesi Arap toplumunda bir kişinin iz bırakmadan ortadan yok olması çok kolaydır. Bunun yerine düşman aşiretten bir kişinin cezalandırılması bu tür amaçlar için yeterlidir. Merkezi iktidarın bulunmadığı, her aşiretin kendi yasasını koyduğu ve çağdaş kolluk kuvvetine benzer bir örgütlenmenin bulunmadığı bir yörede, *vendetta* veya kan davası bir nebze toplumsal güvenlik sağlamanın tek yoludur. Bir şeyh misillemede bulunmakta başarısız olursa, hiç kimse onun aşiretine saygı duymayacak ve o aşiretin üyelerini, cezasız kalma duygusuyla öldürmekten çekinmeyecektir. Böylece kan davası, hiçbir aşiretin öteki üstünde egemenlik kurmaya kalkışamayacağı kaba ama geçerli bir adalet biçimi olur. Ayrıca çeşitli aşiretlerin kolayca durdurulamaz bir şiddet çevrimine dâhil olmaları anlamına da gelir, çünkü bir kan davası, insanlar alınan öcün, işlenen suça göre yerinde olmadığına inanmaları durumunda bir başka kan davasına yol açacaktır.

Mürüvvet, kuşkusuz acımasız olmakla birlikte, birçok güçlü niteliğe sahiptir. Derin ve kuvvetli bir eşitlik duygusunu yeşertmiş, dolaşımda olan maddi eşyanın fazla olmadığı bir yörede can alıcı öneme sahip bu eşyaya karşı umursamaz bir tavır geliştirilmesini teşvik etmiştir. İhsan ve merhamet kültü önemli erdemlerdendir ve Araplara ertesi günü dert edinmemeyi öğretmiştir. Bu nitelikler, göreceğimiz gibi İslam'da da çok önem taşıyacaktır. Mürüvvet Araplar için yüzyıllarca işlevsel olmuştur fakat altıncı yüzyıla gelindiğinde artık çağdaş koşullara yanıt vermez olmuştur. İslam öncesi dönemin, Müslümanların cahiliyye adını verdiği son aşamasında, yaygın tatminsizlik ve ruhsal huzursuzluk bulunduğu anlaşılmaktadır. Araplar, iki güçlü imparatorluk, Sasanilerin İran'ı ve Bizans tarafından kuşatılmışlardır. Arabistan'a yerleşik toplumların yaşadığı ülkelerden çağdaş düşünceler girmeye başlamakta, Suriye ve Irak'a giden tüccarlar yurtlarına uygarlığın harikalarını anlatan öykülerle dönmektedirler. Ama Araplar daimi barbarlığa mahkûm görünüyorlardı. Aşiretler sürekli savaş halindeydiler ve bu durum onların yetersiz kaynaklarını birleştirmelerini olanaksız kıldığı gibi pek bilincinde olmadıkları anlaşılan birleşik Arap halkını oluşturmalarını da engelliyordu. Kaderlerini kendi ellerine alamıyor, kendi uygarlıklarını yaratamıyorlardı. Bunun yerine büyük güçlerin sömürüsü altındaydılar; gerçekten de Güney Arabistan'ın daha verimli ve gelişmiş bölgesi olan (muson yağmurlarından faydalanan) şimdinin Yemen'i, açıkça İran'ın eyaleti durumuna getirilmişti. Aynı zamanda, bölgeye giren yeni düşünceler, eski komün etiğini zayıflatan bireycilik duygularını getirmişti. Örnekse, ölümden sonraki yaşama dair Hristiyan öğretisi, her bireyin ebedi kaderine kutsal bir değer katıyordu: Bu durum, bireyi gruba bağlı kılan ve her erkek ve kadının ölümsüzlüğünün aşiretin sürekliliğiyle olanaklı olduğunu öğreten aşiret ülküsüyle nasıl uyuşabilirdi?

Muhammed olağanüstü zeki biriydi. 632'de öldüğünde, Arabistan'ın neredeyse bütün aşiretlerini yeni bir birlik, ümmet içinde toplamıştı. Araplara kendi geleneklerine uyan özgün bir maneviyat getirmiş ve yüz yıl içinde Himalayalar'dan Pireneler'e uzanan kendi imparatorluklarını ve özgün bir kültürü kuracak biçimde güç kaynaklarını harekete geçirmişti. Ama gene de Muhammed 610 yılının Ramazan'ında inzivaya çekilip Hira Dağı'ndaki küçük mağarada ibadet ederken bunları öngörmüş olamazdı. Arapların birçoğu gibi Muhammed de antik Arap panteonundaki, adı sadece "Tanrı" anlamına gelen Allah'ın, Yahudi ve Hristiyanların Tanrısı'yla aynı olduğuna inanmıştı. Aynı zamanda ancak bu Tanrı'nın peygamberinin halkının sorunlarını çözebileceğine de inanıyordu ama o zaman için o peygamberin kendisi olabileceğine inanamazdı. Gerçekten de Araplar, Allah'ın, anımsanmayan bir zamandan beri putu aralarında bulunmakla birlikte, kendilerine hiçbir peygamber veya vahiy göndermemiş olduğunun, üzüntüyle, farkındaydılar. Yedinci yüzyıla gelindiğinde, Arapların çoğunluğu, çok eski olduğu ortada olan Kâbe'nin, o sırada orada Nebatiyeli ilah Hübel'in egemenliği söz konusu olsa da gerçekte Allah adına yapıldığına inanmaktaydılar. Bütün Mekkeliler, Arabistan'ın en önemli kutsal yeri olan Kâbe'yle övünüyorlardı. Her yıl yarımadanın her yerinden Araplar hac için Mekke'ye geliyor, birkaç gün boyunca geleneksel ritüelleri uygulu-yorlardı. Kutsal yerin çevresinde bütün şiddet eylemleri yasaklanmıştı ve Araplar Mekke'de, eski aşiret düşmanlıklarının askıya alındığını bilerek, barış içinde ticaret yapabiliyorlardı. Kureyşliler kutsal yer olmadan ticari başarılarını ve öteki aşiretler arasındaki, Kâbe'nin muhafızlığından ve eski kutsal mekânların koruyuculuğundan kaynaklanan prestijlerini elde edemeyeceklerinin farkındaydılar. Fakat Allah, Kureyş'i özel olarak kendisi için seçmiş olmasına karşın, onlara hiçbir zaman İbrahim, Musa veya İsa gibi peygamber göndermemişti ve Arapların kendi dillerinde kutsal kitapları yoktu.

Bu nedenle yaygın bir ruhsal aşağılık duygusu vardı. Arapların temasa geçtikleri Yahudi ve Hristiyanlar, onlara Tanrı'dan vahiy almamış barbar bir halk diye meydan okuyorlardı. Araplar, kendilerinin bilmediklerini bilen bu halklara karşı gücenme ve saygıyla karışık duygular içindeydiler. Yahudilik ve Hristiyanlık, Arapların, bu ileri din biçimlerinin kendi geleneksel paganlıklarından üstün olduğunu görmelerine karşın, bölgede pek ilerlemiş değildi. Mekke'nin kuzeyinde Yesrib (sonraki Medine) ve Fadak'ta kökenleri belirsiz bazı Yahudi aşiretler vardı ve kuzeyde İran ile Bizans sınırında bazı aşiretler Monofist veya Nasturi Hristiyanlığa dönmüşlerdi. Bedeviler gene de şiddetli bağımsızlık yanlısıydı ve Yemen'deki kardeşleri gibi büyük güçlerin iktidarı altına girmek istemiyorlardı; İran ve Bizans'ın Yahudilik ve Hristiyanlığı bölgedeki emperyal tasarılarını uygulamak için kullandıklarının tamamıyla farkındaydılar. Ve kendi gelenekleri yozlaştıkça, kültürel belirsizlik içine düştüklerinin de herhalde içgüdüleriyle, bilincindeydiler. Gereksindikleri son şey, yabancı bir dil ve kültür içinde gelişmiş, yabancı bir ideolojiydi.

Bazı Araplar tektanrıcılığın, emperyal bağlantılar dışında, daha yansız bir biçimini keşfetme girişiminde bulunmuş görünüyorlar. Daha beşinci yüzyılda Filistinli Hristiyan tarihçi Sozomenus bize Suriye'deki bazı Arapların, İbrahim'in özgün dini adını verdikleri dini yeniden keşfettiklerini bildirir. İbrahim, Tanrı daha Tevrat'ı, İncil'i göndermeden yaşamıştı ve dolayısıyla, ne Yahudi ne de Hristiyan'dı. İlk biyograficisi Muhammed bin İshak'ın (öl. 767) bildirdiğine göre, Muhammed'e ilk vahyin gelmesinden kısa süre önce, Mekke'de Kureyş'ten dört kişi, İbrahim'in doğru dini Hanifilik'i benimsemişti. Bazı Batılı bilim adamları bu küçük Hanifi mezhebinin dindarca bir hikâye olduğunu, cahiliyye döneminin ruhsal huzursuzluğunu simgelediğini ileri sürmüşlerdir ama bunun gerçek bir temeli olmalıdır. Dört Haniften üçü ilk Müslümanlarca gayet iyi tanınmaktadır:

Ubeydullah bin Cahş, Muhammed'in kuzenidir; sonunda Hristiyan olan Varaka bin Nevfel O'nun ilk ruhsal hocalarından ve Zeyd bin Amr, Ömer bin Hattab'ın, Muhammed'in en yakın arkadaşı ve İslam Devleti'nin ikinci halifesinin amcasıdır. Öyküye göre bir gün Muhammed, Suriye ve Irak'a gidip İbrahim'in dini hakkında araştırmalarda bulunmak üzere Mekke'den ayrılmadan önce, Zeyd Kâbe'nin yanında duruyordu ve kutsal yere dayanarak, onun çevresini zamanın usulüne göre tavaf ritüelini uygulayan Kureyş'e şunları söylüyordu: "Ey Kureyş, Zeyd'in ruhu kimin elinde ise onunladır, aranızda İbrahim'in dinini izleyen benden başka kimse yok." Sonra üzgün bir sesle ekledi: "Ah Tanrım, Sana nasıl ibadet edileceğini bilseydim, öyle yapardım ama bilmiyorum."[265]

Zeyd'in tanrısal vahiy özlemi Hira Dağı'nda 610 yılının Ramazanı'nın on yedisi gecesi gerçek oldu. Muhammed uykudan uyandı ve kendisini ilahi bir varlığın şiddetiyle sarılmış hissetti. Daha sonra bu dile gelmez deneyimi çeşitli Arapça terimlerle ifade edecektir. Kendisine bir meleğin göründüğünü ve kısa bir emir verdiğini anlatmaktadır: "Oku!" (*İkra*). Yahudi peygamberlerin genellikle Tanrı kelamını söylemekten çekinmeleri gibi Muhammed de, "Ben okuma bilmem," diyerek itiraz etmiştir. O, kendisine esinlenen kehanetleri söyleyen Arabistan'ın vecde gelmiş kâhinlerinden değildir. Ama Muhammed'in anlatımına göre melek onu çok büyük bir güçle sarmış ve bütün soluğunun kesildiğini hissetmiştir. Artık daha fazla dayanamayacağını hissettiği anda melek onu bırakmış ve tekrar, "Oku!" (*İkra*) diye emretmiştir. Muhammed tekrar itiraz etmiş ve melek onu tekrar, dayanma gücünün sonuna kadar sıkmıştır. Sonunda, üçüncü korkunç sıkmadan sonra, Muhammed ağzından yeni bir kitabın ilk sözlerinin döküldüğünü duymuştur:

---

265 Muhammed İbn İshak, *Hz. Muhammed'in Hayatı.*

> Yaratan, insanı pıhtılaşmış kandan yaratan Rabbinin adıyla oku! Oku! Kalemle öğreten, insana bilmediğini bildiren Rabbin, en büyük kerem sahibidir.[266]

Tanrı sözü Arapçada ilk kez dile gelmektedir ve bu kitap sonunda Kur'an (kıraat okumak kökünden) adıyla bilinecektir.

Muhammed korku içinde, allak bullak olmuş bir biçimde kendine gelince, insanların develeri kaybolduğunda başvuracakları adı çıkmış bir kâhin haline gelmek düşüncesiyle sarsılmıştır. Bir kâhinin cinlere sahip olduğu düşünülmektedir ve ortalıkta dolaşan ne yapacağı bilinmez bu cinler insanın başına olmadık işler açabilirlerdi. Şairlerin de kişisel cinleri olduğuna ve onlarca yönlendirildiğine inanılmaktadır. Hasan İbn Sabit, daha sonra Müslüman olan Yesribli şair şiir esini geldiğinde cinlerinin ona göründüğünü, onu yere çalıp esinlenen sözleri ağzından zorla çıkarmaya zorladığını söylemektedir. Muhammed'in bildiği tek esin biçimi budur ve mecnun, cinlere bulaşmış bir kişi olduğunu düşünmektedir; öyle umutsuzdur ki artık yaşam isteği kalmamıştır. Kâhinleri küçük görmektedir; kehanetleri anlamsız, akıldışı sözlerden başka bir şey değildir ve Muhammed daima Kur'an'ı Arap şiirinden ayrı tutmaya özen göstermiştir. Şimdi, mağaradan dışarı fırlayarak, kendisini zirveden aşağı atmaya karar verir. Ama yamaçta gördüğü başka bir görümdür; bunun daha sonra melek Cebrail olduğunu anlayacaktır:

> Yamaçtayken, gökten, "Ey Muhammed, sen Tanrı'nın elçisisin ve ben Cebrail'im," diyen bir ses duydum. Kimin konuştuğunu anlamak için başımı göğe kaldırdım ve Cebrail orda, insan biçiminde göğü tutmuştu... Orda, ne ileri ne geri

266 Kur'an-ı Kerim 96:1.6. (Kur'an-ı Kerim alıntıları Diyanet İşleri Başkanlığı'nın Kur'an-ı Kerim ve Türkçe Anlamı Meâli, Ankara, 1973 adlı yayınındandır [ç. n.])

gidemeden dikilip kaldım; sonra arkama dönüp kaçmaya başladım ama göğün ne yanına baksam karşımda o vardı.[267]

İslam'da Cebrail genellikle vahiy getiren Kutsal Ruh olarak tanımlanır; Tanrı'nın insanlarla iletişim kurma aracıdır. Bu hiç de öyle küçük, doğal bir melek değil, kaçmanın olanaksız olduğu, karşı konulamaz, her yerde hazır ve nazır bir varlıktır. Muhammed, İbrani peygamberlerin *kaddoş*, ilahi adını verdiği, Tanrı'nın korkutucu yüzü olan, gerçekliğin ezici, esrarlı yüzüyle karşılaşmıştır. İbrani peygamberleri de onunla karşılaştıklarında fiziki ve ruhsal olarak güçlerinin sonuna kadar zorlandıklarını hissetmişlerdi. Fakat İşaya veya Yeremya'nın tersine, Muhammed'in teselli ve destek bulabileceği yerleşik bir gelenek yoktur. Bu korkunç deneyim sanki gökten düşmüş gibidir ve onu tam bir şaşkınlık içine sokmuştur. Korku içinde, doğal olarak karısı Hatice'nin yanına gitmiştir.

El ve ayakları üstünde sürünerek, korkunç titremeler içinde, Muhammed kendisini karısının kucağına attı. "Beni örtün! Beni örtün!" diye bağırıyor, kendisini bu ilahi varlıktan koruması için yalvarıyordu. Korkusu biraz yatışınca, Muhammed karısına mecnun olup olmadığını sordu ve Hatice onu teskin etti: "Sen nazik ve akrabalarına karşı duyarlı birisin. Fakirlere yardım eder, onların acılarına katılıp ortak olursun. Halkının yitirdiği yüce ahlakı diriltmeye çalışıyorsun. Konukları ağırlar, muhtaç durumda olanlara yardım edersin. Mecnun olamazsın," dedi.[268] Tanrı böyle nedensiz iş yapmazdı. Hatice, kuzeni Varaka bin Nevfel'e danışmalarını önerdi; Varaka kutsal kitapları bilirdi ve artık Hristiyan olmuştu. Varaka hiç kuşku duymadı: Muhammed'e Musa'nın ve peygamberlerin Tanrısı'ndan vahiy gelmişti ve O, Arapların tanrısal elçisi olmuştu. Sonuçta, birkaç gün sonra, Muhammed durumun böyle olduğuna

---

267 İbn İshak, *Hz. Muhammed'in Hayatı.*

268 A.g.e.

ikna olmuştu ve Kureyş'e vazetmeye başlayarak, onlara kendi dillerinde inen kitabı aktarmaya başladı.

Kitab-ı Mukaddes'te anlatıldığına göre Tevrat'ın Sina Dağı'nda Musa'ya bir defada aktarılmış olmasına karşılık Kur'an, Muhammed'e parça parça, satır satır indirildi, yirmi üç yıllık bir sürede tamamlandı. Vahiylerin gelişinin acılı bir deneyim olması devam etti. Muhammed daha sonraki yıllarda, "Vahiy geldiğinde ruhumun benden koparılır gibi olmadığı bir defa olmadı," demişti.[269] Tanrısal sözleri dikkatle dinlemek, görümü anlamaya çalışmak zorundaydı ve vahiyler ona her zaman açık, sözlü biçimde gelmiyordu. Anlattığına göre vahiyin içeriği bazen açıktı: Cebrail'i görür gibi oluyor, dediklerini duyuyordu. Bazan da vahiyin aktarılması çok zorlayıcı oluyordu: "Bazan bana zillerin çalması gibi geliyor ve en zoru da bu; mesajı anladığımda yankılar susuyor."[270] Klasik dönemin ilk biyograficileri genellikle O'nu, daha çok sanki bilinçaltını dinler gibi dikkatle kulak verirken tanımlarlar, sanki bir şair zihninin saklı belleğinden yavaş yavaş beliren bir şiiri "dinliyormuş" gibidir. Şiir gizemli biçimde ondan ayrı ve kendisini yetke ve bütünlük içinde dikte eder gibidir. Kur'an'da Tanrı Muhammed'e, Wordsworth'un "zeki bir edilgenlikle" diyebileceği biçimde, bağlantısız anlamı dikkatle dinlemesini söyler.[271] Doğru anlam kendisini zamanı gelince ortaya koyana kadar sözleri zorlamamalı veya belirli bir kavramın peşine düşmemelidir:

> Cebrail sana Kur'an okurken, unutmamak için acele edip onunla beraber söyleme, yalnız dinle. Doğrusu o vahyolunanı kalbine yerleştirmek ve onu sana okutturmak Bize düşer.

269 İmam Süyuti, *Muhtasar El-İtkan Fi Ulum'il Kur'an / Kur'an İlimleri*. (Aktaran Maxime Rodinson, *Hz. Muhammed*.)

270 İmam Zeynuddin Ahmet bin Abdüllatif, *Sahih-i Buhari*.

271 'Expostulation and Reply'.

Biz onu Cebrail'e okuttuğumuz zaman, onun okumasını dinle. Sonra onu sana açıklamak Bize düşer.[272]

Bütün yaratıcı süreçlerde olduğu gibi bu da zor bir süreçtir. Muhammed vecde gelmekte ve bazen kendinden geçmektedir; fazlasıyla soğuk bir günde bile terlemekte, başını dizlerinin arasına düşürecek acı gibi içinde bir ağırlık duymaktadır; Muhammed bunu bilmese de bazı çağdaş Yahudi mistiklerin bilinç düzeylerinde başka bir aşamaya geçtiklerinde benimsedikleri konum budur.

Muhammed'in vahyin gelişini böyle acılı bulması şaşırtıcı değildir: Yalnızca halkı için tamamıyla yeni bir siyasal çözüm üretmemekte, gelmiş geçmiş tinsel ve edebi klasiklerden birini de oluşturmaktadır. Tanrı'nın karşı konulmaz sözlerini Arapça'ya çevirdiğine inanmaktadır çünkü Kur'an, İsa'nın, *Logos*'un Hristiyanlık için taşıdığı anlamda, İslam ruhunun merkezinde yer alır. Muhammed hakkında, bütün öteki büyük dinlerin kurucuları hakkında bildiğimizden fazla şey biliyoruz ve çeşitli sure ve ayetlerinin tam tarihleri bilinen Kur'an'da, görüşünün nasıl evrilip geliştiğini, evrensel bir açı kazandığını görebiliyoruz. Başlangıçta yapmak zorunda olduklarının tamamını görmüş değildir ama bunlar O'na parça parça, olayların iç mantığına cevap oluşturdukça açık edilmiştir. Kur'an'da, dinler tarihinde tekil olmak üzere.... İslam'ın başlangıcı hakkında anı anına yorumlar buluruz. Bu kutsal kitapta Tanrı, gelişen durum hakkında görüşler bildiriyor gibidir: Muhammed'e yöneltilen bazı eleştirilere karşılık verir, bir savaşın, ilk Müslüman cemaati içindeki bir çatışmanın önemini anlatır veya insan yaşamının tanrısal boyutlarına değinir. Kur'an Muhammed'e bugün bizim okuduğumuz sıra içinde inmemiştir; olayların gereğine ve içsel anlamlarına göre, ara ara inmiştir. Her yeni bölüm indiğinde, okuryazar olmayan Muhammed bunları yüksek sesle tekrarlamış ve Müslümanlar bunları ezberlemiş ve okuryazar

---

272 Kur'an-ı Kerim 75:17 19.

olan bir azınlık da kaleme almıştır. Muhammed'in ölümünden yirmi yıl kadar sonra vahiyler ilk kez resmî olarak bir araya getirilmiştir. Hazırlayıcılar uzun sureleri başa ve kısaları sona koymuşlardır. Bu düzenleme görüldüğü kadar keyfi değildir çünkü Kur'an ardışık sıra izleyen bir nesir veya açıklama tartışma değildir. Çeşitli temalar üstüne görüşlerdir: Tanrı'nın doğal dünyada gürünümü, peygamberlerin yaşamı veya Ahiret günü hakkında bilgiler içerir. Arapçanın olağanüstü güzelliğinin tadına varamayan bir Batılıya göre Kur'an sıkıcı ve tekrarlarla doludur. Aynı temaları tekrar tekrar işler gibidir. Ama Kur'an kişiyi ikna etmek için değil, liturjide okunmak içindir. Müslümanlar camide bir surenin okunduğunu duyduklarında, inançlarının temel ilkelerini anımsarlar.

Muhammed Mekke'de vaaza başladığında, rolü konusunda çok kapsamlı bir düşüncesi yoktu. Yeni evrensel bir dinin kurucusu olduğuna inanmıyor, Kureyş'e eski tek Tanrı dinini getirdiğini düşünüyordu. Başlangıçta öteki Arap aşiretlerine vazedeceğini bile düşünmemişti, yalnızca Mekke ve çevresindeki halka hitap edeceğini düşünüyordu.[273] Teokrasi kurucusu olacağı veya teokrasinin ne olduğu hakkında bir fikri de bulunmuyordu. Şehirde kendisinin siyasal bir etkinliği yoktu. O yalnızca nazır, öğüt verendi.[274] Allah onu Kureyş'e, durumlarının içerdiği tehlikeler konusunda uyarmak için göndermişti. Fakat ilk mesajları da hüküm dolu değildi. Daha çok umut dolu iyimser mesajlardı bunlar. Muhammed Kureyş'e Tanrı'nın varlığını kanıtlamak zorunda değildi. Hepsi, zımnen yerlerin ve göklerin yaratıcısı Allah'a inanıyordu ve büyük çoğunluğu O'nun Yahudi ve Hristiyanların inandığı Tanrı olduğunu biliyordu. Onun varlığı zaten ortadaydı. Tanrı'nın Kur'an'ın ilk surelerinden birinde Muhammed'e söylediği gibi:

---

273 Kur'an-ı Kerim 42:7.

274 Kur'an-ı Kerim 88:21 2.

> And olsun ki onlara: "Gökleri ve yeri yaratan, güneşi ayı buyruğu altında tutan kimdir?" diye sorarsan, şüphesiz "Allah'tır" derler. Öyleyse niçin aldatılıp döndürülüyorlar? Allah, kullarından dilediğine rızkı bol ve ölçüye göre verir. Doğrusu Allah her şeyi Bilen'dir. And olsun onlara ki: "Gökten su indirip onunla, ölümünden sonra yeri dirilten kimdir?" diye sorarsan, şüphesiz, "Allah'tır" derler.[275]

Sorun, Kureyş'in bu inancın gereklilikleri üstüne düşünmemesiydi. Tanrı, ilk vahyin açıkça ortaya koyduğu gibi, her birini bir damla er suyundan yaratmıştı, yemek ve iaşeleri için Tanrı'ya bağlıydılar ve gene de gerçekdışı bir vargıyla (*yatqa*) kendilerini evrenin merkezinde ve kendilerini kendilerine yeter (*istaqa*)[276] sanıyorlardı; sıradan bir Arap topluluğunun üyeleri olarak sorumluluklarının bilincinde değillerdi.

Sonuç olarak Kur'an'ın ilk ayetleri Kureyş'i, Tanrı'nın her nereye baksalar farkına varacakları cömertliğini anlamaları için teşvik eder. O zaman, son başarılarına karşın, O'na neler borçlu olduklarını anlayacaklar ve doğal düzenin yaratıcısına olan bağımlılıklarını değerlendirebileceklerdi:

> Allah onu neden yaratmış? Onu meniden yaratıp merhalelerden geçirerek ona şekil vermiş; sonra tutacağı yolu kolaylaştırmıştır. Sonra onu öldürür ve kabre koyar. Sonra, dilediği zaman onu tekrar diriltir. Hayır; Allah'ın kendisine buyurduğunu hâlâ yerine getirmemiştir. İnsan, yiyeceğine bir baksın; doğrusu suyu bol bol indirmekteyiz. Sonra yeryüzünü iyice yarmakta ve orada taneli ekinler, üzümler, sebzeler, zeytin, hurma ağaçları ve bahçelerde koca koca

275 Kur'an-ı Kerim 29:61 3.

276 Kur'an-ı Kerim 96:6 8.

ağaçlı meyveler ve çayırlar bitirmekteyiz. Bunlar sizin ve hayvanlarınız için geçimliktir.[277]

Dolayısıyla Tanrı'nın varlığı gibi bir sorun yoktur. Kur'an'da "inanmayan" kimse (*kâfir bi ni'met'ullah*), bizim anladığımız biçimiyle ateist, Tanrı'ya inanmayan biri değildir ama O'na şükran duymayan, Tanrı'ya neler borçlu olduğunu bildiği halde, O'na şükretmeyen, saygı göstermeyen kimsedir.

Böylece Kur'an, Kureyş'e yeni bir şey öğretmemektedir. Gerçekten de O, bilinmekte olanların "anımsatıcısı"dır; bu bilgilere kolay anlaşılır bir açıklık getirmektedir. Kur'an sık sık "Görmediniz mi...?" veya "Düşünmediniz mi...?" cümlesiyle bir konuyu ele alır. Tanrı sözü yüksekten gelen keyfi emirler vermemekte, Kureyşle diyaloğa girmektedir. Örneğin onlara, Kâbe'nin, Allah'ın evinin, geniş ölçüde onların başarısının bir ölçüsü olduğunu ve bunu gerçekte bir anlamda Tanrı'ya borçlu olduklarını anımsatır. Kureyş, Kâbe'yi tavaf etmeyi sevmektedir ama yaşamlarının merkezine kendilerini ve maddi başarılarını koyduklarında, eski oryantasyon ritlerinin anlamını unutmaktadırlar. Tanrı'nın doğal dünyadaki iyilik ve gücünün işaretlerine (âyât) bakmalıdırlar. Eğer Tanrı'nın cömertliğini kendi toplumlarında oluşturmazlarsa, şeylerin doğru yapısıyla olan ilişkilerini koparacaklardır. Sonuç olarak, Muhammed yeni iman edenlere günde iki kez ibadet etme (namaz) koşulunu getirmiştir. Bu dışsal hareket, Müslümanlara içsel tutumlarını geliştirme ve yaşamlarını yeniden konuşlandırma olanağı verecektir. Sonuçta Muhammed'in dini İslam, her kabul edenin Allah'a varoluşunu teslim etmesi olarak bilinecektir: Müslüman, bütün varlığını Yaratıcı'ya teslim eden kişi demektir. Kureyş ilk Müslümanların namaz kıldığını gördügünde korkuya kapılmıştır: Kureyş kabilesinin yüce üyelerinin yüzyıllarca süren onurlu Bedevi bağımsızlığından sonra, köle gibi yere kapan-

277 Kur'an-ı Kerim 80:24 32.

ması kabul edilebilir iş değildir ve Müslümanlar ibadetlerini gizlice yapmak için şehir çevresindeki vadilere çekilmek zorunda kalmışlardır. Kureyş'in tepkisi, Muhammed'in onların ruhunu kusursuz bir doğrulukla tanıdığını ortaya koyar.

Pratik anlamıyla İslam, Müslümanların, yoksul ve yoksunların iyi davranış gördükleri adil, eşitlikçi bir toplum yaratması anlamına gelir. Kur'an'ın ilk ahlaki mesajı basittir: Zenginlik biriktirmek ve kişisel servet yığmak yanlıştır, insanın zenginliğinden belirli bir oranı fakirlere vererek toplumun refahını paylaşması iyidir.[278] Zekât, namazla birlikte, İslam'ın beş temel "direği"inden(rükn) ikisidir. İbrani peygamberleri gibi, Muhammed de tek Tanrı'ya tapınmanın sonucu olarak sosyalist diyebileceğimiz bir etik var etmiştir. Tanrı konusunda zorlayıcı öğretiler yoktur: Gerçekten de Kur'an teolojik, kurgular konusunda fazlasıyla kuşkucudur kimsenin gerçeğini bilemeyeceği ve kanıtlayamayacağı konularda kendi başına ve aklından tahmini akıl yürütmelerde bulunması zann olarak reddedilir. Hristiyan Diriliş ve Teslis öğretileri zann örnekleri olarak görülür ve Müslümanların bu kavramları zındıklık sayması şaşırtıcı değildir. Bunun yerine, Yahudilikte olduğu gibi Tanrı ahlaki bir mecburiyet olarak yaşanmalıdır. Yahudiler, Hristiyanlar ve onların kitaplarıyla pratik bir ilişkisi olmayan Muhammed, tarihi tektanrıcılığın özüne doğrudan sahip çıkmıştır.

Kur'an'da ise, Allah, YHWH'den daha fazla kişisellikten uzaktır. Kitab-ı Mukaddes Tanrısı'ndaki merhamet ve tutku O'nda yoktur. Tanrı hakkında ancak doğadaki "işaret"lerinden bir şeyler sezebiliriz ve O, o kadar aşkındır ki O'nun hakkında ancak "mesel"lerle konuşabiliriz.[279] Dolayısıyla Kur'an sürekli, Müslümanları dünyayı tecelli olarak görmeye çağırır; parça parça dünya aracılığıyla özgün varlığın tüm iktidarını görebilmek için, her şeyde mevcut aşkın

278 Kur'an-ı Kerim 92:18; 9: 103; 102:1.

279 Kur'an-ı Kerim 24:1, 45.

gerçeği anlayabilmek için imgelemlerini zorlayıcı bir çaba içinde olmalıdırlar. Müslümanlar ayin türünden veya simgesel bir yaklaşım geliştirmelidirler:

> Göklerin ve yerin yaratılmasında, gece ile gündüzün birbiri ardınca gelmesinde, insanlara yararlı şeylerle denizlerde süzülen gemilerde, Allah'ın gökten indirip yeri ölümünden sonra dirilttiği suda, her türlü canlıyı orada yaymasında, rüzgârları ve yerle gök arasında emre amade duran bulutları döndürmesinde, düşünen kimseler için deliller vardır.[280]

Kur'an, sürekli olarak Tanrı'nın "mesaj"larının ve "işaret"lerinin anlaşılması için akıl gerektiğini vurgular. Müslümanlar kendi mantıklarından feragat etmemeli fakat dünyayı merak ve dikkatle incelemelidirler. Daha sonra Müslümanlara doğa bilimi geleneğini geliştirme olanağı sağlayacak olan da bu yaklaşımdır ve bu bilim Hristiyanlık'taki gibi hiçbir zaman din için tehlike olarak görülmemiştir. Doğal dünya üstüne araştırmalar O'nun, hakkında ancak işaret ve simgelerle konuşulabilecek aşkın bir boyutu ve kaynağı olduğunu göstermektedir; hatta peygamber hikâyeleri, Ahiret Günü üstüne açıklamalar ve cennetin güzellikleri bile sözel anlamlarıyla alınmamalı, daha yüce, sözle ifade edilemez bir gerçekliğin "mesel"leri olarak anlaşılmalıdır.

Fakat her şeyin üstündeki en büyük işaret Kur'an'ın kendisidir. Doğrusu Kur'an'ın cümlelerine ayet denir. Batılılar Kur'an'ı anlamakta zorluk çekerler; bu da genel olarak bir çeviri sorunudur. Arapça özellikle çevrilmesi zor bir dildir; sıradan edebiyat ve siyasetçilerin günlük ifadeleri bile, örneğin İngilizce'ye çevrildiğinde genellikle debdebeli ve yabancı gelir, bu durum Kur'an için iki kat doğrudur. Çünkü Kur'an özellikle yoğun ve imalı, kısaltılmış bir anlatımla

---

280 Kur'an-ı Kerim 2: 164.

yazılmıştır. Özellikle ilk sureler, insan dilinin ilahi bir etkiyle bozulmuş ve parçalanmış olduğu etkisini verirler. Müslümanlar Kur'an'ın çevirisini okudukları zaman başka bir kitap okumuş gibi olduklarını çünkü Arapça'nın güzelliklerinden hiçbir iz bulamadıklarını genellikle söylerler. Adının da ortaya koyduğu gibi Kur'an, yüksek sesle ezberden okumak üzere indirilmiştir ve sesin kullanımı, yarattığı etkinin önemli öğelerinden biridir. Müslümanlar Kur'an'ı camide okunurken duyduklarında, Muhammed'in Hira Dağı'nda Cebrail tarafından sarıldığı gibi veya her nereye baksa O'nu gördüğü gibi sesin ilahi boyutu tarafından sarıldıklarını hissettiklerini söylerler. Kur'an, yalnızca bilgi edinmek için okunacak bir kitap değildir. O, ilahiyat duygusunu tatmak için okunur ve aceleyle okunup geçilecek bir kitap değildir:

> İşte Kur'an'ı, Arapça okunmak üzere indirdik, onda tehditleri türlü türlü açıkladık ki belki sakınırlar yahut onlara ibret verir. Gerçek Hükümdar olan Allah Yüce'dir. Ey Muhammed! Kur'an sana vahyedilirken, vahy bitmezden önce, unutmamak için, tekrarda acele edip durma, "Rabbim! İlmimi artır," de.[281]

Kur'an'a doğru yolla yaklaşmakla, Müslümanlar bir tür aşkınlık duygusu yaşadıklarını iddia etmektedirler; geçici dünyanın görünür ve uçucu görüngülerinin arkasındaki nihai gerçeklik ve güç hissedilmektedir. Dolayısıyla Kur'an okumak ruhsal bir disiplin işidir ve bunu Hristiyanların anlaması zordur çünkü onların, Yahudiler için İbranice'nin, Hindular için Sanskritçe'nin ve Müslümanlar için Arapça'nın olduğu gibi, kutsal bir dilleri yoktur. Tanrı'nın Sözü İsa'ya aittir ve Yunanca Yeni Ahit'in kutsal bir tarafı yoktur. Oysa Yahudiler için Tevrat'ın anlamı Kur'an'ınkine benzer. Kitab-ı Mu-

281 Kur'an-ı Kerim 20:113 14.

kaddes'in ilk beş kitabını okuduklarında sadece gözlerini satırlarda gezdirmemektedirler. Çoğunlukla sözler yüksek sesle ezberlenir, Tanrı'nın Musa'ya Sina'da kendini gösterdiğinde bu sözlerle seslenmiş olduğu kabul edilir. Bazan ruhun soluğu önündeki alev gibi ileri geri sallanırlar. Açıkçası Kutsal Kitapları'nı okuyan Yahudiler bu yolla, Pentateuch'u okuyup çoğu yerini fazlasıyla sıkıcı ve belirsiz bulan Hristiyanlardan çok farklı duygular içindedirler.

Muhammed'in ilk biyograficileri daima Arapların Kur'an'ı ilk duyuşlarında yaşadıkları derin şaşkınlığı ve hayreti ifade ederler. Birçoğu o anda din değiştirmiş, dilin bu olağanüstü kullanımının ancak Tanrı'dan gelebileceğine inanmıştır. Dine giren birinin bu deneyimini kapalı kalmış duygularının ilahi bir fetihle uyandığı ve duygu seline kapıldığı biçiminde anlatması çok rastlanan bir durumdur. Muhammed'in sıkı muhalifi, genç Kureyşli Ömer bin Hattab eski paganizmine bağlı ve peygamberi öldürmeye hazırlanan biriydi. Ama Müslümanların Tarsuslu Saul'u dine, İsa'nın "imgelem"iyle değil, Kur'an'la girdi. Bu dine girme olayının iki hikâyesi vardır, ikisi de anlatılmaya değer. Birincisinde Ömer gizlice Müslüman olan kızkardeşini yeni bir surenin okunuşunu dinlerken yakalar. "Bu saçmalık nedir?" diye öfkeyle eve dalar ve zavallı Fatma'yı yere serer. Ama kızdan kan aktığını görünce herhalde utanır çünkü yüzü değişir. Eve konuk gelen hafızın kargaşada düşürdüğü yazmaları kaldırır ve okuma yazması olan birkaç Kureyşli'den biri olarak okumaya başlar. Ömer sözlü Arap şiir geleneği konusunda tanınmış isimlerdendir ve şairler dilin kusursuz kullanımı konularında ona danışırlar fakat böyle bir metne daha önce rastlamamıştır. Hayret içinde, "Bu sözler ne kadar güzel ve hâkimane!" der ve o anda Allah'ın yeni dinine girer.[282] Sözlerin güzelliği onun nefret duygularını ve önyargılarını aşmış ve bilincinde olmadığı olumlama özüne ulaşmıştır. Hepimiz, bir şiir akılcı yönümüzden daha derinde bir tabakaya hitap ettiğinde

282 İbn İshak, *Hz. Muhammed'in Hayatı.*

benzer bir deneyim yaşamışızdır. Dine girişine dair diğer öyküde Ömer, bir gece Kâbe'de kendi kendine Kur'an okuyan Muhammed'e rastlar. Dinlemenin hoşuna gideceğini düşünen Ömer koca granit küpün örtüsü altına girer ve tam karşısında Peygamber'i dinleyebileceği köşeye kadar ilerleyip dikilir. Peygamber, "Aramızda Kâbe'nin örtüsünden başka bir şey yoktu," deyince bütün yelkenleri indirir. Arapça'nın sihri işini görmüştür. "Kur'an'ı duyunca kalbim yumuşadı ve ağladım ve İslam içime doğdu," der.[283] Tanrı'yı "dışarda" güçlü bir gerçeklik olmaktan çıkarıp her inananın zihnine, yüreğine ve varlığına dolduran Kur'an'dır.

Ömer'in ve Kur'an'la dine giren öteki Müslümanların deneyimleri belki de George Steiner'in *Real Presences: Is There Anything In What We Say?*[284] kitabında tanımladığı sanat deneyimiyle karşılaştırılabilir. Steiner "ciddi resim, edebiyat ve müziğin düşüncesizliği" ile "varlığımızın son özel noktalarına kadar ulaşılması"nı anlatır. Bu bir tür fethediliş veya yok ediliştir ve "bizim temkinli varlığımızın küçük hanesine" girer, bize emreder: "yaşamını değiştir." Böyle bir celseden sonra artık ev "önceden olduğu gibi kalamayacaktır".[285] Ömer gibi Müslümanların bu tür bir duygu fırtınası yaşadıkları, bir uyanış ve onların geleneksel geçmişlerinden zorlu bir ayrılmayı olanaklı kılan güçlü bir duygu darbesi aldıkları anlaşılıyor. İslam'ı kabul etmeyi reddeden Kureyşliler bile Kur'an'dan rahatsız olmakta, onun bütün bildik kategoriler dışında kaldığını fark etmekteydiler: Bu bir kâhinin veya genç bir şairin esinlerinden ibaret değildi; bir büyücünün mırıldanmalarına da benzemiyordu. Bazı öyküler muhalefette ısrar eden iktidar sahibi Kureyşlilerin bir sureyi dinlediklerinde sarsıntı geçirdiklerini aktarmaktadır. Sanki Muhammed, bazılarının henüz hazır olmadığı ama bazılarının da etkisine girdiği tamamıyla yeni bir

---

283 A.g.e. 228, s. 158.

284 (İng.) Gerçek Varlıklar: Söylediğimizde Bir Şey Var mı?

285 George Steiner, *Real Presences, Is There Anything In What We Say?* (Londra, 1989), s. 1423.

edebi biçim yaratmıştır. Kur'an'ın bu tür bir etkisi olmadan İslam'ın kök salmış olması olanaksız görünüyor. Eski İsraillilerin ilk dinsel bağlantılarını terk etmelerinin ve tek tanrıcılığı kabul etmelerinin yedi yüzyıl aldığını görmüştük oysa Muhammed'in Araplara bu zorlu dönüşümü yaşatması yirmi üç kısa yıl içinde olmuştur. Şair ve peygamber olarak Muhammed ile bir metin ve ilahi tecelli olarak Kur'an elbette dinle sanat arasında var olan derin yakınlığın fazlasıyla çarpıcı bir örneğidir.

Görevinin ilk yıllarında Muhammed yeni dindaşlarını daha çok genç kuşak arasında buldu. Mekke'nin zalim yaşam tarzı bunları gittikçe daha fazla hayal kırıklığına uğratıyordu. Kadınlar, köleler ve daha zayıf aşiretlerin üyeleri gibi ayrıcalık sahibi olmayan ve marjinal kalan gruplar da onun taraftarları arasındaydı. Eski kaynakların bize aktardığına göre bir an için bütün Mekke Muhammed'in yenilenmiş Allah dinini kabul edecek gibi oldu. Mevcut durumdan memnun olan zengin takımı anlaşılır biçimde yeni dinden uzak durdu, fakat Muhammed Müslümanlara pagan tanrılara inanmayı yasaklayana kadar önde gelen Kureyşlilerin açık bir karşı koyuşu da yoktu. Görevinin ilk üç yılında Muhammed'in mesajının tektanrıcı yönünü fazla ön plana çıkarmadığı ve insanların, her zaman yaptıkları gibi, Yüce Tanrı Allah yanında Arapların öteki geleneksel ilahlarına da tapınmayı sürdürebileceklerini sandıkları anlaşılıyor. Ama eski kültler ve putları mahkûm edince bir gecede birçok izleyicisini yitirdi ve Müslümanlar horlanan ve sorgulanan bir azınlık haline geldi. Tek Tanrı inancının acılı bir bilinç değişimi gerektirdiğini gördük. İlk Hristiyanlar gibi ilk Müslümanlar da toplumu derinden tehdit eden "ateizm"le suçlanıyorlardı. Mekke'de şehirli uygarlık çok gençti ve Kureyş'in kibirli kendine yeterliliğine karşın çok kırılgan olmalıydı; Roma yurttaşlarının Hristiyan kanı talep etmeleri gibi çok kimse aynı korkutucu dehşet ve tehdidi hissetmiş olmalı. Bütün Kureyş'in ata tanrılarının tehdidiyle çalkalanmış olduğu anlaşılıyor ve Muhammed'in kendi yaşamının tehlikeye girmesi için de çok zaman geçmesi gerekmiyordu. Batılı bilim adamları Kureyş'in bu kopma noktasına gelişini genellikle olasılıkla sahte olan ve Salman Rushdie olayından beri talihsiz bir ün kazanmış olan Şeytan Ayetleri olayına bağlarlar. Üç Arap ilahı Hicaz Arapları için özellikle önemliydi: el-Lat (ki adı yalnızca "tanrıça" demektir), Mekke'nin güney doğusunda Taif ve Nahla'da tapınakları olan el-Uzza ("Güçlü olan") ve Kızıldeniz kıyısında Kudayd'da tapınağı olan Manat ("kaderi çizen"). Bu ilahlar Juno veya Pallas Athena gibi tamamıyla kişileştirilmiş değildi. Bunlara genellikle Tanrı'nın kızları anlamında *benat'ullah* denirdi ama bu gelişmiş bir panteonun varlığı anlamına da gelmemektedir. Araplar soyut ilişkileri anlatmak için de bu tür akrabalık terimlerini kullanırlar: böylece *benat'el-debr* (sözlük anlamıyla "kaderin kızları") da sadece talihsizlikleri veya değişiklikleri anlatır. *Benat'ullah* terimi de yalnızca ilahi varlıkları anlatıyor olabilir. Bu ilahlar tapınak yerlerinde gerçeğe uygun heykellerle değil fakat koca dikili taşlarla temsil ediliyorlardı, tıpkı eski Kenanilerin yaptıkları gibi. Araplar bunlara kaba basit biçimde tapmıyorlar fakat bunları ilahiliğin odak noktası olarak kabul ediyorlardı. Kâbe'si ile Mekke'de olduğu gibi, Taif, Nahla ve Kudayd da Arapların duygu dünyasında önemli ruhsal merkezler olmuşlardı. Ataları anımsanmayan zamanlardan beri buralarda tapınıyorlardı ve bu onlara rahatlatıcı bir devamlılık duygusu veriyordu.

Şeytan Ayetleri öyküsü ne Kur'an'da ne de herhangi eski sözlü veya yazılı kaynakta yer alır. Peygamberin en yetkin biyografisi olan İbn İshak'ın *Siret*'inde de yoktur. Ancak onuncu yüzyılın tarihçisi Ebu Cafer ül Taberi'nin (öl. 923) eserinde sözü edilir. Taberi, Muhammed'in, tanrıçaların kültünü reddettikten sonra kendisiyle aşiretinin çoğunluğu arasında gelişen gerginlikten rahatsız olduğunu ve "Şeytan"dan aldığı ilhamla, *benat'ullah*'a, melekler gibi şefaatçiler olarak saygı göstermeye izin veren bazı sahte ayetler sarf ettiğini anlatır. "Şeytan" ayetleri adı verilen bu cümlelerde üç tanrıça Allah'la eşit değil fakat insanlar adına O'na aracılık yapabilecek daha küçük ruhsal varlıklardır. Taberi'ye göre daha sonra Cebrail, Peygamber'e bu ayetlerin şeytan kaynaklı olduğunu ve Kur'an'dan çıkartılmaları gerektiğini, onların yerine *benat'ullah*'ın yansıtım ve hayal ürünü olduğunu bildiren şu ayetlerin konmasını söylemiştir:

> Ey inkârcılar! Şimdi, Lat, Uzza ve bundan başka üçüncüleri olan Menat'ın ne olduğunu söyler misiniz?... Bunlar sizin ve babalarınızın taktığı adlardan başka bir şey değildir. Allah onları destekleyen bir delil indirmemiştir. Onlar sadece sanıya ve canlarının istediğine uymaktadırlar. Oysa onlara Rablerinden and olsun ki doğruluk rehberi gelmiştir.[286]

Kur'an'ın ataların pagan tanrılarına yönelttiği en köktenci mahkûmiyet buydu ve bu ayetler Kur'an'a dâhil edildikten sonra Kureyşle uzlaşma olanağı kalmamıştı. Bu noktadan sonra Muhammed ısrarlı bir tektanrıcı oldu ve şirk (puta taparlık, sözlük anlamıyla Allah'la başka varlıkları ilişkilendirmek) İslam'da en büyük günah oldu.

Muhammed, eğer böyle bir şey varsa, Şeytan Ayetleri olayında çoktanrıcılıkla herhangi bir uzlaşma yapmış değildi. Şeytan'ın rolünden söz etmekle de Kur'an'ın Şeytan tarafından herhangi bir anda bulandırıldığı anlamını çıkarmak doğru değildir: İslam'da Şeytan, Hristiyanlıkta olduğundan çok daha fazla tahammül kaldırır bir kimliktir. Kur'an Şeytan'ın Kıyamet gününde affedileceğini söyler ve Araplar "Şeytan" sözcüğünü bir insanın huylarına benzetme yoluyla veya doğal bir baştan çıkma için sık sık kullanırlar.[287] Olay, Muhammed'in ağza alınmaz ilahi mesajı insan diliyle ifade etmeye çalıştığında yaşadığı zorluğu da gösteriyor olabilir: Bu durum Kur'an'daki birçok peygamberin ilahi mesajı açıklamak isterken benzer "şeytani" kaymalar yaşadığını ve Tanrı'nın daima onların

286 Kur'an-ı Kerim 53:19 23.

287 Karen Armstrong, *Hazreti Muhammed İslam Peygamberinin Biyografisi.*

yanlışlarını düzeltip yeni ve daha üstün vahiyler gönderdiğini açıklamasıyla da ilişkilendirilebilir. Bu olaya bir başka ve laik bir bakış açısıyla bakıldığında, Muhammed'in bütün yaratıcı sanatçılar gibi eserini yeni ilhamlarla gözden geçirdiği de söylenebilir. Kaynaklar Muhammed'in putperestlik konusunda Kureyş'le uzlaşmayı kesinlikle reddettiğini ortaya koyuyor. O pragmatik biriydi ve can alıcı önemde görmediği bir konuda uzlaşmaya girebilirdi ama Kureyş ona çok tanrı arasından birinin en büyük olduğu bir çözümle, kendisi ve Müslümanları Allah'a taparken, kendilerinin ata tanrılarına tapınmalarına izin vereceği bir uzlaşmayla geldiğinde, Muhammed bu öneriyi şiddetle reddetmişti. Kur'an'daki anlatımla: "Ey inkârcılar! Ben sizin taptıklarınıza tapmam. Benim taptığıma da sizler tapmazsınız... Sizin dininiz size, benim dinim banadır."[288]

Müslümanlar yalnızca Tanrı'ya taparlardı ve Kureyş tarafından eş koşulacak sahte tapınma nesnelerine ister ilah ister değer olsunlar dayanamazlardı.

Tanrı'nın birliğini kavramak Kur'an ahlakının temeliydi. Maddi varlıklara yer vermek veya daha önemsiz varlıklara güvenmek şirk (putperestlik) İslam'da en büyük günahtı. Kur'an pagan ilahları tıpkı Yahudi kitapları gibi küçük görür: Onlar tamamıyla etkisizdir. Bu tanrılar yiyecek veya iaşe sağlayamaz; onları insanın yaşamının merkezine koymasının hiçbir yararı yoktur çünkü onlar iktidarsızdır. Oysa Müslümanın Allah'ın en büyük ve tek gerçeklik olduğunu kavraması gerekir:

> "De ki: O Allah bir tektir. Allah her şeyden müstağni ve her şey O'na muhtaçtır. O doğurmamış ve doğmamıştır. Hiçbir şey O'na denk değildir."[289]

---

288 Kur'an-ı Kerim 109.

289 Kur'an-ı Kerim 112.

Athanasius gibi Hristiyanlar da yalnızca Yaratıcı'nın, Varlığın Kaynağı'nın kurtarıcı iktidara sahip olduğunda ısrar etmişlerdir. Bu görüşlerini Teslis ve Diriliş öğretilerinde de ifade etmişlerdir. Kur'an Semitik ilahi teklik görüşüne döner ve Tanrı'nın oğul sahibi olacağı görüşünü reddeder. Yeryüzü ve gökyüzünü yaratan Allah'tan başka tanrı yoktur ve yalnızca O insanı kurtarabilir; onun ihtiyacı olan ruhsal ve maddi beslenmeyi sağlayabilir. Ancak O'nun es-Samed, "nedene ihtiyaç duymayan, bütün varlıkların Nedeni" olduğunu kabul etmekle Müslümanlar zaman ve tarihin dışında bir gerçeklik boyutuna seslenebilir ve toplumu parçalayan aşiret bölünmelerinin ötesine geçebilirler. Muhammed tektanrıcılığın aşiretçiliğin düşmanı olduğunu biliyordu: Bütün ibadetlerin yöneldiği tek ilah bireyin olduğu kadar toplumun da birliğini sağlardı.

Fakat basitleştirilmiş bir tanrı kavramı da yoktur. Bu tek ilah bizim bilip anlayabileceğimiz türden, bizler gibi bir varlık değildir. Müslümanları namaza davet eden "Allahu Ekber!" seslenişi, Tanrı ile geri kalan gerçeklik arasındaki farkla birlikte, Tanrı'yla, hakkında hiçbir şey söyleyemiyeceğimiz kendisi (*ez-Zat*) arasındaki farkı da vurgular. Fakat bu kavranılamaz ve ulaşılmaz Tanrı kendisinin bilinmesini istemiştir. Eski bir geleneğe göre (*hadis*), Tanrı Muhammed'e, "Ben gizli bir hazineydim ve bilinmek istedim. Ve bilineyim diye dünyayı yarattım," demiştir.[290] Doğanın işaretleri (ayât) ve Kur'an ayetleri üstüne düşünerek Müslümanlar ilahiyatın dünyaya dönük, Kur'an'ın Tanrı'nın Yüzü (*vech'ullah*) dediği bu yönü hakkında fikir sahibi olabilirler. Önceki iki dinde olduğu gibi İslam da Tanrı'yı ancak eylemleri ile görebildiğimizi ortaya koyar; Tanrı böylelikle söze gelmez varlığını insanların sınırlı anlayışına sunmaktadır. Kur'an Müslümanların, kendilerini her yandan saran Tanrı'nın Yüzü veya Zat'ı için sürekli bir bilinç geliştirmelerini (takva) ister: "Nereye dö-

290 *Islamic Spirituality. Foundation*; yay. Seyid Hüseyin Nasr, Londra, 1987, s. 321.

nerseniz Allah'ın yönü orasıdır."[291] Hristiyan doktrininin kurucuları gibi Kur'an da Tanrı'yı Mutlak olarak görür, sahici varlığa sahip olan yalnızca O'dur: "Yeryüzünde bulunan her şey fanidir. Ancak, Yüce ve Cömert olan Rabbinin varlığı bakidir."[292] Kur'an'da Tanrı'nın doksan dokuz adı veya sıfatı vardır. Bu adlar O'nun büyüklüğüne, evrende bulabildiğimiz bütün olumlu niteliklerin kaynağı olduğuna vurgu yapar. Böylece dünya, yalnızca O el-Gani (zengin ve sonsuz) olduğu için vardır; yaşamı veren O'dur (el-Muhyi), her şeyi bilen O'dur (el-Âlim), sözü üreten O'dur (el-Kalima).[293] Dolayısıyla O'nsuz, yaşam olmazdı, bilgi veya konuşma olmazdı. Bu, yalnızca Tanrı'nın sahici varlığı ve olumlu değeri olduğunun ifade edilmesidir. Ama ilahi adların bazen birbirini ortadan kaldırdığı da görülür. Böylece Tanrı hem el-Kahhar, egemen olan ve düşmanları kahreden; hem el-Halim, sonuna kadar sabır, tahammül gösterendir. O, hem el-Kabız, sıkan, daraltan; hem de el-Basıt, açan, genişletendir. El-Hafid, alçaltan ve el-Rafi, yükseltendir. Tanrı'nın adları Müslüman imanında merkezi bir rol oynar: ezbere söylenir, tesbihle zikredilir ve mantra[294] olarak söylenirler. Bütün bunlar Müslümanlara tapındıkları Tanrı'nın insani kategoriler içine girmediğini ve basit tanımlara sığmayacağını anımsatır.

İslam'ın ilk "şart"ı Kelime-i Şehadet, Müslüman inancının ifade edilişidir: "Tanıklık ederim ki Allah'tan başka tanrı yoktur ve Muhammed O'nun peygamberidir." Bu yalnızca Tanrı'nın varlığının ifade edilmesi değil, tek sahici gerçekliğin, tek sahici varlık biçiminin Allah olduğunun da ortaya konmasıdır. Tek sahici gerçeklik O'dur, güzellik ve mükemmellik O'na aittir: Varmış ve bu niteliklere sahipmiş gibi görünen bütün varlıklar ancak bu temel varlığa yaklaştıkça

---

291 Kur'an-ı Kerim 2:115.

292 Kur'an-ı Kerim 55:26.

293 Allah'ın doksan dokuz adı arasında bu ad bulunmamaktadır. A. O. Tatlısu, Esmâ'ül Hüsnâ Şerhi, Diyanet İ.B. 1963, Ankara (ç. n.)

294 Sözlük bölümüne bkz. (ç. n.)

bu niteliklere sahip olabilirler. Bu ifadenin varlığı Müslümanların Tanrı'yı odak noktası ve tek öncelik konusu yaparak yaşamalarını gerektirir. Tanrı'nın birliğinin vurgulanması yalnızca *benat'ullah* gibi ilahların tapınmaya değer olduklarının reddi anlamına gelmez. Tanrı'nın Tek olduğunu söylemek yalnızca sayısal bir tanımlama yapmak değildir: Bu birliği insanın yaşamının ve toplumun belirleyici öğesi yapmak için de bir çağrıdır. Tanrı'nın tekliği gerçekten bütünleştirilmiş kişilikle kavranabilir. Fakat ilahi birlik Müslümanların başkalarının dinsel görüşlerini tanımalarını da gerektirir. Her zaman tek Tanrı olduğu için, bütün doğru yöne yönelmiş dinler de O'ndan gelmektedir. Üstün ve tek Gerçekliğe inanmak kültürel koşullara uyum göstermiş ve farklı toplumlarda farklı yollarla ifade edilmiş olabilir fakat bütün doğru inançların odağı Arapların daima Allah adını verdikleri varlık tarafından esinlenmiş ve O'na yönelmiş olmalıdır. Kur'an'ın ilahi adlarından biri de en-Nur, yani Işık'tır. Kur'an'ın bu ünlü ayetlerinde Tanrı bütün bilginin kaynağı ve insanın aşkın bir kavrayış elde edebildiği her yerde o ışığın aracıdır:

> Allah göklerin ve yerin Nur'udur. O'nun Nur'u, içinde ışık bulunan bir kandil yuvasına benzer. O ışık bir cam içindedir, cam ise sanki inci gibi parlayan bir yıldızdır, bu ne yalnız doğuda ve ne de yalnız batıda bulunan bereketli zeytin ağacından yakılır. Ateş değmese bile, nerdeyse yağın kendisi aydınlatacak! Nur üstüne nurdur.[295]

"Ke" ortacı Kur'an söyleminin temelde simgesel olan yapısında Tanrı'yı belirtendir. En-Nur, Işık, Tanrı'nın kendisi değildir, dolayısıyla O'nun bireyin (kandil yuvası, niş) yüreğini aydınlatmak amacıyla gönderdiği özel bir vahye (lamba) işaret etmektedir. Işığın kendisi onu taşıyanla bütünüyle özdeşleştirilemez fakat herkese ait-

295 Kur'an-ı Kerim 24:35.

tir. Müslüman yorumcuların ilk günlerden beri üzerinde durduğu gibi, zaman ve mekânı aşan ışık ilahi Gerçeklik için iyi bir simgedir. Bu ayetlerdeki zeytin ağacı imgesi vahyin sürekliliğine atıf olarak yorumlanmıştır; zeytin ağacı bir "kök"ten çıkar ve tek bir gelenek veya yerellikle özdeşleştirilemiyecek kadar çeşitli dinsel deneyim anlamına gelen dallar verir: O ne Doğu ne de Batı'dır.

Hristiyan Varaka bin Nevfel Muhammed'i hakiki peygamber olarak tanıdığında, ne kendisi ne de Muhammed onun İslam'a geçmesini beklemişti. Muhammed Yahudi ve Hristiyanlardan Müslüman olmalarını, kendileri özellikle istemedikçe, hiçbir zaman talep etmemişti, çünkü onların kendi otantik vahiylerine sahip oldukları düşünülüyordu. Kur'an daha önceki peygamberlerin mesaj ve görüşlerini ortadan kaldıran bir vahiy değildi, tersine insanlığın dinsel deneyiminin sürekliliği üstünde ısrarla duruyordu. Bu noktayı vurgulamak özellikle önemlidir, çünkü bugün hoşgörü Batılıların pek İslam'da görme eğiliminde olmadıkları bir erdemdir. Ama başlangıçtan beri Müslümanlar vahyi Yahudi ve Hristiyanlar kadar dar anlamıyla görmemişlerdir. Bugün birçoklarının İslam'ı mahkûm ettikleri hoşgörüsüzlük rakip bir Tanrı görüşünden değil fakat oldukça farklı bir kaynaktan çıkmaktadır:[296] Müslümanlar, ister İran'ın Şah Muhammed Rıza Pehlevi'si gibi kendi yönetcilerinden gelsin, ister Batı'nın güçlü devletlerinden gelsin adaletsizlik karşısında hoşgörüsüzdürler. Kur'an öteki dinsel gelenekleri yanlış veya eksik diye mahkûm etmez fakat her yeni peygamberin kendinden öncekilerin görüşlerini doğruladığını ve sürdürdüğünü gösterir. Kur'an, Tanrı'nın yeryüzünün her halkına bir haberci gönderdiğini öğretir: İslam geleneğine göre böyle 124.000 peygamber olmuştur. Bu, sonsuz olduğunu işaret eden sembolik bir rakamdır. Böylece Kur'an özünde yeni bir mesaj getirmediğini ve Müslümanların eski dinlerle yakınlıklarını ortaya koymaları gerektiğini sürekli yineler:

---

296 Karen Armstrong, *Hazreti Muhammed İslam Peygamberinin Biyografisi.*

> Kitap ehlinden haksız davrananlar bir yana, onlarla en güzel şekilde mücadele edin, şöyle deyin: "Bize indirilene de size indirilene de inandık; bizim Tanrımız da sizin Tanrınız da birdir, biz O'na teslim olmuşuzdur."[297]

Kur'an doğal olarak Arapların bildiği kişilerin adlarını verir, Yahudi ve Hristiyanlar tarafından tanınan İbrahim, Nuh, Musa ve İsa gibi peygamberleri sayar. Ayrıca Midian ve Semud gibi eski Arap topluluklarına gönderilmiş olan Hud ve Salih'i de anar. Bugün Müslümanlar Muhammed, Hindu ve Budistleri bilseydi, onların dinsel bilgelerini de sayardı diye ısrarla belirtiyorlar. Muhammed'in ölümünden sonra onlar da Yahudi ve Hristiyanlar gibi İslam İmparatorluğu'nda tam dinsel özgürlüğe sahip olmuşlardı. Aynı ilkeye bağlı olarak, Müslümanlar, Kur'an'ın Amerika ve Avustralya yerlilerinin şaman ve kutsal adamlarına da saygı göstereceğini ileri sürüyorlar.

Muhammed'in dinsel deneyimin sürekliliği inancı çok geçmeden sınanacaktı. Kureyş'le yaşanan kopmadan sonra Müslümanlar için Mekke'de yaşamak dayanılmaz bir hale geldi. Aşiret korumasına sahip olmayan köleler ve azatlılar o kadar şiddetli sorgulamalara uğradılar ki bazıları işkencede öldü ve Muhammed'in kendi Haşimi klanına, açlıktan teslim olmaları amacıyla boykot uygulandı: Bu yoksunluk olasılıkla sevgili karısı Hatice'nin ölümüne yol açtı. Sonunda Muhammed'in kendi yaşamı da tehlikeye girdi. Kuzeydeki yerleşim yeri olan Yesrib'in pagan Arapları Müslümanları kendi klanlarını terk edip oraya yerleşmeye davet ettiler. Bu bir Arap için kesinlikle daha önce görülmüş bir şey değildi: Aşiret Arabistan'ın kutsal değeriydi ve böyle bir adım en önemli değerleri çiğnemekti. Yesrib çeşitli aşiretler arasındaki onulmaz savaşla bölünmüştü ve paganların çoğu vahanın ruhsal ve siyasal sorunlarını İslam'ı kabul ederek çözmeye

297 Kur'an-ı Kerim 29:46.

hazırdı. Burada üç büyük Yahudi aşiret vardı ve paganların zihnini tektanrıcılığa alıştırmışlardı. Yani Arap ilahların reddedilmesinden Kureyş kadar etkilenmiyorlardı. Böylece 622 yazında yetmiş kadar Müslüman aileleriyle birlikte Yesrib'e gitti.

Yesrib'e (veya Müslümanların verdiği adla Medine'ye) Hicret'ten önceki yılda Muhammed dinini kendi anladığı biçimiyle Yahudiliğe daha yakınlaştırmıştı. Yıllarca yalıtılmış biçimde çalıştıktan sonra daha eski, daha kurumlaşmış bir gelenekle birlikte olmayı istemiş olabilir. Böylece Yahudilerin Kefaret Günü'nde Müslümanların oruç tutmaları ve o zamana kadar iki kez iken, artık Yahudiler gibi günde üç kez namaz kılınması düzenini getirdi. Müslümanlar Yahudi kadınlarla evlenebilir ve bazı yemek kurallarına uyabilirlerdi. Artık *Müslümanlar Yahudi ve Hristiyanlar gibi Kudüs'e yönelerek ibadet* edeceklerdi. Medine Yahudileri başlangıçta Muhammed'e bir şans vermek istediler: Vahada yaşam dayanılmaz olmuştu ve Medine'nin birçok katı paganı gibi ona en azından, özellikle de inançlarına bu kadar eğilim gösterirken, bir fırsat vermek istiyorlardı. Ancak sonuçta, Muhammed'in aleyhine döndüler ve muhacirlere düşman olan paganlara katıldılar.

Yahudiler onu reddetmek için geçerli dinsel nedenlere sahiptiler: Onlar peygamberlik çağının bittiğine inanıyorlardı. Bir Mesih bekliyorlardı ama bu aşamada hiçbir Yahudi veya Hristiyan peygamber geleceğine inanılamazdı. Ayrıca siyasal dürtüleri de onlara yön veriyordu: Eski günlerde savaşan Arap aşiretlerinden biri veya öbürüyle kader bağı kurarak vahada kuvvet kazanmışlardı. Muhammed ise bu aşiretleri yeni İslam ümmeti, Yahudilerin de üyesi oldukları bir tür üst aşiret bağı altında Kureyş'le birleştirmişti. Medine'deki konumlarının gerilediğini görünce, Yahudiler düşman oldular. Camide toplanıp, "Müslümanların anlattıkları öyküleri dinleyerek gülüp, dinleriyle alay etmeye başladılar."[298] Bu onlar için çok kolaydı çünkü

---

298 İbn İshak, *Hz. Muhammed'in Hayatı.*

kitap bilgileri iyiydi ve Kur'an'da anlatılan, Kitab-ı Mukaddes'ten bazı farklılıklar gösteren öykülerdeki açıkları yakalıyorlardı. Ayrıca Muhammed'in iddialarıyla da alay ediyor, kaybolduğunda devesini bulamayan bir adamın peygamber olduğunu iddia etmesinin çok tuhaf olduğunu söylüyorlardı.

Muhammed'in Yahudiler tarafından reddedilmesi herhalde yaşamındaki en büyük hayal kırıklıklarından biriydi ve bütün dinsel konumunu sorgulanır bir duruma düşürmüştü. Ama bazı Yahudilerin tutumu dostçaydı ve Müslümanlara manevi açıdan destek oldukları anlaşılıyordu. O'nunla Kitab-ı Mukaddes'i tartışıyor, ona Yahudilerin eleştirilerini karşılama yollarını anlatıyor ve bu yeni bilgiler Muhammed'e kendi görüşlerini geliştirmekte yardımcı oluyordu. Muhammed ilk kez, daha önce belirsiz kalan, peygamberlerin kesin kronolojisini öğreniyordu. Şimdi İbrahim'in Musa ve İsa'dan önce yaşamış olmasının çok önemli olduğunu anlıyordu. O zamana kadar Muhammed Yahudi ve Hristiyanların aynı dinden olduklarını düşünmüştü belki de ama artık aralarında ciddi anlaşmazlıklar olduğunu görüyordu. Araplar gibi dışarda kalanlar için iki taraftan birini seçmenin anlamı yoktu ve Tevrat ile İncil'in izleyicilerinin, İbrahim'in saf dini hanifiyyun'a, Hahamların Sözlü Yasaları ve Teslis'in saçma öğretisi gibi otantik olmayan öğeler kattıklarını düşünmek oldukça mantıklıydı. Muhammed, Yahudilerin kendi kitaplarında da inançsız bir halk olarak tanımlandığını ve Altın Buzağı'ya tapmak üzere putperestliğe döndüklerini de öğrendi. Bütün "eski vahiy ehlinin"[299] hata yoluna sapmış oldukları ve özünde bütün dinlerin aynı olduğu ısrarını sürdürmeye devam etse de Kur'an'daki Yahudilere karşı polemik oldukça iyi temellenmiştir ve Müslümanların, Yahudilerin reddedişleriyle kendilerini ne kadar tehdit altında hissetmiş olabileceklerini de gösterir. Muhammed, Medine'nin dost Yahudilerinden, ayrıca İbrahim'in büyük oğlu İsmail'in öyküsünü de öğrendi. Kitab-ı Mukaddes'e

299 Bu Muhammed Esed'in "ehli kitab" çevirisidir; genellikle "kitap insanları" olarak anlaşılır.

göre İbrahim, cariyesi Hacer'den bir oğul sahibi olmuştu fakat Sara İshak'ı doğurunca Hacer ve İsmail'i kıskandı ve onlardan kurtulmak istedi. İbrahim'i rahatlatmak için Tanrı İsmail'in de büyük bir ulusun atası olacağına söz verdi. Arap Yahudileri bazı yerel efsaneleri de katarak, İbrahim'in Hacer ve İsmail'i Mekke'de terk ettiğini ve Tanrı'nın burada onları gözettiğini, çocuk susuzluktan ölecekken kutsal Zemzem suyunu akıttığını da eklemişlerdi. Daha sonra İbrahim, İsmail'i ziyaret etti ve baba oğul birlikte Kâbe'yi, Tanrı'nın ilk tapınağını inşa ettiler. İsmail Arapların atası oldu yani onlar da İbrahim'in çocuklarıydılar. Bu öykü Muhammed'in kulağını okşamış olmalı: Araplara kendi kitaplarını getiriyordu ve şimdi inançlarını atalarının inançlarıyla temellendirebilirdi. Ocak 624'te, Medine Yahudilerinin düşmanlığının kalıcı olduğu anlaşıldığında, Allah'ın yeni dini bağımsızlığını ilan etti. Muhammed Müslümanlara Küdüs yerine Mekke'ye dönerek ibadet etmelerini emretti. İbadet yönündeki (kıble) bu değişiklik, Muhammed'in en yaratıcı dinsel hareketi olarak görülür. Müslümanlar iki eski vahiyden bağımsız olarak Kâbe'ye dönmekle, hiçbir kurumlaşmış dinle bağlarının olmadığı fakat yalnızca Tanrı'ya teslim olduklarını ilan ediyorlardı. Tek Tanrı'nın dinini dinsizce savaşan gruplara bölen mezheplere katılmıyorlardı. Onlar İbrahim'in esas dinine dönüyorlardı; İbrahim Tanrı'ya teslim olan ve O'nun evini inşa eden ilk Müslüman'dı:

> "Yahudi veya Hristiyan olun ki doğru yolu bulasınız," dediler. Ey Muhammed, "Doğruya yönelmiş olan ve Allah'a eş koşanlardan olmayan İbrahim'in dinine uyarız," de. "Allah'a, bize gönderilene, İbrahim'e, İsmail'e, İshak'a, Yakub'a ve torunlarına. Gönderilene, Musa ve İsa'ya verilene, Rableri tarafından peygamberlere verilene, onları birbirinden ayırt etmeyerek inandık biz O'na teslim olanlarız," deyin.[300]

---

300 Kur'an-ı Kerim 2: 1356.

Elbette Tanrı'nın kendi hakikatinden başka insani bir yorumu yeğlemek kâfirlikti.

Müslümanlar tarihi Muhammed'in doğumuyla veya ilk vahiyleri almasıyla değil –bunlarda zaten yeni bir taraf da yoktu– İslam'ı siyasal bir gerçekliğe dönüştürmeye başlayarak tarihteki ilahi planı, uygulamaya başladıkları Hicret'le başlatırlar. Kur'an'ın bütün dindar halkların adil ve eşit bir toplum yaratmak için çalışmalarını görev olarak öğrettiğini gördük ve Müslümanlar siyasal görevlerini gerçekten de çok ciddiye almışlardı. Muhammed başlangıçta siyasal bir önder olmak için yola çıkmamıştı ama öngörülmeyen olaylar onu Araplar için tamamıyla yeni bir siyasal çözüme doğru itmişti. Hicret ile 632'deki ölümü arasındaki on yılda Muhammed ve ilk Müslümanlar, Medine'deki muhalifleri, Mekke'deki Kureyş ve ümmeti yok etmek isteyen herkese karşı umutsuz bir yaşam savaşına girdiler. Batı'da Muhammed genellikle isteksiz insanlara zorla İslam'ı kabul ettiren bir savaş önderi olarak tanıtılır. Gerçeklik oldukça farklıdır. Muhammed yaşamı için savaşıyordu ve Kur'an'da birçok Hristiyan'ın kabul edeceği bir adil savaş teolojisi gelişirken, hiçbir zaman kimseyi dinini değiştirmeye zorlamamıştı. Gerçekten de Kur'an "dinde zorlama yoktur" hükmünde çok açıktır. Kur'an'da savaş karşı çıkılması gereken bir şeydir; tek adil savaş savunma savaşıdır. Bazen değerleri savunmak için savaşmak zorunlu olur, tıpkı Hristiyanların Hitler'e karşı savaşılması gerektiğine inandıkları gibi. Muhammed'in çok gelişkin siyasal yetenekleri vardır. Yaşamı sona erdiğinde Arap aşiretlerinin çoğunluğu, Müslümanlıkları Muhammed'in de çok iyi bildiği gibi çoğunlukla ismen veya yapay da olsa, ümmete dâhil olmuşlardı. 630'da Mekke, kapılarını kan dökmeden onu almayı beceren Muhammed'e açtı. 632'de ölümünden kısa süre önce, Veda Haccı olarak bilinen ziyaretini yaptı ve eski pagan Arap riti haccı İslamlaştırarak Araplar için çok kıymetli olan hacılığı dininin beşinci şartı yaptı.

Bütün Müslümanlar, eğer koşulları elveriyorsa yaşamlarında en az bir kez hacı olmak zorundadırlar. Doğal olarak hacılar Muhammed'i anımsarlar fakat ritler onlara peygemberden çok İbrahim, Hacer ve İsmail'i anımsatmak üzere yorumlanmıştır. Bu ritler dışardan biraz tuhaf görünür –yabancı bir toplum veya dinsel ritüellerin her zaman göründüğü gibi– ama yoğun bir dinsel deneyimi açığa çıkarma ve İslam tinselliğinin cemaate ve bireye ilişkin yönlerini mükemmel ifade etme yeteneği taşırlar. Bugün belirli zamanda Mekke'de toplanan binlerce hacı Arap değildir ama eski Arap törenlerini kendilerine mal edebilmişlerdir. Her türlü ırk ve sınıf farkını ortadan kaldıran geleneksel hacı kıyafetiyle Kâbe'de toplandıklarında, günlük yaşamlarının bencil meşguliyetlerinden kurtulduklarını ve tek odağı ve konumu olan bir topluma dâhil olduklarını hissederler. Kutsal yapının çevresinde dönmeye başlamadan önce hep birlikte, "Ey Allah burda hizmetindeyim," diye bağırırlar. Bu ritin en önemli yanı son dönem İran filozoflarından Ali Şeriati tarafından dile getirilmiştir:

> Çevresinde dönüp Kâbe'ye yaklaştıkça, kendinizi koca bir ırmağa katılan küçük bir akıntı olarak hissedersiniz. Bir dalga tarafından taşınarak, toprakla temasınızı kaybedersiniz. Aniden, yüzüyorsunuzdur, bir sel üstünde taşınıyorsunuzdur. Merkeze yaklaştıkça, kalabalığın baskısı sizi o kadar sıkıştırır ki size yeni bir yaşam verilir. Şimdi Halkın bir parçasısınızdır; şimdi canlı ve ezeli bir İnsansınızdır... Kâbe, yüzü sizi yörüngesine çeken bu dünyanın güneşidir. Bu evrensel sistemin parçası olmuşsunuzdur. Allah'ın çevresinde dönerken çok geçmeden kendinizi unutursunuz... Yavaş yavaş eriyen ve yok olan bir parçacığa dönüşürsünüz. Bu zirvesine çıkmış mutlak sevgidir.[301]

301 Ali Şeriati, *Ha*

Yahudi ve Hristiyanlar da cemaat ruhunu vurgulamışlardır. Hac her Müslüman bireye merkezinde Tanrı olmak üzere ümmet bağlamında kişisel birleşme deneyimi sunar. Çoğu dinde olduğu gibi, huzur ve uyum önemli hac temalarıdır ve hacılar kutsal alana girdiklerinde şiddetin her türü yasaklanır. Hacılar bir böceği bile öldüremez ve sert bir söz bile edemezler. Dolayısıyla 1987'de İranlı hacıların kışkırttığı karışıklık sırasında 402 kişinin ölüp 649'unun yaralanması bütün İslam dünyasında rezalet duygusu yaratmıştır.

Muhammed, Haziran 632'de kısa bir hastalıktan sonra beklenmedik biçimde öldü. Ölümünden sonra bazı Bedevi aşiretler ümmetten kopmak istediler fakat Arabistan'ın siyasal birliği güçlü biçimde kurulmuştu. Sonunda inkârcı aşiretler de tek tanrı dinini kabul ettiler: Muhammed'in şaşırtıcı başarısı Araplara kendilerine yüzyıllardır yararlı olan paganizmin artık çağdaş dünyada geçersiz olduğunu göstermişti. Allah'ın dini daha gelişmiş dinlerin işareti olan sevecen ahlak anlayışını getirmişti: Kardeşlik ve toplumsal adalet onun en önde gelen erdemleriydi. Güçlü bir eşitlikçilik İslam ülküsünü tanımlamayı sürdürecekti.

Muhammed'in yaşamı sırasında bu eşitlikçilik cinsiyet eşitliğini de içeriyordu. Bugün Batı'da İslam'ı kalıtımsal olarak kadın düşmanı bir din olarak tanımlamak yaygınlaşmıştır ama Hristiyanlık gibi Allah'ın dini de gerçekte kadınlar konusunda olumluydu. Cahiliyye, İslam öncesi dönemde, Arabistan kadınlar konusunda Eksen Çağı'nda geçerli olan tutumu koruyordu. Örneğin, çokeşlilik yaygındı ve karılar babalarının hanesinde kalıyordu. Seçkin kadınlar önemli derecede iktidar ve ayrıcalık sahibi olabiliyordu Muhammed'in ilk karısı Hatice örnek olarak başarılı bir tüccardı fakat çoğunluk kölelerle aynı konumda gibiydi. Hiçbir siyasal veya insanlık hakları yoktu ve kız bebek katli yaygındı. Kadınlar Muhammed'in dinini ilk seçenler arasındaydılar ve onların kurtuluşu onun yüreğinde yer eden bir tasarıydı. Kur'an kız çocuklarının öldürülmesini kesinlikle yasakladı ve Arapların kız doğduğunda pişmanlık göstermelerini engelledi.

Ayrıca kadınlara miras ve boşanma konularında yasal haklar verildi: Çoğu Batılı kadın on dokuzuncu yüzyıla kadar buna benzer haklara sahip olamadı. Muhammed kadınların ümmet işlerinde etkin rolleri olması için teşvik edici oldu ve onlar da görüşlerini, dinleneceğini bilerek doğrudan dile getirdiler. Örneğin bir olayda, Medineli kadınlar Peygamber'e Kur'an çalışmaları sırasında erkeklerin kendilerini geçtiklerinden şikâyetçi oldular ve onlara yetişebilmeleri için yardımcı olmasını istediler. Muhammed de böyle yaptı. En önemli sorularından biri Kur'an'ın kadınlar da Tanrı'ya teslim olurlarken niçin yalnız erkeklere seslendiğiydi. Bunun sonucu erkekler kadar kadınlara da seslenen bir vahiy oldu ve bu vahiy cinslerin ahlaki ve ruhsal eşitliklerini vurguladı.[302] Bundan sonra Kur'an sık sık açıkça kadınlara seslendi, bu Yahudi veya Hristiyan kitaplarında nadiren görülen bir durumdur.

Ne yazık ki Hristiyanlıkta olduğu gibi din daha sonra metinleri Müslüman kadınlar hakkında olumsuz biçimde yorumlayan erkekler tarafından zorla ele geçirildi. Kur'an bütün kadınlar için peçe zorunluluğu gerektirmez, yalnızca toplumsal konumlarının işareti olarak Muhammed'in eşleri için bunu getirir. İslam uygar dünyada yer edinince, Müslümanlar kadınları ikinci sınıf konumuna sokan uygar dünyanın âdetlerini benimsediler. Kadınların peçe takması âdetini kabul ettiler ve onları, uzun süredir marjinalleştirildikleri İran ve Hristiyan Bizans'ın haremlerine kapattılar. Abbasi halifeliği zamanına (750-1258) gelindiğinde Müslüman kadınların durumu da Yahudi ve Hristiyan toplumlardaki kardeşlerininki kadar kötüydü. Bugün Müslüman feminist gruplar erkeklerini Kur'an'ın özgün ruhuna dönmeleri için zorluyorlar.

Bu durum bize, İslam'ın da bütün öteki dinler gibi birkaç yolda yorumlanabileceğini gösteriyor. Yani o da kendi mezhep ve bölümleriyle gelişmiştir. Bunların ilki, Sünni ve Şia arasında olanı

---

302 Kur'an-ı Kerim 33:35.

Muhammed'in ani ölümünden sonraki önderlik mücadelesi sırasında biçimlenmişti. Muhammed'in yakın arkadaşı Ebu Bekir çoğunluk tarafından seçilmişti fakat bazıları onun kuzeni ve damadı Ali bin Ebu Talib'in halife olması gerektiğine inanıyorlardı. Ali'nin kendisi Ebu Bekir'in önderliğini kabul etmişti fakat sonraki birkaç yıl içinde ilk üç halife Ebu Bekir, Ömer bin Hattab ve Osman bin Affan'ın siyasetlerini kabul etmeyen siyasal muhaliflerin bağlılık odağı oldu. Sonunda Ali 656'da dördüncü halife oldu. Şia ona ilk imam ve ümmetin önderi adını verecekti. Önderlikle ilgili olarak Sünni ve Şiilerin arasındaki ayrılık öğretiye ilişkin olmaktan çok siyasaldı ve bu İslam dininde Tanrı kavramı kadar siyasetin taşıdığı önemi de gösterir. Şia-i Ali (Ali taraftarları) azınlık olarak kaldılar ve babası Ali'nin ölümünden sonra halifeliği zorla ele geçiren Emevileri kabul etmeyi reddettiği için 680 yılında küçük bir toplulukla birlikte Emevi halifesi Yezid'in adamlarınca Kerbela'da, bugünkü Irak'ta Kufe yakınındaki vahada, Muhammed'in torunu Hüseyin bin Ali'nin trajik biçimde öldürülmesiyle tipik ifadesini bulan bir protesto inancı geliştirdiler. Bütün Müslümanlar Hüseyin'in ahlaksız biçimde öldürülmesini ürpertiyle karşılar fakat Hüseyin özellikle Şia için kahraman olmuştur ve onlara tiranlığa karşı savaşmanın bazen zorunluluk olduğunu anlatır. Bu sırada Müslümanlar imparatorluk kurmaya başlamıştı. İlk dört halife İslam'ı yalnızca, ikisi de gerileme dönemine girmiş olan Bizans ve İran imparatorluklarının sınırları içindeki Araplar arasında yaymakla ilgilenmişlerdi. Emeviler zamanında ise yayılım yalnızca din değil Arap emperyalizmi kaygısıyla da Asya ve Kuzey Afrika'da devam etti.

Yeni imparatorlukta kimse İslam inancını kabul etmeye zorlanmıyordu; gerçekten de Muhammed'in ölümünden sonraki yüzyılda, din değiştirme teşvik edilen bir konu değildi ve 700 yıllarında yasayla da yasaklanmıştı: Müslümanlar İslam'ın, Yahudiliğin Yakup'un oğulları için olduğu gibi, Araplara ait olduğuna inanıyorlardı. Ehli kitap olarak Yahudi ve Hristiyanlar da zimmi olarak, koruma altındaki azınlık gruplar olarak din özgürlüğüne sahiplerdi. Abbasi halifeleri din değiştirmeyi teşvik etmeye başlayınca imparatorluktaki birçok Semitik ve Aryan halk yeni dini kabul etmekte istekli oldu. İslam'ın başarısı, İsa'nın başarısızlık ve aşağılanmasının Hristiyanlık için olduğu gibi geliştirici bir etkiydi. Siyaset Müslümanın kişisel dinsel yaşamında, dünyevi başarılara önem vermeyen Hristiyanlık gibi dışsal bir konu değildir. Müslümanlar kendilerini Tanrı'nın isteği doğrultusunda adil bir toplum işleyişini sağlamakla yükümlü görürler. Ümmet'in kutsal bir önemi vardır; Tanrı, insanlığı baskı ve zulümden kurtarmak için bu girişimi kutsamıştır. Ümmetin siyasal sağlığı bir Müslümanın ruh dünyasında, bir Hristiyanın yaşamında (Katolik, Metodist, Baptist) teolojik bir konunun tuttuğu yeri tutar. Hristiyanlar Müslümanların siyasete karşı tutumlarını garip buluyorlarsa, kendilerinin muğlâk teolojik tartışmalara yönelik tutkularının da Yahudi ve Müslümanlar için o kadar tuhaf olduğunu düşünmeliler.

İslam tarihinin ilk yıllarında bu nedenlerle, Tanrı'nın niteliğiyle ilgili tartışmalar genellikle halifelik ve kurumların niteliğiyle ilgili siyasal endişelerden çıkmıştır. İslam'da kimin ve hangi niteliklerdeki birinin ümmeti yöneteceği sorunu üstüne tartışmalar, Hristiyanlık'taki İsa'nın kişiliği ve niteliği üstüne tartışmalar kadar biçimlendirici olmuştur. Raşidin ("doğru kılavuzluk eden" ilk dört halife) döneminden sonra Müslümanlar küçük, sıkışmış Medine topluluğundan oldukça farklı bir dünyada olduklarını görmüşlerdir. Şimdi onlar yayılan bir imparatorluğun efendileriydiler, önderleri de dünyalık ve hırs peşinde görünüyordu. Aristokrasi içinde lüks ve yozlaşma vardı ve saray yaşamı, Peygamber ve arkadaşlarının zahit yaşamlarından çok farklıydı. En sofu Müslümanlar, kurulu düzeni Kur'an'ın sosyalist mesajıyla tehdit ettiler ve İslam'ı yeni koşullara uydurmaya çalıştılar. Farklı çözümler ve mezhepler ortaya çıktı.

En çok taraftar bulan çözüm Muhammed ve Raşidin'in ülkülerine dönmeye çalışan hukukçu ve gelenekçilerin çözümüydü. Bu durum Şeri hukukun oluşması sonucunu verdi. Şeri hukuk, Tevrat'a benzer biçimde, Kur'an ile Peygamber'in yaşamı ve sözleri üstüne kurulmuştu. Muhammed'in sözleri (hadis) ve yaptıkları (sünnet) ile arkadaşları hakkında şaşırtıcı sayıda sözlü gelenek oluşmuştu ve bunlar sekiz ve dokuzuncu yüzyıllarda bazı derleyiciler tarafından toplanmıştı. Bunların içinde en ünlüleri Muhammed bin İsmail el-Buhari ve Müslim bin el-Haccac el-Kuşeyri idi. Muhammed'in Tanrı'ya mükemmel biçimde teslim olduğuna inanıldığından, Müslümanların günlük yaşamlarında onu taklit etmeleri gerekiyordu. Böylece Muhammed'in konuştuğu, sevdiği, yediği, yıkandığı ve tapındığı gibi yapmayı önermekle İslam'ın Kutsal Yasası, Müslümanlara tanrısallığa açık bir yaşam sürme olanağı sağlıyordu. Peygamberi kendilerine örnek alarak, içlerini onun gibi Tanrı'ya açık tutmayı umuyorlardı. Böylece Müslümanlar sünneti izleyerek birbirlerini onun yaptığı gibi, "Selamün aleyküm," (Esenlik üstünüze olsun) diye selamladıklarında, hayvanlara, yetimlere, fakirlere onun gibi iyilikle davrandıklarında ve başkalarıyla ilişkilerinde cömert ve güvenilir olduklarında Tanrı'yı anımsarlar. Dışsal hareketler kendi başlarına amaç olarak ele alınmaz fakat onlar ancak takvanın aracıdırlar. Kur'an'da dile getirilen ve Peygamber tarafından uygulanan "Tanrı bilinci" anlamındaki takva, Tanrı'nın sürekli anılmasını (zikr) içerir. Sünnet ve hadis'in geçerlilikleri üstüne çok fazla tartışılmıştır: Bazıları daha otantik sayılmıştır. Fakat nihai olarak bu geleneklerin tarihsel geçerliliği işlevlerinden daha önemsizdir: Bunlar yüzyıllardır Müslümanların yaşamlarına tanrısallık duygusu kazandırmakta başarılı olduklarını kanıtlamışlardır.

Hadis veya Peygamber'in toplanmış sözleri genellikle günlük sorunlarla ama aynı zamanda metafizik, kozmoloji ve ilahiyatla da ilgilidir. Bunlardan bazılarının doğrudan Tanrı tarafından Muhammed'e söylendiğine inanılır. Bu hadisi kudsi'ler Tanrı'nın müminin içindeki somutluğu ve varlığını ortaya koyar. Örnek olarak bir ünlü hadis, bir Müslümanın içinde nerdeyse canlanmış olan tanrısal varlığı kavramasının aşamalarını anlatır: Kur'an ve Şeriat'ın emirlerini uygulamakla başlarsınız ve sonra imanın isteğe bağlı hareketlerine doğru ilerlersiniz:

> Bir kulum kendisine farz kıldığım şeylerden bana daha sevimli bir amel ve ibadetle yaklaşamamıştır. Kulum bana nafile ibadetle de durmadan yaklaşır, nihayet onu severim. Bir kere de onu sevdim mi, artık ben o kulumun işiteceği kulağı, göreceği gözü, şiddetle kavrayacağı eli ve yürüyeceği ayağı olurum.[303]

Yahudilik ve Hristiyanlık'ta olduğu gibi, aşkın Tanrı aynı zamanda burada, dünyada da mevcut olan somutluktadır. Müslümanlar bu tanrısal varlık duygusunu, iki daha eski dinin bulduğuna çok benzer yöntemlerle yaşamaktadırlar.

Muhammed'in taklit edilmesine dayalı bu tür bir sofuluk peşinde olan Müslümanlar genel olarak ehli hadis, gelenekçiler olarak anılırlar. Bunlar sıradan insanlar arasında tutuldular çünkü onlarınki şiddetle eşitlikçi bir etikti. Emevi ve Abbasi saraylarının lüksünü reddettiler ve Şia'nın devrimci taktiklerini benimsediler. Halifenin olağanüstü ruhsal nitelikleri olması gerektiğine inanmıyorlardı. Halife sadece bir yöneticiydi. Fakat Kur'an ve Sünnet'in tanrısal niteliklerini öne çıkartarak her Müslümana, potansiyel olarak yıkıcı ve mutlak gücün eleştiricisi Tanrı'yla doğrudan temas aracı sağladılar. Ruhban kastına veya aracılara gerek yoktu. Her Müslüman Tanrı karşısında kendi kaderiyle sorumluydu.

Gelenekçiler, her şeyden önce Kur'an'ın, Tevrat ve Logos gibi, ezeli gerçeklik olduğunu, bir tür Tanrı'nın kendisi olduğunu savundular. Kur'an, ezelden beri O'nun zihninde mevcuttu. Kur'an'ın yaratılmış olmadığı öğretileri, Kur'an okunduğunda Müslümanların doğrudan gözle görülmez Tanrı'yı duydukları anlamına geliyordu.

---

303 *Islamic Spirituality. Foundation;* yay. Seyid Hüseyin Nasr, Londra, 1987, s. 321.

Kur'an, Tanrı'nın varlığını onların arasında temsil ediyordu. O'nun sözleri Müslümanların ağzındaydı ve kutsal kitabı tuttuklarında sanki kutsal varlığın kendisine dokunuyorlardı. İlk Hristiyanlar da İsa hakkında insan olarak tam aynı biçimde düşünmüşlerdi:

> Hayat Kelamı hakkında, başlangıçtan var olanı, işittiğimizi, gözlerimizle gördüğümüzü, temaşa ettiğimizi ve ellerimizin dokunduğunu size de ilan ediyoruz.[304]

İsa'nın, Söz'ün kesin durumu Hristiyanları fazlasıyla meşgul etmişti. Şimdi Müslümanlar Kur'an'ın yapısını tartışmaya başlayacaklardı: Arapça metin hangi anlamda Tanrı'nın gerçekten Söz'üydü? Bazı Müslümanlar Kur'an'a yüklenen bu değeri, Hristiyanların İsa'nın dirilmiş Logos oluşu düşüncesine itiraz etmeleri gibi saçma buldular.

Şia ise Hristiyan diriliş görüşüne daha da yakın düşünceler geliştirdi. Hüseyin'in trajik ölümünden sonra Şiiler ancak babası Ali bin Ebu Talib'in soyundan gelenlerin ümmete yönetici olabileceğini benimsediler ve İslam içinde ayrı bir mezhep oldular. Kuzeni ve damadı olduğu için Ali'nin Muhammed'le çifte bağı vardı. Peygamber'in oğullarından hiçbiri bebeklik yaşından fazla yaşamadığı için, önde gelen erkek akraba Ali'ydi. Kur'an'da peygamberler Tanrı'dan sık sık soylarını kutsamasını isterler. Şiiler bu kavramı genişlettiler ve ancak Muhammed'in Ali kolundan gelen aile üyelerinin doğru Tanrı bilgisine (ilm) sahip olduğuna inanmaya başladılar. Ümmeti ancak onlar tanrısal kılavuzlukla yönetebilirlerdi. Ali'nin soyundan biri iktidara gelirse, Müslümanlar adil bir Altın Çağ yaşayacaktır ve ümmet Tanrı'nın isteği doğrultusunda idare edilecektir.

Ali'nin kişiliğine duyulan sevgi şaşırtıcı biçimlerde gelişti. Daha köktenci Şii grupları Ali ve soyunu Muhammed'den de yukarıda bir konuma yerleştirdi ve onlara tanrısala yakın bir nitelik atfetti.

---

304 Yuhanna'nın birinci mektubu I.I.

Bunlar tanrısal görkemi bir kuşaktan ötekine aktaran tanrıdan doğmuş seçilmiş aileye ilişkin antik İran geleneğine yakınlaşıyorlardı. Emevi döneminin sonuna gelindiğinde, bazı Şiiler yetkin ilimin yalnızca Ali soyundan bir kola verildiğine inanmaya başlamışlardı. Müslümanlar ümmetin gerçek imamını (önder) ancak Tanrı tarafından belirlenmiş bu aileden gelen kişi arasında bulabilirlerdi. İktidarda olsun olmasın, onun kılavuzluğu mutlak zorunluluktu ve her Müslüman onu bulmak ve önderliğini kabul etmek zorundaydı. Bu imamlar hükümete karşı gelmenin odağı olarak görüldüğünden halifeler bunları devletin düşmanı olarak gördüler: Şiilerin dediğine göre İmamların çoğu zehirlendi, bazıları da saklanmak zorunda kaldı. Her İmam ölürken, akrabalarından birini ilmi miras bırakmak üzere seçiyordu. Zamanla İmamlar tanrısallığın *avatar*'ları olarak görülmeye başlandı: Her biri Tanrı'nın dünyadaki varlığının kanıtı (*hüccet*) idi ve gizemli bir biçimde tanrısallığı insanda diriltiyordu. Onun sözleri, kararları ve emirleri Tanrı'nındı. Hristiyanların İsa'yı insanları Tanrı'ya götüren Yol, Hakikat ve Işık olarak görmeleri gibi Şiiler de İmamlara Tanrı'nın kapısı (bab), yol (sebil) ve her kuşağın kılavuzu olarak saygı gösterdiler.

Şia'nın farklı dalları bu tanrısal ardışıklığın izini farklı farklı sürdü. Örnekse, On İki İmam Şiileri Ali'nin Hüseyin kolundan on iki torununu kabul etti ve 939'da son torun imam saklanarak ortadan kayboldu; soyundan gelen kimse olmadığından kol böylece sona erdi. Yedililer olarak bilinen İsmaililer, bu imamların yedincisinin sonuncu olduğuna inandılar. On İki İmamcılar arasında mesihçi bir çizgi doğdu; On İkinci veya Kayıp İmam'ın Altın Çağ'ı başlatmak üzere döneceğine inandılar. Bunlar açıkça tehlikeli düşüncelerdi. Yalnızca siyasal bakımdan yıkıcılığı değil, kolaylıkla kaba, basit yorumlara konu olmaları da söz konusuydu. Daha aşırı Şiiler batıni bir yol geliştirdiler ve böylece Kur'an'ın gelecek bölümde göreceğimiz simgesel yorumuna dayanmaya başladılar. Onların inancı, dirilişi saçma olarak gören Müslümanlara göre fazlasıyla muğlâktı ve Şiiler çoğunlukla daha aristokrat sınıflar ve aydınlar arasından çıkıyordu. İran devriminden beri Batı'da Şiiliği İslam'ın kalıtımsal olarak köktenci bir mezhebi olarak görme eğilimi var ama bu doğru bir değerlendirme değil. Şiilik sofistike bir gelenek olmuştur. Gerçekten de Şiiler, Kur'an'a akılcı yorumlar getirmeye çalışan Müslümanlarla birçok ortak yana sahiptirler. Mutezile olarak bilinen bu akılcılar kendi ayrı gruplarını oluşturmuştu, ayrıca katı bir siyasal görüşleri de vardı: Şiiler gibi, Mutezile de sarayın lüksüne karşı fazlasıyla eleştireldi ve kurulu düzene karşı sık sık siyasal hareketlere girişiyorlardı.

Siyasal sorunlar Tanrı'nın insan işlerini yönlendirmesi konusunda teolojik bir tartışma yarattı. Emevilerin destekleyicileri biraz da içtenlikten uzak biçimde, İslami olmayan davranışlarının kendi kusurları olmadığını çünkü onları Tanrı'nın öyle yaptığını iddia ediyorlardı. Kur'an, Tanrı'nın her şeye gücü yettiği ve her yerde hazır ve nâzır olduğu konusunda çok ısrarlıydı ve birçok metin onların bu yönetim görüşünü savunmak için kullanılabilirdi. Fakat Kur'an aynı ısrarı insan sorumluluğu konusunda da gösterir: "Gerçekten de Allah onlar kendilerini değiştirmeden insanları değiştirmez." Sonuç olarak düzeni eleştirenler özgür irade ve ahlaki sorumluluk konularını vurguladılar. Mutezile orta yolu tuttu ve aşırı konumdan kaçındı (i'tazahu, uzak durmak). Özgür iradeyi insanlığın ahlaki niteliğini kollamak için savundular. Tanrı'nın basit doğruluk yanlışlık gibi insan kavramlarından uzak olduğuna inanan Müslümanlar O'nun adaletini kötülemiş oluyorlardı. Bütün yalın ilkeleri çiğneyen ve yalnızca Tanrı olduğu için onlardan sıyrılan bir Tanrı, despot bir halife gibi ancak bir canavar olabilirdi. Şiiler gibi, Mutezile de adaletin Tanrı'nın özü olduğunu savundular: O, akla aykırı hiçbir şeyden hoşlanamazdı.

İnsanın kendi kaderinin yazarı ve yaratıcısı olduğunu savunan Mutezile bu noktada Tanrı'nın kadiri mutlak olduğu düşüncesiyle çelişerek Gelenekçilerle ters düşüyorlardı. Gelenekçiler Mutezile'nin Tanrı'yı aşırı akılcı ve fazlasıyla insan biçimli gördüklerinden şikâyetçiydiler. Tanrı'nın özünün kavranılamazlığını vurgulamak için kaderin önceden çizildiği öğretisini benimsemişlerdi. Eğer O'nu anladığımızı iddia edersek, O Tanrı olmaktan çıkar basit bir insan yansıtması olurdu. Tanrı insanların basit doğru-yanlış kavramlarından aşkındı ve bizim ölçülerimiz ve beklentilerimizle tanımlanamazdı: Bir hareket Tanrı öyle belirlediği için kötü veya haksızdı, insan değerlerinin Tanrı'yı da bağlayan aşkın bir yönü olduğu için değil. Mutezile tamamıyla insani bir ülkü olan adaletin, Tanrı'nın özü olduğunu söylerken yanılıyordu. Hristiyanları da meşgul etmiş olan kader ve özgür irade sorunu, kişileşmiş bir Tanrı düşüncesine birçok zorluk çıkarır. Brahman gibi, kişilik dışı bir tanrı, anlaşılmaz tanrısallığın maskeleri olarak görülen "iyi" ve "kötü" kavramlarından daha büyük bir kolaylıkla uzak durabilir. Ama gizemli bir biçimde kişilik sahibi olan ve insan tarihinde etkin bir rol oynayan Tanrı eleştirilere de uğramaya başlar. Böyle bir "Tanrı"yı yaşamdakinden daha büyük bir tiran veya yargıç yapmak ve ondan bizim beklentilerimizi gerçekleştirmesini beklemek çok kolaydır. "Tanrı"yı kişisel görüşlerimize göre bir muhafazakâr veya sosyaliste, ırkçı veya devrimciye dönüştürebiliriz. Bu tehlike bazılarını kişilik sahibi Tanrı'yı dindışı bir görüş olarak görmeye itmiştir, çünkü böyle bir görüş bizi kendi önyargılarımıza hapseder ve bizim insani düşüncelerimize mutlaklık kazandırır.

Gelenekçiler, bu tehlikeden kaçınmak için, hem Yahudiler hem Hristiyanlar tarafından kullanılmış olan Tanrı'nın özü ile etkinlikleri arasındaki eskiden beri başvurulan ayrıma vardılar. Bu niteliklerden bazılarının aşkın Tanrı'yı dünyayla ilişkilendirmeye yararken, iktidar, bilgi, irade, duymak, görmek ve konuşmak gibi hepsi de Kur'an'da Allah'a atfedilen sıfatlardır; gelenekçiler bunların Kur'an gibi yaratılmamış olup ezelden beri O'nun nitelikleri olduğunu ileri sürdüler. Bunlar Tanrı'nın bilinemeyen, her zaman için bizim anlayışımızın dışında kalan özünden ayrıydı. Yahudilerin Tanrı'nın Bilgeliği veya Tevrat'ın zamanın başlangıcından önce Tanrı'yla birlikte var olduğunu düşünmeleri gibi Müslümanlar da şimdi Tanrı'nın kişiliğini açıklama konusunda, O'nun tamamıyla insan aklıyla kavranamayacağına yönelik benzer bir görüş geliştiriyorlardı. Halife El-Memun (813-832) Mutezile'nin yanını tutup onların görüşlerini İslam'ın resmî görüşü yapmak istememiş olsa bu soyut düşünce herhalde bir avuç dolusu insanı ancak etkileyebilirdi. Fakat Halife Mutezile görüşünü kabul etmeleri için Gelenekçilere işkence etmeye başlayınca sıradan insanlar bu İslam dışı davranışla korkuya kapıldılar. Ahmed bin Hanbel (780-855), El-Memun'un sorgulamasından kıl payı kurtulan önde gelen bir Gelenekçi, bir halk kahramanı oldu. Onun kutsallığı ve karizması, işkencecileri için dua etmişti, Halife'ye meydan okumaya dönüştü ve onun yaratılmamış Kur'an inancı Mutezile akılcılığına karşı halk isyanının parolası oldu.

İbn Hanbel, Tanrı hakkında herhangi bir akılcı tartışmaya girmeyi reddediyordu. Böylece ılımlı Mutezile el-Huayan el-Karibisi (öl. 859), Tanrı'nın sözü olarak Kur'an gerçekten de yaratılmamıştır fakat insan sözü olduğunda yaratılmış bir nesne olur diyerek uzlaşmacı bir görüş ortaya koyduğunda İbn Hanbel bu öğretiyi de mahkûm etti. El-Karibisi görüşünü gözden geçirmeye hazırdı ve Kur'an'ın yazılan ve okunan Arapçasının Tanrı'nın ezeli konuşmasının parçası olduğu sürece yaratılmamış olduğunu ileri sürdü. İbn Hanbel ise bunun da geçersiz olduğunu açıkladı çünkü böyle akılcı bir yolla Kur'an'ın kökeni hakkında fikirler ileri sürmek tehlikeli ve yararsızdı. Akılcılık anlatılamaz Tanrı'yı keşfetmek için uygun bir araç değildi. Mutezile'yi Tanrı'yı bütün gizemli niteliklerinden sıyırmak ve O'nu hiçbir dini değeri olmayan soyut bir formüle dönüştürmekle suçladı. İbn Hanbel, Kur'an'ın Tanrı'nın dünyadaki eylemlerini tanımlarken veya Tanrı'nın "konuştuğunu", "gördüğünü" ve "tahtında oturduğunu" anlatırken insan biçimli terimler kullandığında bu sözlerin sözlük anlamıyla fakat nasıl olduğunun sorulmadan (*bila keyf*) anlaşılması gerektiğinde ısrar ediyordu. Belki de onu Athanasius gibi köktenci Hristiyanlara benzetebiliriz; o da diriliş öğretisinin yorumunda daha akılcı sapkınlara karşı durmuştu. İbn Hanbel, her türlü mantık ve kavramsal çözümlemenin dışında kalan tanrısallığın kavranılamazlığında ısrar ediyordu.

Oysa Kur'an, sürekli olarak bilgi ve anlamanın önemini vurgular ve İbn Hanbel'in konumu biraz basit görüşlülüktür. Birçok Müslüman onu ters ve engelleyici bulmuştur. Bir uzlaşma Ebu el-Hasan ibn İsmail el-Eş'ari (878-941) tarafından bulunmuştu. Eş'ari Mutezile iken rüyasında Peygamber'in ona Hadis çalışmasını emrettiğini gördükten sonra Gelenekçi olmuştu. Eş'ari bundan sonra öteki uca savruldu, ateşli bir Gelenekçi oldu ve Mutezile'nin İslam'ın felaketi olduğunu vazetti. Sonra bir rüya daha gördü, Muhammed rahatsız olmuş gibiydi ve ona: "Sana akılcı görüşlerden vazgeçmeni değil, hadis çalışmanı söyledim," dedi.[305] Bundan sonra Eş'ari, İbn Hanbel'in agnostik (bilinemezci) tutumunu savunmak için Mutezile'nin akılcı tekniklerini kullandı. Mutezile, Tanrı'nın vahiylerinin akıldışı olamayacağını savunurken, Eş'ari Tanrı'nın bizim anlayışımızın dışında olduğunu göstermek için akıl ve mantığı kullandı. Mutezile Tanrı'yı tutarlı fakat kuru bir kavrama indirgeme tehlikesine düşmüşken, Eş'ari tutarsızlıklara karşın Kur'an'ın kanlı canlı Tanrısı'na dönmek istiyordu. Gerçekten de Areopagites Dionysios gibi Eş'ari açmazın bizim Tanrı algımızı büyülediğine inanıyordu. Tanrı'nın, herhangi insan düşüncesi gibi tartışılan ve çözümlenen bir kavrama indirgenmesine karşıydı. Bilgi, güç, yaşam vb. tanrısal sıfatlar gerçekti, ezelden beri de Tanrı'ya aittiler. Ama bunlar Tanrı'nın zatından ayrıydı çünkü Tanrı özünde tekti, yalın ve birdi. Karmaşık bir varlık olarak anlaşılamazdı çünkü O yalınlığın kendisiydi; O'nun çeşitli sıfatlarını ayrı ayrı ele alarak çözümleyemez veya O'nu daha küçük parçalara bölemezdik. Eş'ari açmazı çözmeye yönelik bütün girişimleri reddediyordu: Böylece Kur'an "tahtına oturur" dediğinde,

---

305 W. Montgomery Watt, *İslam'ın İlk Dönemlerinde Hür İrade ve Kader.*

bunu, saf "oturma" ruhu bizim anlayışımızın dışında da olsa, bir olgu olarak kabul etmemizi istiyordu.

Eş'ari inceden inceye işlenmiş belirsizlik ile aşırı akılcılık arasında orta yol bulmak çabasındaydı. Bazı yorumcular Kur'an'da dendiği gibi inananlar Tanrı'yı cennette göreceklerse O'nun fiziki varlığı olması gerektiğini iddia ettiler. Hişam bin Hâkim şöyle diyecek kadar ileri gitti:

> Allah'ın belirli, geniş, yüksek ve uzun, eşit ölçülerde, ışık saçan, üç yönde çok enli, mekânların ötesinde bir mekânda, saf metal parçası gibi, her yönüyle parlayan inci gibi ışıldayan, renk, tat, koku ve dokunma duygusu olan gövdesi vardır.[306]

Bazı Şiiler bu tür görüşleri kabul ettiler çünkü bu onların imamların tanrısallığın dirilişi olduğu görüşüne uyuyordu. Mutezile, örneğin Kur'an Tanrı'nın ellerinden söz ettiğinde, bunun cömertlik ve eli açıklığına ilişkin bir alegori olarak yorumlanması gerektiğinde ısrar ediyordu. Eş'ari Kur'an'ın Tanrı hakkında yalnız simgesel dille konuşabileceğimizi bildirdiğine işaret ederek onu harfiyen yorumlayanlara itiraz etti. Ama o Gelenekçilerin aklı bütünüyle reddetmelerine de karşı çıkıyordu. Muhammed'in bu sorunlarla karşılaşmadığını yoksa Müslümanlara yol göstermiş olacağını ileri sürüyordu; bütün Müslümanların doğru bir dinsel Tanrı kavramına varmak için benzetme (kıyas) aracını kullanarak yorum yapmak görevleriydi.

Eş'ari daima uzlaşmacı yolu tuttu. Böylece Kur'an'ın ezeli ve Tanrı'nın yaratılmamış Sözü olduğunu fakat kutsal metnin mürekkep, kâğıt ve Arapça sözcüklerinin yaratılmış olduğunu savundu. Mutezile'nin özgür irade düşüncesini mahkûm etti çünkü insanın

---

306 Ebu'l Hasan El-Eş'ari, *Malakat*, 1.197, A.J. Wensinck, *The Muslim Creed, Its Genesis and Historical Development*, Cambridge, 1932, s 67-8.

yaptıklarının "yaratıcı"sı ancak Tanrı olabilirdi; ama o insanın kendi kurtuluşuna katkıda bulunamayacağı Gelenekçi görüşüne de muhalefet etti. Onun çözümü de biraz dolambaçlıydı: Eylemleri (amelleri) Tanrı yaratıyordu fakat insanları onlara uyup uymamakta serbest bırakıyordu. Ama Eş'ari, nihai olarak Tanrı adını verdiğimiz gizemli ve anlaşılmaz gerçekliği düzenli, akılcı bir sistem içine koymaya çalışmanın yanlış olduğu sonucuna varsa da ibn Hanbel'in aksine, soru sormaya ve bu metafizik sorunları keşfetmeye hazırdı. Eş'ari genellikle ilahiyat olarak çevrilen Kelam (sözlük anlamıyla söz veya söylem) geleneğinin kurucusu olmuştu. Ardılları onuncu ve on birinci yüzyılda Kelam metodolojisini işleyip onun görüşlerini geliştirdiler. İlk Eş'ariciler Tanrı'nın egemenliği tartışmasında metafizik bir çerçeve oluşturmaya çalıştılar. Eş'ari okulunun ilk büyük ilahiyatçısı Ebu Bekr el-Bakillani (öl. 1013) idi. El-Tevhid adlı risalesinde, insanların Tanrı'nın varlığını mantıkla ve akılcı yargılarla kanıtlayabileceği yolundaki Mutezile görüşünü kabul etti. Gerçekten de Kur'an'ın kendisi İbrahim'in ezeli Yaratıcı'yı doğa üstüne sürekli ve sistemli tefekkürle nasıl keşfettiğini anlatır. Fakat el-Bakillani vahiy olmadan iyi ile kötü arasındaki farkı anlayabileceğimiz görüşünü reddetti çünkü bunlar doğal kategoriler değildir, Tanrı'nın emirleridir: Allah neyin doğru neyin yanlış olduğu konusunda insan kavramlarıyla sınırlı değildir.

El-Bakillani "atomculuk" veya "aranedencilik" olarak bilinen kuramı geliştirdi. Bununla Müslüman inancına metafizik bir akılcılık bulmaya çalıştı: Allah'tan başka ilah, gerçeklik veya kesinlik yoktu. Dünyadaki her şeyin mutlak olarak Tanrı'nın doğrudan dikkatine bağımlı olduğunu iddia etti. Bütün evren sayısız, tek tek atomlara bölünüyordu: Zaman ve mekân süreksizdi ve hiçbir şeyin kendi başına özel bir kimliği yoktu. Görüngüsel evren Athanasius'un yaptığı gibi el-Bakillani tarafından da köktenci biçimde hiçliğe indirgenmişti. Yalnızca Tanrı'nın gerçekliği söz konusuydu ve yalnızca O bizi hiçlikten kurtarabilirdi. Evreni ayakta tutan O'ydu ve yarattıklarını her an var eden de O'ydu. Evrenin varlığını açıklayan bir doğa yasası yoktu. Başka Müslümanlar başarılı bir biçimde fen bilimleriyle uğraşırken, Eş'aricilik temelde doğa bilimlerine karşı, dinsel bir geçerlilik taşımıyorsa, çatışmacı bir tutum içindeydi. Bu Tanrı'nın varlığını günlük yaşamın bütün ayrıntıları içinde açıklamak ve inancın sıradan mantığa dayanmadığını anımsamak için metafizik bir çabaydı. Gerçekliğin olgusal açıklaması olarak değil de bir disiplin olarak alındığında, Müslümanların Kur'an'da öngörüldüğü biçimde Tanrı bilinci geliştirmesinde yardımcı olacak bir tutumdu. Zayıflığı, karşıt bilimsel açıklamaları dışlaması ve özünde anlaşılması zor dinsel yaklaşımın aşırı sözlük anlamlı yorumu olarak kalmasındaydı. Bir Müslümanın Tanrı'yı kavrayışı ile başka konulara yaklaşımı arasında ayrılık etkisi yaratabilecekti. Hem Mutezile hem de Eş'ariciler farklı yollardan dinsel Tanrı deneyimiyle sıradan akılcı düşünce arasında ilişki kurma çabasında bulunmuşlardı. Bu önemliydi. Müslümanlar Tanrı hakkında, öteki konularda olduğu gibi konuşup konuşamayacaklarını bulmaya çalışıyorlardı. Yunanlıların bunun olanaklı olmadığı konusunda bir dengeye ve sessizliğin tek olanaklı teoloji olduğuna karar verdiklerini görmüştük. Sonunda Müslümanların çoğunluğu da aynı sonuca varacaktı.

Muhammed ve arkadaşları el-Bakillani'ninkinden çok daha ilkel bir toplumun üyesiydiler. İslam İmparatorluğu uygar dünyaya yayılmıştı ve Müslümanlar, Tanrı'yı ve dünyayı çok daha entelektüel ve sofistike gören kişilerle yüzleşmek zorunda kalmışlardı. Muhammed tanrısallıkla ilgili olarak, içgüdüsel bir şekilde eski İbrani deneylerini yeniden yaşamıştı ve sonraki kuşaklar da Hristiyan kilisesinin karşılaştığı aynı sorunları yeniden yaşamak zorunda kalıyorlardı. Bazıları, Kur'an'ın Hristiyanların İsa'yı tanrılaştırmasını mahkûm etmesine karşın işi onların diriliş kuramına bağlamaya kadar vardırdılar. İslam'ın öyküsü, aşkın fakat kişiliği olan bir Tanrı kavramının aynı türden sorunlar yarattığını ve aynı türden çözümler üretildiğini göstermektedir.

Kelam deneyi, Tanrı'nın akılcı yollarla kavranılamaz olduğunu göstermek için akılcı yöntemleri kullanmanın olanaklı olmasına karşın, bazı Müslümanların bundan rahatsız olacağını göstermeye yaradı. Kelam hiçbir zaman Batı Hristiyanlığında teolojinin kazandığı önemi kazanmadı. Mutezile'yi desteklemiş olan Abbasi halifeleri onun öğretisini inananlara yayamadıklarını çünkü onu "alma"dıklarını gördüler. Akılcılık ortaçağ boyunca geleceğin düşünürlerini etkilemeye devam etti fakat azınlığın çabası olarak kaldı ve Müslümanların çoğunluğu bütün bu girişime karşı güvensizlik besledi. Hristiyanlık ve Yahudilik gibi İslam da Semitik deneyimden kaynaklanmıştı fakat Orta Doğu'nun Helen geleneğini sürdüren merkezlerinde Yunan akılcılığıyla karşılaştı. Başka Müslümanlar İslam'ın Tanrısı'nın daha da köktenci bir Helenleştirilmesi çabasındaydılar ve üç tektanrıcı dine yeni felsefi bir öğe kattılar. Yahudilik, Hristiyanlık ve İslam inançları felsefenin değeri ve felsefenin Tanrı'nın gizemi karşısında geçerliliği konusunda farklı fakat oldukça önemli sonuçlara varacaklardı.

6

Filozofların Tanrısı

Dokuzuncu yüzyıl boyunca Araplar Yunan bilimi ve felsefesiyle ilgilendiler ve sonuç, Avrupa terimleriyle, Rönesans ile Aydınlanma arasında bir geçiş olarak adlandırılabilecek kültürel verimlilik oldu. Çoğunluğu Nasturi Hristiyan olan bir çevirmenler grubu Yunan metinlerini Arapçaya çevirerek mükemmel bir iş yaptı. Arap Müslümanlar artık astronomi, simya, tıp ve matematik üstüne öyle başarılı çalışmalar yapıyorlardı ki dokuz ve onuncu yüzyıllar boyunca Abbasi İmparatorluğu'nda elde edilen bilimsel başarılar, o zamana kadar tarihte elde edilenlerden fazlaydı. "Felsefe" adı verilen ülküye kendini adamış yeni bir Müslüman tipi ortaya çıkmıştı. Genellikle "felsefe" olarak çevrilirse de bunun daha geniş, daha zengin bir anlamı vardı: On sekizinci yüzyıl Fransız filozofları gibi Feylezoflar evreni yönettiğine inandıkları ve gerçekliğin her düzeyinde ayırt edilebilecek yasalarla uyum içinde akılcı bir yaşam sürmek istiyorlardı. Önce doğa bilimleri üstünde yoğunlaştılar ama sonra kaçınılmaz olarak, Yunan metafiziğine döndüler ve onun ilkelerini İslam'a uygulamaya çalıştılar. Yunan filozoflarının Tanrısı'nın Allah'la aynı olduğuna inanıyorlardı. Yunanlı Hristiyanlar da Helenizm'i çekici bulmuşlardı fakat Yunan tanrılarının yerine Kitab-ı

Mukaddes'in daha fazla paradokslar taşıyan Tanrısı'nın konulması gerektiğine karar vermişlerdi. Sonunda, göreceğimiz gibi akıl ve mantığın Tanrı üstüne çalışmalara fazla bir katkısı olmadığı inancıyla kendi felsefi geleneklerine sırtlarını dönmüşlerdi. Feylesoflarsa bunun tersi bir sonuca vardılar: Akılcılığın dinin en gelişmiş biçimi olduğuna inandılar ve vahiylerin Tanrısı'ndan daha yüce bir Tanrı kavramı geliştirdiler.

Bugün bilim ve felsefenin dinle uzlaşmaz olduğunu düşünürüz, oysa feylesoflar genellikle inançlı kişilerdi ve kendilerini Peygamber'in sadık çocukları olarak görüyorlardı. İyi Müslümanlar olarak, siyasal açıdan uyanıktılar, sarayın lüksünü reddediyorlardı ve aklın gösterdiği yollarla toplumlarını düzeltmek istiyorlardı. Öyküleri önemliydi: Bilimsel ve felsefi çalışmaları Yunan düşüncesinin egemenliğinde olduğundan, inançlarıyla daha akılcı, nesnel bakış arasında bir bağ bulmaları zorunluydu. Tanrı'yı ayrı bir entelektüel kategori olarak sınıflandırmak ve inancı öteki insan ilgi alanlarından yalıtmak, çok sağlıksız olacaktı. Feylesofların dini ortadan kaldırmak gibi bir niyetleri yoktu; fakat onu ilkel ve dar görüşlülük olarak gördükleri öğelerden arındırmak istiyorlardı. Tanrı'nın varlığından hiç kuşkuları yoktu; gerçekten de O'nun varlığını kendiliğinden kanıtlanmış görüyorlardı ama Allah'ın kendi akılcı ülküleriyle uyumunu gösterebilmek için bunu mantıkla kanıtlamanın da önemli olduğunu hissediyorlardı.

Ama sorunlar vardı. Yunan filozoflarının Tanrısı'nın Vahiy Tanrısı'ndan çok farklı olduğunu görmüştük: Aristoteles veya Plotinos'un Yüce Varlığı zaman dışı ve aldırışsızdı, dünya işlerine aldırmıyordu, kendisini tarihte ortaya koymuş değildi, dünyayı yaratmamıştı ve zamanın sonunda da yargılamada bulunmayacaktı. Gerçekten de tarih, tek tanrılı inançların bu ana tecelli noktası, Aristoteles tarafından felsefeden küçük görülerek ilgi alanı dışında bırakılmıştı. Evren ebedi olarak Tanrı'dan çıkıp yayıldığı için, başı, ortası ve sonu yoktu. Feylesoflar basit bir hayal olan tarihin ötesine geçmek istiyorlar, tanrısallığın değişmeyen ülküsel dünyasına göz atmak istiyorlardı. Akılcılık konusundaki vurgularına karşın, Felsefe kendi inancını getirmekteydi. Amaçlı bir düzenden çok karmaşa ve acının çok fazla olduğu evrenin gerçekten akıl ilkesiyle yönetildiğine inanmak cesaret istiyordu. Çevrelerindeki dünyanın genellikle yıkım getiren kaba olaylarından nihai bir anlam çıkarmak zorundaydılar. Felsefe'de bir soyluluk, nesnellik arayışı ve zaman dışı bir bakış açısı vardı. Tanrı'nın özel vahiyleriyle sınırlanmamış, kaynağını belirli bir zaman ve mekândan almayan evrensel bir din istiyorlardı; Kur'an'ın vahyini bütün kültürlerde en iyi ve en soylu zihinlerce çağlar boyunca geliştirilmiş çok daha gelişkin bir düşünceyle yorumlamanın görevleri olduğuna inanıyorlardı. Tanrı'yı gizem olarak görmek yerine, feylesoflar onun aklın kendisi olduğuna inanmaktaydılar.

Akılcı bir evrene olan inanç bugün bize naif gelebilir, bizim bilimsel keşiflerimiz Aristoteles'in Tanrı'nın varlığına ilişkin kanıtlarının geçersizliğini çoktan ortaya koydu. Bu yaklaşım on, on birinci yüzyıldaki biri için olanak dışıydı fakat Felsefe'nin deneyimi bugün yaşanan dinsel durumumuz için de geçerli. Abbasi döneminin bilimsel devrimi kendisine katılanlara yeni bilgi kazandırmaktan daha fazlasını yaptı. Günümüzde olduğu gibi bilimsel keşifler, dünyanın Feylesoflar tarafından algılanış biçimini de değiştiren farklı bir zihniyet yarattı. Bilim, her şeyin akılcı açıklaması olduğu gibi temel bir inanç da gerektirir, ayrıca dinsel yaratıcılığa benzemeyen bir imgelem ve cesaret de ister. Peygamber veya mistik gibi bilim adamı da kendisini yaratılmamış gerçekliğin karanlığı ve önceden bilinmez diyarıyla yüzleşmeye zorlar. Kaçınılmaz olarak bu durum feylesofların Tanrı kavramını etkiledi ve çağdaşlarının eski inançlarını değiştirme, hatta terk etme sonucunu getirdi. Aynı biçimde, günümüzün bilimsel görüşü klasik teizmi birçok insan için olanaklı kılmıştır. Eski teolojiye bağlı kalmak yalnızca manevi bir başarısızlık değildir fakat aynı zamanda bütünlük duygusuna zarar verme tehlikesini de içerebilir. Feylesoflar yeni görüşlerini ana İslam inancıyla birleştirmeye çalıştılar ve Tanrı hakkında Yunan'd[illegible] devrimci düşüncelere vardılar. Ama onların akılcı ilahlarının nihai bozgunu, bize dinsel hakikatin yapısı hakkında anlatılacak önemli dersler içerir.

Feylesoflar Yunan felsefesi ile dini o zamana kadarki tektanrıcılıklardan çok daha ciddi biçimde kaynaştırma çabasındaydılar. Mutezile ve Eş'ari taraftarları vahiy ve doğal akıl arasında köprü kurmaya çalışmışlardı ama onlar için vahiy Tanrısı önce geliyordu. Kelam geleneksel tektanrıcı görüşün tarihselliği ve tanrısallığı üstüne kurulmuştu; somut, özel olayların çok önemli olduğunu çünkü sahip olduğumuz tek kesinliği onların oluşturduğunu ileri sürüyordu. Gerçekten de Eş'ariciler genel yasalar ve zaman dışı ilkeler olduğundan kuşkuluydular. Bu atomculuğun dinsel ve hayalci bir değeri olmasına karşın bilimsel ruha aykırı olduğu açıktı ve feylesofları tatmin edemiyordu. Onların felsefesi tarihi, somut ve özel olanı hesaba katmayıp Eş'aricilerin reddettiği genel yasaların geçerliliğini arıyordu. Onların Tanrısı mantık tartışmalarında keşfedilecekti, çeşitli anlarda tek tek insanlara gelen özel vahiylerde değil. Bu nesnel, genelleştirilmiş doğruluk arayışı onların bilimsel çalışmalarının niteliğini ve nihai gerçekliğe ilişkin deneyimlerini belirliyordu. Herkes için aynı olmayan bir Tanrı, kaçınılmaz kültürel renkler ne olursa olsun, temel dinsel soruya tatmin edici bir çözüm sağlayamazdı: "Yaşamın nihai anlamı nedir?" Evrensel uygulamaları olan bir konuya laboratuvarda bilimsel bir çözüm getiremez ve inananlar tarafından artan biçimde yalnız Müslümanlara ait olduğu ileri sürülmeye başlanan bir Tanrı'ya dua edemezsiniz. Gene de Kur'an çalışmaları Muhammed'in kendisinin evrensel bir bakışı olduğunu ve doğru kılavuzluk eden bütün dinlerin Tanrı'dan geldiği konusunda ısrar ettiğini ortaya koyuyordu. Feylesoflar Kur'an'dan safra atma gereği duymadılar. Bunun yerine ikisi arasındaki ilişkiyi göstermeye çalıştılar: İkisi de Tanrı'ya giden geçerli yollardı, insanların kişisel gereksinimlerine uyuyorlardı. Vahiy ile bilim arasında, akılcılık ile inanç arasında temel bir çelişki görmüyorlardı. Tersine, "peygamberce felsefe" adı verilen alanı geliştiriyorlardı. Tarihin şafağından beri aynı Tanrı hakikatini tanımlamaya çalışan bütün tarihî dinlerin kalbinde yer alan gerçeğin özünü bulmaya çalışmaktaydılar.

Felsefe Yunan bilim ve metafiziğiyle karşılaşınca kendi esinini bulmuştu ama Helenizm'e körü körüne bağlı değildi. Orta Doğu kolonilerinde Yunanlılar birörnek müfredat izleme eğilimindeydiler, öyle ki Helenist felsefede farklı vurgulamalar söz konusu ise de her öğrenci belirli bir düzende belirli metinleri okumakla yükümlüydü. Bu durum bir dereceye kadar birlik ve uyum yaratmıştı. Fakat feylesoflar bu müfredatı gözetmediler ve metinleri ele geçirdikçe okudular. Bu durum kaçınılmaz olarak yeni yaklaşımlar getirdi. Kendilerine has Müslüman ve Arap öngörüleri yanında düşünceleri İran, Hint ve Gnostik etkiler altında da kaldı.

Akılcı yöntemi Kur'an'a uygulayan ilk Müslüman olan Yakub ibn İshak el-Kindi (öl. y. 870), Mutezile'ye oldukça yakındı ve Aristoteles'le birçok önemli noktada uyuşmuyordu. Basra'da eğitim görmüştü fakat Halife el-Memun'un koruması altında olduğundan Bağdat'a yerleşmişti. Matematik, fen bilimleri ve felsefeyi içeren eseri ve etkisi çok büyük oldu. Mutezile geçmişiyle felsefeyi ancak vahyin hizmetçisi olarak görüyordu. Peygamberlerin vahiyle gelen bilgisi daima filozofların basit insan görüşlerinden üstündü. Çok daha sonra feylesoflar bu yaklaşımı paylaşmadılar. El-Kindi gene de hakikati başka dinsel geleneklerde de yakalama konusunda çok istekliydi. Hakikat tekti ve filozofun görevi yüzyıllar boyunca hangi kültür veya dil giysisini giyse onu arayıp bulmaktı:

> Bize hangi kaynaktan, isterse eski kuşaklardan ve yabancı halklardan, gelirse gelsin gerçeği bulmaktan ve almaktan utanmamalıyız. Çünkü gerçeği arayan kişi için gerçekten daha yüksek bir değer yoktur; ona ulaşan hiç kimseyi

zayıflatmaz veya küçük düşürmez fakat soylulaştırır ve onur verir.[307]

Burada el-Kindi Kur'an'la aynı çizgidedir. Ama o daha da öteye gider çünkü kendisini yalnızca peygamberlerle sınırlamayıp Yunan filozoflarına da başvurur. İlk Hareket Ettirici'nin varlığı konusunda Aristoteles'in görüşlerini kullanır. Akılcı bir dünyada her şeyin bir nedeni olduğunu savunur. Bu nedenle, topa hareket vermek için hareket etmeyen bir hareket ettirici olmalıdır. Bu İlk Neden, değişmeyen, mükemmel ve yıkılmaz varlığın kendisidir. Ama bu sonuca varmakla el-Kindi Aristoteles'ten ayrılır ve Kur'an'ın *ex nihilo* yaratılış öğretisine döner. Eylem yoktan bir şeyi var etme olarak tanımlanabilir. El-Kindi'ye göre bu Tanrı'nın ayrıcalığıdır. Bu anlamda eylemde bulunan tek varlık O'dur ve dünyada çevremizde gördüğümüz bütün eylemlerin gerçek nedeni de O'dur.

Felsefe *ex nihilo* yaratılışı reddetme yolunu tuttuğundan el-Kindi gerçek bir feylesof olarak tanımlanamaz. Ama İslam dünyasında dinsel hakikat ile sistematik metafiziği birbirine uydurmaya çalışan ilk kişi odur. Ardılları daha köktencidir. Ebu Bekr Muhammed ibn Zekeriya er-Razi (öl. y. 930), İslam tarihinde sistem dışı en büyük kişi olarak tanımlanır, böylece Aristoteles'in metafiziğini reddetmiş ve Gnostikler gibi yaratılışı bir *demiurgos*'un[308] işi olarak görmüştür: Madde tamamıyla ruhsal bir Tanrı'dan ortaya çıkmış olamaz. Razi, Kur'an'ın vahiy ve peygamberlik öğretileri gibi Aristotelesçi İlk Hareket Ettirici çözümünü de reddetmiştir. Bizi yalnızca akıl ve felsefe kurtarabilir. Razi gerçek bir tektanrıcı değildir; bu nedenle belki de Tanrı kavramı ile bilimsel bakışın uyuşmazlığını bulan özgür düşünceli ilk kişi de odur. Başarılı bir hekimdir ve yıllarca doğum yeri İran'ın Rey şehrinde hastanenin başında çalışan cömert, nazik

---

307 R. Walzer, Islamic Philosophy, S.H. Nasr, "Theology, Philosophy and Spirituality', Islamic Spirituality: Manifestations, Londra, 1991, s. 411' den alıntı.

308 Platon felsefesinde evrenin yaratıcı [illegible] (ç. n.)

bir adamdır. Feylesofların çoğunluğu akılcılıklarını onun gibi aşırıya götürmediler. Daha gelenekçi bir Müslümanla yaptığı bir tartışmada, Razi hiçbir gerçek feylesofun kurulu geleneğe bağlı kalamayacağını ve bizi hakikate götürecek olan yalnızca akıl olduğu için, her şeyi kendi başına düşünmesi gerektiğini ileri sürer. Vahyedilen öğretilere dayanmak yararsızdır çünkü dinler birbirleriyle uyuşmayabilir. Hangisinin doğru olduğu nasıl söylenebilir? Ama karşısındaki -ki akıl karıştıracak biçimde onun da adı Razi'dir,[309] önemli bir görüş ileri sürer. "Sıradan insanlar ne olacak?" diye sorar. Çoğunluğu felsefi düşünce konusunda yeteneksizdir: Bu nedenle onlar hata ve karışıklık içinde yitecekler midir? Felsefenin İslam dünyasında azınlık mezhebi olarak kalmasının nedenlerinden biri seçkinciliğidir. Ancak belirli zekâ derecesindekilere hitap etmiş ve böylece Müslüman toplumu biçimlendirmeye başlayan eşitlikçi ruhun dışında kalmıştır.

Türk feylesof Ebu Nasr el-Farabi (öl. 980),[310] felsefi akılcılığa yeteneği olmayan eğitimsiz kitleler konusuna eğilmiştir. Otantik felsefenin kurucusu olarak onu kabul etmek mümkündür ve bu Müslüman ülküsünün evrensel çekiciliğini ortaya koyan da odur. Farabi, Rönesans insanı diyebileceğimiz biridir: Hekim olması bir yana aynı zamanda müzisyen ve mistiktir. *El-Medinetü'l Fazıla* adlı risalesinde Müslüman ruh dünyası için çok önemli olan toplumsal ve siyasal endişeleri dile getirmiştir. *Devlet*'te Platon iyi toplumun, filozof tarafından, sıradan insanlara kabul ettireceği akılcı ilkelerle yönetilmesi gerektiğini ileri sürüyordu. Farabi, Peygamber Muhammed'in tam da Platon'un öngördüğü türden yönetici olduğunu kabul eder. O zamana bağlı olmayan hakikatleri halkın anlayabileceği imgesel biçimlerle anlatmıştır, yani İslam Platon'un ülküsel toplumunu kurmak için son derece uygundur. Şia belki de bu tasarımı yürütmek için en uygun İslami biçimi benimsemiştir çünkü onların

309 Çünkü ikisi de İran'daki Rey'den gelmiştir.

310 Farabi'nin ölümü 950 yılındadır (ç. n.)

bilge imam kültü vardır. Farabi sufi olmasına karşın vahyi tamamıyla doğal bir işlem olarak görüyordu. İnsani endişelerden uzak Yunan filozoflarının Tanrısı muhtemelen, geleneksel vahiy öğretisinin bildirdiği gibi insanlarla konuşmuyor ve dünya işlerine karışmıyordu. Bu, Tanrı'nın Farabi'nin ana endişeleri dışında kaldığı anlamına da gelmez. Tanrı onun felsefesinin merkezinde yer alıyordu ve risalesi Tanrı tartışmasıyla başlıyordu. Ama bu Aristoteles ve Plotinos'un Tanrısı'ydı: Bütün varlıkların ilkiydi. Areopagites Dionysos'un mistik felsefesiyle yetişmiş Hristiyan bir Yunanlı, Tanrı'yı üstün de olsa yalnızca bir başka varlık yapan bir kurama şiddetle itiraz ederdi. Fakat Farabi Aristoteles'e yakındı. Tanrı'nın dünyayı "aniden" yaratmaya karar verdiğine inanmıyordu. Bu uygunsuz değişimler içinde ezeli ve durağan bir Tanrı anlamına gelirdi.

Yunanlılar gibi Farabi de Tek'ten her biri Batlamyus'un kürelerinden birini ortaya çıkaran on ardışık yayılımla veya "anlak"la ezeli olarak işleyen bir süreç görüyordu. Dış gökler, sabit yıldızlar küresi, Satürn, Jüpiter, Mars, Güneş, Venüs, Merkür ve Ay küresi. Kendi ay altı dünyamıza geldiğimizde zıt yönlerde gelişen hiyerarşinin farkına varıyoruz, cansız maddeyle başlayıp bitki ve hayvanlardan insana geliyoruz. İnsanın ruh ve zihni tanrısal Akıl'dan bir parça alırken, gövdesi topraktan geliyor. Platon ve Plotinos tarafından anlatılan arınmayla insanlar topraktan gelen prangalarını atabiliyor ve Tanrı'ya, doğal yuvalarına dönebiliyorlar.

Kur'an'ın gerçeklik anlayışına göre açık farklılıklar varsa da Farabi felsefeyi, halka yakın gelmesi için peygamberlerin şiirsel, benzetme yoluyla ifade ettikleri hakikatleri anlamanın üstün yolu olarak görüyordu. Felsefe herkes için değildi. Onuncu yüzyılın ortasına gelindiğinde İslam'a batıni öğeler girmeye başlamıştı. Felsefe böyle batıni disiplinlerden biriydi. Sufilik ve Şiilik de İslam'ı, yalnızca Kutsal Yasa ve Kur'an'la saygı duyan ulemadan farklı yorumluyordu. Gene de öğretilerini gizli tutuyorlardı, bu yalnızca halkı dışlamak için değil, Feylesofların, Sufilerin ve Şiilerin kendi daha maceralı ve yaratıcı İslam anlayışlarının kolayca yanlış anlaşılabileceğini bilmelerindendi. Felsefenin öğretilerinin, Sufiliğin mitoslarının ve Şia'nın imam öğretisinin sözel anlamına dayalı ve kaba yorumu, nihai hakikate daha simgesel, akılcı veya imgeleme dayalı yaklaşımları anlayacak eğitimi, yaratılışı ve yeteneği olmayan halkın kafasını kolayca karıştırabilirdi. Bu batıni mezheplerde talipler bu zorlu kavramları kabul edebilmeleri için özel kafa ve yürek disiplinleriyle dikkatle hazırlanıyorlardı. Yunanlı Hristiyanların *dogma* ve *kerygma* arasındaki ayrım için benzer bir kavram geliştirdiklerini görmüştük. Batı batıni bir gelenek geliştirmedi ama dinin *kerygmatik* yorumunu benimsedi; bunun da herkes için aynı olması söz konusuydu. Sözde sapkınlarının özel yönlerini geliştirmelerine izin vermek yerine, Batı Hristiyanlığı onları yalnızca soruşturdu ve uyum göstermeyenleri silip süpürmeyi yeğledi. İslam dünyasında ise batıni düşünürler genellikle yataklarında öldüler.

Farabi'nin yayılma öğretisi feylesoflar arasında genel kabul gördü. Mistikler, göreceğimiz gibi yayılma kavramını *ex nihilo* öğretisinden daha yakın buldular. Felsefe ve aklı dine muhalif görmekten uzak olan Müslüman Sufiler ve Yahudi Kabbalacılar genellikle feylesofların öngörülerini kendi daha imgelemci din anlayışları için esinleyici buldular. Bu durum özellikle Şia için ortadadır. İslam içinde azınlık olarak kalmalarına karşın, onuncu yüzyıl Şii yüzyılı olarak bilinir; çünkü Şiiler imparatorlukta önde gelen siyasal görevleri ele geçirmeyi becerebilmişlerdir. Bu Şii maceraları içinde en başarılısı Tunus'ta 909'da, Bağdat'taki Sünni halifesine muhalif bir halifelik kurmalarıydı. Bu başarı daha yaygın olan ve on iki imamı tanımaları nedeniyle On İkililer diye anılanlardan ayrılması için Yediliyler diye anılan İsmaili veya Fatımi mezhebine aitti. İsmaililer On İkililer'den altıncı imam Caferü's-Sadık'ın ölümünden sonra 765'te ayrıldılar. Cafer, oğlu İsmail'i halefi olarak atamıştı fakat o genç yaşta ölünce On İkililer kardeşi Musa'nın yetkesini tanıdılar. İsmaililer ise İsmail'e bağlandılar ve soyun onunla sona erdiğine inandılar. Kuzey Afrika halifeliği fazlasıyla güçlendi: 973'te başkentlerini Kahire'ye taşıdılar ve büyük el-Ezher Camii'ni inşa ettiler.

İmamlara duyulan saygı yalnızca siyasal hırsla ilgili değildi. Gördüğümüz gibi Şiiler imamlarının gizemli biçimde Tanrı'nın dünyada vücut bulması olduğuna inanmaya başlamışlardı. Kur'an'ın simgesel yorumuna dayanan kendilerine has bir batıni inanç geliştirmişlerdi. Muhammed'in, kuzeni ve damadı Ali bin Ebu Talib'e gizli bir bilgi aktardığına ve bu ilmin onun soyundan gelen belirli imamlar yoluyla taşındığına inanıyorlardı. Her imam Muhammed'in Nuru'nun, Muhammed'in kendisini Tanrı'ya mükemmel biçimde teslim etmesini sağlayan peygamber ruhunun vücut bulmasıydı. Ne Peygamber ne de imamlar tanrısaldılar, fakat Tanrı'ya karşı o kadar açıklardı ki O'nun sıradan bir ölümlüde olduğundan çok daha eksiksiz biçimde onlarda mevcut olduğu söylenebilirdi. Nasturiler de İsa için aynısını düşünüyorlardı. Nasturiler gibi Şiiler de imamları tanrısallığın "tapınak" veya "hazine"si, ağzına kadar aydınlatıcı tanrısal bilgiyle dolu olarak görüyorlardı. Bu ilm yalnızca gizli bilgi değil, dönüşümün ve içsel değişimin aracıydı. *Dai*'nin (tinsel mürşid) kılavuzluğuyla öğrenci tembellik ve duyarsızlıktan düş gibi bir görüşle açıklığa ulaştırılıyordu. Bu onu öyle dönüştürüyordu ki Kur'an'ın batını yorumunu anlamaya başlıyordu. Bu esaslı deneyim uyanış eylemiydi; onuncu yüzyıl İsmaili filozof Nasırı Hüsrev'in şiirinde İmam'ın görümünün yaşamını nasıl değiştirdiği anlatışından da çıkaracağımız gibi:

> Hiç ateşten akan bir deniz duydunuz mu?
> Hiç aslan olan tilki gördünüz mü?
> Güneş doğanın elinin bile değiştiremeyeceği bir çakıl
>   taşını
> Mücevhere çevirebilir.
> Ben de değerli bir taşım, benim Güneşim
> Işınlarıyla bu kasvetli dünyayı ışıkla doldurur.

Kıskançlıkla onun [İmam'ın] adını bu şiirde
söyleyemem
Fakat Eflatun'un onun kölesi olmak isteyeceğini
söyleyebilirim
O öğretmendir, ruhların sağaltıcısıdır, Tanrı'nın
sevgilisidir,
bilgeliğin imgesi, bilgi ve doğruluğun çeşmesidir.
Ey Bilginin Çehresi, Erdemin Biçimi,
Bilgeliğin Yüreği, İnsanlığın Hedefi,
Ey Onurlar Onuru, senin önünde solgun,
iskelet gibi, yünlü şala sarınmış duruyorum,
ve elini öpüyorum
Peygamberin mezarını veya Hacerü'l Esved'i veya
Kâbe'nin elini
öper gibi.[311]

Tabor Dağı'ndaki İsa'nın Yunanlı Ortodoks Hristiyanlara tanrılaşan insanlığı, Buda'nın bütün insanlık için olanaklı olan aydınlanmayı temsil etmesi gibi İmam'ın insan niteliği de Tanrı'nın bütünüyle algılanabilirliğinin biçim bulmasıydı.

İsmaililer feylezofların dinin dışsal ve akılcı öğeleri üstünde çok fazla durdukları ve ruhsal özünü ihmal ettikleri korkusunu taşıyorlardı. Örneğin özgür düşünceli Razi'ye itiraz etmekteydiler. Ama kendi felsefe ve bilimlerini de geliştirmişlerdi. Bunlar kendi başlarına amaç olarak değil, Kur'an'ın içsel, bâtıni anlamını kavramayı kolaylaştıracak ruhsal disiplinler olarak kabul ediliyordu. Bilimin ve matematiğin soyutlamaları üstüne düşünmek zihinlerini duyusal hayallerden temizliyor ve onları günlük bilincin sınırlamalarından kurtarıyordu. Bilimi, bizim yaptığımız gibi dış gerçekliğin kesin ve doğru bilgisini kazanmak için kullanmak yerine, İsmaililer kendi

311 Azim Nanji, "Ismailism", S.H. Nasr, *Islamic Spirituality: Foundation* (Londra, 1987), s. 1956'dan alıntı.

imgelemlerini yaratıyorlardı. İran'ın eski Zerdüşt mitoslarına başvuruyor, onları Yeni Platoncu düşüncelerle kaynaştırıyor ve yeni bir kurtuluş tarihi yaklaşımı geliştiriyorlardı. Daha geleneksel toplumlarda halkın burada yeryüzündeki deneylerinin göksel dünyada yer alan olayların tekrarı olduğuna inandıklarını anımsayalım: Platon'un formlar veya ezeli ilk örnekler öğretisi bu çok eski felsefi görüşün ifadesidir. İslam öncesi İran'da, örneğin gerçekliğin çifte yönü vardır: Görünebilir (*getik*) gökyüzü ve olağan algılarımızla göremediğimiz cennet (*menok*) gökyüzü vardı. Aynısı daha soyut, ruhsal gerçeklikler için de geçerliydi: *Getik*'te, dünyada ve şimdi yaptığımız her tapınma veya erdemli iş, göksel dünyada tekrarlanıyor ve ona gerçeklik ve ezeli anlam kazandırıyordu.

Bu göksel ilk örnekler, imgelemimizdeki olay ve biçimlerin dünyamızdaki varoluşumuzdan daha gerçek ve önemli görünmesi gibi doğru kabul ediliyordu. Bu bizim, tersine can sıkıcı sayısız kanıta karşın, yaşamlarımızın ve içinde bulunduğumuz dünyanın anlam ve önemi olduğu inancımızı açıklama girişimi olarak değerlendirilebilir. Onuncu yüzyılda İsmaililer o zaman İranlı Müslümanlarca İslam'a girdiklerinde terk edilmiş fakat halen kültürel miraslarının bir parçası olan bu mitolojiyi canlandırdılar ve Platoncu yayılma öğretisiyle yaratıcı biçimde kaynaştırdılar. Farabi Tanrı ile Batlamyus'un kürelerinin ilki olan maddi dünya arasında on yayılım öngörmüştü. İsmaililer de Peygamber ve imamları bu gök şemasının "ruh"ları olarak gördüler. İlk gök katının en yüksek peygamberlik küresinde Muhammed vardı, ikinci katta Ali ve ardından gelen yedi imam sonraki kürelerde sıra ile yer alıyorlardı. Son, maddi dünyaya en yakın kürede bu kutsal soyu olanaklı kılan Muhammed'in kızı, Ali'nin karısı Fatıma bulunuyordu. Dolayısıyla o, İslam'ın annesiydi ve tanrısal Bilgelik Sofia'ya karşılık geliyordu. Bu Tanrı saflaşmış imamlar imgesi İsmaililerin Şii tarihinin doğru anlamını yorumlayışlarını yansıtıyordu. Bu yalnızca gerçekten trajik olan dışsal ve dünyevi olayların ardışıklığı değildi. Dünyadaki bu parlak insanlar *menok*, ilk örnekler düzenindeki olaylara tekabül etmekteydiler.[312]

Bunu çılgınlık olarak değerlendirmekte acele etmemeliyiz. Bugün de Batı'da nesnel kesinliğimizle, kendimizle övünüyoruz ama dinin gizli (bâtıni) boyutunu arayan İsmaili bâtıniler oldukça farklı bir sorunla uğraşıyorlardı. Şair veya ressamlar gibi mantıkla pek ilgisi olmayan bir simgesellik kullanıyorlardı ama bunun duygularla veya akılcı kavramlarla ifade edilenden çok daha derin bir gerçekliği açıkladığını hissetmekteydiler. Dolayısıyla *tevil* (sözlük anlamıyla geri taşıma) adı verilen bir Kur'an anlama yöntemi geliştirdiler. Bu yöntemin kendilerini özgün ilk örnek Kur'an'a, Muhammed'in *getik*'te okuduğu sırada *menok*'ta söylenene geri götüreceğini düşünüyorlardı. Henri Corbin, İran Şiiliğinin son dönem tarihçisi, *tevil* disiplinini müzikteki armoniyle kıyaslar. İsmaili aynı anda farklı düzeylerden bir "ses", Kur'an veya hadisten bir cümle duyabiliyor gibidir. Arapça sözcükler kadar bunun göksel karşılığını da anlamak için kendisini eğitmeye çalışmaktadır. Bu çaba onun yaygaracı eleştirel yeteneğini sakinleştirir ve onu her sözcüğü saran sessizliğin bilincine erdirir. Tıpkı kutsal OUM hecesini saran kavranılmaz sessizliği dinleyen bir Hindu gibi. Sessizliği dinledikçe bizim Tanrı'ya ilişkin söz ve düşüncelerimizle gerçeklik arasındaki kopukluğun farkına varır.[313] Bu, önde gelen bir İsmaili düşünür olan Ebu Yakub es-Sicistani'nin (öl. 971) açıklamasına göre, Müslümanların Tanrı'yı hak ettiği gibi anlamalarına yardım eden bir disiplindir. Müslümanlar Tanrı'dan genellikle insan biçimli terimlerle söz ederler, O'nu dünyevi boyutlardan daha büyük bir insan haline getirirler. Başkaları ise bütün dinsel anlamlarından sıyırarak O'nu bir kavrama indirgemiştir. Oysa O çifte olumsuzluk kullanımını savunmuştur. Tanrı hakkında konuşmaya olumsuzlukla, örneğin O'nun "varlık" olmasından çok "varlık dışı"

---

312 Bkz. Henri Corbin, Spiritual Body and Celestial Earth, From Mazdean İran to Shiite İran, çev.: Nancy Pearson, Londra, 1990, s. 51-72'den alıntı.

313 A.g.e., s. 51.

oluşu ile "bilge" oluşundan önce "cahil olmayışı"yla vb. başlayarak konuşmalıyız. Ama bu oldukça yaşam dışı ve soyut olumsuzlamayı hemen reddetmeli ve Tanrı için "cahil olmayan değil" veya sözcüğü günlük anlamıyla kullandığımız gibi "var olmayan değil" demeliyiz. O insan sözlerinin hiçbirine tekabül etmez. Bu dil disiplinini kullanarak bâtıni, Tanrı'nın gizemini açıklamaya çalıştığında dilin yetersizliğinin farkına varır.

Hamidüddin Kirmani (öl. 1021), daha sonraki bir İsmaili düşünür, bu çabanın yarattığı huzur ve tatmini *Refahü'l akl* adlı risalesinde anlatır. Bu hiçbir biçimde yavan, beyinsel bir disiplin, bilgiçÇe bir numara değil fakat İsmailinin yaşamında her ayrıntıyı önemlilik duygusuyla dolduran bir yöntemdir. İsmaili yazarlar batınlarından sık sık aydınlanma ve dönüşüm terimleriyle söz ederler. *Tevil* Tanrı hakkında bilgi edinmek için tasarlanmamıştır, batıni akıldan daha derin bir düzeyde aydınlanmak için hayranlık duygusu yaratmanın aracıdır. Bu bir tür kaçamak da değildir. İsmaililer siyasal eylemcilerdi. Gerçekten de Altıncı İmam Caferü's-Sadık, inancı eylem olarak tanımlar. Peygamber ve imamlar gibi, mümin Tanrı görümünü dünyada etkin kılmalıdır.

Bu ülküler İhvanü's-Safâ, Arınmış Kardeşler tarafından da paylaşılıyordu. Şii yüzyılında Basra'da kurulmuş batıni bir örgüttü bu. Kardeşler olasılıkla İsmaili görüşün bir dalıydılar. İsmaililer gibi onlar da kendilerini bilimsel arayışa, özellikle matematik ve astrolojiye, aynı zamanda da siyasete adadılar. İsmaililer gibi Kardeşler de bâtını, yaşamın gizli anlamını arıyorlardı. Felsefi bilimlerin ansiklopedisi haline gelen risaleleri (*Resâil*) oldukça yaygındı ve İspanya'ya kadar ulaşmıştı. Kardeşler bilim ve mistisizmi birleştiriyorlardı. Matematik, felsefe ve psikolojiye giriş olarak anlaşılıyordu. Farklı rakamlar ruhta gizli farklı nitelikleri ortaya koyuyordu ve zihnin işleyişinin farkına varmak için kullanılan bir yoğunlaşma yöntemiydi. Aziz Agustinus'un kendini tanımayı Tanrı bilgisinin ayrılmaz yönü olarak kabul etmesi gibi kendini anlamak İslam mistisizminin önde gelen öğesi olmuştur. Sufilerin, İsmaililerin yakınlık duydukları Sünni mistiklerin de bir sözü vardı: "Kendisini bilen, Tanrısı'nı bilir." Bu söz Kardeşler'in ilk risalesinde de anılmıştı.[314] Ruhun rakamlarını sayarken, ilk Tek'e, ruhun yüreğinde insanın kendisi olduğu ilkesine varmışlardı. Kardeşler feylesoflara da yakındı. Müslüman akılcılar gibi onlar da her yerde aranması gereken hakikatin birliğini vurguluyorlardı. Hakikatin peşinde olan kişi "hiçbir bilimden kaçınmamalı, hiçbir kitabı küçümsememeli, tek bir inanca da fanatik biçimde bağlanmamalı"ydı.[315] Kardeşler Yeni Platoncu bir Tanrı kavramı geliştirdiler; Tanrı, Plotinos'un kavranılamaz, ifade edilemez Tek'iydi. Feylesoflar gibi onlar da Kur'an'daki *ex nihilo* öğretisinden çok Platoncu yayılma öğretisini benimsemişlerdi: Dünya tanrısal Aklı ifade ediyordu ve insan bu kutsallığa katılabilir, akılcı güçlerini arındırarak Tek'e dönebilirdi.

Felsefe doruk noktasına, Batı'da Avicenna olarak tanınan Ebu Ali İbni Sina (980-1037) ile ulaştı. Orta Asya'da Buhara'da Şii bir ailenin çocuğu olarak doğan İbni Sina, gelip babasıyla tartışmalara giren İsmaililerden de etkilenmişti. Harika bir çocuktu: On altı yaşına geldiğinde önemli hekimlere öğüt veriyordu ve on sekiz yaşında matematik, mantık ve fizik hocası olmuştu. Fakat Aristoteles'le sorunu vardı ve Farabi'nin *Aristoteles Metafiziğinin Maksadı* kitabını görünce bu sorun aydınlandı. İslam İmparatorluğu'nu dolaşan, hamilerinin kaprislerine bağımlı gezgin hekimlik yaptı. Bir dönem batı İran ve güney Irak'ta egemen olan Şii Büveyh Hanedanı'nın veziri oldu. Parlak, berrak bir entellektüeldi, hiç kuru bir bilgiç olmadı. Aynı zamanda güzellik tutkunuydu ve elli sekizinde genç bir yaşta şarap ve sekse aşırı düşkünlüğü nedeniyle öldüğü söylenir.

İbni Sina, felsefenin İslam İmparatorluğu'nun değişen koşullarına uyum göstermesi gerektiğini anlamıştı. Abbasi halifeliği gerileme

---

314 Rasai'il I, 76, Majid Fakhry, *A History of Islamic Philosophy* (New York ve Londra, 1970), s.193'den alıntı.

315 Rasai'l IV, 42, a.g.e., s. 187.

dönemine girmişti ve halife devletini Platon'un *Devlet*'te anlattığı ülküsel toplum olarak görmek artık o kadar kolay değildi. Doğal olarak İbni Sina, Şia'nın ruhsal ve siyasal yönelimlerine yakınlık duydu fakat daha çok felsefenin, kendisinin daha önceki feylesoflardan çok daha büyük başarıyla İslamlaştırdığı Yeni Platonculuğundan etkilenmişti. Felsefenin gerçekliğin tam bir resmini temsil etme iddiasını gerçekleştirebilmesi için nasıl yorumlanmak istenirse istensin siyasal, toplumsal ve kişisel yaşamın önde gelen öğesi olan sıradan insanların dinsel inançlarına daha fazla yakınlık göstermesi gerektiğine inanıyordu. Vahyedilen dini, felsefenin daha aşağı bir değişkesi olarak görmek yerine İbni Sina, Muhammed gibi bir peygamberin bütün filozoflardan üstün olduğunu çünkü insan aklına dayanmayıp doğrudan ve içgüdüsel Tanrı bilgisine sahip olduğunu savundu. Bu Sufilerin mistik deneyimine çok benziyordu ve Plotinos tarafından da en yüce erdem biçimi olarak tanımlanmıştı. Ama bunun anlamı anlağın Tanrı'dan hiçbir anlam elde edemeyeceği demek değildi. İbni Sina, Tanrı'nın varlığı konusunda Orta Çağ'ın daha sonraki Yahudi ve Müslüman filozoflarınca standart haline gelen Aristoteles'in kanıtlarına dayalı akılcı bir kanıtlama geliştirdi. Ne o ne de feylesoflar Tanrı'nın varlığından en küçük kuşku duyuyorlardı. Yardımsız insan aklının Üstün *Varlık*'ın varoluşunun bilgisine ereceğinden asla kuşkulanmadılar. Akıl insanın en yüce eylemiydi: Tanrısal akıldan bir parçaydı ve dinsel araştırmada elbette açık bir önemi vardı. İbni Sina entelektüel yeteneği olanların bu yolla Tanrı'yı keşfetmelerini dinsel bir görev olarak görüyordu çünkü akıl, Tanrı kavramını geliştirebilir, onu boş inanç ve insan biçimlilikten kurtarabilirdi. Akıllarını Tanrı'nın varlığının akıl yoluyla gösterilmesine yoran İbni Sina ve ardılları bizim anladığımız anlamıyla ateistlerle uğraşmıyorlardı. Akıllarını kullanmak istemeleri Tanrı'nın niteliği hakkında olabildiğince çok keşifte bulunmak içindi.

İbni Sina'nın "kanıt"ı aklımızın çalışma biçimini göstermekle işe başlar. Dünyaya baktığımızda farklı öğelerden oluşan bileşik varlıklar görürüz. Bir ağaç, örnek olarak ahşap, kabuk, öz ve yapraklardan oluşur. Bir şey anlamak istediğimizde onu "çözümler"iz, daha fazla bölünemeyecek kadar bileşenlerine ayırırız. Bu basit öğeler bize birincil gelir ve oluşturdukları bileşik varlıkları ikincil olarak görürüz. Sürekli yalınlık ve bu nedenle indirgenemez biçimde kendileri olan varlıklar ararız. Gerçekliğin mantıksal olarak uyumlu bir bütün oluşturduğu felsefenin ilk savıdır, yani bizim sonsuz yalınlık arayışımız şeyleri daha geniş ölçekte yansıtmalıdır. Bütün Platoncular gibi İbni Sina da çevremizdeki çokluğun birincil bir tekliğe dayandığını düşünmektedir. Zihinlerimiz bileşik varlıkları iki acil ve türev olarak değerlendirdiğinden, bu eğilim onların dışındaki yalın, daha yüce bir gerçeklikten kaynaklanıyor olmalıdır. Çokluklar koşula bağlı varlıklardır ve koşula bağlı olanlar, dayandıkları gerçekliklere göre ikincildir; tıpkı bir ailede çocukların konum olarak onlara varlık kazandıran babaları karşısında daha altta kalmaları gibi. Kendi başına Yalınlık olan filozofların "Zorunlu Varlık" adını verdikleri şeydir yani onun varlığı hiçbir şeye bağlı değildir. Böyle bir şey var mıdır? İbni Sina gibi bir feylesof evrenin akılcı oluşunu ve akılcı bir evrende Koşulsuz Varlık'ın, varoluş hiyerarşisinin tepesinde İlk Hareket Ettirici'nin bulunması gerektiğini veri olarak kabul eder. Bir şey, neden sonuç ilişkisi zincirini başlatmış olmalıdır. Böyle üstün bir varlığın yokluğu bizim zihinlerimizin bütün olarak gerçeklikle uyum içinde olmadığını gösterecektir. Bu da evren uyumlu ve akılcı değildir demeye gelecektir. Bu, bütün çoklu, koşullu gerçekliğin bağlı olduğu tamamıyla yalın varlık, dinlerin "Tanrısı"dır. Her şeyin en üstünde olduğu için, mutlak olarak mükemmel, saygıya ve ibadete değer olmalıdır. Fakat varlığı her şeyden farklı olduğu için, varlık zincirinde o da bir başka varlıktan ibarettir.

Filozoflar ve Kur'an, Tanrı'nın yalın olduğu düşüncesinde uyuşurlar: O Tek'tir. Buradan çıkan sonuç da O'nun çözümlenemez olduğu veya bileşenlerine veya kendisini oluşturan öğelere ayrılamaz olduğudur. Bu varlık mutlak yalınlık olduğundan, nedeni, niteliği, zamana bağlı boyutu yoktur ve hakkında söyleyebileceğimiz kesinlikle hiçbir şey yoktur. Tanrı mantıkla sonuçlar çıkaran düşüncenin konusu olamaz çünkü bizim beyinlerimiz O'nu başka her şeyi konu ediniş biçimiyle konu edinemez. Tanrı esas olarak tek olduğu için olağan, uyumlu anlamda var olan hiçbir şeyle kıyaslanamaz. Sonuç olarak Tanrı'dan söz ettiğimizde, olumsuzları kullanmak ve hakkında konuştuğumuz başka her şeyden O'nu ayrı tutmak daha iyidir. Fakat Tanrı her şeyin kaynağı olduğu için O'nun hakkında bazı önerilere sahip olabiliriz. İyiliğin var olduğunu bildiğimize göre, Tanrı özünde veya zorunlu olarak "iyilik" olmalıdır; yaşam, iktidar ve bilginin varlığını bildiğimize göre, Tanrı en gerçek ve bütünlüklü anlamda canlı, güçlü ve bilgili olmalıdır. Aristoteles, Tanrı saf Akıl, akıl yürütme eylemi olduğu kadar, düşüncenin öznesi ve nesnesi olduğuna göre, yalnızca kendisini düşünebilir ve olumsal bir gerçekliği bilemez sonucuna varmıştı. Bu vahiyde tanımlanan Tanrı portresine uymamaktadır, ona göre Tanrı her şeyi bilir, yaratılmış düzen içinde vardır ve eylemlidir. İbni Sina bu iki görüşü uzlaştırmaya çalışmıştır: Tanrı, insan ve eylemleri söz konusu olduğunda görmezlikten gelinebilir, özel varlıkların bilgisine inmeyecek kadar yücedir. Aristoteles'in demiş olduğu gibi, "Öyle şeyler vardır ki onların görülmemeleri görülmelerinden iyidir."[316] Tanrı yeryüzündeki yaşamın gerçekten tabanında yer alan önemsiz ayrıntılarıyla kendisini lekelemez. Ama kendi ezeli kendilik bilgisiyle Tanrı kendisinden yayılan ve var ettiği her şeyi kavrar. Bütün kendiliğinden var olmayan yaratıkların nedeninin kendisi olduğunu bilir. O'nun düşüncesi o kadar mükemmeldir ki düşünmek ve yapmak O'nun için tek ve aynı iştir ve O'nun her zaman baki kendi hakkındaki düşüncesi feylesoflar tarafından tanımlanan yayılma sürecini oluşturur. Ama Tanrı bizi ve bizim dünyamızı ancak genel olarak ve evrensel terimlerle bilir; özel olanlarla uğraşmaz.

---

316 Aristoteles, *Metafizik*.

Fakat İbni Sina bu soyut Tanrı açıklamasıyla gene de tatmin olmuş değildir: Bunu inananların, sufi ve bâtınilerin dinsel deneyimiyle ilişkilendirmek ister. Din psikolojisiyle ilgilenerek, Platoncu yayılma şemasını peygamberlik deneyimini açıklamak için kullanır. Bir'den aşağıya doğru yayılımın on aşamasının her birinde, İbni Sina on saf Aklın, hareket eden on Batlamyusçu küreyi oluşturan ruh veya meleklerle birlikte, insan ve Tanrı arasında bir ara alan oluşturduğunu ileri sürer. Bu da bâtıniler tarafından varsayılan ilk örnek gerçeklik dünyasına karşılık gelir. Bu akılların da imgelemi vardır; gerçekten de bunlar saf halde imgelemdirler ve bu ara imgelem diyarı sayesindedir ki mantıksal sonuçlara varan akıllar değil insanlar en eksiksiz Tanrı bilgilerine bile ulaşabilirler. Kendi küremizdeki son akıl onuncu Cebrail, ışık ve bilgi kaynağı olarak bilinen Kutsal Vahiy Ruhu'dur. İnsan ruhu, bu dünyayla ilişkili pratik akılla ve Cebrail'le yakınlık içinde yaşamamıza olanak sağlayan düşünen akılla donatılmıştır. Böylece peygamberler için Tanrı'nın sezgisel, imgeci bilgisine ulaşmak olanağı doğar; bu bilgi pratik, mantıki aklı aşan Akıl'la aynı türdendir. Sufilerin deneyimleri insanlar için mantık ve aklı kullanmadan felsefi olarak mantıklı bir Tanrı anlayışı elde etmenin olanaklı olduğunu göstermiştir. Sufiler kıyas yolunu kullanmak yerine simgeciliğin imgeci ve hayalci araçlarını kullanırlar. Peygamber Muhammed tanrısal dünyayla kurulan bu doğrudan birliği mükemmelliğe ulaştırmıştır. Görüm ve vahyin bu psikolojik yorumu, gelecek bölümde göreceğimiz gibi felsefeye eğilim duyan sufilere kendi dinsel deneyimlerini tartışma olanağı vermiştir.

Gerçekten de İbni Sina yaşamının sonlarında mistisizmi benimsemiş gibidir. *Kitab'ül İşarat ve't-Tenhibat* adlı risalesinde, boşuna bulduğu Tanrı'ya akılcı yaklaşım konusunda çok daha eleştirel bir tutum geliştirir. "Doğu Felsefesi" (*el-Hikmetü'l-maşrikiyye*) adını verdiği görüşe yaklaşır. Bu coğrafi olarak doğuyu değil, fakat ışığın kaynağını belirtir. Akılcılığa olduğu kadar aydınlanma (*işrak*) disiplinine de dayanan yöntemler hakkında esoterik bir risale yazmak ister. Bu risaleyi yazıp yazmadığını kesin olarak bilmiyoruz, yazmışsa da günümüze kalmamıştır. Ama gelecek bölümde göreceğimiz gibi İranlı büyük filozof Yahya Suhreverdi, İbni Sina'nın öngördüğü, felsefe ile tinselliği kaynaştıran işraki okulunun kurucusu olmuştur.

Kelam ve Felsefe disiplinleri İslam İmparatorluğu'ndaki Yahudiler arasında da benzer bir entellektüel harekete esin kaynağı olmuştur. Kendi felsefi görüşlerini Arapça yazmaya başlamışlar ve ilk kez Yahudiliğe metafizik ve kurgusal bir öğe sokmuşlardır. Müslüman feylesofların tersine Yahudi filozoflar felsefi alanın bütünüyle uğraşmamış, hemen hemen tamamıyla dinsel konularla ilgilenmişlerdir. İslam'ın meydan okuyuşuna İslam'ın terimleriyle karşılık verme gereğini hissetmişlerdir, bu da Kitab-ı Mukaddes'in kişilik sahibi Tanrısı'nı feylezofların Tanrısı'yla uyumlulaştırmayı içermiştir. Yahudiler de Müslümanlar gibi kutsal metinlerdeki ve Talmud'daki Tanrı'nın insanbiçimliliğinden endişe duymakta ve kendi kendilerine, O'nun filozofların Tanrısı'yla nasıl aynı olabildiğini sormaktadırlar. Dünyanın yaratılışı ve vahiy ile akıl arasındaki ilişkiler de sorundur. Doğal olarak farklı sonuçlara varmışlardır ama Müslüman düşünürlerden de fazlasıyla etkilenmişlerdir. Saadya bin Yusuf (882-942), böylece Yahudiliğin felsefi yorumunu ilk gerçekleştiren kişi olmuştur ve hem Talmudcu hem de Mutezile okulundandır. Aklın kendi gücüyle Tanrı bilgisine ulaşabileceğini savunmuştur. Bir feylesof gibi Tanrı'nın akılcı kavranışını *mitzvah*, dinsel bir görev olarak görmüştür. Saadya da Müslüman akılcılar gibi Tanrı'nın varlığı konusunda hiç kuşku duymamaktadır. Yaratıcı Tanrı'nın gerçekliği Saadya'ya göre o kadar ortadadır ki *Book of Beliefs and Opinions*'da[317] kanıtlanmasını gerekli bulduğu dinsel inanç değil, dinsel kuşkudur.

Saadya'ya göre bir Yahudinin aklını vahyin hakikatlerini kabul etmek için zorlamasına gerek yoktur. Ama bu, Tanrı'nın insan aklınca tamamıyla ulaşılır olduğunu göstermez. Saadya *ex nihilo*

317 (İng.) İnançlar ve Düşünceler Kitabı. (ç. n.)

yaratılış düşüncesinin felsefi zorluklar içerdiğini ve akılcı terimlerle açıklanmasının olanaksız olduğunu ortaya koymuştur çünkü felsefenin Tanrısı ani bir karar alma ve bir değişikliği başlatma gücünden yoksundur. Maddi dünyanın kökeni nasıl tamamıyla tinsel bir Tanrı olabilir? Burada aklın sınırlarına ulaşırız ve Platoncular gibi sadece dünyanın ezeli olmadığını, zaman içinde bir başlangıcı olduğunu kabul etmemiz gerekir. Kutsal Yazılar'la ve sağduyuyla uyumlu tek olanaklı açıklama budur. Bir kez bunu kabul edince, Tanrı hakkında başka olgular da çıkartabiliriz. Yaratılmış düzen akılla planlanmıştır; yaşam ve enerji sahibidir: Dolayısıyla onu yaratan Tanrı da Bilgelik, Yaşam ve Güç sahibi olmalıdır. Bu nitelikler Hristiyan Teslis öğretisinin önerdiği gibi ayrı *hypostases* değildir, yalnızca Tanrı'nın sıfatlarıdır. Ancak bizim insani dilimiz Tanrı gerçekliğini hakkıyla ifade edemediği için O'nu bu yolla çözümlemek ve mutlak yalınlığını yıkar gibi görünmek zorundayız. Tanrı hakkında kesin konuşmak istiyorsak, ancak O'nun varolduğunu söyleyebiliriz. Fakat Saadya, Tanrı hakkında olumlu nitelemelerde bulunmayı da yasaklamaz ve filozofların uzak, kişilik sahibi olmayan Tanrısı'nı da kişilikli, insanbiçimli Kitab-ı Mukaddes Tanrısı'nın üstüne de koymaz. Örnek olarak bu dünyada çektiğimiz acıları açıklamaya çalıştığında Saadya, Bilgelik ve Talmud yazarlarının çözümlerine başvurur. Acı, ona göre günahın karşılığı olan cezadır, bizi alçakgönüllü kılmak için arındırır ve disiplin altına alır. Bu görüş gerçek bir feylesofu tatmin etmezdi çünkü Tanrı'yı çok insanileştirmekte ve O'na plan ve niyetler yüklemektedir. Ama Saadya Kutsal metinlerin vahiy Tanrısı'nı felsefenin Tanrısı'nın altında görmez. Peygamberler bütün filozoflardan üstündür. Sonuç olarak akıl, yalnızca Kitab-ı Mukaddes'in öğrettiklerini daha sistematik olarak göstermeye girişebilir.

Başka Yahudiler daha da öteye gitmiştir. Yeni Platoncu Salomon ibn Gabirol (İbni Cebron) (1026-1070) *Fountain of Life* kitabında *ex nihilo* yaratılış öğretisini kabul etmez ve Tanrı'ya bir derece kendiliğindenlik ve özgür irade tanımak üzere yayılma kuramını benimsemeye çalışır. Tanrı'nın yayılma sürecini irade veya arzu ettiğini iddia eder ve böylelikle O'nu daha az mekanik kılmaya çalışarak Tanrı'nın aynı sürecin öznesi olmaktan çok varoluş yasalarının egemeni olduğunu göstermeye çalışır. Fakat Gabirol maddenin Tanrı'dan nasıl türediğini göstermeyi açıklamakta yetersiz kalmıştır. Başkaları daha az yaratıcıdır. Bahya ibn Pakuda (öl. yk. 1080) katı bir Platoncu değildir ama işine geldiğinde kelam yöntemlerine başvurmaktan çekinmez. Böylece Saadya gibi o da Tanrı'nın dünyayı belirli bir zamanda yaratmış olduğunu iddia eder. Dünya elbette kazayla varolmuş değildir: bu, mürekkep döküldüğünde kâğıdın üstünde mükemmel yazılmış bir paragraf belirdiğini iddia etmek kadar saçma bir düşüncedir. Dünyanın düzeni ve amaçlılığı, kutsal metinlerin vahyettiği gibi bir Yaratıcı olması gerektiğini göstermektedir. Bu fazlasıyla felsefe dışı öğretiyi ileri sürdükten sonra Bahya kelamdan felsefeye geçer ve İbni Sina'nın Zorunlu, Yalın varlığın olması gerektiğine ilişkin kanıtlarını sıralar.

Bahya, Tanrı'ya doğru dürüst ibadet eden insanların yalnızca peygamber ve filozoflar olduğuna inanıyordu. Peygamber doğrudan, sezgisel Tanrı bilgisine sahipti, filozofunsa akılcı bilgisi vardı. Başka herkes sadece kendi yansımasına tapmaktaydı, kendi hayallerindeki Tanrı'ya. Onlar, Tanrı'nın varlık ve birliğini kendi kendilerine kanıtlamaya çalışmıyorlarsa, başkaları tarafından yönlendirilen körler gibiydiler. O da herhangi bir feylesof kadar seçkinciydi fakat güçlü sufi eğilimleri de vardı: Akıl bize Tanrı'nın var olduğunu anlatabilirdi fakat bize O'nun hakkında hiçbir şey söyleyemezdi. Başlığının da anlattığı gibi *Duties of the Heart* adlı risalesinde Tanrı'ya ilişkin doğru yaklaşımlarda bulunabilmek için akla başvuruyordu. Yeni Platonculuk Yahudilikle çeliştiğinde onu devre dışı bırakıyordu. Bahya'nın dinsel Tanrı deneyimi her türlü akılcı yöntemin üstündeydi.

Eğer akıl bize Tanrı hakkında hiçbir şey anlatmıyorsa ilahiyat konularında akılcı tartışmalara girişmenin yararı neydi? Bu soru, din felsefesi tarihinin önemli Müslüman düşünürü Ebu Hamid el-Gazali'yi (1058-1111) uğraştırmıştı. Horasan'da doğan Gazali, sıradışı Eş'ari ilahiyatçı Cüveyni'den kelam öğrenmiş ve daha otuz üç yaşında Bağdat'taki yüksek prestijli Nizamiye Camisi'ne yönetici olarak atanmıştı. Gazali'nin davası İsmaililerin Şiiliğine karşı Sünni öğretiyi savunmaktı. Fakat o, gerçeğin peşine av köpeği gibi düşecek, sorunlarla ölümüne endişelenecek ve kolaycı, geleneksel bir cevapla tatmin olmayacak huzursuz bir ruha sahipti. Anlattığı gibi:

> Her türlü karanlık meselelerle çok meşgul oluyorum. Her müşkile göğüs gerer, her uçurumu atlamaya çalışırım. Her fırkanın akidesini dikkatle araştırırım. Hak ile batılı, sünnete uygun olan ile bidatı ayırmaya ve her taifenin mezheplerinin sırlarını keşfe çalışırım.[318]

Saadya gibi bir filozofun hissettiği türden kuşku duyulamaz nitelikte kesinliğin peşindeydi ama sürekli hayal kırıklığına uğramıştı. Araştırmaları ne kadar sürekli olsa, gerçek ondan o kadar kaçıyordu. Çağdaşları Tanrı'yı, kişisel ve ruhsal gereksinimlerine bağlı olarak çeşitli yollarla aramışlardı: Kelamda, İmam aracılığıyla felsefede ve sufi mistisizminde. Gazali "şeyler kendi içlerinde nedir?" sorusunun karşılığını bulmak için bütün bu disiplinlerle uğraşmış görünüyor.[319] Gazali'nin araştırdığı İslam'ın bu dört ana yolunun izleyicileri tatmin olmuş gibi ama o bu iddianın nesnel olarak nasıl kanıtlanabileceğini soruyordu.

Gazali kesinlik sorununun, zorunlu olarak nesnel doğruluk taşımayacak kadar psikolojik bir durum olduğunun çağcıl bir kuşkucu kadar farkındaydı. Feylesoflar akılcı yargılarla belirli doğrulara vardıklarını iddia ediyorlardı. Mistikler sufi disiplininde onu bulduklarında ısrar ediyorlardı. İsmaililer onun ancak İmam'ın

318 İmam Gazali, *El Münkız Mine'd Dalal.*

319 John Bowker, *The Religious Imagination and the Sense of God* (Oxford, 1978), s. 202.

öğretilerinde bulunabileceği inancındaydılar. Ama "Tanrı" adını verdiğimiz gerçeklik görgül olarak sınanamazdı, öyleyse inançlarımızın hayal olmadığına nasıl emin olabilirdik? Daha geleneksel akılcı kanıtlar Gazali'nin katı standartlarına hitap etmekten uzaktı. Kelam ilahiyatçıları kutsal kitaplarda bulunan önermelerle yola çıkıyorlardı ama bunlar akılcı kuşku dışında doğrulanabilmiş değildi. İsmaililer saklı ve ulaşılmaz İmam'ın öğretisine dayanmaktaydılar ama İmam'ın tanrısal esin sahibi olduğuna nasıl emin olabilirdik ve onu bulamıyorsak esininin yararı neydi? Felsefe özellikle doyurucu değildi. Gazali polemiğinin önemli bölümünü Farabi ve İbni Sina'ya karşı çıkmaya ayırmıştı. Ancak kendi disiplinlerinde uzman bir kişi tarafından çürütülebileceklerine inanarak, Gazali ustalaşana kadar üç yıl felsefe çalıştı.[320] *Filozofların Tutarsızlığı* adlı risalesinde feylesofların sorunu kanıtlanmış saydıklarını ileri sürer. Eğer felsefe kendisini tıpta, astronomi ve matematikte olduğu gibi gözlemlenebilir, dünyevi olgularla sınırlarsa, fazlasıyla yararlıdır ama Tanrı hakkında bize bir şey söyleyemez. İnsan herhangi bir yoldan yayılma öğretisini nasıl kanıtlayabilir? Feylesoflar hangi yetkeyle Tanrı'nın özel değil yalnız genel, evrensel şeyleri bildiğini ileri sürebilmişlerdir? Bunu kanıtlayabilirler mi? Tanrı'nın basit gerçeklikleri bilmeyecek kadar yüce olduğu görüşleri çok yetersizdir: Ne zamandan beri bir konuda cahillik mükemmellik sayılmaktadır? Bu önerilerden herhangi birinin tatmin edici biçimde doğrulanmasının yolu yoktur ve feylesoflar da zihnin yeteneği dışında kalan ve duyularla doğrulanamayacak bilgiyi aradıklarından akıldışı ve felsefe dışı kalmışlardır.

Peki, bütün bunlarla doğrunun dürüst arayıcısı nerede kalıyor? Tanrı'ya sağlam, sarsılmaz bir inanç duymak olanaksız mıdır? Sorusunun gerilimi Gazali'yi o kadar bunalttı ki kişisel olarak yıkıma uğradı. Yeme içmeden kesildi, hüzün ve umutsuzluk omuzlarına

---

320 Batılı bilim adamları yapıtını okuduklarında Gazali'nin feylesof olduğunu düşünmüşlerdi.

çöktü. Sonunda 1094'lerde konuşamayacak ve ders veremeyecek halde olduğunu gördü:

> Cenabı Hak dilimi kilitledi. Ders okutamayacak bir şekilde dilim bağlandı. Gelip giden talebelerimi memnun etmek için bir gün olsun ders vermeğe kendimi zorluyordum. Fakat dilim bir kelime dahi söyleyemez olmuştu.[321]

Klinik bir depresyon yaşıyordu. Hekimler derin çelişkiyi doğru olarak saptadılar ve saklı endişelerinden kurtulamadıkça iyileşemeyeceğini söylediler. İnancını yeniden kazanamazsa cehennem ateşinin tehdidi altında olduğundan korkarak Gazali prestijli akademik görevinden istifa etti ve sufilere katılmaya gitti.

Aradığını orada buldu. Aklını terk etmeden sufizmin aşırı biçimlerine hiçbir zaman güvenmemişti, mistik disiplinlerin "Tanrı" adı verilen bir şeye doğrudan fakat sezgisel bir duyuyla ulaştığını keşfetti. İngiliz bilim adamı John Bowker, Arapça varoluş sözcüğünün (vücud) "vecede: buldu" kökünden türediğini gösterir.[322] Dolayısıyla vücut sözlük anlamıyla "bulunabilir olan" demektir. Bu Yunan metafizik terimlerinden çok daha somuttur ve Müslümanlara daha fazla hareket alanı verir. Tanrı'nın varlığını kanıtlamak isteyen Arapça konuşan bir filozof Tanrı'yı birçok nesneden biri olarak üretmek zorunda değildir. Yalnızca bulunabileceğini kanıtlamak durumundadır. Tanrı'nın vücud'unun görüneceğinin veya görünmeyeceğinin tek mutlak kanıtı inananın ölümden sonra tanrısal gerçeklikle karşı karşıya gelmesidir ve yaşamlarında böyle bir deneyimleri olduğunu iddia eden peygamber ve mistik gibi insanlara ilişkin haberler çok özenle ele alınmalıdır. Sufiler açıkça Tanrı'nın vücuduyla böyle bir deneyim yaşadıklarını iddia etmektedirler fakat vecd sözcüğü sufilere,

---

321 İmam Gazali, *El Münkız Mine'd Dalal.*

322 Bowker, *The Religious Imagination and the Sense of God*, s. 222-6.

onun hayal değil gerçek olduğunu tam bir kesinlikle (yakin) anlatan Tanrı'ya vecd halinde ulaşmaya ilişkin teknik bir terimdir. Bu haberlerin yanlış iddialar içerdiği söylenebilir fakat on yıl sufi olarak yaşayan Gazali onların dinsel deneyiminin insan aklının ve beyin işleyişinin ötesine varabilen gerçekliği doğrulayan tek yol olduğunu gördü. Sufilerin Tanrı bilgisi akılcı veya metafizik bilgi değildi ama eski peygamberlerin sezgisel deneyimine çok yakındı: Sufiler onun ana deneyimini yaşayarak İslam'ın esas gerçeklerini buluyorlardı.

Gazali böylelikle, gelecek bölümde göreceğimiz gibi İslam mistiklerine genellikle iyi gözle bakmayan kurulu Müslüman düzen için kabul edilebilir mistik bir inanç dizgesi oluşturdu. İbni Sina gibi Gazali de bu duyu deneyiminin geçici dünyasının ötesindeki eski inanç alanına bakıyordu. Gözle görünen dünya (âlem-i şehadet), feylesofların adlandıracağı gibi Platoncu akıl dünyası adını verdiği dünyanın (âlem-i melekût) alt düzeyde bir kopyasıydı. Kur'an ile Yahudi ve Hristiyanların Kitab-ı Mukaddes'i bu ruhsal dünyayı anlatıyordu. İnsan iki gerçeklik dünyasında da dolaşıyordu: O fiziksel dünyaya olduğu kadar ruhun yüce dünyasına da aitti çünkü Tanrı ona tanrısal imgeyi nakşetmişti. Gazali mistiklikle ilgili risalesi Mişkâtü'l-Envâr'da (Nurların Kandili) geçen bölümde alıntıladığım Kur'an'daki Nur suresini yorumlar.[323] Bu ayetlerdeki ışık hem Tanrı'ya hem de öteki lamba, yıldız gibi aydınlatıcı nesnelere atıfta bulunur. Aklımız da aydınlatıcıdır. Yalnız bizim başka nesneleri kavramamıza yaramakla kalmaz, Tanrı'nın kendisi gibi zaman ve mekânı aşabilir de. Dolayısıyla ruhsal dünya ile aynı gerçekliği paylaşır. Fakat akılla yalnızca bizim beyindeki çözümleyici yeteneklerimizden söz etmediğini açıkça ortaya koymak için Gazali okuyucularına açıklamasının sözlük anlamıyla anlaşılamayacağını anımsatır: Bu konuları ancak benzetme diliyle tartışabiliriz, yaratıcı imgelemi korumanın yolu budur. Bazı insanlar akıldan daha güçlü yeteneklere sahip olabilirler,

323 Kur'an-ı Kerim 24:35, s. 203.

Gazali buna "peygamberce ruh" adını verir. Bu yeteneğe sahip olmayan insanlar bunun varlığını inkâr edebilirler çünkü böyle bir deneyimleri yoktur. Bu sağır birinin, yalnızca kendisi tadını almadığı için müziğin hayal olduğunu ileri sürmesi kadar saçmadır. Tanrı hakkında akıl yürütme ve imgelem gücümüzle bazı bilgilere ulaşabiliriz ama bilginin en yüksek derecesi ancak bu özel Tanrı vergisi yeteneğe sahip peygamber veya mistiklerce elde edilebilir. Bu seçkinci bir tutum olarak görülebilir ama başka geleneklerdeki mistikler de Zen veya Budacı türü tefekkürün, şiir yazma yeteneği gibi özel bir yetenek gerektiren sezgisel, algısal nitelikler gerektirdiğini ifade etmişlerdir. Herkesin mistik bir yapısı yoktur. Gazali bu mistik bilgiyi yalnızca Yaratıcı'nın varlığı veya var olduğu bilgisinin bilincinde olmak diye tanımlamıştır. Bu bilinç nefsin yokluğunu ve Tanrı'da erimesini getirir. Mistikler, ancak daha az yeteneği olan ölümlüleri tatmin edecek olan benzerlikler dünyasının üstüne çıkma yeteneğine sahiptirler, onlar

> dünyada Tanrı'dan başka varlık olmadığını ve O'nun yüzünden başka yüz bulunmadığını (Kur'an 28:88) görebilirler... Gerçekten de O'ndan başka hiçbir şeyin varlığı yoktur ve bu açıdan bakıldığında, İlk Anlak'tan [Platoncu anlamda] alınan varlık kendi başına bir varlık değildir ama Yaratıcısı'nın yüzüne baktığında varlığı olur yani gerçek olan tek şey Tanrı'nın yüzüdür.[324]

Tanrı, dışsal, nesnelleşmiş ve varlığı akılla kanıtlanabilir bir Varlık olmak yerine, her şeyi kapsayan bir gerçeklik ve O'na bağlı ve varlığını O'nun zorunlu varlığından alan varlıkları algıladığımız gibi algılanmayacak nihai varlıktır: Özel bir görme biçimi geliştirmemiz gerekir.

---

324 Mishkat al-anwar, Fahkry, *A History of Islamic Philosophy*, s. 278.

Gazali sonunda Bağdat'taki eğitim görevine döndü ama Tanrı'nın varlığını mantık ve akılcı kanıtlamayla göstermenin olanaksız olduğu inancını hiçbir zaman yitirmedi. *El-Munkizü Mine'd Dalâl* (Dalaletten Hidayete) adlı biyografik risalesinde ne felsefe ne de kelamın inancını yitirme tehlikesi içinde olan bir kişiyi tatmin edemeyeceğini tutkuyla ileri sürdü. Kendisi Tanrı'nın varlığını akılcı kuşkunun ötesinde kesinlikle kanıtlamanın olanaksız olduğunu kavradığında kuşkuculuğun (safsata) kıyısına gelmişti. "Tanrı" adını verdiğimiz gerçeklik duyguyla ve mantıklı düşünceyle algılanan dünyanın ötesindeydi, dolayısıyla bilim ve metafizik Allah'ın vücudunu ne kanıtlayabilir ne de reddedebilirdi. Özel mistik veya peygamberce yetenekle kutsanmış olmayanlar için Gazali, günlük yaşamın akışında Müslümanlara Tanrı'nın varlığının bilincini kazandırmak için bir disiplin kurguladı. İslam üstünde silinmez bir iz bıraktı. Ondan sonra Müslümanlar Tanrı'nın bütün varlıklar gibi bir varlık olduğu veya varlığının bilimsel veya felsefi olarak kanıtlanabileceği yolunda kolayca varsayımlarda bulunamadılar. Bundan sonra İslam Felsefesi Tanrı konusundaki tinsel ve daha çok mistik tartışmalardan ayrılamaz oldu.

Gazali, Yahudiler üstünde de etkili oldu. İspanyol filozof Josef ibn Saddık (öl. 1143) Tanrı'nın varlığı konusunda İbni Sina'nın kanıtlarını kullandı, fakat Tanrı'nın yalnızca varlıklardan bir varlık olmadığı, bizim olağan duyular dünyamızda varolanlardan biri olduğu konusuna da değinme gereğini duydu. Tanrı'yı anladığımız iddiasında bulunursak bu O'nun sınırlı olduğu ve mükemmel olmadığı anlamına gelirdi. Tanrı hakkında kurabileceğimiz en eksiksiz cümle O'nun kavranılmaz, bizim doğal zihin yeteneklerimizin üstünde olduğunu ifade edebilirdi. Tanrı'nın dünyadaki eylemlerinden olumlu olarak söz edebilirdik ama her zaman bizim bilgimiz dışında kalan Tanrı'nın özü hakkında (ez-Zat) değil. Toledolu doktor Juda Halevi (1085-1141) Gazali'yi yakından izledi. Tanrı akılla kanıtlanamazdı; bunun anlamı Tanrı inancının akıldışı olduğu değildi, yalnızca varlığının mantıkla gösterilmesinin dinsel bir değeri olmadığıydı. Akıl bize çok az bilgi sunabilirdi: Uzak ve kişilik taşımayan Tanrı'nın bu mükemmel olmayan dünyayı nasıl yaratmış olabileceği veya anlamlı bir biçimde dünyayla ilişkisi olup olamayacağı konularında akılcı kuşku dışında bir yere varmanın olanağı yoktu. Filozoflar evrene bilgi sağlayan tanrısal anlıkla akıl yürütme yoluyla birleşmiş olduklarını iddia ettiklerinde kendilerini aldatıyorlar. Tanrı hakkında doğrudan bilgi sahibi olabilecek insanlar ancak felsefeyle hiçbir ilgileri olmayan peygamberlerdir.

Halevi, felsefede Gazali kadar usta değildi fakat Tanrı hakkında tek güvenilir bilginin dinsel deneyimle elde edilebileceğine katılıyordu. Gazali gibi o da özel dinsel yeteneğin varlığını ileri sürüyordu ama bunun yalnızca Yahudilerin ayrıcalığı olduğunu iddia etmekteydi. *Goyim*'in doğa yasalarıyla Tanrı bilgisine ulaşabileceklerini kabul ederek bu önermesini esnetmeye çalıştı ise de büyük felsefe yapıtı *el-Hazari*'nin amacı öteki uluslar arasında Yahudilerin tekil konumunu kanıtlamaktı. Talmud hahamları gibi Halevi de *mitzvot*'un özenli uygulanmasıyla her Yahudinin peygamber ruhuna sahip olabileceğine inanıyordu. İlişki kuracağı Tanrı varlığı bilimsel olarak kanıtlanabilecek nesnel bir olgu değil özünde öznel bir deneyimdi. Hatta Yahudi'nin "doğal" özünün uzantısı olarak bile görülebilirdi:

> Bu Tanrısal ilke, kendisiyle ilişkilendireceği, karşılaşacağı kişiyi bekler ve onun Tanrısı olur, tıpkı peygamberler ve azizlerde olduğu gibi... Tıpkı yaşam güçlerinin yeterince tamamlanması ve nesnelerin daha yüce derecelerini kabul edebilmesi için içine girmek üzere cenini bekleyen ruh gibidir. Tıpkı doğanın toprağı etkileyip sebzeleri yetiştirmek için olumlu bir iklim beklemesi gibi.[325]

325 Kuzari, II. Kitap, J. Abelson, The Immanence of God in Rabbanic Literature (Londra, 1912), s. 257.

Tanrı yabancı, zorlayıcı bir gerçeklik değildir ve dolayısıyla Yahudi de tanrısala karşı mühürlenmiş özerk bir varlık değildir. Ne ki Tanrı yine de insanlığın bütünleyicisi, bir insanın potansiyel gücü olarak görülebilir; dahası, karşılaştığı "Tanrı" yalnızca onundur; gelecek bölümde daha geliştirerek üstünde duracağımız gibi onun ülküsüdür. Halevi, Yahudilerin deneyim sahibi olabileceği "Tanrı" ile Tanrı'nın kendi özünü birbirinden ayırmaya özen gösterir. Peygamber ve azizler "Tanrı" deneyimine sahip olduklarını iddia ettiklerinde, O'nu kendine olduğu gibi bilmiş değillerdir fakat ancak O'nun tanrısal eylemlerini aşkın, ulaşılmaz bir gerçekliğin, batan güneşin son ışıklarını görme türünden bilebilmişlerdir.

Fakat felsefe Gazali'nin polemiği sonucu tamamıyla ölmedi. Kurtuba'da tanınmış bir Müslüman filozof, felsefeyi canlandırma girişiminde bulundu ve onun dinin en gelişmiş biçimi olduğunu ileri sürdü. Avrupa'da Averroes olarak tanınan Ebu'l-Velid ibn Ahmed İbni Rüşd (1126-1198) Batı'da hem Yahudi hem Hristiyanlar arasında yetke olarak kabul edildi. On üçüncü yüzyılda İbranice ve Latinceye çevrildi ve Aristoteles üstüne görüşleri İbn Meymun, Thomas Aquinas ve Büyük Albert gibi önde gelen ilahiyatçılar üstünde büyük etki yarattı. On dokuzuncu yüzyılda Ernest Renan onu özgür bir ruh, kör inanç karşısında akılcılığın şampiyonu olarak selamladı. İslam dünyasında ise İbni Rüşd marjinal bir kişilik olarak kaldı. Onun kariyerini ve ölümünden sonraki etkisini, Tanrı kavramı ve Tanrı'ya yaklaşım konularında Doğu ile Batı'nın ayrılan yollarını görebiliriz. İbni Rüşd, Gazali'nin felsefeyi mahkûm etmesine ve esoterik konuları açıkça tartışma biçimine tutkuyla karşı çıktı. Farabi ve İbni Sina gibi seleflerinin tersine İbni Rüşd filozof olduğu gibi bir kadı, şeri hukuk uygulayıcısıydı. Ulema felsefeye ve onun temelden farklı Tanrı kavramına kuşkuyla bakıyordu ama İbni Rüşd, Aristoteles ile daha geleneksel İslam inancını birleştirmeyi becerdi. Din ile akıl arasında hiçbir çelişki olmadığına inanıyordu. İkisi de aynı hakikati farklı yollarla ifade ediyordu; ikisi de aynı Tanrı'ya yöneliyordu. Ama herkesin felsefi düşünce yeteneği yoktu ve felsefe ancak entelektüel seçkinler içindi. Kitlelerin kafasını karıştırabilir ve onların ezeli kurtuluşunu tehlikeye atan hatalara yol açabilirdi. Dolayısıyla, bu tehlikeli öğretileri uygun olmayan kitlelerden uzak tutan esoterik geleneğin önemi buydu. Sufizm ve İsmaililerin bâtıni araştırmaları da aynıydı; eğer uygun olmayan kişiler bu zihni disiplinlere girerlerse ciddi biçimde rahatsızlanır ve her türlü psikolojik düzensizlikler yaratabilirlerdi. Kelam da aynı derecede tehlikeliydi. Gerçek felsefeye ulaşamıyor ve insanlara aslında öyle değilken doğru dürüst akılcı tartışma yürüttükleri kanısını vererek yanıltıyordu. Sonuç olarak yalnızca verimsiz öğreti tartışmalarına yol açıyordu ve bunlar da eğitimsiz insanların inancını zayıflatır ve onları endişeye sevk ederdi.

İbni Rüşd belirli hakikatlerin kabul edilmesinin kurtuluşun özü olduğuna inanıyordu. Bu İslam dünyasında yeni bir görüştür. Feylesoflar öğreti konusundaki asıl yetkelerdi: kutsal metinleri yorumlama yeteneği yalnızca onlarda vardı ve Kur'an'da "ilimde derinleşmiş olanlar" diye anlatılanlar onlardı.[326] Başka herkes Kur'an'ı dış anlamıyla okumalı ve anlamalıydı; yalnız feylesof simgesel yorumlara girebilirdi. Ama feylesof bile zorunlu öğretilere inancını teslim etmeliydi; İbni Rüşd bunları şöyle sıralamıştı:

1. Bu dünyanın yaratıcısı ve besleyicisi olan Tanrı'nın varlığı.
2. Tanrı'nın tekliği.
3. Kur'an'da Tanrı için söylenmiş olan bilgi, güç, irade, duyma, görme ve konuşma nitelikleri.
4. Kur'an 42.19'de açıkça ifade edildiği gibi Tanrı'nın benzersizliği ve benzemezliği: "o hiçbir şeye benzemez."

---

326 Kur'an-ı Kerim 3:7.

5. Dünyanın Tanrı tarafından yaratılmış olduğu.
6. Peygamberliğin doğruluğu.
7. Tanrı'nın adaleti.
8. Kıyamet gününde vücudun dirilişi.[327]

Tanrı hakkındaki bu öğretiler *in toto*[328] kabul edilmelidir çünkü Kur'an bu konuda çok açıktır. Felsefe, örnek olarak, her zaman dünyanın yaratılışı konusunda inançla uyum içinde olmamıştır, dolayısıyla Kur'an'daki bu tür öğretilerin nasıl anlaşılması gerektiği pek açık değildir. Kur'an kuşkuya yer bırakmayacak biçimde dünyayı Tanrı'nın yaratmış olduğunu söylemesine karşın, bunu nasıl yaptığını veya dünyanın zaman içinde belirli bir anda yaratılmış olup olmadığını açıklamış değildir. Bu durum feylesofları akılcıların inançlarını benimsemekte özgür bırakmıştır. Yine Kur'an, Tanrı'nın bilmek gibi nitelikleri olduğunu söyler fakat bunun ne anlama geldiğini kesin olarak bilemiyoruz çünkü bizim bilgi kavramımız ister istemez insani ve yetersizdir. Dolayısıyla Kur'an'ın Tanrı'nın bizim yaptığımız her şeyi bildiğini söylemesinde zorunlu olarak filozoflarla ters düşen bir yön yoktur.

İslam dünyasında mistisizm o kadar önemliydi ki İbni Rüşd'ün Tanrı kavramı katı akılcı ilahiyata dayanmasına karşın, hiç de etkili olamamıştı. İbni Rüşd saygı gören fakat ikinci derecede kalan bir kişilikti oysa Batı'da gerçekten de çok önemliydi ve Batı, Aristoteles'i onun aracılığıyla keşfetmiş ve daha akılcı bir Tanrı kavramı geliştirmişti. Çoğu Batılı Hristiyanın İslam kültürüne ilişkin çok sınırlı bilgisi vardır ve İbni Rüşd sonrasının felsefi gelişmeleri hakkında bilgisizdirler. Böylece İbni Rüşd'den sonra İslam Felsefesi'nin sona erdiğini kabul ederler. Gerçekte İbni Rüşd zamanında İslam dünyasında çok etkin olan iki filozof İran ve Irak'ta eserlerini yazmaktaydılar.

---

327 Fakhry, *A History of Islamic Philosophy*, s. 313-14.

328 (Lat.) Bütünüyle, tamamıyla, hep birlikte [ç. n.]

Yahya Suhreverdi ve Muhyiddin el Arabi İbni Rüşd'den çok İbni Sina'nın izinden gitmekte ve felsefe ile mistik tinselliği kaynaştırmaya çalışmaktaydılar. Onların çalışmalarına gelecek bölümde eğileceğiz.

İbni Rüşd'ün Yahudi dünyasındaki en büyük öğrencisi büyük Talmudcu ve filozof, genellikle İbn Meymun olarak bilinen Haham Moses ibn Maimon'du (Musa bin Meymun) (1135-1204). İbni Rüşd gibi, İbn Meymun da Müslüman İspanya'nın başkenti Kurtuba'dandı ve bu şehirde Tanrı'yı daha iyi anlamak için bir tür felsefenin gerekliliğine ilişkin büyüyen bir oydaşma vardı. Fakat İbn Meymun Yahudi toplumunu baskı altına alan fanatik Berberi mezhebi Muvahhidlerin eline düşünce İspanya'dan kaçmaya zorlanmıştı. Ortaçağ köktenciliğiyle bu acılı karşılaşma İbn Meymun'u bütün olarak İslam düşmanı yapmadı. Ana babasıyla Mısır'a yerleşti ve burada hükümette önemli bir göreve getirildi, hatta sultanın hekimi oldu. Ve önemli kitabı, Yahudi inancının keyfi öğretiler bütünü değil, ciddi akılcı ilkelere dayandığını ileri sürdüğü *The Guide for the Perplexed*'i (Zihni Karışanlara Kılavuz) burada yazdı. İbn Meymun da İbni Rüşd gibi felsefenin dinsel bilginin en gelişmiş biçimi ve Tanrı'ya giden en soylu yol olduğuna inanıyordu fakat bunun kitlelere açık edilmemesi gerektiğini, felsefi seçkinlere ait olarak kalması gerektiğini savunuyordu. Ama İbni Rüşd'ün tersine sıradan insanlara da kutsal metinlerin simgesel yorumunun öğretilebileceğine, böylece onların da Tanrı hakkında insan biçimli görüşlerden kurtulacağına inanmaktaydı. Kurtuluş için belirli öğretilerin zorunlu olduğuna da inanmaktaydı ve o da İbni Rüşd'ünkine çok benzer on üç maddelik bir inanç sıralaması yapmıştı:

1. Tanrı'nın varlığı.
2. Tanrı'nın tekliği.
3. Tanrı'nın cisimsiz oluşu.
4. Tanrı'nın ezeliliği.
5. Putperestliğin yasaklanması.

6. Peygamberliğin doğruluğu.
7. Musa'nın en büyük peygamber oluşu.
8. Hakikatin tanrısal kökeni.
9. Tevrat'ın ezeli geçerliliği.
10. Tanrı'nın insan eylemlerini bilmesi.
11. Tanrı'nın bunları yargılaması.
12. Mesih göndereceği.
13. Ölülerin dirilmesi.[329]

Bu Yahudilikte bir yenilikti ve hiçbir zaman geniş kabul görmedi İslam'da olduğu gibi ortodoksluk kavramı (ortopraksi karşıtlığı olarak) Yahudi dinsel deneyimine yabancıydı. İbni Rüşd ve İbn Meymun'un amentüleri, dine karşı akılcı ve entelektüel yaklaşımın dogmatizme ve "itikat" ile "gerçek inanç"ı aynılaştırmaya götüreceğini savunmaktaydı.

İbn Meymun gene de Tanrı'nın özünde insan aklınca kavranılmaz ve ulaşılmaz olduğu düşüncesini özenle savunmuştu. Tanrı'nın varlığını Aristoteles ve İbni Sina'nın akıl yürütmeleriyle kanıtlamaktaydı fakat mutlak yalınlığı nedeniyle Tanrı'nın tanımlanamaz ve söze gelmez kaldığında da ısrar ediyordu. Peygamberlerin kendileri mesellere başvurmuşlar ve bize Tanrı hakkında konuşmanın tek anlamlı ve geniş yolunun yalnızca simgesel, imalı bir dille olanaklı olduğunu öğretmişlerdi. Tanrı'nın var olan hiçbir şeyle kıyaslanamayacağını biliyoruz. Dolayısıyla O'nu tanımlamaya çalıştığımızda olumsuz terminoloji kullanmak daha iyidir. O'nun "var olduğu"nu söylemek yerine, onun var olmadığını reddetmek gibi. İsmaililer için olduğu gibi olumsuz dil kullanmak Tanrı'nın aşkınlığını anlamamıza yardımcı olacak, bize gerçekliğin zavallı insanların algılayabileceği her türlü düşünceden farklı olduğunu anımsatacak bir disiplindi. Tanrı'nın

329 Julius Guttman, *Philosophies of Judaism, The History of Jewish Philosophy from Biblical Times to Franz Rosenzweig*, çev. David W. Silverman (Londra ve New York, 1964), s. 179.

"iyi" olduğunu bile söyleyemezdik çünkü O bizim "iyi"yle anlattığımız her şeyden çok daha başka bir şeydi. Bu bizim eksikliğimizi Tanrı'dan uzak tutmanın bir yoluydu, kendi umut ve arzularımızı O'na yansıtmamızı önleyecekti. Yoksa kendi imgemizde ve benzerimiz bir Tanrı yaratırdık. Ama Tanrı hakkında olumlu kavramlar geliştirebilmek için *Via Negativa* kullanabilirdik. Böylece Tanrı'nın "iktidarsız olmadığını" (O'nun muktedir olduğunu söylemek yerine) söylediğimizde, mantıksal olarak Tanrı'nın eylemde bulunabileceğini de söylemiş oluyorduk. Tanrı eksikli değilse, eylemleri mükemmel olmalıydı. Tanrı'nın "cahil olmadığı"nı (yani bilgi sahibi olduğunu) söylediğimizde, O'nun tam bilgi sahibi olduğu sonucunu çıkarabilirdik. Bu tür çıkarsamalar ancak Tanrı'nın eylemleri hakkında yapılabilirdi ama bizim zihnimizin ötesinde kalan özü hakkında yapılamazdı.

Kitab-ı Mukaddes'in Tanrısı ile filozofların Tanrısı arasında seçim yapmak gerektiğinde, İbn Meymun daima birincisini seçmişti. *Ex nihilo* yaratılış öğretisinin felsefi olarak ortodoks olmamasına karşın, İbn Meymun geleneksel Kitab-ı Mukaddes öğretisine uymuş ve felsefi yayılma düşüncesini reddetmişti. İşaret ettiği gibi ne *ex nihilo* yaratılış ne yayılma öğretisi tek başına akılla kesin biçimde kanıtlanabilirdi. Ve gene peygamberliğin felsefeden üstünlüğüne inanıyordu. Peygamber ve filozof aynı Tanrı'dan söz ediyordu ama peygamber entelektüel olarak olduğu kadar imgelem olarak da yetenekli olmak durumundaydı. Onun Tanrı bilgisi doğrudan, sezgiseldi ve akıl yürütmeyle elde edilen bilgiden daha yüksekti. İbn Meymun bir tür mistik gibi de görünüyor. Bu tür sezgisel Tanrı deneyiminin titretici heyecanından, "imgelem yeteneğinin mükemmeliyetinden kaynaklanan" bir duygudan söz ediyor.[330] İbn Meymun akılcılığa yaptığı vurguya karşın, Tanrı hakkında en yüce bilginin, tek başına akıldan elde edilenden çok, imgelemden elde edildiğini savunmaktaydı.

330 Abelson, *The Immanence of God in Rabbanic Literature*, s. 245.

İbn Meymun'un düşünceleri Güney Fransa ve İspanya Yahudileri arasında yayıldı ve on dördüncü yüzyılın başlarında bölgede Yahudi felsefi aydınlanması oluştu. Bu Yahudi feylesoflardan bazıları İbn Meymun'dan daha heyecanlı akılcılardı. Böylece Güney Fransa'da Bagnols'lu Levi ben Gerson (1288-1344) Tanrı'nın dünyevi bilgileri olduğunu reddetti. Onunki filozofların Tanrısıydı, Kitab-ı Mukaddes'in değil. Kaçınılmaz olarak bir tepki doğdu. Bazı Yahudiler mistisizme döndüler ve göreceğimiz gibi Esoterik Kabbala disiplini geliştirdiler. Bazıları da felaket geldiğinde felsefeden çekinerek felsefenin uzak tanrısının kendilerine teselli olmadığını gördüler. On üç ve on dördüncü yüzyıllarda Hristiyan yeniden fetih savaşları İslam'ın İspanya'daki sınırlarını geri itiyordu ve Batı Avrupa'nın antisemitizmini İspanya'ya sokmuştu. Bu gelişme kaçınılmaz olarak İspanya Yahudiliği'nin yıkımına varacak ve on altıncı yüzyılda Yahudiler felsefeden uzaklaşarak bilimsel mantıktan çok mitolojiden esinlenen tamamıyla yeni bir Tanrı kavramı geliştireceklerdi.

Batı Hristiyanlığının haçlı dini öteki tektanrıcı geleneklerden ayrılmıştı. 1096-99'daki ilk haçlı seferi yeni Batı'nın ilk işbirliği olmuştu ve bu Avrupa'nın Karanlık Çağlar olarak bilinen uzun barbarlık döneminden çıkmaya başladığının işaretiydi. Kuzey Avrupa'nın Hristiyan uluslarınca desteklenen yeni Roma, uluslararası sahnedeki eski rolünü kazanmaya çalışıyordu. Ama Anglo Saksonların ve Frankların Hristiyanlığı gelişkin değildi. Bunlar saldırgan, savaşçı halklardı ve saldırgan bir din istiyorlardı. On birinci yüzyıl boyunca Cluny Manastırı ve ona bağlı Benedikten keşişleri, onların savaşçı ruhunu kiliseye bağlamaya çalışmış ve hacılık gibi kendini adamaya dayanan uygulamalarla onlara doğru Hristiyan değerleri öğretme çabasında bulunmuştu. İlk haçlı seferine katılanlar, Yakın Doğu'ya yaptıkları seferlerini Kutsal Topraklar'a hacca gitmek olarak görmüşlerdi ve Tanrı ile din hakkında halen çok ilkel görüşlere sahiptiler. Aziz George, Aziz Mercury ve Aziz Demetrius gibi savaşçı azizler onların inancında Tanrı'dan daha önemli yer tutuyordu ve pratikte pagan ilahlardan pek farklı değillerdi. İsa, dirilmiş *Logos* olmaktan çok haçlıların feodal lordu gibi görülüyordu: Malikânesini –Kutsal Topraklar'ı– kâfirlerden geri almak için şövalyelerini toplamıştı. Yolculuklarına başladıklarında haçlılardan bazıları Ren Vadisi'ndeki Yahudi topluluklarını İsa'nın öcünü almak için katlettiler. Haçlıları çağırdığında Papa II. Urbanus'ın kafasındaki düşünce bu değildi ama haçlıların çoğuna, İsa'yı öldürdüklerini bildikleri –veya öyle sandıkları– ve hemen yanıbaşlarındaki insanlar sağ ve esenken, haklarında hemen hiçbir şey bilmedikleri Müslümanlara ulaşmak için üç bin mil yürümek çok ters gelmişti. Kudüs'e kadarki korkunç ve uzun yürüyüş sırasında haçlıların yok olmaktan ancak kurtulabilenleri için bu özel korumanın tek açıklaması ancak Tanrı'nın seçilmiş insanları olmalarıydı. Kadim İsraillileri götürdüğü gibi onları da Kutsal Topraklar'a ulaştırıyordu. Pratikte onların Tanrısı hâlâ Kitab-ı Mukaddes'in ilk dönemlerindeki ilkel kabile tanrısıydı. Sonunda 1099 yazında Kudüs'ü fethettiklerinde, şehrin Yahudi ve Müslüman sakinlerine Yeşu'nun hırsıyla saldırdılar ve çağdaşlarını bile şoke eden bir vahşilikle onları katlettiler.

Bundan sonra Avrupa Hristiyanları Yahudi ve Müslümanları Tanrı'nın düşmanları olarak gördüler; uzun süre, kendilerini barbar ve aşağı hissetmelerine yol açan Bizans'ın Yunan Ortodoks Kilisesi'ne karşı derin bir düşmanlık beslediler.[331] Durum her zaman böyle olmamıştı. Dokuzuncu yüzyılda Batı Hristiyanlığı'nın kimi fazlaca eğitim görmüş kişileri Yunan teolojisinden esinlenmişti. Kelt filozof Duns Scotus Erigena (810-877)[332] ülkesi İrlanda'yı Batı Franklarının kralı Kel Charles'ın sarayında çalışmak için terk etmişti ve Batı Hristiyanlığı'nın yararlanabilmesi için Kilise'nin birçok Yunan babasının eserlerini Latinceye çevirmişti. Bunlar içinde Arepagites

331 İlk Haçlı Seferleri'ndeki anlayış için bkz. Karen Armstrong, *Holy War, The Crusades and Their Impact on Today's World* (New York, 1991, Londra, 1992), s. 49-75.

332 Bu dönemde yaşayan filozofun adı Duns Scotus Erigena değil, Ioannes Scotus Erigena'dır. (ç. n.)

Dionysos'unkiler özel bir yer tutuyordu. Erigena itikat ve aklın karşılıklı birbirlerini dışlamadığına yürekten inanıyordu. Yahudi ve Müslüman feylesoflar gibi felsefeyi Tanrı'ya ulaşan soylu yol olarak görmekteydi. Platon ve Aristoteles Hristiyan dininin akılcı açıklamasını arayanlar için en büyük ustalardı. Kilise Babalarının metinleri mantık ve akılcı araştırma öğrencilerini aydınlatabilirdi ama bu sözel bir yorum anlamına gelmemeliydi: Metinlerin bazı bölümleri simgesel olarak yorumlanmalıydı çünkü Dionysos'un *Göksel Hiyererarşinin Açımlanması* adlı yapıtında açıkladığı gibi, teoloji "bir tür şiir"di.[333]

Erigena kendi Tanrı tartışmalarında Dionysos'un diyalektik yöntemini kullandı; bu yalnızca bize insan anlayışının sınırlarını anımsatan bir paradoks olarak açıklanabilirdi. Tanrı'ya olumlu veya olumsuz yaklaşımların ikisi de geçerliydi. Tanrı kavranılamazdı: Melekler bile O'nun yapısını anlamıyorlardı ama "Tanrı bilgedir" gibi olumlu bir cümle kurmak kabul edilebilirdi çünkü bunu Tanrı'ya atfettiğimizde, "bilge" sözcüğünü olağan anlamında kullanmadığımızı biliriz. Bunu "Tanrı bilge değildir" türünden olumsuz cümleler kurarak kendimize anımsatırız. Paradoks sonuca varmak için bizi Tanrı hakkında konuşma konusundaki Dionysos'un üçüncü yoluna zorlar: "Tanrı bilgeden, daha fazla bir şeydir." Bu Yunanlıların apofatik cümle dedikleri şeydi çünkü "bilgeden daha fazla"nın ne anlama gelebileceğini bilmiyoruz. Ama bu basit bir söz oyunu değil, iki birbirini dışlayan cümleyi yan yana getiren ve insani bir kavrama sığdırılamayan bizim "Tanrı" sözcüğümüzün bizde gizem duygusu yaratmasına yardımcı olan bir disiplindi.

Bu yöntemi "Tanrı vardır" cümlesine uyguladığında Erigena, doğal olarak "Tanrı var olmaktan daha fazla bir şeydir" sentezine varıyordu. Tanrı yarattıklarına benzer biçimde var olmuyordu ve Dionysos'un belirttiği gibi onlar gibi sıradan bir varlık değildi. Ve

333 *Exposition of the Celestial Hiererchy*, 2.1.

gene bu anlaşılamaz bir cümleydi çünkü Erigena'nın da açıkladığı gibi, "var olmaktan daha fazla bir şeyin" ne olduğunu ortaya koymuyordu. Çünkü öteki varlıklar türünden olmadığını bildiriyor, onlardan fazla bir şey olduğunu söylüyor ama bu "şey" in ne olduğunu tanımlamıyordu.[334] Gerçekte Tanrı, "Hiçbir şey"di. Erigena bunun çok şaşırtıcı olduğunu biliyordu ve okuyucusunu korkmaması için uyarmıştı. Onun yöntemi bize Tanrı'nın bir nesne olmadığını anımsatmak icin geliştirilmişti; bizim anlayabileceğimiz anlamda bir "varlık" taşımıyordu. Tanrı "Var olmaktan fazla"ydı (*aliquo modo superesse*).[335] Onun varlık biçimi, bizim hayvandan ve hayvanın bir taştan farklı oluşu gibi farklıydı. Ama eğer Tanrı "Hiçbir şey" ise "Her şey" demekti çünkü bu "üstün varlık"ın anlamı Tanrı'nın tek başına sahici varlık olması, her şeyin parçası olduğu öz olması demekti. Yaratıklarının her biri, dolayısıyla kutsaldı, Tanrı'nın varlığının bir işaretiydi. Erigena'nın Aziz Patrick'in ünlü duası "Tanrı benim kafamda ve anlayışımda olsun"da özünü bulan Kelt inancı, onun Tanrı'nın kadiri mutlaklığının üstünde durmasına yol açmıştı. Yeni Platoncu anlayışta bütün yaratılışı kendisinde yaşatan insan, bu kutsallık taşıyıcılarının hepsinin en mükemmelidir ve Augustinus gibi Erigena da karanlık içinde de olsa kendi içimizdeki teslisi keşfedebileceğimizi savunmaktadır.

Erigena'nın paradoks teolojisinde Tanrı hem "her şey"dir hem "hiçbir şey". Bu iki terim birbirini dengeler ve yalnızca bizim "Tanrı" sözcüğümüzün simgeleyebileceği gizemi ortaya koyan yaratıcı bir gerilim taşır. Böylece, Dionysos'un Tanrı hiçbir şeydir derken ne anlatmak istediğini soran bir öğrencisine Erigena, ilahi iyiliğin kavranılamıyacağını çünkü onun "üstün öz" olduğunu, yani iyiliğin kendisinden fazla bir şey ve "doğaüstü" olduğunu söyleyerek cevap verir. Dolayısıyla,

---

334 *Periphseau*, Migne, PL, 426C-D

335 A.g.e., 42-87 B.

kendinde düşünüldüğünde ne olur ne olmuştur ne de olacaktır çünkü var olan şeylerden hiçbiri olarak anlaşılır çünkü her şeyin üstündedir fakat var olan şeylerle belirli bir ilişki kurup aralarına indiğinde, zihin gözüyle görülür, yalnız O her şeyde bulunur ve olur, olmuştur ve olacaktır.[336]

Demek ki ilahi gerçekliği kendinde düşündüğümüzde "Hiçbir şey denilmesi akıl bakımından yanlış değildir ama tanrısal Boşluk 'hiçbir şeyden her şeye' dönüşmek istediğinde, ulaştığı her yaratığa ilahi denilebilir, o ilahi bir tezahürdür."[337] Tanrı'yı kendinde göremeyiz çünkü bu her niyet ve amacın Tanrısı mevcut değildir. Tanrı'yı ancak yaratılmış dünyaya can verdiğinde ve kendisini çiçeklerde, kuşlarda, ağaçlarda ve başka insanlarda açık ettiğinde görebiliriz. Bu yaklaşımda sorunlar vardır. Kötülük konusunda ne söylenebilir? Hinduların düşündüğü gibi kötülük de Tanrı'nın bu dünyadaki tezahürlerinden midir? Erigena kötülük konusuyla derinlemesine ilgilenmez fakat Yahudi Kabbalacılar daha sonra kötülüğü Tanrı kapsamına sokmaya çalışacaklardır. Onlar da, Kabbalacılar onu okumuş gibi görünmese de, Erigena'ya çok benzer biçimde Tanrı'yı hiçlikten her şeyliğe geçiş olarak tanımlayan bir teoloji geliştirmişlerdir.

Erigena, Latinlerin Yunanlılardan öğrenecek çok şeyleri olduğunu göstermişti fakat 1054'te Batı ve Doğu kiliseleri, o zaman kimsenin niyeti bu değilse de kalıcı olacak bir biçimde ilişkilerini kopardılar. Çelişkinin benim tartışmayacağım siyasal boyutu olmakla birlikte Teslis konusundaki çekişme çevresinde yoğunlaşmıştı. 796'da Batılı piskoposlardan oluşan bir kilise meclisi güney Fransa'daki Frejus'da toplandı ve İznik kararına fazladan bir cümle ekledi. Buna göre Kutsal Ruh yalnız Baba'dan değil fakat Oğul'dan da (*flioque*) türemişti. Latin piskoposlar Baba ile Oğul'un eşitliğini vurgulamak istiyorlardı

336 A.g.e. 6SOD 681 A.

337 A.g.e.

çünkü cemaatlerinin bir bölümü Ariusçu görüşlere katılmışlardı. Ruhu hem Baba hem Oğul'dan türeterek onların eşit konumlarını vurguladıklarını düşünüyorlardı. Kısa bir süre sonra Batı'nın imparatoru olacak olan Şarlman, teolojik konularda elbette hiç anlayış sahibi olmamasına karşın, yeni cümleyi benimsedi. Yunanlılar ise onu mahkûm ettiler. Latinler vazgeçmediler ve kendi babalarının bu öğretiyi savunduğunda ısrar ettiler. St. Augustinus, Kutsal Ruh'u Teslis'teki, Baba ile Oğul arasındaki sevgiyi sağlayan birlik ilkesi olarak görmüştü. Dolayısıyla Ruh'un ikisinden de çıktığını söylemek doğruydu ve yeni cümle üç kişiliğin özdeki birliğini vurguluyordu.

Yunanlılar daima Augustinus'un Teslis kuramına kuşkuyla yaklaşmışlardı çünkü çok insanbiçimliydi. Batı'nın Tanrı'nın tekliğiyle başlayıp üç kişiliği bu birlik içinde değerlendirdiği yerde Yunanlılar daima üç *hypostases* ile başlıyor ve Tanrı'nın tekliğinin özünün bizim anlayışımız dışında olduğunu açıklıyorlardı. Latinlerin Teslis'i aşırı kavranılır kıldığını düşünüyor ve Latin dilinin Teslis düşüncesini yeterli kesinlikle ifade etme yeteneğinin olmadığından kuşkulanıyorlardı. *Filioque* üç kişiliğin birliğini aşırı vurguluyordu ve Yunanlılar, bu eklemenin Tanrı'nın özünde kavranılmaz olduğunu vurgulamaktan çok Teslis'i çok akılcı kıldığını ileri sürüyorlardı. Bu cümle Tanrı'yı üç yönlü veya varlık kipine sahip kılmıştı. Gerçekte Yunan apofatik tinselliğiyle uyuşmasa da Latin bildirisinde sapkın bir yön yoktu. Çelişki barış için istek duyuluyor olsa kapatılmayacak kadar değildi ama Batı ile Doğu arasındaki gerilim haçlı seferleri sırasında arttı, özellikle Dördüncü Haçlı Seferi'nde. 1204'te Konstantinopolis yağmalanıp Bizans ciddi bir yara alınca tırmandı. *Filioque* ayrılığının gösterdiği, Yunan ve Latinlerin oldukça farklı Tanrı kavramları yolunda ilerlemeye başladıklarıydı. Teslis hiçbir zaman Yunanlılar için olduğu gibi Batı tinselliğinin merkezi olmamıştı. Yunanlılar Tanrı'nın birliğinin bu biçimde vurgulanmasıyla Batı'nın Tanrı'nın kendisini, filozofların Tanrısı gibi tanımlanabilir ve tartışılır "basit öz"le özdeşleştirdiklerini düşünüyorlardı.[338] İlerideki bölümlerde Batılı Hristiyanların sık sık Teslis kuramından huzursuzluk duyduklarını ve on sekizinci yüzyılda Aydınlanma çağında, birçoğunun bundan vazgeçtiğini göreceğiz. Tüm niyet ve amaçlarıyla birçok Batılı Hristiyan gerçekte Teslis öğretisine inanmamaktadır. Yunanlıların bütün tartışmasının bu olduğunu anlamadan, Tek Tanrı'da Üç kişi öğretisinin kavranılamaz olduğunu ileri sürerler.

Hizipleşmeden sonra Yunanlılar ve Latinler farklı yollara girdiler. Yunan Ortodoksluğunda *theologia,* Tanrı araştırmaları, bu kapsamda kaldı. Tanrı'nın özünde mistik olan Teslis ve Diriliş öğretileri çerçevesinde tefekkürüyle sınırlandı. "Lütuf teolojisi" veya "Aile teolojisi" düşüncelerini çelişkili buluyorlardı: Teolojik tartışmalarla ve ikincil tanımlamalarla özel ilgileri yoktu. Batı ise bu sorunlara ve herkes için bağlayıcı doğru bir görüş oluşturmaya çok ilgi duyuyordu. Örnekse, Reformasyon, Hristiyanlığı birbiriyle savaşan daha fazla kampa böldü çünkü Katolikler ile Protestanlar kurtuluşun nasıl gerçekleştiği ve gerçekten Komünyon'un ne olduğu konularında anlaşamıyorlardı. Batılı Hristiyanlar Yunanlıları sürekli bu ihtilaflı konularda düşüncelerini açıklamaya zorluyorlardı fakat Yunanlılar bu konuda geri durdular ve cevap verseler bile cevapları biraz eğreti geliyordu. Akılcılığa, mantık ve kavramlardan uzak kalması gereken Tanrı üstüne tartışmaları için uygun olmayan bir yol olarak, kuşkuyla yaklaşıyorlardı. Laik tartışmalarda metafizik kabul edilebilirdi ama Yunanlılar artan biçimde bunun inançları için tehlikeli olacağını düşünmeye başlamışlardı. Metafizik zihnin daha konuşkan, çalışkan bölümüne hitap edebilirdi ama onların *theoria*'sı entellektüel bir düşünce değil, ancak dinsel araçlar ve mistik deneyimlerle bilinebilecek Tanrı karşısında disiplinli bir sessizlikti. 1082'de filozof ve hümanist İoannes İtalos felsefeye, aşırı başvurduğu için ve *Yeni Platoncu* yaratılış kavramlarından dolayı sapkınlıktan

338 Vladimir Lossky, *The Mystical Teology of the Eastern Church* (Londra, 1957), s. 57-65.

yargılandı. Felsefeden böyle özenle el çekme Gazali'nin Bağdat'tan ayrılıp kelamı terk ederek sufi olmasından hemen önceydi.

Batı Hristiyanlarının, Yunanlılar ve Müslümanların tam ona olan inançlarını yitirmeye başladığı anda felsefeyle uğraşmaya başlamaları acıklı ve ironik. Platon ve Aristoteles, Karanlık Çağlar'da Latincede yoktu ve kaçınılmaz olarak Batı geri kalmıştı. Felsefenin keşfi uyarıcı ve heyecanlandırıcıydı. Diriliş hakkındaki görüşlerini Dördüncü Bölüm'de tartıştığımız on birinci yüzyıl teoloğu Canterburyli Anselmus her şeyi kanıtlamanın olanaklı olduğu düşüncesinde gibiydi. Onun Tanrısı hiçbir şey değildi fakat bütün yaratıkların en yücesiydi. İnanmayanlar bile "tekil, var olan her şeyin en yücesi, ezeli güzelliğiyle tek başına kendine yeterli" yüce varlık hakkında fikir edinebilirdi.[339] Ama bir yandan da Tanrı'nın yalnızca inançla bilinebileceğinde ısrar ediyordu. Bu göründüğü kadar paradoksal olmayabilir. Ünlü duasında Anselmus İşaya'nın sözlerinden esinleniyordu: "İnancınız olmadıkça anlamayacaksınız":

> Yüreğimin inandığı ve sevdiği gerçeğini bir nebze anlamak istiyorum. İnanayım diye anlamak istemiyorum, anlayayım diye inanıyorum (credo ut intellegam). Çünkü şuna inanıyorum: İnancım olmadıkça anlamayacağım.[340]

Alıntısı yapılan *credo ut intellegam* entellektüel bir feragat değildir. Anselmus bir gün anlamak umuduyla körü körüne inancına sarılmak iddiasında değildi. Onun bildirisi gerçekte şöyle çevrilmelidir: "anlayabileceğim düşüncesiyle bağlanıyorum." O zaman *credo* sözcüğü henüz bugünkü "inanmak" sözcüğünün entelektüel yanlılığı yoktu, güven ve sadakat içinde olmayı anlatıyordu. Batı akılcılığının ilk parlayışında bile dinsel Tanrı deneyiminin temel

---

339 *Monologion* I.

340 *Proslogion* I.

konu olarak kaldığını, tartışma veya mantıklı anlayıştan önce geldiğini görmek önemlidir.

Müslüman ve Yahudi feylesoflar gibi Anselmus da Tanrı'nın varlığının akılcı tartışmalara konu olabileceğine inanıyordu ve genellikle "ontolojik" görüş adı verilen kendi kanıtını ileri sürmüştü. Anselmus Tanrı'yı "daha yüce hiçbir şeyin düşünülemeyeceği bir şey" olarak tanımlıyordu (*aliquid quo nihil maius cogitari possit*)[341] Bu tanım Tanrı'nın düşüncenin nesnesi olabileceğini içerdiğinden, O'nun insan zihni tarafından kavranılabileceği ve anlaşılabileceği düşüncesini de taşıyordu. Anselmus bu *bir şey*'in mevcut olduğunu ileri sürüyordu. Varoluş, var olmamaktan daha "mükemmel" olduğundan, düşündüğümüz mükemmel varlık var olmalıydı yoksa mükemmel olamazdı. Anselmus'un kanıtı, idealarm ilk örneklere işaret ettiğine inanılan Platoncu düşüncenin egemenliği altındaki dünya için usta işi ve etkiliydi. Bugün bir kuşkucuyu ikna edeceği pek düşünülemez. İngiliz teolog John Macquarrie'in işaret ettiği gibi, yüz sterlininiz olduğunu düşünebilirsiniz ama ne yazık ki bu düşünce parayı cebinize koymayacaktır.[342]

Anselmus'un Tanrısı Varlık'tı dolayısıyla Dionysos ve Erigena tarafından tanımlanan "hiçbir şey" değildi. Tanrı hakkında önceki feylesoflardan çok daha fazla olumlu terimlerle konuşmak istiyordu. *Via Negativa* disiplinini önermiyordu; Yunanlıları Batı teolojisi konusunda her zaman sıkıntıya sokan doğal akıl yoluyla Tanrı hakkında oldukça geçerli düşünceye ulaşılabileceği düşüncesini taşıyordu. Bir kez Tanrı'nın varlığını kanıtladığı konusunda tatmin olunca Anselmus, Yunanlıların daima akıl ve kavramlaştırmayı reddettiğinde ısrar ettikleri Diriliş ve Teslis öğretilerini de incelemeye koyuldu. Dördüncü Bölüm'de üstünde durduğumuz *Tanrı Neden İnsan Oldu* adlı risalesinde vahiyden çok mantık ve akıl üstünde durur. Kitab-ı

341 *Proslogion* 2. Commenting on Isaiah 7:9.

342 John Macquarrie, *In Search of Deity: An Essay in Dialectical Theism* (Londra, 1984), s. 2012.

Mukaddes ve Kilise Babalarından yaptığı alıntılar, görmüş olduğumuz gibi Tanrı'ya özünde insani dürtüler yükleyen düşüncesine etki kazandırmak amaçlı dışsal bir nitelik taşır. Tanrı'nın gizemini akılcı terimlerle açıklamaya çalışan tek Batılı Hristiyan da o değildir. Çağdaşı Petrus Abelardus (1079-1147), Paris'in karizmatik filozofu, tanrısal birliği vurgulayan Teslis'i üç kişiliğin ayrımı pahasına açıklayan bir görüş geliştirmiştir. Kefaretin gizemi konusunda da incelmiş ve heyecan verici bir akıl yürütmeye sahiptir: İsa bizim duygularımızı uyandırmak için çarmıha gerilmiştir ve böyle yapmakla bizim Kurtarıcımız olmuştur.

Abelardus öncelikle filozoftu fakat teolojisi daha çok gelenekseldi. Avrupa'nın on ikinci yüzyıldaki entelektüel canlanışında önde gelen kişilerden biri olmuş ve çok fazla izleyicisi çıkmıştı. Bu durum onu Burgonya'daki Clairvaux Cistercium tarikatı Manastırı'nın karizmatik başkanı Bernard'la çekişmeye itti. Bernard tartışmasız Avrupa'nın en güçlü kişisiydi. Papa II. Eugene ve Fransa kralı VII. Louis onun etkisi altındaydı ve onun belagatı Avrupa'da bir manastır devriminin esinini yaratmıştı: Birçok genç onun peşinden Cistercium tarikatına girmek için evini terk etmişti. Bu mezhep Benedikten dinsel yaşamının eski Cluny tarikatı tarzı yaşamını düzenlemeyi amaçlamaktaydı. Bernard 1146'da İkinci Haçlı Seferi için çağrı yaptığında, daha önce sefere çıkmak için çok isteksiz davranmış olan Fransız ve Almanların gösterdikleri coşkudan çok duygulandı; orduya katılmak için gelenlerin sayısı o kadar çoktu ki bu kez de Bernard Papa'ya şikâyetçi bir dille kırsal kesimlerin boşaldığını yazdı. Bernard, Batı Avrupa'nın biraz dışsal sofuluğuna yeni bir içsellik kazandıran entelektüel bir kişilikti. Cistercium tarikatı inancı Kutsal Kâse (*Holy Grail*) efsanesini etkilemiş görünüyor; bu efsane bu dünyada olmayıp Tanrı'nın görümünü temsil eden simgesel bir şehre yapılan ruhsal bir seyahati anlatır. Bernard, Abelardus gibi bilginlerin entelektüalizmine içten bir güvensizlik duyuyordu ve onu susturmaya yemin etmişti. Abelardus'u, "İnsan aklıyla Tanrı'nın ne olduğunu kavrayabileceğini iddia ederek Hristiyan inancına duyulan saygıyı yok etmeye kalkışmak"la suçladı.[343] Aziz Pavlus'un merhamet ilahisine atıf yaparak filozofun Hristiyan sevgisinden yoksun olduğunu iddia etti: "Hiçbir şeyi muamma olarak görmüyor, hiçbir şeye aynada bakmıyor fakat her şeye yüz yüze bakıyor."[344] Sevgi ve aklın kullanılması böylece uzlaşmaz oluyordu. 1141'de Abelardus'u Sens Konsili'nde duruşmaya çağırdı. Kendi taraftarlarıyla oluşturduğu konsilin bazı üyeleri, geldiğinde Abelardus'u sindirmek için dışarda beklediler. Bu o zaman için zor bir iş değildi, Abelardus anlaşıldığı kadarıyla parkinson hastalığına tutulmuştu. Bernard ona o kadar belagatla saldırdı ki Abelardus kolayca yıkıldı ve ertesi yıl öldü.

Bu, akıl ile yürek arasında ayrımı belirleyen simgesel bir andı. Augustinus'un Teslis'inde yürek ve akıl ayrılamazdı. İbni Sina ve Gazali gibi Müslüman feylesoflar, Tanrı'yı tek başına aklın bulamıyacağını ileri sürmüş olabilirlerdi ama ikisi de sonuç olarak sevgi ülküsü ve mistisizm disipliniyle aydınlanmış bir felsefe öngörüyorlardı. On iki ve on üçüncü yüzyıllarda İslam dünyasının önde gelen düşünürlerinin akılla sevgiyi kaynaştırmak isteyip felsefeyi sufilerin savunduğu sevginin ruhsallığı ve imgeleminden ayrılmaz bulduklarını göreceğiz. Bernard ise, anlaşılan akıldan korkuyordu ve onu zihnin daha duygusal, sezgisel bölümünden ayrı tutmak istiyordu. Bu tehlikeliydi: Kendi başına kuru akılcılık kadar endişe verici duygusallığın sağlıksız biçimde ayırt edilmesini getirebilirdi. Bernard'ın çağrısını yaptığı haçlı seferinin felaket olması kısmen sağduyudan uzak bir idealizme ve Hristiyan merhamet etiğinin çirkin biçimde inkârına dayanmasından kaynaklanıyordu.[345] Böylece Bernard'ın Abelardus'a karşı tavrı komplocu biçimde merhametten uzaktı ve haçlıların da İsa'ya olan sevgilerini kâfirleri öldürerek

343 Epistle, 191.1.

344 Henry Adams, *Mont Saint-Michel and Chartres* (Londra, 1986), s. 296.

345 Armstrong, *Holy War*, s. 199-234.

ve onları Kutsal Topraklar'dan sürerek göstermelerini istiyordu. Bernard Tanrı'nın gizemini açıklamaya çalışan ve dinsel huşu ve büyülenme duygularını zayıflatan akılcılıktan korkmakta haklıydı ama önyargılarını eleştirel biçimde incelemekten yoksun azgın bir öznellik dinde çok daha kötü aşırılıklara yol açabilir. Gerekli olan, aklı baskıyla sindiren ve Tanrı dininin işareti sayılan merhameti terk eden "sevgi" duygusallığı değil, bilgili ve akıllı bir öznellikti.

Batı Hristiyanlığı'na Thomas Aquinas (1225-74) kadar kalıcı katkıda bulunan düşünür pek azdır. Aquinas, Augustinus ile Batı'da yeni ulaşılır olan Yunan felsefesinin sentezini yapmaya çalışmıştı. On ikinci yüzyılda Avrupalı bilim adamları İspanya'ya doluşmuştu. Burada Müslüman bilimiyle karşılaşıyorlardı. Müslüman ve Yahudi entelektüellerin yardımıyla bu engin entelektüel hazineyi Batı'ya taşımak için büyük bir çeviri tasarısını gerçekleştirmeye koyuldular. Platon, Aristoteles ve antik dünyanın öteki filozoflarının Arapça çevirileri şimdi Latinceye çevriliyor ve Kuzey Avrupa halklarının kullanımına ilk kez giriyordu. Çevirmenler, İbni Rüşd'ün eserleri ve Arap bilim adamları ve doktorlarının keşifleri de dâhil, daha yakın döneme ait Müslüman bilimi üstüne de çalıştılar. Bazı Avrupalı Hristiyanlar Yakın Doğu'daki İslam'ın yıkımıyla meşgul olduğu sırada, İspanya'daki Müslümanlar Batı'ya kendi uygarlığını oluşturmakta yardımcı oluyorlardı. Thomas Aquinas'ın *Summa Theologiae* adlı yapıtı yeni felsefe ile Batı Hristiyan geleneğini bütünleştirme çabasıydı. Aquinas özellikle İbni Rüşd'ün Aristoteles yorumundan etkilenmişti. Fakat Anselmus ve Abelardus'un tersine o, Teslis türünden gizemlerin akılla kanıtlanabileceğine inanmıyordu ve Tanrı'nın dile sığmaz gerçekliği ile O'nun hakkındaki insani öğretileri özenle birbirinden ayırıyordu. Dionysos'un Tanrı'nın insan aklınca kavranılamayacağı düşüncesine katılıyordu: "Önünde sonunda insanın Tanrı hakkında bütün bildiği, O'nu bilmediğini bilmek olduğuna göre insan, Tanrı'nın O'nun hakkında bütün anlayabileceklerimizden üstün olduğunu da bilir."[346] *Summa*'nın son cümlesini yazdırdığında Aquinas'ın üzüntüyle başını elleri arasına aldığını anlatan bir öykü vardır. Yazıcı ne olduğunu sorduğunda, bütün yazdırdıklarının gördükleriyle karşılaştırıldığında çok önemsiz olduğu cevabını verir.

Aquinas'ın dinsel deneyimini yeni felsefe bağlamında düzenleme girişimi, inancı başka gerçekliklerle ilişkilendirerek kendi yalıtılmış çevresine hapsetmemek için zorunluydu. Aşırı akılcılık inanç için zararlıydı fakat Tanrı kendi bencilliğimizin göz yumulmuş onayı olmayacaksa dinsel deneyim içeriğinin doğru değerlendirilişiyle doldurulmalıydı. Aquinas Tanrı'yı, Tanrı'nın kendisini Musa'ya tanımladığı gibi tanımlıyordu: "Ben neysem O'yum". Aristoteles, Tanrı'nın Zorunlu Varlık olduğunu söylemişti; Aquinas da filozofların Tanrısı'nı "Olan" (*Qui est*) diye tanımlayarak Kitab-ı Mukaddes'in Tanrısı'yla bağlantı kurmuştu.[347] Fakat Tanrı'nın bizim gibi yalnızca bir başka varlık olmadığı konusunda Aquinas çok açıktı. Tanrı'nın kendinde varlık olarak tanımlanması uygundu çünkü "bu herhangi [varlık] biçimi belirlemiyor ama daha çok kendi oluşu (*esse seipsum*) anlatıyordu."[348] Aquinas'ı Tanrı hakkında Batı'da daha sonra yerleşen akılcı görüş nedeniyle suçlamak doğru olamayacaktır.

Ne var ki Aquinas Tanrı tartışmasını, varlığını doğa felsefesinden açıklamalarla başlatarak Tanrı öteki felsefi düşünceler veya doğal görüngüler gibi tartışılabilirmiş gibi bir izlenim veriyor. Bu durum bizi, Tanrı'yı öteki dünyevi gerçeklikler gibi bilebilirmişiz sonucuna götürür. Tanrı'nın varlığını kanıtlamak için, Katolik dünyada çok önem taşıyan ve Protestanlarca da kullanılan beş "kanıt" sıralıyor:

1. Aristoteles'in İlk Hareket Ettirici savı.
2. Sonsuz etkiler dizisi olamayacağı, bir başlangıç olması gerektiğini savunan benzer bir "kanıt".

---

346 Thomas Aquinas, *De Potentia*, q.7, a.5. ad. 14.

347 *Summa Theologiae* 13: 11.

348 *The Journey of the Mind of God*, 6.2.

3. İbni Sina tarafından savunulan, bir Zorunlu Varlık'ın olmasını gerektiren tesadüfi olaydan kaynaklanan sav.
4. Aristoteles'in felsefede ileri sürdüğü, bu dünyadaki mükemmellik hiyerarşisinin hepsinin en mükemmeli olan bir Mükemmel gerektirdiği savı.
5. Evrende gözlemlediğimiz düzenin yalnızca tesadüfün eseri olamayacağını savunan, düzenden çıkartılan sav.

Bu kanıtların günümüzde bir işlevi yoktur. Dinsel bakış açısından bile, belki düzen kavramından çıkartılan sav dışında, her kanıt "Tanrı"nın yalnızca bir başka varlık, varlık dizisinde bir halka olduğu görüşünü içererek, kuşkulu kalıyor. O Yüce Varlık, Zorunlu Varlık, Mükemmel Varlık'tır. "İlk Neden", "Zorunlu Varlık" gibi terimlerin kullanılmasının, Tanrı'nın bildiğimiz varlıklardan biri olmadığı fakat onların varlık koşulu ve gerekçesi olduğu düşüncesinin doğmasına yol açtığı doğrudur. Açıkçası Aquinas'ın arzusu da buydu. Yine de *Summa*'nın okuyucuları bu önemli ayrımı her zaman yapmazlar ve Tanrı'dan sadece bütün varlıkların En Yücesi olarak söz ederler. Bu indirgemedir ve bu Üstün Varlığı bizim imgemizde yaratılmış ve kolayca göksel bir Üst Ben'e çevrilebilen bir put haline getirebilir. Batı'da çok kişinin Tanrı'yı bu biçimde bir Varlık olarak düşündüklerini söylemek de herhalde yanlış değildir.

Tanrı'yı Avrupa'daki yeni Aristotelesçi modayla ilişkilendirmeye çalışmak önemliydi. Feylesoflar da Tanrı düşüncesinin zamanla iç içe tutulması ve arkaik bir gettoya kapatılmaması konusunda endişe taşımışlardı. Her kuşakta Tanrı düşünce ve deneyimi yeniden yaratılmalıydı. Çoğu Müslüman, buna karşın, deyim yerindeyse kaşıkla verip sapıyla çıkarır gibi Aristoteles'in, başka alanlarda, örnek olarak doğa bilimlerinde büyük yararı olmasına karşılık, Tanrı araştırmalarına fazla bir katkıda bulunmadığına karar vermişti. Aristoteles'in

Tanrı'nın yapısına ilişkin tartışmasının, yayımlayan tarafından *meta ta physica* ("fizik ötesi") diye adlandırılmış olduğunu görmüştük: onun Tanrısı, tamamıyla başka bir düzenin gerçekliği olmaktan çok yalnızca fizik gerçekliğin devamı olmuştu. Müslüman dünyasında bu nedenle, Tanrı tartışmalarının çoğu felsefe ile mistisizmi kaynaştırdı. Akıl bizi tek başına "Tanrı" dediğimiz gerçekliğin dinsel anlayışına ulaştıramazdı, eğer bu bulaşık, hoşgörülü hatta tehlikeli bir duygu olarak kalmayacaksa, eleştirel akıl ve felsefi disiplin yanında dinsel deneyimden de yararlanmalıydı.

Aquinas'ın Fransisken çağdaşı Bonaventura da (1221-74) çok benzer bir görüşteydi. O da iki dünyanın karşılıklı zenginleşmesi için, felsefeyi dinsel deneyimle kaynaştırmaya çalışmıştı. Üç Eşikli Yol'da yaratılışın her aşamasında "üçleme"ler görerek Augustinus'u izler ve bu "doğal üçleme"leri Zihnin Tanrıya Yolculuğu için çıkış noktası olarak alır. Teslisin yardımsız doğal akılla kanıtlanabileceğine içtenlikle inanmaktadır fakat Tanrı düşüncesinin önemli bir bileşeni olarak tinsel deneyimin önemini vurgulayarak akılcı şovenizmin tehlikelerinden kaçınır. Hristiyan yaşamının büyük örneği olarak mezhebinin kurucusu Assisi'li Francis'i görür. Onun yaşamındaki olaylara bakarak onun gibi bir teolog Kilise'nin öğretilerinin kanıtlarını bulabilecektir. Toskanyalı şair Dante Alighieri de (1265-1321) bir insanın, Dante örneğinde Floransalı kadın Beatrice Portinari ilahiliğin tecellisi olabileceğine inanır. Tanrı'ya böyle kişilikçi yaklaşım Aziz Augustinus'u anımsatmaktadır.

Bonaventura, Francis'in ilahi tecellisi tartışmasında Anselmus'un Tanrı'nın varoluşu konusundaki Ontolojik Kanıtı'nı da kullanır. Francis'in, insanlıktan daha ileri olan mükemmelliği bu dünyada yakaladığını bu nedenle daha aşağıda yaşarken "imgelemde daha iyisi canlandırılamayacak olan 'en iyi'nin ne olduğunu görmek ve anlama"nın bizim için de olanaklı olduğunu ileri sürer.[349] "En iyi"

349 A.g.e. 3.1.

gibi bir kavram oluşturabilmemiz olgusu, onun Tanrı'nın Üstün Mükemmelliği'nde mevcut olduğunun da kanıtıdır. Platon ve Augustinus'un öğütlediği gibi kendimize dönebilirsek, Tanrı'nın imgesinin "kendi iç dünyamızda yansıtılmış olduğunu" görebiliriz.[350] Bu içe dönüş önemlidir. Elbette Kilise adabı içinde yer almak da önemlidir fakat bir Hristiyan önce kendi iç derinliklerinden "aklın üstünde vecde ulaşabileceği yere" inmeli ve bizim insani kavramlarımızı aşan bir Tanrı görümü bulmalıdır.

Bonaventura ve Aquinas'ın ikisi de dinsel deneyimi öncelikli görür. İslam ve Yahudilikteki gibi genellikle teolojik konularda aklın sınırları hakkında bilinç sahibi mistikler olan filozofların felsefe geleneğine sadık kalmışlardır. Dinsel inançlarını bilimsel çalışmalarıyla eklemlemek ve bunu daha sıradan deneyimleriyle bağdaştırabilmek için Tanrı'nın varlığı konusunda akılcı kanıtlar geliştirmişlerdir. Kişisel olarak Tanrı'nın varlığı konusunda kuşkuları yoktur ve çoğu kimse onların kazanmalarının sınırları konusunda çok iyi bilgi sahibidirler. Bu kanıtlar inanmayanları ikna etmek için geliştirilmiş değildir çünkü bizim çağcıl anlamımızla ateistler henüz ortada yoktur. Bu doğal teoloji, dolayısıyla, dinsel deneyime giriş değildir, ona eşlik etmektedir: Feylezoflar, mistik deneyim sahibi olmadan kendinizi Tanrı'nın varlığı konusunda akılcı yolla ikna etmeniz gerektiğine inanmıyorlardı. Bu gerekiyorsa, tersi bir sıraylaydı. Yahudi, Müslüman, Yunan Ortodoks dünyalarında filozofların Tanrısı hızla mistiklerin Tanrısı haline geliyordu.

---

350 A.g.e. I.7.

7

Mistiklerin Tanrısı

Yahudilik, Hristiyanlık, bunlar kadar olmasa da Müslümanlık, kişileştirilmiş bir Tanrı düşüncesi geliştirmişlerdir, öyle ki bu ülkünün dini en iyi biçimde temsil ettiğini düşünürüz. Kişileştirilmiş Tanrı, tektanrıcıların, bireyin kutsal ve elinden alınamaz haklarına değer vermesine ve insan sorumluluğuna kıymet vermeyi geliştirmesine yardımcı olmuştur. Böylece, Yahudi-Hristiyan geleneği Batı'ya, çok değerli bulduğu liberal hümanizmi kazanmakta yardım etmiştir. Bu değerler esasında, insanın yaptığı her şeyi yapan kişileştirilmiş Tanrı da kutsallaşmıştır: O da bizim gibi sever, yargılar, cezalandırır, görür, duyar, yaratır ve yok eder. Yehova tutkulu insan beğenileri, hoşnutsuzlukları olan, fazlasıyla kişileştirilmiş bir ilah olarak ortaya çıkmıştır. Daha sonra düşünceleri bizim düşüncelerimiz olmayan ve toprağın üstündeki gök katları gibi tutumu bizimkinin üstünde yükselen aşkınlığın simgesi olmuştur. Kişileştirilmiş Tanrı önemli bir dinsel içgörüyü yansıtır: Hiçbir üstün değer insandan aşağı olamaz. Böylece kişileştirme önem kazanmış, birçokları için de dinsel ve ahlaki gelişimin zorunlu aşaması olmuştur. İsrail peygamberleri kendi duygu ve tutkularını Tanrı'ya atfetmişlerdi; Budacılar ve Hindular üstün gerçekliğin *avatar*'larına kişisel bağlılık duymak durumundaydılar. Hristiyanlık dinsel yaşamın merkezine, din tarihinde benzeri olmayan bir biçimde, insani bir kişilik yerleştirmişti: Yahudilikten devraldığı kişileştirmeyi sonuna kadar götürmüştü. Bir dereceye kadar, bu tür bir özdeşleştirme ve yakınlaşma olmadan dinin kök salamadığı bile söylenebilir.

Fakat kişileştirilmiş Tanrı ciddi bir sorumluluğu da beraberinde getirir. Kendi imgemizle biçimlenmiş, bizim sınırlı gereksinimlerimizin, korku ve arzularımızın yankısı olan basit bir puta da dönüşebilir. Bizim sevdiklerimizi sevdiğini, bizim nefret ettiklerimizden nefret ettiğini, bizi önyargılarımızı aşmaya zorlamak yerine onları onayladığını varsayabiliriz. Bir felaketi önlemeyi başaramamış, hatta bir trajediyi arzular göründüğünde, bize katı ve acımasız gelebilir. Bir yıkımın Tanrı'nın arzusu olduğu yollu yanlış bir inanç, bize temelde kabul edilemez şeyleri kabul ettirebilir. Tanrı'nın, kişilik sahibi olarak, cinsiyeti olması olgusu da sınırlayıcıdır: İnsan cinsinin erkek yarısının öteki kadın yarısı aleyhinde saygı görmesi anlamına gelir ve insanın cinsiyetle ilgili ahlaki değerlerinde nevroz ve uygunsuz dengesizliklere yol açabilir. Dolayısıyla kişilik sahibi bir Tanrı tehlikeli olabilir. Bizi sınırlarımızın dışına çekmek yerine memnuniyetle onlar içinde kalmaya teşvik edebilir, bizi acımasız, katı, kendinden memnun ve "O"nun sanıldığı gibi tarafgir yapabilir. Bütün gelişmiş dinlerin niteliği olan merhameti esinleyecek yerde, bize yargılama, mahkûm etme ve marjinal olma cesareti verebilir. Dolayısıyla kişilik sahibi Tanrı düşüncesi dinsel gelişimimizin ancak bir aşaması gibi görünmektedir. Dünya dinlerinin hepsi bu tehlikeyi anlamış ve üstün gerçekliğin kişiselleştirilerek anlaşılmasını aşmaya çalışmış gibi görünmektedirler.

Yahudi kutsal metinlerini bir kabilenin olan ve kişileşmiş Yehova'nın terk edilip inceltilerek YHVH'ye dönüşmesinin öyküsü olarak okumak mümkündür. Üç tektanrıcı dinin en kişileştirici dini olduğu ileri sürülen Hristiyanlık, dirilen Tanrı kültünü aşkın Teslis kişiliği öğretisinin kabulüyle yüceltmeye çalışmıştır. Müslümanlar Kur'an'daki

Tanrı'nın insan gibi gördüğünü, duyduğunu ve yargıladığını anlatan parçalardan, kısa süre içinde sıkıntı çeker oldular. Üç tektanrıcı din de tanrılarını kişisellik kategorisi dışına çıkaran, nirvana ve Brahman Atman'a çok daha yakın kişisellik dışı gerçekliklere benzeten mistik bir gelenek geliştirmişlerdir. Gerçek mistisizme yeteneği olan çok az sayıda insan vardır fakat üç inançta da (Batı Hristiyanlığı dışarda kalmak üzere) mistiklerin deneyimlerle yaşadıkları Tanrı sonunda, görece yakın zamanlarda, inananlar tarafından kabul edilen normatif Tanrı olmuştur.

Tarihsel tektanrıcılık köken olarak mistik değildir. Buda gibi birinin tefekkürü ile peygamberlerin tefekkürü arasındaki deneyimin farkını daha önce belirtmiştik. Yahudilik, Hristiyanlık ve İslam özünde etkin dinlerdir, Tanrı'nın iradesinin gökte olduğu kadar yerde de geçerli olmasına bağlılık gösterirler. Bu peygamber dinlerinin temel motifi Tanrı ile insanlık arasındaki yüzleşme veya kişisel buluşmadır. Bu Tanrı eyleme geçme emri olarak yaşanmaktadır; bizi kendisine çağırır; O'nun sevgi ve düşüncesini reddetme veya kabul etme seçimini bize tanır. Bu Tanrı insan cinsiyle sessiz tefekkürden ziyade diyalog yoluyla ilişki kurar. Bağlanmanın ana odağı olan bir söz söyler ve bunun dünyadaki yaşamın eksikli ve trajik koşullarında acıyla vücut bulması gerekir. Hristiyanlıkta, üçlünün en fazla kişileştirileni, Tanrı'yla ilişki sevgiyle biçimlenmiştir. Fakat sevginin amacı, bir bakıma, benin yok edilmesidir. Diyalog olsun, sevgi olsun, bencillik daimi bir olasılıktır. Dilin kendisi sınırlayıcı bir nitelik olabilir çünkü bizi dünya deneyimimizin kavramları içinde tutar.

Peygamberler mitolojiye savaş açmışlardır: Onların Tanrısı, mitosların zaman öncesi, saygın devirlerinden çok, tarihte ve günlük siyasal olaylarda etkindir. Oysa tektanrıcılar mistisizme döndüklerinde mitoloji, dinsel deneyimin ana aracı olarak kendisini yeniden gösterir. "Mit", "mistisizm" ve gizem [*mystery*] sözcükleri arasında dilsel bir bağlantı vardır. Hepsi Yunanca *musteion* sözcüğünden türemiştir: gözü veya ağzı kapamak. Dolayısıyla üç sözcük de sessizlik ve karanlık deneyiminden kaynaklanır.[351] Bugün bunlar Batı'da yaygın sözcükler değil. Örneğin mit sözcüğü, genellikle yalanın eşanlamlısı olarak kullanılır: Halk dilinde mit doğru olmayan bir şeydir. Bir siyasetçi veya film yıldızı yaptıklarıyla ilgili açık saçık haberleri mit olduklarını söyleyerek reddedecektir veya bir bilim adamı geçmişin yanlış çıkmış görüşlerini böyle nitelendirecektir. Aydınlanmadan beri "gizem" açıklığa kavuşturulması gereken bir şey olarak görülmüştür. Sık sık karışık işlerle ilişkilendirilir. Amerika'da dedektif öykülerine "gizem" denir ve bu tarzın özü sorunun tatmin edici biçimde çözülmesidir Dindar insanların bile Aydınlanma sırasında "gizem"i kötü bir söz olarak kabul ettiklerini göreceğiz. "Mistisizm" de benzer biçimde genellikle garip huyları olanlar, şarlatanlar ve hoşgörülü hippilerle ilişkilendirilmiştir. Batı'nın hiçbir zaman mistisizm konusunda fazla hevesli olmaması nedeniyle, dünyanın başka taraflarında mistisizmin zirvede olduğu dönemlerde bile, tinselliğin bu türünde çok önemli olan akıl ve disipline yönelik anlayış geliştirilmemiştir.

Ne ki işlerin tersine dönmeye başladığına dair işaretler var gibi. 1960'lardan beri Batılılar belirli tür Yogaların ve Budacılık gibi dinlerin yararını keşfediyor; geçersiz teizmlere bulaşmamış olmanın avantajını gören bu tür akımlar Avrupa ve Amerika Birleşik Devletleri'nde büyük taraftar topluyor. Mitoloji üzerine çalışan son dönem Amerikalı bilim adamı Joseph Campbell yakın zamanlarda ün kazandı. Batı'da psikanalize duyulan ilgi bu tür bir mistisizme duyulan arzu olarak görülebilir, çünkü iki disiplin arasında bazı çekici benzerlikler olduğunu göreceğiz. Mitoloji genellikle ruhun iç dünyasının açıklanmasına yönelik bir girişim olmuştur ve hem Freud hem Jung yeni bilimlerini açıklamak için sezgisel olarak, Yunan öyküsü Oidipus gibi antik mitoslara başvurmuşlardır. Batı'daki insanların dünyanın saf bilimle algılanmasına seçenek olacak bir şeye ihtiyaç duymaları söz konusu olabilir.

---

351 John Macquarrie, *Thinking About God* (Londra, 1957), s. 34.

Mistik din çok daha somuttur ve sıkıntılı zamanlarda, öncelikle beyine seslenen bir inançtan çok daha fazla yardımcı olma eğilimi taşır. Mistisizm disiplinleri Tek olana, başlangıca dönmekte ustalaşmaya ve daimi bir varlık duygusu geliştirmeye yardımcı olur. Yine de ikinci ve üçüncü yüzyıllarda gelişen ilk dönem Yahudi mistisizmi Yahudiler için çok zor olmuştu ve Tanrı ile insan arasındaki ayrımı vurguladığı anlaşılmaktadır. Yahudiler bir kenara itilip kovuşturmaya uğradıkları bir dünyadan daha güçlü bir kutsallık alanına dönmek istiyorlardı. Tanrı'yı, ancak yedi gök katında yapılacak tehlikelerle dolu yolculukla ulaşılabilecek güçlü bir kral olarak tasarlıyorlardı. Mistikler kendilerini hahamların basit, doğrudan yöntemiyle ifade etmek yerine, etkili, belagatlı bir dil kullanmaktaydılar. Hahamlar bu tinsellikten nefret ediyorlardı ve mistikler onlarla çekişmemeye özen gösteriyorlardı. Yine de bu "Taht Mistisizmi" –adı buydu– önemli bir gereksinimi karşılamış olmalı çünkü hahamların yüce akademileriyle yan yana gelişimini sürdürdü ve sonunda on iki, on üçüncü yüzyıllarda yeni Yahudi mistisizmi Kabbala'yla kaynaştı. Beş ve altıncı yüzyıllarda Babil'de düzenlenmiş olan Taht Mistisizmi'nin klasik metinleri, deneyimleri konusunca suskun mistikleri haham geleneğine çok yakın diye gördükleri anlaşılmaktadır ve Haham Akiva, Haham İşmael ve Haham Yuhannan gibi büyük Tannaim'leri, bu tinselliğin kahramanları olarak andıkları ortaya çıkmaktadır. Mistikler, halkları için Tanrı katında yeni bir yol açarken, Yahudi ruhunda yeni bir uç davranışı da ortaya koymuşlardır.

Gördüğünüz gibi hahamlar bazı dikkat çekici dinsel deneyimler yaşamışlardı. Kutsal Ruh'un Haham Yuhannan ve öğrencilerine gökten gelen bir ateş olarak indiği olayda, anlaşılan Hezekiel'in Tanrı'nın arabası hakkındaki tuhaf görümlerini tartışmaktaydılar. Araba ve Hezekiel'in arabada oturduğunu gördüğü gizemli kişilik ilk ezoterik tasavvurlarının konusunu oluşturmuş gibidir. Araba incelemesi (*Ma'aseb Merkava*) sık sık Yaratılış öyküsünün (*Ma'aseb Bereşit*) anlamı konusundaki tasavvurlarla ilişkilendirildi. Tanrı'nın en yüce göklerdeki tahtından gizemli inişine ilişkin bilinen en eski açıklama bu tinsel seyahatin korkunç tehlikelerini vurguluyordu:

> Hahamlarımız öğretti: Dört kişi bir bahçeye girdi ve onlar şunlardı: Ben Azzai, Ben Zoma, Aher ve Haham Akiva. Haham Akiva onlara: "Saf mermerden taşlara ulaştığınızda, 'Su! Su!' demeyin, çünkü 'Yanlış konuşanlar benim gözümün önünde kabul edilmeyeceklerdir,' denilmiştir," dedi. Ben Azzai baktı ve öldü. Onun için kutsal yazılar: "Rab önünde değerli olan O'nun azizlerinin ölümüdür," demiştir. Ben Zoma baktı ve çarpıldı. Onun için kutsal yazılar: "Bal buldun mu? Sana ne kadar yeterse ye, burada doyacak ve kusacaksın," demiştir. Aher köklerinden koptu [yani sapkın oldu]. Haham Akiva huzur içinde ayrıldı.[352]

Yalnız Haham Akiva mistik yoldan yara almadan çıkabilecek kadar olgundu. Zihnin derinliklerine yolculuk büyük kişisel riskler taşır çünkü orada bulduklarımızı taşımaya gücümüz yetmeyebilir. Bütün dinlerin, mistik yolculuğun ancak deneyimi yönlendirebilecek, talibe tehlikeli yerleri geçmekte yardımcı olabilecek ve ölen zavallı Ben Azzai veya çıldıran Ben Zoma gibi gücünün üstüne çıkarmamasını sağlayacak bir uzman kılavuzluğunda yapılması üstünde durmasının nedeni budur. Bütün mistikler akıl ve zihinsel olgunluğun gerekliliğini vurgularlar. Zen ustaları nevrotik bir kişinin tefekkürle sağalmayı ummasının yararsız olduğunu çünkü ancak hastalığının artacağını söylerler. Mistik olarak saygı duyulan bazı Avrupalı Katolik azizlerin garip ve saçma davranışlarının sapıklık olarak görülmesi gerekir. Talmud bilgelerinin bir gizli öyküsü Yahudilerin daha başından itibaren tehlikelerin bilincinde olduklarını gösteriyor: Daha sonra genç insanları tam anlamıyla olgunlaşıncaya

352 Hagigah 14b, 101:7; 116:15; 25:16. Mezmurlardan alıntı.

kadar Kabbala disiplinine öğrenci olarak kabul etmeyeceklerdi. Mistiğin ayrıca, cinsel sağlığının yerinde olmasını garanti etmek için, evlenmiş olması da gerekmiştir.

Mistik, yedi göğün mitolojik diyarında Tanrı'nın Tahtı'na yolculuk etmek zorundaydı. Ama bu ancak imgesel bir uçuştu. Uçuş hiçbir zaman sözcük anlamıyla düşünülmemişti ve daima zihnin gizemli bölgelerine yapılan simgesel bir çıkış olarak görülmüştü. Haham Akiva'nın "saf mermerden taşlar" hakkındaki garip uyarısı mistiklerin imgelemdeki yolculuklarında önemli noktalarda söylemesi gereken parolaya atıfta bulunuyor olabilir. Bu imgeler incelikle geliştirilmiş bir disiplinin parçası olarak düşünülebilir. Bugün bereketli bir imge yığını olan bilinçaltının rüyalar, halüsinasyonlarla veya epilepsi ve şizofreni gibi akıl hastalığıyla yüze çıktığını biliyoruz. Yahudi mistikler "gerçekten" gökte uçtuklarını veya Tanrı'nın sarayına girdiklerini hayal etmiyorlardı ama zihinlerini dolduran dinsel imgeleri kontrollü ve eğitilmiş biçimde düzenliyorlardı. Bu büyük yetenek, belirli düzenlemeler ve eğitim istiyordu. Kişinin ruhun labirent gibi yollarında yolunu bulmakta ustalaşmasına yardımcı olan Zen ve Yoga disiplinleri gibi bu da aynı türden yoğunlaşma gerektirir. Babilli bilge Hai Gaon (939-1038) zamanının mistik uygulamaları aracılığıyla dört bilgenin öyküsünü açıklamıştır. "Bahçe" ruhun, Tanrı'nın sarayındaki "Gök Saraylarına" (*bekhalot*) mistik yükselişini anlatmaktadır. Bu imgesel, içsel yolculuğu yapmak isteyen kişi, "gök arabasını ve yüksekteki meleklerin saraylarını görmek" istiyorsa, "buna değer" ve "belirli niteliklerle kutsanmış" olmalıdır. Bu kendiliğinden olmaz. Yogiler ve bütün dünyadaki tefekkürcülerin uyguladıklarına benzer belirli uygulamaları yapması gerekir:

> Belirli sayıda gün oruç tutmalıdır, başını dizlerinin arasına almalı, yüzü toprağa dönükken Tanrı için belirli övgüleri kendi kendine fısıldamalıdır. Sonuçta yüreğinin en içteki

gizli yerlerini görecek ve yedi salonu gözüyle görmüş, içlerinde ne var diye salondan salona geçer gibi olacaktır.[353]

Taht Mistisizmi'nin en eski metinleri ancak ikinci ve üçüncü yüzyıllardan kalmış olsa da, bu tür tefekkür olasılıkla daha eskidir. Aziz Pavlus "Mesih'le bütünleşmiş" bir arkadaşının on dört yıl kadar önce dördüncü katta yakalandığından söz eder. Pavlus bu görümü nasıl yorumlaması gerektiğinden emin değildir ama onun "cennette sıkıştığına ve insan diline çevrilemeyecek ve çevrilmemesi gereken şeyler duyduğuna" inanmaktadır.[354]

Görümler amaç değil, olağan kavramları aşan, söze gelmez dinsel deneyimlerin aracıdır. Bunlar belirli bir mistik dinsel geleneğe göre biçimlenirler. Görüm gören bir Yahudi, yedi göğün görümünü görecektir çünkü onun dinsel imgelemi özellikle bu simgelerle doludur. Budistler çeşitli Buda ve bodhisattva imgeleri görürler; Hristiyanlar Bakire Meryem'i imgelemektedirler. Görüm görenin bu zihinsel imgelemleri nesnel veya aşkınlığın simgelerinden başka bir şey sanması yanlıştır. Halüsinasyon genellikle patalojik bir durum olduğundan, yoğun tefekkür ve içsel bakış sırasında görünen simgelerle başetmek ve onları yorumlamak önemli derecede yetenek ve zihinsel denge gerektirir.

Bu ilk Yahudi görümleriyle ilgili en garip ve en tartışmalı öykü *Şiur Koma*'da (Yüksekliğin Boyutu) yer alır. Bu beşinci yüzyıl metninde Hezekiel'in Tanrı'nın tahtında gördüğü kişi tanımlanmaktadır. *Şiur Koma* bu kişiyi Yozrenu, Yaratıcı diye adlandırır. Tanrı'nın bu görümünün tuhaf betimi olasılıkla Haham Akiva'nın en beğendiği Kitab-ı Mukaddes metni olan *Neşideler Neşidesi*'ne dayanmaktadır; burada gelin sevgilisini şöyle tanımlar:

353 Louis Jacobs ed., *The Jewish Mystics* (Kudüs, 1976; Londra, 1990), s. 23.

354 Korintoslulara ikinci mektup, 2:2 4.

Sevgilimin teni beyaz ve kırmızı,
On binlerin arasında seçkin olan odur.
Başı saf altın;
Kıvrılır kâkülleri, kuzgun gibi siyah.
Gözleri akarsular kenarındaki güvercinler gibi,
sütle yıkanmışlar, oturmakta sular kenarında.
Yanakları sanki hoş kokulu çiçek tarhları.
Dudakları zambaklardır, mür damlar,
Elleri, üzerine gök zümrüt kakılmış altın lüleler,
Karnı fildişi, safir taşları kakılmış,
Bacakları su mermeri direkler.[355]

Bazıları bunu Tanrı'nın tanımlanması olarak görmüşlerdir: *Şiur Koma,* Yahudileri kuşaklar boyu dehşete düşürecek biçimde Tanrı'nın her bir uzvunun ölçüsünü vermeye başlar. Bu garip metinde Tanrı'nın ölçüleri kararsızdır. Zihin bunları saptayamaz. Temel ölçü birimi "fersah", 180 milyar "parmak"a eşittir ve her parmak dünyanın bir ucundan ötekine uzanır. Bu koca ölçüler zihni karıştırır, onları izlemekten hatta tanımlanan kişiliğin büyüklüğünü kavramaktan bile vazçgeçirir. Amaç da budur. *Şiur* bize Tanrı'yı ölçmenin yeya insani terimlere sığdırmanın olanaksız olduğunu anlatmaya çalışmaktadır. Buna kalkışma girişimi tasarımın olanaksızlığını ortaya serer ve bize Tanrı'nın aşkınlığı konusunda yeni bir deneyim daha kazandırır. Birçok Yahudinin tamamıyla tinsel Tanrı'yı ölçme gibi tuhaf bir girişimi zındıklık saymaları şaşırtıcı değildir. *Şiur* gibi ezoterik bir metnin gafillerden uzak tutulmasının nedeni de budur. Bağlamında bakıldığında *Şiur Koma,* ona doğru biçimde, tinsel bir yöneticinin kılavuzluğunda hazırlanarak başvuran ustalara, Tanrı'nın bütün insani kategorilerin dışındaki aşkınlığı konusunda yeni bir bakış açısı kazandıracaktır. Elbette sözcük anlamıyla anlaşılması

355 Neşideler Neşidesi, 5:10-15.

amaçlanmamıştır; elbette hiçbir gizli bilgiyi açıklamaz. Büyülenme ve huşu duygusu yaratan ruh halini uyandırmayı hedeflemiştir.

Şiur bizi Tanrı'nın mistik portresine yönelik, üç inançta da ortak olan iki önemli bileşenle tanıştırır. Birincisi, metin imgeseldir, ikincisi ağza alınamaz. *Şiur*'da tanımlanan kişilik mistiklerin çıkışlarında tahta oturduğunu gördükleri Tanrı'nın imgesidir. Bu Tanrı'da kesinlikle şefkat, sevgi veya kişisel hiçbir yön yoktur; gerçekten de O'nun kutsallığı yabancılaştırıcı görünmektedir. Ama mistik kahramanlar O'nu gördüklerinde O'nun hakkında hiçbir bilgi vermeyen ama müthiş bir etki bırakan şarkılar söylemeye başlarlar:

> Kutsallık niteliği, iktidar niteliği, korkutucu nitelik,
> ürkütücü nitelik, huşu niteliği, şaşkınlık niteliği,
> dehşet niteliği
> Yaratıcı, Adonai, İsral'in Tanrısı'nın şalı böyledir; taç
> giymiş, görkemli tahtına gelir;
> Şalı içten ve dıştan kakmalıdır ve her yeri YHWH,
> YHWH'le doludur.
> Hiçbir göz O'na bakamaz, ne insanoğlunun gözleri ne
> de hizmetçilerinin gözleri.[356]
> Eğer Yehova'nın şalının neye benzediğini
> imgelemimizde canlandıramıyorsak, Tanrı'nın
> kendisini görmeyi nasıl düşünebiliriz?

İlk Yahudi mistik metinlerinin en ünlüsü herhalde beşinci yüzyıldan kalma *Sefer Yezirah'tır* (Yaratılış Kitabı). Burada yaratıcı süreci gerçekçi biçimde anlatma girişimi söz konusu değildir; açıklamalar pervasızca simgeseldir ve Tanrı'nın dünyayı dil aracılığıyla, kitap yazarmış gibi yarattığını anlatır. Ama dil tamamıyla dönüştürülmüştür ve yaratılış mesajı hiç de açık değildir. İbrani alfabesinin her

---

356 T. Carmi (yay. ve çev.), *The Penguin Book of Hebrew Verse* (Londra, 1981), s. 199.

harfine bir rakam değeri verilmiştir; harfleri kutsal rakamlarla bir araya getirmekle, sonsuz bileşimler içinde düzenlemelerle, mistiğin zihni sözcüklerin olağan anlamlarından uzaklaştırılır. Amaç, aklı devre dışı bırakarak Yahudilere hiçbir sözcük veya kavramın Ad'ın işaret ettiği gerçekliği temsil edemeyeceğini anımsatmaktır. Yine, dili sınırları içine iterek ve onu dil dışı anlamlara bağlayarak, Tanrı'nın başkalığına ilişkin duygu yaratılmıştır. Mistikler, sevgi dolu arkadaş ve babadan çok baskın çıkan bir kutsallık deneyimi yaşadıkları Tanrı'yla açık ve doğrudan bir diyalog peşinde değillerdir.

Taht Mistisizmi tekil değildir. Peygamber Muhammed'in Arabistan'dan Kudüs'teki Tapınak Tepesi'ne yaptığı Gece Yolculuğu'nda benzer bir deneyim yaşadığı söylenmektedir. Uykusunda Cebrail tarafından bir gök atı üstünde taşınmaktadır. Gideceği yere vardığında Muhammed'i İbrahim, Musa, İsa ve kendisine peygamberlik görevini bildiren birçok peygamber karşılar. Cebrail ve Muhammed merdivenden tehlikeli çıkışlarına (miraç) başlarlar. Her birine bir peygamberin başkanlık ettiği yedi kat göğe tırmanırlar. Sonunda tanrı katına gelirler. Eski kaynaklar son görüm hakkında sessizdir, aşağıdaki Kur'an ayetlerinin bu olaydan söz ettiğine inanılmaktadır:

> And olsun ki Muhammed Cebrail'i sınırın sonunda (Sidret'ül Münteha'da) başka bir inişinde de görmüştür. Orada varılacak olan cennet vardır. O sınır örüldükçe örülmüştü. Muhammed'in gözü oradan ne kaydı ve ne de onu aştı. And olsun ki Rabbinin varlığının büyük delillerini gördü.[357]

Muhammed, Tanrı'nın kendisini değil, tanrısal gerçekliğe işaret eden simgeleri görmüştür. Hindu dininde lotus akılcı düşüncenin sınırlarını gösterir. Tanrı görümünün olağan düşünce veya dil deneyimlerine seslendiği hiçbir biçim yoktur. Göğe yükselme insan

357 Kur'an-ı Kerim 53:13-17.

ruhunun en uç noktaya kadar ulaşmasının simgesidir ve nihai anlamın eşiğini gösterir.

Bu hayali yükseliş çok yaygındır. St. Augustinus, Ostia'da annesiyle birlikte Tanrı'ya yükseliş deneyimi yaşamıştır; bunu Plotinos'un dilinden anlatır:

> Zihinlerimiz ateşli bir etkiyle ezeli varlığın kendisine yükseltildi. Adım adım bütün nesne birliklerini ve göğün kendisini tırmandık, güneş, ay ve yıldızlar yeryüzüne ışık saçıyordu. İçsel bakış ve diyalogla daha da öteye yükseldik ve eserlerinin büyüsü bizim zihinlerimize işledi.[358]

Augustinus'un zihni Semitik yedi kat gök imgesi yerine Yunanlıların büyük zincir imgesi ile dolmuştu. Bu Tanrı'nın "bulunduğu" dış uzaya sözcük anlamıyla bir yolculuk değil içteki gerçekliğe yapılmış zihnisel bir yükselişti. Bu vecde geçirici uçuş için "zihinlerimiz yükseltildi" dediğinde, kendisi ve Monica sanki rahmetin edilgen alıcılarıymış gibi bir anlam çıkar ama bu sürekli yükselişte "ezeli varlığa" doğru zihinsel çaba vardır. Joseph Campbell'ın açıkladığı üzere Şamanların "Sibirya'dan Tierra del Fuego'ya kadar"ki vecd deneyimlerinde aynı uçuş imgesinin bulunduğu görülmüştür.[359]

Yükselme simgesi dünyevi algıların geride bırakıldığını gösterir. Sonunda elde edilen Tanrı deneyimi açıkça söze gelmez çünkü olağan dil artık bunu anlatamaz. Yahudi mistikler Tanrı'dan başka bir şeyi anlatmazlar! Bize O'nun şalını, sarayını, göksel mahkemesini ve ezeli ilk örnekleri temsil eden O'nu insan bakışından saklayan peçesini anlatırlar. Muhammed'in göğe uçuşu üstünde duran Müslümanlar onun Tanrı'yı son görüşünün yapısındaki paradoksa işaret ederler:

---

358 *Confessions* IX,24, çev.: Henry Chadwick (Londra, 1991), s. 171.

359 Joseph Campbell ve Bill Moyers, *the Power of Myth* (New York, 1988), s. 85.

Tanrısal varlığı hem görmüş hem görmemiştir.[360] Mistik bir kez zihnindeki imge diyarına girdi mi, onu ne kavramların ne de imgelerin daha öteye götüremeyeceği noktaya ulaşır. Augustinus ve Monica uçuşlarının zirvesi hakkında aynı derecede ketumdurlar, onun zaman, mekân ve sıradan bilgi açısından aşkınlığını vurgularlar. Onlar Tanrı için "konuşmuş" ve O'nun "özlemini çekmiş", "yüreğin tam yoğunlaşma anında bir nebzecik O'na dokunmuş"lardı.[361] Sonra cümlenin başı, ortası ve sonu olan normal konuşmaya dönmek zorundaydılar:

> Dolayısıyla şöyle dedik: Eğer birisi için etin gürültüsü sessizliğe dönüşürse, eğer toprak, su ve hava imgeleri sakin, gökler kapalı ve ruhun kendisi ses çıkarmadan kalmışsa ve artık kendisini düşünmeden kendisini aşıyorsa, imgelemdeki bütün rüyalar ve görümler sona ermişse, duyabilen herkes için bütün dil ve aktarılan her şey sessizse, o zaman hepsinin diyeceği şu olabilir, kendimizi biz yapmadık, bizi ezeliyette yaşayan yaptı. (Mezmurlar 79: 3,5). Ulaşacağımız yere vardığımız anda zihinsel enerji parlaması içinde her şeyin ötesindekinde bulunan ezeli bilgeliği elde ettiğimizde olan buydu.[362]

Bu Tanrı'nın doğalcılığını yansıtan bir görüm değildi: Diyelim herhangi olağan bir iletişim yoluyla, bir meleğin sesi, doğal ve rüya simgeselliği içinde olağan bir konuşmayla, O'nun "sesini duymuş" değillerdi. Her şeyin ötesinde olan gerçekliğe "dokunmuş" oldukları anlaşılıyordu.[363]

---

360 Annemarie Schimmel, *And Muhammad Is His Messenger: the Veneration of the Prophet in Islamic Piety* (Chapel Hill ve Londra, 1985), s. 161-75.

361 *Confessions* IX, 24 (çev.: Chadwck), s. 171.

362 *Confessions* IX,25, s. 171-2.

363 A.g.e.

Kültürel koşullanmaya bağlı olduğu açıksa da bu tür "yükseliş" yaşamın yadsınamaz bir olgusu olarak görülüyor. Bunu nasıl yorumlarsak yorumlayalım, bütün dünyada tarihin her aşamasında bu tür tefekkürcü deneyimler olmuştur. Tektanrıcılar zirvedeki bu içgörüyü "Tanrı'nın görümü" olarak adlandırmışlardır. Plotinos bunun Tek olanın deneyimi olduğunu kabul etmiş, Budacılar buna nirvanaya ulaşma demişlerdir. Burada önemli olan bunun, belirli tinsel yetenekleri olan insanların daima yapmak istedikleri bir şey olmasıdır. Mistik Tanrı deneyiminin bütün inançlarda bazı ortak özellikleri vardır. Bu içsel yolculuk gerektiren öznel bir deneyimdir, insan özünün dışındaki nesnel bir olgunun algılanması değildir. Beyne ilişkin, mantık yeteneğiyle değil, zihnin genellikle imgelem denilen imge yaratıcı bölümünce yürütülür. Son olarak mistiğin kendi içinde isteyerek yarattığı bir şeydir, sonuca belirli fiziki ve zihinsel uygulamalar ulaştırır, habersizce değil.

Augustinus ayrıcalıklı insanların bazen yaşarken Tanrı'yı görebildiklerini düşünmüş gibi görünüyor: Musa ve Aziz Pavlus'u örnek olarak anar. Güçlü bir din adamı olduğu kadar tinsel yaşam konusunda tanınmış bir uzman olan Papa Büyük Gregorius (540-604) buna katılmaz. Papa entellektüel biri değildi ve tipik bir Romalı olarak tinselliğe çok daha pragmatik bir yönden yaklaşıyordu. İnsan bilgisinin tanrısallık hakkındaki bulanıklığını anlatmak için bulut, sis veya karanlık benzetmelerini kullanmıştır. Onun Tanrısı insanlardan, geçilmez bir karanlık içinde saklanır; Nyssa'lı Gregorios ve Dionysos gibi Yunanlı Hristiyanların bilgisizlik bulutu deneyiminden çok daha acılıdır bu. Tanrı, Gregorius için ıstırap verici bir deneyimdi. Tanrı'ya ulaşmanın zorluğunda ısrar etmişti. O'nunla ortak bir yönümüz varsa da O'nun hakkında bildik bir şey gibi konuşmamızın yolu yoktu. Tanrı hakkında hiçbir şey bilmiyorduk. İnsanlar hakkındaki bilgimizle O'nun davranışı hakkında tahminde bulunmamız olanaksızdı: "O zaman Tanrı'ya ilişkin bildiğimiz tek doğru vardır, O'nun hakkında bilecek yeterli bir şeyimiz olmadığını söyleyecek kadar duyarlı olmamız."[364] Gregorius sık sık Tanrı'ya ulaşma acısı ve çabası içindedir. Tefekkürün neşe ve huzuru, bir dolu mücadeleden sonra yaşanacak kısa bir andır. Tanrı'nın zevkini tatmadan önce ruh O'nun doğal öğesi olan karanlığı aşmak için savaşmak zorundadır. Ruh:

> Çarçabuk bir göz atarak kendi içinde gördüğüne gönül gözlerini dikip bakamaz çünkü kendi alışkanlıkları gereği aşağı batmamak zorundadır. Bu sırada ruh özlem çeker, mücadele eder, kendini aşmak için uğraşır fakat yorgunlukla kendi her zamanki karanlığına geri batar.[365]

Tanrı'ya ancak "zihnin büyük çabası"yla ulaşılabilir; zihin Yakup'un melekle güreşmesi gibi kendisiyle güreşmek zorundadır. Tanrı'ya giden yol suç, gözyaşı ve tükenmeyle doludur; O'na yaklaştıkca, ruh, "ağlamaktan başka bir şey yapamaz." Tanrı arzusuyla "işkence" çeken zihin, yalnızca "tükendiğinde, gözyaşında huzur bulur."[366] Gregorius on ikinci yüzyıla kadar önemli tinsel kılavuz olarak kalmıştır; Batı'nın Tanrı'yı bulmak için sıkıntı çekmeye devam ettiği ortadadır.

Doğu'da Hristiyan Tanrı deneyimi karanlıktan çok ışıkla tanımlanır. Yunanlılar, gene dünya çapında yayılmış olan, farklı bir mistisizm biçimi geliştirmişlerdir. Bu yaklaşım imge ve görüme değil, Areopagites Dionysos tarafından tanımlanan apofatik veya sessiz deneyime dayanır. Doğal olarak bütün akılcı Tanrı kavramlarından çekinmişlerdir. Nyssa'lı Gregorios'un *Neşideler Neşidesi Üstüne Yorumlar*'ında açıkladığı gibi, "zihnin yakaladığı bütün kavramlar, arayan kişinin sorduğu her soru için engel haline gelir." Tefekküre dalanın amacı düşüncelerin ötesine geçmek ve çılgınlık olabilecek

---

364 *Morals on Job* v.66.

365 A.g.e. xxiv.11.

366 *Homilies Of Ezekiel*, II.ii,.

her türlü imgeyi de aşmaktır. O zaman tanımlanamaz ve elbette bir başka insanla olan bütün insan deneyimlerini aşan bir tür varlık duygusuna erişebilir.[367] Bu yaklaşıma hesychia "sükûn" veya "içsel sessizlik" adı verilmiştir. Sözcükler, düşünceler ve imgeler bizi yalnızca geçici dünyaya bağlayacağından, zihin, her an yoğunlaşma teknikleriyle hareketsiz tutulmalı, böylece bekleyen bir sessizlik geliştirmelidir. Ancak o zaman kavrayabileceği her şeyi aşan gerçekliğe ulaşma gibi bir umudu olabilir.

Kavranılamaz bir Tanrı'yı bilmek nasıl mümkün olabilirdi? Yunanlılar bu tür paradoksları severlerdi ve *besychia*'lar Tanrı'nın özü (*ousia*) ile O'nun 'etkinlikleri' (*energeiai*) arasındaki eski ayrıma döndüler: Bu bize tanrısal olana ilişkin deneyim olanağı veriyordu. Tanrı'yı kendisi olarak hiçbir zaman bilemeyeceğimiz için, ibadetlerde deneyim sahibi olduğumuz O'nun "öz"ü değil "etkinlikleri" idi. Bunlar tanrısallığın "ışın"ları olarak da tanımlanabilir; dünyayı aydınlatıyorlardı ve tanrısal olandan geliyorlardı fakat bunlar güneş ışıklarının güneşten ayrı olması gibi Tanrı'nın kendisinden farklıydılar. Bunlar tamamıyla sessiz ve bilinmez bir Tanrı'yı ortaya koymaktaydı. Aziz Basileios'un dediği gibi: "Tanrımızı etkinliği yoluyla biliriz; O'nun özüne yaklaştığımızı onaylamıyoruz çünkü bize gelen O'nun ışınlarıdır ama özü erişilmez kalır."[368] Eski Ahit'te bu tanrısal etkinliğe Tanrı'nın "ihtişam"ı (*kavod*) denmiştir. Yeni Ahit'te Tabor Dağı'nda İsa'nın insanlığı tanrısal ışınlarla dönüştürüldüğünde onun kişiliğinde ışıldamıştır. Şimdi ışınlar bütün yaratılmış evrene sızar ve kurtarılmış olanları kutsar "energeiai" sözcüğünün gösterdiği gibi bu etkin ve dinamik bir Tanrı kavramıdır. Batı'da Tanrı kendisini ezeli nitelikleri, iyiliği, adaleti, iktidarıyla bilinir kılarken, Yunanlılar Tanrı'nın kendisini kendisinin de bir biçimde içinde yer aldığı sonsuz bir hareketlilikle ulaşılır kıldığını düşünmektedirler.

---

367 *Commentary on the Song of Songs*, 6.

368 Epistle 234. l.

İbadette bu etkinliğin deneyimini edindiğimizde, dolayısıyla, bir anlamda Tanrı ile bilinmez gerçekliğin kendisi bulanık kalsa bile, doğrudan söyleşiyoruz demektir. Önde gelen *hesychast* Euagrios Pontus (öl. 399) ibadette Tanrı hakkında edindiğimiz "bilgi"nin, kavram veya imgelerle bir ilgisi olmadığı, tanrısal olana ilişkin doğrudan deneyim olduğu için bunları aştığında ısrar etmiştir. Dolayısıyla *hesychast*'lar için ruhlarını çıplak kılmak önemlidir: Keşişlerine, "ibadet ettiğinizde içinizde ilahın herhangi bir imgesini biçimlendirmeyin ve zihninizin herhangi bir biçimin etkisi altında kalmasına izin vermeyin," diyordu. "Soyut olana soyut bir biçimde" yaklaşmalıydılar.[369] Euagrios bir tür Hristiyan yogası öneriyordu. Bu düşünme süreci değildi, gerçekten de "ibadet düşüncelerin dökülmesi" demekti.[370] Tanrı'nın biraz sezgisel idrakiydi. Her şeyle birlik duygusu yaratacak, şaşkınlık ve çokluktan kurtuluşu ve benin yokluğunu getirecek, Budizm gibi tanrısız dinlerde bilgelerin yaşadığına benzer bir deneyim yaratacaktı. Zihinlerini sistematik olarak gurur, hırs, üzüntü veya kızgınlık gibi onları bene bağlayan tutkulardan arındırmakla *hesychast*'lar, kendilerini tanrısal "etkinlikler" yoluyla dönüştürüp aşarak, Tabor Dağı'nda tanrısallaşan İsa gibi olabilirlerdi.

Photice'in beşinci yüzyıldaki piskoposu Diodokus bu tanrısallaşmanın öteki dünyaya kadar ertelenmeyip burada, bu dünyada da yaşanabileceğinde ısrarlıydı. Nefes almayı da içeren bir yoğunlaşma yöntemi öğretiyordu: Soluk aldıkça *hesychast*'lar, "İsa, Tanrı'nın oğlu," diye zikretmeliydiler, soluk verdikçe, "bize merhamet et," demeliydiler. Daha sonra bu uygulama geliştirildi: Bilgeler baş ve omuzlarını eğip oturarak yürek veya göbeklerinden bakmalıydılar. Dikkatlerini içeri yöneltmek, yürek gibi psikolojik odak noktalarında yoğunlaştırmak için yavaş nefes almalıydılar. Bu özenle uygulanması gereken katı bir disiplindi; güven içinde ancak bir uzman kılavuz

---

369 *On Prayer*, 67.

370 A.g.e., 71.

denetiminde uygulanabilirdi. Yavaş yavaş, Budist bir keşiş gibi *hesychast* akılcı düşünceleri bir tarafa bıraktığını, zihni işgal eden hayallerin söndüğünü görecek ve tamamıyla zikirleriyle birleştiğini hissedecekti. Yunanlı Hıristiyanlar doğu dinlerinde yüzyıllardır uygulanmış olan teknikleri keşfetmişlerdi. Onlar ibadeti psikosonratik bir etkinlik olarak görürken Augustinus ve Gregorius gibi Batılılar ibadetin ruhu gövdeden kurtaracağını düşünüyorlardı. İtirafçı Maksimos ısrarla, "İnsan bütünüyle Tanrı olmalı, insan –olan– Tanrı tarafından tanrısallaştırılmalı, yapı olarak tamamıyla insan, ruh ve gövde olurken, rahmetle tamamıyla Tanrı, ruh ve gövde olmalı," demişti.[371] *Hesychast*'lar bunu ancak tanrısal olabilecek kadar güçlü ve zorlayıcı biçimde içlerine enerji ve açıklığın dolması gibi yaşamalıdır. Gördüğümüz gibi Yunanlılar bu "tanrısallaşma"yı insan için doğal olan aydınlanma olarak görmüşlerdir. Budistlerin, insanlığın tam gerçekleşmesini yaşayan Buda imgesinden esinlenmesi gibi Yunanlılar da Tabor Dağı'ndaki İsa'nın dönüşümünden esinlenmişlerdi. Tecelli (Dönüşüm) Orucu Doğu Ortodoks Kilisesi'nde çok önemlidir; ona Tanrı'nın tecellisi, "tezahür" adını verirler. Batılı kardeşlerinin tersine, Yunanlılar acı, kuruluk ve yalıtılmanın Tanrı deneyimi için kaçınılmaz bir başlangıç olduğunu düşünmezler: Bunlar yalnızca iyileştirilmesi gereken rahatsızlıklardır. Yunanlılarda ruhun karanlık gecesi gibi bir kült yoktur. Egemen motif Getsemani ve Golgota değil Tabor'dur.

Herkes bu yüce aşamalara gelemez fakat öteki Hristiyanlar da bu mistik deneyimi ikonlarda yaşayabilir. Batı'da dinsel sanat gittikçe temsili bir nitelik kazanıyordu: İsa'nın veya azizlerin yaşamındaki tarihsel olayları tasvir ediyorlardı. Bizans'ta ise ikon bu dünyadaki herhangi bir şeyi temsil etmiyordu, *hesychast*'ların söze gelmez mistik deneyimlerini mistik olmayanlara anlatan, görsel bir biçimde anlatmaya çalışan bir girişimdi. İngiliz tarihçi Peter Brown'ın açıkladığı

371 *Ambigua*, PG.91.1088C.

gibi, "Doğu Hristiyan dünyasında ikon ve görüm birbirine değer katar. Kollektif imgelemin odak noktalarından birinde derinlikli yoğunlaşma... Altıncı yüzyıla gelindiğinde, rüyalarda ve her kişinin imgeleminde doğaüstünün ayırt edici özelliklerinin yaratıldığını ve yaygın olarak sanatta resmedilmiş olduğunu gösterir. İkon gerçekleşmiş bir rüyanın geçerliliğine sahiptir."[372] İkonlar inananları eğitmek ve onlara bilgi, fikir ve ideoloji vermek amacı gütmezler. Onlar tefekkür (*theoria*) odağıdırlar ve inananlara tanrısal dünyaya açılan bir tür pencere sağlarlar.

İkonlar, Bizans'ın Tanrı deneyiminde o kadar merkezi bir rol oynamışlardı ki sekizinci yüzyılda Yunan Kilisesi'nde tutkulu bir öğreti çekişmesinin odağı oldular. İnsanlar, sanatçının İsa'nın resmini yaparken gerçekten neyin resmini yaptığını sormaya başlamışlardı. Onun tanrısallığını resmetmek olanaksızdı fakat sanatçı yalnızca İsa'nın insan yönünü resmettiğini iddia ediyorsa, İsa'nın insan ve tanrısal yönlerinin ayrı olduğunu savunan sapkın inanç Nasturilik ile aynı suçu mu işlemiş demekti? İkonoklastlar ikonları tamamıyla yasaklamak istiyorlardı ama ikonlar iki önde gelen keşiş tarafından savunuluyordu: Beytüllahim yakınındaki Mar Sabbas Manastırı'ndan Şamlı Ioannes (656-747) ve Konstantinopolis yakınındaki Studios Manastırı'ndan Theodoros (759-826). Onlar ikonoklastların İsa'nın resmedilmesini yasaklamakla yanıldıklarını ileri sürüyorlardı. Dirilişten beri maddi dünya ve insan gövdesine tanrısal bir boyut verilmişti ve sanatçı bu tür bir tanrısallaşmış insanlığın resmini yapabilirdi. Tanrı aynı zamanda Tanrı'nın imgesini resmediyordu, çünkü *Logos* olan İsa aynı zamanda *par excellence*[373] Tanrı'nın ikonuydu. Tanrı sözcüklerde içerilemez veya insani kavramlarla özetlenemezdi ama sanatçının kalemiyle veya ibadetin simgesel hareketleriyle tanımlanabilirdi.

---

372 Peter Brown ve Sabine Mac Cormack, 'Artifices of Eternity', Brown, *Society and the Holy in Late Antiqutiy* (Londra, 1992), s. 212.

373 (Fr.): Başlıca, bellibaşlı, mükemmel (ç. n.)

Yunanlıların inancı ikonlara o kadar bağımlı duruma gelmişti ki 820'de ikonoklastlar halk direnciyle yenilgiye uğratıldı. Ama Tanrı'nın bir bakıma tanımlanabilir olması iddiası Dionysos'un apofatik teolojisinin reddine kadar varmadı. Keşiş Nikephoros *Kutsal İmgeler Üstüne Büyük Savunma* adlı risalesinde ikonların "kendilerinde aşkın varlığın söze gelmezliğini sergileyen Tanrı'nın sessizliğinin ifadesi" olduklarını iddia etti. "Durmaksızın ve konuşmadan, teolojinin üç kat aydınlanmış ve saygın melodisiyle Tanrı'nın iyiliğini övüyorlar."[374] İnananları Kilise dogmaları hakkında bilgilendirmek ve onlara inançları konusunda kolay anlaşılır düşünceler oluşturmakta yardım etmek yerine, ikonlar onlara sefillik duygusu veriyordu. Bu dinsel resimlerin etkisini tanımlarken, Nikephoros bu etkiyi ancak müzikle, sanatların en söze gelmezi ve herhalde en dolaysızıyla karşılaştırmaktaydı. Müzikle ifade edilen duygu ve deneyim bir anlamda sözcük ve kavramları aşar. Dokuzuncu yüzyılda Walter Pater bütün sanat dallarının müziğin düzeyine yükselmeleri gerektiğini söyleyecekti; dokuzuncu yüzyıl Bizans'ında Yunanlı Hristiyanlar teolojiyi ikonografinin düzeyine göz dikmiş görüyorlardı. Tanrı'nın akılcı bir söylemden çok sanat eserinde daha iyi ifade edildiğini düşünmekteydiler. Dördüncü ve beşinci yüzyılın İsa üstüne (Christological) tartışmalarındaki söz yoğunluğundan sonra, Hristiyanların imgelemci deneyimlerine dayanan bir Tanrı portresi geliştiriyorlardı.

Bu gelişim Konstantinopolis'deki küçük Ayios Markos Manastırı'nın yöneticisi ve "Yeni Teolog" olarak tanınan Simeon (949-1022) tarafından açıklıkla ifade edilmişti. Bu yeni tür teoloji Tanrı'yı tanımlamak için girişimde bulunmuyordu. Simeon, bunun haddini bilmemek olacağını söylemekteydi; gerçekten de Tanrı hakkında konuşmak bir bakıma "kavranılamaz olanı kavradığını" söylemek demeye geliyordu.[375] Tanrı'nın doğası hakkında akılcı düşünceler ileri

---

374 Nicephoras, *Greater Apology for the Holy Images*, 70.

375 *Theological Orations* I.

sürmek yerine, "yeni" teoloji doğrudan, kişisel dinsel deneyime dayanmaktaydı. Tanrı'yı, sanki hakkında düşünce sahibi olabileceğimiz bir başka varlıkmış gibi kavramlar aracılığıyla bilmek olanaksızdı. Tanrı gizemdi. Gerçek Hristiyan, Tanrı'nın kendisini İsa'nın dönüştürülmüş insanlığında açık ettiği Tanrı deneyimine sahip kişiydi. Simeon'un kendisi, kendisine aniden gelmiş görünen bir deneyimle dünyevi yaşamını terk etmiş ve tefekküre başlamış biriydi. Önce ne olduğunu anlamamıştı ama yavaş yavaş dönüşüme uğradığının ve Tanrı'nın kendisi olan ışık tarafından özümlendiğinin farkına vardı. Bu elbette bizim bildiğimiz ışık değildi; o, "biçim, imge veya serimlemenin ötesinde, ancak sezgiyle, ibadetle yaşanırdı."[376] Bu yalnızca seçkinler veya keşişlere özel bir deneyim değildi; İsa'nın İncil'de ilan ettiği krallık Tanrı'yla birlik kurmaktı ve öteki yaşamı beklemeden hemen burada yaşanacak bir deneyimdi.

Simeon'a göre Tanrı bilinen ve bilinmeyendi, uzak ve yakındı. "Söze gelmez konuları yalnızca söze dökmek"[377] gibi olanaksız bir görevi yüklenmek yerine o, keşişlerin kendi ruhlarındaki dönüştürücü gerçeklik üstünde yoğunlaşmalarını istiyordu. Tanrı'nın görümlerinden birinde Simeon'a dediği gibi: "Evet, ben Tanrı'yım, senin iyiliğin için insan olan benim. Ve işte, gördüğün gibi seni yarattım ve seni Tanrı yapacağım."[378] Tanrı dışsal, nesnel bir olgu değil, özünde öznel ve kişisel aydınlanmaydı. Ama Simeon'un Tanrı *hakkında* konuşmayı reddetmesi onu geçmişin teolojik kavrayışlardan kopma noktasına da getirmedi. "Yeni" teoloji Kilise Babalarının öğretilerine sıkıca bağlıydı. Simeon, *Tanrısal Sevgi İlahileri*'nde insanlığın tanrısallaşmasına ilişkin eski Yunan öğretisini Athanasius ve Maksimos tarafından tanımlandığı biçimiyle ifade ediyordu:

376 *Ethical Orations* 1.3.

377 *Orations* 26.

378 *Ethical Orations* 5.

Ey kimsenin adlandıramıyacağı, tamamıyla adsız ışık,
Ey birçok adı olan, her şeyde eseri olan ışık...
Kendini otla nasıl karıştırıyorsun?
Nasıl, değişmeden, tamamıyla ulaşılmaz devam
ederken,
otun yapısını tüketmeden koruyorsun?[379]

Bu dönüşümü gerçekleştiren Tanrı'yı tanımlamanın yararı yoktu, O sözün ve tanımın ötesindeydi. Fakat insanlığı bütünlüğünü bozmadan kavrayan ve dönüştüren bir deneyim olarak "Tanrı" itiraz edilemez bir gerçeklikti. Yunanlılar Tanrı hakkında geliştirdikleri Teslis ve Diriliş gibi görüşlerle, öteki tektanrıcılardan ayrılıyorlardı fakat mistiklerinin yaşadıkları deneyim Müslüman ve Yahudi mistiklerin yaşadıkları deneyimle ortaktı.

Muhammed peygamberin ana kaygısı adil bir toplum yaratmak olmakla birlikte hem kendisi hem de bazı arkadaşları mistik eğilimler taşıyorlardı ve Müslümanlar kısa sürede kendi farklı mistik geleneklerini geliştirmişlerdi. Sekiz ve dokuzuncu yüzyıllarda öteki mezheplerle birlikte zahit bir İslam biçimi de gelişti. Zahitlerde sarayın zenginliği ve ilk ümmetin yalınlığının açıkça terk edilmesi konusunda Mutezile ve Şiiler kadar endişeliydiler. Medine'deki ilk müslümanların basit yaşamına dönme çabasıyla, peygamberin sevdiği söylenen kaba yünlü elbiseler (*sof*) giyiyorlardı. Sonuçta sufi olarak bilindiler. Toplumsal adalet onların inancında önemini korudu; son dönem Fransız bilim adamı Louis Massignon'un dediği gibi:

Mistik çağrı kural olarak bilincin toplumsal adaletsizliklere karşı, yalnız başkalarının değil fakat özellikle ve öncelikle insanın kendi hatalarına karşı, ne pahasına olursa olsun Tanrı'yı bulmak

379 *Hymns of Divine Love* 28.114-15; 160-2.

için içsel arınmayla yoğunlaştırılmış bir arzuyla, iç isyanının sonucudur.[380]

Sufilerin başlangıçta öteki mezheplerle ortak yönleri çok fazlaydı. Böylece büyük Mutezile düşünürü akılcı Vasıl bin Ata (öl. 748), daha sonra sufizmin babalarından biri olarak saygı görecek olan Medineli zahit Hasan Basri'nin (öl. 728) öğrencisi olmuştu.

Ulema, İslam'ı, tek doğru din olarak başka dinlerden katı biçimde ayırt etmeye başlıyordu, fakat sufiler genel olarak Kur'an'ın doğru yönlenmiş bütün dinlerin birliği görüşüne bağlı kalmışlardı. Örnek olarak birçok sufi İsa'ya batıni yaşamın peygamberi olarak saygı duyuyordu. Hatta bazıları kelime-i şahadeti bile değiştirmiş, "Allah'tan başka ilah yoktur, İsa O'nun peygamberidir," demişlerdi. Bu teknik olarak doğruydu fakat kışkırtıcı bir niyet taşıyordu. Kur'an'ın korku ve huşu esinleyen adil Tanrı'dan söz ettiği yerde, ilk kadın zahit Rabia (öl. 801) sevgiden, bir bakıma Hristiyanların tanıdık bulacağı bir sevgiden söz ediyordu:

> İki yoldan seviyorum Seni: bencilce,
> Ve sonra, Sana yakışır biçimde.
> Bu bencil sevgidir ki her düşünceyle Seni
> düşünmekten kendimi alamıyorum
> Senin yarattığın en saf sevgiyle
> Benim hayran bakışlarımdan peçeyi kaldırdın.
> Ne onda ne bunda benim övülecek bir yanım yok:
> Övülecek olan Sensin, biliyorum.[381]

Bu onun ünlü duası, "Ey Tanrım! Cehennem korkusuyla sana tapınıyorum ve Sana Cennet umuduyla tapınırsam, beni Cennetinden çıkar; ama eğer Sana Senin için tapınırsam Ezeli Güzelliğini benden

---

380 *Encyclopedia of Islam* (1. basım Leiden 1913), Tasavvuf maddesi.

381 Çev. R.A. Nicholson, A.J. Arberry, *Sufism, An Account of the Mystics of Islam* ([illegible], 1950), s. 43.

gizleme!"[382] ile yakın anlamdadır. Tanrı sevgisi sufizmin ayırt edici yanı olmuştur. Sufiler Yakın Doğu'nun Hristiyan zahitlerinden etkilenmiş olabilirler fakat Muhammed'in etkisi başat kalmıştır. Muhammed'in kendisine vahiy geldiği zamankine benzer bir Tanrı deneyimi yaşamayı ummuşlardır. Doğal olarak onun mistik göğe yükselişi de Tanrı deneyiminin paradigması haline gelerek kendilerine esin vermiştir.

Sufiler bütün dünyada farklı bir bilinç geliştirmeye yardımcı olan teknik ve disiplinleri de geliştirmişlerdir. Müslüman yasasının temel gerekliliklerine mantra olarak oruç, gece ibadeti ve tanrısal adları zikretmek gibi uygulamaları da eklemişlerdir. Bu uygulamaların etkisi bazen tuhaf ve sınır tanımaz davranışlara yol açmış ve bu tür mistikler "sarhoş sufiler" olarak bilinmişlerdir. Bunların ilki Ebu Yezid Bistami'dir (öl. 874). Bistami, Rabia gibi Tanrı'ya sevgili olarak yaklaşır. İnsani bir sevgide bir kadını memnun etmeye çalışır gibi Allah'ı memnun etmek gerektiğine, kendi gereksinim ve arzularını Sevgili'yle bir olmak için feda etmeye inanmıştır. Fakat buna erişmek için benimsediği kendi kendini denetleme disiplinleri, bu kişileştirilmiş Tanrı kavramını aşar. Kimliğinin özüne vardıkça, Tanrı ile kendisi arasında kimsenin bulunmadığını hissetmiştir; gerçekten de "nefs" olarak bildiği her şey eriyip gitmiş gibidir:

> Allah'a hakikat gözüyle baktım ve O'na: "Bu kim?" dedim. "Bu ne sensin ne de ben," dedi, "Benden başka Tanrı yok." Sonra beni kimliğimden sıyırıp kendi kimliği içine aldı... Sonra O'nunla Onun Yüzünün diliyle konuştum ve "Senin ile benim aramda ne kadar mesafe var?" dedim O da, "Ben Sen'deyim; Sen'den başka tanrı yok," dedi.[383]

---

382 R.A. Nicholson, *The Mystics of Islam* (Londra, 1963 basımı), s. 115.

383 Narrative, Marshall G.S. Hodgson, *The Venture of Islam, Conscience and History in a World Civilisation,* 3 cilt (Chicago, 1974), I., s. 404.

Ve bu, insan cinsine yabancı "orada", dışarda bir ilah değildi. Tanrı'nın gizemli biçimde en içteki nefsle özdeşliği keşfedilecekti. Nefsin böyle sistematik biçimde yok edilmesi daha engin, söze gelmez bir gerçeklikte özümlenme duygusu yaratıyordu. Böylece yok olma aşaması (*fena*) sufi ülküsünün odağı oldu. Bistami Kelime-i şehadet'i, başka birçok Müslümanca Kur'an'da emredilen özgün İslam deneyimi olarak bilinmekteydi, zındıklık olarak anlaşılacak biçimde tamamıyla yeniden yorumlamıştı.

"Ayık sufiler" olarak tanınan başka sufiler, daha ılımlı bir tinselliği yeğlediler. Geleceğin bütün İslam mistisizminin temel izleğini ortaya koyan Bağdatlı El Cüneyd (öl. 910), Bistami'nin aşırılığının tehlikeli olabileceğine inanıyordu. *Fena*, yok olmanın ardından, *bekâ* (canlanış), nefsin zenginleştirilmesine bir dönüşün gelmesi gerektiğini savundu. Tanrı'yla birleşme bizim doğal yeteneklerimizi yok etmemeli onları tam kullanmamızı sağlamalıydı. Bir sufi, kendi varlığının yüreğindeki tanrısal varlığı keşfetmek için engelleyici benliğinden sıyrıldıktan sonra, daha yüce biçimde kendi gerçekliğini ve kendini denetleme gücünü bulmalıydı. Daha insan olmalıydı. Yani, *fena* ve *bekâ*'yı yaşadıklarında, sufiler, Yunanlı Hristiyanların tanrısallaşma dedikleri aşamaya gelmiş olacaklardı. Cüneyd bütün sufi arayışı, insanın yaratılış günündeki ilk haline dönüş diye görüyordu: Tanrı'nın istediği ülküsel insanlığa dönüştü bu. Aynı zamanda varlığının kaynağına dönüş. Ayrılma ve yabancılaşma deneyimi sufiler için Platoncu ve Gnostik deneyim kadar önemliydi. Belki de bu, psikanalistler bunu ilahi olmayan bir kaynağa atfetseler de Freudcu ve Kleincilerin bugün sözünü ettiği ayrılmaktan fazla farklı değildi. Cüneyd, kendisi gibi bir sufi ustanın (*pîr*) uzman yönlendiriciliği altındaki disiplinli ve özenli çalışmayla, Müslümanların Yaratıcılarıyla yeniden birleşebileceklerini ve Kur'an'ın anlattığı gibi, Âdem'in çıkarıldığında yaşamış olduğu gibi, Tanrı'nın somut varlığını özgün biçimiyle yaşayabileceklerini öğretiyordu. Bu ayrılık ve üzüntünün sonu olacak, insan Tanrı olduğunu düşündüğü daha derindeki özle yeniden birleşecekti. Tanrı ayrı, dışsal bir gerçeklik ve yargıç değildi ama herkesin varlığının temelindeki varlıktı:

> Ey Rab, şimdi öğrendim,
> Yüreğimde yatan ne;
> Dünyadan ayrı, gizlice,
> Dilim konuştu tapındığımla.
> Böylece bir anlamda biz
> Birleştik ve Tek olduk;
> Zaten yoksa ayrılık
> Bizim ezeli durumumuz.
> Benim bakışımdaki engin
> Derin huşu Senin Yüzünü gizlese de,
> Büyüleyici ve vecd içinde Rahmetle
> Senin benim ta içime dokunduğunu hissettim.[384]

Birlik hakkındaki vurgu, Kur'an'daki tevhid ülküsüne bağlanır: Kendi dağılmış benliğini toparlayarak mistik, kişisel bütünleşmesinde tanrısal varlığın deneyimini yaşayacaktır.

Cüneyd mistisizmin tehlikelerinden tamamıyla haberdardı. Bir *pîr*'in öğütlerinden yoksun ve katı sufi eğitimini almamış eğitimsiz insanlar için bir mistiğin vecdini yanlış anlamak ve Tanrı'yla bir olduğunu söylediğinde bundan çok basit bir anlam çıkarmak çok kolaydı. Bistami gibilerinin aşırı iddiaları elbette düzenin öfkesini çekerdi. Bu ilk aşamada sufizm çok küçük bir azınlık hareketiydi ve ulema genellikle ona özgün olmayan bir yenilik olarak bakıyordu. Cüneyd'in ünlü öğrencisi, Hallac-ı Mansur olarak tanınan Hüseyin bin Mansur uyarıları dinlemedi ve mistik inancın şehidi oldu. Irak'ta dolaşarak halifeliğin devrilmesini ve yeni bir düzen kurulmasını vaaz eden Hallac yetkililerce hapsedildi ve kahramanı İsa gibi çarmıha

---

384 Arberry, *Sufism*, s. 59.

gerildi. Vecd halindeki Hallac yüksek sesle, "Ben Hakikatım!" (*ene'l Hak*) diye bağırmıştı. İncil'e göre İsa da kendisinin Yol, Hakikat ve Yaşam olduğunu söylediğinde, aynı iddiada bulunmuştu.

Kur'an sürekli olarak Hristiyanların Tanrı'nın İsa olarak dirilişi inançlarını kâfirlik olarak mahkûm etmişti, dolayısıyla Müslümanlar Hallac'ın vecd halindeki bağırışından dehşete kapılmışlardı. El-Hakk (Hakikat) Tanrı'nın adlarından biriydi ve basit bir ölümlünün bu adı kendisine alması kâfirlikti. Hallac'ın Tanrı'yla birlik duygusunu ifade ediş biçimi özdeşleşme duygusuna çok yakındı. Şiirlerinden birinde dediği gibi:

> Ben Sevdiğimim ve benim Sevdiğim de ben:
> Biz aynı gövdede barınan iki ruhuz.
> Beni görürseniz O'nu görürsünüz,
> Ve eğer O'nu görürseniz, ikimizi.[385]

Bu, piri Cüneyd'in *fenâ* adını verdiği nefsin yok oluşunu ve Tanrı'yla birliği anlatan cesur bir ifadeydi. Hallac kâfirlikle suçlandığında sözünü geri almayı reddetti ve bir aziz gibi öldü.

> Çarmıha gerilmek için getirilip de çarmıhı ve çivileri gördüğünde, halka döndü ve şu sözlerle biten bir dua söyledi: "İşte beni öldürmek için toplanan Senin kulların, Senin dinin için ve Senin lütfunu kazanmak için coşku içindeler; onları affet. Ey Rabbim, onlara merhamet et; çünkü gerçekten onlara da bana açıkladıklarını açıklasaydın bu yaptıklarını yapmazlardı ve eğer onlardan gizlediklerini benden de gizleseydin, bu mihneti çekmezdim. Her ne

385 Nicholson, *The Mystics of Islam*, s. 151.

yaparsan Medhedilecek olan Sensin ve her ne istersen Medh onadır.[386]

Hallac'ın *ene'l Hakk!* (Ben Hakikatim!) bağırışı mistiklerin Tanrısı'nın nesnel bir gerçeklik olmayıp fazlasıyla öznel oluşunu gösterir. Daha sonra Gazali onun kâfir olmayıp yalnızca sırrı bilmeyenleri yanıltacak ezoterik hakikati ilan etmesinin akıllıca olmadığını ileri sürmüştü. Çünkü Kelimei Şehadet'in belirttiği gibi Allah'tan başka gerçeklik yoktu, bütün insanlar özünde tanrısaldı. Kur'an Tanrı'nın Âdem'i, kendisini aynada yansıtacak biçimde, kendi suretinde yarattığını söylüyordu.[387] Meleklere ilk insanın önünde eğilip ona tapınmalarını emretmesi bu nedenleydi. Sufilere göre Hristiyanların yanlışı, tanrısalın bütün yaratılışının tek insanda toplandığını sanmalarıydı. Tanrı'nın özgün görümünü kazanan bir sufi kendindeki tanrısal imgeyi, yaratılış gününde görünen biçimiyle keşfederdi. Sufilerce sevilen Kutsal Gelenek (*hadisi kudsi*) Tanrı'nın bir Müslümanı kendisinin çok yakınına aldığını ve her kulunda dirildiğini gösteriyordu: "Bir kere onu sevdim mi artık ben o kulumun işiteceği kulağı, göreceği gözü, şiddetle kavrayacağı eli ve yürüyeceği ayağı olurum." Hallac'ın öyküsü mistikler ile kurulu düzen arasındaki Tanrı ve vahiyleri konusundaki kavramlarda bulunan derin uyuşmazlığı gösterir. Mistik için vahiy kendi ruhunda olan bir olayken, ulema gibi daha gelenekçi insanlar için bu tamamıyla geçmişte kalan bir olaydı. Oysa on birinci yüzyılda İbni Sina ve Gazali gibi Müslüman filozofların Tanrı hakkındaki nesnel açıklamaları tatmin edici bulmadıklarını ve mistisizme döndüklerini görmüştük. Gazali sufizmi kurulu düzene kabul ettirmiş ve onun Müslüman tinselliğinin özgün biçimi olduğunu göstermiştir. On ikinci yüzyılda İranlı filozof Yahya Suhreverdi ve İspanya'da doğan Muhyiddin Arabi İslam Felsefesi ile

---

386 Arberry, *Sufism*, s. 60.

387 Kur'an-ı Kerim 2:32. (Söz konusu ayette böyle bir ifade yoktur. [yay. n.])

miztisizmi ayrılmaz biçimde birbirleriyle ilişkilendirdiler ve sufilerce bilinen Tanrı'yı İslam İmparatorluğu'nun çoğu yerinde normatif hale getirdiler. Fakat Suhreverdi de Hallac gibi tam olarak bilinmeyen nedenlerle, ulema tarafından 1191'de Halep'te öldürtüldü. Özgün "Doğu" dini adını verdiği inançla İslam'ı bağdaştırmak onun yaşamını adadığı iş olmuştu ve böylece İbni Sina'nın önerdiği tasarıyı tamamlamıştı. Antik dünyanın bütün bilgelerinin tek öğretiyi vaaz ettiğini iddia ediyordu. Kökeninde bu öğreti (Suhreverdi'nin Kur'an ve Kitab-ı Mukaddes'te Enoş'taki peygamber İdris'le özdeşleştirdiği) Hermes'e vahyedilmişti; Yunan dünyasında Platon ve Pisagor tarafından, Orta Doğu'da da Zerdüşt mecusiler tarafından yayılmıştı. Aristoteles'ten beri daha dar entelektüel çevre ve felsefe tarafından bilinmekteydi ve sonunda Suhreverdi'nin kendisine Bistami ve Hallac aracılığıyla ulaşana kadar bir bilgeden ötekine gizlice iletilmişti. Bu uzun yıllar yaşamış olan felsefe mistikti ve imgeleme önemli yer veriyordu fakat aklın terk edilmesini içermiyordu. Suhreverdi, entelektüel açıdan Farabi kadar etkindi fakat hakikate ulaşmak için sezginin de önem taşıdığı konusunda ısrarlıydı. Kur'an'da öğretildiği gibi bütün hakikat Tanrı'dan geliyordu ve nerede bulunursa orada aranmalıydı. Tek tanrıcı dinlerde olduğu kadar, putperestlik ve Zerdüştlükte de bulunabilirdi. Mezhep çekişmelerinin yaşandığı dogmatik dinlerin tersine, mistisizm genellikle Tanrı'ya giden yolun insan sayısı kadar çok olabileceğini savunur. Sufizm özellikle başkalarının inancı konusunda dikkate değer bir saygı içindedir.

Suhreverdi'ye genellikle Şeyh'ül Işrak, Işığın Ustası, adı verilir. Yunanlılar gibi o da Tanrı'yı ışık aracılığıyla yaşamıştır. Arapçada *-ışrak* doğudan yükselen, şafağın ilk ışıkları kadar aydınlanmaya da verilen addır. Doğu, dolayısıyla coğrafi bir yön değil, ışık ve enerjinin kaynağıdır. Dolayısıyla Suhreverdi'nin Doğu inancında, insanlar Doğu'yu bulanık biçimde anımsarlar, bu gölgeler dünyasında kendilerini rahat hissetmezler ve ilk mekânlarına dönmek isterler. Suhreverdi, felsefesinin Müslümanlara doğru yönlerini bulmakta yardımcı olacağını, imgelem aracılığıyla içlerindeki ezeli bilgeliği arındıracağını iddia etmiştir.

Suhreverdi'nin fazlasıyla karmaşık sistemi dünyanın bütün dinsel içgörülerini tinsel bir dinde bağdaştırma çabasıydı. Hakikat nerede bulunursa orada aranmalıydı. Sonuç olarak onun felsefesi İslam öncesi İran kozmolojisi ile Batlamyus gezegen sistemini ve Yeni Platoncu yayılma şemasını bağdaştırıyordu. Fakat başka hiçbir feylesof Kur'an'dan onun kadar çok alıntı yapmış değildi. Kozmolojiyi tartışırken Suhreverdi öncelikle evrenin fizik kökenlerini açıklamakla ilgilenmişti. Başyapıtı *Hikmet'ül İşrak*'ta fizik ve doğa bilimlerine ilişkin sorunları incelemeye başladı fakat bu yalnızca eserinin mistik bölümüne bir girişti. İbni Sina gibi o da gerçekliğin tamamının algılanmasında akılcı ve metafizik kurguların yeri olmasına karşın, felsefenin bütünüyle akılcı ve nesnel konuşlanışından tatmin olmuyordu. Ona kalırsa sahici bilge felsefe ve mistisizmin ikisinin de ilerisindeydi. Dünyada daima böyle bilgeler olmuştu. Şii imamlığına bu kadar yakın bir kuramla Suhreverdi, bu ruhsal önderin, bilinmezlikte bile olsa var olmaması durumunda dünyanın varlığının devam edemeyeceği gerçek bir *kutb*'a inanıyordu. Suhreverdi'nin İşraki mistisizmi İran'da halen yaşamaktadır. Dışlayıcı olduğu için değil fakat İsmaililer ve sufiler gibi tinsel ve imgelemci eğitim gerektirdiği için ezoterik bir sistemdir.

Yunanlılar belki de Suhreverdi'nin sisteminin *kerygmatik* değil de *dogmatik* olduğunu söylerlerdi. O bütün dinlerin ve felsefelerin yüreğinde yatan imgelemci çekirdeği keşfetmeye çalışıyordu ve aklın, yeterli olmadığında ısrar etse de en derin gizemleri araştırmak için onun oynadığı rolü hiçbir zaman reddetmemişti. Hakikat ezoterik mistisizmle olduğu kadar bilimsel akılcılıkla da bulunmak zorundaydı; duyarlılığın eleştirel akılla eğitilmesi ve bilgilendirilmesi gerekirdi.

Adından anlaşıldığı gibi İşraki felsefesinin çekirdeğini, Tanrı'nın mükemmel eşanlamlısı olarak görülen ışık simgesi oluşturuyordu. En azından on ikinci yüzyılda ışık dünyadaki yaşamın en somut ve tanımlanamaz fakat en açık olgusuydu: Tamamıyla kendine dayanan, hiçbir tanım gerektirmeyen fakat herkes tarafından algılanan yaşamı olanaklı kılan öğe oydu. Her şeyi kapsıyordu: Maddi gövdelere ait her türlü aydınlık doğrudan ışıktan, onların dışındaki bir kaynaktan geliyordu. Suhreverdi'nin yayılmacı kozmolojisinde Işıklar Işığı, feylesofların çok yalın Zorunlu Varlık'ına karşılık geliyordu. Bir dizi daha önemsiz, alçalan hiyerarşi sahibi ışıklar yayıyordu; her ışık, Işıklar Işığı'na bağlılığını bilerek, maddi dünyanın kaynağı olan bir kendinde gölge geliştiriyordu, bunlar da Batlamyus'un kürelerine karşılık geliyordu. Bu insanın içinde bulunduğu açmaz için yapılmış bir benzetmeydi. Işık ve karanlığın benzer bileşimi her birimizde vardı: Işık veya ruh Kutsal Ruh (İbni Sina'nın şemasında melek Cebrail, dünyamızın ışığı olarak tanınıyordu) tarafından embriyoya ihsan ediliyordu. Ruh Işığın daha yüce dünyalarıyla birleşme özlemindeydi ve eğer zamanın *kutb*'u tarafından veya onun öğrencilerinden biri tarafından yeterince eğitilebilirse, onu bu dünyada bile görebilirdi.

Suhreverdi kendi aydınlanmasını *Hikmet*'te anlatmıştır. Epistemolojik bilgi sorunu nedeniyle tedirgindir, çıkış yolu bulamamaktadır; kitaplarda okudukları ona bir şey dememektedir. Sonra İmamı, *kutb*'u, ruhların sağaltıcısını rüyasında görür:

> Aniden müşfikçe sarmalandım; kör edici bir parlama oldu, sonra insan biçimli şeffaf bir ışık belirdi. Dikkatle baktım ve oradaydı... Bana doğru geldi, beni öyle kibarca selamladı ki şaşkınlığım yok oldu ve korkum tanışıklığa dönüştü. Ve sonra şu bilgi sorunu ile çektiklerimden ona şikâyet ettim.
>
> "Kendine gel," dedi bana, "O zaman sorunun çözülecek."[388]

Uyanma veya aydınlanma süreci açıkça peygamberliğin sarsıcı, şiddetli esin sürecinden farklıydı. Daha çok Buda'nın sakin aydınlanı-

---

388 *Hiqmat al-Ishraq*, Henri Corbin, *Spiritual Body and Celestial Earth, From Mazdeau Iran to Shiite Iran*, çev.: Nancy Pearson (Londra, 1990), s. 168-9.

şıyla benzeşiyordu: Mistisizm Tanrı dinlerine daha sakin bir tinsellik vermekteydi. Gerçeklikle çarpışma olmadan, aydınlanma mistiğin kendisinden geliyordu. Ayrılan olgular yoktu. Bunun yerine, insan imgeleminin çalıştırılması insanlara Tanrı'ya dönme, *âlem-i misale,* saf imgeler dünyasına girme yeteneği veriyordu.

Suhreverdi antik İran inancındaki, *getik*'teki (dünya, fizik dünya) herkesin ve her nesnenin *menok*'ta (gök dünyası) karşılığının olduğu örnek dünya istiyordu. Mistisizm Tanrı dinlerinin görünürde terk ettiği eski mitolojileri canlandırıyordu. Suhreverdi'nin şemasında *âlem-i misal* olan *menok,* şimdi bizim dünyamızla Tanrı'nın dünyası arasındaki geçiş diyarı olmuştu. Bu ne akıl ne de duygu aracılığıyla algılanırdı. Bize, Kur'an'ın simgesel yorumunun onun doğru tinsel anlamını vermesi gibi, gizli ilk örnekleri yeniden keşfetme yeteneği veren, yaratıcı imgelem yeteneğiydi. *Âlem-i misal,* İsmaililerin dünyadaki olayların gerçek anlamını açıklayan İslam'ın tinsel tarih algısı veya İbni Sina'nın geçen bölümde tartışılan "angeloloji"siyle (melekler ilmi) çok yakındı. İslam'daki bütün gelecek mistikler için kendi deneyimlerini ve görümleri yorumlama yolu olarak bunun büyük önemi olacaktı. Suhreverdi, ister şaman, ister mistik, ister zahit olsun çok farklı kültürlerde görülen, çarpıcı biçimde benzer olan görümleri inceliyordu. Bu görüngüye yönelik ilgi son zamanlarda artmıştır. Jung'un kollektif bilinçaltı kavramı insanlığın bu ortak imgelem deneyiminin daha bilimsel olarak incelenmesi girişimidir. Aslen Romen olan Amerikalı filozof Mircea Eliade gibi başka bilim adamları antik şairlerin destanlarının ve bazı masallarının nasıl bu tür vecdi yolculuklar ve mistik uçuşlardan türediğini göstermeye çalışmışlardır.[389]

Suhreverdi mistiklerin görümlerinin ve kutsal metinlerin Cennet, Cehennem veya Kıyamet Günü gibi simgelerinin, bu dünyada yaşadığımız deneyimlerdeki görüngüler kadar gerçek fakat farklı biçimde

389 Mircea Eliade, *Şamanizm,* s. 508.

olduğunda ısrar etmiştir. Bunlar görgül olarak kanıtlanamazlar fakat ancak eğitilmiş imgelemci yetenek tarafından idrak edilebilirler. Bu yetenek görüm görenlere dünyevi görüngüleri tinsel boyutta görme olanağı verir. Bu deneyim zorunlu eğitimi almamışlar için hissedilemez bir şeydir; tıpkı Budist aydınlanmanın ancak zorunlu moral ve zihinsel uygulamalar geçirildikten sonra yaşanabilmesi gibi. Bizim bütün düşüncelerimiz, idealarımız, arzularımız, rüya ve görümlerimiz *âlem-i misal*'deki gerçekliklere karşılık gelir. Örnekse, Muhammed Peygamber, bu geçiş dünyasına kendisini tanrısal dünyanın eşiğine götüren Gece Yolculuğu sırasında uyanmıştır. Suhreverdi Yahudi Taht Mistisizmi görümlerinin de tinsel yoğunlaşma uygulamalarıyla *âlem-i misal*'e girmenin öğrenilmesiyle olabildiğini ileri sürebilirdi. Tanrı'ya giden yol, dolayısıyla, feylesofların düşündüğü gibi yalnızca akla bağlı değildir, mistiklerin diyarı olan yaratıcı imgeleme de bağlıdır.

Bugün Batı'daki birçok insan, önde gelen bir teolog Tanrı'nın büyük oranda imgelemin ürünü olduğunu söylese hayal kırıklığına uğrar. Ama bu imgelemin başlıca dinsel yetenek olduğu da açıktır. Jean Paul Sartre bunu, ne olmadığını düşünme yeteneği olarak tanımlamıştır.[390] İnsan bulunmayan veya henüz mevcut olmayan ama yalnızca olası olanı öngörme yeteneğine sahip olan tek hayvandır. Dolayısıyla imgelem sanat ve dinde olduğu kadar bilim ve teknolojide de bizim ana kazanımlarımızın nedeni olmuştur. Tanrı düşüncesi, nasıl tanımlanırsa tanımlansın, belki de görünmeyen gerçekliğin birincil örneğidir; bütün içsel sorunlarına karşın, binlerce yıldır insanlığa esin vermeye devam etmektedir. Duygu ve mantıklı kanıtlarla algılanamaz kalan Tanrı'yı kavramamızın tek yolu, imgelemci zihnin ana işlevinin yorumlanmaları olan simgelerin aracılığıyladır. Suhreverdi, atıfta bulundukları gerçeklikler bulanık kalsa da insan yaşamında önemli etkiler yaratan bu simgelerin imgelemci açıklamasını yapmaya çalışmaktaydı. Simge, bizim duyularımızla algıladığı-

390 J.P. Sartre, *The Psychology of the Imagination* (Londra, 1972), pek çok yerde geçmektedir.

mız veya zihnimizle yakaladığımız fakat onda kendinden fazlasını gördüğümüz bir nesne veya kavram olarak tanımlanabilir. Akıl tek başına belirli, geçici nesnedeki özel, evrensel veya ezeliyeti algılama yeteneğini bize vermez. Bu yaratıcı imgelemin, mistiklerin, sanatçılar gibi kendi anlayışlarına yükledikleri bir görevdir. Sanatta olduğu gibi en etkili dinsel simgeler entelektüel bilgi ve insanlık durumunu anlayanlarca bildirilenlerdir. Olağanüstü güzellikte bir Arapçayla yazan ve oldukça yetenekli bir mutasavvıf olan Suhreverdi mistik olduğu kadar da yaratıcı bir sanatçıydı. Görünüşte ilişkisiz şeyleri bir araya getirirken bilim ile mistisizm, pagan felsefe ile tektanrıcı din Müslümanlara kendi simgelerini yaratmalarında ve yaşamda yeni anlamlar ve özellikler bulmalarında yardımcı olmuştur.

Suhreverdi'den daha da fazla etkili olan ve yaşamı, belki de Doğu ile Batı'nın ayrılık noktası diye görülebilecek olan kişi Muhyiddin Arabi'dir (1165-1240). Babası İbni Rüşd'ün arkadaşıydı ve İbni Rüşd, genç Muhyiddin daha zahitken onunla bir karşılaşmasında fazlasıyla etkilenmişti. Şiddetli bir hastalık sırasında Muhyiddin sufizme yöneldi ve on üç yaşında Avrupa'yı terk edip Orta Doğu'ya gitti. Hacı oldu ve iki yılını Kâbe'de ibadet ve tefekkürle geçirdi. Ama sonunda Fırat kenarındaki Malatya'ya yerleşti. Genellikle Şeyhü'l Ekber olarak tanındı ve Müslümanların Tanrı kavramını fazlasıyla etkiledi. Ama düşünceleri, İslam felsefesinin İbni Rüşd'le bittiğini sanan Batı'da etki yaratmadı. Batı Hristiyanlığı İbni Rüşd'ün Aristotelesçi Tanrısı'nı kucaklayabilir, oysa İslam dünyasının büyük çoğunluğu, görece yakın zamanlara kadar, mistiklerin imgelemci Tanrısı'nı seçecektir.

1201'de, Kâbe'nin çevresinde dönerken, Muhyiddin Arabi kendisinde büyük ve kalıcı etki yaratan bir görüm gördü. Nizam adlı genç bir kız görmüştü; kız göksel bir hâleyle çevriliydi ve Muhyiddin onun Sophia'nın, tanrısal Bilgeliğin vücut bulmuşu olduğunu anladı. Bu tecelli, eğer felsefenin akılcı tartışmalarıyla sınırlı kalırsak bizim Tanrı'yı sevmemize olanak olmadığını anlamasına yaradı. Felsefe, Allah'ın aşkınlığını vurguluyor ve bize hiçbir şeyin O'na benzemediğini anımsatıyordu. Böyle yabancı bir Varlığı nasıl sevebilirdik? Ancak yaratıklarında gördüğümüz bir Tanrı'yı sevebiliriz; *Futühatü'l-Mekkiye*'de şöyle açıklıyor: "Bir varlığı güzelliği için severseniz, sevdiğiniz Tanrı'dan başkası değildir, çünkü O Güzel Varlık'tır." "Böylece bütün yönleriyle, sevginin amacı yalnızca Tanrı'*dır*."[391] Kelime-i Şehadet bize Allah'tan başka gerçek ilah olmadığını anımsatır. Sonuç olarak, O'ndan başka güzellik de yoktur. Tanrı'nın kendisini göremeyiz ama Nizam gibi yüreklerimize sevgi esini veren, kendisini göstermek için seçtiği yaratıklarda O'nu görebiliriz. Gerçekten de mistik, Nizam gibi bir kızın gerçekten ne olduğunu görmek için kendi kutsallığını kendisi yaratmakla görevliydi. Sevgi özünde görünmez kalan bir şeye duyulan özlemdi; insani sevgimizin bu kadar hayal kırıklığı doğurması bundandı. Nizam, "Araştırmamın nesnesi, benim umudum ve Saf Meryem oldu." Divan'ın girişinde açıkladığı gibi:

> Bu çalışmam için oluşturduğum mısralarla tanrısal eskilere, ruhsal ziyaretlere, Meleklerin Zekâ dünyası ile [bizim dünyamızın] karşılıklarına başvurmayı hiçbir zaman bırakmadım. Bunu yaparken her zamanki simgelerle düşünme usulüme dayandım; çünkü görünmeyen dünyanın şeyleri beni gerçek dünyanınkinden daha çok çekiyor ve çünkü genç kız neden söz ettiğimi çok iyi biliyor.[392]

Yaratıcı imgelem Nizam'ı Tanrı'nın *avatar*'ına dönüştürmüştü.

Sekiz yıl kadar sonra genç Dante Alighieri Floransa'da Beatrice Portinari'yi gördüğünde benzer bir deneyim yaşayacaktı. Kızı görür görmez ruhunun şiddetle titrediğini hissetti ve şöyle bağırır gibi olduğunu duydu: "İşte beni yönetmek üzere gelen benden daha güçlü bir tanrı." O anda Dante, Beatrice'e duyduğu sevginin yönetimin-

---

391 *Futuhat al Makkiyah* II, 326, Henri Corbin, *Creative Imagination in the Sufism of Ibn Arabi*, çev.. Ralph Manheim (Londra, 1970), s. 330.

392 *The Niwan, Interpratation of Ardent Desires*, a.g.e., s. 138.

deydi; Beatrice "imgelemimin ona verdiği güçle" efendi olmuştu.[393] Beatrice *İlahi Komedya*'da Dante için kutsal sevginin imgesi olmayı sürdürdü. Bunun kendisini, cehennem, araf ve cennetten geçirip Tanrı görümünün karşısına çıkaran hayali bir yolculuğa çıkarışını anlatır. Dante'nin şiiri Muhammed'in göğe çıkışının Müslüman açıklamalarından etkilenmiştir; gerçekten de onun yaratıcı imgelem görüşü Muhyiddin Arabi'ninkiyle aynıdır. Dante, Aristoteles gibi *imaginativa*'nın dünyevi yaşamdan devşirilen imgeleri yalnızca bir araya getirdiğini ileri sürer; bu kısmen Tanrı'nın verdiği esindir:

> Ey hayal (imaginativa) sen ki bazen bizi çevremizde
> binlerce boru çalınsa da işitmeyeceğimiz kadar
> kendimizden geçirir ve alıp uzaklara götürürsün,
> seni harekete geçiren duyular değilse nedir?
> Kendiliğinden veya onu buraya gönderen bir iradeyle
> gökte şekillenmiş bir ışık mıdır bu?[394]

Dante şiir boyunca duyarak ve görerek edinilen imgelerin anlatımını yazar. Cehennemin canlı fiziki tasvirleri, Araf dağından dünyevi cennete zor, duygusal tırmanışa varır, burada Beatrice onu, onun fiziki varlığını kendi başına amaç olarak gördüğü için azarlar: Onu, Tanrı'nın dünyasına işaret eden bir simge, *avatar* olarak görmesi gerekir. Cennette fiziksel tasvir hemen hemen yoktur; kutsanmış ruhlar bile belirsizdir, bize insan kişiliğinin, insan özleminin nihai amacı olamayacağını anımsatır. Sonunda, sakin entelektüel hayal Tanrı'nın bütün imgelemin ötesinde olan aşkınlığını ifade eder. Dante *Cennet*'te Tanrı'nın soğuk bir portresini çizmekle suçlanmıştır fakat bu soyutlama bize nihayetinde O'nun hakkında bir şey bilmediğimizi anımsatır.

---

393 *La Vita Nouva*, çev.: Barbara Reynolds (Harmondsworth, 1969), s. 29-30.

394 Dante, *İlahi Komedya*.

Muhyiddin Arabi de imgelemin Tanrı tarafından verilen bir yetenek olduğuna emindi. Bir mistik kendisi için tecelli yarattığında, ilk örnekler dünyasında daha mükemmeli bulunan bir gerçekliği burada, bu dünyada doğurmuş oluyordu. Tanrısal olanı başka insanlarda gördüğümüzde, sahici gerçekliğin perdesini kaldırmak için imgesel bir çabaya giriyorduk: "Tanrı yaratıkları peçe gibi yaptı," der, "onları böyle bilen O'na yönelir ama onları gerçek olarak kabul eden O'nun varlığından yoksun kalır."[395] Böylece, sufizmde, görüldüğü biçimiyle, insanda yoğunlaşmanın fazlasıyla kişiselleşmiş bir tinselliğe yönelttiği Muhyiddin Arabi, Tanrı'nın kişiliği aşan kavramına ulaştı. Kızın imgesi onun için önemini korudu: Kadınların, Sophia'nın yani Tanrısal Bilgeliğin çok fazla diriliş olanağı olduğuna inandı; çünkü kadınlar erkeklere, sonunda Tanrı'ya ulaşan bir sevgi esini veriyorlardı. İtiraf etmeli ki bu çok erkek yanlısı bir görüş fakat bu genellikle erkek olarak algılanan Tanrı'nın dinine kadın boyutu getirme girişimiydi.

Muhyiddin Arabi bildiği Tanrı'nın nesnel bir varlığı olduğuna inanmıyordu. Yetenekli bir metafizikçi olmasına karşın, Tanrı'nın varlığının mantıkla kanıtlanabileceğine inanmıyordu. Kendisini, Kur'an'da adı Musa'nın tinsel yöneticisi olarak anılan ve İsraillilere ezeli yasayı getiren gizemli kişilik Hızır'ın öğrencisi olarak tanımlamayı seviyordu. Tanrı Hızır'a kendisiyle ilgili özel bilgi vermişti ve Musa ona bunun için yalvarıyordu ama Hızır, onun dinsel deneyiminin bunu taşımaya yetmeyeceğini söylüyordu.[396] Kendi deneyimimizde bulunmayan "dinsel" bilgiyi anlamaya çalışmanın yararı yoktu. Hızır adının anlamı, bilgeliğin her zaman taze ve ezeli olarak yenilendiğini belirtmek üzere, "Yeşil olan" olabilir. Musa gibi bir peygamber bile dinin ezoterik biçimini anlayamıyor olabilir, çünkü Kur'an'a göre Musa gerçekten Hızır'ın bilgilendirme yöntemine sabır gösteremez.

---

395 William Chittick, "Ibn al Arabi and His School", yay. Seyyid Hüseyin Nasr, *Islamic Spirituality Manifestations* (New York ve Londra, 1991), s. 61.

396 Kur'an-ı Kerim 18:69

Bu ilginç parçanın anlamı, dinin dışsal donanımının daima onun tinsel veya mistik öğesine karşılık gelmeyeceğini göstermek olmalıdır. İnsanlar, diyelim ulema, Muhyiddin Arabi gibi bir sufinin İslam'ını anlayamayabilirler. Müslüman geleneği Hızır'ı, sözlük anlamıyla ve dışsal biçimden oldukça farklı ve doğal olarak daha üstün olan mistik gerçeği arayan herkesin pîri yapar. O öğrencisini herkesinkiyle aynı olan bir Tanrı'yı algılamaya yönlendirmez, sözcüğünün en derin anlamıyla öznel bir Tanrı'ya yönlendirir.

Hızır, İsmaililer için de önemliydi. Muhyiddin Arabi Sünni olmasına karşın, öğretileri İsmaililiğe çok yakındı ve sonuçta onların teolojisiyle eklemlendi mistik dinin mezhep ayrılıklarını aşabildiğinin bir başka örneği. İsmaililer gibi Muhyiddin Arabi de Tanrı'nın sevgi verme yeteneğini vurguluyordu, bu da filozofların Tanrısı'nın *apatheia*'sıyla tam zıtlık içindeydi. Mistiklerin Tanrısı yaratıkları tarafından bilinmek isterdi. İsmaililer ilah sözcüğünün Arapça WLH kökünden geldiğine inanırlar: üzgün olmak, üzüntüsünü çekmek.[397] Hadis-i kudsinin Tanrı ağzından dediği gibi: "Ben gizli bir hazineydim ve bilinmek istedim. Ve bilineyim diye dünyayı yarattım." Tanrı'nın üzüntüsünün akılcı bir kanıtı yoktur; bunu ancak en derin arzularımızı yerine getirmek ve yaşamın trajedi ve acısını açıklamak için duyduğumuz kendi özlemimizle biliyoruz. Tanrı'nın suretinde yaratıldığımıza göre, yüce örnek Tanrı'yı yansıtmalıyız. Bizim "Tanrı" adını verdiğimiz gerçekliğe duyduğumuz özlemimiz, dolayısıyla, Tanrı'nın sevgisi ile aynadaki yansıma gibi karşılıklılık içinde olmalıdır. Muhyiddin Arabi yalnızlık içindeki Tanrı'nın özlemle iç çektiğini fakat bu iç çekişin (*nefes-i rahmani*) aşırı duygusal bir kendine acımanın ifadesi olduğunu hayal eder. Bu nefes etkin, yaratıcı bir kuvvettir ve bütün evrenimizi meydana çıkarır. Ayrıca insan cinsine de soluk verir ve insan *logoi*, Tanrı'nın kendisini dile getiren sözler olur. Buradan, her insanın Saklı Tan-

397 Henri Corbin, *Creative Imagination in Ibn al Arabi*, s. 111.

rı'nın tekil tecellisi olduğu, onu özel ve tekrarlanmayan biçimde ilan ettiği düşüncesi çıkar.

Bu tanrısal *logoi*'un her biri Tanrı'nın kendisine verdiği adlar, kendisini her tecellide tamamıyla mevcut kılmasıdır. Tanrısal gerçeklik tükenmez olduğundan Tanrı bir insan ifadesi içinde özetlenemez. Ayrıca buna göre, Tanrı'nın herkese yaptığı vahiy de tekildir, gene *logoi* olan sayısız insan tarafından bilinen Tanrı'dan farklıdır. Ancak kendi "Tanrı"mızı bilebiliriz, çünkü O'nun nesnel deneyimine sahip olamayız; O'nu başka insanlarla aynı biçimde bilmemiz olanaksızdır. Muhyiddin Arabi'nin dediği gibi: "Herkes kendi tanrısı olarak kendi özel Rab'bine sahiptir; herhalde hepsine sahip olamaz." Şu hadisi alıntılamaktan hoşlanır: "Tanrı'nın kutsadıkları üstüne düşünün ama özü (zât) üstüne düşünmeyin."[398] Tanrı'nın bütün gerçekliği bilinemez; kendi varlığımıza söylenen özel Söz üstünde yoğunlaşmalıyız. Muhyiddin Arabi aynı zamanda Tanrı'ya, ulaşılmazlığı vurgulamak için el-Âmâ, "Bulut" veya "Körlük" olarak, seslenmeyi de seviyordu.[399] Ama bu insan *logoi*'u aynı zamanda "Saklı Tanrı"ya kendisini de açıklıyordu. Bu iki yönlü bir süreçti: Tanrı bilinmek için iç çeker ve kendisini açık ettiği insanlar aracılığıyla yalnızlıktan çıkar. Bilinmeyen Tanrı'nın üzüntüsü, kendisini bildirdiği her insanda Açıklanan Tanrı'yla yatışır. Her insanda Açıklanan Tanrı'nın da bizim özlemimizi esinleyen tanrısal bir özlemle kaynağına dönmek istediği de doğrudur.

Böylece tanrısallık ve insanlık bütün evrene can veren tanrısal yaşamın iki yönüdür. Bu görüş Yunanlıların İsa'nın dirilişi anlayışından farklı değildir fakat Muhyiddin Arabi, ne kadar tanrısal olursa olsun, tek insanın Tanrı'nın sonsuz gerçekliğini ifade edebileceğini kabul edemez. Bunun yerine her insanın tanrısalın tekil *avatar*'ı olduğuna inanır. Ama her kuşakta çağdaşlarının faydalanması için

398 Chittick, "Ibn al Arabi and His School", yay. Nasr, *Islamic Spirituality*, s. 58.

399 Majid Fakhry, *A History of Islamic Philosophy* (New York ve Londra), 1970, s. 282.

Açıklanan Tanrı'nın gizemine vücut veren ve elbette Tanrı'nın bütün gerçekliğini veya saklı özünü kendisinde toplamayan Mükemmel İnsan (İnsan-ı Kâmil) simgesini de geliştirmiştir. Muhammed Peygamber kendi kuşağının İnsan-ı Kâmil'idir ve tanrısallığın özellikle etkin bir simgesidir.

Bu içedönük, imgelemci mistisizm, kendi özünün derinliklerinde varoluş temelini araştırmaktı. Mistikleri dinin daha *dogmatik* biçimlerini oluşturan kesinlemelerden arındırıyordu. Herkes Tanrı'nın tekil deneyimine sahip olduğuna göre, hiçbir dinin tek başına bütün tanrısal gizemi ifade edemeyeceği ortaya çıkıyordu. Tanrı hakkında herkesin onaylaması gereken nesnel bir hakikat yoktu; bu Tanrı kişilik kategorisinden aşkın olduğuna göre, O'nun davranışları ve eğilimleri hakkında öngörüler olanaksızdı. Başka insanlar aleyhine bir kimsenin inancında şovenist olması, açıkça kabul edilir bir iş değildi çünkü hiçbir din Tanrı hakkında bütün hakikati içeremezdi. Muhyiddin Arabi, Kur'an'da da bulunabilen, başka dinlere karşı olumlu bir yaklaşım geliştirdi ve bunu yeni bir uç hoşgörüye vardırdı:

> Benim yüreğim her biçime girebilir.
> Keşişler için bir manastır, putlar için mabet,
> Gazeller için çayır, kendini adamışlar için Kâbe
> Tevrat ve Kur'an için rahle.
> Benim inancım sevgidir: Nereye çevirse develerini.
> Gene de tek doğru inanç benimkidir.[400]

Tanrı'ya kavuşan insan sinagogda, tapınakta, kilisede ve camide aynı derecede evinde gibidir çünkü hepsi de Tanrı'ya geçerli bir yönelim sağlarlar. Muhyiddin Arabi sık sık "inanç tarafından yaratılan Tanrı" (*Halk el-hakk fi'l-itikad*) cümlesini kullanır; eğer insanların belirli bir dinde yarattığı Tanrı'dan söz etse ve bunu

---

400 R.A. Nicholson, *The Mystics of Islam*, s. 105.

Tanrı'nın kendisiyle özdeşleştirse bu küçümseyici olurdu. Buradan ancak hoşgörüsüzlük ve fanatizm çıkar. Bu tür bir bilinçsiz sevgi yerine Muhyiddin Arabi şunu öğütler:

> Kendini hiçbir özel itikada aşırı bağlama yoksa başkalarına inanmazsın; böyle yaparsan birçok iyiliği kaçırır ve maddenin doğru gerçekliğini tanımayı başaramazsın. Her yerde hazır ve nazır olan Tanrı, hiçbir inançla sınırlı değildir çünkü O, "Nereye dönersen Allah'ın yüzünü görürsün," (Kur'an 2:109) demektedir. Herkes inandığını över; onun tanrısı onun kendi yaratığıdır ve onu överken kendini över. Sonuçta başkalarının inancını suçlar, oysa adil olsa bunu yapmazdı ama onun sevgisizliği cahilliğinden gelir.[401]

Tanrı'yı asla göremeyiz ama her birimizde somut varlığını hissettiğimiz bize açıklanan kişisel Ad'ı biliriz; kaçınılmaz olarak bizim kişisel Rab anlayışımız, içine doğduğumuz dinsel gelenekle biçim kazanır. Ama mistik (arif) bu bizim "Tanrı"mızın, sadece bir "melek" veya tanrısalın özel bir simgesi olduğunu bilir; bu asla Saklı Gerçekliğin kendisiyle karıştırılmamalıdır. Yani o, bütün dinleri geçerli tecelliler olarak görür. Daha dogmatik dinlerin Tanrısı insanlığı savaşan taraflara bölerken, mistiklerin Tanrısı birleştirici bir güçtür.

Muhyiddin Arabi'nin öğretilerinin çoğu Müslüman için fazlasıyla muğlak olduğu doğrudur ama sıradan insanlara kadar süzülüp ulaşmışlardır. On iki ve on üçüncü yüzyıllarda sufizm azınlık hareketi olmaktan çıkmış ve İslam İmparatorluğu'nun birçok bölgesinde başat İslamcı anlayış haline gelmiştir. Bu dönem, her biri kendi mistik inancının özel yorumuna sahip sufi tarikatların kurulduğu zamanlardır. Sufi şeyhin halk üstünde geniş etkisi vardır ve genellikle Şii imamlara benzer biçimde bir aziz gibi saygı görür. Bu dönem siyasal

401 R.A. Nicholson (yay.), *Eastern Poetry and Prose* (Cambridge, 1922), s. 148.

ayaklanmaların da zamanıdır: Bağdat halifeliği dağılmakta, Moğol akınlarıyla bir biri ardına Müslüman şehirleri yağmalanmaktadır. Halk, feylesofların uzak ve ulemanın kuralcı Tanrısı'ndan ziyade, daha somut ve sevgi dolu bir Tanrı aramaktadır. Sufi zikir ibadeti, vecde ulaşmak için mantra olarak tanrısal adların tekrarlanması, tarikatların dışında da yayılmıştır. Özenle belirlenmiş nefes alıp verme teknikleriyle sufi yoğunlaşma disiplinleri, insanların içlerindeki aşkın varlığı hissetmelerine yardımcı olmaktadır. Daha yüksek mistik aşamalara herkesin yeteneği yoktur ama bu ruhsal uygulamalar insanların basit insanbiçimli Tanrı kavramlarını terk etmelerine ve O'nu kendi nefslerinde bir varlık olarak hissetmelerine katkıda bulunmuştur. Bazı tarikatlar yoğunlaşmayı artırmak için müzik ve dansı da kullanmışlar ve onların pîrleri halkın kahramanı olmuştur.

Bu sufi tarikatlar içinde en ünlüsü, Batı'da "dönen dervişler" olarak bilinen Mevleviliktir. Mevlevilerin azametli ve vakarlı dansı bir yoğunlaşma yöntemidir. Çevresinde döndükçe sufi, *fena* halini önceden tadarak, dansında kendi nefsinin eridiğini hissetmektedir. Tarikatın kurucusu öğrencileri tarafından Mevlana (Efendimiz) olarak adlandırılan Celaleddin Rumi'dir (1207-73). Orta Asya'da Horasan'da doğmuş fakat Moğol ordularından Konya'ya kaçmıştır. Onun mistisizmi, birçok kimsenin Allah'a inancını yitirmesine neden olan bu cezaya verilmiş İslami bir cevap olarak görülebilir. Mevlana'nın düşünceleri çağdaşı Muhyiddin Arabi'yle benzerlik gösterir ama onun sufilerin kutsal kitabı olarak tanınan şiiri Mesnevi halk arasında daha fazla ilgi görmüş ve mistiklerin Tanrısı'nın sufi olmayan sıradan insanlar arasında da yayılmasına yardımcı olmuştur. 1244'te Mevlana, Şemseddin (Şemsi Tebrizi) adlı gezgin bir dervişin etkisi altına girmiş ve onu, kuşağının kâmil insanı olarak bilmiştir. Gerçekten de Şemseddin, Peygamberin yeniden dirilmişi olduğuna inanıyor ve "Muhammed" olarak adlandırılmasında ısrar ediyordu. Kuşkulu bir ünü vardı ve kendisinin bu tür önemsiz şeylerin üstünde olduğunu düşünerek şeriata uymamakla tanınıyordu. Mevlana'nın öğrencileri

Efendilerinin açıkça görünen düşkünlüğünden haklı olarak endişeye kapılmışlardı. Şems bir ayaklanmada öldürülünce, Mevlana teselli bulmaz hale geldi ve kendisini daha fazla mistik müzik ve dansa verdi. Acısını imgeleminde Tanrı sevgisinin simgesine dönüştürmeyi bildi Tanrı'nın insanlık için ve insanlığın Allah için duydukları özleme. Bilsin bilmesin herkes, varlıkların kaynağından ayrılmış olduklarının belirsizce farkında, görünmeyen Tanrı'yı arıyordu.

> İşit, bu ney neler anlatıyor; dinle, ayrılıklardan nasıl şikâyet ediyor: "Beni bir sazlıktan kestiklerinden beri, kadın erkek bunca insan feryadımdan inledi. Ayrılık acılarıyla parça parça olmuş bir kalp isterim; ta ki iştiyak derdini şerh edebileyim. Aslından, vatanından uzaklaşmış olan kimse, o vuslat zamanını bekler durur." [402]

Kâmil insanın Tanrı'yı aramak için sıradan ölümlülerden daha fazla esin sahibi olduğuna inanılıyordu. Şemseddin, Mevlana'nın içindeki şiiri serbest bırakmış ve Mesnevi bu ayrılığın acılarını dile getirmişti.

Öteki sufiler gibi Mevlana da evreni Tanrı'nın sayısız adının tecellisi olarak görüyordu. Bunlardan bazıları Tanrı'nın gazap veya şiddetini ortaya koyarken, bazıları da kutsal yapının doğasında olan merhamet gibi nitelikleri ifade etmekteydi. Mistik kişi Tanrı'nın yakınlığını, sevgisini ve güzelliğini her yerde kazanmak ve bunun dışındaki her şeyden arınmak için sürekli mücadele (Cihad) içindeydi. Mesnevi, Müslümanı insan yaşamındaki aşkın boyutu bulmaya ve görüntüler arasından içerdeki saklı gerçekliği görmeye çağırıyordu. Her şeyin içindeki içsel gizeme bizi kör eden benliktir, fakat bundan bir kez kurtulduk mu, yalıtılmış, ayrı varlıklar olmaktan çıkıp bütün varlığın temelinde bir oluruz. Mevlana da Tanrı'nın ancak öznel de-

402 Kenan Rifâi, *Şerhli Mesnevi Şerif.*

neyim olduğunda ısrarlıydı. Başka insanların tanrısallık kavramına saygı göstermemiz gerektiğini anlatmak için Musa ile çoban arasında geçen gülünç öyküyü anlatır. Bir gün Musa bir çobanın içten bir biçimde Tanrı'yla konuşmasına kulak misafiri olur: Tanrı'dan her neredeyse yardımcı olmayı, O'nun elbiselerini yıkamayı, bitlerini kırmayı, yatarken ellerini ayaklarını öpmeyi istemektedir. Duacı: "Seni anımsarken bütün diyebileceğim ayyy ve ahhh," diye bitirir. Musa dehşete düşmüştür. Çoban kimle konuştuğunu sanmaktadır? Göklerin ve yerin Yaratıcısı'yla mı? Amcasıyla konuşur gibidir! Çoban pişman olur ve kendisini umutsuzca çöllere vurur ama Tanrı Musa'yı azarlar. O'nun istediği ortodoks sözcükler değil, yakıcı sevgi ve alçakgönüllülüktür. Tanrı'dan söz etmenin doğru yolu diye bir şey yoktur:

> Senin için yanlış olan onun için doğrudur birine bal
> olan öbürüne zehir olur.
> Tapınmada saflık ve kirlilik, tembellik ve gayret
> Benim için hiçbir anlamları yok.
> Ben bunların hepsinden uzağım.
> Tapınma yollarının biri öbüründen üstün değildir.
> Hindular Hinduca işler yaparlar
> Dravid Müslümanlar Hindistan'da kendi bildiklerini
> Hepsi övgüye değer, hepsi doğru.
> Tapınırken övülen Ben değilim.
> Tapınanlardır! Ben onların sözlerini duymam,
> alçakgönüllülüklerine bakarım.
> Şu Gerçeklik karşısındaki açıklığa
> dillerini değil! Söz ilmini bırak.
> Dost ol.
> Yanmak istiyorum.
> Düşünceni ve bütün ifade biçimlerini yak![403]

---

403 *This Longing, Teaching Stories and Selected Letters of Rumi*, çev. ve yay. Coleman Banks ve John Moyne (Putney, 1988), s. 20.

Tanrı hakkındaki her söz, çobanın sözü kadar saçmadır ama inanan kişi peçenin arasından gerçekliğin nasıl olduğuna baktığında, bütün insan kavramlaştırmalarının yanlışlandığını görür.

Bu sırada yaşanan trajedi Avrupa Yahudileri'ne de yeni bir Tanrı kavramı oluşturmalarında yardımcı olmuştur. Batı'nın antisemitik haçlıları Yahudi cemaatleri için yaşamı çekilmez kılmaktadır ve birçoğu, Taht Mistikleri'nin hissettiği uzak ilahtan daha somut, kişisel bir tanrı istemektedir. Onuncu yüzyılda Kalonymos ailesi güney İtalya'dan Almanya'ya göç etmiş ve yanlarında mistik edebiyatı da taşımıştır. Fakat on ikinci yüzyılda çeşitli sorgulamalara uğramaları, Aşkenazi inancına yeni bir kötümserlik havası sokar ve bu durum Kalonymos kabilesinin üç üyesinin yazılarında dile gelir. Yaşlı Haham Samuel, Tanrı Korkusu (*Sefer ha-Yirah*) adlı risalesini 1150'lerde yazmıştır. Haham Sofu Judah, Sofuların Kitabı'nın (*Sefer Hasidim*) ve kuzeni Worms'lu Haham Elizar ben Judah (öl. 1230) birkaç risale ve mistik metin yayınlamıştır. Bunlar filozof veya sistematik düşünür değillerdir ve eserleri düşüncelerini, uzlaşmaz görünen bir dizi kaynaktan aldıklarını göstermektedir. Kitapları İbraniceye çevrilmiş olan sert feylesof Saadya bin Yusuf'un ve Assisili Francis gibi Hristiyan mistiklerin fazlasıyla etkisinde kalmıştır. Bu tuhaf kaynak bileşiminden Fransa ve Almanya Yahudileri için on yedinci yüzyıla kadar önemini koruyan bir tinsellik yaratmayı becermişlerdir.

Onları kısaca anacağımız adla Hahamlar, Tanrı tarafından yaratılan zevkleri inkâr etmeyi günah olarak ilan ederler. Fakat Alman Sofular, Hristiyan zahitliğini anımsatan bir feragat vaaz etmektedirler. Bir Yahudi, ancak zevklere sırtını dönerse ve evde hayvan beslemek veya çocuklarla oynamak gibi zaman geçirici işleri bırakırsa öteki dünyada Şekina'yı görebilir. Yahudiler Tanrı'nınki gibi *apatheia* geliştirmeli, küçük görme ve hakarete kayıtsız kalmalıdırlar. Ama Tanrı'ya bir dost gibi seslenmek mümkündür. Hiçbir Taht Mistiği Tanrı'ya, Elizar gibi "Sen" diye seslenmeyi rüyasında bile görmemiştir. Bu yakınlık liturjiye de sızmış ve aşkın olduğu kadar dolaysız, içtenlikle dolu bir Tanrı betimi yapılmıştır:

> Her şey Sendedir ve Sen her şeydesin. Her şeyi Sen dolduruyorsun ve kuşatıyorsun; her şey yaratıldığında, Sen her şeydeydin; her şey yaratılmadan önce, Sen her şeydin.[404]

Hahamlar bu dolaysızlığı, hiç kimsenin Tanrı'nın kendisine ulaşamayacağını fakat ancak Tanrı'nın "ihtişam" (*kavod*) veya "Şekina denilen yüce ışınla" kendisini insan cinsine açık ettiğini göstererek tanımladılar. Sofular açık uyumsuzluktan rahatsız olmuyorlardı. Teolojik inceliklerden çok pratik konular üstünde yoğunlaşıyorlar, dostları Yahudilere yoğunlaşma yöntemleri (*kawwanah*) ve Tanrı'nın varlığı duygularını artıracak hareketler öğretiyorlardı. Sessizlik şarttı; bir Sofu gözlerini sıkıca kapamalı, rahatsız edilmemek için başını dua şalıyla örtmeli, midesini içeri çekip dişlerini gıcırdatmalıydı. Bu varlık duygusunu teşvik etmek için "duayı döktürecek" özel yollar tasarladılar. Sadece liturji sözcüklerini tekrarlamak yerine, Sofu her sözcüğün harflerini saymalı, onların sayı değerlerini hesaplamalı ve dilin sözcük anlamının ötesine geçmeliydi. Dikkatini yukarı yöneltmeli, daha yüksek gerçekliğe ilişkin duygularını geliştirmeliydi.

Anti-semitik sorgulamaların olmadığı İslam İmparatorluğu'nda Yahudilerin durumu çok daha iyiydi ve bu Aşkenazi sofuluğuna gereksinimleri yoktu. Fakat onlar da Müslümanlıktaki gelişimlere karşılık olmak üzere yeni tür bir Yahudilik geliştiriyorlardı. Yahudi feylesoflar Kitab-ı Mukaddes Tanrısı'nı felsefi olarak açıklamaya çalışırken, başka Yahudiler de tanrılarına mistik, simgesel bir yorum kazandırma çabasındaydılar. Başlangıçta bu mistikler ancak küçük bir azınlık oluşturuyordu. Onlarınki ustadan öğrenciye aktarılan ezoterik bir disiplindi: Buna Kabbala veya devralınmış gelenek

---

404 "Song of Unity", Gershom Scholem, *Major Trends in Jewish Mysticism*, 2. basım, (Londra, 1955), s. 108.

adını verdiler. Sonunda, Kabbala Tanrısı Yahudilerin çoğunluğuna çekici geldi ve filozofların Tanrısı'nın hiçbir zaman elde edemediği biçimde Yahudi imgelemini biçimlendirdi. Felsefe Tanrı'yı uzak bir soyutluğa dönüştürme tehdidi taşıyordu, oysa mistiklerin Tanrısı akıldan daha derinlerde yatan korku ve endişelere dokunabiliyordu. Taht Mistikleri'nin Tanrı'nın izzetine dışardan bakmakla yetindiği yerde, Kabbalacılar Tanrı'nın iç yaşamına ve insan bilincine sızmaya çalıştılar. Tanrı'nın doğası ve O'nun dünyayla ilişkilerindeki metafizik sorunlar hakkında akılcı kurgulamalar yapmak yerine, Kabbalacılar imgeleme döndüler.

Sufiler gibi Kabbalacılar da Tanrı'nın özü ile vahiy ve yaratılışta kendisini gösteren Tanrı arasında Gnostik ve Yeni Platoncu ayrımı kullandılar. Tanrı'nın kendisi öz olarak bilinemezdir, kavranılamazdır ve kişilik sahibi değildir. Saklı Tanrı'ya En Sof ("sonu olmayan" demeye gelir) adını verdiler. En Sof hakkında bir bilgimiz yoktur: Kitab-ı Mukaddes ve Talmud'da da sözü geçmez. On üçüncü yüzyıla ait anonim kaynaklardan biri En Sof'un insanlığa vahyedilenin öznesi olamayacağını yazmıştır.[405] YHWH'nin tersine, En Sof'un belgelenmiş bir adı yoktur; "O" bir kişilik değildir. Gerçekten de bu Tanrı'dan "O" diye söz etmek daha doğrudur. Bu, Kitab-ı Mukaddes ve Talmud'un fazlasıyla kişilik sahibi Tanrısı'ndan köktenci bir kopuştur. Kabbalacılar dinsel bilincin yeni diyarını keşfetmek için kendi mitolojilerini yaratmışlardır. En Sof ile YHWH arasındaki ilişkiyi, ikisinin farklı varlık olduğu Gnostik sapkınlığa düşmeden açıklamak için, Kabbalacılar kutsal yazıları okumanın simgesel bir yöntemini geliştirdiler. Sufiler gibi onlar da saklı Tanrı'nın kendisini insanlığa bildirdiği bir süreç tasarladılar. En Sof kendisini Yahudi mistiklere tanrısal gerçekliğin on ayrı yönü veya *sefirot*'u ("numaralandırma") ile açıklıyordu ve bunlar bilinemez Tanrı'nın keşfedilemez derinliklerinden yayılıyordu. Her *sefira* En Sof'un gözler

405 A.g.e., s. 11.

önüne serilen vahyinin bir aşamasını temsil ediyordu ve kendi simgesel adı vardı. Fakat bu tanrısal kürelerin her biri özel bir başlıkta düşünülen Tanrı'nın bütün gizemini içeriyordu. Kabbalacı yorumlar Kitab-ı Mukaddes'in her sözcüğünü on *sefirot*'tan birine atıf olarak gördüler: Her satır Tanrı'nın kendi iç yaşamında karşılığı olan bir olay veya görüngüyü tanımlıyordu.

Muhyiddin Arabi, Tanrı'nın, kendisini insana açıklayan sevgiyle iç çekişini, dünyayı yaratan Söz olarak görmüştü. Benzer biçimde, *sefirot* da hem Tanrı'nın kendisine verdiği adları hem de dünyayı yaratma araçlarıydı. Bu on ad, birlikte O'nun, insanlık tarafından bilinmeyen yüce adını oluşturuyordu. Bunlar En Sof'un yalnız ulaşılmazlığından geçici dünyaya inişinin aşamalarını temsil ediyorlardı. Bu aşamalar, genellikle aşağıdaki gibi sıralanırlar:

1. Kether Elyon: "Yüce Taç"
2. Hokhma: "Bilgelik"
3. Binah: "Anlak"
4. Hesed: "Aşk" veya "Merhamet"
5. Din: "Kudret" (genellikle acımasız yargıda başvurulur)
6. Rahamin: "Sevgi"; bazen Tifereth, "Güzellik" denir
7. Netsah: "Sonsuzluk"
8. Hod: "Ululuk"
9. Yesod: "Temel"
10. Malkut: "Krallık"; "Şekina" da denir

Sefirot bazen, kökleri En Sof'un kavranılamaz derinliklerine uzanan, tepesinde Şekina bulunan, baş aşağı büyüyen bir ağaç olarak gösteriler (şekle bkz.). Bu organik imge Kabbalacı simgenin birliğini ifade eder. En Sof ağacın dallarında dolaşan özdür, onlara yaşam verir ve onları gizemli ve karmaşık bir gerçeklik olarak birleştirir. En Sof ile adlarının dünyası arasında bir ayrım varsa da bu ikisi kömür

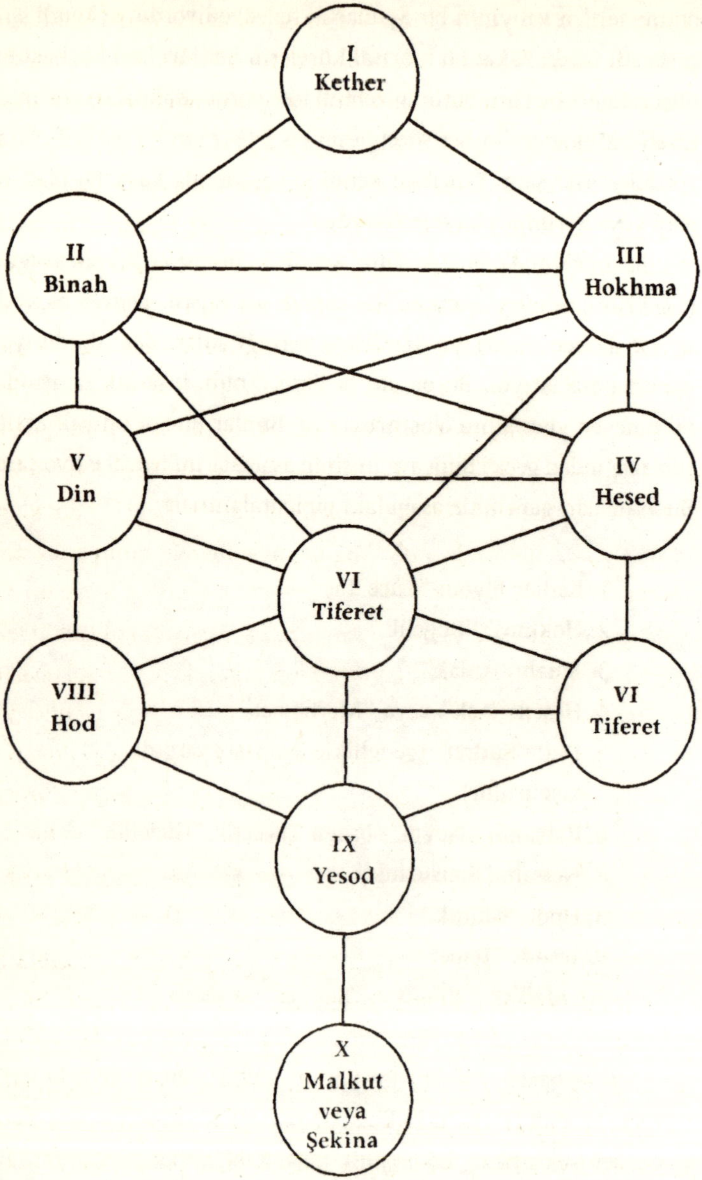

Sefirod Ağacı

ve ateş gibi tektir. Sefirot, En Sof'un sızılamaz belirsizlikte kalan karanlığını ortaya koyan ışık dünyasını temsil eder. Aynı zamanda, "Tanrı" kavramlarımızın işaret ettikleri gerçekliği tam olarak ifade edemeyeceğini göstermenin bir başka yoludur.

Sefirot dünyası, Tanrı ile dünya arasında "dışardaki" alternatif gerçeklik değildir. Gök ile yeryüzü arasındaki merdivenin basamakları da değildir, ancak duyularla yaşanan dünyayı gösterirler. Tanrı her şeyde bulunduğu için, *sefirot* var olan her şeyde mevcut ve etkindirler. Aynı zamanda mistiğin, kendi zihninde aşağıya inerek, Tanrı'ya çıktığı insan bilincinin aşamalarını da temsil ederler. Ve gene, Tanrı ve insan ayrılmaz olarak düşünülmüşlerdir. Bazı Kabbalacılar *sefirot*'u Tanrı tarafından özgün halinde tasarlandığı biçimiyle ilk insanın kolu bacağı olarak görürler. Kitab-ı Mukaddes insanın Tanrı suretinde yaratıldığını söylediğinde bunu anlatmak istemiştir. Burada aşağıdaki geçici gerçeklik, göksel dünyadaki ilk örnek gerçekliğe tekabül eder. Tanrı'nın ağaç veya insan biçimindeki imgeleri, akılcı formülleştirmeleri reddeden imgelemci tanımlamalardır. Kabbalacılar felsefeye karşı düşmanca tavır içinde değillerdir, birçoğu Saadya Gaon ve İbn Meymun gibi kişilere saygı duyarlar fakat Tanrı'nın gizemine ulaşmak için imgecilik ve mitolojiyi metafizikten daha tatmin edici bulmuşlardır.

En etkili Kabbalacı metin *Zohar*'dır, olasılıkla İspanyol mistik Leonlu Musa tarafından 1275'lerde yazılmıştır. Musa gençken İbn Meymun üstünde çalışmış fakat yavaş yavaş mistisizm ve ezoterik Kabbala geleneğinin çekimini hissetmiştir. *Zohar* (İhtişam Kitabı) bir tür mistik roman gibidir; üçüncü yüzyılın Talmudcusu Simeon ben Yohai'nin oğlu Elizar'la Filistin çevresinde dolanmalarını, öğrencileriyle Tanrı, doğa ve insan yaşamı hakkında konuşmalarını anlatır. Bir tema veya düşüncenin sistematik biçimde geliştirilmesi veya açık bir yapısı yoktur. Böyle bir yapı *Zohar*'ın ruhuna aykırı olurdu, çünkü Tanrı herhangi bir belirgin düşünce sistemini reddetmektedir. Muhyiddin Arabi gibi Leonlu Musa da Tanrı'nın her mistiğe tekil ve kişisel bir vahiyde bulunduğuna inanmaktadır, dolayısıyla Tevrat'ın yorumlanma biçimlerinde sınır yoktur. Kabbalacı ilerledikçe, Tevrat'ın anlamları tabaka tabaka anlaşılacaktır. *Zohar*, kişilik sahibi olmayan En Sof'un kişilik haline geldiği süreç olarak on *sefirot*'un gizemli yayılımını gösterir. En yüksek üç *sefirot*'ta -Kether, Hokhma ve Binah- En Sof henüz kendisini ifade etmeye yeni "karar" verir ve bu tanrısal gerçekliğe "O" denir. Orta *sefirot*'tan aşağı inerken -Hesed, Din, Tiferet, Netsah, Hod ve Yesod- "sen" olur. Sonunda, Tanrı dünyada, Şekina'da mevcut olur ve kendisine "ben" der. Bu noktada Tanrı birey olur ve kendisini ifade edişi tamamlanmıştır, insan mistik yolculuğuna başlayabilir. Mistik bir kez kendi en derin özünü anlamaya başladı mı, kendi içindeki Tanrı'nın varlığının bilincine erer ve kişilik ile benliğin sınırlarını aşarak, kişilikten daha uzak aşamalara çıkabilir. Bu bizim varlığımızın tasavvur edilemez kaynağına ve yaratılmamış gerçekliğin saklı dünyasına dönüştür. Bu mistik bakış açısında, duyularımızla hissettiğimiz dünyamız, tanrısal gerçekliğin sadece en dış kabuğudur.

Kabbala'da da sufizmde olduğu gibi yaratılış öğretisi gerçekte evrenin fiziksel kökeniyle ilgilenmemektedir. *Zohar* Tekvin'i En Sof içindeki bunalımın simgesel değişkesi olarak görür; bu bunalım Tanrı'nın kendi kavranılamaz iç gözleminden çıkışına ve kendisini açığa koymasına yol açmıştır. Zohar'da dendiği gibi:

> Başlangıçta, Kralın iradesi etkili olmaya başladı, tanrısal hâleye işaretler kazıdı. Karanlık bir alev En Sof'un en iç derinliklerinden, bu hâlenin halkasında kapatılmış biçimsizlikten biçimlenen, ne siyah ne kırmızı ne yeşil ne de başka hiçbir renkte olmayan sis gibi, dışarı fırladı.[406]

406 Gershom Scholem (çev., yay.), *The Zohar, The Book of Splendour* (New York, 1949), s. 27.

Tekvin'de Tanrı'nın ilk yaratıcı sözü, "Işık olsun!"dur. *Zohar*'ın Tekvin (İbranicede ilk sözcüğü "başlangıçta"dan aldığı adla *Bereşit*) yorumunda bu karanlık alev ilk *sefira*'dır: Kether Elyon Tanrısallığın Yüce Tacı. Rengi ve biçimi yoktur: Bazı Kabbalacılar ona Yokluk (*ayin*) demeyi yeğlerler. Tanrısallığın, insan zihninin kavrayabileceği en yüce biçimi yoklukla eşitlenmiştir çünkü var olan başka hiçbir şeyle benzerliği yoktur. Dolayısıyla bütün öteki *sefira*'lar, Yokluğun rahminden çıkarlar. Bu, geleneksel *ex nihilo* yaratılış öğretisinin mistik yorumudur. Tanrı'nın kendisini ifade ediş süreci ışığın fışkırmasıyla devam eder ve ışık daha da geniş kürelere yayılır. *Zohar* şöyle devam eder:

> Ama bu alev boy ve en kazanmaya başladığında, ışıyan renkler üretti. En iç merkezinden, aşağıdaki, En Sof'un gizemli sırlarında saklanmış her şeyin üstüne dökülen bir kaynak fırladı. Kaynak parçalandı ama tamamıyla dağılmadı, ezeli hale onu sarıyordu. Dağılmasının etkisiyle gizli, yüce bir nokta parlayıp çıkana kadar tamamıyla tanınır durumdaydı. Bu noktadan sonra hiçbir şey bilinemez ve anlaşılamazdı ve ona Bereşit denildi, Başlangıç; yaratılışın ilk sözcüğü.[407]

Bu nokta Hokhma (Hikmet, Bilgelik)'tir, bütün yaratılanların ülküsel biçimini içeren ikinci *sefira*. Nokta saray veya yapıya dönüşür ve Binah (Anlak) olur, üçüncü *sefira*. Bu üç en yüksek *sefirot* insan kavrayışının sınırlarını temsil eder. Kabbalacılar Tanrı'nın yüce "Kim?" (*Mi*) olarak Binah'da bulunduğunu söylerler; her sorunun başı budur. Ama cevap almak olanaksızdır. En Sof'un yavaş yavaş kendisini insan sınırlarına uyarlamaya başlamasına karşın, onun

407 A.g.e.

"Kim" olduğunu anlamamızın yolu yoktur. Daha yükseğe çıktıkça, "o" karanlık ve gizem içinde daha fazla gizlenir.

Sonraki yedi *sefirot*'un Tekvin'deki yedi yaratılış gününe karşılık geldiği söylenir. Kitab-ı Mukaddes döneminde YHWH sonunda bütün antik Kenan tanrıçalarına ve erotik kültlerine karşı zafer kazanmıştır. Fakat Kabbalacılar Tanrı'nın gizemini, üstü örtülü biçimde de olsa, kendilerini yaşatmayı sürdüren eski mitolojilerle ifade etmeye çalışmışlardır. *Zohar,* Binah'ı, Yüce Anne olarak tanımlar; o, "karanlık alev"in rahmine girmesiyle yedi daha aşağı *sefirot*'u doğurmuştur: Gene Yesod, yedinci *sefira,* daha çok fallik kurgulardan esinlenmiş görünmektedir: Tanrısal yaşamın mistik bir döllemeyle evrene döküldüğü kanal olarak anlatılmaktadır. Onuncu *sefira* Şekina'da ise, yaratılışın antik cinsel simgeciliği ve tanrısoyu anlayışı açıkça ortaya çıkar. Talmud'da Şekina nötr bir kişiliktir: Cinsi ve soyu yoktur. Kabbala'da ise Şekira Tanrı'nın dişi yönü olur. İlk Kabbalacı metinlerden biri olan Bahir (y. 1200), Şekina'yı Gnostik Sophia'yla özdeşleştirir; Pleroma'dan düşmüş olan son tanrısal şey ve şimdi, kaybolmuş ve Tanrı'ya yabancılaşmış, dünyayı dolanmaktadır. *Zohar* "Şekina'nın sürgünü"nü, Tekvin'de anlatıldığı biçimiyle Âdem'in düşüşüyle ilişkilendirir. Âdem'e Yaşam Ağacı'nda orta *sefirot*'un ve Bilgi Ağacı'nda Şekina'nın gösterildiğini söyler. Bir arada yedi *sefirot*'a tapacağı yerde, Âdem yalnızca Şekina'ya tapmayı seçer, yaşamı bilgiden koparır ve *sefirot*'un birliğini yıkar. Kutsal yaşam artık kesintisiz biçimde dünyaya akamaz, tanrısal Kaynaktan ayrılmıştır. Fakat Tevrat'a bakarak, İsrail topluluğu Şekina'nın sürgününü kaldırabilir ve dünyayı tekrar Tanrı'yla birleştirebilir. Birçok katı Talmudcunun, bu görüşü çok ters bulması şaşırtıcı değil ama Şekina'nın, tanrısal dünyadan ayrılan tanrıçalarla ilgili antik mitosları çağrıştıran sürgünü Kabbala'nın en yaygın öğelerinden biri olmuştur. Dişi Şekina, fazlasıyla erkek yönde ağırlık taşıyan Tanrı kavramına cinsel denge getirmiş ve açıkça önemli dinsel gereksinimleri doyurmuştur.

Tanrısal sürgün kavramı aynı zamanda, insan endişelerinin nedeni olan ayrılık duygusuna da seslenir. *Zohar* kötülüğü sürekli olarak ayrılan veya kendisine uygun olmayanla ilişkiye giren bir şey olarak tanımlar. Etik tektanrıcılığın sorunlarından biri kötülüğü yalıtmasıdır. Tanrı'mızda kötülük bulunduğu düşüncesini kabul edemediğimiz için, ona kendi içimizde tahammül edememek tehlikesi vardır. O zaman uzağa itilip canavar ve insanlık dışı yapılabilir. Batı Hristiyanlığındaki şeytanın korkutucu imgesi böyle çarpıtılmış bir yansıtmadır. *Zohar* kötülüğün kökünü Tanrı'nın kendisinde bulur: Din veya Katı Yargılama, beşinci *sefira*'da. Din, Tanrı'nın sol eli olarak gösterilir, Hesed (Merhamet) sağ elidir. Din tanrısal Merhamet'le uyum içinde iş gördükçe, olumlu ve yararlıdır. Ama öteki *sefirot*'tan kopup aynı kalırsa, kötü ve yıkıcı olur. *Zohar* bize ayrılışın nasıl olduğunu anlatmaz. Gelecek bölümde daha sonraki Kabbalacıların kötülük sorunu üstüne düşündüklerini ve bunun Tanrı'nın kendisini açığa çıkarırken, ilk aşamalarda olan bir tür "kaza" sonucu olduğunu düşündüklerini göreceğiz. Kabbala sözcük anlamıyla yorumlanırsa fazla anlamlı değildir ama mitolojisinin psikolojik olarak tatmin edici olduğunu göstermiştir. İspanya Yahudiliğini on beşinci yüzyılda yıkım ve trajedi sardığında, acılarına anlam vermekte onlara yardımcı olan Kabbalacı Tanrı olmuştur.

Kabbalanın psikolojik keskinliğini İspanyol mistik Abraham Abulafia'nın (1240-1291'den sonra) eserinde görebiliriz. Eserinin esası *Zohar*'la aynı zamanda oluşturulmuştur fakat Abulafia, Tanrı'nın kendi doğasından çok, Tanrı duygusunu kazanmanın pratik yöntemleri üstünde yoğunlaşmıştır. Bu yöntemler bugün psikoanalizcilerin aydınlanma için laik araştırmalarında uyguladıklarıyla benzerdir. Sufilerin Tanrı'yı Muhammed gibi yaşamak istediklerine benzer biçimde, Abulafia da peygamberce esin elde etme yolunu bulduğunu iddia etmişti. Nefes alma, mantra zikri ve alternatif bilinç durumunu elde etmek için özel oturuşlar benimseyerek bildik yoğunlaşma tekniklerini kullanıp bir tür Yahudi Yogası geliştirdi.

Abulafia olağandışı bir Kabbalacıydı. Otuz bir yaşında karşı konulmaz bir dinsel deneyimle mistisizme geçmesinden önce Tevrat, Talmud ve felsefe üstüne çalışmış oldukça bilgili biriydi. Yalnızca Yahudiler için değil, Hristiyanlar için de Mesih olduğuna inanmış gibi görünüyor. Böylelikle İspanya'da çok fazla dolaştı ve her yerde öğrenciler edindi, hatta Yakın Doğu'ya bile uzandı. 1280'de Yahudi elçisi olarak Papa'yı ziyaret etti. Abulafia Hristiyanlık eleştirisi konusunda çok açık sözlü olmasına karşın, Kabbalacı Tanrı ile Teslis teolojisi arasındaki benzerlikten hoşnut görünüyor. En yüksek üç *sefirot* Logos ve Ruh'u, Tanrı'nın Baba'dan, ulaşılmaz ışıkta yiten Yokluk'tan türeyen Anlak ve Bilgeliğini anımsatırlar. Abulafia'nın kendisi Tanrı'dan teslisçi terimlerle söz etmekten hoşlanır.

Abulafia Tanrı'yı bulmak için ruhu çözmeyi, "onu bağlayan düğümleri açmayı" zorunlu görür. "Düğümleri çözme" kalıbı Tibet Budizminde da vardır; mistiklerin dünya çapında kökten uyuşum içinde olduğunun bir başka göstergesi. Tanımlanan süreç belki de hastanın zihni sağlığını bozan karmaşanın çözülmesi yolundaki psikoanalitik çabalarla karşılaştırılabilir. Kabbalacı olarak Abulafia, bütün yaratılışa can veren fakat ruhun kavrayamadığı tanrısal etkinlikle daha fazla ilgilenir. Zihnimizi duyu algıları üstüne temellenen düşüncelerle tıkadığımız sürece, yaşamın aşkın öğesini ayırt etmek zor olur. Yogacı disiplinler aracılığıyla Abulafia öğrencilerine bütünüyle yeni bir dünyayı algılamaları için olağan bilincin ötesine geçmelerini öğretiyordu. Yöntemlerinden biri, Tanrı'nın adı üstüne tefekküre dayanan *Hokmah ha Tseruf*'tu (Harflerin Birleştirilmesi Bilimi). Kabbalacı, tanrısal adın harflerini, zihnini somuttan daha soyut algılama konumuna getirebilmek için, farklı bileşimler içinde birleştirmeliydi. Bu disiplinin etkileri dışardan bakan birine çok ümitsiz gelse de fazlasıyla güçlüydü. Abulafia'nın kendisi bunu, müzikal armoniler dinlemeyle kıyaslıyordu; alfabenin harfleri notaların yerini tutuyordu. Ayrıca *dillug* (sıçrama) adını verdiği düşünce çağrışım ve [illegible] (atlama) adını verdiği modern, analitik serbest çağrışım yöntemlerini de kullanıyordu. Bunların da şaşırtıcı sonuçlar yarattığı söylenir. Abulafia'nın açıkladığına göre, bunlar zihni süreçleri aydınlatır ve Kabbalacıyı "doğal çevrenin hapishanesinden kurtarır ve [onu] kutsal çevrenin sınırlarına götürür."[408] Bu yolla ruhun "mühür"ü açılır ve talip zihnini aydınlatan fizik güçlerin kaynağını keşfeder, yüreğinin acısını hafifletir.

Psikoanalitik hastanın terapistin kılavuzluğuna gereksinimi olmasına, benzer biçimde, Abulafia da zihne mistik yolculuğun bir Kabbala ustasının gözetiminde yapılmasında ısrar eder. Tehlikelerin çok iyi farkındadır çünkü kendisi de gençliğinde nerdeyse umutsuzluğa düşmüş, tüketici dinsel deneyimlerden acı çekmiştir. Bugün hastalar genellikle, temsil ettiği güç ve sağlığa sahip çıkabilmek için analistlerinin kişiliğini içselleştirirler. Abulafia da benzer biçimde Kabbalacının, ruhsal yönlendiricisinin kişiliğini "içten harekete geçirici" ve kendi içlerindeki kapıyı açan kişi olarak "gördüklerini" veya "duyduklarını" yazmıştır. Kabbalacı yeni bir gücü ve içsel bir dönüşümü hisseder ve bu o kadar baskın çıkar ki tanrısal bir kaynaktan geliyor gibi görünür. Abulafia'nın öğrencilerinden biri vecdin bir başka tanımını verir: Mistik, kendi Mesih'i olur. Vecd halinde, kendisinin özgürleşmiş ve aydınlanmış kendi görümüyle yüze yüze gelir:

> Bütün peygamberlik ruhunun, peygamber için aniden kendi biçiminin önünde dikildiğini görmek ve kendisini unutmak ve ondan kopmaktan oluştuğunu bil... ve bu sır için öğretmenlerimiz [Talmud'da]: "Peygamberlerin gücü çok büyüktür, Onun biçimi onu oluşturanla kıyaslanır," [yani "insanı Tanrı'yla kıyaslayanla"] demiştir.[409]

---

408 Scholem, *Major Trends in Jewish Mysticism*, s. 136.

409 A.g.e., s. 142.

Yahudi mistikler Tanrı'yla birlik iddiasında bulunmakta daima isteksiz olmuşlardır. Abulafia ve öğrencileri ancak, tinsel yönlendirici ile birliğin veya kişisel özgürleşmenin Kabbalacıyı Tanrı'yla dolaysız temasa getirdiğini söyleyebilirler. Orta Çağ mistikleri ile modern psikoterapi arasında farklar vardır fakat iki disiplin de sağlık ve kişisel bütünlüğü elde etmek için benzer teknikler geliştirmişlerdir.

Batı'da Hristiyanlar mistik bir gelenek geliştirme konusunda yavaş kalmışlardır. Bizans ve İslam imparatorluklarındaki tektanrıcıların gerisinde kalmışlardı ve belki de bu yeni gelişim için hazır değillerdi. Ama on dördüncü yüzyılda, özellikle Kuzey Avrupa'da mistik dinde ciddi bir patlama yaşandı: Özellikle Almanya birçok mistik yetiştirdi: Eckhart Usta (1260-1327), John Tauler (1300-61), Büyük Gertrude (1256-1302) ve Henry Suso (1295-1306). İngiltere de bu Batılı gelişime büyük katkıda bulundu ve kendi ülkelerinde olduğu kadar kıtada da birçok izleyici bulan dört büyük mistik yetiştirdi: Hampole'lu Richard Rolle. (1290-1349), *The Cloud of Unknowing*'in (Cennet Perdesi) bilinmeyen yazarı, Walter Hilton (öl. 1346) ve Norwich'li Dame Julian (y. 1342-1416). Bu mistiklerden bazıları ötekilerden daha ilerideydi. Örnek olarak Richard Rolle egzotik olayların çıkmasına bulaşmış görünüyor ve tinselliği de bazen bencilce yönler taşıyor. Ama bunların en büyükleri Yunanlılar, Sufiler ve Kabbalacılar tarafından çoktan keşfedilmiş olan birçok içgörüyü kendileri için keşfetmişlerdi.

Örneğin, Eckhart Usta, Tauler ve Suso'yu derinden etkilemişti; kendisi de Areopagites Dionysos'dan ve İbn Meymun'dan etkilenmişti. Dominiken keşiş olan Eckhart parlak bir entelektüeldi ve Paris Üniversitesi'nde Aristoteles felsefesi okutuyordu. 1325'te mistik öğretileri nedeniyle, Köln piskoposuyla arası açıldı ve piskopos onu sapkınlıkla suçladı. Tanrı'nın iyiliğini inkâr ettiği, Tanrı'nın kendisinin ruhta doğduğunu iddia ettiği ve dünyanın ezeli olduğunu vazettiği için suçlanıyordu. Ama Eckhart'ın en şiddetli eleştiricileri bile onun ortodoks olduğuna inanıyorlardı. Yanlışlık onun bazı düşüncelerini, kendisinin niyetlendiği gibi simgesel olarak değil sözcük anlamıyla yorumlamaktan çıkmıştı. Eckhart paradoks ve benzetmeden hoşlanan bir şairdi. Tanrı'ya inanmanın akılcı olduğuna inanırken, aklın tek başına tanrısallık kavramını biçimlendirmekte yeterli olacağını reddetmekteydi: "Bilinen bir şeyin kanıtlanması ya duyular ya da akılla yapılır," diyordu, "ama Tanrı bilgisine gelindiğinde, ne duyusal algıların gösterilmesi olanaklıdır çünkü O kişilik sahibi değildir, ne de akıl yürütülebilir çünkü O'nun bizce bilinen bir biçimi yoktur."[410] Tanrı, olağan düşünce nesnesi gibi varoluşu kanıtlanabilecek bir varlık değildi.

Tanrı, Eckhart'ın iddiasına göre Yokluktu.[411] Bu, O bir hayaldir demeye gelmiyordu, fakat Tanrı bizim bildiğimizden daha zengin, dolu bir varoluş biçimine sahipti. Eckhart Tanrı'yı aynı zamanda "karanlık" olarak da adlandırıyordu; ışığın yokluğunu belirtmek için değil, daha parlak bir şeyin varlığını belirtmek için. Eckhart ayrıca, "çöl", "yabanlık", "karanlık" ve "yokluk" gibi olumsuz terimlerle daha iyi tanımlanan Tanrı ile Baba, Oğul ve Ruh olarak bilinen Tanrı arasında da ayrım yapıyordu.[412] Bir Batılı olarak Eckhart, Augustinus'un insan zihnindeki Teslis benzetmesini kullanmaktan hoşlanıyordu ve Teslis öğretisi mantıkla bilinemese de Tanrı'yı üç kişilik olarak algılamak ancak anlak için mümkündü. Mistik Tanrı ile birliği bir kez sağladı mı, O'nu Bir olarak görürdü. Yunanlılar bu görüşten hoşlanmayabilirdi ama Eckhart Teslis'in özünde mistik bir öğreti olduğu görüşünde onlarla uyuşmaktaydı. Meryem'in İsa'ya hamile kalmasından çok, Baba'nın Oğul'u ruhta doğurmasından söz etmekten hoşlanıyordu. Mevlana da İsa'nın Bakire Meryem'den doğuşunu, ruhun mistiğin kalbinde doğuşunun simgesi olarak gör-

---

410 J.C. Clark, *Mesiter Eckhart, An Introduction to the Study of his Works with an Anthology of his Sermons* (Londra, 1957), s. 28.

411 Simon Tugwell, 'Dominican Spirituality', yay. Louis Dupre ve Don. E. Salliers, *Christian Spirituality* III (New York ve Londra, 1989), s. 28.

412 Clark, *Meister Eckhart*, s. 40.

müştü. Eckhart bunun, ruhun Tanrı'yla birlikteliğini gösteren bir benzetme olduğunda ısrarlıydı.

Tanrı ancak mistik deneyimle bilinebilirdi. O'nun hakkında, İbn Meymun'un önerdiği gibi olumsuz terimlerle konuşmak daha doğruydu. Gerçekten de Tanrı kavramımızı arındırmamız, saçma önyargılarımızdan ve insan biçimli imgelerimizden kurtulmamız gerekiyordu. Hatta "Tanrı" teriminin kendisini bile kullanmaktan kaçınmalıydık. Eckhart, "İnsanın son ve en yüce ayrılığı, Tanrı aşkına, Tanrı'dan ayrılmasıdır," derken bunu anlatıyordu.[413] Bu acılı bir işlem olabilir. Tanrı Yokluk olduğu için, biz de O'nunla birlik olmak için yokluk olmaya hazır olmalıyız. Sufilerin tanımladığı *fena* sürecine benzer biçimde Eckhart da "kopmak" veya daha çok "ayrılmak"tan (*Abgeschieden beit*) söz eder.[414] Bir Müslümanın Tanrı'dan başkasına saygı gösterilmesini kendisi için putperestlik (şirk) sayması gibi, Eckhart da mistiğin tanrısal hakkında sınırlı düşüncelerin kölesi olmasını reddediyordu. Tanrı'yla özdeşleşme ancak böyle kazanılabilirdi çünkü "Tanrı'nın varlığı benim varlığım olmalıdır ve Tanrı'nın dır-lığı (*Istigkeit*) benim dır-lığımdır."[415] Tanrı varlığın temeli olduğuna göre, O'nu "dışarda" aramaya veya bildiğimiz dünyanın ötesinde bir şeye çıkış öngörmeye gerek yoktur.

Hallac "Ben Hakkım!" deyişiyle ulemanın düşmanlığını üzerine çekmişti; Eckhart'ın mistik öğretileri de Alman piskoposlarının kanını dondurdu: Basit bir insanın Tanrı'yla bir olabileceğini söylemenin anlamı neydi? On dördüncü yüzyılda Yunanlı ilahiyatçılar bu sorunu şiddetle tartıştılar. Tanrı öz olarak ulaşılamazsa, insanlıkla nasıl iletişim kuruyordu? Tanrı'nın özü ile "etkinlik" ve "enerji"leri

---

413 Sermon, "Qui Audit Me Non confondetır', çev.: RB. Blakeney, *Meister Eckhart*, A New) Tanslation (New York, 1957), s. 204.

414 A.g.e., s. 288.

415 "On Detachment", çev. ve yay. Edmund Coledge ve Bernard McGinn, *Meister-Eckhart, The Essential Sermons. Commentaries, Treatises and Defence* (Londra, 1981), s. 87.

arasında Babaların öğrettiği gibi ayrım varsa, elbette bir Hristiyanın ibadetinde yöneldiği "Tanrı" ile Tanrı'nın kendisini kıyaslamak saçma olurdu. Selanik Piskoposu Gregorios Palamas, paradoks gibi görünse de her Hristiyanın Tanrı'nın dolaysız Tanrı bilgisine erişebileceğini savunuyordu. Elbette Tanrı'nın özü her zaman bizim kavrayışımızın ötesindeydi fakat O'nun "enerjileri" Tanrı'dan ayrı değildi ve tanrısal bir grup ışığı olarak değerlendirilebilirdi. Yahudi mistik bunu kabul ederdi: Tanrı En Sof daima sızıntısız karanlık olarak kalacaktı ama onun *sefirot*'u (Yunanlıların "etkinlikleri"ne karşılık geliyordu) kendi başlarına kutsaldı ve ezeli olarak Tanrı'nın yüreğinden dökülüyordu. Bazen insanlar, Kitab-ı Mukaddes'in Tanrı'nın "izzet"inin göründüğünü söylemesi gibi, bu "etkinlikleri" görebilir veya hissedebilirdi. Hiç kimse Tanrı'nın özünü görmemişti ama bu, Tanrı'nın kendisiyle dolaysız deneyim olanaksızdır anlamına gelmiyordu. Bu görüşün paradoks oluşturması Palamas'ı hiç rahatsız etmiyordu. Yunanlılar Tanrı hakkındaki cümlelerin paradoks oluşturması konusunda anlaşalı çok uzun zaman olmuştu. İnsanlar ancak böyle O'nun hakkında bir gizem ve söze gelmezlik duygusu edinebilirdi. Palamas şöyle açıklıyor:

> Kutsal varlığa katılmayı heceliyoruz ve aynı zamanda O tamamıyla erişilmez kalıyor. İkisini de aynı anda savunmamız ve anlamındaki bu zıtlığı doğru bir öğretinin kriteri olarak korumamız gerekir.[416]

Palamas'ın öğretisinde yeni olan bir şey yoktu: Yedinci yüzyılda Yeni Teolog Simeon bu görüşü ortaya koymuştu. Ama Calabrian'lı Barlaam, Palamas'a karşı çıktı. Barlaam İtalya'da öğrenim görmüş, Thomas Aquinas'ın akılcı Aristotelesçiliğinin çok fazla etkisinde kalmıştı. Tanrı'nın özü ile "etkinlikleri" arasındaki geleneksel

416 *Theophanes*, PG.932D.

Yunan ayrımına karşı çıktı ve Palamas'ı Tanrı'yı iki ayrı parçaya bölmekle suçladı. Barlaam antik Yunan akılcılarına kadar geri giden bir Tanrı tanımı öneriyordu ve O'nun mutlak yalınlığını vurguluyordu. Barlaam'a göre, Aristoteles gibi Tanrı tarafından özel olarak aydınlatılmış olan Yunanlı filozoflar, Tanrı'nın bilinemezliğini ve dünyadan ayrılığını savunuyorlardı. Dolayısıyla insanlar için Tanrı'yı "görmek" olanaksızdı: İnsanlar kutsal yazılarda ve yaratılışın mucizelerinde ancak O'nun etkisini hissedebilirlerdi. Barlaam 1341'de Ortodoks Kilise Konsili tarafından mahkûm edildi ama Aquinas'tan etkilenmiş öteki keşişler tarafından savunuldu. Bu, temelde mistiklerin Tanrısı ile filozofların Tanrısı arasında çekişmeye dönüştü. Barlaam ve destekleyicileri Gregorios Akindynos (*Summa Theologiae*'nın Yunancasından alıntılar yapıyordu), Nikephoros Gregoras ve Thomasçı Prokhoros Kydones Bizans'ın sessizlik, paradoks ve gizem vurguları taşıyan apofatik teolojisinden koptular. Batı Avrupa'nın, Tanrı'yı Yokluk olarak değil Varlık olarak tanımlayan daha pozitif teolojisini benimsediler. Dionysos, Simeon ve Palamas'ın gizemli ilahına karşı, hakkında cümle kurmanın olanaklı olduğu bir Tanrı kurguladılar. Yunanlılar Batı düşüncesindeki bu eğilime karşı her zaman kuşkulu olmuşlardı ve bu akılcı Latin düşüncelerinin sızmasına karşı Palamas Doğu Ortodoksluğunun paradoks kuramını yeniden ifade ediyordu. Tanrı insan sözleriyle ifade edilebilen bir kavrama indirgenmemeliydi. Barlaam'la Tanrı'nın bilinmezliği konusunda uyuşuyordu ama gene de insanlar tarafından "yaşanacağında" ısrarlıydı. Tabor Dağı'nda İsa'nın insanlığını dönüştüren ışık hiçbir insanın göremeyeceği Tanrı'nın özü değildi ama gizemli bir biçimde Tanrı'nın kendisiydi. Yunan teolojisine göre ortodoks düşünceyi tanrısallaştıran liturji Tabor'da, "Baba'yı ve Ruh'u ışık olarak gördük," diyordu. Bu, İsa gibi tanrısallaştığımızda "bir zaman neydik ve şimdi ne olacağımız"ın vahyedilmesiydi.[417] Ve

417 Homily, 16.

yine, bu yaşamda Tanrı'yı tefekkür ettiğimizde gördüğümüz, Tanrı yerine ikame ettiğimiz bir şey değil O'nun kendisiydi. Elbette bu bir çelişkiydi ama Hristiyan Tanrısı paradokstu: Zıtlık ve sessizlik "Tanrı" adını verdiğimiz gizem karşısında tek doğru tutumu temsil ediyordu, zorlukları düzeltmeye çalışan felsefi gururu değil.

Barlaam, Tanrı kavramını aşırı uyumlu kılmaya çalışıyordu: Onun görüşüne göre Tanrı özüyle ya özdeşti veya değildi. Sanki Tanrı'yı özden ibaret kılmak istiyor ve onun dışında "etkinlikleri"yle mevcut olmasının olanaksızlığını söylüyordu. Fakat bu Tanrı'yı başka herhangi bir görüngü gibi düşünmek ve Tanrı'yı neyin olanaklı olup olmadığı konusunda saf insan kavramlarıyla düşünmekti. Palamas, Tanrı görümünün karşılıklı vecd hali olduğunda ısrar etti: İnsanlar kendilerini aşıyorlardı fakat Tanrı da yaratıklarına kendisini bilinir kılmak için "kendisi"nin ötesine geçiyor ve aşkınlık vecdine geçiyordu: "Tanrı da kendinden çıkar ve tenezzül gösterip zihinlerimizle birleşir."[418] Kuramı, Ortodoks Hristiyanlığın kurallı teolojisi olarak kalan Palamas'ın on dördüncü yüzyıl Yunanlı akılcılarına karşı zaferi, üç tektanrıcı dindeki mistisizmin daha geniş zaferini temsil eder. On birinci yüzyıldan beri Müslüman filozoflar aklın, tıp veya fen bilimleri türünden araştırmalarda kaçınılmaz olan aklın, Tanrı araştırmalarında oldukça yetersiz kaldığı sonucuna varmışlardı. Yalnızca akla bağlı kalmak, kevgirle su taşımak gibiydi.

Sufilerin Tanrısı İslam İmparatorluğu'nun çoğu bölgesinde filozofların Tanrısı'nın üstüne çıktı. Gelecek bölümde Kabbalacı Tanrı'nın Yahudi tinselliğinde on altıncı yüzyılda egemen olduğunu göreceğiz. Mistisizm daha fazla beyne dayanan veya kuralcı dinlere göre, zihinlere daha çok sızabiliyordu. Onun Tanrısı, filozofların uzak Tanrısı'nın yetersiz kaldığı daha ilkel umutlara, korkulara ve endişelere karşılık verebiliyordu. On dördüncü yüzyıla gelindiğinde Batı kendi mistik dinini ortaya koymuş ve umut verici bir

418 Triads, 1.2.47.

başlangıç *yapmıştı.* Fakat Batı'daki mistisizm hiçbir zaman öteki geleneklerdeki kadar yaygınlaşmadı. Tanınmış mistikler yetiştiren İngiltere, Almanya ve Benelüks ülkelerinde on altıncı yüzyılın Protestan Refomcuları bu Kitab-ı Mukaddes dışı tinselliği kınadılar. Roma Katolik Kilisesinde Avilalı Aziz Teresa gibi önde gelen mistikler sık sık Reform karşıtı Engizisyon tarafından tehdit edildiler. Reformasyonun sonucu olarak Batı, Tanrı'yı daha da akılcı terimler içinde düşünmeye başladı.

8

Reformculara Göre Bir Tanrı

On beş ve on altıncı yüzyıllar Tanrı'nın bütün kulları için çok belirleyiciydi. Bu uygar dünyanın öteki kültürlerini yakalamayı başarmakla kalmayıp onları geçmek üzere olan Hristiyan Batı için özellikle önemli bir dönemdi. Söz konusu yüzyıllar, kısa sürede Kuzey Avrupa'ya yayılan İtalyan Rönesansı'na, Yeni Dünya'nın keşfine, dünyanın kalan bölümü için de kaderlerini belirleyecek olan bilimsel devrimin başlangıcına tanık oldu. On altıncı yüzyılın sonuna gelindiğinde Batı bütünüyle farklı bir kültür yaratmak üzereydi. Dolayısıyla, bir geçiş dönemi ve kazanımlar kadar, endişelerin de yaşandığı bir dönemdi. Bu durum zamanın Tanrı kavramında da görülür. Laik başarılarına karşın Avrupalılar inançları konusunda her zamankinden daha ilgiliydiler. Dinin, yeni cesur dünyanın gereksinimlerine karşılık vermeyen Orta Çağ yorumu özellikle laikleri tatmin etmiyordu. Büyük reformcular Tanrı ve kurtuluş düşüncesine ilişkin bu huzursuz ve yeni keşfedilen yolların sesi oldular. Bu gelişim Avrupa'yı, çatışan ve birbirlerine ilişkin nefret ve kuşkularını hiçbir zaman tamamıyla yitirmeyen iki kampa böldü: Katolikler ve Protestanlar. Reformasyon sırasında Katolik ve Protestan reformcular inananları aziz ve meleklere bağlılığın dolaylılığından kurtulmaları ve yalnızca Tanrı üstünde yoğunlaşmaları yolunda teşvik etti. Gerçekten de Avrupa'nın zihni Tanrı'ya takılmış gibiydi. Ama on yedinci yüzyıl başladığında bazıları "ateizm" hülyalarına düşmeye başlamıştı. Bu Tanrı'yı başlarından atmaya hazır oldukları anlamına mı geliyordu?

Bu yüzyıllar Yunanlılar, Yahudiler ve Müslümanlar için de bunalım dönemiydi. 1453'te Osmanlı Türkleri Hristiyan başkent Konstantinopolis'i fethettiler ve Bizans İmparatorluğu'nu yıktılar. Bundan sonra Rusya Hristiyanları Yunan gelenek ve tinselliğini sürdürdü ve geliştirdi. Ocak 1492'de Kristof Kolomb'un Amerika'yı keşfettiği yılda, Ferdinand ve Isabella İspanya'da, Avrupa'daki son Müslüman kalesi Granada'yı fethetti: Daha sonra Müslümanlar 800 yıldır evleri olan İber yarımadasından sürüldüler. Müslüman İspanya'nın yok edilmesi Yahudiler için de ölümcül bir durumdu. Mart 1492'de, Granada'nın fethinden birkaç hafta sonra, İspanya'nın Hristiyan monarkları Yahudilere vaftiz edilme veya çıkarılma arasında seçim yapmalarını bildirmişlerdir. İspanya Yahudilerinin çoğu yurtlarına bağlılıkları nedeniyle Hristiyan oldu, bazıları da dinlerini gizlice sürdürdü. İslam'dan dönen Moriskolar gibi bu Yahudiler de daha sonra sapkınlık kuşkusuyla Engizisyonca izlendiler. Yüz elli bin kadar Yahudi vaftiz olmayı reddetti ve İspanya'dan zorla çıkarıldılar; Türkiye, Balkanlar ve Kuzey Afrika'ya iltica ettiler. İspanya Müslümanları, Yahudilere diasporadaki en iyi yurdu vermişlerdi dolayısıyla Yahudiliğin İspanya'da yok edilmesi Yahudilerce 70 yılında tapınaklarının yıkılmasından sonraki başlarına gelen en önemli felaket olarak kabul edildi. Sürgün deneyimi Yahudi din bilincinde o zamankine göre olanlardan çok daha derin bir etki bıraktı. Kabbala'nın yeni bir biçiminin ve yeni Tanrı kavramının geliştirilmesi sonucunu verdi.

Bu dönem, dünyanın başka yerlerinde Müslümanlar için de karışıklık yıllarıydı. Moğol işgalini izleyen yüzyıllarda, belki de kaçınılmaz olarak insanlar yitirdiklerini korumaya çalıştıklarından, yeni bir tutuculuk başladı. On beşinci yüzyılda Sünni ulema "içtihad kapısının kapandığını" açıkladı. Bundan sonra Müslümanlar, özellikle şeriat çalışmalarında geçmişin büyük ustalarını "taklid" edeceklerdi. Bu tutucu havada, Tanrı hakkında yenilikçi düşünceler veya başka bir gelişim olacak gibi değildi. Ama bu dönemi, Batılı bilim adamlarının çoğunlukla yaptığı gibi İslam'da çürümenin başladığı tarih olarak kabul etmek de hata olur. Marshall G.S. Hodgson'ın *The Venture of Islam, Conscience and History in a World Civilisation* (İslam'ın Öyküsü, Bir Dünya Uygarlığında Vicdan ve Tarih) adlı eserinde belirttiği gibi, bu tür toptancı genellemeler yapacak kadar bu dönemi bilmiyoruz. Örneğin bu dönemde Müslüman biliminde sönme olduğunu söylememiz yanlış olur çünkü bu konuda yönlendirici yeterli kanıtlarımız yok.

Tutuculuk eğilimi, şeriat bayraktarları Şamlı Ahmed İbni Teymiye (öl. 1327) ve öğrencisi ibn Kayyim el-Cevziya'yla on dördüncü yüzyılda su yüzüne çıktı. İbni Teymiye halk tarafından gerçekten çok seviliyordu ve şeriatı Müslümanların kendilerini içinde bulması olası her koşula uygulanabilecek biçimde genişletmek istemişti. Bunun anlamı baskıcı bir disiplin oluşturmak değildi: Şeriatı daha fazla geçerli kılmak ve bu zorlu zamanlarda Müslümanların endişelerini yatıştırmak için eskimiş kuralları aşmak istiyordu. Şeriat onlara pratik dinsel sorunlarında açık, mantıklı cevaplar sunmalıydı. Fakat şeriat heyecanıyla İbni Teymiye kelam, felsefe ve Eş'ariliğe saldırdı. Bütün reformcular gibi kaynaklara şeriatın dayandığı Kur'an ve Hadis'e dönmek ve öteki bütün eklemeleri atmak istiyordu: "Bütün teolojik ve felsefi yöntemleri inceledim ve onların hiçbir hastalığı iyileştiremediğini veya susuzluğu bastıramadığını gördüm. Bana göre en iyi yöntem Kur'an'ınki."[419] Öğrencisi el-Cevziya kutsal metinlerin harfi harfine değerlendirilmesinin savunmasını yaparak bu listeye Sufizmi de ekledi ve Sufi ermiş kültünü daha sonraki Avrupalı Pro-

419 *Majma'at al-Rasail* (Majid Fakhry, *A History of Islamic Philosophy*) (New York ve Londra, 1970), s. 351.

testan Reformculara benzer bir ruhla mahkûm etti. Luther ve Calvin gibi, İbni Teymiye ve el-Cevziya da çağdaşlarınca geçmişe bakan kişiler olarak değerlendirilmiyordu: Halkın yükünü hafifletmeye çalışan ilerici kişiler olarak görülmekteydiler. Hodgson bu dönemin tutuculuğunu "durgunluk" olarak göz ardı etmememiz konusunda bizi uyarır. Bizim toplumumuzdan önce hiçbir toplumun bizim ölçeğimizde ilerleme kaydedemediğine veya bunu öngöremediğine işaret eder.[420] Batılı bilim adamları on beş ve on altıncı yüzyılların Müslümanlarına İtalyan Rönesansı'nı izleyemedikleri için çoğunlukla kusur bulmuşlardır. Bunun tarihin en büyük çiçeklenme dönemlerinden biri olduğu doğrudur ama örneğin Müslümanların on ikinci yüzyılda esinlendiği Çin'deki Sung Hanedanı döneminden çok farklı veya onu geçmiş değildir. Rönesans Batı için can alıcı önemdedir ama hiç kimse modern teknolojik çağın doğacağını öngöremezdi; biz geçmişe bakarak bunun işaretlerini görebiliyoruz.

İslam gerçekte bu dönemin en büyük dünya gücü olmayı sürdürmüştür ve Batı onun şimdi Avrupa'nın tam eşiğinde olduğunun çok iyi farkındadır. On beş ve on altıncı yüzyıllarda üç yeni Müslüman imparatorluğu kurulmuştur: Küçük Asya ve Doğu Avrupa'da Osmanlı Türkleri, İran'da Safeviler ve Hindistan'da Babürler. Bu yeni oluşumlar İslam ruhunun hiçbir biçimde can çekişmekte olmadığını ama Müslümanlara hâlâ felaket ve dağılma sonrasında yeni başarılar esini verme gücünü koruduğunu gösterir. İmparatorlukların her biri kendi dikkat çekici kültürel zenginliğini üretmiştir. İran ve Orta Asya'daki Safevi rönesansı İtalyan Rönesansı'yla ilginç biçimde benzeşmektedir: İkisi de kendilerini öncelikle resimde ifade etmişler ve yaratıcı biçimde kültürlerinin pagan köklerine döndüklerini hissetmişlerdir. Fakat bu üç imparatorluğun gücüne ve görkemine karşın, tutucu ruh adı verilen tutum gene de devam etmiştir. Farabi ve Muhyiddin Arabi gibi eski mistik ve filozoflar yeni alanlar

---

420 Marshall G.S. Hodgson, *The Venture of Islam, Conscience and History in a World Civilisation* 3 c. (Chicago, 1974), II., s. 334-360.

açtıklarının bilincindeyken, bu dönem eski temaların ince ve narin yeniden ifadelendirilmelerine tanık olmuştur. Bu durum Batılıların değerlendirme yapmasını daha da zorlaştırır çünkü bizim bilim adamlarımız daha modern İslami girişimlerini çok uzun süre göz ardı etmişlerdir ve filozof ve şairlerimiz de okuyucularının zihinlerinin geçmişin düşünce ve imgeleriyle dolu olmasını ummuşlardır.

Oysa Batı'daki gelişmelerle koşutluklar vardır. Yeni bir tür On İki İmam Şiiliği İran'da Safevi yönetiminde devlet dini olmuştur ve bu durum Şiiler ile Sünniler arasında daha önce görülmemiş düşmanlığın başlangıcı olmuştur. O zamana kadar Şiiler daha entelektüeldi veya mistik Sünnilerle çok fazla şeyi paylaşıyorlardı. Ama on altıncı yüzyılda; ne yazık ki Avrupa'daki zamanın mezhep kavgalarına çok benzer biçimde iki rakip kamp oluşturmuşlardır. Safevi Hanedanı'nın kurucusu Şah İsmail 1503'te Azebaycan'da iktidara geçmiş ve iktidarını batı İran ve Irak'a yaymıştır. Sünniliği sürüp çıkarmaya kararlıdır ve Şiileri daha önce pek kalkışılmamış bir insafsızlıkla amaçları için zorlamıştır. Kendisini kuşağının İmamı olarak görmüştür. Bu hareket Avrupa'daki Protestan reformasyonuyla benzerlikler gösterir: İkisi de karşı çıkma geleneğinde köklerini bulur, ikisi de aristokrasiye karşıdır ve hanedan hükümetleriyle birlik oluşturmuştur. Reformcu Şiiler kendi topraklarındaki sufi tarikatları Protestanların manastırları kapatmasına benzer biçimde yasakladılar. Osmanlı İmparatorluğu'nun Sünnileri arasında benzer bir düşmanlık uyandırmaları ve onların da kendi topraklarında Şiilere baskı yapmaları şaşırtıcı değildir. Haçlı seferleri düzenleyen Batı'ya karşı son kutsal savaşı yürüten cephede olduğunu gören Osmanlılar, Hristiyan uyruklarına karşı da yeni bir düşmanca tutum geliştirmişlerdir. Ancak İran düzeninin bütünüyle fanatik olduğunu düşünmek yanlış olacaktır. İran'ın Şii uleması bu reforma uğramış Şiiliğe güvensizlikle bakmıştır. Sünni ulema tersine içtihad kapısının kapanmasını reddetmiş, şahlardan bağımsız olarak İslam'ı yorumlama hakkında ısrar etmiştir. İmamların devamı olarak Safevi ve daha sonra Kaçar Hanedanı'nı kabul etmemiştir. Bunun yerine yöneticilere karşı halkla işbirliği yapmış ve İsfahan'da, daha sonra Tahran'da saltanat baskılarına karşı ümmetin önderliğini yapmıştır. Şahların tecavüzlerine karşı tüccarların ve fakirlerin haklarını koruyan bir gelenek geliştirmiştir ve 1979'da Şah Muhammed Rıza Pehlevi'nin çürümüş rejimine karşı halkı harekete geçirebilmeleri de bu geleneğe dayanır.

İran Şiileri, Suhreverdi'nin mistik geleneğini izleyen kendi felsefesini de geliştirmişlerdir. İran Felsefesi'nin kurucusu Mir Damad (öl. 1631) yalnız ilahiyatçı değil bir bilim adamıdır da. Tanrısal Işığı, Muhammed ve İmamlar gibi simgesel kişilerin aydınlığıyla özdeşleştirmiştir. Suhreverdi gibi dinsel deneyimin bilinçaltındaki, psikolojik yönünü vurgulamıştır. Fakat bu İran okulunun en güçlü üyesi Mir Damad'ın öğrencisi, genellikle Molla Sadra olarak tanınan Sadreddin Şirazi'dir (1571-1640). Bugün de birçok Müslüman onu İslam düşünürlerinin en engini olarak görür ve onun eserlerinin, İslam Felsefesi'ne özelliğini veren metafizik ve tinselliğin kaynaşmasını özetlediğini iddia eder. Batı'da henüz yeni tanınmaya başlamıştır ve kitabımız yazılırken daha yalnızca bir eseri İngilizceye çevrilmişti.

Molla Sadra da Suhreverdi gibi bilginin yalnızca öğrenim edinme süreci olmadığına fakat dönüşüm süreci olduğuna inanmaktaydı. Suhreverdi'nin tanımladığı *âlem-i misal* onun düşüncesinde de önemli yer tutuyordu: Kendisi de hakikatin en yüce biçimi olarak rüyalar ve görümler görüyordu. İran Şiiliği, mistisizmi, saf bilim ve metafizik yerine Tanrı'ya giden en geçerli yol olarak görmeyi sürdürüyordu. Molla Sadra *imitatio dei,* Tanrı'ya yaklaşmanın, felsefenin hedefi olduğunu, tek bir inanç ve öğretiyle sınırlandırılamayacağını savunmaktaydı. İbni Sina'nın göstermiş olduğu gibi yalnızca üstün gerçeklik olan Tanrı'nın varlığı (vücud) söz konusuydu ve tanrısallık diyarından kırıntıya kadar bütün varoluş zincirini bu tek gerçeklik kuruyordu. Molla Sadra panteist değildi. Yalnızca, Tanrı'yı var olan her şeyin kaynağı olarak görmekteydi: Gördüğümüz ve hissettiğimiz varlıklar ancak sınırlı biçimde tanrısal ışığı içeren kaplardı. Ve

Tanrı geçici gerçekliğin ötesindeydi. Bütün varlıkların birliği yalnızca Tanrı'nın var olduğu anlamında değil fakat güneşle yaydığı ışınların birliği anlamındaydı. Muhyiddin Arabi gibi Molla Sadra da Tanrı'nın özü veya "Körlük" ile çeşitli tecellileri arasında ayrım yapmaktaydı. Onun görüşü Yunanlı *hesychast*'larla Kabbalacıların görüşünden çok farklı değildir. Bütün evrenin, çeşitli tabakaları olan tek bir mücevher oluşturmak üzere "Körlük"ten yayıldığını düşünmüştür; bu tabakaların da Tanrı'nın kendini nitelikleri veya "işaretleri" (*ayât*) ile bildirme dereceleri olduğu söylenebilir. Bunlar aynı zamanda insanlığın varoluşun kaynağına dönme aşamalarını temsil ederler.

Tanrı'yla birlik öteki dünyaya kalmış bir konu değildi. Bazı *hesychast*'lar gibi Molla Sadra da bunun bu dünyada bilgiyle elde edilebileceğine inanıyordu. Söylemeye gerek yok ki yalnızca beyinle ilgili, akılcı bilgiyi kastetmiyordu: Tanrı'ya yükselişinde mistik, *âlem-i misal*'den, hayal ve görüm diyarından geçmek zorundaydı. Tanrı nesnel olarak bilinebilecek bir gerçeklik değildir, her Müslümanın imge yaratma yeteneğinde bulunacaktır. Kur'an veya Hadis Cennet, Cehennem veya Tanrı'nın tahtından söz ettiğinde, ayrı bir mekânı olan gerçekliklerden değil, duyulur görüngülerin peçesi altında gizli iç dünyadan söz etmektedirler:

> İnsanın hedeflediği her şey, arzuladığı her şey o anda ona sunulur veya belki, arzusunu biçimlendirmek, kendi başına o hedefin gerçek varoluşunu yaşamaktır denmelidir. Tatlılık ve zevk, Cennet ve Cehennem'in, iyi ve kötünün ifadeleridir, insana öte dünyada ne dilediyse ulaşabilecekler olanlardır ve insanın kendi "Ben"inden başka kaynakları yoktur, onun en iç inançlarından, edimlerinden kaynaklanan niyet ve tasarılarıyla oluşurlar.[421]

---

421 *Kitab al hikmat al-arsbiya*, Henri Corbin, *Spiritual Body and Celestial Earth, From Mazdean Iran to Shiite Iran*, çev. Nancy Pearson, (Londra, 1990), s. 166.

Çok saygı duyduğu Muhyiddin Arabi gibi Molla Sadra da Tanrı'nın oturduğu dışsal, nesnel, bütün inananların ölümden sonra dirileceği başka bir göksel dünya öngörmez. Cennet ve tanrısal küre insanın içinde keşfedilmelidir, kişisel *âlem-i misal*'de; bu her insanın ayrılmaz mülküdür. İki kişinin bile tamamıyla aynı cenneti ve aynı Tanrısı yoktur.

Şii İmamlar kadar Sünni, Sufi ve Yunanlı filozoflara saygı gösteren Molla Sadra bize İran Şiiliğinin her zaman dışlayıcı ve fanatik olmadığını gösterir. Hindistan'da Müslümanların çoğunluğu başka geleneklere ilişkin benzer bir hoşgörü geliştirmişlerdir. Babür Hindistanı'nda İslam kültürel olarak egemen olmuşsa da Hindu dini canlılık ve yaratıcılığını sürdürmüştür; bazı Müslüman ve Hindular sanat alanlarında ve entelektüel projelerde işbirliği yapmışlardır. Alt kıta uzun süre dinsel hoşgörüsüzlükten uzak kalmıştır ve on dört ve on beşinci yüzyıllarda Hindu dininin en yaratıcı biçimleri, dinsel özlemlerin birliğini vurgulamıştır: Tek Tanrı için içsel sevgiyi önerdikçe bütün yollar geçerlidir. Bu tutumun, Hindistan'da başat İslam anlayışları olan Sufizm ve felsefeyle etkileşim göstermesi çok eskidir. Bazı Müslüman ve Hindular inançlar arası topluluklar oluşturmuştur; bunlardan en önemlisi Guru Namak tarafından on beşinci yüzyılda kurulmuş olan Sihlik'tir. Bu yeni biçimli tektanrıcılık Allah'ın Hindu dininin Tanrısı'yla özdeş olduğuna inanmaktadır. Müslüman tarafta, İranlı bilim adamı Mir Ebu el-Kasım Findiriski (öl. 1641), Mir Damad ve Molla Sadri'nin çağdaşı, İsfahan'da İbni Sina'nın eserlerini öğretmiş ayrıca Hindu dini ve Yoga çalışmalarına da çok zaman ayırmıştır. Thomas Aquinas üstüne uzmanlaşmış bir Roma Katoloğinin bu dönemde İbrahim geleneği içinde bile yer almayan bir dine bu kadar ilgi göstermesini hayal bile etmek zordur.

Üçüncü Hint Babür İmparatoru, 1560-1605 yılları arasında hüküm sürmüş olan Ekber'in hoşgörü ve işbirliği ruhu ve bütün inançlara gösterdiği saygı çok çarpıcıdır. Hindulara gösterdiği duyarlılıkla vejeteryan olmuş, çok sevdiği avcılığı bırakmış ve doğum gününde veya kutsal Hindu mekânlarında kurban kesilmesini yasaklamıştır. 1575'te bütün dinlerden bilim adamlarının buluşup Tanrı üstüne tartışabilecekleri bir "İbadethane" kurmuştur. Burada Avrupa'dan gelen Cizvit misyonerlerin en saldırganları olduğu görülüyor. Ekber, kendisini doğru yönlendirilmiş bütün dinlere gösterecek bir Tanrı'ya olan köktenci inancı ilan eden "tanrısal tektanrıcılığa" (*tevhid-i ilahi*) dayanan bir Sufi tarikat kurmuştur. Ekber'in yaşamı, Sufizm ilkelerini uygarlık tarihine uygulamaya çalışan *Ekbername* adlı eserinde Ebü'l fazl el-Allami (1551-1602) tarafından övülmüştür. Allami, Ekber'i felsefenin ülküsel önderi ve zamanının kamil insanı olarak görür. Ekber gibi bağnazlığı olanaksızlaştıran bir yönetici tarafından hoşgörülü, liberal bir toplum oluşturulduğunda, uygarlık evrensel barışa ulaşabilir. Özgün anlamıyla Tanrı'ya "teslim" olmak olan İslam'a her inançla varılabilir: Onun "Muhammed'in dini" dediği, Tanrı tekelini elinde tutmaz. Fakat bütün Müslümanlar, Ekber'in görüşünü paylaşmamış hatta çoğu onu inanç için tehlikeli bulmuşlardır. Onun hoşgörü siyasası ancak Babür İmparatorluğu güçlü iken yaşayabilecektir. Güçten düşmeye ve başka gruplar Babürlü yöneticilere karşı başkaldırmaya başladıklarında, Hindular, Müslümanlar ve Sihler arasında dinsel çatışmalar da artmıştır. İmparator Evrengzib (1618-1707) birliğin Müslüman kampta daha büyük disiplin sağlanmasıyla korunacağına inanmıştır: Şarap içmek gibi çeşitli gevşekliklere son veren bir karar kabul etmiş, Hindularla işbirliğine olanak tanımamış, Hindu bayramlarının sayısını azaltmış ve Hindu tüccarların vergilerini iki katına çıkarmıştır. Onun cemaatçi anlayışının en özellikli ifadesi Hindu tapınaklarının yaygın olarak yıkılmasında görülür. Ekber'in hoşgörü yaklaşımını tamamıyla tersine çeviren bu siyasa Evrengzib'in ölümünden sonra terk edilmiştir fakat Babür İmparatorluğu onun Tanrı adına kapısını açtığı ve kutsallaştırdığı yıkıcı bağnazlıktan bir daha kurtulamamıştır.

Ekber'in yaşarkenki en ateşli muhaliflerinden biri önemli bir bilim adamı olan Şeyh Ahmed Sirhindi'ydi (1563-1625). Sirhindi,

Ekber gibi sufiydi ve öğrencileri tarafından kamil insan olarak saygı görüyordu. Öğrencileri Tanrı'yı tek gerçeklik olarak gören Muhyiddin Arabi'nin mistik geleneğine karşıydı. Molla Sadra, gördüğümüz gibi bu Varlığın Tekliği (*vahdet-el-vücud*) anlayışını savunuyordu. Bu Kelime-i Şehadet'in mistik açıdan yeniden biçimlendirilmesiydi: Allah'tan başka gerçeklik yoktur. Öteki dinlerdeki mistikler gibi Sufiler de birliği yaşıyor ve onun tüm varlığıyla birleştiklerini hissediyorlardı. Sirhindi ise, bu anlayışı öznel bularak reddetmişti. Mistikler yalnızca Tanrı üstünde yoğunlaşırken, başka her şey onun bilincinde sönme eğilimine giriyor fakat bu nesnel gerçekliğe karşılık gelmiyordu. Gerçekten de Tanrı ile dünya arasında birlik veya özdeşlikten söz etmek kötü bir yanılsamaydı. Gerçekte dolaysız Tanrı deneyimi diye bir olanak yoktu; Tanrı bütünüyle insanların sınırının ötesindeydi: "O Kutsal Olandır, Ötenin ötesindedir, ötenin Ötesindedir ve gene ötenin Ötesindedir."[422] Tanrı ile dünya arasında, doğanın işaretleri üstüne düşünmenin dışında, hiçbir ilişki olamazdı. Sirhindi Muhyiddin Arabi gibi bilincin daha yüce ve daha uyanık aşamalarına kendisinin de mistiklerin vecd durumunu yaşayarak geçtiğini iddia etmektedir. Filozofların, nesnel fakat ulaşılamaz bir gerçeklik olan uzak Tanrısı'na duyduğu inancı kuvvetlendirmek için mistisizm ve dinsel deneyimi kullanır. Onun görüşleri öğrencileri tarafından şevkle karşılanmış fakat Müslümanların çoğunluğu mistiklerin aşkın, öznel Tanrısı'na bağlılıklarını sürdürmüşlerdir.

Findiriski ve Ekber gibi Müslümanlar başka inançlardan insanları anlamaya çabalarken, Batı Hristiyanları 1492'de İbrahim'in akraba öteki iki dinine hoşgörü gösteremeyeceklerini ortaya koymuşlardı. On beşinci yüzyılda bütün Avrupa'da anti semitizm güçlendi ve Yahudiler peş peşe şehirlerden sürüldüler. 1421'de Linz ve Viyana'dan, 1424'te Köln'den, 1439'da Augsburg'dan, 1442'de Bavyera'dan (1450'de tekrar) ve 1454'te Moravya'dan. 1485'te Perugia, 1486'da Vicenza, 1488'de

---

422 [illegible] *Concept of God* (Londra, 1981), s. 1034.

Parma'dan, 1489'da Lucca ve Milano'dan ve 1494'te Toskanya'dan çıkarıldılar. İspanya'nın Sefardim Yahudilerinin sürülmesi bu daha geniş Avrupa sürgünü bağlamında görülmelidir. Osmanlı İmparatorluğu'na yerleşen İspanya Yahudileri hayatta kalanların akıldışı fakat izi silinmez suçunu birlikte götürerek bu yersizlik duygusundan acı çekmeyi sürdürdüler. Belki de bu Nazi Soykırımı'ndan kurtulanların yaşadığı suçlulukla benzerlikler taşımaktadır; bugün bazı Yahudiler, Sefardim Yahudilerin geliştirdiği on altıncı yüzyıldaki sürgün psikolojileriyle barışıklıklarını sağlayacak tinselliğe benzer bir tinsellik geliştirmişlerdir.

Yeni Kabbalacı görüş olasılıkla Sefardim Yahudilerin çoğunluğunun yerleşmiş olduğu Osmanlı İmparatorluğu'nun Balkan eyaletlerinde geliştirilmiştir. 1492 trajedisi, peygamberler tarafından haber verilmiş olan İsrail'in kurtuluşu özlemini yeniden canlandırmış görünmektedir. Joseph Karo ve Solomon Alkabaz önderliğindeki bazı Yahudiler, Yunanistan'dan Filistin'e göç etmişlerdir. Manevi yapıları sürgünün Yahudilerde ve Tanrı'larında yarattığı küçük düşme duygusunu iyileştirme peşindedir. Söylediklerine göre "Şekina'yı yerden kaldırmak" peşindedirler. Ama aradıkları siyasal bir çözüm değildir, ne de Yahudilerin geniş oranda Vadedilen Ülke'ye dönmesini öngörmektedirler. Celile'de Safed'e yerleşmişler ve yurtsuzluk deneyiminin belirlediği özelliklerinden yola çıkan dikkat çekici bir mistik canlanma başlatmışlardır. O zamana kadar Kabbala ancak seçkinlere hitap etmiştir ama felaketten sonra bütün dünya Yahudileri daha mistik bir ruhsal yaşama dönmüşlerdir. Felsefenin vereceği teselli artık boş görülmektedir: Aristoteles kuru ve onun uzak Tanrısı ulaşılmaz gelmektedir. Gerçekten de birçokları felaketten felsefeyi suçlu bulmuş, onun Yahudiliği zayıflattığını, İsrail'in özel davetiyle olan bağı kopardığını iddia etmiştir. Felsefenin evrenselliği ve Yahudi olmayanlarla bağlantıları, birçok Yahudinin vaftiz edilmeyi kabul etmesine yol açmıştır. Felsefe Yahudi maneviyatında bir daha aynı önemi taşımayacaktır.

İnsanlar Tanrı'yla daha dolaysız ilişki özlemi içindedirler. Safed'de bu özlem en erotik yoğunluğu kazanmıştır. Kabbalacılar Filistin tepelerinde dolaşır, sanki onların görümlerini kendi acılı yaşamlarında soğurmak ister gibi büyük Talmudcuların mezarlarına yatarlar. Bütün gece uyanık kalınır, uykusuz sevgililer gibi Tanrı'ya aşk şarkıları söyler ve O'na sevgili adlarla seslenirler. Kabbalanın mitoloji ve disiplininin, duvarlarını yıktığını ve metafiziğin veya Talmud araştırmalarının artık yapamadığı biçimde, ruhlarındaki acıya dokunduğunu hissetmişlerdir. Ama koşulları *Zohar*'ın yazarı Leonlu Musa'dan çok farklı olduğu için, İspanya sürgünleri onun görümünü uyarlamak ve kendi özel durumları için konuşabilir hale getirmek zorundadırlar. Sonuçta mutlak yurtsuzluk ile mutlak Tanrılığı eşitleyen olağandışı bir imgelemci çözüm üretmişlerdir. Yahudilerin sürgünü bütün varoluşun yüreğindeki kökten mekânsızlaşmayı simgelemektedir. Bütün yaratılış artık olması gereken yerde olmadığı gibi Tanrı da kendisinden sürgün edilmiştir. Safed'in yeni Kabbalası çarçabuk yayılmış ve yalnız Sefardimler için kitle hareketine dönüşmemiş, Avrupa'nın Hristiyanlık dünyasında yerleri olmadığını keşfeden Aşkenazim için de yeni umutlar vermiştir. Bu olağandışı başarı Safed'in bu tuhaf ve dıştan biri için şaşırtıcı mitoslarının, Yahudilerin durumuna uygun bir dil olma gücü taşıdığını gösterir. Bu neredeyse bütün Yahudiler için kabul edilen son Yahudi hareketi olmuştur ve dünya Yahudiliğinin dinsel bilincinde büyük değişiklikler yaratmıştır. Kabbalanın özel disiplinleri yalnızca kabul edilen seçkinler içindir ama onun düşüncesi ve Tanrı kavramı Yahudi inancının standart ifadesi olmuştur.

Bu yeni Tanrı anlayışına karşı haksızlık etmemek için bu mitosların sözcük anlamıyla değerlendiril*meme*si gerektiğini anlamamız gerekir. Safed Kabbalacıları kullandıkları imgelerin çok cesur olduğunu biliyor ve sürekli "sanki" veya "varsayılabilir ki" biçiminde tedbirli ifadelere başvuruyorlardı. Ama yalnız Tanrı hakkında değil Kitab-ı Mukaddesçi evrenin yaratılışı konusundaki her türlü konuşma da sorunluydu. Kabbalacılar bu konuda feylezoflar gibi sıkıntı çekiyorlardı. Her ikisi de Platoncu yayılma benzetmesini kabul ediyor, dünyanın ezeli olarak Tanrı'dan çıkışını benimsiyordu. Peygamberler Tanrı'nın kutsallığını ve dünyadan ayrı olduğunu vurgulamışlardı ama *Zohar* Tanrı'nın *sefirot*'u olan dünyanın bütün gerçekliği oluşturduğunu öneriyordu. Eğer her şey ise nasıl dünyadan ayrı olabilirdi? Safedli Musa ben Jacob Cordovero (1522-1570) bu paradoksu çok açık biçimde gördü ve bunu çözmeye çalıştı. Onun teolojisine göre Tanrı, En Sof artık kavranılamaz Ulu Tanrı değil, dünya düşüncesiydi: Ülküsel Platoncu aşamada bütün yaratılanlarla aynıydı ama aşağıda vücut bulduklarında onlardan ayrıydı: "Var olan her şeyin onun varlığında bulunduğu sürece [Tanrı] her şeyi içerir," diyordu, "özü *sefirot*'ta mevcuttur ve O Kendisi her şeydir ve O'nun dışında hiçbir şey yoktur."[423] Muhyiddin Arabi ve Molla Sadra tektanrıcılığına çok yaklaşmıştı.

Safed Kabbalacılığının kahramanı ve azizi Yitshak Luria (1534-1572) ise aşkın tanrısallıkla her yerde hazır ve nazır olma paradoksunu, Tanrı hakkındaki en olağandışı ve şaşırtıcı görüşlerden biriyle, daha fazla aşıyordu. Çoğu Yahudi mistik tanrısal deneyimleri konusunda fazlasıyla ketumdu. Mistiklerin deneyimlerinin söze gelmez olduğunu söyledikten sonra onları yazıya geçirmeye oldukça istekli olmaları bu türden tinselliğin çelişkilerinden biridir. Ama Kabbalacılar bu konuda özenliydi. Luria kendi alanından öğrencileri kendi kişisel karizmasıyla çevresine toplanmış olan ilk Zaddik kutsal insanlardan biridir. Luria yazar değildi ve onun Kabbalacı sistemi hakkındaki bilgilerimizi, öğrencileri Hayyim Vital'ın (1553-1620) *Ets Hayint* (Yaşam Ağacı) adlı risalesiyle, Joseph ibn Tabul'un 1921'e kadar yayımlanmamış elyazmalarında kaydedilen konuşmalarından öğreniyoruz.

Luria yüzyıllardır tektanrıcıları meşgul eden sorunu ele alıyordu: Mükemmel ve ezeli Tanrı, sonu olan ve kötülük dolu dün-

---

423 Gershom Scholem, *Major Trends in Jewish Mysticism*, 2. basım (Londra, 1955), s. 253.

yayı nasıl yaratmıştı? Kötülük nerden geliyordu? Luria bu sorunun cevabını, *sefirot*'un yayılmasından önce, En Sof'un yüce içgözlemle kendisine döndüğünde neler olduğunu düşünerek buldu. Dünyaya olanak sağlamak için, diye düşünmüştü Luria, En Sof kendi içinde bir boşluk yaratmıştı. Bu "büzülme" veya "çekilme" (*tsimtsum*) eylemiyle Tanrı kendisinin bulunmadığı bir yer yaratmıştı; aynı anda kendisinin tezahürüyle ve yaratılışla dolan bir boş alan. Zorlu yaratılış öğretisini yoklukla açıklamaya çalışmak cesur bir girişimdi: En Sof'un ilk eylemi kendisini kendisinden sürgün etmesiydi. Sanki daha derinden kendi varlığına inmişti ve kendisine sınır koymuştu. Hristiyanların Teslis'te hayal ettikleri birincil *kenosis* düşüncesinde, Tanrı'nın kendisini ifade etmek için Oğul'a boşaltmasından çok farklı olmayan bir düşünce. On altıncı yüzyıl Kabbalacıları için, *tsimtsum* öncelikle sürgün simgesiydi, bütün yaratılmış varlığın altında o yatıyordu ve En Sof'un kendisi de bunu yaşamıştı.

Tanrı'nın çekilmesiyle doğan "boş alan", çevresini En Sof'un sardığı bir daire olarak algılanıyordu. Bu Tekvin'de sözü edilen biçimsiz boşluk, *tohu bohu* idi. *Tsimtsum*'un gerilemesinden önce Tanrı'nın (daha sonra *sefirot* haline gelecek olan) bütün güçleri uyum içinde bir aradaydı. Birbirlerinden ayrılmamışlardı. Özellikle Hesed (Merhamet) ve Din (Katı Yargılama) Tanrı içinde mükemmel uyumda bulunuyordu. Fakat *tsimtsum* sürecinde, En Sof, Din'i öteki özelliklerinden ayırdı ve terk ettiği boş alana yükledi. Böylece *tsimtsum* yalnızca kendisini boşaltan sevgi eylemi değil, fakat bir tür tanrısal arınma olarak ortaya çıkıyordu: Tanrı Gazabını veya Yargısını (*Zohar* bunu kötülüğün kökeni olarak görmüştü) kendi özünden boşaltmıştı. Yani O'nun birincil eylemi kendisine gösterdiği katılık ve acımasızlıktı. Din artık Hesed'den ayrı olduğu için, potansiyel olarak yıkıcıydı. En Sof gene de boş alanı tamamıyla boşaltmamıştı. Bu daireye "ince bir çizgi" halinde tanrısal ışık sızmıştı ve *Zohar*'ın *Adam Kadmon,* Birincil İnsan adını verdiği biçim halini alan da buydu.

Sonra, *Zohar*'da anlatıldığı biçimle olmasa da *sefirot*'un ortaya çıkışı ve yayılımı geldi. Luria *sefirot*'un *Adam Kadmon*'u oluşturduğunu savunur: üç en yüksek *sefirot* Kether (Taç), Hokhma (Bilgelik) ve Binah (Anlak) onun "burun", "kulak" ve "ağız"ından sırayla çıktılar. Ama sonra bir felaket oldu; Luria buna "Damarların Çatlaması" (*Şevirath Ha Kelim*) adını verir. *Sefirot*'un, birbirlerinden ayrılmaları ve tekrar eski birliklerine dönüp karışmamaları için özel kaplarda veya damarlarda içerilmesi gerekiyordu. Bu "damar" veya "boru"lar elbette maddi değildi fakat *sefirot*'un daha saf ışığını içeren "kabuk"tan (*keelpot*) daha kalın bir tabakadan oluşuyordu. En yüksek üç *sefirot Adam Kadmon*'dan yayılınca onların kanalları mükemmel biçimde iş görmeye başladılar. Sonraki altı *sefirot* onun "göz"lerinden çıktı. Kanalları tanrısal ışığı içerecek kadar kuvvetli değildi ve parçalandılar. Sonuçta ışık dağıldı. Işınlarından bir bölümü Ulu Tanrı'ya döndü ama bazı tanrısal "kıvılcım"lar boşluğa düştü ve kargaşa içinde sıkışıp kaldı. Bundan sonra artık hiçbir şey olması gereken yerde değildi. En yüksek üç *sefirot* bile felaket sonucu daha alçak bir küreye düşmüştü. Özgün uyum yıkılmış, tanrısal kıvılcımlar *tohu bohu*'nun biçimsiz boşluğunda, Ulu Tanrı'dan sürgün edilmiş, kaybolmuştu.

Bu tuhaf mitos eski Gnostik birincil çıkış mitoslarının kalıntısıdır. Bütün yaratıcı süreçte içerilen gerilimi ifade eder; Tekvin'de anlatılan huzur içindeki ardışık düzene göre, bugün bilim adamlarınca öngörülen Big Bang (Büyük Patlama) kuramına çok daha yakındır. En Sof için gizli aşamasından ortaya çıkmak kolay olmamıştı: Sanki bunu bir tür deneme yanılmayla yapabilmişti. Talmud'da Hahamlar benzer bir düşünce geliştirirler. Tanrı'nın başka dünyalar yaratmış olduğunu ve bizimkini yaratmadan önce onu yıktığını anlatmışlardır. Ama her şey kaybolmamıştır. Bazı Kabbalacılar bu "Parçalanma"yı (*Şevirath*) doğum hamlesi veya tohum kabının kırılmasına benzetmişlerdir. Bu yıkım sadece yeni bir yaratılışın başlangıcı olmuştur. Her şeyin düzensiz olmasına karşın, En Sof bu kargaşa içinden *Tikkun*, yeniden birleştirme işlemiyle yeni bir yaşam kurabilmiştir.

Felaketten sonra En Sof'tan yeni bir ışık dalgası yayıldı ve *Adam Kadmon*'un "alın"ından çıktı. Bu sefer *sefirot* yeni biçimler içinde yeniden düzenlendi: Artık Tanrı'nın genel özellikleri yoktu. Her biri Tanrı'nın bütün kişiliğinin tezahür ettiği "Yüz"ler (*parzuf*) haline geldi; bunlar sanki Teslis'teki üç kişilik gibi farklı görünümlerdi. Luria, eski Kabbalacı kavranılamaz Tanrı düşüncesini ifade edebilmek için Tanrı'yı insan gibi doğurtarak yeni bir yol arıyordu. Bu karmaşık ve belki de en iyi bir şekille anlatılabilecek bir görüştür. *Tikkun*'un yeniden birleşmesiyle Tanrı on *sefirot*'u aşağıdaki aşamalarla beş "Yüz" (*parzufim*) içinde gruplandırarak yeni bir düzen kurdu:

1. Kether (Taç), Zohar'ın "Yokluk" dediği en yüksek sefira, ilk parzuf "Arik" Anpin, Ata olur.
2. Hokhma (Bilgelik) ikinci parzuf Abba, Baba olur.
3. Binah (Anlak) üçüncü parzuf İma, Anne olur.
4. Din (Yargı), Hesed (Merhamet), Rahamin (Teselli), Netsah (Sabır), Hod (Krallık), Yesod (Temel), hepsi dördüncü parzuf Zeir Anpin, Sabırsız olur. Onun eşi:
5. Malkut (Krallık) veya Şekina, sonuncu sefira'nın beşinci parzuf Nukrah de Zeir, Zeir'in kadını olur.

Cinsel simgecilik *sefirot*'un, kanallar kırıldığında doğan uyumsuzluğu sağaltacak ve özgün uyumu yeniden kuracak olan yeniden birleşmesini tanımlamak için cesur bir girişimdir. "İki çift", Abba ve İma ile Zeir ve Nukrah *ziwwug*, çiftleşme içine girerler ve Tanrı'nın içinde erkek ve dişi öğenin bu çiftleşmesi yeniden kurulan düzeni simgeler. Kabbalacılar sürekli olarak okuyucularını bunu çok fazla sözcük anlamıyla anlamamaları konusunda uyarırlar. Bir araya gelme sürecini tanımlamak için daha açık biçimde, akılcı yöntemlerle anlatılamayacak ve Tanrı'nın baskın çıkan erkek imgesini nötrleştirmek üzere seçilmiş bir biçimdir bu. Mistiklerin özgürlüğü kurtuluş, Mesih'in gelişi gibi tarihsel olaylara dayanmaz, Tanrı'nın kendisinin de yaşaması gereken bir süreçtir. Tanrı'nın ilk planı, Kanalların Yıkılması sırasında dağılıp kargaşa içinde kalan tanrısal kıvılcımları kurtararak insanlığı kendine yoldaş yapmaktır. Fakat Âdem, Aden Bahçesi'nde günah işlemiştir. Öyle yapmasaydı özgün uyum kurulup tanrısal sürgün ilk Şabat'ta sona erecekti. Ama Âdem'in düşüşü Kanalların Yıkılması'nda olduğu gibi ilk felaketi yineledi. Yaratılmış düzen düştü ve ruhundaki tanrısal ışık dışarıya dağıldı, kırılmış maddede hapsoldu. Sonuçta Tanrı başka bir plan geliştirdi. Egemenlik ve denetim mücadelesinde yoldaşı olarak İsrail'i seçti. İsrail, tanrısal kıvılcımların kendileri gibi diasporanın acımasız ve Tanrısız diyarına dağılmış olsa da Yahudilerin özel bir misyonu vardı. Tanrısal ışıklar dağınık ve madde içinde kaybolmuş oldukça, Tanrı tamamlanmış değildir. Tevrat'ın özenli okunmasıyla ve disiplinli bir ibadetle, her Yahudi tanrısal kaynağındaki kıvılcımların yeniden düzenlenmesine yardımcı olacak ve dünyayı da kurtaracaktır. Bu kurtuluş görüşünde Tanrı lütfen insanlığı gözlemekte değildir, Yahudilerin daima ısrar ettikleri gibi gerçekten insanlığa bağlıdır. Yahudiler, Tanrı'yı yeniden biçimlenme ve O'nu yeniden yaratmakta ayrıcalık sahibidirler.

Luria, Şekina'nın sürgündeki özgün imgesine yeni bir anlam vermiştir. Talmud'da Hahamların Şekina'nın tapınağın yıkılmasından sonra Yahudilerle birlikte gönüllü olarak sürgüne gittiğini söylemiş oldukları anımsanacaktır. *Zohar* Şekina'yı son *sefira*'yla özdeşleştirmiştir ve onu tanrısallığın dişi yönü yapmıştır. Luria'nın mitosunda Şekina Kanallar dağıldığında öteki *sefirot*'la birlikte düşmüştür. *Tikkun*'un ilk aşamasında Nukrah olmuş ve Zeir'le (altı "Orta" *sefirot*) çiftleşerek tanrısal dünyayla neredeyse yeniden bütünleşmiştir. Fakat Âdem günah işleyince, Şekina bir kez daha düşer ve Ulu Tanrı'dan ayrılarak sürgüne gider. Luria büyük olasılıkla çok benzer bir mitoloji oluşturmuş olan Hristiyan Gnostiklerin yazılarından aktarmalar yapmıştır. On altıncı yüzyılın trajik koşullarına uyarlanmak üzere sürgün ve düşüşe ilişkin eski mitosları kendiliğinden yeniden üretmiştir. Tanrısal çiftleşme ve sürgün tanrıça masalları Kitab-ı Mukaddes döneminde, Tek Tanrı öğretisini geliştirirlerken Yahudilerce reddedilmişti. Bu mitosların paganlık ve putperestlikle bağlantılarının mantık olarak Sefardim Yahudilerinin direnişiyle karşılaşması gerekirdi. Oysa Luria'nın mitolojisi İran'dan İngiltere'ye, Almanya'dan Polonya'ya, İtalya'dan Kuzey Afrika'ya, Hollanda'dan Yemen'e kadar iştahla kabul gördü; Yahudi terimleriyle yeniden anlatıldığında, gömülmüş olan acılara değdi ve umutsuzluk ortamında yeni umutlar verdi. Yahudilere, birçoğunun içinde yaşadığı bütün olumsuz koşullara karşın, nihai bir anlam ve önemi bulunduğuna inanma olanağı verdi.

Yahudiler Şekina'nın sürgününe son verebilirlerdi. *Mitzvot*'un yorumlanmasıyla Tanrı'yı yeniden inşa edebilirlerdi. Bu mitosu aynı dönemde Avrupa'da biçimlenmeye başlayan Luther ve Kalvinci Protestanlıkla karşılaştırmak ilginç olacaktır. İki Protestan reformcu da Tanrı'nın mutlak egemenliğini vazediyorlardı: Teolojilerinde göreceğimiz gibi, insanların kendi kurtuluşları için katkıda bulunabilecekleri hiçbir şey yoktu. Luria ise bir çalışma öğretisi vazediyordu: Tanrı'nın insanlara gereksinimi vardı ve onların ibadet ve iyi işleri olmasa tamamlanmamış kalacaktı. Avrupa'da Yahudi halkın yaşadığı trajedilere karşın, insanlık konusunda Protestanlardan daha iyimser olma gücünü buluyorlardı. Luria *Tikkun* misyonunu tefekkür anlamında görüyordu. Avrupa'nın Hristiyanları ister Katolik ister Protestan olsun daha fazla dogmalar geliştirmeye devam ederken, Luria, Yahudilerin bu tür entelektüel etkinlikleri aşmaları ve daha sezgisel bir bilinç kazanmaları için Abraham Abulafia'nın mistik tekniklerini diriltmişti. Abulafia'nın maneviyat dünyasında Kutsal Adların harflerini yeniden düzenlemek, Kabbalacı "Tanrı"nın anlamının insan diliyle yeterince söze dökülemeyeceğini anımsatmıştı. Luria'nın mitolojisinde ayrıca tanrısalın yeniden yapılanması ve biçimlendirilmesi de içerilmekteydi. Hayyim Vital, Luria'nın disiplinlerinin müthiş duygusal etkisini anlatır: Kendisini olağan, her günkü yaşamından sıyırarak herkes uykudayken uyanık kalarak, herkes yerken oruç tutarak, bir zaman için kapanarak bir Kabbalacı sıradan konuşmayla hiçbir ilişkisi bulunmayan tuhaf "söz"ler üstüne yoğunlaşır. Başka bir dünyada olduğunu hisseder, kendi dışında bir gücün elindeymiş gibi sallanıp titrediğini görür.

Ama endişe yoktur. Luria, tinsel deneyimlere başlamadan önce Kabbalacının zihninde huzur bulması gerektiğinde ısrarlı olmuştur. Mutluluk ve neşe şarttır: Pişmanlık veya dövünmek, suç veya endişe yoktur. Vital, Şekina'nın acı ve üzüntü dolu bir mekânda yaşayamayacağını vurgular; köklerinin Talmud'da olduğunu gördüğümüz bir düşünce. Üzüntü dünyada kötülük güçlerinden yayılır, oysa mutluluk Kabbalacının Tanrı'yı sevmesini ve O'na tutunmasını olanaklı kılar. Kabbalacının yüreğinde hiç kimse için kızgınlık ve saldırganlık olmamalıdır, *goyim* için bile. Luria öfkeyi putperestlikle özdeşleştirir çünkü kızgın insan "tuhaf bir Tanrı"nın egemenliği altına girmiştir. Luria mistisizmini eleştirmek kolaydır. Gershom Scholem'in işaret ettiği gibi, Tanrı En Sof'un *Zohar*'da çok güçlü olan gizemi *tsimtsum*, Kanalların Yıkılması ve *Tikkun* içinde kaybolma eğilimindedir.[424] Gelecek bölümde bunun Yahudi tarihinde felaket getirici ve utandırıcı bir olayda etkisi olduğunu göreceğiz. Gene de Luria'nın Tanrı kavramı Yahudilere, öfke ve suçluluk duygusunun çoğuna umutsuzluk verdiği ve yaşama olan inançlarını bütünüyle yitirdikleri bir dönemde, insanlığa yönelik olumlu bir görüşle birlikte neşe ve iyilik ruhu aşılamayı başarmıştır.

Avrupa'nın Hristiyanları böyle olumlu bir ruh üretmeyi becerememişlerdir. Onlar da bilim adamlarının felsefi diniyle hafiflemeyecek

---

424 A.g.e., s. 271; Lurianci Kabbala için ayrıca bkz. Scholem, *The Messianic Idea in Judiasm and Other Essays in Jewish Spirituality* (New York, 1971), s. 43-48; RJ. Zwi Weblosky, The Safet Revival and its Aftermath, Arthur Green yay., *Jewish Spirituality*, 2 c. (Londra, 1986, 1988), II; Jacob Kats, 'Halakah and Kabbalah as Competing Disciplines of Study', a.g.e:'de; Laurence Fine, 'The Contemplative Practice of Yahudim in Lurianic Kabbalah', a.g.e.'de; Louis Jacobs, 'The Uplifting of the Sparks in later Jewish Mysticism', a.g.e.'de.

tarihsel felaketler yaşamışlardır. Kara Veba 1348, Konstantinopolis'in Düşüşü 1453, Avignon Esareti'nin (1334-42) Kilise'de yarattığı skandallar ve Büyük Hizipleşme (1378-1417) insanın aciz durumuna canlı bir destek oldu ve Kilise'nin itibarını sarstı. İnsanlık Tanrı'nın yardımı olmadan kendisini korkutucu beladan kurtaramayacak gibiydi. On dört ve on beşinci yüzyıllarda, dolayısıyla, Oxfordlu Duns Scotus (1265-1308) Duns Scotus Erigena'yla karıştırılmamalı ve Fransız John Gerson (1363-1429) gibi teologlar Tanrı'nın egemenliği üstünde durdular; Tanrı insanların işlerini mutlak bir yönetici gibi idare ediyordu. İnsanlar kendi kurtuluşlarına katkıda bulunamazlardı, iyi işler kendi başlarına övgüye layık değildi, Tanrı lütfuyla onları iyi kabul ettiği için iyiydi. Ama bu yüzyıllarda, vurguda bir kayma da oldu. Gerson mistikti, "herhangi kibirli araştırmaya girişmeden birincil olarak Tanrı sevgisine bağlanma"nın, "Tanrı'nın yapısını anlamak için doğru inanca dayalı nedenler aramak"tan daha iyi olduğuna inanıyordu.[425] On dördüncü yüzyılda Avrupa'da, görmüş olduğumuz gibi mistisizm yükselmişti ve insanlar, "Tanrı" adını verdikleri gizemi açıklamak için aklın yetersiz olduğunu benimsemeye başlıyordu. Thomas a Kempis'in *İsa'nın Taklidi*'nde dediği gibi:

> Eğer alçakgönüllülüğünüz yoksa ve Teslis'i hoşnut etmiyorsanız, Teslis üstüne bilgiçce nutuk atmanın ne yararı var?... Onu tanımlayamamaktan pişmanlık duymazdım. Bütün Kitab-ı Mukaddes'i ve filozofların öğretilerini ezbere bilseniz, bunlar sizin Tanrı'nın sevgi ve izzetini kazanmanıza nasıl yardımcı olacak?[426]

İsa'nın Taklidi, biraz aksi, kasvetli dinselliğiyle bütün Batılı tinsellik klasiklerinin en yaygınlarından biri oldu. Bu yüzyıllarda

---

425 *The Mountain of Contemplation,* 4.

426 Thomas a Kempis, *The Imitation of Christ,* çev. Leo Sherley Poole (Harmondsworth, 1953), I, i., s. 27.

inanç gitgide insan İsa üstünde yoğunlaşıyordu. Çarmıha gerilmenin aşamalarını canlandırma uygulamaları, özel ayrıntılarıyla İsa'nın acı ve üzüntüsü üstüne oturuyordu. On dördüncü yüzyılda bilinmeyen bir yazarca yazılmış bazı düşünceler okuyucuya, gece geç vakitlere kadar Son Yemek ve Bahçedeki Acı üstüne tefekkürde bulunduktan sonra sabah uyandığında gözlerinin hâlâ ağlamaktan kızarmış olması gerektiğini yazmaktaydı. Hemen saat saat İsa'nın yargılanmasını ve peşinden çarmıha gerildiği yere gidişini düşünmeliydi. Okuyucu kendisinin yetkililere İsa'nın yaşamı için yalvardığını, hapiste onun yanında oturduğunu, onun zincirli ellerini ve ayaklarını öptüğünü düşünmeye zorlanıyordu.[427] Bu kasvetli programda diriliş üstünde pek durulmuyordu. Bunun yerine İsa'nın zayıf insanlığı vurgulanmaktaydı. Bu tanımların çoğunda şiddetli bir duygusallık ve modern okuyucuyu en çarpacak biçimde hastalıklı bir merak ana nitelikti. İsveçli Bridget veya Norwichli Julian, İsa'nın fiziki durumu hakkında dehşetli ayrıntılar kurgularlar:

> Onun sevgili yüzünün, kuruyup kanı çekilip ölümle solgunlaştığını gördüm. Daha da solgunlaştı, ölümcül ve cansız oldu. Sonra, ölünce morardı, et öldükçe yavaş yavaş kahverengi bir maviye dönüştü. Onun tutkusu bana en çok kutsanmış yüzünde, özellikle dudaklarında görünüyordu. Daha önce görmüş olduğum taze, kırmızı ve hoş renkleri, aynı dört rengi de orada görüyordum. Ölmeye devam ederken onun değişimini görmek çok üzücü bir işti. Burun delikleri büzüldü ve gözlerimin önünde kurudu ve sevgili gövdesi ölümle kururken morardı ve karardı.[428]

---

427 Richard Kieckhafer, 'Major Currents in Late Medieval Devotion', yay. Jill Raitt, Christian Spirituality: *High MiddleAges and Reformation* (NewYork ve Londra), 1989, s. 87.

428 Julian of Norwich, *Revelations of Divine Love*, çev. Clifton Wolters (Londra, 1981), 15, s. 87-8.

Bunlar bize on dördüncü yüzyıl Alman çarmıha gerilme resimlerini anımsatıyor. İncelikle resmedilmiş bükülmüş gövdeler, sızan kan ve elbette Matthias Grünewald'la (1480-1528) zirvesine eren resim okulu. Julian Tanrı'nın yapısı konusunda büyük yetenek gösteriyordu: Teslis'in, dışsal bir gerçeklik olarak "dışarda bir yerde" değil, gerçek bir mistik gibi ruhta yaşadığını anlatıyordu. Fakat Batı'nın insan İsa üstünde yoğunlaşmasının gücü direniş kabul etmeyecek kadardı. On dört ve on beşinci yüzyıllarda Avrupa'da insanlar Tanrı'dan çok gitgide, başka insanları kendi manevi yaşamlarının odağı yapıyorlardı. Orta Çağ Meryem ve aziz kültleri insan İsa'ya gösterilen düşkünlükle birlikte güçlendi. Kutsal emanetler ve kutsal yerlere duyulan ilgi de Batılı Hristiyanları zorunlu olan tek şeyden ayırıyordu. İnsanlar Tanrı'dan başka her şey üstünde yoğunlaşır gibiydi.

Batı ruhunun karanlık tarafı Rönesans zamanında bile kendisini gösteriyordu. Rönesans filozof ve hümanistleri Orta Çağ sofuluğu konusunda fazlasıyla eleştireldiler. Skolastiğe karşı yoğun hoşnutsuzlukları vardı, onun muğlak kurgularının Tanrı'yı o kadar yabancılaştırdığını ve sıkıcı kıldığını hissediyorlardı. Bunun yerine inancın köklerine özellikle Aziz Augustinus'a dönmek istiyorlardı. Orta Çağ'dakiler Augustinus'a teolog olarak saygı duymuşlardı oysa hümanistler itirafları yeniden keşfettiler ve onu kişisel arayış peşinde olan içimizden biri diye algıladılar. Hristiyanlık onlara göre bir öğretiler toplamı değil, bir deneyimdi. Lorenzo Valla (1405-59) kutsal dogma ile "diyalektik oyunları"nı ve "metafizik kaçamakları" karıştırmayı değersiz görüyordu.[429] Bu "değersizlik"ler Aziz Pavlus'un kendisince de mahkûm edilmişti. Francesco Petrarch, (1304-74) "Kuram gerçekte şiirdir, Tanrı'yla ilgilenen şiir," önermesini dile getirmişti; herhangi bir şeyi kanıtladığı için değil, yüreğe işlediği

429 *Enconium Sancti Tomae Aquinatis*, William J. Bouwsme, The Spirituality of Renaissance Humanism', Raitt, Christian Spiritulaity, s. 244.

için etkiliydi.[430] Hümanistler insanlığın onurunu yeniden keşfetmişlerdi fakat bu onların Tanrı'yı reddetmelerine yol açmıyordu: Bunun yerine, çağlarının yaşayan insanları olarak, insan olmuş olan Tanrı'nın insanlığını vurguluyorlardı. Ama eski belirsizlikler ortadaydı. Rönesans insanları bilgimizin kırılganlığının çok iyi farkındaydılar ve Augustinus'un akut günah duygusunu da sevgiyle anlıyorlardı. Petrarca'nın dediği gibi:

> Kaç kez kendi sefaletim ve ölümüm üstüne düşündüm; nasıl gözyaşı selleriyle ağlamadan konuşabilmek için lekelerimi yıkamaya çalıştım ama şu ana kadar hepsi boş çıktı. Tanrı gerçekten de en iyisidir, ben en kötüsüyüm.[431]

Yani Tanrı ile insan arasında derin bir mesafe vardı: Coluccio Salutati (1331-1406) ve Leonardo Bruni (1369-1444), ikisi de Tanrı'nın tamamıyla aşkın olduğunu ve insan zihni için ulaşılmaz olduğunu görüyorlardı.

Ama Alman filozof ve din adamı Nicolaus Cusanus (1400-64) bizim Tanrı'yı anlama yeteneğimiz konusunda daha güvenliydi. Yeni bilimlerle aşırı ilgiliydi ve bunların Teslis'in gizemini anlamamıza yardımcı olacağını düşünüyordu. Örneğin saf soyutlamalarla ilgilenen matematik başka disiplinlerde olanaksız olan kesinliği bize verebilirdi. Matematikteki "en çok" ve "en az" açıkça birbirine karşıttı fakat mantıkta özdeş görülebilirdi. Bu "karşıtların birliği" Tanrı düşüncesinde içeriliyordu: "En çok" ideası her şeyi kapsıyor, doğrudan Tanrı'ya işaret eden birlik ve zorunluluk kavramlarını içeriyor. Dahası en çok çizgisi, üçgen, daire veya küre değildir ama

---

430 Kardeşi Gherado'ya mektup 2 Aralık 1348, yay. David Thompson, *Petrarch, a Humanist among Princes: An Ahthology of Petrarch's Letters and Translations from His Works* (New York, 1971), s. 90.

431 Charles Trinkaus, *The Poet as Philosopher Petrarch and the Formation of Renaissance Consciousness* (New Haven, 1979), s. 87.

üçünün bileşimidir: Karşıtların birliği aynı zamanda Teslis'tir. Fakat Nicolaus'un akılcı kanıtlarının dinsel anlamı pek yoktu. Tanrı ideasını mantıklı bir kelime oyununa indirgemiş görünüyordu. Ama "Tanrı'nın, karşıtlar dâhil her şeyi içermesi" düşüncesi,[432] Yunan Ortodoksluğunun bütün doğru teolojinin paradoks içermesi görüşüne yakındı. Nicolaus maneviyat öğretmeni olarak yazarken, Tanrı'ya yaklaşmak istediğinde Hristiyan'ın "her şeyi arkada bırakması" hatta duygu ve mantığın ötesine geçerek "anlağını aşması" gerektiğinin bilincindeydi. Tanrı'nın yüzü "gizli ve mistik sessizlikte" örtülüydü.[433]

Rönesansın yeni anlayışı Tanrı gibi mantığın alanı dışında kalan korkulara seslenemezdi. Nicolaus'un ölümünün üstünden çok geçmeden özellikle ahlak bozucu bir fobi, ülkesi Almanya'da patlak verdi ve bütün kuzey Avrupa'ya yayıldı. 1484'te Papa VIII. Innocentius *Summa Desiderantes* kararını yayımlamış ve on altı ve on yedinci yüzyıllarda bütün Avrupa'da zaman zaman çılgınlık nöbetlerine yol açan bunalımı başlatarak hem Katolikleri hem Protestanları aynı derecede etkilemişti. Bu karar Batı ruhunun karanlık yönünü açığa vuruyordu. Bu iğrenç sorgulamalar sırasında binlerce erkek ve kadına şaşırtıcı suçlarını itiraf edene kadar vahşice işkence yapıldı. Cinlerle cinsel ilişkide bulunduklarını, ahlaka aykırı cemaatin Tanrı yerine Şeytan'a tapılan cinsel şölenlerine katılmak için yüzlerce kilometre uçtuklarını söylüyorlardı. Şimdi onların büyücü olmadığını, engizisyoncu okumuşlarla kurbanların çoğu tarafından paylaşılan, hayal ettiklerinin gerçek olduğuna kolayca inanan geniş ortaklaşa hayalin çılgınlığını yansıttıklarını biliyoruz. Bu hayal anti semitizmle ve derin cinsel korkularla bağlantılıydı. Şeytan güçlü ve iyi olması olanaksız Tanrı'nın gölgesi olarak ortaya çıkmıştı. Bu öteki Tanrı dinlerinde olmamıştır. Örneğin, Kur'an, Şeytan'ın Kıyamet Günü'nde affedileceğini açıkça ifade eder. Sufilerden bazıları onun

432 *Of Learned Ignorance*, 1.22.

433 *On Possibility and Being in God*, 17.5.

Tanrı'nın sevgisini O'nu bütün öteki meleklerden daha çok sevdiği için yitirdiğini iddia ederler. Tanrı ona yaratılış gününde Âdem'in önünde eğilmesini emretmiş ama Şeytan yalnız Tanrı'nın önünde eğileceği inancıyla bunu reddetmiştir. Batı'da ise Şeytan baş edilemez kötülük kişisi haline gelmiştir. Gitgide, sürekli cinsel hazza hazır ve koca cinsel organlarla kocaman bir hayvan olarak resmedilmeye başlamıştır. Norman Cohn'un Avrupa'nın *İçsel Cinleri* adlı kitabında öne sürdüğü gibi Şeytan'ın bu portresi yalnızca gömülmüş korku veya endişenin yansıması değildir. Cadı çılgınlığı bilinçaltında fakat baskıcı din ve amansız Tanrı'ya karşı zorunlu bir başkaldırıyı da temsil etmektedir. İşkence odalarında engizisyoncular ve "cadı"lar birlikte Hristiyanlığın tersyüz edildiği bir hayal yaratmışlardır. Kara Ayin, çok katı ve ulaşması korkutucu Tanrı yerine Şeytan'a tapılan ürkünç fakat aynı biçimde de tatmin edici bir tören haline gelmiştir.[434]

Martin Luther (1483-1546) büyücülüğe katı biçimde inanmaktaydı ve Hristiyan dünyasını Şeytan'la savaş içinde görüyordu. Reformasyon, reformcuların çoğu yeni bir Tanrı kavramı getirmedilerse de bu endişeye verilen bir cevap olarak görülebilir. Elbette on altıncı yüzyılda Avrupa'da yaşanan geniş dinsel değişimi "Reformasyon" adı altında toplamak basitleştirme olacaktır. Bu terim gerçekte olduğundan daha fazla tasarlanmış ve birlik içindeki bir hareketi varsayar. Farklı reformcular, Katolik veya Protestan, güçlü biçimde hissedilen ama bütünüyle kavramlaştırılmamış veya bilince çıkarılmamış yeni bir dinsel bilinç arayışı içindeydiler. "Reformasyon"un gerçekten neden olduğunu bilmiyoruz: Bugün bilim adamları bizi eski metinlerin açıklamaları konusunda uyarıyorlar. Değişim genellikle öne sürüldüğü gibi yalnızca Kilise'nin çürümesinden veya dinsel heyecanın dinmesinden kaynaklanmıyordu. Gerçekte Avrupa'da insanları daha önce olağan buldukları dinsel istismarları eleştirmeye yönelten bir heyecan görülüyordu. Reformcuların fikirleri Orta Çağ'ın

---

434 Norman Cohn, *Europe's Inner Demons* (Londra, 1976).

Katolik teolojilerinden kaynaklanıyordu. Ulusçuluğun yükselmesiyle Alman ve İsviçre şehirlerinin güçlenmesi on altıncı yüzyılda laiklerin yeni bir dinsel anlayış ve teolojik bilinç geliştirmelerine katkıda bulunmuştu. Ayrıca Avrupa'da gelişen bireycilik anlayışı vardı ve bu anlayış daima geçerli dinsel tutumlarda köktenci bir değişim içeriyordu. İnançlarını dışsal, ortaklaşa biçimlerde ifade etmek yerine, Avrupalılar dinlerinin içsel sonuçlarını daha fazla keşfetmeye başlıyorlardı. Bütün bu etkenler Batı'yı modernliğe taşıyan acılı ve genellikle şiddetli değişime katkıda bulunmuştu.

Luther dinsel değişimini yaşamadan önce nefret etmeye başladığı Tanrı'yı hoşnut etme umudunu nerdeyse yitirmek üzereydi:

> Keşiş olarak kusursuz bir yaşam sürmeme karşın, Tanrı katında vicdanı temiz olmayan bir günahkâr olduğumu hissediyordum. Yaptıklarımla O'nu hoşnut ettiğime de inanamıyordum. Günahkârları cezalandıran adil Tanrı'yı sevmekten çok, gerçekten de O'ndan nefret ediyordum. İyi bir keşiştim, mezhebime katı biçimde bağlıydım öyle ki manastır disipliniyle cennete gidecek bir keşiş varsa o bendim. Manastırdaki bütün arkadaşlarım bunu doğrular... Ama vicdanım bana güven vermiyordu, daima kuşku, içindeydim ve "İyi yapmadın. Yeterince tövbe etmedin. İtirafında bunu ifade etmedin," diyordum.[435]

Bugün, ister Katolik ister Protestan olsun birçok Hristiyan Reformasyon'un bütünüyle ortadan kaldıramadığı bu sendromu tanır. Luther'in Tanrısı gazabıyla tanınıyordu. Hiçbir aziz, peygamber veya mezmur yazarı onun öfkesinden kurtulamıyordu. İnsanın "elinden gelenin en iyisi"ni yapmasının bir yararı yoktu. Tanrı ezeli ve muktedirdi, "O'nun kendinden hoşnut günahkârlara karşı öfkesi veya

---

435 Alister E. Mc Grath, *Reformation Thought, An Introduction* (Oxford ve New York, 1988), s. 73.

gazabı da ölçüsüz ve ezeliydi."[436] Onun iradesi keşfedilemezdi. Tanrı Yasası'na uymak veya dinsel kurallar bizi kurtaramazdı. Gerçekten de Yasa yalnızca suçlama ve korku getirirdi çünkü ancak bizim yetersizliğimizin boyutunu ortaya koyuyordu. Umut mesajı vermek yerine, Yasa, "Tanrı'nın gazabını, günah ve ölümü ve Tanrı nezdinde lanetlemeyi," gösteriyordu.[437]

Luther'in kişisel kopuşu kendi kefaret öğretisini dile getirdiği zaman oldu. İnsan kendini kurtaramazdı. Tanrı onun "affedilmesi" için zorunlu olanları, Tanrı ile günahkâr arasındaki durumun düzelmesini sağlardı. Tanrı etkin, insanlar ise edilgindi. Bizim "iyi işlerimiz" ve Yasa'ya uymamız bizim temize çıkmamızda neden değil, yalnızca sonuçtu. Yalnızca Tanrı bizi kolladığı için dinin emirlerine uyma yeteneği gösterebilirdik. Aziz Pavlus'un "inançla mazur" sözüyle anlatmak istediği de buydu. Luther'in kuramında yeni bir yön yoktu: On dördüncü yüzyıl başlarından beri Avrupa'da bilinmekteydi. Ama Luther bunu kavrayıp kendisine mal edince endişelerinin sona erdiğini hissetti. Vahiyden, "Benim kendimi doğduğum gibi hissetmemi ve cennetin açık kapılarından içeri girmemi sağla," sonucu çıkıyordu.[438]

Ama Luther insanın yapısı konusunda çok kötümserdi. 1520 yılına gelindiğinde kuramına Haç Teolojisi adını verdi. Bu adı, Korint'te dine girenlere İsa'nın haçının "Tanrı'nın akılsız işinin insanlarınkinden daha hikmetli ve Tanrı'nın zayıf işinin, insanlarınkinden daha kudretli" olduğunu gösterdiğini söyleyen Aziz Pavlus'tan almıştı.[439] Tanrı günahkârları mazur görüyordu çünkü saf insan ölçüleriyle onlar ancak cezaya değer görülebilirlerdi. Tanrı'nın kuvveti insanların gözünde zayıflık olarak görünen biçimde açığa

436 *Commentary on Psalm* 90.3.

437 *Commentary on Galatians* 3.19.

438 McGralh, *Reformation Thought*, s. 74.

439 I Korintlilere 1.25.

çıkıyordu. Luria Kabbalacılarına Tanrı'nın ancak neşe ve sükunet olan yerde bulunduğunu öğretirken, Luther, "Tanrı ancak acı ve haçta bulunabilir," diyordu.[440] Bu tutumundan skolastisizme karşı polemik geliştirdi; insan aklını sergileyen ve "Tanrı'nın görünmeyen işlerine görülebilirmiş gibi bakan" yanlış teologla, "acı ve haç aracılığıyla Tanrı'nın görülebilen işlerini gören ve tecellilerini kavrayan" doğru teolog ayrımını getirdi.[441] Teslis ve Diriliş öğretileri Kilise Babalarının dile getirdiği biçimiyle kuşkulu görünüyordu; karmaşıklıkları "izzet teolojisi"nin yanlışlığını düşündürüyordu.[442] Fakat Luther İznik, Efes ve Kalkedon ortodoksluğuna sadık kaldı. Gerçekten de onun kefaret kuramı İsa'nın ve Teslis kişiliklerinin tanrısallığına dayanmaktaydı. Tanrı'ya ilişkin bu geleneksel öğretiler Hristiyan deneyiminde Luther ve Calvin için de sorgulanamayacak kadar derinde kök salmıştı fakat Luther yanlış teologların karmaşık dile getirişlerini reddediyordu. Karmaşık "Hıristoloji" kuramlarıyla karşılaştığında, "Benim için ne fark eder?" diye soruyordu: Onun bilmesi gereken tek şey, kurtarıcısının İsa olduğuydu.[443]

Luther Tanrı'nın varlığını kanıtlamanın olanaklılığından bile kuşkuluydu. Thomas Aquinas gibi mantık çıkarımlarıyla kanıtlanabilen tek "Tanrı", pagan filozofların tanrısıydı. Luther bizim "inanç"la mazur olduğumuzu iddia ederken, Tanrı hakkında doğru düşüncelerin benimsenmesini anlatmak istemiyordu. "İnancın bilgiye, bilime ve kesinliğe gereksinimi yoktur," diye vaaz ediyordu ayinlerinden birinde: "O'nun hissedilmeyen, denenmeyen ve bilinmeyen iyiliğine serbestçe ve neşeyle teslimiyet yeter."[444] İnanç sorununda Pascal ve Kierkegaard'ın çözümlerine öncülük yapmıştı. İnanç, aki-

---

440 *Heidelberg Disputation*, 21.

441 A.g.e., s. 19-20.

442 A.g.e.

443 Jaroslav Pelikan, *The Christian Tradition, A History of the Development of Dogma*, 5 c., IV., *Reformation of Church and Dogma* (Chicago ve Londra, 1984), s.156.

444 *Commentary on Galatians* 2.16.

denin önermelerini kabul etmek anlamına gelmiyordu ve ortodoks düşüncelere "inanmak" değildi. Gerçekte inanç, karanlıkta, güven duyarak bir gerçekliğe doğru sıçramaktı. "Bir tür, hiçbir şeyi göremeyen bilgi ve karanlıkla![445] Tanrı'nın, yapısı hakkında kurgusal tartışmaları kesinlikle yasakladığında ısrarlıydı. O'na yalnızca akıl yoluyla ulaşmaya çalışmak tehlikeli olabilir ve yalnızca Tanrı'nın mahkûm edilen günahkârları baştan çıkaran gücü, bilgeliği ve adaleti keşfedilebileceğinden, umutsuzluğa götürürdü. Tanrı hakkında akılcı tartışmalara girmek yerine, Hristiyan kutsal yazıların vahyedilen hakikatlerine sahip çıkmalı ve kendinin kılmalıdır. Luther, *Küçük İlmihal*'inde yazdığı akidede bunun nasıl yapılabileceğini gösterdi:

> Baba ve ezeliyet tarafından doğurulan İsa'nın ve aynı zamanda Bakire Meryem tarafından doğurulan insanın, benim Rabbim olduğuna inanıyorum. Beni, yitmiş ve mahkûm olmuş yaratığı kurtardı, bütün günahlardan, ölümden ve şeytanın gücünden, gümüş ve altınla değil kutsal ve değerli kanıyla, saf acılarıyla ve ölümüyle çıkardı; onun olayını, onun egemenliğinde ve krallığında yaşıyayım, ölüler arasından kalkıp bütün ezeliyete hükmediyormuş gibi sonsuz doğruluk ve kutsamayla ona hizmet edeyim diye.[446]

Luther klasik teoloji öğrenimi görmüştü fakat inancın daha basit biçimlerine döndü ve on dördüncü yüzyılın korkularını yatıştıramayan kuru teolojisine tepki gösterdi. Ama kendisi de örneğin nasıl gerçekten mazur görüleceğimizi açıklamaya çalışırken, anlaşılması güç bir hale gelir. Augustinus, Luther'in kahramanı, günahkâra ihsan edilen doğruluğun ona ait olmayıp Tanrı'ya ait olduğunu savunmuştu. Luther bunu kurnazca tevil etti. Augustinus kutsal

---

445 *Ethical Orations* 5.

446 *Small Catechism* 2.4, Pelikan, *Reformation of Church*, s. 161.

doğruluğun bizim parçamız haline geldiğini söylüyordu; Luther onun günahkârın dışında kaldığında ama Tanrı'nın sanki bize aitmiş gibi yaptığında ısrar etti. İronik olarak, Reformasyon daha büyük öğreti karışıklıklarına ve yerini almak istedikleri öğretilerin bazıları kadar inceltilmiş ve işlenmiş öğretileri bayrak edinen çeşitli mezheplerin ortaya çıkmasına yol açmıştı.

Luther kefaret öğretisini dile getirdiğinde yeniden doğmuş gibi olduğunu iddia eder ama bütün endişeleri yatışmış görünmemektedir. Öfkeli, fırtınalı, sert biri olmaya devam etmiştir. Bütün ana dinsel gelenekler, tinsel olan herhangi bir şeyi sınamanın, bunun günlük yaşamla bütünleşmesinin derecesinde olduğunu iddia ederler. Buda'nın dediği gibi, aydınlanmadan sonra insan "pazar yerine dönebilmeli" ve bütün canlılara sevgi gösterebilmelidir. Huzur, sükûnet ve merhamet duyguları gerçek dinsel anlayışın göstergeleridir. Luther ise kudurmuş bir anti semitist, kadın düşmanıdır, cinselliğe karşı korku ve nefret doludur ve asi bütün köylülerin öldürülmesi gerektiğine inanmaktadır. Öfke dolu Tanrı anlayışı onu kişisel öfkeyle doldurmuştur ve kavgacı karakterinin Reformasyon'a zararlı olduğu ileri sürülmüştür. Reformcu kariyerinin başlangıcında düşünceleri ortodoks Katoliklerce de tutulmuştu ve Kilise'ye yeni bir canlılık getireceği düşünülüyordu ama Luther'in saldırgan taktikleri onların gereksiz kuşkulara kapılmasına neden oldu.[447]

Luther, uzun vadeli bakıldığında, John Calvin (1509-64) kadar önemli değildi. Calvin'in İsviçre reformasyonu Rönesans ülkülerine Luther'den daha fazla bağlıydı ve Batı etiğinde daha geniş etkisi oldu. On altıncı yüzyılın sonuna gelindiğinde, "Calvinizm" uluslararası bir din olarak meydana çıkmıştı ve iyi veya kötü yöne, toplumu dönüştürüp insanlara istediklerini elde edebileceklerine inanma esini vermişti. Kalvinci düşünceler İngiltere'de Oliver Cromwell'in 1645 Püriten Devrimi'nin, 1620'lerde Yeni İngiltere kolonistlerinin esini

447 Alastair E. McGrath, *A Life of John Calvin, A Study in the Shaping of Westen Church* (Oxford, 1990), s. 7.

oldu. Luther'in görüşleri kendisi öldükten sonra temelde Almanya'yla sınırlı kaldı, oysa Kalvin'in görüşleri daha da geliştirildi. Öğrencileri geliştirdikleri düşüncelerle ikinci bir Reformasyon dalgası yarattılar. Tarihçi Hugh Trevor Roper'ın gösterdiği gibi, Kalvincilikten, Roma Katolikliğinden daha kolay vazgeçilmektedir, "Bir kez Katolik olan hep Katolik kalır," sözünde olduğu gibi. Fakat Kalvincilik kendi etkisini yaratmaktadır: Terk edildiğinde laik biçimlerde ifade edilebilmektedir.[448] Bu durum özellikle Amerika Birleşik Devletleri'nde görülür. Artık Tanrı'ya inanmayan birçok Amerikalı Püriten çalışma etiğine ve kendilerini bayrak ve ülküleri yarı tanrısal "seçilmiş ulus" görerek Kalvinci seçim kavramına bağlanmaktadır. Önde gelen dinlerin bir anlamda uygarlığın ve daha özelde şehrin ürünü olduğunu görmüştük. Zengin tüccar sınıfı eski pagan düzende yükselmeye başladıklarında ve kendi kaderlerini kendi ellerine almak istediklerinde gelişmişlerdir. Calvin'in Hristiyanlık anlayışı özellikle Avrupa'nın yeni gelişen şehirlerinde baskıcı hiyerarşinin prangalarını kırmak isteyen burjuvaziye çekici gelmiştir.

Daha eski İsviçreli teolog Huldreich Zwingli (1485-1531) gibi Calvin de dogmayla özellikle ilgili değildir: Onun yoğunlaşma alanı dinin toplumsal, siyasal ve ekonomik yönleridir. Daha yalın, kutsal yazılara uygun bir inanç istemekte fakat kullandığı dilin Kitab-ı Mukaddes dışı kökenlerine karşın Teslis öğretisine bağlılığını da sürdürmektedir. *Hristiyan Dininin Kurumları* adlı kitabında yazdığı gibi, Tanrı tek olduğunu açıklamıştır ama, "Bizim önümüze açıkça üç kişide bulunan varlığıyla çıkmıştır."[449] 1553'te İspanyol teolog Miguel Serveto'yu Teslis'i inkâr ettiği için idam ettirmiştir. Serveto, Katolik İspanya'dan kaçıp Calvin'in Cenevresi'ne sığınmış ve hiçbir zaman bu olağandışı öğretiyi duymamış olan havarilerin ve ilk Kilise Babalarının inancına döndüğü iddiasında bulunmuştur. Biraz da

448 McGrath, a.g.e., s. 251.

449 *Institutes of the Christian Church*, I, xiii, 2.

haklı olarak Serveto Yeni Ahit'te Yahudi kutsal metinlerindeki tektanrıcılıkla çelişen bir yön olmadığını ileri sürmüştür. Teslis öğretisi insan işidir ve "insanların zihnini gerçek İsa bilgisine yabancılaştırmış, bize üçlü bir Tanrı sunmuştur."[450] Serveto'nun inançları iki İtalyan Reformist Giorgio Blandrata (1515-1590) ve Faustus Socinus (1539-1604) tarafından paylaşılıyordu ve onlar da Cenevre'ye kaçmış fakat teolojilerinin İsviçre reformasyonu için çok köktenci kaçtığını anlamışlardır; geleneksel Batı kefaret görüşüne bile bağlı değillerdir. İnsanların İsa'nın ölümüyle değil sadece kendi "inanç"ları veya Tanrı'ya güvenleriyle affedildiğine inanmaktadırlar. Socinus Kurtarıcı İsa kitabında İznik'in ortodoks sayılan görüşüne karşı çıkmıştır: "Baba Oğul" terimi İsa'nın tanrısal yapısıyla ilgili değildir yalnızca onun Tanrı tarafından sevildiğini anlatmaktadır. Bizim günahlarımızın kefareti olarak değil, yalnızca "kurtuluşun yolunu öğretip gösteren" öğretmen olduğu için ölmüştür. Teslis öğretisine gelince, bu sadece "canavarlık", "akla zarar" bir hayali görüştür ve inananları özellikle üç ayrı Tanrı'ya inanmaya sevk etmektedir.[451] Serveto'nun idamından sonra Blandrata ve Socinus Polonya ve Transilvanya'ya kaçtılar, "üniteryen" dinlerini de beraberlerinde götürdüler.

Zwingli ve Calvin'in Tanrı hakkında daha gelenekçi görüşleri vardır ve Luther gibi mutlak egemenliği vurgulamışlardır. Bu basit entelektüel bir inanış değil yoğun kişisel deneyimlerin sonucudur. Ağustos 1519'da, Zürih'te vaizliğe başladıktan kısa süre sonra Zwingli, şehrin nerdeyse yüzde yirmi beşini götüren veba hastalığıyla karşılaştı. Kendisini tamamıyla umutsuz görüyordu, onu kurtaracak hiçbir şey yoktu. Aklına azizlere dua etmek veya Kilise'den aracılık etmesini istemek gelmiyordu. Bunun yerine kendisini Tanrı'nın merhametine bıraktı. Şu kısa duayı söyledi:

---

450 Pelikan, *Reformation of Church*, s. 327.

451 Zinzendorf, a.g.e., s. 326.

Nasıl istersen yap
Çünkü hiçbir şeye gereksinmem yok.
Ben senin aracınım
İster yık ister onar.[452]

Teslim oluşu İslam ülküsüne çok yakındı: Yahudi ve Müslümanların kıyaslanabilecek aşamalarında olduğu gibi, Batılı Hristiyanlar artık aracılar istemiyorlar, Tanrı önündeki ayrılmaz sorumluluklarının bilincine varmaya başlıyorlardı. Calvin de reformcu dinini Tanrı'nın mutlak yönetimine dayandırmıştı. Bize nasıl inanç değiştirdiğini tamamıyla açıklamaz. *Commentry on the Psalms* (Mezmurlar Üstüne) adlı risalesinde bunun tamamıyla Tanrı'nın işi olduğunu söyler. Kurumsal Kilise ve "papalığın batıl inançları"yla büyülenmişti. Ondan kurtulmayı ne istiyordu ne de gücü vardı; Tanrı'nın eylemiyle bu değişim gerçekleşmişti: "Sonunda Tanrı yolumu inayetinin gizli gemleriyle farklı yola çevirdi... Yıllarca inat etmiş zihnimi terbiye edip aniden yumuşattı."[453] Tek idareci Tanrı'ydı ve Calvin mutlak anlamda iktidarsızdı fakat gene de kendi başarısızlık ve yetersizlik duygusuyla özel bir misyon için seçilmiş olduğunu hissediyordu.

Köktenci inanç değişimi Augustinus zamanından beri Batı Hristiyanlığında karakteristiktir. Protestanlık da geçmişle ani kopuş ve şiddetli ayrılış geleneğini sürdürmüştür. Amerikalı filozof William James buna "hasta ruhlar" için "ikiz doğum" adını verir.[454] Hristiyanlar yeni bir Tanrı inancıyla yeniden doğuyorlardı ve kendileri ile tanrısallık arasına giren Orta Çağ kilisesinin aracılığını reddediyorlardı. Calvin insanların azizleri endişeleri nedeniyle saygın gördüğünü, O'na en yakın kulakları kazanmakla, öfkeli Tanrı'yı yatıştırmaya çalıştıklarını söylüyordu. Gene de kült ve azizlerin reddinde, Protes-

452 McGrath, *Reformation Thought*, s. 87.

453 McGrath, *A Life of Calvin*, s. 90.

454 William James, *The Varieties of Religous Experience*, yay. Martine E. Mrry (New York ve Harmondsworth), 1982, s. 127-85.

tanlar da genellikle benzer bir endişe taşıyorlardı. Azizlerin etkisiz olduğu haberlerini duyduklarında, yoğun tepki içinde patlayacak uzlaşmaz bir Tanrı'nın korku ve düşmanlığını hissediyorlardı. İngiliz Hümanist Thomas Moore aziz tapımının putperestliğine karşı tartışmaların birçoğunda kişisel bir nefret yakalıyordu.[455] Bu durum heykel yıkıcılığın şiddetinde ortaya çıkıyordu. Birçok Protestan ve Püriten, Eski Ahit gravürlerinin mahkûm edilmesini o kadar ciddiye aldı ki azizlerin ve Bakire Meryem'in heykellerini yıkıp katedral ve kiliselerde fresklerin üstüne alçı attı. Bu çılgın fanatiklik, onların, bu huzursuz ve kıskanç Tanrı'yı kızdırmaktan, dua edip aracılıklarını istedikleri azizler kadar korktuklarını gösterir. Yalnızca Tanrı'ya tapınma heyecanının sakin bir inançtan kaynaklanmayıp antik İsraillilerin Aşerah'ın sütunlarını yıktıkları ve komşularının tanrılarına hakaretler yağdırdıkları gibi heyecanlı bir inkârdan kaynaklandığını da göstermektedir.

Calvin genellikle kadere inancıyla anımsanır fakat gerçekte düşüncesinin odağı bu değildir; Calvin'in ölümüne kadar da Kalvincilik için böyle olmamıştır. Tanrı'nın her yerde hazır ve nazır gücünü insanın serbest iradesiyle uzlaştırmak insanbiçimli Tanrı kavramından kaynaklanır. Müslümanların dokuzuncu yüzyılda bu zorlukla karşılaştıklarını ve akılcı veya mantıklı bir çıkış bulamadıklarını, Tanrı'nın gizem ve anlaşılmazlığını vurguladıklarını görmüştük. Bu sorun Yunanlı Ortodoks Hristiyanları hiçbir zaman sıkıntıya sokmamıştır; onlar paradoksu tanıyıp ışık ve esinin kaynağı olarak kabul etmişledir. Ama daha kişilik sahibi bir Tanrı görüşünün geçerli olduğu Batı'da bu sorun kavga konusu olmuştur. İnsanlar, insanmış, bizim gibi zorunlulukları varmış ve sözcük anlamıyla, dünyevi bir yöneticiye benzer biçimde dünyayı yönetiyormuş gibi "Tanrı'nın iradesi" konusunda konuşmaya çalışmışlardır. Buna karşın Katolik Kilisesi, Tanrı'nın lanetliler için ezeli cehennemi yazdığı düşüncesini

455 John Bossy, *Christianity in the West* 1400-1700 (Oxford ve New York, 1985), s. 96.

mahkûm etmiştir. Örneğin, Augustinus "kaderi çizme" terimini, Tanrı'nın seçilmişleri kurtarma kararı olarak anlamış fakat düşüncesinin mantıklı sonucu bu olmasına karşın, yitik ruhların cehenneme gideceği düşüncesini reddetmiştir. Calvin, *Institutes* (Kurumlar) adlı yapıtında irade konusuna çok az yer vermiştir. Kendimiz için bakındığımızda, Tanrı'nın gerçekten bazı insanlara ötekilere bakarak daha iyi davrandığını düşünürüz diye itiraf eder. Neden İncil bazılarına seslenirken bazıları ona kayıtsız kalır? Tanrı keyfi veya adaletsiz biçimde mi davranmaktadır? Calvin bunu reddeder: Görünürde bazılarının seçilmesi ve bazılarının reddedilmesi Tanrı'nın gizeminin bir işaretidir.[456] Tanrı'nın sevgi ve adaletinin kavranılmaz olduğunu gösteren bu sorunun akılcı bir çözümü yoktur. Bu durum Calvin'i sıkmaz çünkü dogmayla ilgilenmemektedir.

Ölümünden sonra ise, "Kalvinci"ler kendilerini bir yandan Luthercilerden bir yandan Roma Katoliklerinden ayırt etme gereği duydular ve Calvin'in Cenevre'deki sağ kolu olan ve ölümünden sonra önderliğe geçen Theodore Beza (1519-1605), kaderi Kalvinciliğin ayırt edici özelliği yaptı. Paradoksu amansız bir mantıkla çözdü. Tanrı'nın her şeye gücü yettiğine göre, insanın kendi kurtuluşuna katkıda bulunması söz konusu olamazdı. Tanrı değişmezdi, O'nun kararları adil ve ezeliydi. Böylece daha ezelden bazı kişileri kurtarmayı ama bazıları için ezeli laneti kararlaştırmıştı. Bazı Kalvinciler bu çirkin görünen öğretiyi korkuyla reddettiler. Benelüks ülkelerinde Jakob Arminius bunun kötü teoloji örneği olduğunu, Tanrı'dan insan gibi söz ettiğini ileri sürdü. Ama Kalvinciler Tanrı'nın başka görüngüler gibi nesnel olarak tartışılabileceğine inanıyorlardı. Öteki Protestan ve Katolikler gibi yeni bir Aristotelesçilik geliştiriyor ve mantık ile metafiziğin önemini vurguluyorlardı. Ama bu St. Thomas Aquinas'ın Aristotelesçiliğinden farklıydı çünkü yeni teologlar onun akılcı yöntemiyle ilgilendikleri kadar düşüncelerinin içeriğiyle

456 McGrath, *A Life of Calvin*, s. 209-245.

ilgilenmiyorlardı. Hristiyanlığı uyumlu ve akılcı bir sistem olarak bilinen önermelerden çıkan tasımlara dayalı bir din olarak görmek istiyorlardı. Bu elbetteki derin bir ironiydi çünkü Reformcular Tanrı hakkındaki bu tür akılcı tartışmaları reddediyorlardı. Son dönem Kalvinci kader teolojisi Tanrı'nın gizem ve paradoksunun artık şiir olarak görülmeyip uyumlu fakat korkutucu bir mantıkla yorumlandığında neler olabileceğini göstermişti. Kitab-ı Mukaddes bir kez simgesel olarak değil sözcük anlamıyla yorumlandı mı, onun Tanrı düşüncesi imkânsızlaşıyordu. Sözcük anlamıyla her şeyden sorumlu bir Tanrı tasarlamak olanaksız çelişkiler içerir. Kitab-ı Mukaddes'in "Tanrı"sı aşkın gerçekliğin simgesi olmak yerine, acımasız ve despot bir tiran oluyor. Kader öğretisi böyle kişileştirilmiş Tanrı'nın sınırlarını da gösteriyor.

Püritenler dinsel deneyimlerini Calvin üstüne kurup açıkça bir mücadele Tanrısı oluşturdular: Onlara mutluluk veya sevgi aşılamış görünmüyordu. Günlük ve otobiyografileri kaderciliği takıntı ve kurtulamadıkları bir korku haline getirdiklerini gösteriyor. Dinsel değişim artık uğraş alanları olmuştu ve bu "günahkâr"la ruhsal kılavuzunun onun ruhu için "kavga" verdikleri şiddet ve acı dolu bir dramaydı. Tövbekâr sık sık küçük düşüyor veya Tanrı'ya tamamıyla bağımlı olduğunu anlayıp Tanrı'nın rahmetinden gerçekten umutsuzluğa düşüyordu. Genellikle psikolojik bir abreaksiyon gösteren değişim aşırı terk edilmişlik duygusundan mutluluğa sağlıksız bir geçişti. Cehennem ve lanetlenme üstündeki aşırı vurgu bir arada klinik depresyonlara götüren aşırı kendine dönük dikkat getirir: İntihar geçerli görünür. Püritenler bunu, yaşamlarında varlığı Tanrı kadar güçlü görünen Şeytan'a bağlarlar.[457] Püritenizmin olumlu bir boyutu da vardır: İnsanlara o zamana kadar kölelik olarak görünen ama artık "çağrı" olarak anlaşılan işlerinden onur duyma duygusunu

---

457 R.C. Lovelace, 'Puritan Spirituality: the Search for a Rightly Reformed Church', yay. Louis Dupre ve Don. E. Saliers, *Christian Spirituality: Post Information and Modern* (NewYork ve Londra, 1989), s. 313.

vermiştir. Onların çok yakındaki kıyamet maneviyatı bazılarına Yeni İngiltere'yi sömürgeleştirme gücü vermişti. Ama en kötüsü, Püriten Tanrı'nın endişe ve seçkinleri arasında olmayanlar için katı bir hoşgörüsüzlük esinlemesidir.

Katolik ve Protestanların Tanrı kavram ve deneyimleri birbirlerininkine çok fazla benzemekte ama artık birbirlerini düşman olarak görmektedirler. Trento Konsili'nden sonra (1545-63) Katolik teologlar da Tanrı araştırmalarını doğa bilimine indirgeyen yeni Aristotelesçi teolojiye bağlandılar. İsa Derneği'nin kurucusu olan Ignatius Loyola (1491-1556) gibi reformcular, dolaysız Tanrı deneyimi konusunda Protestan vurgusunu ve vahyi sahiplenerek insanın onu yalnızca kendisinin kılması gereğini benimser. İlk Cizvitleri için yayınladığı *Spiritual Exercises* (Ruhsal Çalışmalar), ruhsal değişim yaratmak amacını taşır; bu değişim fazlasıyla mutluluk dolu olduğu kadar acılı ve yıkıcı bir deneyim de olacaktır. Kendini inceleme ve kişisel karar üstünde duran, bir yönlendirici gözetiminde otuz gün tek başına kalma deneyimi Püriten tinselliğine çok uzak değildir. Çalışmalar mistisizme giden fazlasıyla katı ve etkin bir yolu gösterir. Mistikler bugün psikoanalistler tarafından kullanılan benzer disiplinleri, sık sık geliştirmişlerdir dolayısıyla bugün çalışmaların hem Katolikler hem de Anglikanlar tarafından alternatif bir terapi olarak kullanıldığını görmek ilginçtir.

Ignatius yanlış mistisizmin tehlikelerinin fazlasıyla bilincindeydi. Luria gibi o da sükûnet ve neşenin önemini vurguladı, öğrencilerini, bazı Püritenleri *Rules for the Discernment of Spirits*'in (Ruhların İdraki için Kurallar) sınırını aşma noktasına getiren aşırı tutkuya kapılmaları konusunda uyardı. Çile sırasındaki deneyimde Tanrı'dan gelen ile şeytandan gelebilecek çeşitli duyguları ayırt etti. Tanrı huzur, umut, neşe ve "zihnin yücelmesi" duygusunu verirdi; huzursuzluk, üzüntü, yavanlık ve rahatsızlık ise "kötü ruh"tan geliyordu. Ignatius'un Tanrı hakkındaki kendi duygusu şiddetliydi: Onu neşeden ağlatırdı ve bir keresinde onsuz yaşayamayacağını söylemişti. Ama şiddetli duygu salınımlarına güvenmiyordu ve yeni bir kimlik için çıkılan yolculukta disiplinin gereği üstünde durmuştu. Calvin gibi Hristiyanlığı İsa'yla karşılaşma olarak görüyordu; *Çalışmalar*'da bunu anlatmıştı: Elde edilen amaç "her şeyi Tanrı iyiliğinin ve O'nun yansımalarının yaratığı" olarak gören "Sevgi Sağlayan Tefekkür"dü.[458] Ignatius için dünya Tanrı'yla doluydu. Yücelme süreci için öğrencileri şunları anımsıyorlar:

> En ufak bir şeyin bile onun ruhunu nasıl Tanrı'ya, en ufak şeyde bile En Büyük Olan'a yükselttiğini sık sık görürdük. Bir küçük bitkiyi, yaprağı, çiçeği veya meyvayı, önemsiz bir solucanı veya küçük bir hayvanı gördüğünde Ignatius göklere süzülür ve duyguların ötesinde yer alan şeylere ulaşırdı.[459]

Püritenler gibi Cizvitler de Tanrı'yı dinamik bir kuvvet olarak yaşıyorlardı ve bu kuvvet onları güven ve enerjiyle dolduruyordu. Püritenler Yeni İngiltere'ye yerleşmek için Atlas Okyanusu'nu aşmışken, Cizvit misyonerler dünyayı dolaştılar: Francis Xavier (1506-1552) Hindistan ve Japonya'ya İncil'i öğretti, Matteo Ricci (1552-1610) İncil'i Çin'e ve Robert de Nobili (1577-1656) Hindistan'a taşıdı. Gene Püritenler gibi Cizvitler genellikle heyecanlı bilim adamlarıydı ve ilk bilimsel derneğin Londra Kraliyet Derneği veya Accademia del Cimento değil, Cizvit Derneği olduğu ileri sürülmüştür.

Ama Katolikler de Püritenler kadar bunalım yaşamışlardır. Örneğin Ignatius, kendisini büyük günahkâr olarak görmüştür ve ölümünden sonra gövdesinin kuş ve köpekler tarafından yenmesi için gübre yığını üstüne atılmasını istemiştir. Doktorları onu, ayin sırasında bu kadar acılı ağlamaya devam ederse, gözlerini yitirebile-

458 The Spiritual Exercises 230.

459 Hugo Rahner SJ, *Ignatius the Theologian*, çev. Michael Barry (Londra, 1968), s. 23.

ceği konusunda uyarmışlardır. Çıplak ayaklı Karmelitler tarikatında kadınlar için manastır yaşamını yeniden düzenleyen Avilalı Teresa, kendisi için cehennemde hazırlanan korkunç yerin görümünü görmüştür. Dönemin büyük azizlerinin dünya ve Tanrı'yı uzlaştırılamaz karşıtlar olarak gördükleri anlaşılmaktadır: Kurtulmak için insan dünyayı ve bütün doğal bağlantılarını reddetmek zorundadır. Bekâr ve iyi işler peşinde bir yaşam geçiren Vincent de Paul, Tanrı'ya ana baba sevgisini kaldırması için dua etmiştir; Gezginci Tarikatı kuran Jane Francis de Chantal, manastırına katılmaya giderken, onu engellemek için kendisini ayaklarına atan oğlunun üstünden geçmiştir. Rönesans gök ve yeri uzlaştırmaya çalışırken, Katolik reformasyon onları daha da ayırmaya çalışmıştır. Tanrı, Batı'nın reform geçirmiş Hristiyanlarını etkin ve güçlü yapmış olabilir ama onları mutlu kılmadı. Reformasyon dönemi iki tarafta da büyük korku zamanı oldu: Geçmiş şiddetle reddediliyor, acı mahkûmiyetler ve aforozlar oluyor, sapkınlık ve öğretide çarpıklığa ilişkin terör ve günaha aşırı duyarlılık ve Cehennem takıntısı yaşanıyordu. 1640'ta Hollandalı Katolik Comelius Jansen'in çekişmeli kitabı yayınlandı; yeni Kalvinizm gibi burada da ezeli lanetlemeden dışlanmışlar dışında bütün insanlar için ürkütücü bir Tanrı vaaz ediliyordu. Doğallıkla Kalvinciler kitabı överek, "reformasyon öğretisiyle ve Tanrı'nın izzetinin direnilemez gücüne ilişkin doğru öğretiyi savunduğunu" söylediler.[460]

Avrupa'daki bu yaygın korku ve umutsuzluğu nasıl açıklayabiliriz? Bu dönem aşırı endişe zamanıydı: Bilim ve teknolojiye dayalı yeni bir toplum yapısı ortaya çıkmaya başlamıştı ve kısa süre içinde dünyayı fethedecekti. Ama Tanrı bu korkuları hafifletemez ve örneğin Sefardik Yahudilerin Yitshak Luria'nın mitoslarında bulduğu teselliyi sağlayamaz görünüyordu. Batı Hristiyanları Tanrı'yı daima zorlayıcı bulmuşlardı ve bu dinsel endişeleri hafifletmeyi amaçlayan Reformcular da anlaşılan işleri daha da kötüye vardırmışlardı.

---

460 Pelikan, *The Christian Doctrine and Modern Culture Since 1700* (Chicago ve Londra, 1989), s. 39.

Batı'nın milyonlarca insanı ezeli lanete mahkûm etmiş görünen Tanrısı, Tetullianus veya Augustinus'un daha karanlık dönemlerde öngördüğü katı ilahtan daha da korkunç olmuştu. Mitoloji ve mistisizme dayanan emekle elde edilmiş imgelemci Tanrı kavramının, insanlara trajedi ve huzursuzluğa karşın yaşama gücü vermek için, bu mitosların sözel anlamıyla yorumlandığı Tanrı'dan daha etkin olması mı söz konusu?

Gerçekten de on altıncı yüzyıl sonuna gelindiğinde Avrupa'da çoğu insan dinin ciddi biçimde inanılırlığını yitirmeye başladığını hissediyordu. Katoliklerin Protestanlar ve Protestanların Katolikler tarafından öldürülmesinden iğrenmeye başlamışlardı. Yüzlerce insan bir biçimde kanıtlanması olanaksız görüşleri nedeniyle şehit edilmişti. Kurtuluş için can alıcı önemde görülen öğretileri savunan mezheplerin şaşırtıcı derecede çeşitlenmesi korku yaratıyordu. Artık çok fazla kuramsal seçenek vardı: Dinsel yorum çeşitliliğinden çoğu insan felç olmuş ve huzursuzlanmıştı. İnancın elde edilmesinin her zamankinden zor olduğu hissedilmiş olmalı. Dolayısıyla Batılı Tanrı'nın tarihinde insanların, Tanrı'nın eski düşmanı ve şeytanın bağlaşığı "büyücü"ler kadar çok sayıda "ateist" görmeye başlaması önemli bir dönüm noktası olmalı. Bu "ateist"lerin Tanrı'nın varlığını inkâr ettikleri, mezheplerine yeni insanlar kazandıkları ve toplumun dokusunu göz ardı ettikleri söyleniyordu. Ama sözcüğün bugün kullandığımız anlamıyla tam ifadesini bulmuş bir ateizm olması olanaksızdır. Lucien Febvre'in klasik yapıtı *The Problem of Unbelief in the Sixteenth Century*'de (On Altıncı Yüzyılda İnanmama Sorunu) göstermiş olduğu gibi, Tanrı'nın varlığını tamamıyla inkâr etmek için kavramsal zorluklar o zaman üstesinden gelinemeyecek kadar büyüktü. Doğum ve vaftizden ölüme ve kilise bahçesine gömülmeye kadar din herkesin yaşamına egemendi. Günlük her etkinliğin zamanlaması, inananları ibadete çağıran kilise çanlarıyla yapılıyordu ve dinsel inanç ve kurumlarla iç içe geçmişti: Meslek ve kamu yaşamı üstünde egemendi lonca ve üniversiteler bile dinsel kurumlardı.

Febvre'in işaret ettiği gibi Tanrı ve din o kadar her yere sinmişti ki o aşamada hiç kimse, "Bizim yaşamımız Hristiyanlığın egemenliği altında! Her şey o kadar dinle yönetilip, belirlenip, biçimleniyor ki yaşamlarımızın laik alanı çok küçük," demeyi düşünmüyordu.[461] Dinin yapısı Ve Tanrı'nın varlığı konusunda bu nesnelliği elde edecek olağandışı bir insanın varlığı söz konusu olmuş olsa bile, zamanın felsefe ve bilim yaşamında buna bir destek bulamazdı. Her biri bilimsel doğrulamalara dayalı uyumlu nedenler toplamı söz konusu olana kadar, kimse dinin biçimlendirdiği ve Avrupa'nın ahlaki, duygusal, estetik ve siyasal yaşamına egemen olan Tanrı'nın varlığını inkâr edemezdi. Bu destek olmadan bu inkâr ancak kişisel bir kapris veya ciddi değerlendirmeye alınması gerekmeyen geçici bir dürtü olabilirdi. Febvre'in gösterdiği gibi Fransızca gibi bir halk dili kuşkuculuğa ilişkin sözcük hazinesi veya sentakstan yoksundu. "Mutlak", "göreli", "nedensellik", "kavram" veya "sezgi" sözcükleri henüz dile girmemişti.[462] Dünyada henüz hiçbir toplumun, yaşamın bir gerçekliği olarak görülen dini kaldırmış olmadığını da anımsamalıyız. Avrupa'da on sekizinci yüzyılın sonuna gelene kadar Tanrı'nın varlığını inkâr edecek birkaç kişinin çıkması söz konusu değildi.

Öyleyse insanların birbirlerini "ateizm"le suçlamakla anlatmak istedikleri neydi? Fransız bilim adamı ve aynı zamanda katı bir Fransisken olan Marin Mersenne (1588-1648) yalnız Paris'te elli bin ateist olduğunu fakat bu "ateistlerin" çoğunluğunun Tanrı'ya inandığını ilan ediyordu. Böylece Michel Montaigne'in arkadaşı olan, Pierre Carrin, *Les Trois Verites* adlı kitabında (1589) Katolikliği savunuyordu ama başyapıtı *De La Sagesse*'te aklın zayıflığını vurgulamış ve insanın Tanrı'ya ancak inançla ulaşabileceğini iddia etmişti. Mersenne bunu kabul etmedi ve bunun "ateizm"le aynı olduğunu söyledi. "İnançsız" olduğunu ilan ettiği bir başkası İtalyan akılcı Giordano Bruno'ydu

---

461 Lucien Febvre, *The Problem of Unbelief in the Sixteenth Century, the Religion of Rabelais*, çev. Beatrice Gottlieb (Cambridge Mass. ve Londra, 1982), s. 351.

462 A.g.e., s. 35-56.

(1558-1600). Bruno evrenin ruhu, kaynağı ve hedefi olan bir tür stoacı Tanrı'ya inanıyordu. Marsenne bu iki kişiye de "ateist" diyordu, bunun nedeni onların Üstün Varlığın mevcudiyetini inkâr etmeleri değil, onlarla Tanrı konusunda uyuşmamasıydı. Aynı biçimde pagan Roma İmparatorluğu Yahudi ve Hristiyanları "ateist" saymıştı çünkü onların tanrısallık düşüncesi kendilerinin tanrısallık düşüncesinden farklıydı. On altı ve on yedinci yüzyıllarda "ateist" sözcüğü hâlâ polemik kapsamı içinde yer alıyordu. Gerçekten de on dokuzuncu yüzyıl sonu ve yirminci yüzyıl başında insanların "anarşist" veya "komünist" diye nitelendirilmeleri gibi düşmanlarınıza "ateist" demeniz mümkündü.

Reformasyon'dan sonra insanlar Hristiyanlık konusunda yeni bir endişe duymaya başladılar. "Büyücü" gibi (veya "anarşist" ve "komünist" gibi) "ateist" de gizli bir heyecanın yansımasıydı. İnanç konusundaki saklı bir endişeyi yansıtıyordu ve inananları korkutarak erdem yolunda cesaretlendirmek için bir tür şaşırtma taktiği olarak kullanılıyordu. Anglikan teolog Richard Hooker (1554-1600) *Laws of Ecclesiastical Polity* (Kilise Siyasasının Kuralları) adlı eserinde iki tür ateist olduğunu iddia ediyordu: Tanrı'ya inanmayan küçük bir grup ve Tanrı yokmuş gibi yaşayan çok daha fazla sayıda insan. İnsanlar bu ayrımı gözden kaçırma eğilimindeydiler ve ikincisi, pratik ateizm türü üstünde yoğunlaşıyorlardı. Böylece Thomas Beard'ın *The Theatre of God's Judgments*'ında (Tanrı'nın Yargıları Tiyatrosu) (1597) hayali "ateist" Tanrı'nın inayetini, ruhun ölümsüzlüğünü ve sonraki yaşamı reddetmekte fakat Tanrı'nın varlığını açıkçası, reddetmemektedir. John Wingfield, *Atheism Closed and Open Anatomized* (Ateizmin Açık ve Kapalı Anatomisi) adlı eserinde (1634) "riyakâr ateisttir; başıboş kötü adam açık ateisttir; korkusuz, cüretkâr ve gururlu bozguncu ateisttir: Öğretim veya düzeltilmeyi kabul etmeyen ateisttir," diyordu.[463] Newfoundland'ın sömürgeleştirilmesinde katkısı olan Galyalı

---

463 J.C. Davis, *Fear, Myth and History, the Ranters and the Historians* (Cambridge, [illegible] s. [illegible].

şair William Vaughan (1577-1641) için rantları artıran ve kamuya açık alanları kapatanlar açıkça ateisttirler. İngiliz tiyatrocu Thomas Nashe (1567-1601) hırslı, arzulu, obur, mağrur kişiler ile fahişeleri ateist ilan etmiştir.

"Ateist" sözcüğü hakarettir. Kimse kendisine ateist denmesini istemez. Onurla taşınacak bir nişan değildir. Ama on yedi ve on sekizinci yüzyıllarda Batı'da insanlar öyle bir tutum geliştirdiler ki Tanrı'nın varlığını inkâr etmek yalnız olanaklı değil, arzulanır da oldu. Kendilerine bilimde destek bulabildiler. Ama Reformcuların Tanrısı yeni bilime taraftar görünebilirdi. Tanrı'nın mutlak egemenliğine inandıkları için Luther ve Calvin, Aristoteles'in kendi başına güçleri olan doğa anlayışını reddetmişlerdi. Doğanın, kurtuluşu yalnızca Tanrı'dan armağan olarak bekleyip kendisi için hiçbir şey yapamayan Hristiyan kadar edilgen olduğuna inanıyorlardı. Calvin, görülmez Tanrı'nın kendisini bilinir kıldığı doğal dünyanın üstüne araştırmalar yapılmasını açıkça emretmişti. Bilimle kutsal metinler arasında hiçbir çelişki olamazdı. Tanrı Kitab-ı Mukaddes'te kendisini bizim insani sınırlarımız içine uyarlamıştı; yetenekli bir konuşmacının dinleyicilerinin düşünce ve yeteneklerine göre kendisini ayarlaması gibi. Yaratılışın açıklanması, Calvin'e göre, karmaşık ve gizemli süreçleri, herkesin Tanrı'ya inanması için sıradan insanın zihnine uydurmaya çalışan bebek konuşması örneğiydi.[464] Üstünde sözcük anlamıyla durulacak konu değildi.

Roma Katolik Kilisesi her zaman bu kadar açık fikirli olmamıştı. 1530'da Polonyalı astronom Nikolas Kopernik *De Revolutionibus* (Devinim Üzerine) adlı eserini tamamladı ve güneşin evrenin merkezinde olduğunu iddia etti. Ölümünden kısa süre önce 1543'te yayımlanan kitap Kilise'nin Yasak Kitaplar Listesi'ne alındı. 1613'te Pizalı matematikçi Galileo Galilei icat ettiği teleskopun Kopernik'in sisteminin

464 McGrath, *A Life of Calvin*, s. 131.

doğruluğunu kanıtladığını iddia etti. Davası *cause celebre*[465] oldu. Engizisyona çağrılan Galileo bilimsel kariyerini terk etmeye ve belirsiz süre hapse mahkûm edildi. Bu kararı bütün Katolikler onaylamadılar ama Roma Katolik Kilisesi tutucu atmosferin egemen olduğu bu dönemde bütün öteki kurumlar kadar sezgisel olarak değişime karşıydı. Kiliseyi farklı kılan, muhalefetini dayatma gücü olması ve entellektüel uyuşmayı kabul ettirecek korkunç etkinliğe sahip yavaşça işleyen bir makina olmasıydı. Galileo'nun mahkûm edilmesi, ilk dönemin Marin Mersenne, Rene Descartes ve Blaise Pascal gibi tanınmış birçok bilim adamının Katolik inançlarına bağlı kalmasına karşın, kaçınılmaz olarak Katolik ülkelerdeki bilimsel çalışmaları engelledi. Galileo vakası karmaşıktır ve bütün siyasal karmaşıklığına girmek istemiyorum. Ama bir şey ortaya çıkıyor ve bizim öykümüz için de önemli: Roma Katolik Kilisesi güneş merkezli kuramı Yaratıcı Tanrı inancını tehlikeye düşürdüğü için mahkûm etmedi, nedeni Kutsal Metinler'deki Tanrı sözüyle çelişmesiydi.

Bu durum Galileo davası sırasında birçok Protestanı da rahatsız etmişti. Ne Luther ne de Calvin Kopernik'i mahkûm etti ama Luther'in dostu Philip Melancthon (1497-1560) dünyanın güneşin çevresinde döndüğü düşüncesini reddetti çünkü bu Kitab-ı Mukaddes'in birtakım sayfalarıyla çelişiyordu. Bu yalnızca Protestan bir endişe değildi. Trento Konsili'nden sonra Katolikler kendi metinleri, Aziz Hieronymus'un Kitab-ı Mukaddes'in Latinceye çevirisi *Vulgata* konusunda yeni bir şevk geliştirdiler. İspanyol Engizisyoncu Castrolu Leon'un 1576'daki sözleriyle, "*Vulgata*'nın Latince yayınıyla uyuşmayan hiçbir şey, ister bir dönem, küçük bir sonuç veya tek bir cümle, tek bir sözcük, ifade, hece veya harf olsun, değiştirilemez."[466] Geçmişte, gördüğümüz gibi bazı akılcılar ve mistikler, simgesel yorumla, Kitab-ı

---

465 (Fra.) Ünlenmiş dava, çekişme. [ç. n.]

466 Robert S. Westman, *The Copernicans and the Churches*, yay. David C. Lindberg ve Ronald E. Numbers, *God and Nature; Historical Essays in the Encounters Between Christianity and Science* (Berkeley, Los Angeles ve Londra), 1986, s. 87.

Mukaddes veya Kur'an'ın sözcük anlamı dışına çıkarak kendi yollarından gidebilmişlerdi. Şimdi Protestanlar ve Katolikler inançlarını tamamıyla metinlerin sözcük anlamına bağlıyorlardı. Galileo'nun ve Kopernik'in bilimsel buluşları İsmailileri, Sufileri, Kabbalacıları veya *hesychastlar*'ı rahatsız etmeyebilirdi ama bu yeni sözcük anlamına bağlı Katolikler ve Protestanlara sorun çıkardı. Dünyanın güneşin çevresinde döndüğü kuramı Kitab-ı Mukaddes'teki "Dünya da pekişmiştir, sarsılmaz", "Güneş doğar da ve batar da ve doğduğu yere gider", "Belli vakitler için ayı yarattı, güneş de batacağı yeri bilir,"[467] satırlarıyla nasıl uzlaştırılacaktı? Kilise adamları Gelileo'nun bazı önermelerinden fazlasıyla rahatsız olmuşlardı. Eğer dediği gibi ayda yaşam olabilirse, bu insanlar nasıl Âdem'den gelmiş ve Nuh'un gemisinden çıkmış olabilirlerdi? Dünyanın hareketi kuramı ile İsa'nın göğe çıkması nasıl uyuşurdu? Kutsal metinler gök ve yerin insanın yararlanması için yaratıldığını söylüyordu. Eğer Galileo'nun iddia ettiği gibi dünya yalnızca güneş çevresinde dönen gezegenlerden biriyse, bu nasıl olabilirdi? Cennet ve Cehennem gerçek mekânlar olarak kabul ediliyordu ve Kopernik sistemine yerleştirilmeleri zor görünüyordu. Cehennem, örneğin Dante'nin yaptığı gibi, dünyanın merkezinde kabul ediliyordu. Kardinal Robert Bellarmine, Galileo sorununda yeni kurulan İnancın Yayılması Kongresi tarafından kendisine danışılan Cizvit bilim adamı, gelenekten yana çıkmıştı: "Cehennem mezardan ayrı yer altında bir mekândır." Buradan onun dünyanın merkezinde olduğu sonucunu çıkarıyor ve son yargısını "doğal mantık"a dayıyordu:

> Sonuncusu doğal mantıktır. Şeytan ve lanetli kötü insanların, melek ve kutsanmış insanların sonsuza kadar kalacağı yerden mümkün olduğu kadar uzak bir yerde olmasının mantıklı olduğunda kuşku yoktur. Kutsanmış olanların yeri

---

467 Mezmurlar 93:1; Hâkimler 1:5; Mezmurlar 104:19

(karşıtlarımızın da onayladığı gibi) göklerdir ve göklere yerin merkezinden daha uzak bir yer yoktur.[468]

Bellarmine'in yargısı bugün komedi gibi geliyor. İnançlarındaki her şeyi harfi harfine yerine getiren Hristiyanlar bile cehennemin dünyanın merkezinde olduğuna inanmıyor. Ama birçoğu, başka bilimsel kuramlarla geliştirilen kozmolojinin "Tanrı"ya yer bırakmamasından sarsılmış olabilir.

Molla Sadri'nin Müslümanlara gök ve yerin her bireyin imgelemindeki dünyada bulunduğunu öğrettiği bir zamanda, Bellarmine gibi kılı kırk yaran kilise adamları bunların coğrafi yerleri bulunduğunu gayretle ileri sürüyorlardı. Kabbalacılar, Kitab-ı Mukaddes'in yaratılış açıklamasını fazlasıyla simgeci bir tutumla yeniden yorumlarken ve öğrencilerini bu mitolojiyi sözlük anlamıyla benimsememeleri konusunda uyarırken, Katolik ve Protestanlar Kitab-ı Mukaddes'in her ayrıntısının olgusal gerçek olduğunda ısrar ediyorlardı. Bu tutum geleneksel dinsel mitolojiyi yeni bilim karşısında zayıflatacak ve sonunda birçok insanın Tanrı'ya inanmasını zorlaştıracaktı. Teologlar halklarını yaklaşan bu meydan okuyuşa yeterince hazırlamıyordu. Reformasyon'dan ve Protestanlar ile Katolikler arasındaki yeni Aristotelesçilik düşkünlüğünden beri, Tanrı'yı herhangi bir nesnel olgu imiş gibi tartışmaya başlamışlardı. Bu durum on sekizinci yüzyıl sonu ve on dokuzuncu yüzyıl başının yeni ateistlerinin Tanrı'dan hepten vazgeçebilmelerine ortam hazırlayacaktı.

Böylece Louvainlı fazlasıyla etkin bir Cizvit teolog olan Leonard Lessius (1554-1623) *The Divine Providence* (Kutsal İnayet) adlı risalesinde filozofların Tanrısı'na bağlanır. Bu Tanrı'nın varlığı yaşamdaki herhangi bir olgu gibi bilimsel olarak kanıtlanabilir. Evrenin şans eseri olamayacak tasarımı, İlk Hareket Ettirici ve Koruyucu'nun varlığına işaret eder. Lessius'un Tanrısı'nda özellikle Hristiyan olan bir

468 William R Shea, 'Galileo and the Curch', yay. Lindberg ve Numbers, *God and Nature*, s. 125.

yön yoktur. O, akıllı her insan tarafından keşfedilebilecek bilimsel bir olgudur. Lessius İsa'dan pek az söz açar. Tanrı'nın varlığının, sıradan gözlemden çıkan sağduyu, felsefe ve karşılaştırmalı din ve sağduyu araştırmasıyla ortaya konabileceği izlenimini vermektedir. Tanrı, bilim adamlarının ve filozofların dinsel değer vermedikleri nesneler türü bir varlık olmuştur. Thomas Aquinas, Tanrı'nın en yücesi olsa da varlığı iddia edilen başlıklardan biri olduğu izlenimini verebilirdi ama kişisel olarak, felsefi tartışmaların kendisinin ibadetindeki mistik Tanrı'yla bir ilişkisi olmadığına inanmaktaydı. Ama on yedinci yüzyılın başından itibaren önde gelen teologlar ve kilise adamları Tanrı'nın varlığını tamamıyla akılcı temelde tartışmayı sürdürdüler. Birçoğu bugün de böyle yapmaya devam ediyor. Akıl yürütmeleri yeni bilimlerce çürütülünce, Tanrı'nın varlığı da saldırıya uğramış oluyor. Tanrı düşüncesini, sözcüğün sıradan anlamıyla varlığı olmayan ve ancak ibadet ve tefekkürün imgelemci disiplinleriyle keşfedilebilecek bir gerçekliğin bir simgesi olarak görmek yerine, artan biçimde Tanrı'nın bir başka olgu olduğu ileri sürülüyor. Lessius gibi bir teologun kişiliğinde, Avrupa modern çağlara yaklaştıkça teologların kendilerinin, ateistlerin, dinsel değeri olmayan ve birçok insana umut ve inanç yerine korku veren bir Tanrı'yı reddetmeleri için gerekli malzemeyi hazırladığını görebiliriz. Filozoflar ve bilim adamları gibi, Reformasyon sonrası Hristiyanları da mistiklerin imgelemci Tanrısı'nı etkin biçimde terk ettiler ve aklın Tanrısı'yla aydınlanmaya çalıştılar.

9

Aydınlanma

On altıncı yüzyılın sona erişiyle Batı, bütünüyle farklı tip bir toplum ve yeni bir insanlık ülküsü doğuracak bir teknoloji üretme sürecine girdi. Bu süreç, Tanrı'nın rolü ve yapısının algılanışını da kaçınılmaz olarak etkiledi. Ayrıca, yeni sanayileşmiş ve etkin Batı'nın kazanımları, dünya tarihinin akışını değiştirdi. Uygar dünyanın öteki ülkeleri için, Batı dünyasını, geçmişte diğer büyük uygarlıkların gerisinde kaldığında olduğu gibi bilmezlikten gelmek ya da onunla uzlaşmak giderek daha da güç hale geldi. Çünkü benzer bir şeyin üstesinden gelmiş başka bir toplum yoktu; Batı, tamamıyla yeni ve bu nedenle çözülmesi çok güç sorunlar yaratmıştı. İslamiyet, örneğin, on sekizinci yüzyıla dek, Afrika'da, Orta Doğu'da ve Akdeniz bölgesinde baskın dünya gücü olmuştu. On beşinci yüzyılda Rönesans, Batı Hristiyan dünyasını kimi bakımlardan İslam dünyasının önüne geçirdiyse de farklı Müslüman güçler meydan okumayı kolayca kontrol altına alabilmişlerdi. Osmanlılar Avrupa'nın içlerinde ilerlemeyi sürdürdü ve Müslümanlar Portekizli kâşiflere ve onları yakından izleyen tüccarlara karşı ayak direyebildi. Gene de on sekizinci yüzyılın kapanmasıyla Avrupa dünya hâkimi olmaya başladı ve onun başardıklarının doğası, dünyanın geri kalanının onu yakalamasının olanaksız olduğu anlamına geliyordu. Britanya Hindistan'ın idaresini de ele almıştı ve Avrupa dünyanın olabildiğince çok yerinde sömürge kurmaya hazırlanıyordu. Batılılaşma süreci ve onunla birlikte Tanrı'nın bağımsızlığını savlayan laiklik kültü başladı.

Modern teknik toplum ne içeriyordu? Bütün eski uygarlıklar tarıma bağlıydı. Adından da anlaşıldığı gibi uygarlık, seçkinler sınıfının köylülerce üretilen tarımsal artığın üzerinde yaşadığı ve yeni kültürler yaratmak için boş zaman ve olanaklarının olduğu, kentler oluşturmaktı. Öteki başlıca dini ideolojiler gibi Tek Tanrı'ya inanmak Orta Doğu'nun kentlerinde ve Avrupa'da aynı zamanda gelişti. Ne ki bu tür tarıma dayalı bütün uygarlıkların karınları yumuşaktı. Ürün, hasat, iklim ve toprak kayması gibi değişkenlere bağlıydılar. Her imparatorluk genişleyip bağlantı ve sorumluluklarının sayısı arttıkça, eninde sonunda sınırlı kaynaklarını aştı. Gücünün doruğuna ulaştıktan sonra, kaçınılmaz olarak çöküş ve düşüşü başladı. Ama yeni Batı, tarıma dayanmıyordu. Onun teknik üstünlüğü, yerel koşullardan ve dıştan gelen geçici dalgalanmalardan bağımsız olması anlamına geliyordu. Sermayenin birikimi son zamanlara dek süresiz biçimde yenilenir görünen ekonomik araçları oluşturdu. Modernleşme süreci Batı'yı bir dizi köklü değişikliğe zorladı: Sanayileşmeyi ve bunun bir sonucu olarak tarımda dönüşümü, entelektüel bir "aydınlanma"yı, ayrıca siyasi ve toplumsal devrimleri başlattı. Bu büyük değişiklikler doğal olarak insanların kendilerini algılayış biçimlerini doğallıkla etkiledi ve geleneksel olarak "Tanrı" adını verdikleri nihai gerçekle ilişkilerini yeniden gözden geçirmelerini gerektirdi.

Bu Batılı teknik toplum için uzmanlık can alıcı önemdeydi: Ekonomik, zihinsel ve toplumsal alanlardaki bütün yenilikler birçok farklı alanda belirli bir uzmanlığı zorunlu kılıyordu. Bilim adamları, örneğin, alet yapanların veriminin artmasına bağlıydılar; endüstri, bilimden kuramsal bilgi istediği kadar, yeni makineler ve enerji kaynakları da istiyordu. Farklı uzmanlıklar birbirine geçmişlerdi ve giderek birbirlerine bağlanır hale gelmişlerdi: Bir uzmanlık, farklı ve belki de şimdiye dek bağı olmamış bir alanda bir diğerinin doğuşuna neden oluyordu. Bu biriktirici bir süreçti. Bir uzmanlığın başarıları, kullananlarınca bir başka alanda artırılıyordu ve bu da gene onun kendi etkinliğini etkiliyordu. Sermaye, sistemli olarak yeniden yatırıldı ve devam eden gelişme temelinde çoğaldı. Değişimler zinciri ilerlemeyi ve görünüşte durdurulamaz momenti sağladı. Bütün sınıflardan giderek daha çok insan artan sayıda farklı alanlarda modernleşme sürecine çekildi. Uygarlık ve kültürel başarı artık küçücük bir seçkinler sınıfına değil, fabrika işçilerine, kömür madencilerine, matbaacılara ve tezgâhtarlara dayanıyordu; ama yalnızca emekçiler olarak değil hiç olmadığı kadar genişleyen pazarda alıcılar olarak da. Daha alt sınıflar için eğitimli olmak ve etkinliğe verilen ezici gereksinim korunmak isteniyorsa toplum zenginliğinden bir dereceye kadar payını almak sonunda zorunluluk haline gelecekti. Verimlilikteki büyük artış, sermaye birikimi ve açık pazarların yayılması, bilimdeki yeni entelektüel ilerlemelerle birlikte toplumsal devrimi başlattı: Toprak sahibi sınıfın gücü azaldı ve yerini burjuvazinin paralı adaleleri aldı. Yeni etkinlik, toplumsal örgütlenme konularında da hissedildi, Batı'yı dünyanın öteki bölümlerinde Çin ve Osmanlı İmparatorluğu'nda olduğu gibi oluşturulmuş olan ölçekleri yakalamaya zorladı, sonra onları geçmesinin olanaklarını da sağladı. Fransız Devrimi'nin gerçekleştiği 1789'a gelindiğinde, kamu hizmeti, hizmetin etkinliği ve yararlılığıyla da sorgulanıyordu. Avrupa'da çeşitli hükümetler kendilerini yeniden düzenlemeyi ve modernliğin durmadan değişen koşullarına uyum sağlamak için yasalarında sürekli bir düzenlemeye gitmeyi gerekli gördüler.

Yasanın değişmez ve kutsal olduğu yerde, eski tarıma dayalı yönetimde bu olanaksızdı. Bu teknoloji üretmenin Batı toplumuna getirdiği yeni özerkliğin bir belirtisiydi: İnsanlar kendi işlerinden daha önce hiç olmadıkları kadar sorumlu olduklarını hissettiler. Uygarlığın kırılgan bir başarı olarak algılandığı ve geçmişle olan süreklilikte herhangi bir kopmanın karşısında olan geleneksel toplumlarda, özgür bırakılmış yenilik ve değişime karşı derin bir korku duyulduğunu gördük. Buna karşın, Batı'nın ortaya çıkardığı çağdaş teknik toplum, sürekli gelişme ve ilerleme beklentisi üstüne kurulmuştu. Değişim kurumsallaştırılmıştı ve oldubitti gözüyle bakılıyordu. Gerçekten, Londra'daki Kraliyet Derneği gibi kuruluşlar kendilerini eskilerin yerine konulacak yeni bilgiler toplamaya adamışlardı. Farklı bilimlerdeki uzmanlar; bu sürece katkıda bulunmak için bulgularını bir araya toplamaya teşvik ediliyordu. Buluşlarını gizlemek yerine, yeni bilimsel kuruluşlar, kendilerinin ve diğer alanların gelecekteki gelişmelerini ilerletmek için bilginin yayılmasını istiyorlardı. Uygar dünyanın eski tutucu ruhu, bu yüzden, Batı'da değişime duyulan arzu ve gerçekleşmesi olası olan sürekli gelişim inancıyla yer değiştirdi. Eski devirlerde olduğu gibi genç kuşağın kötü yola düşmesinden duyulan korkunun yerini, eski kuşağın, çocuklarının onlardan daha iyi yaşaması beklentisi aldı. Tarih araştırmalarına yeni bir mitos egemen oldu: ilerleme. Bununla büyük işler başarıldı ama şimdi çevreye verdiği zarar, bize bu yaşam biçiminin de eskisi kadar kolay incinir olduğunu gösteriyor; belki de yüzyıllar boyu insanlığa esin vermiş öteki mitolojilerin çoğu gibi onun da hayal ürünü olduğunu anlamaya başladık.

Araçlar ve buluşların bir araya getirilişi insanları da bir araya getirirken, yeni uzmanlık da onları kaçınılmaz biçimde ayrı yollara sürükledi. Şimdiye dek bir aydın için her düzlemde bilgiyi bir arada tutmak olasıydı. Müslüman feylesoflar, örneğin tıp, felsefe ve estetik biliminde ustalaşmışlardı. Felsefe, öğrencilerine gerçekliğin bütünü olduğuna inanılan uyumlu ve kapsamlı açıklamalar sunmuştu. On yedinci yüzyılla birlikte, Batı toplumunun yüzüne damgasını vuracak olan uzmanlaşma süreci kendini hissettirir oldu. Astronomi, kimya ve geometrinin farklı dalları bağımsız ve özerk olmaya başladı. Sonuç olarak günümüzde, bir alandaki uzmanın bir başka alanda kendini yeterli hissetmesi olanaksız hale geldi. Bunu, her büyük aydının kendini geleneğin koruyucusu olarak hissetmesinden çok öncü olarak hissetmesi izledi. Yerkürenin yeni bölümlerine girmiş denizciler gibi bir kâşifti aydın. Toplumu uğruna şimdiye dek bilinmeyen diyarlara atılmaya cüret ediyordu. İmgeleminde, böyle bir çabası olan yenilikçi, yeni alana giren ve süreç içinde, eski kutsal kabulleri deviren, kültürel bir kahraman oldu. Bir zamanlar insanı tutsak etmiş ancak atlayıp zıplayarak ilerlemesine olanak bırakmış görünen doğal dünyanın hâkimi olarak, insanlık konusunda yeni bir iyimserlik vardı. İnsanlar, daha iyi eğitimin ve düzeltilmiş yasaların insan ruhuna ışığı getirebileceğine inanmaya başladılar. İnsanın doğal güçlerine duyulan bu yeni güven, insanların kendi çabaları aracılığıyla aydınlanmayı becerebileceklerine inanma noktasına gelmeleri demekti. Hakikati bulmak için miras aldıkları geleneğe, bir kuruma ya da bir seçkine ya da Tanrı'dan gelen bir vahiye bile gereksinimleri olmadığını hissediyorlardı artık.

Gene de uzmanlaşma deneyimi, uzmanlaşma süreciyle kuşatılmış insanların giderek artan biçimde görüntünün tümünü göremez hale gelmesi demekti. Sonuç olarak yenilikçi bilim adamları ve aydınlar, eskisini kazımaktan başlayarak, kendi yaşam ve din kuramlarını işlemek zorunluluğu duydular. Artan bilgi ve etkilerinin, gerçekliğin geleneksel Hristiyan yorumunu yeniden gözden geçirme ve çağa uyarlama görevini onlara verdiğini hissettiler. Yeni bilimsel ruh deneyseldi; yalnızca gözleme ve deneye dayanıyordu. Felsefenin eski akılcılığının, akılcı bir evrendeki inancın başlatıcı eylemine bağlı olduğunu görmüştük. Batı bilimleri bu yolla hiçbir şeyi veri olarak alamadılar ve artan sayıda öncü hata yapmayı göze almaya ya da İncil, Kilise ve Hristiyan geleneği gibi yerleşik yetke ve kurumları devirmeye hazırdı. Tanrı'nın varlığına ilişkin eski "kanıtlar" artık tamamıyla yeterli değildi; doğa bilimcileri ve filozoflar, deneysel yöntem coşkusuyla dolu, diğer gösterilebilir olguları kanıtladıkları gibi, aynı yolla Tanrı'nın nesnel gerçekliğini doğrulamak zorunda hissettiler kendilerini.

Ateistlik hâlâ nefret duygusu uyandırıyordu. Göreceğimiz gibi Aydınlanma'nın çoğu felsefesi üstü kapalı olarak bir Tanrı'nın varlığına inanıyordu. Bununla birlikte birkaç kişi Tanrı'nın varlığına bile verili gözüyle bakılamayacağını anlamaya başlamıştı. Bunun ayırdına varan ve ateistliği ciddi olarak ele alan ilk insanlardan biri de Fransız fizikçi, matematikçi ve teolog Blaise Pascal'dı (1623-62) herhalde. Hastalıklı, erken gelişmiş bir çocuk olarak diğer çocuklardan ayrılmış ve bilim adamı olan babası tarafından eğitilmişti. Babası, on bir yaşındaki Blaise'in Öklid'in ilk yirmi üç önermesini gizlice kendi kendine çözdüğünü keşfetti. On altı yaşında, Rene Descartes gibi kimi bilim adamlarının bu kadar genç biri tarafından yazılmış olabileceğine inanmayı reddettikleri, geometri üstüne bir makale yayımladı. Daha sonra bir hesap makinesi, bir barometre ve bir hidrolik pres icat etti. Pascallar özellikle dindar bir aile değillerdi ancak 1646'da Jansenciliği benimsediler. Blaise'in kızkardeşi Jacqueline, Paris'in güneybatısındaki Jansenci Port Royal Manastırı'na girdi ve Katolik mezhebinin en ateşli taraftarlarından biri oldu. 23 Kasım 1654 gecesi, Blaise'in kendisi, "Akşam yaklaşık on buçuktan geceyarısından sonra saat bir buçuğa kadar," süren dinsel bir deneyim geçirdi; ona inancının çok uzak ve akademik olduğu gösterildi. Ölümünden sonra, bu tanrısal esinin "Andaç"ı yeleğinin içine dikilmiş bulundu:

Ateş

"İbrahim'in Tanrısı, İshak'ın Tanrısı, Yakup'un
Tanrısı", filozofların ve bilginlerin Tanrısı değil.
Kesinlik, keskinlik, yürekte duyulan, neşe, huzur.
İsa Mesih'in Tanrısı.
İsa Mesih'in Tanrısı.
Benim Tanrım, senin Tanrın.
"Tanrın Tanrım olacak."

> Dünya unutuldu ve Tanrı dışındaki her şey.
> Yalnızca İncillerde öğretilen yollarla varılabilir O'na.[469]

Temelinde mistik olan bu deneyim, Pascal'ın Tanrısı'nın bu bölümde üzerinde duracağımız öteki bilim adamları ve filozofların Tanrısı'ndan ayrı olduğunu anlatıyordu. Bu filozofların Tanrısı değil, Vahiy'in Tanrısı'ydı ve hidayete ermenin karşı konulamaz gücü Pascal'ı, baş düşmanları Cizvitlere karşı Jansencilerle kader birliği etmeye götürdü.

Ignatios'un dünyayı Tanrı'yla dolu olarak görüp Cizvitlere tanrısal her yerde bulunma ve her şeye gücü yetme duygusunu yeşertme cesaretini verdiği yerde, Pascal ve Jansenciler dünyayı kasvetli ve boş, ilahi nitelikten yoksun buldular. Tanrısal esinine karşın, Pascal'ın Tanrısı, akılcı kanıt aracılığıyla ortaya çıkarılamamış "bir gizli Tanrı" olarak kalır. Pascal'ın, ölümünden sonra 1669'da yayımlanan dinsel konular üstüne yazıları, *Pensees* (Düşünceler), insan durumuna ilişkin derin bir kötümserlik üstüne kurulmuştur. İsa'nın bile hafifletemediği, "dünyanın sonuna kadar ızdırap içinde olacak,"[470] insan "alçaklık"ı değişmez temasıdır. Yalnızlık duygusu ve Tanrı'nın dehşete düşüren yokluğu yeni Avrupa tinselliğini fazlasıyla tanımlar. *Pensees*'in hâlâ gözde olması, Pascal'ın en karanlık tinselliğinin ve gizli Tanrısı'nın Batı'nın dinsel bilincinde yaşayan bir şeye hitap ettiğini gösterir.

Bu nedenle, Pascal'ın bilimsel başarıları, ona insanın durumu konusunda fazla güven vermedi. Evrenin uçsuz bucaksızlığını tefekkür ettiğinde, korkudan donmuştu:

> İnsanın körü körüne ve sefil durumunu gördüğüm zaman, kendi dilsizliğiyle bütün evrene baktığımda, sanki evrenin

469 Blaise Pascal, *Düşünceler*.

470 A.g.e.

bu köşesinde yitmiş gibi onu buraya kimin koyduğunu, ne yapmaya geldiğini, öldüğünde ona ne olacağını bilmeden, bir şey bilmekten aciz, insanı kendi kendine ışıksız bırakılmış gördüğümde, dehşete düştüm, uykusunda alınıp korkunç ıssız bir adaya götürülen, uyandığında hiçbir kaçma yolunun olmadığını gören biri gibi. Sonra, böyle sefil bir durumun insanları ümitsizliğe sürüklememesine şaştım.[471]

Bilimsel çağın karamsarlığa kapılmayan iyimserliği konusunda genelleme yapmamamız gerektiğini gösteren yararlı bir hatırlatma bu. Pascal, nihai anlam veya önemi olmayan dehşet dolu bir dünyayı düşünebildi. İnsanın her zaman aklında olan yabancı bir dünyaya uyanmanın dehşetinin daha güzel bir anlatımına güç rastlanır. Pascal kendine aşırı derecede dürüsttü; çoğu çağdaşının tersine, Tanrı'nın varlığını kanıtlama yolu olmadığına inanmıştı. Yapısı gereği inanamayan biriyle tartıştığını hayal ettiğinde, onu ikna edecek hiçbir kanıt bulamıyordu Pascal. Bu, tektanrıcılık tarihinde yeni bir gelişmeydi. Şimdiye değin hiç kimse Tanrı'nın varlığını ciddi biçimde sorgulamamıştı. Tanrı'ya inanmanın yalnızca kişisel bir seçim konusu olabileceğini, bu yeni cesur dünyada, dillendiren ilk kişi Pascal'dı. Bu konuda, ilk modern kişi oydu.

Pascal'ın, Tanrı'nın varlığı sorununa yaklaşımı çıkarımları açısından devrimciydi ancak hiçbir Kilise tarafından resmen kabul görmedi. Genel olarak Hristiyan savunucuları, önceki bölümün sonunda tartışılmış olan, Leonard Lessius'un akılcı yaklaşımını yeğliyorlardı. Böyle bir yaklaşım, Pascal'ın hissettiği Vahiy Tanrısı'na değil ama yalnızca filozofların Tanrısı'na götürebilirdi. Pascal inancın sağduyuya dayanan akılcı bir kabul ediş olmadığında ısrar etti. Bu bir kumardı. Tanrı'nın varlığını kanıtlamak olanaksızdı; ama aynı biçimde akılcı olarak varlığını reddetmek de olanaksızdı:

---

471 A.g.e.

"[Tanrı'nın] ne olduğunu ya da olup olmadığını bilmekte yetersiziz... Akıl bu soruya karar veremez. Sonsuz kaoslar bizi ayırır. Bu sonsuz uzaklığın en uzak ucunda yazı ya da tura gelecek fırıl fırıl dönen madeni bir para var. Nasıl bahse tutuşacaksınız?"[472] Bu kumar hepten de akıldışı değildir. Tanrı'yı seçmek her zaman kazanan bir çözümdür. Tanrı'ya inanmayı seçmekte, diye Pascal devam eder, risk sonlu ama kâr sonsuzdur. İnançları arttıkça Hristiyanlar sürekli bir aydınlanmanın bilincine varacaklardı; kesin bir kurtuluş işareti olan Tanrı'nın varlığını ayırt ediş. Bu dıştan gelen bir otoriteye dayanmıyordu; her Hristiyan kendi başınaydı.

Pascal'ın kötümserliği, *Pensees*'de bir kere bahse girildiğinde gizlenen Tanrı'nın O'nu arayan herkese kendini göstereceği yolundaki artan akla yakınlaştırmasıyla dengelenir. Tanrı'ya şunu söyletir: "Beni şimdiye kadar bulamadıysan, artık arama."[473] Gerçekten, insanlık ne tartışmalar ve mantıkla ne de bir kilise geleneğinin öğrettiğini kabulle uzak Tanrı yolunu aşındıramamıştır. Ama Tanrı'ya teslim olma kişisel kararını almakla, inananlar kendilerini değişmiş hissederler, "inançlı, dürüst, alçakgönüllü, değerbilir, iyi işlerle uğraşan, gerçek bir dost"[474] olurlar. Her nasılsa Hristiyanlar anlam ve amacı olan yaşamın, umutsuzluk ve anlamsızlık karşısında bir Tanrı duygusunu ortaya çıkarmakla ve inancı yaratmakla bunları kazandığını düşünürler. Tanrı gerçeklikti çünkü işe yarıyordu. İnanç zihinsel bir kesinlik değildi ama karanlığa doğru bir sıçrayış ve ahlaki bir aydınlanma getiren bir deneyimdi.

Rene Descartes (1596-1650), zihnin Tanrı'yı keşfetme yeteneğine çok daha fazla güven duymuş, bir diğer alışılmadık adamdı. Gerçekten, araştırdığı kesinliği bize verecek olanın yalnızca zihin olacağında ısrar etmişti. Tanrı'nın varlığına ilişkin kendi kanıtı da

---

472 A.g.e.

473 A.g.e.

474 [illegible]

başka tür bir öznelliğe bağlı olmasına karşın, Pascal'ın bahse girmesini, yalnızca öznel deneyime dayandığı gerekçesiyle onaylamadı. Herhangi bir şeyin kesin hatta olası olduğunu inkâr eden Fransız denemeci Michel Montaigne'in (1553-92) kuşkuculuğunu çürütmeye can atıyordu. Matematikçi ve inançlı bir Katolik olan Descartes, bu tür kuşkuculukla savaşmak için yeni deneysel akılcılığı ortaya çıkarmanın görevi olduğunu hissediyordu. Lessius gibi Descartes da uygarlığın temeli olarak gördüğü dinsel ve ahlaki doğruların kabulüne insanları inandırmak için aklın tek başına yeterli olabileceğini düşünmüştü. İnanç bize mantıkla kanıtlanamayacak hiçbir şey söylemezdi: Aziz Pavlus'un kendisinin Romalılara mektubunun ilk bölümünde söylemiş olduğu gibi: "Çünkü Tanrı hakkında bilinebilecek her şey, [insanoğlu tarafından] açıkça bilinir çünkü Tanrı'nın kendisi bunu açıklamıştır. Onlar mazur olmasınlar diye, [gözle görülmese de] Tanrı'nın ebedi kudreti ve uluhiyeti, dünyanın yaratılışından beri aklın görmesi için yaptığı şeylerde vardır."[475] Descartes, Tanrı'nın diğer var olan şeylerden çok daha kesinlik ve kolaylıkla (*facilius et certius*) bilinebileceğini ileri sürdü. Özellikle, Pavlus'un kendi içine bakan aklın yansıtıcı iç gözlemi için ileri sürdüğü dış dünyanın tanıklığını Descartes'ın kanıtı reddettiğinden, bu kendi tarzında Pascal'ın bahsi kadar devrimciydi.

Descartes evrensel matematiğinin, mantığa göre yalınlara ya da ilk ilkelere doğru ilerleyen deneysel yöntemini kullanarak, Tanrı'nın varlığının aynı derecede çözümsel bir kanıtını oluşturmaya girişti. Ama Aristoteles'in, Aziz Pavlus ve bütün eski tektanrıcı filozofların tersine, evreni bütünüyle tanrısız buldu. Doğada bir düzenleme yoktu. Gerçekten evren karmakarışıktı ve akıllıca bir planlamanın bir belirtisini de göstermiyordu. Bu nedenle, doğadan çıkan ilk ilkelere ilişkin herhangi bir kesin sonuç çıkarmak bizler için olanaksızdı. Olası ya da olanaklı olan için Descartes'ın zamanı yoktu. Matema-

475 Romalılara I. 1920.

tiğin sağlayabildiği türden bir kesinliği saptamaya çabalıyordu. Bu, "Yapılmış olan yapılmamış olamaz," gibi yadsınamaz biçimde doğru, yalın ve açık; çürütülmezcesine doğru önermelerde de bulunabilirdi. Bundan dolayı, bir odun sobasının yanında düşünceye dalmış otururken, ünlü özdeyişini buldu: *Cogito, ergo sum;* düşünüyorum, öyleyse varım. Yaklaşık bin iki yüz yıl önce yaşamış Augustinus gibi Desacartes da Tanrı'nın kanıtını insan bilincinde buldu: Kuşku bile kuşkucunun varlığının kanıtı oluyordu! Dış dünyadaki hiçbir şeyden emin olamayız, ancak kendi iç deneyimlerimizden emin olabiliriz. Descartes'ın savı Anselmus'un ontolojik kanıtını yeniden ele almaktır. Kuşku duyduğumuz zaman, benin sınırlı ve sonlu yapısı ortaya çıkar. Önce bir "kusursuzluk" kavramımız olmamışsa, "kusur" düşüncesine de ulaşamayız. Anselmus gibi Descartes da var olmayan bir kusursuzluğun çelişme olacağı kararına vardı. Bu nedenle kuşku duymamız, bize yüce ve kusursuz bir varlığın -Tanrı'nın- varolması gerektiğini söyler.

Descartes, matematiksel kanıtlarını yürüttüğü yolla, deneyiminin bu "kanıt"ından Tanrı'nın doğasına ilişkin olguları çıkarmayı sürdürdü. *Yöntem Üstüne Konuşma*'da söylediği gibi, "Mükemmel olan Tanrı'nın varlığı, herhangi geometri kanıtının olabilirliği kadar kesindir."[476] Tıpkı Öklid'in kuramında, bir üçgenin açılarının iki dik açının toplamına eşit olması gerektiği gibi Descartes'ın kusursuz varlığı da belli niteliklere sahip olmalıydı. Deneyimlerimiz bize dünyanın nesnel bir gerçeklik olduğunu ve doğru sözlü olması gereken, kusursuz bir Tanrı'nın, bizi aldatamayacağını söyler. Bu nedenle, Tanrı'nın varlığının kanıtı olarak dünyayı kullanmak yerine, Descartes dünya gerçekliği içinde ona inanç sağlamak için Tanrı düşüncesini kullandı. Kendi yolunda, Descartes Pascal kadar dünyadan elini çekmişti. Dünyaya elini uzatacağı yerde, aklı kendini geri çeker. Tanrı düşüncesi insana kendi varoluşu konusunda kesinlik

---

476 Rene Descartes, *Yöntem Üzerine Konuşma.*

sağlasa da ve bundan dolayı, Descartes'ın bilgikuramının temeliyse de Kartezyen yöntem bizim yüzyılımızın Batılı insan imgesine merkez oluşturacak olan yalıtılmışlık ve özerklik imgesini ortaya koyar. Dünyaya yabancılaşma ve kendine yeterliliğin gururu çoğu kişiyi, insanı bağımlı olma koşuluna indirgeyen bir Tanrı düşüncesini tümüyle yadsımaya götürecektir.

Din, en başından beri, insanların dünyayla ilişki kurmalarına ve dünyada kök salmalarına yardımcı oldu. Kutsal yer kültü dünyadaki bütün öteki düşüncelerin önünde geldi ve korkunç evrende insanların bir odak bulmalarına yardım etti. Doğal güçleri tanrılaştırma, her zaman insanın dünyaya verdiği yanıtın bir parçası olmuş korku ve hayranlığı tanımladı. Augustinus bile tinsel olarak çektiği acıya karşın dünyayı şaşılacak güzelliğin yeri olarak gördü. Felsefesi Augustinusçu iç gözlem geleneğine dayanan Descartes'ın, hayranlık duymaya hiç zamanı olmadı. Gizem duygusundan ne pahasına olursa olsun uzak durulmalıydı çünkü bu, uygar insanın zamanla bıraktığı, zihnin ilkel bir durumunu gösteriyordu. *Les Meteores* (Meteorlar) adlı incelemesinin önsözünde, "üstümüzde olan şeylere bizim seviyemizde veya altımızda olanlardan daha fazla hayranlık duyma"nın[477] bizim için doğal olduğunu söylüyordu. Bundan dolayı şairler ve ressamlar, bulutları Tanrı'nın tahtı olarak tanımlamışlar, Tanrı'nın kendi eliyle bulutların üstüne çiy serpiştirdiğini veya kayalara yıldırım fırlattığını düşlemişlerdi:

Bu beni, burada bulutların yapısını açıklarsam, bir bakıma artık onlarda görülebilecek şeylere ya da onlardan düşenlere şaşma nedenimiz kalmayacağı, aynı biçimde yeryüzünün üstündeki en hayranlık uyandırıcı şeyin nedenlerini bulma olasılığına kolaylıkla inanacağımız umuduna götürüyor.

Descartes bulutları, rüzgârları, çiy ve yıldırımı, söylediği gibi, "herhangi bir mucize nedeni"ni ortadan kaldırmak için önemsiz

477 A.g.e.

doğal olaylar diye açıklar.[478] Bununla birlikte, Descartes'ın Tanrısı, dünyevi olaylara karışmayan filozofların Tanrısı'ydı: O, kutsal metinlerde tanımlanmış mucizelerde değil, buyurmuş olduğu ölümsüz yasalarda kendini gösterirdi: *Les Meteores*, çölde eski İsrail kavmini beslemiş olan ruhani gıdanın bir tür çiy olduğunu da açıkladı. Böylece, farklı mucizeler ve mitoslara akılcı bir açıklama bularak İncil'in doğruluğunu kanıtlamaya çalışan anlamsız bir teoloji dalı doğmuş oldu. Örneğin, İsa'nın beş bin kişiyi doyurması, insanları kalabalık içinde utandırıp sakladıklarını ortaya çıkardıkları ve herkesle paylaştıkları biçiminde yorumlanmıştı. İyi niyetli olsa da bu tür bir görüş, Kitab-ı Mukaddes anlatımının can alıcı yönü olan simgecilik açısını yakalayamaz.

Descartes Roma Katolik Kilisesi'nin yargılarına boyun eğme konusunda her zaman dikkatliydi ve kendini ortodoks Hristiyan olarak gördü. İnanç ve akıl arasında bir çelişme görmedi. *Yöntem Üstüne Konuşma*'da, insanlığın bütün, hakikate erişmesini olanaklı kılan bir sistem bulunduğunu ileri sürdü. Onun dışında kalıp açıklanamayacak bir şey yoktu. Bütün gereken her öğretide yöntemi uygulamaktı, bundan sonra da karışıklık ve cahilliği dağıtacak geçerli bir bilgi bütününün parçalarını bir araya getirmek olanaklı olurdu. Gizem karışıklık haline gelmişti ve eski akılcıların bütün öteki görüngülerden ayırmaya özen gösterdikleri Tanrı, şimdi insan düşünce sistemi içine alınmıştı. Mistisizm, Reformasyon'un dogmatik sarsıntılarından önce Avrupa'da kök salacak zamanı bulamadı gerçekten. Bu nedenle, gizem ve mitoloji üstünde boy veren tinselliğin bu türü ve adından da anlaşıldığı gibi onlarla kurduğu derin ilişki Batı'daki çoğu Hristiyana yabancıydı. Descartes'ın kilisesinde bile, gizemciler azdı ve haklarında iyi düşünülmüyordu. Varlığı dinsel deneyime dayanan gizemcilerin Tanrısı, tefekkürü bütünüyle beyne

478 A.g.e. s. 361.

dayalı bir etkinlik olarak anlayan Descartes gibi bir adama oldukça yabancıydı.

Tanrı'yı kendi mekanik sistemine indirgemiş olan İngiliz fizikçi Isaac Newton (1642-1727) da Hristiyanlığı gizemden kurtarma konusunda aynı derecede endişeliydi. Onun başlangıç noktası matematik değil mekanikti; çünkü bir bilim adamı geometriye hâkim olmadan önce kusursuz olarak daire çizmeyi öğrenmeliydi. Sırasıyla kendinin, Tanrı'nın ve doğal dünyanın varlığını kanıtlamış Descartes'ın tersine, Newton fiziksel evreni açıklama girişimiyle, sistemin gerekli bir parçası olarak Tanrı'yla başladı. Newton'un fiziğinde doğa tamamıyla edilgendi: Tanrı eylemin tek kaynağıydı. Böylece, Aristoteles'te olduğu gibi Tanrı, doğal, fiziksel düzenin bir devamıydı yalnızca; büyük yapıtı *Philosophiae Naturalis Principia*'da (Doğa Felsefesinin İlkeleri) (1687), Newton çeşitli semavi ve dünyevi cisimler arasındaki ilişkileri matematik terimleriyle açıklayan uyumlu ve kapsamlı bir sistem yaratmak istedi. Newton'un ortaya koyduğu yerçekimi kuvveti kavramı, sisteminin ayrılmaz parçalarını bir araya getiriyordu. Yerçekimi bilgisi, Newton'u Aristoteles'in maddenin çekici güçleri düşüncesine dönmekle suçlayan bazı bilim adamlarını kızdırdı. Böyle bir görüş Protestanların, Tanrı'nın kesin egemenliği düşüncesine tersti. Newton bunu reddetti: Tüm sisteminin merkezi yüce bir Tanrı'ydı çünkü böyle ilahi bir makinist olmadan sistemi varolamazdı.

Pascal ve Descartes'ın tersine, Newton evren üstüne düşündüğü zaman Tanrı'nın varlığının kanıtını bulduğundan emindi. Göksel cisimlerin içinde bulunan yerçekimi niye onları bir araya çekip kocaman tek bir kütlesel cisim meydana getirmiyordu? Çünkü bunu önlemek için araları yeterli uzaklıkta olmak üzere sonsuz uzayın her yerine dikkatli bir biçimde dağıtılmışlardı. St. Paul'un Dekanı olan arkadaşı Richard Bentley'ye açıkladığı gibi yetenekli ilahi bir İdareci olmadan bu olanaksız görünüyordu: "Bunun yalnızca doğal nedenlerle açıklanabileceğini düşünmüyorum ama kendi kendine karar verebilen bir etmen düşüncesi ve mekanizmasına yüklemekte de zorlanıyorum."[479] Bir ay sonra Bentley'ye tekrar yazdı: "Yerçekimi gezegenleri harekete geçirebilir, ancak ilahi bir güç olmaksızın Güneş çevresinde döndükleri gibi bir devir hareketine asla geçiremez, bundan dolayı, diğer nedenler kadar bu yüzden de bu sistemin iskeletini akıl sahibi bir Etmen'e yüklemek zorundayım."[480] Örneğin, dünya ekseni çevresinde saatte bin mil yerine yüz mil dönseydi, gece on katı uzun olurdu ve dünya yaşamı sürdürmek için fazla soğuk olurdu; uzun gün boyunca, sıcaklık bütün bitkileri kuruturdu. Tüm bunları böyle kusursuz bir biçimde düzenlemiş varlık üstün zekâlı bir Usta olmalıydı.

Zeki olmanın yanı sıra bu Etmen, bu büyük kütleleri idare edecek yeterli güce de sahip olmalıydı. Newton, sonsuz ve karmaşık devinim sistemine yön veren ana gücün, tek başına evrenin nedenini açıklayan ve kutsal Tanrı'yı açıklayan *dominatio* (hâkim, egemen) olduğu sonucunu çıkardı. Edward Pococke, Oxford'daki ilk Arapça profesörü, Newton'a, Latince *deus*'un Arapça *du* (Hâkim)den türediğini söylemişti. Bundan dolayı, Dominyon Tanrı'nın, Descartes'ın Tanrı tartışmasında başlangıç noktası olarak aldığı kusursuzluktan daha önemli niteliğiydi. *Principia*'nın sonundaki "Genel Çıkma"da, Newton tüm geleneksel Tanrı niteliklerinin onun zekâ ve gücünden çıktığı sonucuna vardı:

> Güneşin, gezegenlerin ve kuyruklu yıldızların bu çok güzel sistemi yalnızca zeki ve güçlü bir Varlık'ın idare ve düşüncesinden çıkmış olabilirdi... O ölümsüz ve sonsuzdur, her şeye gücü yeten ve her şeyi bilendir; yani, onun sürekliliği ölümsüzlükten ölümsüzlüğe; varlığı sonsuzluktan sonsuzluğa uzanır; o her şeyi yönetir ve olan veya yapılmış olabilecek her şeyi bilir... Biz onu yalnızca en bilge ve şeylerin üstün

---

479 A.R Hali ve L Tilling'den (yayımlayanlar) alıntı. *The Correspondence of Isaac Newton*, 3 Cilt (Cambridge, 1959-77), 10 Aralık 1692, III, s. 234-5.

480 17 Ocak 1693, a.g.e. s. 240.

mekanizmalarıyla ve son etkileriyle biliriz; kusursuzluğuna hayran kalırız; ama idaresinden dolayı ona tapar ve saygı duyarız: çünkü ona kulları olarak taparız ve idare, sağgörü ve son etkiler olmaksızın da tanrı inanç ve Doğa'dan başka bir şey değildir. Kesinlikle her zaman ve her yerde aynı olan metafiziğe duyulan kör zorunluluk, şeylerde hiçbir farklılık üretemedi. Farklı zamanlar ve yerlerde uyum içinde olduğunu bulduğumuz doğal şeylerin bütün bu türleri, kesinlikle varolan bir Varlık'ın düşüncelerinden ve istencinden başka bir şeyden çıkamazdı.[481]

Newton Kitab-ı Mukaddes'ten söz etmez: Tanrı'yı yalnızca dünyayı düşünmekle biliriz. Şimdiye dek yaratılış öğretisi tinsel bir doğruyu tanımladı: Hem Museviliğe hem de son dönem Hristiyanlığına girdi ve her zaman bir biçimde sorunsal oldu. Şimdi yeni bilim, yaratılışı sahnenin ortasına koyuyor ve öğretinin gerçeğe uygun mekanik açıklamasını Tanrı kavramı için can alıcı kılıyordu. Bugün insanlar Tanrı'nın varlığını yadsıdıkları zaman çoğunlukla reddettikleri Newton'un Tanrısıdır; bilim adamlarının artık uyum içinde açıklayamadıkları evrenin kökeni ve ayakta tutucusu olan Tanrı.

Newton'un kendisi, yapısı gereği çok kapsamlı olması gereken sisteminde Tanrı'ya yer bulmak için şaşırtıcı bazı açıklamalara girişti. Uzay değişmez ve sonsuzsa -sistemin iki ana özelliği- Tanrı nerede devreye giriyordu? Ölümsüzlük ve sonsuzluk niteliklerine sahip olmakla, uzayın kendisi bir bakıma kutsal değil miydi? Zamanın başlangıcından önce Tanrı'nın yanında varolmuş ikinci kutsal varlık değil miydi? Newton her zaman bu konu üstüne düşündü. İlk denemelerinden *De Gravitatione et Aequipondio Fluidorum*'da (Akışkanların Kütle Çekimi İle Eşağırlığı Üzerine) eski Platoncu yayılma öğretisine döndü. Tanrı sonsuz olduğuna göre, her yerde var

481 Isaac Newton, *Doğal Felsefenin Matematiksel İlkeleri.*

olmalıdır. Uzay, Tanrı'nın varlığının sonucudur, ezeli olarak kutsal kudretten çıkar. O'nun istence bağlı eylemiyle yaratılmamıştır ama onun her yerde hazır varlığının bir uzantısı veya kaçınılmaz bir sonucu olarak var olmuştur. Aynı biçimde, Tanrı ölümsüz olduğundan, zamanı ortaya çıkarır. Bu nedenle, Tanrı'nın, içinde yaşadığımız, hareket ettiğimiz ve varolduğumuz uzay ve zamanı oluşturduğunu söyleyebiliriz. Öte yandan madde, istence bağlı bir eylemle yaratılış günü Tanrı tarafından yaratılmıştır. Uzayın bir bölümünün biçim, yoğunluk, görülebilme ve devingenlik özellikleri taşımasına Tanrı'nın karar verdiği söylenebilirdi. Bunun, Hristiyan yokluktan yaratılış öğretisini desteklemesi söz konusuydu çünkü boş uzaydan maddi cisimleri meydana getiren Tanrı'dan başka biri değildi: Maddeyi yokluktan yaratmıştı.

Descartes gibi cahillik ve boş inançla bir tuttuğu gizeme hiç zaman ayırmadı Newton. Hristiyanlığı metafizikten temizlemeyi çok istiyordu; bu onu İsa'nın tanrısallığı gibi çok önemli öğretilerle karşı karşıya getirse de. 1670'lerde Teslis öğretisi üstüne çok ciddi teolojik bir incelemeye başladı ve putperest dönmeler için aldatıcı sözleriyle Athanasios tarafından Kilise'ye sokulduğu sonucuna vardı. Arius haklıydı: İsa Mesih kesinlikle Tanrı değildi; Teslis ve Diriliş öğretilerine "kanıt" olarak gösterilen Yeni Ahit'in bu bölümleri düzmeceydi. Athanasios ve meslektaşları bunları uydurmuşlar ve kutsal metinlere, böylece tabana seslenerek, halk kütlesinin ilkel fantezilerini eklemişlerdi: "İnsanoğlunun boş inançlara düşkün ateşli yönü, din konularında her zaman gizemleri sevmek ve o yüzden en az anladığından en çok hoşlanmak olmuştur."[482] Hristiyan inancından bu ıvır zıvırı çıkarmak Newton için bir tür sabit fikir haline gelmişti.

482 "Corruptions of Scripture" Richard S. Westfall, The Rise of Science and Decline of Orthodox Christianity. "A Study of Kepler, Descartes and Newton" David C. Lindberg ve Ronald L. Numbers (yay.). *God and Nature; Historical Essays on the Encounter between Christianity and Science* (Berkeley, Los Angeles ve Londra, 1986), s. 231.

1680'in başlarında, *Principia* yayımlanmadan kısa süre önce, Newton *The Philosophical Origins of Gentile Theology* (Putperest Teolojinin Felsefi Kökenleri) adını verdiği bir inceleme üstüne çalışmaya başladı. Bu inceleme, metafizikten kurtulmuş ve tek Tanrı'ya tapınmanın akılcı savunuculuğunu yapmış Nuh'un ilk dininin temelini putperest bir teolojinin oluşturduğunu öne sürüyordu. Emirler yalnızca Tanrı sevgisi ve komşu sevgisiydi. İnsanlara Doğa'yı, yüce Tanrı'nın tek tapınağını düşünmeleri emredilmişti. Sonraki kuşaklar bu saf dini mucize ve keramet masallarıyla kirletti. Kimileri putperestlik ve doğaüstüne döndü. Gene de Tanrı onları yola getirmek için bir dizi peygamber yolladı. Pisagor bu dini öğrendi ve onu Batı'ya getirdi. İnsanlığı doğruya dönmeye davet için gönderilen peygamberlerden biri İsa'ydı, ancak Athanasios ve işbirlikçilerince onun saf dini kirletildi. Vahiy kitabı sefilliğin iğrençliği kadar Teslisçiliğin de doğuşunun "Batının bu tuhaf dini", "üç eşit Tanrı kültü" habercisiydi.[483]

Batılı Hristiyanlar Teslis öğretisini her zaman zor bulmuşlardı ve yeni akılcılıkları Aydınlanma'nın filozoflarını ve bilim adamlarını bunu bir kenara bırakmak için heveslendirdi. Newton, dinsel yaşamda gizemin rolünü açıkça anlamıyordu. Yunanlılar Teslis'i zihni huşu içinde tutma ve Tanrı yapısını asla anlayamayan insan aklına bir anımsatma olarak kullanmışlardı. Newton gibi bir bilim adamı için, gene de böyle bir tutumu benimsemek çok güçtü. Bilim aracılığıyla insanlar, geçmişi bir yana atıp hakikati bulmak için ilk ilkelerden yeniden başlamaya hazır olmaları gerektiğini öğrenmişlerdi. Bununla birlikte din, sanat gibi bugünün görünümüne ilişkin bir bakış açısı kazanmak için geçmişle bir diyalogdan oluşur çoğu kez. İnsanlara yaşamın nihai anlamı üstüne kalıcı sorularla uğraşma olanağını veren, onlara sıçrama noktası sağlayan gelenektir. Din ve sanat, bu nedenle, bilim gibi işlemez. Gene de on sekizinci yüzyılda, Hristiyanlar, Hristiyan inancına yeni bilimsel yöntemleri

483 A.g.e. s. 231.

uygulamaya başladılar ve Newton'la aynı çözümleri öne sürdüler. İngiltere'de, Matthew Tindal ve John Toland gibi köktenci teologlar gizemlerinden arınmış Hristiyanlığa ve gerçek bir akılcı din kurmaya, köklere dönmeye istekliydiler. *Christianity Not Mysterious*'ta (Gizemsiz Hristiyanlık) (1696), Toland gizemin yalnızca "zulüm ve metafiziğe" öncülük ettiğini ileri sürdü.[484] Tanrı'nın kendini açıkça ifade etme yeteneğinden yoksun olduğunu tasarımlamak hakaretti. Din akla uygun olmalıydı. *Christianity as Old as Creation*'da (Yaratılış Kadar Eski Hristiyanlık) (1730), Tindal, Newton gibi başlangıçtaki dini yeniden canlandırmayı ve sonraki eklemelerden temizlemeyi denedi. Akılcılık tüm sahici dinin denektaşıydı: "Her birimizin yüreğinde, yaratılış anından beri bir akıl ve doğa dini vardır; bütün insanlık kurumlaşmış herhangi dinin doğruluğunu bununla yargılamalıdır."[485] Bu nedenle vahiy gereksizdi çünkü hakikat kendi akılcı sorgulamalarımızla bulunabilirdi; Teslis ve Diriliş gibi gizemlerin kusursuz biçimde mantıklı bir açıklaması vardı ve kurumsal kilise ve metafiziğe esir olmuş basit inancı korumakta kullanılmamalıydılar.

Avrupa kıtasına yayılan bu köktenci düşünceler gibi yeni tür tarihçiler de nesnel kilise tarihini araştırmaya başlamışlardı. Böylece 1699'da Gottfried Arnold tarafsız kitabı *History of the Churches from the Beginning of the New Testament to 1688'i* (Yeni Ahit'in Başlangıcından 1688'e Kiliselerin Tarihi) yayınladı; halen ortodoks olarak kabul edilenlerin, geriye doğru gidilip ilk kilisenin aslında bulunamayacağını öne sürdü. Johann Lorenz Von Mosheim (1694-1755) yetkin yapıtı *Institutions of Ecclesiastical History*'de (Kilise Tarihinin Kurumları) (1726) tarihi teolojiden dikkatle ayırdı ve doğruluğunu tartışmaksızın öğretinin gelişimini yazdı. Georg Walch, Giovanni But ve Henry Noris gibi başka tarihçiler, Ariusçuluk, Filioque tartışması

484 Jaroslav Pelikan, *The Christian Tradition, A History of the Development of Doctrine 5 cilt, V Christian Doctrine and Modern Culture Since* 1700 (Chicago ve Londra 1989), s. 66.

485 A.g.e. s. 105.

ile dördüncü ve beşinci yüzyılların farklı Hristiyanlık tartışmaları gibi güç kuramsal çekişmelerin tarihi üstünde durdular. Tanrı ve İsa'nın yapısına ilişkin temel dogmaların yüzyıllarla geliştiğini ve şimdi Yeni Ahit'te bulunmadıklarını görmek çoğu inananı rahatsız etti: Bu yanlış oldukları anlamına gelmiyor muydu? Diğerleri daha da ileri giderek bu yeni tarafsızlığı Yeni Ahit'in kendisine uyarladılar. Hermann Samuel Reimarus (1694-1768) gerçekten de İsa'nın eleştirel bir biyografisine girişti: İsa'nın insanlığı sorusu artık mistik veya kuramsal bir sorun değildi ama Akıl Çağı'nın bilimsel incelemesine konu oluşturuyordu. Bu bir kez olunca, çağdaş kuşkuculuk devri yerinde ve doğru olarak başlatıldı. Reimarus, İsa'nın yalnızca ilahi bir devlet kurmak istediğini ve kurtarıcılık görevi başarısızlığa uğrayınca ümitsizlik içinde öldüğünü öne sürdü. İsa'nın Dört İncil'inde, insanlığın günahlarının bağışlanması için geldiği iddiasının asla bulunmadığını belirtti. Batı Hristiyan dünyasının temelini oluşturan bu düşünce, yalnızca Hristiyanlığın sahici kurucusu olan Aziz Pavlus'a bağlanabilirdi. Bundan dolayı, İsa'ya Tanrı olarak değil ama olağanüstü, yalın, yüce ve uygulanabilir bir dinin öğretmeni olarak saygı göstermeliydik.[486]

Bu nesnel çalışmalar kutsal metinlerin sözcük anlamıyla kavranışı ve inancın simgesel ya da mecazi yapısına önem vermeme üstüne kurulmuştu. Bu tarz bir eleştirinin, sanat veya şiir için olabileceği kadar konu dışı olduğu gerekçesiyle buna karşı çıkanlar olabilir. Ancak bir kez bilimsel ruh çoğu insan için temel olarak alındığında, bu insanlar için İncilleri başka yoldan okumak güç hale geliyordu. Batılı Hristiyanlar şimdi inançlarının sözcük anlamıyla kavranışına bağlanmışlar ve mitostan, geri dönüşü olmayan bir adım uzaklaşmışlardı: Bir öykü ya olgusal olarak doğru ya da bir hayaldi. Dinin kökenine ilişkin sorular Hristiyanlar için, örneğin Budacılar için olduğundan daha önemliydi çünkü tektanrıcı gelenekler daima Tan-

486 A.g.e. s. 101.

rı'nın tarihsel olaylarda ortaya çıktığını iddia ediyordu. Bu nedenle bilim çağında Hristiyanlar dürüstlüklerini koruyacaklarsa, bu sorular sorulmalıydı. Tindal ve Reimarus'tan daha geleneğe bağlı inançları olan kimi Hristiyanlar, geleneksel Batılı Tanrı anlayışını sorgulamaya başlamışlardı. Lutherci John Friedmann Mayer, dinsel denemesi *Wittenburg's Innocence of a Double Murder*'da (Wittenburg'un Çifte Cinayetten Masum Oluşu) (1681) kendi oğlunun ölümünü isteyen bir Tanrı tanımladığını, yetersiz bir tanrı kavramı sunduğunu yazdı. O, sert günah cezası talepleriyle çoğu Hristiyanı korkuyla dolduran ve onları kendi "günahkârlık"larından kaçınmalarını düşündürten "erdemli Tanrı'ydı, kızdırılmış Tanrı" ve "gücendirilmiş Tanrı'ydı".[487] Bu adil Tanrı aşkına korkunç haçlı seferlerinin, engizisyon zulümlerinin uygulandığını gösteren böyle gaddarlıklarla dolu birçok Hristiyan tarihi, giderek daha çok Hristiyanı utandırıyordu insanları ortodoks öğretilere inanmaya zorlamak, giderek artan vicdan serbestliği ve özgürlüğüne bağlanmış bir çağ için özellikle korkunç görünüyordu. Reformasyon'la ortaya çıkan katliam ve onun kötü sonucu, son kırıntı olarak görülüyordu.

Cevap akıl gibi görünüyordu. Gene de öteki geleneklerde gizemden süzülmüş ve yüzyıllarca etkili dinsel değeri olmuş bir Tanrı daha sezgisel ve yaratıcı Hristiyanlar için çekici olamaz mıydı? Püriten şair John Milton (1608-74) Kilise'nin hoşgörüsüzlük kayıtlarından özellikle rahatsızdı. Tam çağının adamı olan Milton, yayımlanmamış incelemesi *On Christian Doctrine*'de (Hristiyan Öğretisi Üstüne) Reformasyon'u yenileştirmeyi ve kendisi için diğerlerinin inançlarına ve yargılarına dayanmayan dinsel bir öğreti çıkarmayı denedi. Ayrıca Teslis gibi geleneksel öğretiler konusunda kuşkuluydu. Bununla birlikte başyapıtı *Kayıp Cennet*'te gerçek kahramanın, eylemlerinde insanı temize çıkarmayı kuran Tanrı'dansa Şeytan olması anlamlıdır. Şeytan Avrupa'nın yeni insanının çoğu niteliğine sahiptir: Otoriteye

487 A.g.e. s. 103.

meydan okur, bilinmeyenle mücadele eder ve Cehennem'den, Kaos'tan geçerek henüz yaratılmış yeryüzüne korkusuz yolculuklarında, ilk kâşif olur. Milton'ın Tanrısı, bununla beraber, Batı'nın harfi harfine açıklamasının doğasında varolan anlamsızlığı ortaya çıkarır gibidir. Teslis'in gizemsel kavranışı olmaksızın, şiirde Oğul'un durumu oldukça belirsizdir. İkinci bir ilahi varlık mı yoksa konumu onlardan daha üstte olmasına karşın, meleklere benzer bir yaratık mı olduğu kesinlikle açık değildir. Her durumda, o ve Baba, Oğul, Baba'nın onaylanmış Sözü ve Bilgeliği olsa da birbirlerinin niyetlerini anlamak için pek sıkıcı uzun uzadıya konuşmalarla uğraşmaları gereken iki apayrı varlıktır.

Bununla birlikte, Milton'ın Tanrısı'nı inanılmaz kılan, O'nun yeryüzündeki olayları önceden bilmesidir. Tanrı, Âdem ve Havva'nın günah işleyeceklerini daha Şeytan dünyaya ulaşmadan önce kaçınılmaz olarak zaten bildiğine göre olaydan önce davranışlarını haklı çıkaracak bazı iyi bahaneler bulması gerekir. Oğul'u, boyun eğmek zorunda kalmalarından hoşlanmayacağını anlatır ve Âdem ile Havva'ya Şeytan'a karşı koyma gücü verir. Bu yüzden karşı koyamazlar, Tanrı savunarak kanıt gösterir ve haklı olarak suçlar:

> Bu yaratılış veya bu yaratış veya bu talih
> Kaderin egemen olduğu,
> Onların arzusu, Mutlak tarafından ortaya konan
> Veya yüce önbilgi: onlar karar verir
> Kendi isyanlarına, ben değil: Ben bilseydim de
> Önceden bilmenin hiçbir etkisi olmazdı kabahatlerine,
> Ve ne olsa kanıtlar önceden bilinmediğini...
> Onları özgür kıldım ve özgür kalmalılar,
> Kendilerini büyüleyene kadar: Yoksa değiştirmeliyim
> Huylarını ve Yüce Kararı açıklamalıyım

Değişmez, Ezeli, belirleyen özgürlüklerini; bu düşüşü
onlar belirledi.[488]

Bu saçma sapan düşünceye saygı duymak yalnızca güç değil, üstüne üstlük Tanrı'nın, ilham ettiği kabul edilen dinin bütünüyle sevecenlikten yoksun, duygusuz, kibirli olduğu ortaya çıkıyor. Tanrı'yı bu yolla bizden biri gibi düşünmeye ve konuşmaya zorlamak ilahın bu tür insanbiçimci ve kişileştirici kavramının yetersizliklerini gösterir. Böyle bir Tanrı uyumlu ya da saygıdeğer olamayacak kadar çok çelişki içerir.

Tanrı'nın her şeyi bilmesi gibi bu tür öğretileri kelimesi kelimesine kabul eden bir anlayış işlemez. Milton'ın Tanrısı yalnızca soğuk ve kuralcı değil, üstelik fena halde yetersizdir. *Kayıp Cennet*'in son iki cildinde, Tanrı, Âdem'e günahının bedelinin soyuna nasıl ödetileceğini göstererek onu avutması için Baş Melek Mikail'i gönderir. Kurtuluş tarihinin tüm yolu, Mikail'in açıklamasıyla resim resim Âdem'e gösterilir: Kabil'in Habil'i öldürüşünü, Tufan'ı ve Nuh'un Gemisi'ni, Babil Kulesi'ni, İbrahim'in çağrısını, Mısır'dan Çıkışı ve Sina'da On Emrin verilişini görür. Tevrat'ın, Tanrı'nın şanssız seçilmiş insanlarına yüzyıllarca zulüm getiren yetersizliği, Mikail'in açıkladığına göre, onlara daha ruhani bir kanunu özletmek için yapılmış bir hiledir. Dünyanın gelecekteki kurtuluşunun bu açıklaması Kral Davut'un yiğitlikleri, Babil'e sürgün, İsa'nın doğumu vesaireden geçerek sürerken okurun aklına şunu getirir; insanoğluna bunun bedelini ödetmenin daha kolay ve daha doğrudan bir yolu olmalı. Sürekli başarısızlıklar ve hatalı çıkışlarla bu dolambaçlı plan olgusu, geleceği de belirlerken, yalnızca Yazar'ının zekâsı üstüne ciddi kuşkular ortaya koyar. Milton'ın Tanrısı güven uyandıramıyor. *Kayıp Cennet*'ten sonra hiçbir büyük İngiliz yaratıcı yazarın, metafizik dünyayı tanımlamaya girişmemesi anlamlı olmalıdır. Başka Spencerlar

488 *Kayıp Cennet*, III. Kitap, 113-119, 124-128. dizeler.

veya Miltonlar olmamıştır. Bundan sonra metafizik ve tinsel, George MacDonald ve C. S. Lewis gibi daha sıradışı yazarların alanına girmiştir. Yine de imgeleme hitap edemeyen bir Tanrı sıkıntıdadır.

Yitik Cennet'in sonlarında Âdem ve Havva, Cennet Bahçesi'ndeki yalnızlıklarından çıkartılıp dünyaya gönderilirler. Batı'da da Hristiyanlar, hâlâ Tanrı inançlarını korumakla birlikte, daha dünyevi bir çağın eşiğindeydiler. Yeni akıl dinine Deizm (Yaradancılık) denilecekti. Bu din, yaratıcı mistisizm ve mitoloji disiplinlerine zaman ayırmadı. Vahiy mitosuna ve uzun zamandır insanları kendine köle etmiş boş inanca, Teslis gibi geleneksel "gizemler"e sırtını döndü. Bunların yerine, insanın kendi çabalarıyla keşfedebildiği, kişilik sahibi olmayan "Deus"a bağlılığını ilan etti. Sonradan Aydınlanma olarak bilinen hareketin temsilcisi François Marie de Voltaire, *Philosophical Dictionary*'de (Felsefe Sözlüğü) (1764) bu üstün dini tanımladı; bu din her şeyden önce, olabildiği kadar yalın olmalıydı.

> İnsanları saçma kılmadan adil olmaya yönelten çok daha fazla ahlak ve çok daha az dogma öğretemez mi? İnsana olanaksız, çelişkili, kutsallığa zarar getirmeyen, insan soyu için tehlikeli olmadan ve sağduyu sahibi kimseyi ezeli cezayla tehdit etmeden? Akıl dışı bilgecilik adına yeryüzünü kana bulayan cellatları olmadan inancını ortaya koyamaz mı... Yalnızca tek tanrı, adalet, hoşgörü ve insanlığa tapmayı öğreterek?[489]

Yüzyıllardır kötürüm bırakan sayısız öğretiyle inananlara sıkıntı vermiş olduklarından kiliseler, bu meydan okumada yalnızca kendilerini suçladılar. Tepki kaçınılmazdı ve olumlu bile olabilirdi. Aydınlanma'nın filozofları Tanrı düşüncesini yadsımadılar yine de. Onlar, insanı sonsuz cehennemle korkutan ortodoksluğun

489 Voltaire, Felsefe Sözlüğü.

zalim Tanrısı'nı reddettiler. Ona ilişkin aklın karşısında olan gizem öğretilerini reddettiler. Ama bir Yüce Varlık'a olan inançları bozulmadan kaldı. Voltaire, Ferney'de kapısının üst sövesinde "Deo Erexit Voltaire"[490] yazılı kitabesiyle bir şapel yaptı ve Tanrı yoksa onu uydurmak gereklidir diyecek kadar ileri gitti. *Felsefe Sözlüğü*'nde, insan için tek Tanrı'ya inanmanın sayısız tanrıya inanmaktan daha akılcı ve doğal olduğunu tartıştı. Aslında yalıtılmış küçük köylerde ve topluluklarda yaşayan insanlar tek tanrının yazgılarına egemen olduğunu kabul etmişlerdi: Çoktanrıcılık daha sonraki bir gelişmeydi. Bilim ve akılcı felsefe birlikte bir Yüce Varlık'ın var olduğunu gösteriyordu: Sözlüğünde Ateizm üstüne denemesinin sonunda sorar, "Bütün bunlardan ne sonuç çıkaracağız?" Şöyle yanıtlar:

> Ateizmin yönetenler için ve ömürlerini masa başında geçirenler için de tertemiz bir yaşam sürmelerine karşın, odalarından aşıp mevki sahiplerini etkileyebildikleri için de çok zararlı bir canavar ve bağnazlık kadar uğursuz değilse bile, erdem için hemen hemen her zaman öldürücü olduğu sonucunu. Şunu da ekleyelim ki bugün her zamandan daha az ateist var, hele filozoflar tohumsuz biten hiçbir varlık, amaçsız da hiçbir tohum olmadığını, vb. buğdayın kokuşmuş artıklardan gelmediğini kabul edeli beri.[491]

Voltaire ateizmi, filozofların yok etmeye can attıkları boş inanç ve tutuculukla bir tuttu. Onun sorunu Tanrı değil, aklın kutsal ölçütüne karşı suç işlemiş, Tanrı hakkındaki öğretilerdi.

Avrupa Yahudileri de yeni düşüncelerden etkilenmişlerdi. İspanyol Yahudisi soyundan gelme bir Felemenk, Baruch Spinoza (1632-77), Tevrat çalışmasıyla hoşnutsuzluk yaratır olmuştu ve Yahudi olmayan

---

490 (Fr.) Voltaire Tanrı'ya yöneldi. (ç. n.)

491 A.g.e. s. 57. [*Felsefe Sözlüğü*, s. 78]

serbest düşünürler felsefe grubuna katıldı. Geliştirdiği düşünceler geleneksel Musevilikten tamamen farklıydı ve Descartes gibi kimi bilimsel düşünürler ve Hristiyan skolastiklerden etkilenmişti. 1656'da, yirmi dört yaşında, Amsterdam sinagogundan resmen aforoz edildi. Aforoz emri yüksek sesle okunurken, sinagogun ışıkları cemaat tam bir karanlık içinde kalana dek aşama aşama söndürüldü, Tanrısız bir dünyadaki Spinoza'nın ruhunun karanlığını kendilerine yaşattılar:

> Gece gündüz lanetlensin; yatarken ve kalkarken lanetlensin; girerken ve çıkarken lanetlensin. Rab artık onu affetmesin ve bilgilendirmesin. Rabbin gazabı ve hoşnutsuzluğu bundan böyle bu adama karşı parlasın, onu şeriat kitabında yazılı bütün lanetlerle doldursun ve adını gökyüzünden kazısın.[492]

Bundan böyle Spinoza Avrupa'nın hiçbir dinsel topluluğuna üye değildi. Bu sıfatıyla özerkliğin, Batı'da geçerli olacak dünyevi düşüncenin ilk örneği oldu. Yirminci yüzyılın başlarında, onun simgesel sürgün, feragat ve dünyevi kurtuluşu aramasına ilgi duyan birçokları Spinoza'ya yenilik kahramanı olarak saygı duydular.

Spinoza ateist olarak kabul edilmişti ancak, İncil'in Tanrısı olmamakla birlikte, bir Tanrı'ya inanmıştı. Feylesoflar gibi filozofça kazanılmış bilimsel Tanrı bilgisine göre vahyedilen dini daha aşağı buldu. *Teolojik Politik İnceleme* adlı çalışmasında, dinsel inanç yapısının yanlış anlaşıldığını tartıştı. Bu "yalnızca safdillik ve tarafgirlik", bir "anlamsız gizemler dizisi" olmuştu.[493] Kitab-ı Mukaddes tarihine eleştirel gözle baktı. İsrailliler anlamadıkları her görüngüye "Tanrı" adını vermişlerdi. Peygamberlerin, örneğin Tanrı'nın Ruhu'ndan esin aldıkları söylenmişti çünkü onlar üstün zekâlı ve kutsal adamlar olarak kabul edilmişti. Ancak bu tür "esin" seçkin bir sınıfa özgü

492 Paul Johnson, *A History of the Jews* (Londra, 1987), s. 290.

493 Baruch Spinoza, *Teolojik Politik İnceleme*.

olmayıp doğal akla sahip herkes için geçerliydi: İnanç ritleri ve simgelerinin yalnızca bilimsel, akılcı düşüncede yetersiz kalan halk kitlelerine yararı olabilirdi.

Descartes gibi Spinoza da Tanrı varlığının ontolojik kanıtına döndü. "Tanrı" düşüncesinin kendisi de Tanrı'nın varlığını onaylamayı içerir çünkü varolmayan kusursuz bir varlık kendi içinde çelişkilidir. Tanrı'nın varlığı zorunluydu çünkü gerçekliğe ilişkin başka sonuçları çıkarmak için gereken kesinlik ve güveni o tek başına sağlıyordu. Dünyayı bilimsel olarak kavrayışımız bize onun değişmez yasalarla yönetildiğini gösterir. Spinoza'ya göre Tanrı yalnızca yasanın ilkesi, varolan tüm sonsuz yasaların toplamıdır. Tanrı maddi bir varlıktır; evreni yöneten düzenle özdeş ve ona eşittir. Newton gibi Spinoza da eski felsefi yayılma düşüncesine döner. Çünkü Tanrı her şeyin aslında vardır ve her yerde bulunur, maddi ve ruhsal olarak onların varoluşlarını düzenleyen yasa olarak tanımlanabilir. Dünyada Tanrı'nın işlerinden söz etmek, var olmanın matematiksel ve nedensel ilkelerini tanımlamanın bir yoluydu yalnızca. Bu aşkınlığın kesin olarak reddiydi.

Açık bir öğreti gibi geliyor ama Spinoza'nın Tanrısı ona gerçekten gizemli bir huşuyla esin verdi. Var olan bütün yasaların toplamı olarak, Tanrı her şeyi birlik ve uyum içinde kaynaştırmış en yüksek kusursuzluktu. İnsanlar zihinlerinin işleyişlerini Descartes'ın söylediği biçimde düşündükleri zaman, kendilerini onların işleyişinde Tanrı'nın ölümsüz ve sonsuz varlığına açarlardı. Platon gibi Spinoza da sezgisel ve kendiliğinden bilginin, Tanrı'nın varlığını, olguların çabayla biriktirilmesinden daha çok açıkladığına inanıyordu. Bilgiden aldığımız sevinç ve haz, teker teker her insanın derinliklerinde bulunan, düşüncenin sonsuz bir nesnesi değil ama düşüncenin sonucu ve ilkesi olan ilahi bir varlığın, Tanrı'nın sevgisine eşittir. Vahiy veya kutsal yasaya gerek yoktur: Bu Tanrı tüm insanlığın içine girebilir ve yalnızca Tevrat sonsuz doğa yasasıdır. Spinoza eski metafiziği yeni bilimsel çizgiye taşıdı: Onun Tanrısı Yeni Platoncuların bilinmeyen kişisi değil ama Aquinalı gibi filozoflarca tanımlanmış mutlak Varlık'a daha yakındı. Ancak ortodoks tektanrıcılarca kendi içlerinde denenmiş gizemli Tanrı'ya da yakındı. Yahudiler, Hristiyanlar ve filozoflar Spinoza'yı ateist olarak görme eğilimindeydiler: Gerçekliğin kalanından ayrılamayan bu Tanrı'ya ilişkin kişisel hiçbir şey yoktu. Gerçekten, Spinoza "Tanrı" sözcüğünü yalnızca tarihsel nedenlerle kullanmıştı: Gerçekliğin bir bölümünün "Tanrı" ve bir bölümünün "Tanrı olmayan" olarak ayrılamayacağını savunan ateistlere katılıyordu. Tanrı başka şeylerden ayrılamıyorsa, "o"nun sıradan herhangi bir anlamda var olduğunu söylemek olanaksızdır. Aslında Spinoza'nın söylediği bizim o sözcüğe çoğunlukla yüklediğimiz anlamı karşılayan bir Tanrı olmadığıydı. Ancak mistikler ve filozoflar yüzyıllarca aynı noktaya değinmişlerdi. Kimileri bildiğimiz dünyadan ayrı "Hiçbir şey" olmadığını söylemişlerdi. Aşkın En Sof'un yokluğu olmadığına göre, Spinoza'nın panteizmi Kabbala'yı andırır ve kökten mistisizmle yakınlarda çıkan ateistlik arasında bir yakınlık olduğunu kavrayabiliriz.

Başta özellikle bir Yahudi felsefesi oluşturma amacı olmamakla birlikte, Yahudilere çağdaş Avrupa'ya giriş yolunu açan Alman filozof Moses Mendelssohn'du (1726-86). Dinin yanında psikoloji ve güzel sanatlarla ilgileniyordu ve ilk yapıtları *Phaedon* ve *Morning Hours* (Sabah Saatleri) Alman Aydınlanmacılığı'nın genel ortamı içinde yazılmışlardı: Akılcı zeminlerde Tanrı'nın varlığını kurmaya çabalamış ve sorunu bir Yahudinin bakış açısından ele almamıştı. Fransa ve Almanya gibi ülkelerde Aydınlanma'nın özgür düşünceleri, serbestliği getirdi ve Yahudilerin topluma girebilmelerini olanaklı kıldı. Alman Aydınlanmacılığı'nın dinsel felsefesini kabul etmek, aydın Yahudilerin deyişiyle bu *maskilim*'ler için güç değildi. Yahudiliğin, Batı Hristiyanlığı benzeri kuramsal tutkuları hiç olmadı. Yahudiliğin temel ilkeleri, Almanya'da hâlâ insan işlerine Tanrı'nın karışması ve mucizeler bilgisi diye anlaşılan, Aydınlanma'nın akılcı diniyle gerçekten özdeşti. *Sabah Saatleri*'nde, Mendelssohn'un felsefi

Tanrısı İncil'in Tanrısı'na çok benziyordu; metafiziksel bir soyutlama değil, kişilik sahibi bir Tanrı'ydı. Bilgelik, erdem, doğruluk, iyilik ve akıl gibi insani nitelikler olabilecek en yüce anlamlarıyla bu Yüce Varlık'a uyarlanmıştı.

Ama bu Mendelssohn'un Tanrısı'nı bize fazlasıyla benzetiyor. Onunki tipik bir Aydınlanma inancıydı: sakin, tarafsız ve dinsel deneyimin çelişkisine ve belirsizliğine önem vermemeye eğilimli. Mendelssohn Tanrısız yaşamı anlamsız buluyordu ama bu tutkulu bir inanç değildi: Akıl yoluyla erişilebilir Tanrı bilgisiyle oldukça hoşnuttu. Tanrı erdemi onun teolojisinin dayandığı destektir. "İnsanlar yalnızca vahiye inansalardı," diye ileri sürer Mendelssohn, "bu Tanrı erdemiyle bağdaşmazdı çünkü çoğu insan ilahi düzenin dışında bırakılmış gibi görünüyordu." Bu nedenle onun felsefesi, felsefenin talep ettiği -yalnızca birkaç insan için geçerli olabilen- entelektüel ustalıkları bıraktı ve daha çok herkesin kavradığı sağduyuya dayandı. Yine de bu tür yaklaşımda bir tehlike vardır çünkü böyle bir Tanrı'yı önyargılarımıza uydurmak ve onları mutlaklaştırmak çok kolaydır.

Phaedon 1767'de yayımlandığında, ruhun ölümsüzlüğünün felsefi savunusu Yahudi olmayan veya Hristiyan çevrelerde, kimi zaman hor görüldüyse de kesinlikle kabul gördü. İsviçreli genç bir papaz, Johann Caspar Lavater, yazarın Hristiyanlığa dönmeye hazır olduğunu yazdı ve Yahudiliğini açıkça savunması için Mendelssohn'a meydan okudu. Mendelssohn, o zaman, seçilmiş bir halk veya vadedilmiş bir ülke gibi geleneksel inançları benimsememekle birlikte, Yahudiliğin akılcı bir savunusuna doğru isteği dışında sürüklenmişti. İyi bir çizgi tutturdu: Ne Spinoza'nın yolundan yürümek ne de Yahudilik savunmasında çok başarılı olduğunu kanıtlayıp Hristiyanların öfkesini kendi halkının üstüne çekmek istemedi. Diğer deistler gibi vahiyin yalnızca doğruluğu akıl yoluyla kanıtlanabilirse kabul edilebileceğini ileri sürdü. Teslis öğretisi onun ölçütleriyle bağdaşmadı. Yahudilik bildirilmiş bir din değil ama bildirilmiş bir yasaydı. Yahudi Tanrı kavramı, insanlığın bütününe ait olan ve yardım görmemiş akıl yoluyla kanıtlanabilen doğa diniyle özdeşti aslında. Mendelssohn, Yasa'nın işlevinin Yahudilere doğru bir Tanrı bilgisi oluşturmada ve putperestlikten uzak durmada yardımcı olmak olduğunu tartışarak, eski kozmolojik ve ontolojik kanıtlara güvendi. Hoşgörü için bir yakarışla bitirdi. Aklın evrensel dini, Avrupa kiliselerinin yüzyıllarca zulüm ettiği Tanrı'ya yaklaşımın diğer yollarına, Yahudiliği de içererek saygı göstermeye öncülük etmeliydi.

Yahudiler Mendelssohn'un felsefesinden çok Immanuel Kant'ın felsefesinden etkilendiler; Kant'ın *Saf Aklın Eleştirisi* (1781), Mendelssohn'un yaşamının son on yılı içinde yayımlanmıştı. Kant Aydınlanma'yı, "insanın kendi kabullendiği vesayetten çıkışı" veya dış otoriteye güvenme olarak tanımlamıştı.[494] Tanrı'ya giden tek yol, onun "pratik akıl" dediği, ahlaki vicdanın özerk bölgesinden geçiyordu. Dinin, kiliselerin katı kurallı otoritesi, insanların kendi güçlerine güvenmelerini ve Öteki'ne bağlanma cesaretlerini engelleyen dua ve ayin gibi çoğu tuzağını Kant bir kenara attı. Ama Tanrı düşüncesine özünde karşı değildi. Yüzyıllar önce Gazali'nin yaptığı gibi Tanrı'nın varlığına ilişkin geleneksel tartışmaların yararsız olduklarını savundu çünkü zihinlerimiz yalnızca uzay ve zamanda varolan şeyleri anlayabilirdi ve bu kategorinin ötesinde yatan gerçekleri düşünmeye elverişli değillerdi. Ama insanlığın bu sınırları aşmaya ve bize uyumlu bir bütün olarak gerçeklik görüşünü kazandıracak bir birlik ilkesi aramak için doğal bir eğilimi olduğunu da kabul etti. Bu Tanrı düşüncesiydi. Mantığa göre Tanrı'nın varlığını kanıtlamak olanaksızdı ama aksini kanıtlamak da olanaksızdı. Tanrı düşüncesi bizim için gerekliydi: Kapsamlı bir dünya düşüncesi oluşturabilmemiz için ideal sınırı bize o gösteriyordu.

Bundan dolayı, Kant'a göre Tanrı yalnızca kötüye kullanılabilen bir kolaylıktı. Bilge ve her şeye gücü yeten bir Tanrı düşüncesi

494 Pelikan, *Christian Doctrine and Modern Culture*, s. 60.

bilimsel araştırmayı zayıflatabilir ve bir *deus ex machina*'ya, bilgi aralıklarımızı dolduran bir tanrıya karşı gevşek bir güvene yol açardı. Ayrıca, kiliselerin tarihinde derin iz bırakmış bunun gibi sert tartışmalara yol açan yararsız yanılgılara kaynak oluşturabilirdi. Kant ateist olduğunu yalanladı. Çağdaşları onu, insanoğlunun kötülük kapasitesinin tamamen farkında olan dindar bir adam olarak tanımladılar. Bu onun için Tanrı düşüncesini önemli kılıyordu. *Pratik Aklın Eleştirisi*'nde Kant, ahlaki bir yaşam sürmek için insanların doğruluğu sevinçle ödüllendirecek bir idareciye gereksinimleri olduğunu öne sürdü. Bu görüş açısında, Tanrı sadece ikincil bir düşünce olarak ahlak sistemine eklenmişti. Dinin merkezi artık Tanrı gizemi değil ama insanın kendisiydi. Tanrı'nın artık her varlığın temeli olmayan ve bize daha yetkin ve ahlâklı olabilme işlevi veren bir stratejisi olmuştu. Bu, insanın bir adım ötedeki özerklik ülküsünü ele geçirme ve bununla bir bakıma yüzeysel olan Tanrı'dan hepten vazgeçmesi çok sürmeyecekti. Kant, geleneksel kanıtların doğruluğundan kuşku duyan, aslında bunların hiçbir şeyi kanıtlamadığını gösteren Batı'daki ilk insanlardan biri olmuştu. Bu kadar inandırıcı olan biri hiçbir zaman ortaya çıkmayacaktı.

Ne ki bu Tanrı'nın bir inanç yolunu ancak bir diğerini açmak için kapadığına kesinlikle inanan kimi Hristiyanlara özgürlük sağlamış gibiydi. *A Plain Account of Genuine Christianity*'de (Gerçek Hristiyanlığın Açık Açıklaması) John Wesley (1703-91) şöyle yazdı:

> Bazen Tanrı'nın bilgeliğinin, çok daha sonraki çağlarda, Hristiyanlığa, insanların (özellikle düşüncede) tamamıyla dışarı yönelmeyip kendilerine de dönüp bakma ve yüreklerindeki parıldayan ışığa uyma amacına kulak tıkamak ve bunda engellenmek için az veya çok dışsal kanıtlara izin verdiğine inanma eğiliminde oluyorum.[495]

---

495 A.g.e. s. 110.

Aydınlanma akılcılığının yanında, "yürek dini" olarak adlandırılan yeni tür bir dindarlık gelişti. Kafadan çok yüreği merkez almasına karşın, deizm gibi aynı zihin uğraşlarının çoğunu paylaşıyordu. İnsanları, dıştan gelen kanıt ve otoriteleri tamamıyla bırakmaya ve herkesi kapasitesinde ve yüreğinde bulunan Tanrı'yı keşfe itiyordu. Deistlerin çoğu gibi Wesley kardeşler veya Alman Softası Kont Nicholas Ludwig von Zinzendorf'un (1706-60) müritleri yüzyılların eklerini silkip attıklarına ve İsa'nın "sade" ve "halis" Hristiyanlığına ve ilk Hristiyanlara döndüklerini hissediyorlardı.

John Wesley her zaman ateşli bir Hristiyan olmuştu. Oxford Lincoln College'ın genç bir üyesiyken, o ve kardeşi Charles üniversite öğrencileri için Kutsal Kulüp olarak bilinen bir topluluk kurdular. Sert yöntem ve öğreti üstüne kurulduğundan üyeleri Metodistler olarak tanındı. 1735'te, John ve Charles misyoner olarak deniz yoluyla Amerika'daki Georgia kolonisine gittiler; ancak John, iki yıl sonra çok üzgün olarak geri döndü. Günlüğüne şöyle yazmıştı: "Kızılderilileri değiştirmek için Amerika'ya gittim; fakat ah, beni kim değiştirecek?"[496] Yolculuk sırasında Wesleyler, her öğretiden uzak duran ve dinin yalnızca gönül işi olduğunda ısrar eden Moravya mezhebinin bazı misyonerlerinden çok etkilenmişlerdi. 1738'de, Londra, Aldersgate Caddesi'nde, bir şapeldeki Moravyalılar toplantısında John, kendisinin bu yeni Hristiyanlık türünü tüm İngiltere'de vaaz vermek için doğrudan Tanrı tarafından görevlendirildiğine inandığı bir değişim geçirdi. O zamandan sonra o ve taraftarları, işçi sınıfı ile pazar ve tarlalardaki köylülere vaaz vererek ülkeyi baştan başa dolaştılar.

"Yeniden doğmuş" olma deneyimi çok önemliydi. Bilinçle hissedilen ve "Tanrı'nın her çocuğunu şefkat, tatlılık ve tahammülle sevmeyi doğal ve bir bakıma, zorunlu" kılan "Tanrı için sürekli bir sevgi minnettarlığı"yla Hristiyanı dolduran, "sanki insan ruhundaymış

---

496 Sherwood Eliot Wirt'den alıntı (yay.) *Spiritual Awakening: Classic Writings of the eighteenth century devotions to inspire and belp the twentieth century reader* (Tring, 1988),s. 9.

gibi Tanrı'yı durmadan anma" deneyimi "kesinlikle gerekli"ydi.[497] Tanrı'ya ilişkin öğretiler yararsızdı ve bozulabilirlerdi. İsa'nın sözlerinin inananın üzerindeki psikolojik etkisi dinin doğruluğunun en iyi kanıtıydı. Puritanizmde olduğu gibi duygusal bir din deneyimi doğru inancın ve dolayısıyla kurtuluşun tek kanıtıydı. Ama herkes için bu mistisizm tehlikeli olabilirdi. Mistikler tinsel yolların tehlikelerini her zaman vurgulamışlar ve karşı uyarıda bulunmuşlardı: Barış ve gönül rahatlığı sahici mistisizmin belirtileriydi. Bu Yeniden Doğmuş Hristiyanlık, Quakerlar ve Shakerların şiddetli vecdleri gibi çılgın tavırları ortaya çıkarmış olabilirdi. Ayrıca umutsuzluğa yol açmıştı: Şair William Cowper (1731-1800) bağışlanmadığını hissettiği zaman, bu duygu eksikliğinin lanetlendiğinin bir belirtisi olduğunu sanıp delirdi.

Yürek dininde, Tanrı'ya ilişkin öğretiler içteki duygusal anlatımlarla yer değiştirmişti. Bu nedenle, Saksonya'daki malikânelerinde oturan birkaç dinsel topluluğun koruyucusu olan Kont von Zinzendorf, Wesley'nin düşüncelerine benzer düşünceler ileri sürdü: "İnanç düşüncelerde ya da kafanın içinde değil yürektedir, yürekte yanmış bir ışıktır."[498] Akademisyenler "Teslis'in gizemi hakkında gevezelik etme"ye devam edebilirlerdi ancak öğretinin anlamı üç kişinin birbiriyle olan ilişkisi değil, "onların bizim için ne oldukları"ydı.[499] İsa "yüreğin Kralı" olduğu zaman, Dirilişin Hristiyan bireyin yeni doğumundaki gizemi açıklıyor. Tinselliğin bu duygusal türü İsa'nın Kutsal Yüreği'ne bağlılıkla Roma Katolik Kilisesi'ni de sarmıştı; kendini tiksindirecek kadar fazla duygusallığıyla kuşku uyandıran Cizvitler ve kurulu düzenden ayrı bir yere koyuyordu. Bu günümüzde de sürdürülmektedir: Çoğu Roma Katolik Kilisesi'nde alevlerin halesiyle sarılmış soğan biçiminde bir yüreği

---

497 Albert C. Outler, (yay.) *John Wesley: Writings*, 2 cilt (Oxford ve New York, 1964), s. 194-6.

498 Pelikan, *Christian Doctrine and Modern Culture*, s.125.

499 A.g.e. s. 126.

göstermek için göğsü açık bir İsa heykeli bulunur. Bu, Fransa, Paray le Monail Rahibeler Manastırı'nda Margaret Mary Alacoque'ye (1647-90) İsa'nın gözüktüğü biçimdi. Dört İncil'in cilalı figürü ile bu İsa arasında bir benzerlik yoktur. Ağlamaklı kendine acıyışında, kafayı dışarda bırakıp yürek üstünde yoğunlaşmanın tehlikelerini gösterir. 1682'de Margaret Mary, Büyük Perhiz'in başlangıcında İsa'nın kendine gözüktüğünü anımsıyordu:

> Yaralar ve çürüklerle kaplanmış. Tapınılacak kanı her yanından akıyordu: "Hiç kimse," dedi kederli ve dokunaklı bir tonla, "bana acımasın ve merhamet göstermesin ve üzüntüme katılmasın, özellikle bu anda, günahkârların beni acınacak hale soktukları durumda."[500]

Cinselliğin düşüncesinden bile iğrendiğini itiraf eden, düzensizlikten acı çeken ve Kutsal Yürek'e duyduğu "aşk"ı kanıtlamak için sağlıksız mazoşistçe davranışlara düşmüş oldukça nevrotik bir kadın olan Margaret Mary, bir yürek dininin tek başına nasıl çarpıtılabileceğini gösterir. Kutsal Yürek'i hiçbir zaman başından geçmemiş aşkı karşılayan İsa'sı, bir isteğe erişmekten başka bir şey değildir: "Ebediyen O'nun sevilen müridi olmalısın, O'nun hoş zevkinin oyuncağı ve isteklerinin kurbanı," der ona İsa. "Bütün arzularının biricik zevki olmalı O; O senin eksiklerini tamamlar ve onları düzeltir, senin için yükümlülüklerini yerine getirir."[501] İnsanı yalnız İsa üstüne yoğunlaştırmak, böyle bir sofuluk, Hristiyanın nevrotik bir bencillik içine hapseden basit bir yansıtmadır yalnızca.

Aydınlanma'nın sakin akılcılığından oldukça uzak olduğumuz açık, yine de yürek diniyle, en iyisinden, deizm arasında bir bağlantı vardı. Kant, örneğin Konigsburg'da, Zinzendorf'un da köklerinin

---

500 George Tickell SJ, *The Life of Blessed Margaret Mary* (Londra, 1990), s. 258.

501 A.g.e. s. 221.

bulunduğu Lutherci bir mezhep olan Pietist olarak yetiştirilmişti. Kant'ın yardımsız aklın sınırları içinde bir din için önerileri Pietizmin, "otoriter bir kilisenin öğretilerinde kutsal kabul edilmiş bir vahiydense, ruhun kendi yapısı içinde oluşan" bir din için ısrarına yakındır.[502] Dine köktenci bakış açısıyla tanınır olduğu zaman, Kant'ın Pietist hizmetçisine kendisinin yalnızca "inanca yer açmak için dogmayı ortadan kaldırmış" olduğunu söyleyerek onun güvenini yeniden kazandığı söylenir.[503] John Wesley, Aydınlanma'yla büyülenmişti ve özellikle özgürlük ülküsüne sıcak bakıyordu. Bilim ve teknolojiyle ilgileniyor, elektrik deneyleriyle amatörce uğraşıyor, insan yapısı ve gelişmenin olanaklılığına ilişkin Aydınlanma'nın iyimserliğini paylaşıyordu. Amerikalı bilim adamı Albert C. Outler, yüreğin yeni dini ve Aydınlanma akılcılığının her ikisinin de düzen karşıtı olduklarını ve dış otoriteye güven duymadıklarını belirtir; her ikisi de kendilerini eskilere karşı çağdaşların yanına koymuşlardır ve insaniyetsizliğe duyulan nefreti ve insanseverlik aşkını paylaşmışlardır. Gerçekten de köktenci dindarlık, Hristiyanlar kadar Yahudiler arasında da kök salması için Aydınlanma'nın ülkülerine tam anlamıyla yolu açmış görünür. Bu aşırı hareketlerin bazılarında dikkate değer bir benzerlik vardır. Bu mezheplerin çoğu dinsel tabuları yıkmakla dönemin büyük değişikliklerine karşılık vermiş gibidirler. Kimileri sapkın olarak ortaya çıkmış; diğerleri gerçekten vücut bulmuş Tanrı olduğunu iddia ederken bazıları da ateist olarak adlandırılmıştır. Bu mezheplerin çoğu Mesihçi görüşteydi ve büsbütün yeni bir dünyanın yakın olduğunu ilan etmişlerdi.

Özellikle 1649'da Kral I. Charles'ın idamından sonra, Oliver Cromwell'in Püriten hükümetinin idaresi altındaki İngiltere'de va-

---

502 Samuel Shaw, *Communion with God*, Albert C. Outler, "Pietism and Enlightenment: Alternatives to Tradition" Louis Dupre ve Don E. Saliers yayımladıkları *Christian Spirituality: Post Reformation and Modern* (New York ve Londra, 1989), s. 245.

503 A.g.e. s. 248

hiy heyecanı başgöstermişti. Püriten otoriteler, Tanrı'nın Günü'nün yakın olduğuna inanan çoğu sıradan insan arasında ve orduda patlak veren dinsel ateşliliğe hâkim olmanın zor olduğunu düşünüyorlardı. Tanrı Ruhu'nu tüm insanlarının üzerine, İncil'de söz verildiği gibi yağdıracak ve krallığını kesinlikle İngiltere'de kuracaktı. Bu Püritenlerin 1620'lerde Yeni İngiltere'de yerleşmiş olanları gibi Cromwell'in kendisi de benzer umutlarla avutulmuş görünür. 1649'da Gerard Wistanley, Surrey'de Cobham yakınlarında "Digger" cemaatini kurdu, insanoğlunu Âdem'in Cennet Bahçesi'ni işlediği özgün durumuna getirmeye karar vermişti: Bu yeni toplumda, özel mülkiyet, sınıf farkı ve insan otoritesi son bulacaktı. İlk Quakerlar -George Fox, James Naylor ve müritleri- tüm erkek ve kadınların Tanrı'ya doğrudan yaklaşabileceklerini vaaz verdiler. Her bireyin içinde bir İçsel Işık vardı ve bu bir kez keşfedilip beslendiğinde herkes, sınıfı ya da konumu gözetilmeksizin, bu dünyada kurtuluşu ele geçirebilirdi. Fox'un kendi barışçıllığı, zor kullanmamayı ve Dostlar Cemaati için köktenci bir eşitlikçiliği vaaz verdi. Özgürlük, eşitlik ve kardeşlik umudu, Paris halkı Bastille fırtınasını koparmadan yaklaşık 140 yıl önce İngiltere'yi kaplamıştı.

Bu yeni dinsel ruhun en uç örneklerinin, Orta Çağ'ın son dönemindeki Özgür Ruhun Kardeşleri olarak bilinen sapkınlarla ortak yanları çoktu. İngiliz tarihçi Norman Cohn'un *Bin Yılın Peşinde Devirici Binyılcılar ve Orta Çağ'ın Mistik Anarşistleri*'nde açıkladığı gibi, Kardeşler tektanrıcı düşmanlarınca panteizmle suçlanmışlardı. Şunları söylemekten çekinmiyorlardı: "Tanrı hepsi hepsi budur", "Tanrı, nasıl Aşai Rabbani ekmeğinde ise, aynı kesinlikle, her taşın içinde ve insan gövdesinin her uzvundadır." "Yaratılmış her nesne kutsaldır."[504] Bu Plotinos'un bakışının yeniden yorumlanmasıydı. Her şeyin ölümsüz özü, Tek'ten çıkan, kutsaldı. Var olan her şey Tanrısal Kaynak'ına dönmeyi özlerdi ve er geç Tanrı'nın içinde yeniden

504 Norman Cohn, *The Pursuit of The Millennium, Revolutionary Millenmariaus and Mystical Anarchists of the Middle Ages* (Londra, 1970), s. 172.

soğurulacaklardı: Teslis'in üç kişisi bile sonunda asıl Birlik'le kaynaşmış olacaktı. Kurtuluş, kişinin kendi kutsal yapısının bu dünyada tanınmasıyla kazanılırdı. Kardeşlerden biri tarafından yazılmış bir tez, Ren nehri yanındaki bir inziva hücresinde bulundu: "Tanrısal öz benim özümdür ve benim özüm tanrısal özdür." Kardeşler tekrar tekrar yineliyordu: "Her akıllı yaratık kendi doğal kutsanmışlığı içindedir."[505] Bu, insanlığın sınırlarını aşmaya tutkulu bir özlem olarak öyle felsefi bir öğreti değildi. Strasbourg Piskoposu'nun dediği gibi, Kardeşler, "Hiç fark gözetmeksizin, doğuştan Tanrı olduklarını söyler, tüm tanrısal kusursuzlukların kendilerinde olduğuna, ölümsüz ve sonsuzlukta olduklarına inanırlar."[506]

Cohn, Cromwell'in İngilteresi'ndeki Quakerlar, Levellerlar ve Ranterlar gibi aşırı uç Hristiyan mezheplerin, on dördüncü yüzyılın Özgür Ruh sapkınlarının yeniden uyanışları olduğunu ileri sürer. Bilinçli bir uyanış değildi elbette ama bu on yedinci yüzyıl heveslileri birbirlerinden bağımsız olarak panteist bir bakış açısına vardılar; Spinoza tarafından kabaca yorumlandığı gibi bunu, felsefi panteizmin kitlelere uyarlanışı olarak görmemek güçtür. Wistanley, -diğer köktenciler gibi- inancını kavramsal terimlerle açıkça belirtmekte isteksiz davranmışsa da aşkın bir Tanrı'ya hiç inanmamıştır belki de. Bu devrimci mezheplerden hiçbiri, tarihsel İsa tarafından gerçekleştirilmiş kefaret için kurtuluş borçları olduğuna gerçekten inanmadılar: Onlar için önemi olan İsa, Kutsal Ruh'tan ayırt edilmesi neredeyse olanaksız topluluk üyeleri arasında yayılmış bir varlıktı. Tanrı'ya yaklaşmanın baş aracının hâlâ kehanet olduğunda ve Ruh tarafından gelen doğrudan esinin kurumlaşmış dinleri öğrenmekten daha üstün olduğunda hepsi hemfikirdi. Fox Quakerlarına, Yunan *hesychasm*'ını veya ortaçağ filozoflarının *via negativa*'sını anımsatan bir sessizlik içinde Tanrı'yı beklemelerini öğretmişti. Teslis ilkesine

505 A.g.e. s. 173.

506 A.g.e. s. 174.

ait eski Tanrı düşüncesi parçalara ayrılmıştı: bu her yerde bulunan tanrısal varlık üç kişiye ayrılamazdı. Onun tanımlayıcı özelliği teklikti, farklı toplulukların birliği ve eşitlikçiliğine yansıyordu. Kardeşler gibi kimi Ranterlar da kendilerinin tanrısal olduklarını düşünmüşlerdi: Bazıları İsa ya da yeniden vücut bulmuş Tanrı olduklarını iddia ettiler. Mesihçiler gibi devrimci bir öğretiyi ve yeni bir dünya düzenini vaaz verdiler. Böylece tartışmalı kitapçığı *Gangraena or a Catalogue and Discovery of Many of the Errours, Heresies, Blasphemies and pernicious Practices of the Sectarians of This Time*'da (1640) Presbiteryen eleştirmenleri Thomas Edwards, Ranterların inançlarını şöyle özetler:

> Yaratılışın ilk halindeki her yaratık Tanrı'ydı ve her yaratık Tanrı'dır, canlı ve nefes alan her varlık Tanrı'dan çıkar ve tekrar Tanrı'ya dönecektir, okyanustaki bir damla gibi onun içinde kaybolur... Kutsal Ruh'la vaftiz edilmiş bir insan her şeyi Tanrı'nın her şeyi bilmesi gibi bilir ki bu derin bir sırdır... Bir insan kendinin ruh tarafından Tanrı'nın inayetine mazhar olduğunu bilirse, cinayet işlemiş ya da sarhoş da olsa, Tanrı onda hiçbir günah görmez... Tüm dünya Azizdir ve burada bir iyiler topluluğu olmalıdır ve Azizler Centilmenlerin ve böyle insanların topraklarını ve Mülklerini paylaşmalıdır.[507]

Spinoza gibi Ranterlar da ateistlikle suçlanmışlardı. Özgürlükçü inançlarında Hristiyan tabularını bilerek yıkmışlar ve kâfirce, Tanrı ve insan arasında hiçbir fark olmadığını savunmuşlardı. Kant ve Spinoza'nın bilimsel soyutlamalarını anlayacak yetenekte değildi herkes ama Ranterların kendi kendine vecdinde ya da Quakerların İçsel Işığı'nda, Pantheon'daki Akıl Tanrıçası'nı tahta çıkaran Fran-

507 A.g.e. s. 290.

sız devrimcilerince bir yüzyıl sonra anlatılana benzer bir arzuyu görmek olanaklıdır.

Ranterların birkaçı, yeni Krallık'ı kuracak olan, Tanrı'nın yeniden dirilişi, Mesih olduklarını öne sürüyorlardı. Elimizdeki yaşam öyküleri bazı olaylarda zihinsel bozukluğu akla getiriyor ama yine de zamanlarının İngilteresi'nde taraftar toplamış, açıkça tinsel ve toplumsal bir gereksinimi karşılamış gibidirler. Böylece saygıdeğer bir aile reisi olan William Franklin, 1646'da ailesi vebayla savrulunca aklını yitirdi. Kendini Tanrı ve İsa olarak ilan edip Hristiyan yoldaşlarına korku saldı ama daha sonra sözünü geri aldı ve af diledi. Zihinsel yeteneklerini yeniden kazanmış gibi görünüyordu ancak yine de görünüşte saygınlığı olmayan bir dilenci yaşamı sürüyordu, karısını bırakıp başka kadınlarla yatar olmuştu. Bu kadınlardan biri, Mary Gadbury, tüm sınıf farklarını ortadan kaldıracak yeni bir toplumsal düzen kehanetinde bulunarak hayaller görmeye ve sesler duymaya başladı. Franklin'i Tanrısı ve Mesih'i olarak kabul etti. Sayısız taraftar buldukları anlaşılıyor ama 1650'de tutuklandılar, kırbaçlandılar ve Bridewell'e hapsedildiler. Aynı sıralarda, John Robbins adında biri de Tanrı sayılmıştı: Tanrı Baba olduğunu iddia etmiş ve yakında karısının dünyanın Kurtarıcısı'nı doğuracağına inanmıştı.

Kimi tarihçiler, onların eylemlerini yalnızca, polemik nedenleriyle inançlarını çarpıtmış olabilecek düşmanlarından dinlediğimize işaret ederek, Robbins ve Franklin gibilerinin Ranter olduklarını reddederler. Ama Jacob Bauthumely, Richard Coppin ve Laurence Clarkson gibi ünlü Ranterların bazı metinlerinde aynı düşünce karmaşası korunmuştur: Onlar devrimci bir toplumsal öğretiyi de vaazlarına eklediler. *The Light and Dark Sides of God* (Tanrı'nın Aydınlık ve Karanlık Yanları) (1650) adlı incelemesinde, Bauthumely Tanrı'dan, ona dönen insanın Gözü, Kulağı ve Eli olduğuna inanan Sufi inancını anımsatan terimlerle söz eder: "Ey Tanrı, senin sanatına ne diyebilirim?" diye sorar. "Çünkü seni gördüğümü söylersem, bu senin kendi kendini görmenden başka bir şey değildir; çünkü içimde senin kendi kendini görme yeteneğinden başka bir şey yoktur: Seni bildiğimi söylersem, başka birini değil ama senin kendi kendini bilme bilgisidir bu."[508] Akılcılar gibi Bauthumely de Teslis öğretisini reddeder ve yine bir Sufi gibi tanrı iken demekle Tanrı'nın kendini tek insanda göstermiş olamayacağını söyleyerek İsa'nın tanrılık niteliğine inancını sınırlar: "O, Mesih insanda olduğu kadar, gerçekten ve aslında öteki insan ve yaratıkların bedenlerinde de mekân eylemiştir."[509] Ayrı, mekân içinde bir Tanrı'ya tapınma, putperestliğin bir biçimidir; Cennet bir yer değil İsa'nın tinsel varlığıdır. Bauthumely, Kitab-ı Mukaddes'teki Tanrı düşüncesinin yetersiz olduğuna inanıyordu: Günah bir eylem değil bir koşuldur, tanrısal yapımızın bir eksikliğidir. Bununla birlikte anlaşılmaz bir biçimde, basitçe, Tanrı günahta da mevcuttur. Günah, "Tanrı'nın karanlık yanı, saf bir ışık yoksunluğudur."[510] Bauthumely düşmanlarınca ateistlikle suçlanmıştı ama kitabı, çok daha kabaca ifade edilmiş olsa da Fox, Wesley ve Zinzenburg'un anlayışından uzak değildir. Daha sonraki Pietistler ve Metodistler gibi uzak ve insafsızca nesnel olan bir Tanrı'yı içselleştirmeye ve dinsel deneyimi geleneksel öğretilerin yerine geçirmeye çalışmıştır. Ayrıca otoritenin reddine ve özellikle daha sonra bir yürek dinini onaylamış olanlar ve Aydınlanma filozoflarınca paylaşılmış olan iyimser insanlık görüşüne de katılmıştı.

Bauthumely, günahın kutsallığının altüst eden ve derin heyecan veren öğretisine sıcak baktı. Eğer Tanrı her şeyse, günah hiçbir şeydi Laurence Clarkson ve Alastair Coppe gibi Ranterların bir iddiası; bunlar ayrıca cinsiyete ilişkin geçerli kurallara da açık ve çirkin bir biçimde saygısızlık ederek veya halkın önünde sövüp sayarak bunu kanıtlamaya uğraşmışlardı. Coppe sarhoşluğu ve sigara içmesiyle

508 A.g.e. s. 303.

509 A.g.e. s. 304.

510 A.g.e. s. 395.

özellikle ünlüydü. Ranter olur olmaz, açıkça uzun zamandır bastırılmış sövüp sayma arzusuna kaptırdı kendini. Londra'daki bir kilise kürsüsünden tam bir saat boyunca küfrettiğini ve bir tavernadaki garson kadına küfrettikten sonra kadının saatlerce korku içinde titrediğini duyarız. Bu insanlığın günahkârlığı üstüne sağlıksız yoğunlaşmasıyla Püriten ahlakının bastırıcılığına bir tepki olabilirdi. Fox ve Quakerları günahın kesinlikle kaçınılmaz olduğunda ısrar ettiler. Dostlarını günaha özendirmedi kuşkusuz ve Ranterların kösnüllüklerinden iğrendi ama daha iyimser bir insanbilimi öğütledi ve dengeyi korudu. *A Single Eye* (Tek Bir Göz) kitapçığında, Laurence Clarkson, Tanrı her şeyi iyi yaptığına göre "günah"ın yalnızca insan imgeleminde var olduğunu tartıştı. Karanlığı ışık yapacağını Kitab-ı Mukaddes'te Tanrı'nın kendisi iddia etmişti. Mistikler daha kutsal bir görüş keşfetmeye çalışmalarına karşın, günah gerçeğiyle uzlaşmak tektanrıcılara her zaman güç geldi. Norwichli Julian günahın "yararlı" ve bir bakıma zorunlu olduğuna inandı. Kabbalacılar günahın kökeninin anlaşılmaz biçimde Tanrı'ya uzandığını öne sürdüler. Ranterların, Coppe ve Clarkson gibi uç özgürlükçüleri, öfkeli ve kinci bir Tanrı öğretisiyle inananları yıldırmış ezici Hristiyanlığı silkip atma girişimine hazır ve sert adamlar olarak görünmüş olabilirler. Akılcılar ve "aydın" Hristiyanlar da Tanrı'yı insafsız bir otorite figürü olarak sunmuş bir dini bukağılarından kurtarmaya ve daha ılımlı bir tanrıyı keşfetmeye çabalıyorlardı.

Toplum tarihçileri, baskı ve serbestlik dönemlerinin şiddetli yer değiştirmeleri nedeniyle Batı Hristiyanlığının dünya dinleri arasında tek olduğuna işaret ederler. Ayrıca baskıcı aşamaların genellikle dinsel bir canlanışla aynı zamana denk geldiğini belirtirler. Batı'nın birçok bölgesinde Aydınlanma'nın daha esnek ahlaki ortamını, daha tutucu bir yobazlık dalgasının eşlik ettiği Viktorya döneminin baskılarını izledi. Günümüzde, 1960'ların özgürlükçü toplumunun, üstelik Batıdaki Hristiyan tutuculuğunun yükselişiyle aynı zamana denk gelen, 1980'lerin daha puriten ahlakına geçit verdiğine tanık olduk. Bu kuşkusuz tek bir nedeni olmayan karmaşık bir görüngüdür. Yine de Batılıların sorunlu buldukları Tanrı düşüncesiyle bunu ilişkilendirmek özendiricidir. Ortaçağın teolog ve gizemcileri bir sevgi tanrısını vazetmiş olabilirler, ancak katedral kapılarının üzerindeki lanetlilerin işkencelerini anlatan korkutucu kıyamet sahneleri bir başka hikâye anlatır. Görmüş olduğumuz gibi Batı'da Tanrı duygusu karanlık ve mücadeleyle tanımlanır genellikle. Clarkson ve Coppe gibi Ranterlar, Hristiyan tabularına karşı çıkmışlar ve Avrupa'nın çeşitli ülkelerinde büyücülük çılgınlığının alıp yürüdüğü sırada günahın kutsallığını ilan etmişlerdi. Cromwell'in İngilteresi'nin köktenci Hristiyanları da çok fazla talebi olan ve korkutucu bir dine ve Tanrı'ya karşı ayaklanmışlardı.

On yedinci ve on sekizinci yüzyıllarda Batı'da görünmeye başlayan tekrar yeniden doğan Hristiyanlık çoğu kere sağlıksızdı; şiddet ve bazen tehlikeli duygular ve zıtlıklarla tanımlanıyordu. 1730'larda Yeni İngiltere'de yayılmış Büyük Uyanış olarak bilinen dinsel ilgi dalgası içinde görebiliriz bunu. George Whitefield'ın, Wesleys'in meslektaşı ve müriti, tutucu protestan vaazlarından ve Yale mezunu Jonathan Edwards'ın (1703-58) cehennem ateşi hurafelerinden almıştı esinini. Edwards bu uyanışı, *A Faithful Narrative of the Surprising Work of God in Northampton Connecticut* (Northampton Connecticut'ta Tanrı'nın Şaşırtıcı İşi Üstüne İnançlı Bir Metin) adlı denemesinde tanımlar. Cemaatinin üyelerini hiç de olağan dışı olarak nitelemez: Ölçülü, itaatkâr ve iyiydiler ama dinsel şevkten yoksundular. Herhangi başka bir topluluğun insanlarından daha iyi ya da daha kötü değillerdi. Ama 1734'te iki genç insan şaşkınlık verici ani ölümlerle öldüler ve bu (anlaşılan Edwards'ın kendi korku veren sözleriyle desteklenerek) kenti bir dinsel şevk çılgınlığının içine soktu. İnsanlar dinden başka bir şeyden konuşamıyorlardı; çalışmayı bıraktılar ve tüm günlerini Kitab-ı Mukaddes okumakla geçirdiler. Yaklaşık altı ayda, toplumun bütün kesimlerinden hidayete erenlerin sayısı üç yüzü buldu; kimileyin bu sayı haftada beş kadar oluyordu.

Edwards bu çılgınlığı doğrudan Tanrı'nın işi olarak gördü: Bunu tam anlamıyla ifade ediyordu, bu yalnızca sofuca bir *façon de parler*[511] değildi. Tekrar tekrar söylediği gibi Yeni İngiltere'deki tavrında, "Tanrı alışılmış yolundan çıkmış görünüyordu," ve insanları garip ve metafizik bir biçimde hareket ettiriyordu. Yine de bazen Kutsal Ruh'un kendini oldukça histerik belirtilerle gösterdiği söylenmiştir. Kimi zaman, diye anlatır bize Edwards, Tanrı korkusuyla oldukça "yıkılmışlardı ve "bir suçluluk duygusu altında Tanrı merhametinin dışında olduklarını düşünmeye hazır bir cehenneme batmışlardı." Aniden bağışlandıklarını hissettikleri zaman, bunu aynı derecede aşırı bir sevinç izleyecekti. "Gülmekten çatlayacakken, aynı anda gözyaşları seller gibi boşalıp yüksek perdeden bir ağlama nöbeti" birbirine karışırdı. "Bazen, müthiş hayranlıklarını sergilemekten, yüksek bir sesle ağlamaktan kendilerini alamıyorlardı."[512] Bütün büyük dinsel geleneklerde mistiklerin doğru aydınlanmanın göstergesi olduklarına inandıkları huzurlu denetiminden açıkça uzağız.

Bu çok güçlü duygusal zıtlıklar Amerika'da dinsel uyanışın ayırt edici niteliği olmayı sürdürdü. Acı ve şevkin şiddetli sarsıntılarının eşlik ettiği yeni bir doğumdu bu, Tanrı'yla Batılı mücadelenin yeni bir türü. Uyanış kasaba ve köyleri kuşatarak bulaşıcı bir hastalık gibi yayıldı, aynı bir yüzyıl sonra New York eyaletinin, dinsel ateş alevleriyle alışıldığı biçimde kavrulduğu için, Yanmış Mahalle diye adlandırılacağı gibi. Edwards hidayete erenlerin, bu yüceltilmiş durumdayken tüm dünyayı güzel bulduklarını belirtiyordu. Kitab-ı Mukaddes'ten kopamıyorlardı ve yemek yemeyi bile unutuyorlardı. Hiç de şaşırtıcı olmayarak, herhalde duyguları silindi ve yaklaşık iki yıl sonra Edwards şöyle yazdı; "Tanrı Ruhunun bizden aşama aşama uzaklaştığı fazlasıyla hissedilir olmuştu." Gene mecazi konuşmuyordu, Edwards dinsel konularda gerçek bir Batılı sözcüydü.

511 (Fr.) Konuşma tarzı. (ç. n.)

512 Wirt (yay.), *Spiritual Awakening*, s. 110.

Uyanış'ın kendi aralarındaki Tanrı'nın doğrudan verdiği esin, Kutsal Ruh'ün ilk Pentecost'taki elle tutulur etkisi olduğundan emindi. Tanrı gelişi kadar aniden çekildiği zaman yerini -yine, tam sözcüğü sözcüğüne- Şeytan aldı. Esrikliği yok edici umutsuzluk izledi. Önce zavallı bir ruh boğazını keserek kendi kendini öldürdü ve: "Bunun üzerine bu kentten ve diğer kentlerden çok sayıda insan, güçlü bir biçimde bu kişinin yaptığı gibi yapmalarının onlardan da beklenir olduğunu, üstlerinde bunun baskısını hissettiler. Çoğu sanki birisi kendilerine şöyle dermiş gibi kışkırtıldı, 'Boğazını kes, şimdi tam sırası. Şimdi!' 'Tuhaf, hararetli hayaller'le iki kişi aklını yitirdi."[513] Artık hidayete eren olmadı ama deneyimi sürdüren insanlar Uyanış'tan önceki hallerinden daha dingin ve daha neşeliydiler ya da Edwards böyle olduğunu sanmamızı istiyor. Jonathan Edwards'ın ve onun hidayete erenlerinin kendisini böyle anormallikler ve baskılar içinde ortaya koyan Tanrısı, insanlarıyla ilişkilerinde açıkça hiç olmadığı kadar korkutucu ve keyfiydi. Duyguların şiddetli salınmaları, aşırı sevince kapılma ve çok derin umutsuzluk, Amerika'nın daha az ayrıcalıklı insanlarının "Tanrı"yla ilişki kurdukları zaman dengelerini korumada zorlandıklarını gösterir. Bu, Newton'un bilimsel dininde de bulduğumuz gibi Tanrı, ne kadar tuhaf olursa olsun, dünyada olan her şeyden doğrudan sorumludur yollu bir inancı da gösterir.

Bu aşırı gayretli ve akıldışı sofulukla Kurucu Babaların ölçülü dinginliği arasında bir ortaklık bulmak güçtür. Edwards'ın, Uyanış'ı aşırı derecede eleştiren birçok düşmanı oldu. "Tanrı kendini yalnızca akılcı yolla ifade eder," diye öne sürdü liberaller, toplumsal olaylardaki şiddetli patlamalarla değil. Ama *Din ve Amerikan Zihni; Büyük Uyanış'tan Devrim'e* adlı yapıtında, Alan Heimart, Uyanış'ın yenidoğumunun, Aydınlanma'nın mutluluk arama ülküsünün protestan bir türü olduğunu savundu: Bu "'her şeyin keskin bir anlayışla uyandığı' bir dünyada varolan kurtuluş"u temsil ediyor-

513 A.g.e. s. 113.

du.[514] Uyanış, incelikli Aydınlanma umutlarına karşın, bu dünyada mutluluk beklentileri az olan insanların yaşadığı en yoksul sömürgelerde ortaya çıktı. Yeniden doğum deneyiminin, bir haz duyma ve herhangi bir doğal duygulanımdan oldukça farklı olan bir güzellik anlayışından çıktığını öne sürdü Edwards. Bundan dolayı Uyanış'ta, bir Tanrı deneyimi, Yeni Dünya Aydınlanması'nı sömürgelerdeki birkaç başarılı insandan daha fazlası için geçerli kıldı. Felsefi Aydınlanma'nın sanki dinsel serbestlikmiş gibi algılandığını da anımsamalıyız. *Eclairissement* ve *Aufklärung* terimlerinin belirli dinsel çağrışımları vardır. Jonathan Edwards'ın Tanrısı 1775'teki devrimci heyecana da katkıda bulunmuştu. Dinsel uyanışçıların gözünde, Britanya, Püriten Devrimi sırasında parlak ışınlar saçmış yeni ışığını yitirmişti, şimdi çökmüş ve geriye gider görünüyordu. Alt sınıflardan Amerikalıların devrime doğru ilk adımı atmalarını sağlayan Edwards ve meslektaşlarıydı. Mesihçilik Edwards'ın dini için gerekliydi: Yeni Dünya'da ulaşılabilir ve yakın olan Tanrı'nın Krallığı'nın gelişini insan çabası çabuklaştıracaktı. Uyanış'ın kendisi (acıklı sonuna karşın) insanları, Kitab-ı Mukaddes'te tanımlanmış. Kurtuluş sürecinin zaten başlamış olduğuna inandırdı. Tanrı tasarıyı kesinlikle yürürlüğe koyuyordu. Edwards, Teslis öğretisine siyasal bir yorum getirdi: Oğul, "Tanrı'nın anlayışından vücuda getirilmiş ilahi varlık"tı ve bu nedenle Yeni İngiliz Milletler Topluluğu'nun taslağıydı; Kutsal Ruh, "eylemde oluşan ilah", bu ana planı zamanında tamamlayan güçtü.[515] Amerika'nın Yeni Dünyası'nda, Tanrı böylece kendi kusursuzluklarını yeryüzünde tasarlayabilecekti. Toplum Tanrı'nın kendi "erdemler"ini anlatabilecekti. Yeni İngiltere "tepedeki kent" olacaktı; dindar olmayanlar için, hepsini büyüleyen ve çekici olması gereken "onun üzerinde doğmuş Yehova'nın ışığının yansımasıyla

514 Alan Heimart, *Religion and the American Mind. From the Great Awekening to the Revolution* (Cambridge, Mass., 1968), s. 43.

515 "An Essay on the Trinity", a.g.e. s. 623.

parlayan" bir ışık olacaktı.[516] Jonathan Edwards'ın Tanrısı, bundan dolayı, Milletler Topluluğu'nda vücut buldu: İsa iyi bir toplumda somutlaşmış olarak görüldü.

Diğer Kalvinciler ilerlemenin öncüleriydiler: Amerika'daki ders programına kimyayı soktular ve Timothy Dwigh, Edwards'ın torunu, bilimsel bilgiyi insan kusursuzluğunun sonuna ulaşacak bir başlangıç olarak gördü. Onların tanrıları, Amerikalı liberallerin bazen canlandırdıkları gibi kesinlikle bilgisizlik yandaşlığını kastetmiyordu. Kalvinciler Newton'un, nesneleri bir kez başlattıktan sonra Tanrı'yı çok az şeyle bırakan, evren biliminden hoşlanmıyorlardı. Gördüğümüz gibi kelimenin tam anlamıyla dünyada etkin bir Tanrı'yı yeğliyorlardı: Takdiri ilahi öğretileri onların Tanrı'ya bakış açılarını gösteriyordu; buna göre Tanrı yeryüzünde olan her şeyden, iyi ya da kötü, gerçekten sorumluydu. Bu şu anlama geliyordu; bilim, yarattıklarının her eyleminde -doğal, bireysel, fiziksel ve ruhsal- rastlantı gibi görünen eylemlerinde bile görülebilen Tanrı'yı açığa çıkarabilirdi yalnızca. Bazı yönlerden, Kalvinciler düşüncelerinde, uyanışlarına karşı çıkan ve Whitfield ve Edwards gibi vaizlerin öğütlerinde onları rahatsız eden "tehlikeli, şaşırtıcı fikirler"e, yalın inancı yeğleyen Liberallerden daha cesurdular. Alan Heimart, Amerikan toplumundaki entelektüalizm karşıtlığının kökenlerinin, Kalvinciler ve protestanlarda değil ama Tanrı'ya ilişkin düşüncelerde "daha yalın ve açık" olmayı yeğleyen Charles Chauncey veya Samuel Quincey gibi daha akılcı Bostonlularda yattığını öne sürdü.[517]

Yahudiler arasında akılcı düşüncelerin yayılması için zemin hazırlayan ve Avrupa'daki Yahudi olmayan nüfusla bağdaştırmayı olanaklı kılacak olan dikkate değer benzerlikte gelişmeler vardı. Kıyamet yılı 1666'da, bir Yahudi Mesih Kurtuluş'un yakın olduğunu bildirdi ve tüm dünya Yahudilerince coşkunlukla kabul gördü. Sabetay

516 A.g.e. s. 101.

517 A.g.e. s. 167.

Sevi, Tapınağın Yıkılışı'nın yıldönümü olan 1626'da Küçük Asya'daki İzmir'de varlıklı bir Sefardik ailede dünyaya geldi. Büyürken, bugün belki de manik depresif tanısını koyabileceğimiz garip eğilimler geliştirdi. Ailesinden ayrılıp inzivaya çekildiğinde, derin keder dönemleri geçirir oldu. Bunları esrikliğe yakın bir sevinç izliyordu. Bu "manik" dönemler sırasında, bilerek ve hayret verici bir biçimde Musa Yasası'nı çiğnedi: Herkesin önünde yasak yiyeceklerden yedi, kutsal Tanrı Adı'nı ağzına aldı ve özel bir vahiyle böyle yapmasının bildirildiğini iddia etti. Kendisinin çoktandır beklenen Mesih olduğuna inanmıştı. Sonunda hahamlar buna daha fazla dayanamadılar ve 1656'da Sabetay'ı kentten sürdüler. Osmanlı İmparatorluğu'nun Yahudi toplulukları arasında gezer oldu. İstanbul'daki manik bir konuşması sırasında, Tevrat'ın kaldırıldığını bildirdi, yüksek sesle ağlayarak şöyle dedi: "Yasakları kaldıran, Kutsanmış Tanrımız Efendimiz Sensin!" 1648'de Polonya'daki kanlı Yahudi kıyımından kaçmış, artık fahişe olarak yaşamını sürdüren bir kadınla Kahire'de evlenmesi skandala neden oldu. 1662'de Sabetay, Kudüs'e gitmek için yola koyuldu: Bu sıralarda kasvetli bir hali vardı ve cinlerin kendisini ele geçirmiş olduklarına inanıyordu. Filistin'de Natan adında bilgili, cinleri kovmakta usta genç bir haham olduğunu duydu ve Gazze'deki evini bulmak üzere yola çıktı.

Sabetay gibi Natan da Yitshak Luria'nın Kabbalası'nı incelemişti. İzmirli kederli Yahudiyle karşılaştığı zaman, ona çılgın olmadığını söyledi: Karanlık kederi onun gerçekten Mesih olduğunun kanıtıydı. Bu derinliklere indiği zaman, yalnızca Mesih'in kendisi tarafından kurtarılabilmiş olan *kelipoth* diyarındaki tanrısal kıvılcımları yayarak, Öteki Taraf'ın kötü güçlerine karşı savaşmıştı. İsrail'in son kurtuluşunu sağlayabilmesinden önce cehenneme inmekle görevlendirilmişti Sabetay. Başta Sabetay bunların hiçbirini düşünmüyordu ama Natan'ın belagatı sonunda onu inandırdı. 31 Mayıs 1665'te, aniden manik bir hazza tutuldu ve Natan'ın cesaretlendirmesiyle, Mesihlik görevini bildirdi. Önde gelen hahamlar tüm bunları tehlikeli saçmalıklar olarak reddettiler ama Filistinli Yahudilerin çoğu, yakında bir araya gelecek olan İsrail kabilelerine yargıçlık edecek on iki havari seçen Sabetay'a akın ettiler. Natan, Osmanlı İmparatorluğu'nun kentlerine olduğu gibi İtalya, Hollanda, Almanya ve Polonya'daki Yahudi cemaatlerine de iyi haberleri mektupla bildirdi ve Mesih'e ilişkin heyecan tüm Yahudi dünyasında söndürülmesi olanaksız bir yangın gibi yayıldı. Zulüm ve sürgünle geçen asırlar Avrupa Yahudilerini ana görüşten yalıtmıştı ve olayların bu sağlıksız gidişi çoğunu, dünyanın geleceğinin yalnızca Yahudilere bağlı olduğuna inanmaya koşullandırdı. Sefardimler, İspanya'ya sürülmüş Yahudilerin torunları, Luriancı Kabbala'dan etkilenmişlerdi ve çoğu Dünya'nın Sonu'nun yakın olduğuna inanır olmuştu. Tüm bunlar Sabetay Sevi kültüne yaradı. Yahudilik tarihi boyunca, birçok Mesihlik iddiası olmuş ama hiçbiri böylesine yoğun destek görmemişti. Sabetay hakkında kuşkuları olan Yahudilerin bunları açıkça söylemeleri tehlikeli hale gelmişti. Taraftarları Yahudi toplumunun her kesimindendi: zengin, yoksul, eğitimli, eğitimsiz. İngilizce, Felemenkçe, Almanca ve İtalyanca kitapçıklar ve ilanlar sevinçli haberi yaydı. Polonya ve Litvanya'da onuruna halk alayları düzenlendi. Osmanlı İmparatorluğu'nda, Sabetay'ı bir tahtta oturur gördükleri görümleri anlatan kâhinler sokak sokak geziyorlardı. Bütün işler durdu; Türkiye Yahudileri uğursuzca şabat günü dualarından Sultan'ın adını çıkarıp yerine Sabetay'ı koydular. Sonunda, Sabetay 1666'nın ocak ayında İstanbul'a vardığında, asi olarak tutuklandı ve Gelibolu'da hapsedildi.

Asırlarca süren zulüm, sürgün ve aşağılamadan sonra, umut vardı. Tüm dünyada, Yahudiler içsel bir özgürlüğü ve kurtuluşu tattılar; Kabbalacıların *sefirot*'un gizemli dünyasına daldıkları zaman bir iki dakikalığına yaşadıkları vecde benzer bir şeydi bu. Şimdi bu kurtuluş deneyimi birkaç ayrıcalıklının tekelinde değil ama herkesin mülkiyetinde görünüyordu. İlk defa, Yahudiler hayatlarının değeri olduğunu hissediyorlardı; artık gelecek için kurtuluş belirsiz bir umut değil ama şu anda gerçek ve anlamlıydı. Kurtuluş yaklaşmıştı! Bu ani tersine dönüş silinmez bir etki yarattı. Tüm Yahudi dünyasının gözleri, Sabetay'ın kendisini esir edenlerin üzerinde bile bir etki yarattığı, Gelibolu'ya kenetlenmişti. Türk vezir onu oldukça rahat bir eve yerleştirmişti. Sabetay mektuplarına: "Ben Tanrı'nızın peygamberiyim, Sabetay Sevi" diye imza atmaya başladı. Ancak yargılama için İstanbul'a geri getirildiğinde, bir kere daha buhran devresine girdi. Sultan ona ya İslam dinine girmesi ya da ölüm seçeneklerini verdi: Sabetay İslam'ı seçti ve hemen salıverildi. İmparatorluk'tan aylık bağlandı ve görünüşte sadık bir Müslüman olarak 17 Eylül 1676'da öldü.

Kuşkusuz korkunç haber, çoğu hemen inancını yitiren taraftarlarını mahvetti. Hahamlar yeryüzünden anısını silmeye giriştiler: Sabetay hakkında bulabildikleri bütün mektupları, kitapçıkları ve risaleleri yok ettiler. Bugün de bu Mesih'e ilişkin kötü yenilgi birçok Yahudiyi utandırır ve sözünü etmek ağırlarına gider. Hahamlar ve akılcılar onun anlamını aynı biçimde önemsemezler. Bununla birlikte son zamanlarda bilim adamları, bu garip olayın anlamını ve daha önemli olan kötü sonucunu kavramak için müteveffa Gerşom Şolem'in izinde çalışmalara başlamışlardır.[518] Şaşırtıcı bir biçimde, din değiştirmiş olması rezaletine karşın birçok Yahudi Mesihlerine sadık kaldı. Kurtuluş deneyimleri öyle derindi ki Tanrı'nın onların aldatılmalarına razı olduğuna inanamıyorlardı. Bu, saf olgular ve aklın önüne geçen dinsel kurtuluş deneyiminin en çarpıcı örneklerinden birisiydi. Yeni bulunmuş umutlarını bırakma ya da din değiştirmiş bir Mesih'i kabul etme seçenekleriyle yüz yüze kalmış, her sınıftan şaşırtıcı sayıda Yahudi tarihin acı olgularına boyun eğmeyi reddetti. Gazzeli Natan ömrünün kalanını Sabetay'ın gizemini anlatmaya adadı: O İslam dinine girmekle, kötülük güçleriyle ömür boyu sürdürdüğü savaşı devam ettirmişti. Ve yine, karanlıklar ülkesine inip *kelipoth*'u salıvermek için halkının en derin kutsallıklarına saygısızlık etmeye

518 Gershom Scholem, *Şabati Sevi* (Princeton, 1973).

itilmişti. Görevinin trajik ağırlığını kabul etmiş ve Tanrısızlık dünyasını içerden ele geçirmek için en derinliklere inmişti. Türkiye ve Yunanistan'da yaklaşık iki yüz aile Sabetay'a sadık kaldı: Onun ölümünden sonra kötülükle savaşını sürdürmek için onun örneğini izlemeye karar verdiler ve 1683'te *en masse*[519] İslam dinine girdiler. Birbirlerinin evlerindeki gizli sinagoglarda toplanarak ve Hahamlarla yakın ilişkilerini sürdürerek, gizliden gizliye Yahudiliğe bağlı kaldılar. 1689'da önderleri Abdullah Yakup (Jacob Querido) Mekke'ye hac yolculuğu yaptı ve Mesih'in dul karısı, Sabetay Sevi'nin Yakup'ta yeniden yaşama döndüğünü bildirdi. Türkiye'de, görünüşte İslami yaşamı kusursuz olarak sürdüren ama gizli Yahudiliklerine tutkuyla sarılan, küçük bir grup dönme hâlâ yaşamaktadır.

Diğer Sabetaycılar bu çarelere başvurmadılar yalnız Mesihlerine ve sinagoglarına sadık kaldılar. Bu gizli Sabetaycılar bir zamanlar inananlardan daha fazla gibi görünüyor. On dokuzuncu yüzyılda, Yahudiliğin daha liberal bir biçimini benimsemiş veya özümsemiş birçok Yahudi, ataları arasında Sabetaycılar var diye utanç duydular, ancak on dokuzuncu yüzyılın önde gelen çoğu hahamı Sabetay'ın Mesih olduğuna inanmış görünür. Şolem, bu Mesihçiliğin Yahudilikte hiçbir zaman geniş halk hareketi olmamasına karşın, katılımın da azımsanmaması gerektiğini öne sürer. İspanyollar tarafından Hristiyanlığa girmeye zorlanmış ama eninde sonunda Yahudiliğe geri dönmüş Marranolar için bunun özel bir çekiciliği vardı. Suç ve kederlerini hafifletici bir gizem olarak din değiştirme kavramı. Fas, Balkanlar, İtalya ve Litvanya'da Sefardik topluluklarında Sabetaycılık gelişti. Reggiolu Benjamin Kohn ve Modenalı Abraham Rorigo gibileri, gizli hareketle bağlarını sürdüren seçkin Kabbalacılardı. Mesihçi mezhep Balkanlar'dan, Doğu Avrupa'nın kızışan antisemitizminden yıldırılmış ve tükenmiş Polonya'daki Aşkenazi Yahudilerine yayıldı. 1759'da tuhaf ve uğursuz öğretilerin peygamberi Jacob Frank, Me-

519 (Fr.) Toptan, hepsi birden, kitle halinde (ç. n.)

sihlerinin örneğini izleyip gizli Yahudiliğine bağlı kalarak, *en masse* Hristiyanlığa girdi.

Şolem Hristiyanlıkla olan aydınlatıcı bir benzetme ileri sürer. Yaklaşık yüz altmış yıl önce, bir başka Yahudi grubu, Kudüs'te bir adi suçlunun ölümüyle ölmüş, rezalet türünden bir Mesih'e olan umutlarından da vazgeçememişlerdi. Aziz Pavlus'un haç rezaleti diye adlandırdığının her parçası dönme bir Mesih rezaleti kadar vurucuydu. Her iki durumda, öğretiler eskinin yerini alan yeni bir Yahudilik biçiminin doğumunu bildiriyordu; mantık dışı görünen bir inancı benimsemişlerdi. Haçın yenilgisinde yeni bir yaşam bulan Hristiyan inancı, Sabetaycıların, din değiştirmenin kutsal bir gizem olduğu yolundaki inançlarına benziyordu. Her iki grup da buğday tanesinin yeryüzünde meyve vermek için çürüdüğüne inanıyordu; eski Tevrat'ın öldüğüne ve yerini yeni ruh yasasına bıraktığına inanıyorlardı. Her ikisi de Tanrı'ya ilişkin Teslis ve Diriliş kavramlarını geliştirdiler.

On yedi ve on sekizinci yüzyıllardaki çoğu Hristiyan gibi Sabetaycılar yeni bir dünyanın eşiğinde durduklarına inanıyorlardı. Kabbalacılar sürekli olarak, Tanrı'nın sürgün sırasında gözden saklanmış olan sahici gizemlerini Son Gün'de göstereceğini ileri sürüyorlardı. Mesih çağında yaşadıklarına inanan Sabetaycılar, görünüşte bu kâfir teolojiyi kabul etmeleri anlamına da gelse, Tanrı'ya ilişkin geleneksel düşüncelerden uzaklaşmakta kendilerini serbest hissediyorlardı. Böylece, bir Marrano olarak doğmuş ve Hristiyan teolojisi çalışmaya başlamış olan Abraham Cardazo (öl. 1706), günahları yüzünden tüm Yahudilerin din değiştirmeye mahkûm olduklarına inandı. Bu onların cezasıydı. Ama Tanrı, Mesih'e, onların adına yüce kurban olmaya izin vermekle halkını bu korkunç yazgıdan korumuştu. Sürgünde geçen zamanları sırasında, Yahudilerin gerçek teolojinin tümünü yitirdikleri gibi korkutucu bir sonuca vardı.

Aydınlanma'nın Teistleri ve Hristiyanları gibi Cardazo güvenilmez eklemeler olarak gördüğü ne varsa dininden ayıklamaya ve saf

Kitab-ı Mukaddes inancına dönmeye çabaladı. Bu, ikinci yüzyılda, dünyanın yaratılmasından sorumlu olan gaddar Yahudi Tanrısı'ndan İsa Mesih'in Gizli Tanrısı'nı ayırarak bir tür metafizik antisemitizm çıkaran kimi Hristiyan Gnostikleri anımsatacaktır. Şimdi Cardazo bilinçsizce bu eski düşünceyi yeniden canlandırmıştı ama tamamıyla tersine çevirerek. Ayrıca iki Tanrı olduğunu öğretti: Birisi kendini İsrail'e gösteren, diğeri de herkesçe bilinen Tanrı. Her uygarlıkta insanlar bir İlk Neden'in varlığının doğruluğunu kanıtladılar: Bu, tüm pagan dünyasının tapındığı, Aristoteles'in Tanrısı'ydı. Bu tanrının hiçbir dinsel anlamı yoktu: Dünyayı yaratmamıştı ve insanlığa duyduğu bir ilgi yoktu; o, bu nedenle, asla ondan söz etmeyen Kitab-ı Mukaddes'te kendini göstermemişti. Kendini İbrahim'e, Musa'ya ve peygamberlere gösteren ikinci Tanrı, oldukça farklıydı: Dünyayı yoktan yaratan, İsrail'i kurtaran onun Tanrısı'ydı. Bununla birlikte sürgünde, Saadya ve İbn Meymun gibi filozoflar *goyim*'le kuşatılmışlar ve onların kimi düşüncelerini özümsemişlerdi. Bu nedenle iki Tanrı'yı karıştırdılar ve Yahudilere onların tek ve aynı olduğunu öğrettiler. Sonuçta Yahudiler filozofların Tanrısı'na Atalarının Tanrısı'ymış gibi tapar oldular.

İki Tanrı'nın birbiriyle ilişkisi nasıldı? Cardazo, Yahudi tektanrıcılığını tamamıyla bırakmadan bu eklenilen tanrıyı açıklamak için Teslisçi bir teoloji geliştirdi. Üç *hypostaes* veya *parzufim*'den oluşan bir ilah vardı: Bunlardan ilki *Atika Kadisha*, Kutsal Antik, olarak adlandırılandı. Bu İlk Neden'di. İkincisi *parzuf* ilkinden çıkmıştı ve *Malka Kadisha* olarak adlandırılandı; O İsrail'in Tanrısı'ydı. Üçüncü *parzuf*, Isaac Luria'nın tanımladığı gibi Mabud'dan sürgün edilmiş olan Şekina'ydı. Cardazo, bu "üç inanç düğümü"nün tamamıyla ayrı üç tanrı değil, hepsi aynı Mabud'u gösteren gizemli birlik olduğunu öne sürdü. Cardazo ılımlı bir Sabetaycıydı. Din değiştirme görevinin olduğuna inanmıyordu çünkü Sabetay Sevi bu acı verici işi onun adına yapmıştı. Ama bir Teslis öğretisi çıkarmakla, bir tabuyu yıktı. Yüzyıllar boyunca, Yahudiler, putperestlik ve kâfirlik saydıkları

Teslisçilikten nefret edegelmişlerdi. Ancak şaşırtıcı sayıda Yahudi bu yasak görüşe ilgi duydu. Dünyada hiçbir değişiklik olmadan geçen yıllarla birlikte Sabetaycıların Mesih'e ilişkin umutları da solmaya yüz tuttu. Nehemiah Hayim, Samuel Primo ve Jonathan Eibeschütz gibi Sabetaycılar, 1666'da "Mabud'un gizemi"nin (*sod ba elohut*) tam olarak ortaya çıkmadığı sonucuna vardılar. Şekina, Luria'nın önceden haber verdiği gibi, "toz bulutundan sıyrılmaya" başlamış ama henüz Mabud'a dönüşmemişti. Kurtuluş bir süreç olacaktı ve bu geçiş süresince, gizlice Mesih'e ait öğretiye bağlı kalınırken, sinagogda ibadet ve Eski Yasa'nın uygulamasının devamı hoş görüldü. Bu yenilenmiş Sabetaycılık, Sabetay Sevi'nin Mesih olduğuna inanan kaç hahamın on sekizinci yüzyıl sırasında kürsülerde kalabildiklerini açıklıyor.

Din değiştiren aşırılar, Diriliş teolojisini benimseyerek böylece bir başka Yahudi tabusunu daha yıktılar. Sabetay Sevi'nin Mesih olmakla kalmayıp Tanrı'nın Dirilişi de olduğuna inanmaya başlamışlardı. Hristiyanlıkta olduğu gibi bu inanç giderek yayıldı. Abraham Cardazo, Aziz Pavlus'un İsa'nın yeniden dirilmesinden sonra yüceltilmesi inancına benzer bir öğretiyi yaydı: Onun din değiştirmesi sırasında Kurtuluş başladığı zaman, Sabetay *parzufim*'in Teslis aşamasına yükseltilmişti: "Kutsal Olan [*Malka Kadisha*] kutsama O'na olsun, kendini yukarı kaldırdı ve Sabetay Sevi onun yerine Tanrı katına çıktı."[520] O, bu nedenle(!) her nasılsa tanrı konumuna geçirildi ve İsrail'in Tanrısı'nın, ikinci *parzuf*, yerini aldı. Çok geçmeden Müslüman olan dönmeler, bu düşünceyi bir adım ileri götürdüler ve İsrail'in Tanrısı'nın aşağı indiğine ve Sabetay'da can bulduğuna karar verdiler. Önderlerinin her birinin Mesih'in dirilişi olduğuna inandıklarından, Şii İmamlarında olduğu gibi belki de oldukça benzer yoldan, onların *avatar*'lar da oldukları izledi bunu. Din değiştirenlerin her kuşağının, bu nedenle, tanrının onda dirildiğine inanılan bir önderleri oldu.

---

520 Gershom Scholem, *The Messianic Idea in Judaism and Other Essays on Jewish Spiritualitiy* (New York, 1971), s. 124.

Aşkenazi taraftarlarının vaftiz edilmelerine öncülük etmiş olan Jacob Frank (1726-95), kariyerinin başında dirilen Tanrı olduğunu söyledi. Bütün Yahudilik tarihinde en korkutucu kişilik olarak tanımlandı. Eğitim görmemişti ve bununla övünürdü ama kendi inançlarını boş ve doyuruculuktan uzak bulan çoğu Yahudiyi etkilemiş karanlık bir mitoloji geliştirebilmişti. Frank, Eski Yasa'nın kalktığını vaaz etti. Aslında, tüm dinler ortadan kaldırılmalıydı böylece Tanrı doğrudan öne çıkabilirdi. *Slowa Panskie*'de (Tanrı'nın Sözleri), Sabetaycılığı nihilizm noktasına kadar götürdü. Her şeyin yıkılması gerekiyordu: "Âdem her nereyi çiğnediyse, bir kent kuruldu, ama ben her nereye ayak basarsam hepsi yok olacak, çünkü ben bu dünyaya yalnızca yıkıp yok etmeye geldim."[521] Burada, barış değil savaş getirmeye geldiğini iddia eden Mesih'in kimi sözleriyle rahatsız edici bir benzerlik vardır. Buna karşın, İsa ve Aziz Pavlus'dan farklı olarak, Frank eski kutsallıkların yerine yenisini geçirmeye niyetlenmedi. Onun nihilistik öğretisi, belki de daha genç çağdaşı Marquis de Sade'dan çok farklı değildi. Bu insanların, iyi Tanrı'yı bulabilmeleri için düşmenin derinliklerini artırma yoluydu yalnızca. Bu yalnızca tüm dinlerin reddi değil ama isteyerek alçalma ve kesin utanmazlıkla sonuçlanan "garip hareketler" tavrının sürdürülmesi anlamına geliyordu.

Frank, Kabbalacı değildi ancak Cardazo'nun teolojisinin daha kaba bir türünü vaaz etti. Sabetaycı Teslis'in üç *parzufim*'inden her birinin başka bir Mesih tarafından yeryüzünde temsil edileceğine inandı. Frank'ın "İlk Olan" dediği Sabetay Sevi, Cardazo'nun Atika Kadishası (Kutsal Antik Kişi), "iyi Tanrı"nın dirilmiş haliydi; kendisi ikinci *parzuf*'un, İsrail'in Tanrısı'nın dirilmiş haliydi. Üçüncü Mesih, Şekina olarak doğacak olan Frank'ın "Bakire" dediği bir kadın olacaktı. Şimdiki durumda, dünya kötü güçlerin esareti altındaydı, yine de insanlar Frank'ın nihilistik müjdesini (incilini) benimseyinceye

521 A.g.e. s. 130.

dek kurtulmuş olmayacaktı. Jacob'un merdiveni bir V biçimindeydi: Tanrı'ya yükselmek için, insan önce İsa ve Sabetay gibi derinlere inmeliydi: "Size bu kadarını söylüyorum," diyordu Frank, "İsa, bildiğiniz gibi dünyayı şeytanın gücünden kurtarmaya geldiğini söyledi ama ben onu hep var olmuş bütün yasa ve geleneklerden kurtarmaya geldim. Tüm bunları yok etmek benim görevim, böylece İyi Tanrı kendini ortaya çıkarabilir."[522] Tanrı'yı bulmayı ve kendilerini kötü güçlerden kurtarmayı isteyenler, en kutsal saydıkları tüm yasaları yıkarak, cehenneme kadar önderlerinin peşinden gitmeliydiler: "Size diyorum ki savaşçı olacak herkes dinsiz olmalıdır, yani özgürlüğe kendi güçleriyle ulaşmalıdır." [523]

Bu son sözlerine bakıp Frank'ın karanlık görüşüyle Aydınlanma akılcıları *arasında* bağlantı kurabiliriz. Onun incilini benimseyen Polonya Yahudileri, Yahudiler için güvenli olmayan bir dünyada korkunç koşullarını düzeltmede kendi dinlerini açıkça yetersiz buluyorlardı. Frank'ın ölümünden sonra, Frankizm anarşizminden çok şey yitirdi; yalnızca Tanrı'nın dirilişi olarak Frank'a inanma ve Şolem'in deyişiyle "kurtuluşun güçlü, aydınlık duygusu" olarak kaldı.[524] Fransız Devrimi'ni kendi adlarına Tanrı'nın bir işareti olarak gördüler: Dünyayı yeniden kurabilecek bir devrimi düşleyerek, siyasi eylem için antinomianizmlerini bir yana bıraktılar. Aynı biçimde, İslam dinine giren dönmelerin çoğu yirminci yüzyılın başlarındaki etkin Jön Türkler'den oldular ve çoğunluk Kemal Atatürk'ün laik Türkiyesi'nde tamamıyla özümsendi. Dıştan gelen âdetlere karşı tüm Sabetaycıların duyduğu düşmanlık bir anlamda getto koşullarına karşı bir isyandı. Geçmişe dönüş, tutucu bir din gibi görünen Sabetaycılık, kendilerini eski yollardan kurtarmalarına ve yeni düşüncelere kolay açılmalarına yardım etti. Görünüşte Ya-

522 A.g.e.

523 A.g.e.

524 A.g.e. s. 136.

hudiliğe sadık kalmış olanlar, ılımlı Sabetaycılar, çoğu kere Yahudi Aydınlanması'na (*Haskalah*) öncülük ettiler; ayrıca on dokuzuncu yüzyılda Reformcu Yahudiliğin yaratılmasında etkin oldular. Bu yenilikçi *maskilim*'lerde, eski ve yeninin garip bir karışımı olan düşünceler vardı. Bu nedenle yaklaşık 1800'lerde yazmış olan Praglı Joseph Wehte, Moses Mendelsshon, Immanuel Kant, Sabetay Sevi ve Yitshak Luria'nın kendi kahramanları olduğunu söyledi. Herkes bilim ve felsefenin zorlu patikalarından geçerek kendi yolunu bulamıyordu: Köktenci Hristiyan ve Yahudilerin mistik inançları, bir zamanlar ruhun en derin, en ilkel diyarlarına hitap ettiğinden, iğrenç buldukları laikliğe yönelik çalışmalarını kolaylaştırıyordu. Kimi yeni benimsenmiş ve kâfirce Tanrı düşünceleri, çocuklarının onu büsbütün terk etmelerini kolaylaştırıyordu.

Jacob Frank'in nihilistik incilini geliştirdiği sıralarda, diğer Polonya Yahudileri çok farklı bir Mesih buldu. 1648'in kıyımlarından beri, Polonyalı Yahudi halkı İspanya'dan Sefardimlerin sürülmesi kadar şiddetli bir sürgün ve ahlak çöküntüsü geçirmişti. Polonya'nın en eğitimli ve manevi ağırlığı olan Yahudi ailelerinin çoğu ya öldürülmüş ya da Batı Avrupa'nın görece güvenli yerlerine göç etmişti. On binlerce Yahudi yerinden edilmiş ve çoğunluğu kentten kente dolaşan gezginler olmuştu, sürekli yerleşmekten alıkonulmuşlardı. Kalan hahamların çoğu daha düşük nitelikte kişilerdi ve dış dünyanın çirkin gerçeğinden onları korumak için "çalışma evine" [*bet bamidraş*] izin vermişlerdi. Gezgin Kabbalacılar, Tanrı'dan ayrılmış olan, Öteki Taraf, *achra sitra*'nın dünyasının şeytani karanlığından söz ediyorlardı. Sabetay Sevi felaketinin de genel düş kırıklığı ve bunalıma katkısı olmuştu. Ukraynalı bazı Yahudiler, Rus Ortodoks Kilisesi'inde de yayılmış olan, Hristiyan Pietist hareketlerinden etkilenmişlerdi. Yahudiler karizmatik dinin benzer bir türünü oluşturmaya başladılar. Vecd içinde düşen, akıllarına estiği gibi şarkı söyleyen ve dua sırasında ellerini çırpan Yahudilerin hikâyeleri anlatılıyordu. 1730'larda bu vecdle kendilerinden geçenlerin birisi, bu yürek dini Yahudilerinin tartışmasız önderi olarak ortaya çıktı ve Hasidizm diye bilinen okulu kurdu.

İsrael ben Elizer bilim adamı değildi. Ormanlarda yürümeyi, şarkı söylemeyi ve çocuklara öykü anlatmayı, Talmud çalışmayı yeğliyordu. Karısıyla birlikte Güney Polonya'nın Karpat dağlarındaki bir kulübede sefil bir yoksulluk içinde yaşıyordu. Bir zaman kireç çıkarıp komşu kasabanın halkına sattı. Sonra karısıyla birlikte hancı oldular. Sonunda, otuz sekiz yaşlarındayken, iman gücüyle hastalıkları iyileştirdiğini ve cinleri kovduğunu bildirdi. Bitkisel ilaçlar, muskalar ve dualarla köylülerin ve kentlilerin hastalıklarına deva bularak Polonya'nın köylerini bir bir dolaştı. Bu sırada, Tanrı aşkına dertleri iyileştirdiklerini iddia eden pek çok üfürükçü vardı. İsrael böylece Baal Sem Tov, Kutsal Adın Efendisi, olmuştu. Hiçbir zaman resmen din görevlisi olmadı; taraftarları ona Haham İsrael Baal Sem Tov ya da sadece, Beşt demeye başlamışlardı. Üfürükçülerin çoğu büyüyle içli dışlıydı ama Beşt aynı zamanda mistikti. Sabetay Sevi olayı, onu Mesihçilikle birleştirilen mistisizmin tehlikelerine inandırdı ve seçkinler için değil, tam tersine herkes için olan, Kabbalacılığın en eski bir biçimine döndürdü. İlahi kıvılcımların dünyaya düşüşünü bir felaket olarak görmek yerine Beşt, Hasidlerine iyimser tarafa bakmayı öğretti. Bu kıvılcımlar evrenin her bir parçasında vardılar ve bu tüm dünyanın Tanrı'nın varlığıyla dolu olduğu anlamına geliyordu. İçten bir Yahudi günlük yaşamının en ufacık eyleminde Tanrı'yı duyabilirdi -yemek yerken, içerken veya karısıyla sevişirken-çünkü ilahi kıvılcımlar her yerdeydi. Bu nedenle, insanlar cinler ordusunca değil de rüzgârın her esişinde veya her bir otta görünen bir Tanrı'yla sarılmıştı: Tanrı Yahudilerin kendisine güven ve neşeyle yaklaşmalarını istiyordu.

Beşt, Luria'nın dünyanın kurtuluşuna dair büyük planlarını bir kenara bıraktı. Hasid yalnızca bireysel dünyasının parçalarına karısına, hizmetçilerine, eşyalar ve yiyeceklere sıkışmış kıvılcımları yeniden birleştirmekle sorumluydu. Beşt'in öğrencilerinden biri olan

Hillel Zeitlin'in açıkladığı gibi; Hasid'in bir tek, yalnız başına çaba harcayabileceği, kişisel çevresine karşı sorumluluğu vardır: "Her insan, hepsi kendinin olan bir dünyanın kurtarıcısıdır. Yalnızca ne görmeliyse onu görür ve yalnızca kişisel olarak ne hissetmesi gerekiyorsa onu hisseder."[525] Kabbalacılar, mistiklere döndükleri her yerde Tanrı'nın varlığını fark etmeye yarayacak bir yoğunlaşma (*devekuth*) disiplini oluşturmuşlardı. Bir on yedinci yüzyıl Safed Kabbalacısı'nın açıkladığına göre, mistikler bir başlarına oturmalı, Tevrat çalışmalarından başlarını kaldırmalı ve "sanki oradan bütün çevrelerine yayılıyormuş ve ışığın ortasında oturuyorlarmış gibi başlarının üzerinde Şekina'nın ışığı olduğunu tasavvur etmeliydiler."[526] Bu Tanrı'nın varlığı duygusu onlara bir titreyiş, esriklik içinde haz verirdi. Beşt, taraftarlarına bu vecd halinin ayrıcalıklı gizemli seçkinlere özgü olmadığını ama her Yahudinin *devekuth*'u uygulama ve Tanrı'nın bütün yayılmış varlığının farkına varma görevi olduğunu öğretti: Gerçekten *devekuth*'u beceremeyiş putperestlikle aynı, Tanrı'dan ayrı hiçbir şeyin gerçekten varolmadığının inkârıydı. Bu kendisini söz konusu tehlikeli ve garip ibadetin yararına Yahudilerin Tevrat çalışmasını bırakmasından korkan önde gelenlerle karşı karşıya getirdi.

Yine de Hasidizm hızla yayıldı çünkü her şeye karşı tepkisizleşmiş Yahudilere bir umut haberi getirmişti: hidayete erenlerin çoğu eski Sabetaycılardan çıkmış görünüyor. Beşt taraftarlarının Tevrat'ı bırakmalarını istemedi. Bunun yerine ona yeni mistik bir yorum kattı: *Mitzvah* sözcüğü bir bağ anlamına geliyordu. Bir Hasid, *devekuth*'u uygularken, Yasa'nın On Emrinden birini yerine getirdiğinde, kendini Tanrı'ya, tüm varlıkların Temel'ine bağlamış oluyordu, aynı zamanda, kişide veya bir nesnede ilahi kıvılcımları yeniden bir araya getirirken aynı anda Mabud'la ilişki kuruyordu. Tevrat, *mitzvot*'un yerine getirilmesiyle dünyayı günahlardan arın-

525 A.g.e. s. 190.

526 A.g.e. s. 207.

dırılacağı konusunda Yahudilere uzun zaman cesaret vermişti ve Beşt buna yalnızca mistik bir yorum katmıştı. Zaman zaman Hasidim dünyayı kurtarma heveslerinde biraz kuşkulu yollara saptılar: Tömbekilerindeki kıvılcımları kurtarmak için çoğu koca soluklar almıştı! Beşt'in torunlarından Medzibozh'lu Baruch'un (1757-1810), muhteşem mobilyalar ve halılarla dolu görkemli bir sarayı vardı; yalnızca bu ihtişamlı eşyalardaki kıvılcımlarla ilgilendiğini öne sürmekle temize çıkmıştı. Apt'lı Abraham Joshua Heschel (öl. 1825) yemeğindeki tanrısal kıvılcımları geri almak için muazzam yemekler yemeye alışmıştı.[527] Bununla birlikte, Hasidik girişim zalim ve tehlikeli bir dünyada, bir anlam bulmaya çalışmak diye görülebilir. *Devekuth* öğretileri, içindeki parlaklığı keşfetme yolunda dünyadan bildik olanın peçesini açmak için yaratıcı bir girişimdi. Gördükleri her şeyde gerçekliğin tümünü birleştiren Tek Yaşam'ı anlayan çağdaş İngiliz Romantikleri William Wordsworth (1770-1850) ve Samuel Taylor Coleridge'in (1772-1834) düş gücüne dayanan imgelemci görümden farklı değildi. Hasidim ayrıca, sürgün ve kıyan kederlerine karşın, yaratılmış dünyanın tümünün içinden akarak onu muhteşem bir yere dönüştüren ilahi bir enerjinin ayırdına varmıştı. Giderek maddi dünya anlamsızlık içinde solar ve her şey bir görünüşten ibaret kalır: Ujhaly'li Moses Teitelbaum (1759-1841) der ki Musa yanan bir çalılık gördüğü zaman, her bir çalıda yanan ve onun varoluşunu sürdüren ilahi bir varlık gördü yalnızca.[528] Bütün dünya göksel bir ışıkla donanmış gibi görünürdü ve Hasidimler vecd içinde hazla haykırır, ellerini çırpar ve akıllarına estiği gibi şarkı söylerlerdi. Kimileri, görümlerinin parlaklığının tüm dünyayı tepetaklak ettiğini göstermek için takla bile atar olmuşlardı.

Spinoza ve bazı Hristiyan köktencilerden farklı olarak Beşt, her şeyin Tanrı olduğunu söylemedi ama her varlık onlara yaşam ve varoluş

---

527 Louis Jacobs, "The Uplifting of the Sparks", Arthur Green (yay.) *Jewish Spirituality*, 2 Cilt (Londra, 1986, 1988), II, s. 118-121.

528 [illegible] 125.

veren Tanrı'nın içinde bulunurdu. O her şeyin varoluşunu sürdüren dirimsel güçtü. Hasidimin *devekuth* uygulamasından geçerek ya da Tanrı'yla birleşebilse bile tanrısal olacağına inanmıyordu böylesine delice cesaret tüm Yahudi mistikler için abartılı görünüyordu. Bunun yerine Hasidim, Tanrı'ya iyice yakınlaşacak ve onun varlığının ayırdında olacaktı. Çoğu basit, sade adamlardı ve kendilerini sıkça aşırı olarak tanımlıyorlardı ancak mitolojilerinin sözcük anlamıyla anlaşılmaması gerektiğinin bilincindeydiler. Olgular ve akılla fazla ilgisi olmayan bir deneyimi aktarmak için kurgusal edebiyatı en iyi araç olarak görüp felsefeye veya Talmud'a ilişkin tartışma öykülerini yeğliyorlardı. Görümleri, Tanrı ve insanın karşılıklı dayanışmasını tanımlamak için imgelemci bir girişimdi. Tanrı dışsal, nesnel bir gerçeklik değildi. Hasidim bir anlamda dağılmasından sonra O'nu yeniden inşa edip yarattıklarına inanıyorlardı. İçlerindeki ilahi kıvılcımın ayırdına varmakla, çok daha insan olurlardı. Yine bu anlayışı Kabbala'nın mitolojik terimleriyle açıkladılar. Beşt'in ardılı Dov Baer, Tanrı ve insanın bir birlik olduğunu söyledi: "İnsan ancak, Tanrı'nın yaratılış gününde niyetlendiği ve varlığın geri kalanından kendisini ayırt etme bilincini yitirip de Hezekiel'in tahtta gördüğüne benzer, ilk insan veya kozmik figüre" dönüştüğünde yarattığı bir Âdem olabilirdi.[529] Kendi aşkın boyutunun ayırdına varan insanlar yaratan aydınlanmacı Yunan veya Budist inancının farklı bir biçimdeki Yahudi tanımlamasıydı bu.

Yunanlılar bu anlayışı İsa'nın dirilişi ve tanrılaştırılması öğretilerinde açıklamışlardı. Hasidizm kendi diriliş biçimlerini geliştirdi. Zaddik, Hasidik Haham, kuşağının avatarı, gök ve yeryüzü arasında bir bağ ve ilahi görünüşün bir temsilcisi oldu. Çernobilli Haham Menahem Nahum'un (1730-1797) yazdığı gibi Zaddik "gerçekten Tanrı'nın bir parçasıdır ve önceden olduğu gibi O'nunla birlikte bir

---

529 Scholem, "Devekuth", *The Messianic Idea Judaism*, s. 226-7.

yeri vardır."[530] Hristiyanların Tanrı'ya yakınlaşma girişimlerinde İsa'yı örnek almaları gibi Hasid, kusursuz *devekuth*'u uygulamış ve Tanrı'ya çıkmış Zaddik'ini örnek aldı. O, bu aydınlanmanın olanaklı olduğunun canlı kanıtıydı. Çünkü Zaddik Tanrı'ya yakındı, Hasidim onun aracılığıyla Evrenin Efendisi'ne yaklaşabilirdi. Zaddik'lerinin çevresinde toplanırlar, o, onlara Beşt hakkında bir hikâye anlatırken ya da Tevrat'ın bir ayetini yorumlarken hiçbir sözcüğünü kaçırmazlardı. Ateşli Hristiyan mezheplerinde olduğu gibi Hasidizm yalnız bir din değildi, toplumsal yönü de çok güçlüydü. Hasidimlerin bir grubu, Zaddik'lerinin son yükselişinde efendilerinin peşinden gitmeye kalkıştılar. Çoktandır Tevrat'ın vücut bulması olarak görünen bilgili hahamları tamamıyla saf dışı eden bu kişisel kültün daha ortodoks olan Polonya Hahamı'nı dehşete düşürmesi şaşırtıcı değildi. Muhalefet, Vilna Akademisi'nin başı veya Gaon'u Haham Eliya bin Salomon Zalman'ın (1770-97) önderliğinde geldi. Sabetay Sevi bozgunu kimi Yahudileri aşırı derecede mistisizm düşmanı yapmıştı ve Vilna Gaon'u daha akılcı bir dinin savunucusu olarak görülüyordu. Bunun yanında bir Talmud üstadı olduğu kadar ateşli bir Kabbalacıydı. Yakın öğrencisi Volozhinli Haham Hayyim onu, "Zohar'ın bütününün tam ve yüce ustası... Kutsallık ve saflık ve mükemmel bir *devekuth*'la, aşk ateşi ve ilahi heybetin korkusuyla çalışırdı," diye övmüştü.[531] Yitshak Luria'dan söz ettiği her seferinde bütün gövdesi titrerdi. Hayret verici düşleri ve vahiyleri vardı, yine de Tanrı'yla iletişiminde başlıca yolunun Tevrat çalışması olduğunda her zaman diretti. Bununla beraber, gizli sezginin ortaya çıkarılışında düşlerin amacını anlamakta dikkat çekiciydi. Haham Hayyim şöyle devam eder: "O Tanrı'nın uykuyu yalnızca bir amaç için yarattığını söylerdi, insanın çok fazla zahmet ve çabadan sonra bile erişemediği

530 Arthur Green, *Jewish Spirituality II*, "Typologies of leadership and the Hasidic Zaddick", s. 132.

531 Louis Jacobs (yay.) *Sifra De Zeniuta*, çev. R.J. Za. Werblowsky, *The Jewish Mystics* (Kudüs, 1976 ve Londra, 1990), s. 171.

anlayışlara erişmesi için, ruhun gövdeyle birleştiği zaman; çünkü gövde ikiye bölen bir perde gibidir."[532]

Mistisizm ve akılcılık arasında düşündüğümüz kadar büyük bir uçurum yoktur. Vilnalı Gaon'un uyku konusunda söyledikleri bilinçaltının rolünün açık bir algısını gösterir: Arkadaşları, uyanık oldukları saatlerde kaçındıkları bir soruna çözüm bulma umudu için "istihareye yatma"ya zorladık. Zihinlerimiz alma eğiliminde ve rahatken, düşünceler zihnin en derin diyarlarından gelir. Bu ünlü ilkesini hamamda keşfeden Arşimed gibi bilim adamlarının da başına gelmiştir. Gerçekten yaratıcı bir filozof veya bilim adamı, mistik gibi onun sırrını anlama umuduyla, yaratılmamış gerçekliğin karanlık dünyası ve bilinmezlik bulutuyla yüz yüze gelmek durumundadır. Mantık ve kavramlarla uğraştıklarına göre, ister istemez henüz oluşturmuş oldukları düşüncenin idealları veya biçimleri içine hapsolurlar. Çoğu kere buluşları dışarıdan "verilmiş" gibi görünür. Esin ve önseziye dayanarak konuşurlar. Dinsel katılıktan nefret eden Edward Gibbon'ı (1737-94), *Roma İmparatorluğu'nun Gerileyiş ve Çöküş Tarihi* yazmaya iten, Roma'daki Jüpiter mabedi harabelerinin ortasında düşünceye dalmışkenki bir görüm anıdır. Bu deneyimi yorumlayan, yirminci yüzyıl tarihçisi Arnold Toynbee bunu bir "katılma" olarak tanımlar: "O, çok büyük bir akıntıyla onu da tatlılıkla götüren tarih geçidinin ve geniş bir gelgit akıntısında bir dalga gibi kabaran kendi yaşamının doğrudan farkındaydı." Böyle bir esin anının, lütfedilmiş ruhlarca Takdis Eden Görüş olarak tanımlanmış 'deneyim'e benzediği sonucuna varır Toynbee.[533] Albert Einstein ayrıca mistikliğin "tüm sahici sanat ve bilimin en yaygını" olduğunu öne sürmüştür:

532 A.g.e. s. 174.

533 Arnold H. Toynbee, *A Study of History*, 12 cilt (Oxford 1934 61), X, s. 128.

Bizim için ulaşılmaz olan gerçekliğin gerçekten var olduğunu, kendisini bize en yüce bilgelikte ve en ışınlı güzellikte gösterdiğini, bizim kaba yeteneklerimizle bunun ancak en ilkel biçimleriyle anlayabildiğimizi bilmek, bu bilgi, bu duygu bütün sahici dindarlığın özüdür. Bu anlamda ve yalnızca bu anlamda, ben de dindar insanlar arasında yerimi alıyorum.[534]

Bu anlamda, Beşt gibi mistiklerce keşfedilen dinsel aydınlanma, Akıl Çağı'nın öteki bazı başarılarına yakın görülebilir: Bu, en sıradan insanlar için çağdaşlığın Yeni Dünyası'na yaratıcı geçişi sağlamayı kolaylaştırıyordu.

1780'lerde, Lyadaylı Haham Şneur Zalman (1745-1813) entelektüel araştırmaya yabancı Hasidizmin duygulu coşkunluğunu değil, mistisizmle akılcı tefekkürü harmanlanmaya çalışan yeni bir biçimini kurdu. Tanrı'nın üç niteliğinin baş harflerini almışlardı ve Habad diye biliniyorlardı: Hokhma (Bilgelik), Binah (Akıl) ve Du'at (Bilgi). Felsefeyi tinsellikle bağdaştıran daha önceki mistikler gibi Zalman metafizik kurgunun dua için gerekli bir hazırlık olduğuna inanıyordu çünkü o aklın sınırlarını ortaya çıkarıyordu. Yordamı, her şeyde varolan temel Hasidik Tanrı görüşünden başlıyor ve diyalektik bir yöntemle, mistiğin, Tanrı'nın tek gerçek olduğunu anlamasına öncülük ediyordu. Zalman şöyle açıklıyordu: "Sonsuzluk açısından bakıldığında, kutsanma onun üstüne olsun, bütün dünyalar gerçekten hiç ve hiçlik gibidir."[535] Yaratılan dünyanın onun dirimsel gücü olan Tanrı'dan ayrı varlığı yoktur. Bağımsız olarak var gibi görünmelerinin tek nedeni bizim sınırlı algılarımızda, ancak bu bir yanılgıdır. Tanrı, bu nedenle gerçeklik küresinin bir seçeneğini tutan gerçek

---

534 Albert Einstein, "Strange is Our Situation Here on Earth" , Jaroslav Pelikan (yay.), *Modern Religious Thought* (Boston, 1990), s. 204.

535 Rachel Elin, "HaBaD: the Contemplative Ascent to God" Green (yay.) *Jewish Spirituatity*, s. 161.

bir üstün varlık değildir: Dünya dışı değildir. Gerçekten, Tanrı'nın aşkınlığı öğretisi, neredeyse duyu algılarının dışına geçmeyi olanaksız bulan zihinlerimizin bir başka yanılgısıdır. Habad'ın mistik disiplinleri Yahudilere, şeyleri Tanrı'nın bakış açısından görmek için duyu algısından ötesine geçmelerinde yardımcı olmuştur. Aydınlanmamış bir göze dünya Tanrı'dan yoksun görünür: Kabbala düşüncesi çevremizde, dünyada olan Tanrı'yı keşfetmek için akılcı sınırları kaldırmada bize yardımcı olacaktır.

Habad, Tanrı'ya ulaşmak için insan zihninin yeteneğine güvenen Aydınlanma'ya katıldı ancak bunu eskiden beri geçerliliğini koruyan paradoks ve mistik yoğunlaşma yönteminden geçerek gerçekleştirdi. Beşt gibi Zalman da herkesin Tanrı'nın görümüne ulaşabileceğine inanmıştı: Habad mistik seçkinler sınıfı için değildi. İnsanlar tinsel yetenekten yoksun görünseler de aydınlanmayı gerçekleştirebilirlerdi. Bununla birlikte, bu zorlu bir işti. Lubavitchli Haham Dov Baer'in (1773-1827), Zalman'ın oğlu, *Tract on Ecstasy*'de belirttiği gibi insan yetersizliğin keder verici algısıyla başlamalıydı. Yalnızca akılcı tefekkür yeterli değildi: kendi kendini çözümleme, Tevrat üstüne çalışma ve duayla desteklenmesi gerekirdi. Dünyaya ilişkin entelektüel ve yaratıcı. Önyargılarımızı bırakmak acı vericiydi ve çoğu insan bakış açılarından vazgeçme konusunda fazlasıyla isteksizdi. Bir kez bu bencilliğin ötesine geçen Hasid, Tanrı'dan başka gerçeklik olmadığını anlardı. *Fena*'yı yaşamış Sufi gibi Hasid vecdi becerebilirdi. Baer kendisinin ötesine geçtiğini açıklamıştı: "Bütün varlığı öyle özümlenir ki geriye bir şey kalmaz ve artık kendi bilinci de yoktur."[536] Hasid'e kendisinin merkezine ulaşana dek, derece derece, kendi içsel dünyasının en derinlerine inmeyi öğreten Habad'ın öğretileri Kabbala'yı psikolojik çözümleme ve kendini tanıma aracı yaptı. Orada tek doğru gerçekliğin Tanrı olduğunu buldu. Zihin akıl ve imgelemini kullanarak Tanrı'yı bulabilirdi ama bu filozofların

536 A.g.e. s. 196.

ve Newton gibi bilim adamlarının nesnel Tanrısı değil, tamamen kendinden ayrılmaz öznel bir gerçeklikti.

On yedinci ve on sekizinci yüzyıllar siyasal ve toplumsal dünyanın çalkantısını yansıtan son derece acı ve heyecan verici bir tinsel dönem olmuştu. Bu zamanda Müslüman dünyasında karşılaştırılabilecek hiçbir şey yoktu; gerçi bir Batılı için bundan emin olmak güçtür çünkü on sekizinci yüzyıl İslam düşüncesi fazla araştırılmamıştır. Çekicilikten uzak bir devir olarak Batılı araştırmacılarca genellikle pek kolayca bir yana bırakıldı ve Avrupa Aydınlanma'yı sürdürürken İslamiyet'in gerilediği düşünüldü. Son zamanlarda, yine de bu bakış açısına fazla kolaycılığı nedeniyle meydan okundu. İngiltere 1767'de Hindistan'ın idaresini ele geçirdiyse de Müslüman dünyası Batı'nın benzeri görülmemiş meydan okuyuşunun tam olarak farkında değildi henüz. Delhili Sufi Şah Veliullah (1703-62) yeni ruhu anlayan ilk kişiydi belki de. Kültürel evrensellikten kuşku duyan ama Müslümanların miraslarını korumak için birleşeceklerine inanan etkili bir düşünürdü. Şiilerden hoşlanmamakla birlikte Sünnilerin ve Şiilerin ortak bir zemin bulmaları gerektiğine inanıyordu. Hindistan'ın yeni koşullarına daha uygun hale getirmek için şeriatı yenileştirmeye çalıştı. Veliullah'ın sömürgeciliğin sonuçlarına ilişkin bir önsezisi var gibiydi: Oğlu İngiltere'ye karşı bir cihada önderlik edecekti. Dinsel düşüncesi çok tutucuydu ve Muhyiddin Arabi'ye fazlasıyla bağlıydı: İnsan Tanrı olmadan tüm gizil gücünü geliştiremezdi. Müslümanlar, dinsel konularda geçmişin zenginliklerine bağlılıktan hâlâ memnundular ve Veliullah Sufizmin hâlâ esin verebildiği yüce bir örnektir. Bununla birlikte, dünyanın birçok bölgesinde, Sufizm bir parça bozulmuştu; Arabistan'daki yeni bir reformcu hareket, on dokuzuncu yüzyılda Müslümanların Tanrı anlayışını tanımlayan mistisizmden uzaklaşıldığının ve Batı'nın meydan okumasına verilen İslamcı yanıtın habercisiydi.

On altıncı yüzyılın Hristiyan reformcuları gibi Arap yarımadasında Necd'li bir hukukçu olan Muhammed bin Abdülvehhab (öl. 1784), İslam'ı başlangıcındaki saflığına getirmeyi ve sonradan yapılmış tüm eklemelerden kurtarmayı istedi. Mistisizme özellikle düşmandı. Sufi erenlerine ve Şii imamlarına bağlılık da dâhil diriliş teolojisinin tüm önerileri mahkûm edildi. Medine'deki Peygamberin mezarı kültüne bile karşıydı: Hiçbir insan, ne denli parıltılı olursa olsun, Tanrı sevgisini kendisine yöneltmemeliydi. El Vehhab, Orta Arabistan'da küçük bir prensliğin hükümdarı olan Muhammed bin Suud'u inancına döndürdü ve ikisi birlikte Peygamber ve Eshabının ilk ümmetini yeniden oluşturma girişimi olan bir düzenleme başlattılar. Yoksulluk, dul ve yetimlerin kötü durumlarıyla ilgilenmeden, ahlaksızlık ve putperestliğe zulmetmeyle işe koyuldular. Türklerin değil, Arapların Müslüman insanları yönetmesi gerektiği inancıyla büyük efendileri Osmanlılar'a karşı bir cihad sürdürdüler. Hicaz'ın büyük bir bölümünü Osmanlı idaresinden zorla aldılar; Türkler bu bölgeyi ancak 1818'de geri alabildi ama yeni mezhep İslam dünyasındaki birçok insanın imgelemini zaptetmişti. Mekke hacıları, şimdi çok geçerli olan Sufizmden daha taze ve canlı görünen bu yeni dindarlıktan etkilenmişlerdi. On dokuzuncu yüzyıl boyunca, Vehhabilik İslam ruhuna hâkim oldu ve Sufizm giderek sıradışı ve sonuç olarak, daha da garip ve boş bir inanç haline geldi. Yahudiler ve Hristiyanlar gibi Müslümanlar da mistik ülküden geri adım atmaya başladılar ve dindarlığın daha akılcı bir türünü benimsediler.

Avrupa'da birkaç kişi Tanrı'nın kendinden uzaklaşma eğilimi göstermeye başladı. 1729'da örnek alınacak bir yaşam sürmüş bir taşra papazı olan Jean Meslier, ateist olarak öldü. Ardında, Voltaire tarafından dağıtılan bir biyografi bıraktı. Onun insanlıktan nefret ettiğini ve Tanrı'ya inanamadığını anlatıyordu bu biyografi. Meslier, Newton'un sonsuz uzayının tek ölümsüz gerçek olduğuna inanıyordu; maddeden başka hiçbir şey yoktu. Din, yoksullara baskı yapmak ve onları güçsüzleştirmek için varlıklılarca kullanılmış bir araçtı. Hristiyanlık, Teslis ve Diriliş gibi özellikle gülünç öğretileriyle tanınmıştı. Tanrı'yı inkâr etmesi filozoflar için kolay lokma değildi. Voltaire özellikle ateist bölümleri ayırmış ve papazı bir teiste çevirmişti. Yüzyılın sonunda, küçücük bir azınlık olarak kalmalarına karşın, yine de kendilerine ateist demekten gurur duyan birkaç filozof vardı. Bu tamamıyla yeni bir gelişmeydi. O zamana dek "ateist", özellikle düşmanlarınıza savurduğunuz iğrenç bir hakaret, bir küfür terimi olagelmişti. Tam da şimdi bir övünç nedeni olarak gösterilmeye başlanmıştı. İskoç filozof David Hume (1711-1776) yeni deneyciliği mantıklı sonuçlarına kadar götürdü. Gerçeğin bilimsel yorumunun ötesine gitmeye ve duygu deneyimimizin ötesinde yatan bir şeye inanmak için felsefi bir nedene gerek yoktu. *Dialogues Concerning Natural Religion*'da, Hume sonuçsuz karşılaştırmalı tartışmalara dayandığını savlayarak, evrenin düzeninin Tanrı'nın varlığını gösterdiği tartışmasına son verdi. Doğal dünyada ayırdına vardığımız düzenin zeki bir idareciyi gösterdiği tartışılabilir ama bu durumda, kötülük ve açığa çıkan düzensizliğin nedenini nasıl açıklarız? Bunun mantıklı bir yanıtı yoktu ve 1750'de *Dialogues*'u yazan Hume, allahtan bunları yayımlamadı. Yaklaşık yirmi ay önce, Fransız filozof Denis Diderot (1713-84), halka ateizmi bütünüyle açıkladığı *Körler Üzerine Mektup*'ta aynı soruyu sorduğu için hapsedilmişti.

Diderot kendisinin ateist olduğunu yadsımıştı. Yalnızca Tanrı varmış veya yokmuş onu ilgilendirmediğini söyledi. Voltaire kitabına karşı çıktığı zaman, şöyle yanıt verdi; "Ben Tanrı'ya inanıyorum, yine de ateistlerle pekâlâ yaşarım... Maydanoz ile baldıran otunu karıştırmamak çok önemlidir ama Tanrı'ya inanıp inanmamak zaten önemli değildir." Yanılmaz bir dikkatle, Diderot asıl noktaya parmak basmıştı. Bir kez "Tanrı" tutkuyla öznel bir deneyim olmayı bitirdiğinde, "o" varolmaz. Diderot'nun aynı mektupta vurguladığı gibi dünya işlerine asla karışmayan filozofların Tanrısı'na inanmak anlamsızdı. Gizli Tanrı Deus Otiosus olmuştu: "Tanrı olsun ya da olmasın, O en yüce ve yararsız doğrular arasında sıralamaya girer."[537] Diderot, bahsi çok önemli ve göz ardı edilmesi olanaksız gören Pascal'la zıt bir sonuca vardı. 1746'da yayımlanan, *Pensees Philosophiques*'inde Diderot, Pascal'ın dinsel deneyimini fazla kişisel diye reddetti: O ve Cizvitler Tanrı'yla hararetle ilgileniyorlardı ama ona ilişkin çok farklı düşünceleri vardı. Aralarında nasıl seçim yapılır? Böyle bir "Tanrı" *temperament*'ten[538] başka bir şey değildi. Bu noktada, *Körlere Mektup*'un yayımlanmasından üç yıl önce, Diderot bilimin yalnızca bilimin ateizmi çürütebildiğine inanıyordu. Düzenin çıkarılan tartışmaya etkileyici, yeni bir yorum getirdi. Evrenin engin devinimine bakmak yerine, insanları doğa yapısının altında olana bakmaya çağırdı. Bir tohumun, kelebeğin veya bir böceğin organizması raslantı eseri olmak için fazla karmaşıktı. *Pensees*'te Diderot, aklın Tanrı'nın varlığının kanıtı olduğuna hâlâ inanıyordu. Newton dinin bütün boş inan ve boş laflarından kurtulmuştu: Mucizelerle uğraşan bir Tanrı'nın çocuklarımızı korkuttuğumuz gulyabanilerden bir farkı yoktu.

Buna karşın, Diderot üç yıl sonra Newton'un kuşkusuna ulaştı ve dış dünyanın Tanrı için bir kanıt oluşturduğundan artık emin değildi. Yeni bilimle Tanrı'nın hiçbir alışverişi olmadığını açıkça görüyordu. Ama bu devrimci ve kışkırtıcı düşünceyi yalnızca edebi hayali sözcüklerle açıklayabiliyordu. *Körlere Mektup*'ta, Diderot "Bay Holmes" dediği bir Newtoncuyla, görme yetisini bebekken yitirmiş Cambridgeli matematikçi Nicholas Saunderson (1682-1739) arasında geçen hayali bir tartışma yazdı. Diderot Saunderson'a, bazı canavarlarla, kendisi gibi kaza eseri olan ama zekâ ve iyilikten başka bir şey göstermemişlerle düzen görüşünü nasıl uzlaştırabildiğini sordurur Holmes'e:

537 Michael J. Buckley, *At the Origins of Modern Atheism* (New Haven ve Londra, 1987), s. 225.

538 (Fr.) Huy, mizaç. (ç. n.)

Bay Holmes, bu karmaşık, her biri sürekli bir yıkıcılık eğilimi gösteren değişim döngülerine bağlı dünya nedir? Art arda görünen hızla geçen ardışık varlıklar, ortaya çıkıp kayboluyorlar; yalın, geçici bir sistem ve bir anlık düzen görüntüsü.[539]

Newton'un Tanrısı ve gerçekten çoğu geleneklere bağlı Hristiyan'ın da Tanrısı, olan her şeyden tamamıyla sorumlu tutulan, yalnızca bir delilik değil dehşet verici bir düşünceydi. Şimdi de açıklayamadığımız şeylerin, açıklamak için Tanrı'yı ortaya çıkarmak boyun eğmenin bir başarısızlığıydı. Diderot'nun Saunderson'u, "Sevgili dostum Bay Holmes," diye bitirir, "cehaletinizi kabul edin."

Diderot'nun görüşüne göre bir Yaratan'a gerek yoktu. Madde, Newton ve Protestanların zannettikleri edilgen, değersiz bir şey değildi; kendi kurallarına uyan dinamiği vardı. Gördüğümüzü düşündüğümüz görünüşteki taslaktan sorumlu olan İlahi bir Mekanizma değil bu madde yasasıdır. Maddeden başka bir şey yoktu. Diderot, Spinoza'dan bir adım ileri gitmişti. Tanrı değil doğa olduğunu söylemek yerine, Diderot Tanrı'nın zaten olmadığını yalnızca doğa olduğunu savladı. İnancında yalnız değildi; Abraham Trembley ve John Turbeville Needham gibi bilim adamları şimdi biyoloji, mikroskopi, zooloji, doğa tarihi ve jeolojide bir varsayım olarak görülen üreyici madde ilkesini buldular. Yine de çok az kişi Tanrı'yla son bağı koparmaya hazırlanıyordu. Holbach Baronu Paul Heinrich'in (1723-89) salonunun müdavimleri olan filozoflar bile, açık ve samimi sohbetlerden hoşlanmalarına karşın ateistliği açıkça kabullenmediler. Bu düşünce çatışmalarından, ateist materyalizmin incili olarak bilinen Holbach'ın kitabı *Doğa Sistemi: Ya da Ahlaki ve Fiziksel Dünyanın Yasaları* çıktı (1770). Doğaya doğaüstü bir seçenek yoktu, Holbach'ın öne sürdüğüne göre, "ama durmadan

539 "A Letter to the Blind For Those Who See", (çev. ve yay.) Margaret Jourdain, *Diderots Early Philosophical Works* (Chicago, 1966), s. 113-14.

birinden ötekine geçen sınırsız bir nedenler ve sonuçlar zinciri var."[540] Bir Tanrı'ya inanmak onursuzluk ve gerçek deneyimimizi yadsımaktı. Ayrıca umutsuzluk nedeniydi. İnsanlar bu dünyadaki yaşam trajedisine başkaca bir avunç bulamadıkları için din tanrıları yaratmıştı. Dehşet ve felaketi savuşturmak için perdenin arkasında gizlendiğini hayal ettikleri bir "aracı"nın beğenisini kazanmaya çalışarak, yanıltıcı kontrol duygusunu oluşturmak adına felsefe ve dinin düş ürünü tesellilerine dönmüşlerdi insanlar. Aristoteles yanılmıştı: Felsefe bilgiye duyulan soylu bir arzunun sonucu değil, acıdan kaçınmak için duyulan korkak bir özlemin sonucuydu. Din eşiği, bu nedenle, olgun, aydın insanın aşması gereken cahillik ve korkuydu.

Holbach kendi Tanrı tarihini yazmayı denedi. İlk insanlar doğa güçlerine tapınmışlardı. Bu ilkel animizm, bu dünyanın ötesine geçmeye çalışmadığı için kabul edilebilir olmuştu. İnsanlar güneşi, rüzgârı ve denizi kişileştirmeye ve kendi imge ve suretlerinde tanrılar yaratmaya başladıkları zaman çürüme de başladı. Sonunda, tüm bu tanrıcıkları bir aykırılıklar yığını ve izdüşümünden başka bir şey olmayan tek bir ilahta birleştirdiler. Yüzyıllar boyunca şairler ve teologların tek yaptığı

> uzlaşmaz nitelikleri zorla bir araya yığarak dev gibi, abartılı bir insan hayali yaratmak olmuştur. İnsanlar Tanrı'yı asla göremeyeceklerdir ama sonunda tamamıyla kavranılmaz bir varlık oluşturana kadar ölçülerini büyütmeye çalıştıkları insan tütünden bir varlık vardır ortada.

Tarih, Tanrı'nın her şeye gücünün yetmesiyle sözde iyiliğinin uzlaştırılmasının olanaksız olduğunu gösterir. Çünkü bu tutarlı değildir, Tanrı düşüncesi parçalanmak zorundadır. Filozoflar ve bilim

540 Paul Heinrich Dietrich, Baron d'Holbach, *The System of Nature or Laws of the Moral and Physical World*, çev. H.D. Robinson, 2 cilt (New York, 1835), I, s. 22.

adamları bunu korumak için ellerinden geleni yaptılar ama şairler ve teologlardan daha iyisini yapamadılar. Descartes'ın kanıtladığını öne sürdüğü *hautes perfections*[541] yalnızca kendi imgeleminin, ürünüydü. Büyük Newton bile "çocukluk önyargılarının esiri" idi. Sonsuz uzayı keşfetmiş ve yalnızca *un humme puissant*[542] kullarına dehşet saçan ve onları esirlerin koşullarında yaşatan ilahi bir despot olan, işe yaramaz bir Tanrı yaratmıştı.[543]

Neyse ki Aydınlanma insanlığa, kendini bu çocukluktan kurtarma olanağını verecektir. Bilim dinin yerini alır. "Eğer doğa hakkındaki cahillik tanrıları doğurduysa, doğa bilgisinin onları yok etmesi beklenir."[544] Ne yüce hakikatler ya da belirleyici örüntüler ne de büyük tasarım yoktur. Yalnızca doğanın kendisi vardır;

> Doğa yapılmış iş değildir; daima kendi başına var olmuştur; her şey onun bağrında olur; o malzemeyle dolu büyük bir laboratuvardır ve kendisine hareket olanağı sağlayan araçları yapar. Onun bütün yaptıkları kendi enerjisinin ve gene kendisinin içerdiği ve eyleme soktuğu yarattığı etmen veya nedenlerin sonucudur.[545]

Tanrı yalnızca yararsız değil kesinlikle zararlıydı. Yüzyılın sonunda, Paul Simon de Laplace (1749-1827) Tanrı'yı fizikten çıkardı. Gezegenler sistemi, giderek soğuyan güneşten çıkan bir parlaklığa sahipti. Napolyon ona, "Bunun yaratıcısı kim?" diye sorduğu zaman Laplace basitçe yanıtladı; *"Je n'avais pas besoin de cette hypothesela."*[546]

541 (Fr.) Geniş bakış açısı. (ç. n.)

542 Fr.) Kadir olan. (ç. n.)

543 A.g.e. II, s. 227.

544 A.g.e. I, s. 174.

545 A.g.e. II, s. 232.

546 (Fr.) Bu hipoteze ihtiyacım yoktu. (ç. n.)

Tektanrıcı dinler yüzyıllarca Tanrı'nın yalnızca bir başka varlık olmadığında ısrar ettiler. O, başımızdan geçen öteki görüngüler gibi var olmamıştı. Bununla birlikte batıda, Hristiyan teologlar, Tanrı'dan gerçekten var olan şeylerden biri gibi söz etme alışkanlığı edinmişlerdi. Yeni bilime, Tanrı herhangi bir şey gibi denenebilir ya da çözümlenebilirmiş gibi Tanrı'nın nesnel gerçekliğini kanıtlamak için sarılmışlardı. Diderot, Holbach ve Laplace bu girişimi baş aşağı ettiler ve aşırı mistiklerle aynı sonuca vardılar: Dışarıda bir şey yoktu. Diğer bilim adamları ve filozofların Tanrı'nın ölümünü zafer kazanmışçasına ilan etmelerinden çok önce değildi bu.

10

Tanrı Öldü mü?

On dokuzuncu yüzyılın başlarında, ateizm kesin olarak gündemdeydi. Bilim ve teknolojideki ilerlemeler, kimilerini Tanrı'dan bağımsız olduklarını bildirmeye yönelten yeni bir özerklik ve bağımsızlık ruhu yaratmıştı. Bu, Ludwig Feuerbach, Karl Marx, Charles Darwin, Friedrich Nietzsche ve Sigmund Freud'un, içinde Tanrı'nın olmadığı gerçekliğin felsefi ve bilimsel yorumlarını geliştirdikleri yüzyıldı. Gerçekten, yüzyılın sonunda çok sayıda insan, Tanrı henüz ölmediyse, akılcı ve özgür insanların görevinin onu öldürmek olduğunu hissetmeye başlamışlardı. Hristiyan Batı'da yüzyıllarca beslenmiş Tanrı düşüncesi şimdi feci halde yetersiz görünüyordu ve akıl çağı boş inan ve bağnazlık çağlarına galip gelmiş gibiydi. Ya da gelmiş miydi? Batı şimdi insiyatifi eline almıştı ve yaptıkları, kendi konumlarını yeniden gözden geçirmeye zorlanan Yahudiler ve Müslümanlar için tarihi önem taşıyordu. Tanrı düşüncesini reddeden ideolojilerin çoğu akla yakın geliyordu. Batı Hristiyan dünyasının insanbiçimci ve kişilik sahibi Tanrısı'nın karnı yumuşaktı. Korkunç suçlar onun adına işleniyordu. Yine de feragatı sevinçli bir kurtuluş olarak yaşanmamış ama kuşku, korku ve bazı bakımlardan, acı veren çekişmelerle karşılanmıştı. Kimi insanlar, deneysel düşüncenin bağlayıcı sistemlerinden çıkarmak için yeni bir teoloji geliştirerek Tanrı'yı kurtarmaya çalıştılar ama ateizm yerleşmeye başlamıştı.

Ayrıca akıl kültüne karşı da tepki vardı. Romantik hareketin şairleri, yazarları ve filozofları her şeyi kapsayan bir akılcılığın indirgemeci olduğunu belirttiler, çünkü böylesi insan ruhunun yaratıcı ve sezgisel işlerini dışarda bırakıyordu. Hristiyanlığın kimi dogmaları ve gizemleri laik bir biçimde yeniden yorumlanmıştı. Bu yeniden düzenlenen teolojide, cennet ve cehennem, yeniden doğuş ve kurtuluş gibi eski temalar, "dışarda uzakta" bulunan doğaüstü bir gerçeklikle ilişikleri kopartılıp entelektüel olarak Aydınlanma sonrasında kabul edilebilir bir tarzda dönüştürüldüler. Bu "doğal doğaüstücülük" temalarından birisi, Amerikalı edebiyat eleştirmeni M.R. Abrams'ın dediği gibi[547] yaratıcı imgelemdi. Bu, dış gerçeklikle yeni bir hakikat yaratabilecek biçimde kaynaşabilen bir yetenek olarak görülüyordu. İngiliz şair John Keats (1798-1821) bunu kısaca anlatır: "İmgelem Âdem'in düşü gibidir, uyandı ve hakikati buldu." O, Milton'ın *Kayıp Cennet*'indeki Havva'nın yaratılışı hikâyesine göndermede bulunuyordu; henüz yaratılmamış bir gerçekliğin düşünü gördükten sonra, onu karşısında duran kadında bulmak için uyanmıştı Âdem. Aynı mektupta, Keats imgelemi kutsal bir yetenek olarak görmüştü: "Hiçbir şeyden, gönül işlerinin ve imgelemin doğrulunun kutsallığından emin olduğum kadar emin değilim; imgelemin güzel olarak tuttuğu ne varsa doğru olmalıdır önceden olsun ya da olmasın."[548] Bu yaratıcı süreçte aklın yalnızca sınırlı bir rolü vardı. Ayrıca Keats "Negatif Yetenek" dediği bir zihin durumunu tanımladı, "Bir insanın, olgu ve akla ulaştıktan sonra hiçbir rahatsızlık duymaksızın belirsizlikler, gizler, kuşkularda yetenek geliştirmesi."[549]

---

547 M.R. Abrams, *Natural Supernaturalism: Tradition and Revolution in Romantic Literature* (New York, 1971), s. 66.

548 22 Kasım 1817, *The Letters of John Keats*, (yay.) H.E. Rollins, 2 cilt (Cambridge, Mass., 1958), s. 184-5.

549 A.g.e. George ve Thomas Keats'e, 21 Aralık (27:), 1817 s. 191.

Bir mistik gibi şair de aklı aşmalı ve kendini suskun bir bekleyiş içinde tutmalıydı.

Ortaçağ mistikleri Tanrı deneyimlerini oldukça benzer yoldan tanımlamışlardı. Muhyiddin Arabi, kendi derinliklerinde yaratılmamış Tanrı gerçekliğini kendi deneyimlerinden yaratan imgelemden bile söz etmişti. Her ne kadar Keats, Samuel Taylor Coleridge'la (1772-1834) İngiltere'deki Romantik harekete öncülük eden William Wordsworth'ü (1770-1850) eleştirmişse de benzer imgelem görüşünü paylaşıyorlardı. Wordsworth'ün en iyi şiirleri, imgelem ve anlam yaratmak için birbirlerinin üzerinde etki ve tepkisi olan doğal dünya ve insan zihninin birleşmesini kutluyordu.[550] Wordsworth'ün kendisi doğa düşüncesi tanrı düşüncesine yakın olan bir mistikti. Tintern Manastırı'nın Birkaç Mil Yukarısında Yazılmış Dizelerde, gerçeklik görüşü bir vecd halinde çıkan zihnin algı durumunu tanımladı:

> bu kutsanmış hal
> gizemini yüklenmiş
> ağır ve taşınmaz yükünü bu ele gelmez dünyanın
> hafifliyor: bu sakin ve kutsanmış hal
> sevginin yumuşakça üstümüzü sarması
> bu bedensel cismin soluğu
> ve hatta insan kanımızın hareketi
> nerdeyse durdu, hepimiz uykudayız
> gövdemizde ve yaşayan ruh oluyoruz:
> uyumun gücüyle ve neşenin derin gücüyle
> sessizleşmiş bir gözle,
> eşyanın içindeki yaşamı görüyoruz.[551]

---

550 *The Prelude* II, 256-64.

551 "Lines Composed a Few Miles Above Tintern Abbey", 37-49.

Bu görüm, Wordsworth'ün saf çözümsel güçleri bu tür sezgileri yok edebilecek olan "müdahaleci akıl"ından çok, yürek ve sevgiden çıkıyordu. İnsanların geniş içerikli kitaplara ve kuramlara gereksinimleri yoktu. Tüm gerek duyulan "'bilgili eylemsizlik' ve 'izleyen ve anlayan bir yürek'"ti.[552] Anlayış, bilgisiz ve kendine hoşgörülü olmak değilse de "bilge" olmanın zorunlu olduğu öznel deneyimle başlıyordu. Keats'in söylediği gibi bir hakikat yürekte tutkuyla heyecan taşıyıncaya ve çarpıntı hissettirene kadar hakikat olmazdı.

Wordsworth, tek ve aynı zamanda her yerde varolan ve doğal görüngüden uzak bir "tin"in ayırdına varmıştı:

> Beni yüksek düşüncelerin varlığı ile
> rahatsız eden neşe; yücelme duygusu
> çok daha derinden kaynayan
> batan güneşlerin ışığında eğleşen
> ve çepeçevre okyanus ve yaşayan havada,
> ve mavi gök ve insan zihninde:
> bir davranış ve bir ruh, hareket ettiriyor
> bütün düşünen şeyleri, bütün düşünce nesnelerini
> ve her şeyde yuvarlanıyor?[553]

Hegel gibi filozoflar böyle bir tini tarih olaylarında bulacaklardı. Wordsworth bu deneyime gelenekçi dinsel bir yorum getirmemeye özen gösterdi; bir yandan da özellikle ahlak bağlamında "Tanrı"dan söz etmekten oldukça mutluydu. İngiliz Protestanlar yenilikçilerce dikkate alınmamış mistiklerin Tanrısı'ndan haberdar değillerdi. Tanrı vicdanı göreve davet ederek konuşurdu; yüreğin arzularını giderirdi ama Wordsworth'ün Doğa'da hissettiği "varlık"la ortaklığı az görünüyordu. Her zaman sözün doğruluğuyla ilgileniyordu,

552 "Expostulation and Reply"; The Tables Turned.

553 "Tintern Abbey", 94-102.

Wordsworth buna yalnızca "bir şey" diyordu; çoğunlukla tam tanımlamanın yerine kullanılan bir sözcük. Wordsworth bu tini, gerçek mistik agnostisizmle, bildiği hiçbir kategoriye uymadığı için ad vermekten kaçınarak tanımlamaya çalıştı.

Devrin bir diğer mistik şairinde daha fazla kıyamet çağrısı vardı ve Tanrı'nın öldüğünü ilan etti. William Blake (1757-1827) ilk şiirlerinde diyalektik bir yöntem kullanmıştı: "masumiyet" ve "olgunluk" gibi terimleri, birbirine tamamen karşıt gibi görünen, daha karmaşık bir gerçekliğin yan doğruları olarak bulmuştu. Blake, İngiltere'de Akıl Çağı şiirinin karakteristiği olan kafiyeli beyitlerde dengelenen antitezleri, kişisel ve öznel bir görümü içerecek bir yöntemle dönüştürmüştü. *Masumiyet ve Tecrübe Şarkıları*'nda insan ruhunun iki zıt durumu bir sentezle birleştirilene kadar ikisi de eksik olarak gösterilir: Masumiyet deneyime dönüşmeli ve deneyim sahici masumiyeti yeniden kazanmadan önce en derinlere düşmelidir. Şair "Şimdiyi, Geçmiş ve Geleceği gören" ve başlangıçtaki zamanlarda insanlığa söylenmiş Kutsal Sözü dinleyen bir peygamber olmuştu,

> gitmiş ruhu çağırıp
> ve ağlayıp akşam çiyinde
> saracak olan
> yıldızlı kutbu
> ve hep yeniden düşen, düşen ışık.[554]

Gnostikler ve Kabbalacılar gibi Blake zihninde mutlak bir düşüş durumu tasarladı. İnsanlar içinde bulundukları durumun geçersizliğini anlayana kadar doğru görüm olamazdı. İlk mistikler gibi Blake de bizim gündelik gerçeğimizde daima mevcut olan bir süreci simgeleştirmek için özgün düşüş düşüncesini kullanmıştı. Blake, hakikati sistemleştirmeye girişen Aydınlanma görüşüne karşı çıktı.

554 William Blake, *Masumiyet ve Tecrübe Şarkıları*.

Ayrıca insanları insanlıklarından çıkarmış Hristiyanlığın Tanrısı'na da karşı çıktı. Bu Tanrı cinselliği, özgürlüğü ve kendiliğinden hazzı bastırmak için doğaya aykırı yasaları yürürlüğe koymuştu. Blake, "Kaplan! Kaplan!"da, onu anlatılamayacak derecede "uzak derinlikler ve gökler"deki dünyadan ayrı olarak görüp, bu merhametsiz Tanrı'nın "korkunç simetri"sine dil uzattı. Bununla birlikte diğer Tanrı, Dünya'nın Yaratıcısı, şiirlerde büsbütün değişime uğrar. Tanrı'nın kendisi dünyaya iner ve İsa'nın kişiliğinde ölür.[555] İnsanlığın düşmanı, Şeytan bile olur. Gnostikler, Kabbalacalılar ve ilk Teslisçiler gibi Blake, ıssız cennetinden inen ve dünyada vücut bulan bir Mabud'un kendisini boşalttığı bir *kenosis* tasarladı. İnsanlardan, dışsal, heteronumis[556] bir yasaya boyun eğmelerini isteyen, kendi dünyasında özerk bir ilah yoktur artık. Tanrı'ya yabancı insan eylemi yoktur; Kilisece baskı altında tutulan cinsellik bile İsa'nın kendi tutkusunda kendini göstermiştir. Tanrı İsa'da kendi isteğiyle ölmüştür ve aşkın, yabancı Tanrı artık yoktur. Tanrı'nın ölümü tamamlandığında, İnsan Yüzlü İlah ortaya çıkacaktır:

> İsa dedi "Sever miydiniz sizin için ölmeyen birini
> veya ölür müydünüz sizin için ölmeyen biri adına?
> "Ve eğer Tanrı ölmeseydi insan için ve vermeseydi
> kendini
> Sonsuza kadar insan için, insan var olamazdı; Çünkü
> İnsan Sevgidir Tanrı'nın Sevgi olduğu gibi: her iyilik
> başkası için küçük bir ölümdür Tanrısal imgede
> yoksa insan varolur muydu kardeşlik içinde.[557]

---

555 Jerusalam 33: 1-24.

556 (Yun.) Kendisinin dışında, başkasının koyduğu yasaya bağlı. (ç. n.)

557 A.g.e. 93: 23 -8.

Blake geleneksel kiliselere karşı çıktı ama kimi teologlar Romantik görüşü resmî Hristiyanlığın içine almaya çalışmışlardı. Öznel dinsel deneyimin önemini vurgulayarak, uzak aşkın Tanrı'yı nefret uyandırıcı ve geçersiz bulmuşlardı. 1799'da, Wordsworth ve Coleridge'in İngiltere'de *Lyrical Ballads*'ı yayımlamalarından bir yıl sonra, Friedrich Schliermacher (1768-1834) kendi Romantik bildirisini, *On Religion, Speeches to its Cultural Despisers*'ı Almanya'da yayımladı. Dogmalar ilahi olgular değildi ancak, "Hristiyan dinsel etkilerini dille ifade eden açıklamalardı."[558] Dinsel inanç, akide önermeleriyle sınırlanamazdı: Duygusal bir anlayış ve içsel teslim içerirdi. Düşünce ve aklın yeri vardı ama bunlar bizi ancak uzaklara götürürdü. Aklın sınırına geldiğimizde, Mutlak'a giden yolculuğu duygu tamamlardı. "Duygu"dan söz ettiği zaman, Schliermacher yapış yapış bir duygusallığı değil, insanları sonsuzluğa doğru çeken bir sezgiyi kastediyordu. Duygu insan aklına muhalif değil bizi belirli bir bütün anlayışının ötesine taşıyan bir sıçrayıştı. Tanrı duygusu böylelikle nesnel bir olguya çarpışmaktansa her bireyin derinliklerinden yeniden yükseldi.

Batı teolojisi Aquinalı Thomas'dan bu yana akılcılığın önemini, Reformasyon'dan beri giderek artan bir eğilimle çok vurgular olmuştu. Schliermacher'in romantik teolojisi dengeyi düzeltme girişimiydi. Duygunun kendi içinde bir amaç olmadığını ve tam bir din açıklaması getiremediğini açıklığa kavuşturdu. Akıl ve duygu, her ikisi de kendilerinin ötesinde tanımlanamaz bir Gerçeklik'i gösteriyorlardı. Schliermacher dinin özünü "kesin güven duygusu" olarak tanımladı.[559] Bu, göreceğimiz gibi on dokuzuncu yüzyılda ilerici düşünürleri aforoza götürecek bir tutumdu ama Schliermacher Tanrı'nın önünde aşağılık bir gurursuzluğu kastetmiyordu. Bu cümle kendi bağlamında, yaşamın gizemini düşündüğümüz zaman içimizde doğan saygı duygusunu belirtir. Bu huşu dolu davranış, evrensel insan

558 F.D.E. Schliermacher, *The Christian Faith*, çev. H.R Mackintosh ve J.S. Steward (Edinburgh, 1928).

559 A.g. e. s.12.

deneyiminin anlaşılmaz karşısındaki tavrından kaynaklanıyordu. İsrail peygamberleri, kutsallık görümlerinde bunu çok derin bir sarsıntı olarak yaşamışlardı. Wordsworth gibi Romantikler benzer bir saygı ve doğada karşılaştıkları ruha bir bağlılık duygusu duymuşlardı. Schliermacher'in mükemmel öğrencisi Rudolf Otto önemli kitabı *The Idea of the Holy*'de, insanların bu üstünlükle karşı karşıya geldikleri zaman, artık var oluşun başlangıcı ve sonu olduklarını hissetmediklerini göstererek bu deneyimi inceledi.

Schliermacher yaşamının sonunda, duygu ve öznelliğin önemi konusunda fazla ısrar etmiş olabileceğini hissetti. Hristiyanlığın modası geçmiş bir inanca benzemeye başladığının ayırdındaydı: Kimi Hristiyan öğretileri yanlış yönlendiricilik içindeydi ve inancı yeni kuşkuculuk karşısında zayıflatıyordu. Örneğin teslis öğretisi, üç tanrı olduğu fikrini ortaya atar gibiydi. Schliermacher'in öğrencisi Albrecht Ritschl (1822-89) öğretiyi, Helenleştirmenin çirkin bir örneği olarak gördü. Bunun, asıl Hristiyan deneyimiyle hiçbir ilişkisi olmayan, Hristiyanlığın mesajını bozan, yabancı "Yunanlıların doğa felsefesinden çıkmış, metafiziğe ilişkin kavramlar katmanı" olduğunu ileri sürdü.[560] Bununla birlikte Schliermacher ve Ritschl, tıpkı her Romantik şairin kendi yüreğinde doğru deneyim sahibi olması gibi her kuşağın kendi yaratıcı Tanrı kavramını yaratması gerektiğini anlamakta başarısızdılar. Yunanlı Babalar, Sami Tanrı kavramını kendileri için işlerlik taşısın diye kendi kültürlerine dayanarak ifade etmeye çalışmışlardı yalnızca. Batı modern teknik çağına girerken, daha eski Tanrı kavramları yetersiz kalmıştı. Schliermacher gene de sonuna kadar dinsel duygunun aklın karşıtı olmadığında direndi. Ölüm döşeğinde şöyle dedi: "En derin, kurgusal düşünceleri düşünmeliyim, bana göre bunlar en içten dinsel duygularla birdir."[561]

560 Albert Ritschl, *Theology and Metaphysics*, 2. baskı (Bonn, 1929), s. 29.

561 John Macquarrie, *Thinking About God* (Londra., 1978), s. 162.

Tanrı'ya ilişkin kavramlar, kişisel dinsel deneyim ve duyguyla imgeleme dayanarak dönüştürülmedikçe yararsızdı.

On dokuzuncu yüzyılda, büyük filozoflar birbiri ardına geleneksel Tanrı görüşüne, en azından Batı'da etkin olan "Tanrı"ya, meydan okumaya başladılar. Özellikle "dışarıda" nesnel bir varlığı olan, doğaüstü bir ilah fikri onları kızdırıyordu. Yüce Varlık olarak Tanrı düşüncesi Batı'da üstünlük kazanmış olsa da diğer tektanrıcı geleneklerin bu tür teolojiden yollarını ayırdıklarını görürüz. Yahudiler, Müslümanlar ve Ortodoks Hristiyanlar, bizim insani Tanrı düşüncemizin yalnızca bir simge olan söylenemez gerçekliği karşılamadığında, kendi farklı yollarında ısrar ettiler. Hepsi, şu ya da bu zaman, "o"nun varlığını zaten kavrayamadığımıza göre, Tanrı'yı Yüce varlık yerine "Hiçbir şey" olarak tanımlamanın daha doğru olduğunu öne sürdüler. Yüzyıllar boyunca Batı, Tanrı anlayışının bu daha yaratıcı görüşünü giderek yitirdi. Katolikler ve Protestanlar "onu", göksel bir diktatör gibi eylemlerimizi seyreden, bildiğimiz dünyaya eklenmiş bir diğer gerçeklik olan bir Varlık gibi kabul etmeye başladılar. Devrim sonrası dünyada çoğu insan için bu Tanrı fikrinin kabul edilemez oluşu şaşırtıcı değildi; çünkü insanları onursuz bir kulluğa ve insan değerine zıt, uygunsuz bir bağlılığa mahkûm eder gibiydi. On dokuzuncu yüzyılın ateist filozofları bu Tanrı'ya karşı ayaklanırken geçerli nedenleri vardı. Eleştirileri, çağdaşlarının çoğu için aynı biçimde davranmada esin kaynağı oldu; "Tanrı" sorusunu kendi kendilerine sorduklarında tamamıyla yeni bir şey söyler gibiydiler ama yine de çoğunlukla farkında olmadan geçmişteki diğer tektanrıcıların anlayışlarını yineliyorlardı.

Böylece Georg Wilhelm Hegel (1770-1831) kimi bakımlardan Kabbala'ya dikkat çekecek biçimde benzeyen bir felsefe geliştirdi. Hegel büyük yanlış yapmış, Yahudiliği ilkel Tanrı kavramından sorumlu, bayağı bir din olarak kabul etmişti, dolayısıyla bu ironikti. Hegel'e göre Yahudi Tanrısı dayanılmaz bir Yasa'ya sorgusuz boyun eğilmesini isteyen bir tirandı. İsa insanları bu aşağılık kulluktan kurtarmaya uğraşmış ancak Yahudiler gibi Hristiyanlar da aynı tuzağa düşmüş ve ilahi bir despot düşüncesini yüceltmişlerdi. Şimdi bu barbar tanrıyı bir yana atmanın ve insani duruma daha aydın bir bakış geliştirmenin zamanıydı. Hegel'in, Yeni Ahit polemiğine dayanan, oldukça hatalı Yahudilik görüşü, metafizik Yahudilik karşıtlığının yeni bir türüydü. Kant gibi Hegel de Yahudiliği dinle ilgili bütün yanlışlıkların örneği olarak görmüştü. *Tinin Görüngübilimi*'nde (1817), dünyanın yaşam gücü olan bir Tin düşüncesini geleneksel tanımın yerine geçirdi. Ancak Kabbala'da olduğu gibi Tin sahici tinselliği ve kendi bilincini yaşamak için için sınırlanma acısına ve sürgüne hazırdı. Yine Kabbala'da olduğu gibi Tin kendi enerjisi için dünyaya ve insanlara bağımlıydı. Böylelikle Hegel eski tektanrıcı -Hristiyanlık ve İslamiyet'in de özelliği olan- anlayışı savunuyordu; buna göre "Tanrı" günlük gerçeklikten ayrı, kendi başına bir dünyada zorunlu olmayan bir fazlalık değildi ama insanlıkla çözülemez biçimde düğümlenmişti. Blake gibi o da insanlık ve Tini, sınırlı ve sonsuz olanı, tıpkı kendini gerçekleştirme sürecinde karşılıklı olarak birbirine bağlı ve kolayca anlaşılamayan tek bir gerçeğin iki yarısı olarak görüp bu anlayışı diyalektik biçimde açıkladı. Yabancı, İstenilmeyen Yasa'ya uyarak uzak bir ilahı yatıştırmaya çalışmak yerine, Hegel ilahın aslında insanlığımızın bir boyutu olduğunu söyledi. Gerçekten, Hegel'in Tinin, dünyada vücut bulmak ve her yerde hazır ve nazır olmak için kendisini *kenosis*'e boşaltması görüşü, üç inançta geliştirilmiş olan vücut bulmaya ilişkin teolojilerle fazlasıyla ortaktır.

Hegel bir Romantik olduğu kadar, bir Aydınlanma insanıydı, bu nedenle imgelemden çok akla değer veriyordu. Yine farkında olmadan geçmişin anlayışlarını yansıtıyordu. Feylesoflar gibi, akıl ve felsefeyi düşüncenin simgesel biçimlerine saplanmış dinden üstün görüyordu. Yine feylesoflar gibi bütünü yansılayan bir diyalektik süreci yakalamak olarak tanımladığı bireysel zihnin işleyişinden Mutlak'a ilişkin sonuçlar çıkardı.

The World as Will and Idea kitabının yayımlandığı yıl, 1819'da Berlin'de derslerini Hegel'in dersleriyle aynı saate koyan Arthur Schopenhauer'e Hegel'in felsefesi gülünç biçimde iyimser geldi. Schopenhauer, dünyanın işleyişinde ne Mutlak ne Akıl ne Tanrı ne de Tin olduğuna inanıyordu: İçgüdüsel hayvanı yaşama iradesinden başka bir şey yoktu. Bu kasvetli görüş Romantik hareketin en karanlık ruhlarına hitap ediyordu. Tüm din anlayışlarına sırt çevirmiyordu, yine de. Schopenhauer Hindu dini ve Budizm (ve her şeyin boş olduğunu savunan Hristiyanların) dünyadaki her şeyin bir yanılsama olduğunu iddia ettikleri zaman tam bir gerçeklik kavramına ulaştıklarına inanıyordu. Bizi kurtaracak Tanrı olmadığına göre, yalnızca sanat, müzik, bir vazgeçiş öğretisi ve sevgi bize bir huzur ölçüsü verebilirdi. Schopenhauer'in, ona göre saçma bir biçimde basit ve amaçlı tarih görüşü olan Yahudilik ve İslam'a zamanı olmadı. Bununla öngörüsünü kanıtladı: Yüzyılımızda Yahudiler ve Müslümanlar, Tanrı'nın tecellisi olarak oluşturdukları eski tarih görüşlerinin artık aynı biçimde savunulabilir olmadığını düşündüler. Çoğunluk, Tarihin Efendisi olan bir Tanrı'yı artık onaylayamaz. Ama Schopenhauer'in kurtuluş görüşü Yahudi ve Müslümanların, bireylerin kendileri için nihai bir anlam duygusu yaratmaları anlayışlarına yakındı. İnsanların kendi kurtuluşları *yolunda hiçbir* katılımları olamadığı ama kendilerinin dışlarında bir ilaha tamamıyla bağlı oldukları anlamına gelen, Tanrı'nın mutlak egemenliğine dayanan Protestan düşüncesiyle de hiçbir ortak yanı yoktu.

Bu eski Tanrı öğretileri hatalı ve yetersiz diye gitgide mahkûm edildi. Danimarkalı filozof Soren Kierkegaard (1813-55) eski inanç ve öğretilerin put haline geldiklerinde ısrar etti, bunlar kendileri için amaç olup Tanrı'nın kutsal gerçekliğinin yerine geçiyorlardı. Sahici Hristiyan inancı bilinmeyenin içine, bu fosilleştirilmiş insan inançları ve modası geçmiş davranışlardan uzağa, dünyanın bir ucuna fırlatılmıştır. Bununla birlikte diğerleri, bu dünyada insanlığı kökleştirmeyi ve Büyük Seçenek düşüncesini bitirmeyi istiyorlardı. Alman filozof

Ludwig Andreas Feuerbach (1804-72) etkin kitabı *Hristiyanlığın Özü*'nde (1841) Tanrı'nın yalnızca insan yansıması olduğunu tartıştı. Tanrı düşüncesi, insani düşkünlüklerimizin karşısına olanaksız bir mükemmel koyarak bizi kendi doğamızdan vazgeçirmişti. Bu nedenle Tanrı sonsuz, insan geçiciydi; Tanrı her şeye kadir, insan zayıftı; Tanrı kutsal, insan günahkârdı. Feuerbach, tektanrıcılıkta her zaman bir tehlike olarak görülmüş, Batı geleneğindeki köklü bir düşkünlüğe işaret etmişti. Tanrı'yı insanın koşullarından dışarı süren bir yansıtma türü bir put yaratılmasıyla sonuçlanabilir. Diğer gelenekler bu tehlikeye karşı koymanın çeşitli yollarını buldular ancak Batı'da Tanrı düşüncesinin giderek maddileştirildiği ve insan doğasının çok olumsuz bir görüşüne katkıda bulunulduğu ne yazık ki doğruydu. Örneğin, Yunan Ortodoks teolojisine yabancı olan, Augustinus'tan beri hiç olmadığı kadar Batı'da Tanrı dinine sokulan suç ve günah, zorlama ve mücadele üzerinde ısrarla duruldu. Feuerbach veya Auguste Comte (1775-1857) gibi çok daha olumlu bir insanlık görüşü olan filozofların, geçmişte yaygın bir güven eksikliğine neden olmuş bu tanrıdan kurtulmak istemeleri şaşırtıcı değildir.

Ateizm daima geçerli tanrısallık kavramının inkârı olmuştur. Yahudiler ve Hristiyanlar, bir Tanrı'ya inanmış olmalarına karşın, pagan tanrısallık kavramlarını yadsıdıklarından 'ateist' olarak adlandırıldılar. On dokuzuncu yüzyılın yeni ateistleri, diğer Tanrı fikirlerinden çok Batı'da geçerli olan özel Tanrı kavramını eleştirdiler. Böylece Karl Marx (1818-1885) dini "baskı gören yaratığın iç çekişi... Bu acıyı dayanılabilir kılan, halkların *afyonu*" olarak gördü.[562] Yahudi Hristiyan geleneğine sıkı sıkıya bağlı, mesihçi bir tarih görüşünü benimsemesine karşın, Tanrı'yı geçersiz saydı. Tarihsel süreç dışında anlam, değer veya amaç olmadığına göre, Tanrı düşüncesinin insanlığa yararı olamazdı. Ateizm, Tanrı'nın reddi de zamanın boşa harcanmasıydı. Yine de yoksul kapısında otururken

562 Jaroslav Pelikan (yay.) "Contribution to the Critique of Hegel's 'Philosophy of the Right'" *Modern Religious Thought* (Boston, 1990), s 80.

varlıklının villasında oturduğu bir toplumsal düzeni onaylamak için önde gelenlerce sıkça kullanıldığına göre, "Tanrı" Marksist eleştiriden yara alabilirdi. Bununla birlikte, bu tüm tektanrıcı dinler için doğru değildi. Tanrı düşüncesini, Marksist ülküye oldukça yakın, çok farklı amaçlar için kullanmış olan Amos, İşaya veya Muhammed'i, toplumsal adaletsizliğe göz yuman Tanrı korkuturdu.

Benzer biçimde, Tanrı ve kutsal metinlerin kelimesi kelimesine yorumlanmasına dayanan anlayış, çoğu Hristiyanın inancını dönemin bilimsel keşiflerinden incinir hale getirdi. Charles Lyall'ın jeolojik zamanın geniş görüş açılarını ortaya koyan *Principles of Geology* (1830-33), Charles Darwin'in evrimle ilgili varsayımlar öne süren *Türlerin Kökeni* (1859) adlı yapıtları Tekvin'deki yaratılışa dayanan Kitab-ı Mukaddes yorumuyla karşıtlık oluşturur gibiydiler. Newton'dan beri, yaratılış Batılı Tanrı anlayışının tam merkezinde yer almıştı ve insanlar, Kitab-ı Mukaddes'teki hikâyenin evrenin fiziksel kökenlerinin tam bir açıklaması olmaya hiçbir zaman niyetlenmediği gerçeğini gözden kaçırmışlardı. Gerçekten, *ex nihilo* yaratılış öğretisi çoktandır kuşkuluydu, Yahudilik ve Hristiyanlığa girişi daha da geç olmuştu; İslam'da dünyanın Allah tarafından yaratıldığı mutlak diye kabul edilmiştir ama bunun nasıl gerçekleştiğinin ayrıntılı tartışması yoktur. Kur'an'daki Tanrı'ya ilişkin bütün diğer sözler gibi yaratılış öğretisi de yalnızca bir "mesel", bir belirti veya bir simgedir. Üç dinin tektanrıcıları, sözcüğün en olumlu anlamıyla, yaratılışı bir mitos olarak kabul etmişlerdi: İnsanlara belirli bir dinsel tavır kazanmalarında yardımcı olan simgesel bir açıklamaydı bu. Kimi Yahudiler ve Müslümanlar bilerek, yaratılış hikâyesinin gerçek anlamından temelde ayrılan hayali yorumlar yaratmışlardı. Ancak Batı'da Kitab-ı Mukaddes'in her ayrıntısında kelimesi kelimesine doğru olduğunu kabul eden bir eğilim vardı. Çoğu insan, kendimizin bir şeyler yapmasına veya olaylara yön vermesine oldukça benzer biçimde, Tanrı'yı yeryüzünde olan her şeyden gerçekten ve fiziksel olarak sorumlu görmeye başladılar.

Buna karşın, Darwin'in keşiflerinin hiçbir biçimde Tanrı düşüncesini yok etmediğini hemen gören çok sayıda Hristiyan vardı. Aslında, Yahudilik ve Müslümanlığın yaşamın kökenlerine ilişkin yeni bilimsel keşiflerden hiçbir zaman rahatsız olmaması gibi Hristiyanlık da evrim kuramına uyarlanabilirdi: Tanrı'ya ilişkin endişeler, genelde göreceğimiz gibi oldukça farklı bir kaynaktan çıkıyordu. Batılı laikliğin yayıldığı kadarıyla diğer inançların üyelerini de kaçınılmaz biçimde etkilediği doğrudur yine de. Sözlük anlamlarına bağlı Tanrı görüşü hâlâ yaygındır ve Batı dünyasında -her inançtan- birçok insan, modern evren biliminin Tanrı düşüncesine öldürücü darbeyi indirdiğine kesin gözüyle bakar.

Tarih boyunca insanlar onlar için işlerliğini yitirdiğinde Tanrı düşüncesini kovmuşlardır. Bazen bu, eski İsraillilerin Kenanilerin kutsal yerlerini yıktıkları ya da peygamberlerin putperest komşularının tanrılarına dil uzattıkları zamanlarda olduğu gibi şiddetli bir ikonoklasizm biçimini almıştır. 1882'de Friedrich Nietzsche Tanrı'nın öldüğünü ilan ettiği zaman benzer biçimde şiddetli taktiklere başvurmuştu. Bu müthiş olayı deli adamın hikâyesinde anlattı; adam pazar yerinde haykırarak koşuyordu "Tanrı'yı arıyorum! Tanrı'yı arıyorum!" Kibirli kalabalık Tanrı'nın nereye gitmiş olabileceğini düşündüğünü sorunca -kaçtı mı, belki de, göç etmiştir?- Deli gözlerini onlara diker, "Tanrı nereye gider ki?" diye bağırır. "İşte söylüyorum. Onu öldürdük, siz ve ben! Hepimiz onun katiliyiz!" Hayal edilemez ama önüne de geçilemez bir olay insanlığı köklerinden koparmış, yeryüzüne fırlatmıştı elbette ve ıssız bir evrende oradan oraya savrulmaya bırakmıştı. İnsanlara önceden yön duygusu olarak verilmiş her şey yitmişti. Tanrı'nın ölümü benzeri görülmemiş bir ümitsizliğe ve şaşkınlığa yol açtı. "Gökte ve yerde olan var mı hâlâ?" diye haykırdı deli acı içinde. "Sonsuz bir hiçlikte yuvarlanır gibi yoldan çıkmaz mıyız?"[563]

---

563 Friedrich Nietzsche, *Şen Bilim*.

Nietzsche, Batı bilincinde, çoğu insanın "Tanrı" olarak tanımladığı görüngüye inanmayı giderek güçleştiren kökten bir değişimin yaşandığını anlamıştı. Tam anlamıyla bir olanaksızlık yaratma gibi bilgiler ortaya çıkaran yalnızca bilimimiz değil, bizim büyük egemenlik ve gücümüz de bir idare eden tanrı düşüncesini kabul edilemez kıldı. İnsanlar yeni bir aydınlanmaya tanıklık ettiklerini hissetmişlerdi. Nietzsche'nin delisi Tanrı'nın ölümünün insanlık tarihinin en yüksek aşamasını, en yeniyi getireceğinde ısrarlıydı. Tanrı katline değer olmak için, insanlar kendi kendilerinin tanrıları olacaklardı. *Böyle Buyurdu Zerdüşt*'te (1883) Nietzsche Tanrı'nın yerini alacak Üstinsan'ın doğuşunu bildirdi; yeni aydın insan eski Hristiyan değerlerine karşı savaş ilan edip ayaktakımını çiğneyerek zayıf Hristiyan erdemleri sevgi ve acımanın hiçbirinin olmadığı yeni, güçlü bir insanlığın müjdesini verecekti. Ayrıca, Budacılık gibi dinlerde bulunan sürekli yenilenme ve yeniden doğuşa ilişkin eski mitoslara döndü. Şimdi o Tanrı ölmüştü, bu dünya onun yerini en yüce değer olarak alabilirdi. Giden ne varsa geri gelir; ölen ne varsa yeniden çiçek verir; kırılan ne varsa yeniden birleşir. Bir zamanlar yalnızca uzak ve üstün Tanrı'ya ait olarak nitelenen dünyamız sonsuz ve kutsal sayılabilirdi.

Hristiyan Tanrı'nın, acınacak halde, gülünç ve "hayata karşı bir suç" olduğunu öğretti Nietzsche.[564] Bu Tanrı insanları gövdelerinden, tutkularından ve cinselliklerinden korkmaya özendirmişti ve bizi zayıf kılan mızmız bir acıma ahlakçılığının değerini artırmıştı. En yüksek anlam veya değer yoktu ve insanların "Tanrı"ya hoşgörülü bir seçenek sunmasının gereği yoktu. Yine de Batılı Tanrı'nın bu eleştiriyle yara aldığı söylenmelidir. Yaşamı reddeden bir sofuluk aracılığıyla insanları cinsel tutkularından, insanlıklarından vazgeçirmek için kullanıldı bu Tanrı. Ayrıca kolay bir her derde deva ve burada aşağıdaki yaşama bir seçenek olarak gösterilmişti.

564 Friedrich Nietzsche, *Deccal.*

Sigmund Freud (1856-1939) Tanrı inancını olgun insanların bir yana bırakacakları bir aldatmaca saydı kuşkusuz. Tanrı düşüncesi bir yalan değildi ama psikolojiyle çözülmesi gereken bilinçaltının bir oyunuydu. Kişisel tanrı yüceltilmiş baba figüründen başkaca bir şey değildi: Böyle bir tanrı isteği, adalet, doğruluk ve yaşamın böylece sürüp gitmesi için güçlü, koruyucu bir babaya duyulan çocukça bir özlemden çıkmıştı. Çaresizliğe dayanma duygusuyla insanlarca korkulan ve tapınılan Tanrı bu isteklerin bir yansımasıydı yalnızca. Din insan ırkının çocukluk dönemine aitti; çocukluktan olgunluğa geçişte gerekli bir aşamaydı. Toplum için gerekli olan etik değerleri yaşama geçirmişti. Buna karşın, şimdi o insanlık reşit olmuştu, Tanrı geride bırakılmalıydı. Bilim, yeni *logos,* Tanrı'nın yerini alabilirdi. Yeni ahlak temelleri hazırlayabilir ve korkularımızla yüzleşmede bize yardım edebilirdi. Freud, kendi yoğunluğunda neredeyse dinsel görünen bilime olan inancı konusunda keskindi: "Hayır, bilimimiz bir yanılsama değildir! Bilimin bize veremediğini bir başka yerden alabileceğimizi zannetmek yanılsamadır."[565]

Bütün psikanalistler Freud'un Tanrı görüşüne katılmıyordu. Alfred Adler (1870-1937) Tanrı'nın bir yanılsama olduğunu ancak ona inanmanın insanlığa yararlı olduğunu kabul etmişti; o çok parlak ve etkin bir üstünlük simgesi olmuştu. C.G. Jung'un (1875-1961) Tanrısı mistiklerin Tanrısı'nı çağrıştırıyordu; her bir bireyce tanımlanmış, psikolojik bir hakikat. John Freeman ünlü Yüz Yüze programında Tanrı'ya inanıp inanmadığını sorduğu zaman, Jung üstüne basarak yanıtlamıştı: "İnanmak zorunda değilim. *Biliyorum!*" Jung'un sürdürdüğü inanç, öznel bir Tanrı'yı, kendinin derinliklerindeki varlık zeminiyle gizemli bir biçimde bir tutulmuş, gerçekten sürekli olgunlaşmayı teşvik edecek, psikanalitik bilimden sonra da varlığını devam ettirebilen, bir bakıma daha kişisel ve insanbiçimli bir tanrıyı önerir.

---

565 Sigmund Freud, *Bir Yanılsamanın Geleceği.*

Diğer çoğu Batılı gibi Freud da bu içselleştirilmiş, öznel Tanrı'dan habersiz görünüyordu. Bununla beraber Tanrı'yı ortadan kaldırma girişiminin tehlikeli olacağında ısrar ettiği zaman geçerli ve anlaşılır bir noktaya değindi. İnsanlar kendi verimli dönemlerinde Tanrı'yı bırakmalıydılar: Onları, hazır olmadan ateizme veya laikliğe zorlamak sağlıksız bir inkâr ve bastırmaya yol açabilirdi. İkonoklasizmin gizli bir kaygı ve kendi korkularımızı "öteki"nin üstüne yansıtmadan çıkabildiğini gördük. Tanrı'yı ortadan kaldırmak isteyen ateistlerin bazıları kesinlikle zorlanma belirtileri gösteriyorlardı. Böylece sevecen bir etiği savunmasına karşın, Schopenhauer insanlarla uğraşamadı ve yalnızca kaniş köpeği Atman'la ilişkisi olan bir münzevi oldu. Nietzsche Üstinsan'ından çok farklı, kötü sağlığıyla başı belada, yufka yürekli, yalnız bir adamdı. Sonunda aklını yitirdi. Düzyazılarındaki esriklikten çıkarabileceğimiz gibi Tanrı'yı güle oynaya terk etmedi. Bir şiirde "titremeler, ürpermeler ve kendini eğip büktükten sonra", Zerdüşt'ü, geri dönmesi için Tanrı'ya yalvartır:

Hayır! geri dön,
Bütün azaplarınla!
Ah geri dön
Sonuncu yalnızlığa!
Gözyaşı sellerim
Senin için dökülüyor!
Ve yüreğimin son alevi
Senin için tutuşmuş!
Ah geri dön
Bilinmez Tanrım! Acım! Benim son mutluluğum.[566]

Hegel'in kuramları gibi Nietzsche'nin kuramları da bir sonraki Alman kuşakça, ateist bir ideolojinin "Tanrı" düşüncesi kadar zalim

566 Friedrich Nietzsche, *Böyle Buyurdu Zerdüşt*.

bir savaş etiğine önderlik edebileceğini hatırlatacak biçimde, Nasyonal Sosyalizm politikalarını doğrulamak için kullanıldı.

Tanrı Batı'da her zaman bir mücadele içinde olmuştu. Onun ölümünü zorlama, perişanlık ve dehşet izlemişti. Bu nedenle *In Memorium* (Anısına) adlı şiirinde, Viktorya çağının büyük kuşku şairi Alfred Lord Tennyson, diş ve pençeleri kan içinde, amaçsız, duyarsız bir anlayışı görüp korkuyla irkilir. 1850'de, *Türlerin Kökeni*'nin yayımlanmasından dokuz yıl önce yayımlanan şiir, Tennyson'un inancının çöktüğünü zaten hissettiğini ve kendisini ne hale geldiğini gösterir

> Bir çocuk gecede ağlıyor;
> Bir çocuk ışık için ağlıyor
> Ve dili yok yalnızca ağlayış.[567]

Dover Beach'te, Matthew Arnold, inanç denizinin amansız geri çekilişinin insanlığı karanlık bir düzlükte gezinir bırakmasının yasını tutmuştu. Tanrı'nın reddinin, Batı kuşkuculuğundaki gibi belirgin bir nitelik olarak değil daha çok nihai anlamda bir reddediş anlayışı olarak yer almış olmasına karşın, kuşku ve yılgı Ortodoks dünyasına yayıldı. *Karamazov Kardeşler* (1880) romanı Tanrı'nın ölümünün tanımlanması olarak görülebilecek olan Fyodor Dostoyevski, iman ve inanç arasındaki kendi çekişmelerini, Mart 1854 tarihli bir mektubunda bir arkadaşına açıkça yazmıştı:

> Kendimi yaşlanmış bir çocuk olarak görüyorum, inançsızlık ve kuşkunun çocuğu. Ölene kadar da böyle kalacağım herhalde, hayır bunu biliyorum. İnanma özlemiyle çok işkence çektim ve gerçekten şimdi de çekiyorum; ikna

567 Alfred, Lord Tennyson, *In Memoriam* Iiv, 18-20.

edici entelektüel zorluklar önüme çıktıkça bu özlem daha da büyüyor.[568]

Romanı da benzer biçimde kararsızdır. Diğer karakterlerce ateist olarak tanımlanan İvan (şimdi ünlü olan şu özdeyişi ona söyletir: "Eğer Tanrı yoksa her şey yapılabilir.") kuşkuya yer bırakmayacak biçimde Tanrı'ya inandığını söyler. Gerçi, yaşam trajedisine nihai anlamını yüklemeyi beceremediğinden, bu Tanrı'yı kabul edilebilir bulmaz. İvan evrim kuramından değil tarihte insanlığın çektiği acılardan yana sıkıntıdadır: Tek bir çocuğun ölümü, her şeyin sonuçta iyiye bağlanacağı dinsel bakış açısı için ödenen çok yüksek bir bedeldir. Yahudilerin aynı sonuca vardıklarını bu bölümün sonunda göreceğiz. Diğer yanda, Tanrı'ya inanmadığını kabul eden aziz benzeri Alyoşa vardır bilinçsizliğinin bilinmeyen ufkundan kaçan, beklenmedik bir anda ondan fırlamış gibi görünen bir teslimiyet. Kararsız ve belirsiz bir boşlama duygusu, çorak toprak ve asla gelmeyen bir Godot'yu bekleyen insan imgesi yirminci yüzyılın edebiyatında yerini korur.

Oldukça farklı bir kaynaktan çıkmış olmakla birlikte, Müslüman dünyasında da benzer bir hastalık ve huzursuzluk vardı. On dokuzuncu yüzyılın sonunda Avrupa'nın *mission civilisatrice*'i[569] iyice gelişmişti. 1830'da Fransızlar Cezayir'i ve 1839'da İngilizler Aden'i sömürgeleştirmişlerdi. Bunların aralarındaki Tunus (1881), Mısır (1882), Sudan (1898), Libya ve Fas'ı (1912) ele geçirdiler. İngiltere ve Fransa Orta Doğu'yu protoktoratlar ve mandalar halinde parçaladılar. Avrupalılar on dokuzuncu yüzyıl boyunca modernleşme adına kültürel ve ekonomik bir egemenlik kurmuş olduklarından, bu sömürge planı resmî Batılılaştırmanın daha sessiz bir sürecini gerçekleştirdi yalnızca. Teknik donanıma kavuşmuş Avrupa öncü güç haline gelmiş

568 Tomas J.J. Altizer ve William Hamilton (yay.), *Radical Theology and The Death of God* (New York ve Londra, 1966),William Hamilton, "The New Optimism From Prufrok to Ringo".

569 (Fr.) Uygarlaştıran görev. (ç. n.)

ve dünyayı yönetir olmuştu. Türkiye ve Orta Doğu'da pazar yerleri ve konsolosluklar kuruldu; Batı yönetiminin gerçekten kurulmasından uzun zaman önce de bu toplumların geleneksel yapısının altını boşaltan bunlar oldu. Bu sömürgeleştirmenin tamamıyla yeni bir türüydü. Babür İmparatorluğu Hindistan'ı fethettiği zaman, Hint nüfus çoğu Müslüman öğesini kendi kültürü içinde özümsemişti ama sonunda yerli kültür esaslı bir dönüş yaşadı. Yeni sömürge düzeni bağımlılık siyaseti uygulayarak uyruğu yaptığı insanların yaşamlarını kalıcı biçimde dönüştürdü.

Sömürgeleştirilmiş ülkelerin Avrupa'ya yetişmesi olanaksızdı. Eski kurumlar ölümcül biçimde zayıflatılmıştı ve Müslüman topluluk bu "Batılılaştırılmışlar" ve "diğerleri" arasında bölünmüştü. Kimi Müslümanlar Avrupalıların, onlara, Hintliler ve Çinlilerle fark gözetmeden "Doğulular" olarak değer biçmesini kabul etme noktasına geldiler. Kimileri de daha geleneksel hemşerilerini hor gördüler. İran'da Şah Nasıreddin (1848-96) tebasını küçümsediğini ısrarla söylüyordu. Kendi kimliği ve bütünlüğüyle canlı bir uygarlık, giderek yabancı bir dünyanın eksik kopyaları olan bağlı devletler topluluğuna dönüşüyordu. Yenilik Avrupa ve Birleşik Devletler'in çağdaşlaşma sürecinin özü olmuştu; taklitle başarılamazdı. Günümüzde, Arap dünyasındaki çağdaş ülke ya da örneğin Kahire gibi kentlerde araştırma yapan insanbilimciler mimari ve kent planının ilerlemeden çok egemenlik altında olmayı yansıttığını belirtirler.[570]

Kendi açılarından Avrupalılar kültürlerinin yalnızca şimdinin en yükseği değil her zaman ilerlemenin öncüsü olduğuna inanagelmişlerdi. Bunlar çoğu kere dünya tarihinin görkemli bir cahilliğini sergilediler. Hintliler, Mısırlılar ve Suriyeliler kendi iyilikleri için Batılılaştırılmalıydılar. Sömürgeci tutum 1883'ten 1907'ye dek Mısır'da başkonsolosluk yapmış olan Evelyn Baring, Lord Cromer, tarafından ifade edilmişti:

---

570 Michael Gilsenan, *Recognizing Islam, Religion and Society in the Modern Middle East* (Londra ve New York, 1985 basımı),s. 38.

> Sir Alfred Lyall bir keresinde bana şöyle dedi: "Kesinlik Doğulu zihniyetine zıttır. Her Anglo-Hintli bu deyişi daima hatırlamalıdır." Kesinlik eksikliği ki kolayca asılsızlığa dönüşür, aslında Doğulu zihniyetin başlıca niteliğidir.
>
> Avrupalı mantıklı açıklamalar yapar; onun olgusal ifadeleri belirsizlikten uzaktır; mantık öğrenimi görmemiş de olsa, o doğuştan mantık uzmanıdır; doğuştan kuşkucudur ve herhangi bir önerinin doğrusunu kabul edebilmeden önce kanıt ister. Eğitimli zekâsı makinanın bir parçası gibi işler. Doğulu aklı, öte yandan, pitoresk sokakları gibi uyumdan fazlasıyla yoksundur. Uslamlaması çok şapşalcadır. Eski Araplar diyalektik biliminde bir bakıma en yüksek dereceyi elde etmişlerse de torunları garip bir biçimde mantıksal yetenek bakımından zayıftırlar. Doğru olduğunu kabul edebilecekleri herhangi bir basit önermenin en açık sonuçlarını çıkarmakta yeteneksizdirler.[571]

Aşılması gereken sorunlardan birisi İslam'dı. Muhammed ve onun dininin olumsuz imgesi Haçlı Seferleri sırasında Hristiyan dünyasında gelişti ve Avrupa'nın antisemitizminin yanında yerini aldı. Sömürge dönemi boyunca, İslamiyet kronik bir biçimde ilerlemenin karşısında olan kaderci bir din olarak görüldü. Lord Cromer, örneğin Mısırlı yenilikçi Muhammed Abduh'un çabalarını, "İslamiyet" için reformun olanaksız olduğunu kanıt göstererek kötüledi.

Müslümanların geleneksel yoldan Tanrı anlayışlarını geliştirmeleri için zamanları veya güçleri kalmadı. Batı'yı yakalamak için bir mücadeleye girişmişlerdi. Kimileri Batı laikliğini yanıt olarak gördüler; ancak, İslamiyet'te kendi zamanında kendi geleneğinden doğal bir biçimde gelişmediğinden Avrupa'da olumlu ve canlandırıcı olan İslam dünyasında yalnızca yabancı ve ilişkisiz kalabili-

571 Evelyn Baring, Lord Cromer, *Modern Egypt*, [illegible] (New York, 1908) II, s. 146.

yordu. Batı'da, "Tanrı" yabancılaşmanın sesi olarak görülmüşken, Müslüman dünyasında sömürgeleşme süreciydi. Kültür köklerinin kesilmesi, insanlarda zihin karışıklığı ve yitmişlik duygusu yarattı. Kimi Müslüman yenilikçiler, İslamiyet'e zorunlu olarak küçük bir rol biçerek ilerleme davasını hızlandırmaya uğraştılar. Sonuçları hiç de umdukları gibi olmadı. Osmanlı İmparatorluğu'nun 1917'de yenilmesinden sonra ortaya çıkan Türkiye'nin yeni ulus devletinde, daha sonra Kemal Atatürk denilen Mustafa Kemal (1881-1938), ülkesini Batılı bir ulus haline getirmeye çalıştı: Dini yalnızca kişisel bir konu haline getirip İslamiyet'in devletle olan ilgisini kesti. Sufi tarikatlar dağıtıldı ve yeraltına saklandılar; medreseler kapatıldı ve ulemanın resmî eğitimine son verildi. Bu laikleşme politikası, dinsel sınıfların ortada görünmelerini azaltan ve ayrıca halkı Batılı bir üniforma içine girmeye zorlamak için psikolojik bir girişim olan fesin yasaklanmasında simgesini buldu: Fes yerine "şapka giymek" "Avrupalılaşmak" anlamına geldi. 1925'ten 1941'e kadar İran Şahı olan Rıza Han, Atatürk'e hayrandı ve benzer bir politikaya soyundu: Peçe yasaklandı; mollalar tıraş olmaya ve geleneksel sarık yerine kep giymeye zorlandılar; Şii imam ve şehit Hüseyin onuruna yapılan geleneksel kutlamalar yasaklandı.

Freud, herhangi bir dinsel baskı uygulamasının yalnızca zararlı olabileceğini ustalıkla görmüştü. Cinsellik gibi din de yaşamı her düzlemde etkileyen bir insan gereksinimidir. Baskı altına alınmışsa, sonuçları herhangi sert cinsel baskı kadar patlayıcı ve zarar verici olabilir. Müslümanlar yeni Türkiye ve İran'a kuşku ve hayranlıkla baktılar. İran'da zaten mollaların halk adına şahlara karşı oluşturdukları kurulu bir gelenek vardı. Olağanüstü başarılar kazandıkları olmuştu. 1872'de, Şah tütünün üretimi, satışı ve ihracı için tekel haklarını İngiltere'ye satıp İranlı üreticileri ticaret dışı bıraktığı zaman, mollalar İranlıların sigara içmelerini yasaklayan bir fetva yayınlamışlardı. Şah ayrıcalıkları kaldırmaya zorlanmıştı. Kutsal Kum kenti despot ve giderek zalimleşen Tahran rejimine bir alternatif olmaya başladı. Dinsel baskı aşırı tutuculuğu doğurabilir, tıpkı teizmin yetersiz biçimlerinin Tanrı'yı reddedişe yol açabileceği gibi. Türkiye'de medreselerin kapatılması kaçınılmaz biçimde ulemanın otoritesinin çökmesine neden oldu. Bu, İslamdaki en eğitimli, ılımlı ve sağduyulu unsur çökerken, yeraltı Sufizminin en aşırı biçimi din adına kalan tek anlayış oldu.

Diğer yenilikçiler zora dayanan baskının yanıt olmadığından emindiler. İslam öteki uygarlıklarla ilişki kurmakta her zaman başarılı olmuştu ve toplumlarında derinlemesine ve kalıcı yenilik için dinin gerekli olduğuna inanıyorlardı. Değişim gereksinimi çok fazlaydı; çoğu geriye bakıyordu; geride cahillik ve boş inanç vardı. Bununla birlikte İslam insanlara ciddi anlayış geliştirmekte yardımcı olmuştu: Sağlığının bozulmasına izin vermiş olsaydı, tüm dünyadaki Müslümanların tinsel huzurları da bozulurdu. Müslüman yenilikçiler Batı'ya düşman değillerdi. İslam, Avrupa ve Birleşik Devletler'de çok önemli etkisi olmuş Yahudi-Hristiyanlık değerlerini paylaştığından, Batı'nın eşitlik, özgürlük ve beraberlik ülküleri çoğuna hoş geliyordu. Batı toplumunun çağdaşlaştırılması -bazı yönlerden- yeni bir eşitlik türü yaratmıştı ve yenilikçiler halklarına bu Hristiyanların Müslümanlardan çok daha İslami bir yaşam sürdüklerini söylüyorlardı. Avrupa'yla bu yeni karşılaşmada büyük şevk ve heyecan vardı. Varlıklı Müslümanlar Avrupa'da eğitim görüyorlar, Avrupa felsefesini, edebiyatını ve ülkülerini özümsüyorlar ve öğrendiklerini paylaşmak için sabırsızlıkla ülkelerine dönüyorlardı. Yirminci yüzyılın başında, neredeyse her Müslüman aydını ateşli bir Batı hayranıydı.

Yenilikçilerin hepsinin entelektüel eğilimleri vardı ve bunun yanında İslami mistisizmin bazı biçimleriyle hemen hepsi ilişki içindeydi. Sufizm ve İşrakiyye'nin daha yaratıcı ve imgelemci biçimleri önceki buhran dönemlerinde Müslümanlara yardım etmişlerdi ve yeniden buna yöneldiler. Tanrı deneyimi bir engel olarak değil, çağdaşlığa geçişi hızlandıracak, derinlemesine dönüşüm için bir güç olarak görüldü. Böylelikle İranlı yenilikçi Cemaleddin el Afgani (1839-89) çağdaşlığın tutkulu bir savunucusuyken aynı zamanda Suhreverdi'nin işraki mistisizminin de ustasıydı. İran, Afganistan, Mısır ve Hindistan'ı dolaşırken Afgani her insan için her şey olmaya çalıştı. Kendini, Sünniler için Sünni, Şiiler için bir Şii şehidi, devrimci, dini bir filozof ve parlamenter olarak göstermekte yetenekliydi. İşraki mistisizminin gizemli disiplinleri Müslümanların, çevrelerinde dönen dünyayla birliklerini hissetmelerine ve kendilerini kuşatan sınırlardan kurtulmayı tatmalarına yaradı. Afgani'nin cüretkârlığı ve farklı rolleri benimsemesinin nefsin genişletilmesi görüşüyle mistik disiplin etkisinden kaynaklandığı öne sürülür.[572] Yenilik gerekli olmakla birlikte, esas olan dindi. Afgani, mümin, tutkulu bir teist bile olsa, tek kitabı *Dehriyyun'a Reddiye*'de Tanrı'dan çok az söz edilir. Batı'nın akla değer verdiğini ve İslam ile Doğuluları mantıksız kabul ettiğini bildiğinden, Afgani İslam'ı insafsız akıl kültüyle tanınmış bir inanç olarak tanımlamaya çalıştı. Gerçekten, Mutezile gibi akılcılar bile dinlerinin bu tanımını garip bulurdu. Afgani filozoftan çok bir eylemciydi. Bu nedenle, onun kariyer ve inançlarını bu tek kitapla yargılamamak önemlidir. Yine de İslam tanımını Batılı ülkü olarak algılanana uygun biçimde yapmak, kısa süre sonra fazlasıyla yıkıcı olacak olan Müslüman dünyasında yeni bir güven eksikliğini gösterir.

Afgani'nin Mısırlı müriti Muhammed Abduh'un (1894-1905) yaklaşımı farklıydı. Eylemlerini yalnızca Mısır'da yoğunlaştırma ve Mısır Müslümanlarının entellektüel eğitiminde odaklanma kararı aldı. Onu, Tanrı bilgisine giden en emin iki yolun bilim ve felsefe olduğunu öğreten Sufi Şeyh Derviş'in etkisi altına sokan geleneksel İslami eğitimi almıştı. Bu nedenle Abduh Kahire'deki tanınmış el-Ezher Camisi'nde çalışmaya başladığı zaman, çok geçmeden çok eskimiş müfredat onda hayal kırıklığı yarattı. Onun yerine, kendisine mantık, teoloji, astronomi, fizik ve mistisizm dersleri veren

---

572 Roy Mottahedeh, *Peygamberin Hırkası.*

Afgani'den etkilendi. Batı'daki kimi Hristiyanlar bilimin inancın düşmanı olduğunu hissediyorlardı ama Müslüman mistikler matematik ve bilimi tefekkür yardımcısı olarak sıkça kullanmışlardı. Günümüz Müslümanlarından Şiiliğin en radikal mistik mezheplerinden bazıları, Dürzi ya da Aleviler, modern bilimle özellikle ilgilenirler. İslam dünyasında batı politikalarına ilişkin ciddi kuşkular vardır ama çok azı Batı bilimi ile kendi Tanrı inançlarını uzlaştırmayı bir sorun olarak görür.

Abduh, Batı kültürüyle kurduğu ilişkiden heyecan duymuştu ve Comte, Tolstoy ve arkadaşı olan Herbert Spencer'dan özellikle etkilenmişti. Tam bir Batılı yaşam biçimini asla benimsemedi ama kendini entelektüel açıdan yenilemek için Batı'yı düzenli olarak ziyaret etmekten hoşlandı. Bu İslamiyet'i terk ettiği anlamına gelmiyordu. Tam tersine, her yenilikçi gibi Abduh inancının köklerine dönmeyi istiyordu. Bunun için Peygamberin ruhuna ve doğru yolu göstermiş ilk dört halifeye (raşidun) dönmeyi savundu. Bu çağdaşlığın aşırı tutucu bir reddini gerektirmiyordu yine de. Abduh Müslümanların çağdaş dünyada yerlerini almaları için bilim, teknoloji ve laik felsefe çalışmaları gerektiğinde ısrar ediyordu. Şer'i Hukuk Müslümanların gerek duydukları entelektüel özgürlüğü kazanabilmeleri için yenilenmeliydi. İnsanlık tarihinde ilk kez Kur'an'da akıl ve dinin yan yana yürüdüğünü kanıt göstererek, Afgani gibi İslam'ı akılcı bir din olarak göstermeye çalıştı. Peygamber kariyerinden önce, vahye mucizeler, efsaneler ve mantıksız belagat katılmıştı ancak Kur'an bu pek ilkel yöntemlere başvurmamıştı. Onun "geliştirilmiş kanıt ve çıkarımları vardı; inanmayanların görüşlerini yorumlamış ve onları mantıklı bir biçimde eleştirmişti."[573] Gazali tarafından feylesoflara karşı yapılan saldırı ılımlı değildi. Dindarlık ve ulemanın entelektüel konumunu etkilemiş olan akılcılık arasında aynına neden olmuştu. Bu el-Ezher'in geçersiz kalmış programında da açıktı. Bu nedenle

573 *Risalat al-Tawhid*, Majid Fakhry, *A History of Islamic Philosophy* (New York ve Londra, 1971) s.378.

Müslümanların, Kur'an'ın daha benimseyici ve akılcı ruhuna dönmeleri gerekiyordu. Bununla birlikte Abduh tam indirgeyici bir akılcılıktan da geri durdu. Hadisi aktardı: "Tanrı'nın yarattıklarını düşün ama zatını değil yoksa mahvolursun." Gizle örtülü olan Tanrı'nın asıl varlığını akıl kavrayamaz. Kabul edebileceğimizin hepsi Tanrı'nın başka hiçbir varlığa benzemediğidir. Teologların uğraştığı bütün öteki sorular önemsizdir ve Kur'an tarafından zann diye saf dışı edilmişlerdir.

Hindistan'da öncü yenilikçi Sir Muhammed İkbal'di (1876-1938); Hindular için Gandi ne ise Hindistan'ın Müslümanları için İkbal oydu. Aslında bir mütefekkir, Sufi ve Urdu şairiydi ancak Batılı bir eğitim almış ve felsefe doktorası da yapmıştı. Bergson, Nietzsche ve A.N. Whitehead'in aşkıyla doluydu ve kendisini Doğu ve Batı arasında bir köprü olarak görüp onların içlerindeki ışıkta felsefeyi yeniden canlandırmaya uğraştı. Hindistan'da İslam'ın çöküşü olarak gördüklerinden dehşet içindeydi. On sekizinci yüzyılda Babür İmparatorluğu'nun çökmesinden sonra, Hindistan'ın Müslümanları kendilerini yanlış bir konuma yerleştirmişlerdi. İslam'ın anayurdu olan Orta Doğu'daki kardeşlerinin güvenini yitirmişlerdi. Sonuç olarak onlar İngilizlerden daha saldırgan ve tehlikeliydiler. İkbal, şiir ve felsefe aracılığıyla İslami ilkelerin yaratıcı yapılanması yoluyla halkının sıkıntısını gidermeye girişti.

İkbal, Nietzsche gibi Batılı filozoflardan bireyciliğin önemini özümsemişti. Tüm evren bireyin en yüce biçimi olan ve insanların "Tanrı" dediği bir Mutlakın temsiliydi. Kendi tekil yapılarını anlamak için her insan daha fazla Tanrı gibi olmalıydı. Bunun anlamı, herkesin daha bireysel, daha yaratıcı olması ve bu yaratıcılığını eyleme dökmesi demekti. Hindistan Müslümanları edilgenliği ve korkakça geri planda kalmayı (İkbal bunu İran etkisiyle açıklar) bırakmalıydılar. Müslüman İçtihat ilkesi onları yeni düşünceleri kabul etme yolunda cesaretlendirmeliydi: Kur'an'ın kendisi sürekli gözden geçirmeyi ve kendi kendini incelemeyi emrediyordu. Afgani ve Abduh gibi İkbal de ilerlemenin anahtarı olan bu deneysel tutumun İslam'da ortaya çıktığını ve Ortaçağ sırasında Müslüman bilim ve matematiği yoluyla Batı'ya geçtiğini göstermeye çalıştı. Eksen Çağı sırasında büyük itiraf dinlerine varılmadan önce, insanlığın gelişimi yetenekli ve esin sahibi bireylere bağlı olduğundan rastgele olmuştu. Muhammed'in kehaneti bu sezgisel çabaların sonuncusuydu ve başka bir vahyi gereksiz kılmıştı. Bundan böyle insanlar akıl ve bilime güvenebilirlerdi.

Ne yazık ki bireycilik, kendi başına bir amaç haline geldiğinden, Batı'da putperestliğin yeni bir biçimi olmuştu. İnsanlar bütün hakiki bireyselliğin Tanrı'dan çıktığını unutmuşlardı. Bireyin dehası dizginleri hepten bırakılırsa tehlikeli işlerde kullanılabilirdi. Kendilerinin tanrılar gibi olduklarını sanan, Nietzsche'nin tasarladığı gibi bir Üstinsan soyu, korkutucu bir manzaraydı: İnsanların zamana bağlı kaprislerini ve kavramlarını aşan bir normun çerçevesine gereksinimleri vardı. Ülkünün Batılı çürümesine karşı gerçek bireycilik yapısını desteklemek İslam'ın göreviydi. Onların, yaratılışın sonu ve kendi kendinin varoluş amacı olan Sufi ülküleri Kamil İnsan vardı. Kendisini en yüce olarak gören ve ayaktakımından nefret eden Üstinsan'dan farklı olarak, Kamil İnsan Mutlak'ı tam olarak anlaması ve halk kitlesini kendisiyle beraber sürüklemesiyle tanımlanmıştı. Dünyanın şimdiki durumu, ilerlemenin bugünden ötesini görebilen ve insanlığı geleceğe taşıyabilen bir seçkinler sınıfının yeteneklerine bağlı olduğunu gösteriyordu. Herkes sonunda Tanrı'daki kusursuz bireyselliğe kavuşacaktı. İkbal'in İslam'ın rolüne ilişkin görüşü tarafgirdi ancak İslam'ın zararına Hristiyanlığın tarafını tutan çoğu Batılı akımların çabalarından daha incelikliydi. Üstinsan ülküsüne ilişkin korkusu ömrünün son yıllarının geçtiği Almanya'daki olaylarla fazlasıyla doğrulandı.

Bu sırada, Orta Doğu'nun Arap Müslümanları Batılı tehdidini kontrol altına alan güçlerinden artık o kadar da emin değildiler. 1920 yılı, İngiltere ve Fransa'nın Orta Doğu'ya yürüdükleri zamanı *am-*

al-nakhbah, evrensel felaketi de çağrıştıran bir sözcükle Felaket Yılı olarak anılır oldu. Araplar Osmanlı İmparatorluğu'nun çöküşünden sonra bağımsızlık ummuşlardı ve bu yeni yönetim kendi kaderlerine asla hâkim olamayacaklarını gösterir gibiydi: Hatta İngilizlerin Filistin'i, sanki Arap yerleşikleri yokmuş gibi Siyonistlere devredeceği söylentisi çıkmıştı. Utanç ve rezil olma duygusu şiddetliydi. Kanadalı araştırmacı Wilfred Cantwell Smith geçmişteki büyüklük anılarıyla bunun kızıştırılmış olduğunu belirtir: "[çağdaş Arap] ve örneğin, çağdaş Amerikalı arasındaki uçurum, kesinlikle geçmişteki büyüklüğünün anısı ve şimdiki büyüklük duygusu içindeki iki toplum arasındaki derin fark sorunu demektir."[574] Bunda can alıcı dinsel anıştırmalar vardı. Hristiyanlık kusursuz bir biçimde acı ve çekişme dinidir ve en azından Batı'da, sıkıntılı zamanların en otantik görüşü olduğu tartışılabilir. İsa'nın çarmıha gerilmesi imgesiyle dünyevi görkem arasında uyum kurmak kolay değildir. Bununla birlikte İslam, bir başarı dinidir. Kur'an, Tanrı'nın istencine uygun yaşayan (adaletin, eşitliğin, servetin hakça bölüşümünün geçerli olduğu) bir toplumun başarısız olamayacağını öğretmiştir. İslam tarihi bunu doğrular gibidir. İsa'nın tersine, Muhammed açıkçası başarısız değildir; göz kamaştırıcı bir başarı elde etmiştir. Başarıları, yedinci ve sekizinci yüzyıllardaki İslam İmparatorluğu'nun olağanüstü ilerleyişiyle bütünleştirilmiştir. Bu doğal olarak Müslüman Tanrı inancını doğrular görünmüştür: Allah fazlasıyla etkin olduğunu ve tarih arenasında sözünün geçtiğini kanıtlamıştır. Müslüman başarısı devam etmiştir. Moğol saldırıları gibi felaketlerin bile üstesinden gelinmiştir. Yüzyıllar boyunca, ümmet neredeyse kutsal bir önem kazanmış ve Tanrı'nın varlığının kanıtı olmuştur. Şimdi ise, Müslüman tarihinde kökten yanlış giden bir şeyler var gibiydi ve bu kaçınılmaz olarak Tanrı anlayışını da etkiledi. Bundan böyle çoğu Müslüman İslam tarihini

574 Wilfred Cantwell Smith, *Islam in Modern History* (Princeton ve Londra, 197), s. 95.

rayına oturtma ve Kur'an'ın bakış açısını dünyada etkin hale getirme üstüne yoğunlaşacaktı.

Avrupa'yla yakın ilişkiler kuruldukça Batı'nın derinliklerindeki Peygamberi ve onun dinini hor görme duygusu, açığa çıktıkça utanç duygusu şiddetlendi. Müslüman bilimi giderek artan biçimde dini inançları savunan teoloji dalına ya da geçmiş yengilerinin düşlerine -tehlikeli bir mayalanmaya- kendini adadı. Tanrı artık sahnenin merkezinde değildi. Cantwell Smith, 1930-1948 yıllarındaki Mısır gazetesi *El-Ezher*'i yakından inceleyerek bu süreci ayrıntılı olarak yazar. Bu zaman içinde gazetenin iki editörü olmuştu. Gazete, 1930'dan 1933'e en iyisinden bir gelenekçi olan, siyasal ve tarihsel bir içerikten çok kendi dinini aşkın olarak gören El-Hıdır Hüseyin tarafından yürütüldü. Tamamıyla başarılmış bir gerçeklikten çok, gelecekteki eyleme bir çağrı, bir zorunluluktu İslam. İnsan yaşamında kutsal ülküyü canlandırmak güç -hatta olanaksız- olduğundan, Hüseyin ümmetin geçmişteki veya şimdiki başarısızlıklarından yılgıya kapılmadı. Müslüman tavrını ve yazıhanesinde geçirdiği zaman içinde gözden geçirdiği gazete makalelerindeki "meli" ve "malı" sözcüklerini eleştirmekte yeterince cüretliydi. Yine de Hüseyin'in, inanmak isteyen ama inanamadığını keşfeden insanın durumunu tasarlayamadığı açıktır: Allah gerçekliği varmış gibi kabul edilmiştir. İlk yazılardan biri, Yusuf el-Dijni'nin bir makalesi, Tanrı'nın varlığı hakkındaki eski teolojik tartışmanın taslağını çiziyordu. Smith, üslubun temelde saygılı olduğunu ve tanrısal varlıkta açığa çıkan doğanın güzellik ve yüceliğinin güçlü ve canlı bir değerlendirmeyle açıklandığını belirtir. El-Dijni'nin Allah'ın var olduğundan kuşkusu yoktu. Makalesi, Tanrı'nın varoluşunun mantıklı bir kanıtından çok bir meditasyondur ve Batılı bilim adamlarının bu, kişisel "kanıt"ı çürütme özlemlerine karşı o oldukça kayıtsız kalmıştır. Yine de bu tutumun günü geçmişti. Derginin satışı düştü.

Ferid Vecdi 1933'te idareyi ele aldığında, okurlar iki katına çıktı. Vecdi'nin ilk düşüncesi okurlarını İslam'ın "yolunda" olduğuna inandırmaktı. Hüseyin'e göre İslam, Tanrı zihnindeki aşkın düşünce, zaman zaman bir yardım eline gereksinim duymuş olamazdı ama Vecdi, İslam'ı tehdit altında kalmış bir insan geleneği olarak görüyordu. Doğrulamak, takdir etmek ve onaylamak temel gereksinimdir. Wilfred Cantwell Smith'in belirttiği gibi Vecdi'nin çalışmasına derin bir dine karşı oluş egemendir. Ataları gibi Batı'nın yalnızca İslam'ın yüzyıllar önce keşfettiklerini öğrettiğini tartıştı sürekli; ama o, onların tersine Tanrı'ya seyrek olarak göndermede bulundu. "İslam"ın insan gerçekliği onun ana konusuydu: ve bu dünyevi değer bir bakıma aşkın Tanrı'nın yerini aldı. Smith şu sonuca varır:

> Gerçek bir Müslüman, İslam'a özellikle tarihteki İslam'a inanan insan değildir; Tanrı'ya ve onun Peygamberi aracılığıyla vahiy gönderdiğine inanandır. Bu yeterince takdir edilir. Ancak vaat yoktur. Ve Tanrı bu sayfaların arasında dikkat çekecek kadar seyrek görünür.[575]

Bunun yerine, kararsızlık ve öz saygı eksikliği vardır: Batı'nın bakış açısı umutsuzca önem kazanmıştır. Hüseyin gibi insanlar dini ve Tanrı merkeziyetini anlamışlar ancak çağdaş dünyayla ilişkilerini yitirmişlerdi. Çağcıllıkla ilişkide olan insanlar Tanrı duygularını yitirmişlerdi. Bu kararsızlıktan, modern tutuculuk olarak tanımlanan, Tanrı'dan el çekme olan, siyasi eylemcilik çıkar.

Avrupa Yahudileri de inançlarına yapılan saldırgan eleştiriden etkilenmişlerdi. Almanya'da, Yahudi filozoflar "Yahudilik Bilimi" adını verdikleri, Yahudiliğe yüklenen kölece, yabancılaştırıcı bir inanç olduğu suçlamalarına karşı Hegelci terimlerle yeniden yazılmış bir Yahudi tarihi geliştirdiler. İsrail tarihinin bu yeniden yorumu girişiminde bulunanların ilki Solomon Formstecher'di (1808-89). *The Religion of the Spirit* (1841) adlı kitabında, Tanrı'yı bütün şeylerde

575 A.g.e. s.146, ayrıca El-Ezher incelemesi için bkz. s. 123-160.

bulunan bir Tin dünyası olarak tanımladı. Bununla birlikte bu Tin, Hegel'in öne sürdüğü gibi dünyaya bağlı değildi. Formstecher onun, Tanrı'nın özü ve eylemleri arasındaki eski aynına giderek, aklın kavrayışının ötesinde olduğunda ısrarlıydı. Hegel temsili dil kullanımını kınarken, Formstecher, felsefi kavramların uzağına düştüğünden, simgeciliğin Tanrı sohbetinde tek uygun araç olduğunu savundu. Yine de Yahudilik geliştirilmiş bir tanrısal kavramına erişen ilk din oldu ve kısa sürede gerçekten tinsel bir dinin neye benzediğini tüm dünyaya gösterdi.

İlkel, pagan dinin Tanrı'yla doğayı özdeşleştirdiğini ileri sürdü Formstecher. Bu kendiliğinden, düşünce ürünü olmayan dönem insan soyunun çocukluğunu anlatıyordu; insanlar kendi bilinçlerine daha fazla erdikleri zaman, tanrı kavramının daha incelikli aşamalarına varmaya hazır oluyorlardı. Bu "Tanrı" veya "Tin"in doğa sınırları içinde değil onun üstünde ve ötesinde varolduğunun farkına varmaya başladılar. Bu yeni tanrı kavramına erişen peygamberler bir ahlak dinini vaaz verdiler. Başlangıçta vahiylerinin kendileri dışında bir güçten geldiğine inanıyorlardı ancak büsbütün dıştan gelen bir Tanrı'ya bağlı değil kendi "Tin"le dolu doğalarından esinlendiklerini giderek anladılar. Yahudiler bu ahlaki Tanrı kavramına ulaşan ilk insanlardı. Sürgünde geçen uzun yılları ve Tapınaklarını yitirmeleri onları dıştan gelen destek ve idarelerden soğutmuştu. Böylelikle, Tanrı'ya serbestçe yaklaşmalarını sağlayan daha yüksek bir dinsel bilinç türüne eriştiler. Hegel ya da Kant'ın ileri sürdüğü gibi ne tefekküre dalan papazlara bağlıydılar ne de yabancı bir Yasa'yla korkutulmuşlardı. Bunların yerine Tanrı'yı kendi zihinleri ve bireysellikleri aracılığıyla bulmayı öğrenmişlerdi. Hristiyanlık ve İslam, Yahudiliği, yansılamaya uğraştılar ancak pek başarılı olamadılar. Hristiyanlık, örneğin, Tanrı tanımında çok fazla pagan unsur barındırıyordu. Şimdi Yahudiler özgürleşmişlerdi, yakında tam kurtuluşu elde edeceklerdi: Tarihlerinin tam gelişmemiş, aşamalarından kalan törensel yasaları bir yana atarak gelişimlerindeki son [illegible] ırlanmalıydılar.

Müslüman yenilikçiler gibi Yahudilik Bilimi temsilcileri de tam bir akılcı inanç olarak dinlerinin şimdiki halinden endişe duyuyorlardı. Sabetay Sevi fiyaskosundan ve Hasidizmin yükselişinden sonra bir utanç haline gelen Kabbala'dan kurtulmakta özellikle istekliydiler. Sonuç olarak, 1842'de *The Religious Philosophy of the Jews*'i yayımlayan Samuel Hirsch, Yahudiliğin mistik boyutunu görmezlikten gelen ve özgürlük düşüncesine odaklanan ahlaki ve akılcı bir Tanrı tarihi sunan bir İsrail tarihi yazdı. İnsan "ben" diyebilme yeteneğiyle tanımlanırdı. Bu kendini bilme ayrılamaz kişisel özgürlüğü gösteriyordu. Pagan dini bu özerkliği yeşertemezdi, çünkü insanlık gelişiminin ilk aşamalarından bu yana kendini bilme armağanı yukarıdan verilir gibiydi. Paganlar kişisel özgürlüklerinin kaynağını doğada bulmuşlardı ve kimi kusurlarının kaçınılmaz olduğuna inanıyorlardı. Bununla birlikte İbrahim, bu pagan kaderciliği ve bağlılığı reddetti. Kendi kendinin efendisi olarak Tanrı huzurunda bir başına durdu. Böyle bir adam yaşamın her aşamasında Tanrı'yı bulur. Tanrı, Evrenin Efendisi, bu içsel özgürlüğe varmamıza yardım etmek için dünyayı düzenledi ve her birey bu amaca ulaşmak için başka hiç kimse tarafından değil fakat Tanrı tarafından eğitilir. Yahudilik, Yahudi olmayanların sandıkları gibi kölece bir inanç değildi. Örneğin, Hristiyanlıktan daha ileri bir din olmuştu her zaman; Hristiyanlık Yahudi köklerini bırakmış ve paganizmin mantıksızlığına ve boş inançlarına dönmüştü.

Guide for the Perplexed of Our Time'ı ölümünden sonra, 1841'de yayımlanmış olan Nachman Krochmal (1785-1840), meslektaşları gibi mistisizmden uzak durmadı. "Tanrı" veya "Tin"e Kabbalacılar gibi "Hiçlik" demekten ve Kabbalacı Tanrı'nın kendini ortaya koyuşunu açıklayan yayılma benzetmesini kullanmaktan hoşlandı. Yahudilerin başarılarının Tanrı'ya körü körüne bir bağlılığın değil fakat ortak bilinç çalışmalarının sonucu olduğunu ileri sürdü. Yüzyıllar boyunca, Yahudiler Tanrı kavramlarını arılaştırmışlardı. Böylece Mısır'dan çıkışları zamanındaki Tanrıları, varlığını mucizelerle açıklamıştı.

Yine de Babil'den geri dönüşte, Yahudiler daha ileri bir tanrı anlayışına ulaşmışlardı ve artık alametlere, mucizelere gerek yoktu. Yahudi Tanrı'ya tapınma kavramı *goyim*'in düşündüğü gibi kölemsi değil fakat kesinlikle felsefi ülküye uygun düşüyordu. Din ve felsefe arasındaki tek fark, Hegel'in belirtmiş olduğu gibi dinin temsili bir dil kullanırken ötekinin kendini kavramlarla açıklamasıydı. Yine de Tanrı ona ilişkin düşüncelerimizin hepsinden üstün olduğundan simgesel dilin bu tarzı uygundu. Gerçekten, var oluş deneyimimiz bu kadar tarafgir ve sınırlıyken onun varolduğunu bile söyleyemeyiz.

Özgürleşmeyle gelen yeni güven, 1881'de Çar II. Nikolay'ın idaresi altındaki Doğu Avrupa ve Rusya'da zalimce bir antisemitizmin baş göstermesiyle ağır bir darbe yedi. Bu Batı Avrupa'ya da yayıldı. Yahudileri serbest bırakan ilk ülke olan Fransa'da, Yahudi subay Alfred Dreyfus 1895'te yanlışlıkla devlete ihanet etmekle suçlandığı zaman isterik bir antisemitizm dalgası yayıldı. Tanınmış bir Yahudi karşıtı olan Kari Lueger de aynı yıl Viyana Belediye Başkanı seçildi. Bununla birlikte Almanya'da Adolf Hitler iktidara geçmeden önce, Yahudiler hâlâ güvende olduklarını sanıyorlardı. Böylece Hermann Cohen (1842-1918) hâlâ Kant ve Hegel'in metafizik antisemitizmiyle uğraşır görünüyordu. Yahudiliğin kölece bir inanç olduğu suçlamalarıyla uğraşan Cohen, Tanrı'nın gökten, boyun eğilmesini emreden bir dış gerçeklik olduğunu reddetti. Tanrı yalnızca insan zihnince biçimlendirilmiş bir düşünce, ahlaksal ülkünün bir simgesiydi. Yanan çalının Kitab-ı Mukaddes'teki hikâyesini yorumlayan Cohen, Tanrı'nın Musa'ya kendini "ben neysem oyum" diye tanımladığını, bunun, bizim "Tanrı" dediğimizin yalnızca kendi olmak olduğunun ilkel bir açıklaması olduğunu ileri sürdü. Söz konusu olan, yalnızca bu can alıcı varoluşa katılmak anlamına gelen bizim deneyimimizden, oldukça farklı bir varlıktı. *The Religion of Reason Drawn from the Sources of Judaism*'de (ölümünden sonra 1919'da yayımlandı) Cohen, Tanrı'nın yalnızca bir insan düşüncesi olduğunda hâlâ ısrar ediyordu. Gene de "Tanrı" gibi yalın bir ahlaki düşüncenin bizi avutamayacağı sonucuna varır. Din, bize komşularımızı sevmeyi öğretir, bu yüzden –ahlakın ve felsefenin Tanrısı'na karşın– dinin Tanrısı'nın bu dokunaklı sevgi olduğu söylenebilir.

Bunlar, onu çağdaşlarından ayıran büsbütün farklı bir Musevilik anlayışı geliştirmiş Franz Rosenzweig'ın (1886-1929) onaylamadığı düşüncelerdi. Rosenzweig yalnızca ilk varoluşçulardan biri olmakla kalmamış aynı zamanda doğu dinlerine kapalı düşünceleri açıkça ortaya koymuştu. Bağımsızlığı, genç bir adamken Museviliği terk edip agnostik olması ve sonunda Ortodoks Museviliği'ne dönmeden önce Hristiyanlığa girmeyi düşünmesiyle açıklanabilir. Zalim bir Tanrı'ya bir köleye yakışır, aşağılık bir bağımlılığı özendiren Tevrat geleneğini tutkuyla reddetti Rosenzweig. Din şadece ahlaka ilişkin değildi, temelde tanrısalla buluşmaydı. Sıradan insanlar için aşkın Tanrı'yla karşılaşmak nasıl olanaklı olabilirdi? Rosenzweig bize bu buluşmanın neye benzediğini asla anlatmıyor, bu onun felsefesinin zayıf noktası. O Hegel'in, Tin'i insan ve doğayla kaynaştırıp birleştiren çalışmasına güvenmedi: Yalnızca insan bilincimizi Dünya Tini'nin bir görünüşü olarak görseydik, gerçek anlamda birey olmazdık. Gerçek bir varoluşçu olan Rosenzweig her insanın kesin yalıtıklığını özellikle vurguladı. Engin insan kalabalığında korkmuş, yitik ve yalnızız her birimiz. Bu bilinmezlik ve korkudan tek kurtuluşumuz Tanrı'nın bize dönmesidir. Tanrı bizim bireyselliğimizi azaltmaz, bu nedenle, tam kendi bilincine erişmemizi sağlar.

İnsanbiçimci herhangi bir yolla Tanrı'yla buluşmak bizler için olanaksızdır. Tanrı, varlığın temelidir, kendi varlığımıza bağlı olduğundan bize benzer bir başka kişiymiş gibi onunla konuşamayız. Tanrı'yı tanımlayan bir sözcük veya düşünce yoktur. Bunun yerine, onunla insanlar arasındaki uçurum Tevrat'ın emirleriyle kapatılmıştır. Bunlar, *goyim*'in düşündüğü gibi yalnızca yasaklayıcı yasalar değildir. Kendilerinin ötesine işaret eden, her birimizin varlığının altında bulunan tanrı boyutunu Yahudilere tanıtan kutsal ayinler, simgesel eylemlerdir. Hahamlar gibi Rosenzweig de emirlerin -çoğu kere kendi içlerinde anlamları olmadığına göre- bizi kutsal Varlık'ın kendisi için sınırlı sözcüklerimiz ve kavramlarımızın ötesine götüren açık simgeler olduklarını savundu. Bunlar bizim dinleyen, bekleyen bir tavır geliştirmemize yardım ederler böylece varoluşumuzun temeline karşı dengeli ve dikkatli oluruz. Bu nedenle *Mitzvot*, otomatik olarak işlemez. Bireyce elverişli duruma getirilmelidirler böylece, her *mitzvah*'ın dıştan gelen bir komut olması sona erer, ancak *benim* iç tavrımı açığa vurur, *benim* içsel zorunluluğumu ifade eder. Tevrat özellikle bir Yahudi uygulaması olmakla birlikte, vahiy İsrail halkıyla sınırlı kalmadı. O, Rosenzweig, geleneksel olarak Yahudilere ait simgesel hareketlerle Tanrı'yla buluşurdu ama bir Hristiyan farklı simgeler kullanırdı. Tanrı'yla ilgili öğretiler aslında günah çıkartmaya ilişkin ifadeler değil içteki tavırların simgeleriydi. Örneğin, yaratılış ve vahiy öğretileri, Tanrı ve dünya yaşamındaki gerçek olayların bire bir karşılığı değildi. Vahiy mitosu kişisel Tanrı deneyimimizi açıklıyordu. Yaratılış mitosu, varoluşu olanaklı kılan varlık temeline tam bağlılığımızın parçalanan bilgisi, insani varoluşumuzun mutlak olasılığını simgeliyordu. Yaratıcı olarak, Tanrı yaratıklarıyla onların her birinde kendini ortaya koyana değin ilgilenmez, ama Yaratıcı olmasaydı, yani tüm varlıkların temeli, dinsel deneyim bir bütün olarak insanlık için anlam ifade etmezdi. Garip bir olaylar dizisi olarak kalırdı. Rosenzweig'ın evrensel din görüşü, yeni antisemitizme bir yanıt olarak ortaya çıkan yeni siyasi Museviliğe kuşkuyla bakmasına yol açtı. Ona göre, İsrail Vaadedilmiş Topraklar'da değil Mısır'da bir halk olmuştu ve yalnızca günlük dünyayla bağlarını koparır ve siyasilerle ilişkiye girmezse ölümsüz bir halk olarak yazgısını çizebilirdi.

Ancak yükselen antisemitizme kurban edilen Yahudiler bu siyasi serbestliğe güç yetiremeyeceklerini hissediyorlardı. Arkalarına yaslanıp onları kurtaracak Mesih ya da Tanrı'yı bekleyemezlerdi; kendi halklarını kendileri kurtarmalıydılar. 1882'de, Rusya'daki ilk Yahudi kıyımından sonraki yıl, bir grup Yahudi Filistin'e yerleşmek üzere

Doğu Avrupa'dan ayrıldı. Kendi ülkeleri olana değin Yahudilerin eksik ve yabancılaşmış insanlar olarak kalacaklarına inanmışlardı. Tarihteki olaylar Siyonistleri kendi dinlerinin ve Tanrıları'nın işe yaramadığına inandırdığından cüretli laik bir hareket olarak Sion'a (Kudüs'ün antik adı) dönüş özlemi başladı. Rusya ve Doğu Avrupa'da Siyonizm, Karl Marx'ın kuramlarını uygulamaya koyan devrimci sosyalizmin bir yan çalışmasıydı. Yahudi devrimciler yoldaşlarının Çar kadar antisemitik olduklarını fark etmişlerdi ve komünist bir rejimde yazgılarının düzelmeyeceğinden korkuyorlardı: Olaylar yanılmadıklarını gösterdi. David Ben Gurion (1886-1973) gibi ateşli genç sosyalistler bavullarını toplayıp Filistin'e yelken açtılar; Yahudi olmayanlar için ışık olabilecek örnek bir toplum yaratmaya ve sosyalist mutluluk döneminin habercisi olmaya kararlıydılar. Diğerlerinin bu Marksist düşlere zamanları yoktu. Karizmatik Avusturyalı Theodor Herzl (1860-1904) yeni Yahudi macerasını bir sömürge girişimi olarak gördü: Avrupa emperyal güçlerinin birinin kanatları altındaki Yahudi devleti İslam çölündeki ilerlemenin öncü kolu olacaktı.

Kabul edilmiş laikliğine karşın, Siyonizm kendini içgüdüsel olarak geleneksel dinsel terminoloji içinde açıkladı; aslında tanrısız bir dindi. Eski kurtuluş, hac ve yeniden doğuş temalarından ilham alıyordu, geleceğe ilişkin olarak vecd ve mistik umutlarla doluydu. Siyonistler kurtulan özün bir belirtisi olarak kendilerine yeni adlar verme uygulamasını bile benimsemişlerdi. Bunun sonucu olarak ilk propagandacılardan Asher Ginsberg kendine Ahad Ha'am (Halktan Biri) adını almıştı. Şimdi kendi adamıydı çünkü Filistin'de bir Yahudi devletinin kurulmasının olanaksız olduğunu düşünmesine karşın kendini ulusal ruhla özdeşleştirmişti. O yalnızca İsrail halkının tek odağı olarak Tanrı'nın yerini alan "ruhani bir merkez" istedi. Orası "tüm dünya işleri için bir kılavuz" olacak, "yüreğin derinliklerine" ulaşacak ve "herkesin duygularıyla ilişki" kuracaktı. Siyonistler eski dinsel yönelmelerini tersine çevirmişlerdi. Aşkın bir Tanrı'ya yönelmek yerine, Yahudiler kendilerini yeryüzünde gerçekleştirmenin arayışı içindeydiler. İbranice *hagshamah* terimi (sözlük anlamı, somutlaştırmak) Tanrı'ya fiziksel veya insani özellikler atfetme huyu anlamı yüklenerek Ortaçağ Yahudi felsefesinde olumsuz bir terim haline gelmişti. Siyonizmde, *hagshamah* yerine getirme, günlük dünya içinde İsrail'in umutlarını gerçekleştirme anlamına geldi. Kutsallık artık cennette bulunmuyordu: Filistin kelimenin tam anlamıyla "kutsal" bir topraktı.

Yazılarda kutsallık nasıl görünebiliri anlamak için, kırk yedi yaşında Siyonizme dönene kadar bir Ortodoks Yahudi ve Kabbalacı olan ilk öncü Aaron B. Gordon'un (öl. 1922) yazılarına bakmak yeterli. Ak saçlı ve sakallı, zayıf ve hasta bir adam olan Gordon, daha genç göçmenlerin yanında tarlalarda çalışıyor, geceleyin vecd içinde onların arasında sıçrayarak, "Haz!... Haz!..." diye bağırıyordu. "Eski zamanlarda," diye yazdı, "İsrail topraklarıyla yeniden birleşme deneyimi Şekina'nın bir vahyi olarak adlandırılırdı." Kutsal Toprak kutsal bir değer olmuştu; tekil Yahudi ruhunu yaratan, yalnızca Yahudiler için ulaşılabilir tinsel bir gücü vardı. Bu kutsallığı tanımlarken, Gordon, gizemli Tanrı diyarına has Kabbalacı terimleri kullandı:

> Yahudi ruhu İsrail topraklarının doğal koşullarının ürünüdür. Açıklık, son derece berrak bir göğün derinlikleri, açık bir görüş açısı, saflığın buğusu. Kutsal bilinmeyen bile, sınırlı açık ışık olmaktan, sonsuz gizli ışık olmaya geçerek, bu açıklıkta yiter gibidir. Bu dünyanın insanları ne bu açık görüş açısını ne de Yahudi ruhundaki bu parlak bilinmeyeni anlarlar.[576]

Başta bu Orta Doğu manzarası, anavatanı olan Rusya'dakinden çok farklıydı; Gordon'a korkutucu ve yabancı geliyordu. Ancak emek harcayarak (*avodah*, dinsel ritüeli de karşılayan bir sözcük)

---

576 Eliezer Schweid, *The Land of Israel: National Home or Land of Destiny*, çev. Deborah Greniman (New York, 1985), s. 158.

onu kendinin kılabileceğini fark etti. Siyonistlerin Araplarca ihmal edildiğini iddia ettikleri toprağı işlemekle, Yahudiler onu kendileri için kazanacaklar ve aynı zamanda, kendilerini sürgünün yabancılığından kurtaracaklardı.

Sosyalist Siyonistler çığır açan hareketlerine Emeğin Zaferi adını verdiler: *Kibbutzim*'leri, ortaklaşa yaşadıkları ve kendi kurtuluşları için çalıştıkları laik manastırlar haline geldi. Toprağı işlemeleri evrensel sevgi ve mistik bir yeniden doğuş deneyimine öncülük etti. Gordon'un açıkladığı gibi:

> Ellerim emeğe alıştığı, gözlerim ve kulaklarım görmeyi ve işitmeyi öğrendiği ve yüreğim içindekini anladığı oranda, ruhum da tepeleri aşmayı, dikilmeyi, soğurmayı bilmediği genişliklere açılmayı, çevresindeki bütün araziye, dünyaya ve içindekilere açılmayı ve kendisini bütün evrenin kollarında kucaklanmış görmeyi öğreniyor.[577]

Çalışmaları laik bir ibadetti. 1927'lerde, genç bir öncü ve bilim adamı olan yol yapımcısı olarak çalışan Avraham Schlonsky (1900-73), şu şiiri İsrail toprakları için yazdı:

> Donat beni, iyi anam, rengârenk muhteşem bir
>   urbayla,
> ve şafakta işime uğurla beni.
> Toprağım bir dua şalı gibi ışıkla sarmalanmıştır.
> Evler alınlık gibi dizili;
> ve elle düzeltilmiş taşlar muska şeriti gibi kayarlar.
> Sevgili kent yaratanına sabah duasını eder.
> Ve yaratıcılarının arasında

577 A.g.e. s.143.

İsrailli bir yol yapımcısı ozan, senin oğlun Avraham vardır.[578]

Artık Siyonistin Tanrı'ya gereksinimi yoktur; kendisi yaratıcıdır.

Diğer Siyonistler daha geleneksel bir inancı sürdürdüler. Filistinli Yahudi halkına baş haham olarak hizmet veren Abraham Isaac Kook'un (1865-1935) İsrail Toprakları'na varmadan önce Yahudi olmayan dünyayla çok az ilişkisi olmuştu. Tanrı'ya hizmet etme kavramı, dinsel ödevler ve ülkülerden ayrı, özel bir Varlık'a hizmet olarak tanımlandığına göre, bunun "daima özel varlıklara odaklanmış gelişmemiş genel görüşten bağımsız" olamayacağında ısrar etti Kook[579] Tanrı bir diğer varlık değildi: En Sof kişilik gibi tüm insani kavramların üzerindeydi. Tanrı'yı özel bir varlık olarak düşünmek putperestlikti ve ilkel bir anlayışın belirtisiydi. Kook, Yahudi geleneğiyle yoğrulmuştu ama Siyonist ideolojisince yıldırılmamıştı. Doğru, İşçi Yandaşları dini silkeleyip attıklarına inanıyorlardı ama bu ateist Siyonizm yalnızca bir aşamaydı. Tanrı öncülerin içinde iş başındaydı: tanrısal "kıvılcımlar" bu karanlığın "kabuklar"ını süslüyor ve kurtuluşa hazırlanıyorlardı. Şöyle ya da böyle düşünmüş de olsalar, Yahudiler özlerinde Tanrı'dan ayrılamazlardı ve onu anlamaksızın Tanrı'nın planını gerçekleştiriyorlardı. Sürgün sırasında Kutsal Ruh halkından ayrılmıştı. Şekina'yı sinagoglarda ve çalışma salonlarında sakladılar ama çok geçmeden İsrail dünyanın ruhani merkezi oldu ve Yahudi olmayanlara sahici Tanrı kavramını gösterdi.

Bu tür tinsellik tehlikeli olabilir. Kutsal Topraklar'a bağlılık günümüz Yahudi köktencilik putperestliğini doğurdu. Tarihsel "İslam"a bağlılık Müslüman dünyasında benzer bir tutuculuğa yardım

---

578 "Avodah", I-8,çev. T. Carmi (yay.) *The Penguin Book of Hebrew Verse* (Londra, 1981), s.534.

579 "The Service of God", (yay.) Ben Zion Bokser, *The Esential Writings of Abraham Isaac Kook* (Warwick N.Y., 1988), s. 50.

etti. Hem Yahudiler hem Müslümanlar karanlık bir dünyada anlam bulmaya çabaladılar: Tarihin Tanrısı onları başarısızlığa uğratmış gibidir. Siyonistler insanlarının sonunda yok edeceği korkularında haklı çıktılar. Çoğu Yahudi için, Nazilerin yaptığı Yahudi katliamından sonra geleneksel Tanrı düşüncesi olanaksız hale geldi. Nobel ödülü kazanan Elie Weisel, Macaristan'da geçen çocukluğunda yalnızca Tanrı için yaşamıştı; Yaşamı Talmud disipliniyle biçimlenmişti ve günün birinde Kabbala gizemlerine kabul edilmeyi bekliyordu. Küçük bir çocukken Auschwitz'e, sonra da Buchenwald'a alındı. Ölüm kampındaki ilk gecesi boyunca, annesi ve kız kardeşinin gövdelerinin atıldığı krematoryumdan tütüp gökyüzünü saran kara dumanları seyrederken, alevlerin inancını sonsuza dek yuttuğunu biliyordu. Nietzsche'nin tasarladığı tanrısız dünyanın nesnel karşılığı olan bir dünyadaydı. "Yaşama arzumu, tüm sonsuzluk için kaybettiren geceye özgü sessizliği asla unutmam," diye yazdı yıllar sonra. "Tanrımı, ruhumu öldüren ve düşlerimi toza çeviren olanları asla unutamam."[580]

Bir gün Gestapo bir çocuğu astı. Binlerce kişinin önünde genç bir çocuğun asılması sahnesinden SS bile rahatsızlık duydu. Çocuğun, Weisel anımsıyordu, "hüzünlü gözlü melek" yüzü vardı, sessizdi, soluk kurşuniydi ve darağacına çıkarken neredeyse sakindi. Weisel'in arkasındaki mahkûmlardan birisi sordu: "Tanrı nerede? Nerede O?" Mahkûmlar onun yüzüne bakmaya zorlanırlarken, çocuğun ölmesi bir buçuk saati aldı. Aynı adam yine sordu: "Şimdi Tanrı nerede?" Ve Weisel içindeki bir sesin şu yanıtı verdiğini duydu: "Nerede O? İşte burda, bu darağacına asılı."[581]

Dostoyevski, tek bir çocuğun ölümü Tanrı'yı kabul edilemez kılabilir demişti, ancak insanlık dışı hareketlere yabancı olmayan o bile, böyle koşullar içinde bir çocuğun ölümünü düşünmemişti. Auschwitz dehşeti daha geleneksel tanrı düşüncelerinin çoğuna

580 Elie Weisel, *Night*, çev. Stella Rodway (Harmondsworth, 1981), 45.s.

581 A.g.e. s. 76-77.

tam bir meydan okuyuştur. Filozofların uzak Tanrısı, üstün bir *apatheia* içinde yitmiş, dayanılmaz olmuştur. Çoğu Yahudi, kendini tarihte gösteren Kitab-ı Mukaddes Tanrısı'na ilişkin, Weisel'le aynı şeyi söylerler, o Auschwitz'de ölmüştür. Kişilik sahibi, bizden biri gibi bir Tanrı düşüncesi, güçlüklerle doludur. Bu Tanrı'nın gücü her şeye yetiyorsa, Nazilerin yaptığı Yahudi katliamını engelleyebilirdi. Bunu durduramamışsa, kudretsiz ve yararsızdır; bunu durdurabilecekken yapmamayı yeğlediyse, bir canavardır. Nazilerin yaptığı Yahudi katliamının geleneksel teolojiye son verdiğine inanan tek halk Yahudiler değildir.

Bununla birlikte, kimi Yahudilerin Auschwitz'de bile Talmud çalışmayı ve geleneksel bayramlarını kutlamayı sürdürdükleri de doğrudur; Tanrı'nın onları kurtaracağını umduklarından değil, bir anlamı olduğundan. Auschwitz'de bir gün bir grup Yahudinin Tanrı'yı yargılamaları üstüne bir öykü vardır. Onu gaddarlık ve ihanetle suçlarlar. Eyüp gibi bu şimdiki iğrençliğin ortasındaki kötülük ve ızdırap sorununa alışılmış yanıtlardan bir teselli bulamazlar. Tanrı için hiçbir özür, hiçbir hafifletici sebep bulamazlar, böylece onu suçlu bulurlar ve galiba, ölümüne karar verirler. Haham kararı açıklar. Sonra yukarı bakar ve duruşmanın bittiğini söyler: Sabah duası zamanıdır.

11

Tanrı'nın Geleceği Var mı?

İkinci bin yılın sonuna yaklaşırken, bildiğimiz dünya yok oluyor gibi görünüyor. On yıllardır gezegende insan yaşamını silebilecek silahları yarattığımız bilgisiyle yaşadık. Soğuk Savaş bitmiş olabilir ama yeni dünya düzeni eskisinden daha az korkutucu görünmüyor. Ekolojik felaket olasılığıyla karşı karşıyayız. AIDS virüsü başedilemez boyutlarda bir bela olarak tehdit ediyor. İki üç kuşak içinde nüfus gezegenin kaldırabileceğinden çok fazla olacak Binlerce kişi kıtlık ve kuraklıktan ölüyor. Bizden önceki kuşaklar dünyanın sonunun yakın olduğunu hissediyorlardı ve biz de hayal edilemez bir gelecekle karşı karşıya görünüyoruz. Gelecek yıllarda Tanrı düşüncesi nasıl yaşayacak? 4000 yıl içinde bulunulan zamanın taleplerine uygun hale getirildi hep ama yüzyılımızda, giderek daha çok insan artık kendileri için onu işe yaramaz buluyor ve dinsel düşünceler işlevleri sona erdiğinde zayıf düşerler. Belki de Tanrı gerçekten geçmişte kalmış bir düşüncedir. Amerikalı araştırmacı Peter Berger, kendi zamanımızla geçmişi karşılaştırdığımız zaman çoğunlukla çifte standart uyguladığımıza işaret ediyor. Geçmiş çözümlenip göreli hale getirildiği zaman, içinde bulunulan zaman bu süreçten bağışık kabul edilir ve şimdiki durumumuz mutlaklaştırılır: Böylece "Yeni

Ahit'in yazarları onların zamanlarında kök salmış yanlış bir bilince bulaşmış gibi görülürler, ama çözümleyici, kendi zamanının bilincini saf bir entelektüel kutsama gibi görür."[582] Ondokuzuncu yüzyılın ve yirminci yüzyılın başlarındaki laikler, ateizmi bilim çağında insanlığın değiştirilemez durumu olarak görürler.

Bu görüşü destekleyen çok fazla şey var. Avrupa'da kiliseler boşalıyor; ateistlik artık birkaç entelektüel öncünün zahmet çekerek kazandığı bir ideoloji değil, yaygın bir durum. Geçmişte ateizm her zaman belirli bir Tanrı düşüncesinden çıkardı ama şimdi tektanrıcılıkla temelsiz ilişkisini yitirmiş ve laikleştirilmiş bir toplumda yaşama deneyimine otomatik bir karşılık haline gelmiş gibidir. Nietzche'nin delisini çevreleyip eğlenen kalabalık gibi çoğunluk tanrısız yaşam görüşünden etkilenmez olmuştur. Diğerleri onun yokluğunu olumlu bir rahatlama olarak alırlar. Geçmişte dinle sorunları olanlarımız çocukluğumuzu zehir eden Tanrı'dan kurtuluşu özgürlük sayarız. Kurallarına boyun eğmezsek bizi sonsuz lanetle tehdit eden, kinci bir ilahın önünde eğilmek zorunda olmamak harikadır. Yeni bir entelektüel özgürlüğümüz var ve bir dürüstlük yitimine battığımızı hissettmeksizin, zor inanç konularında ayak sürümeden, cesaretle kendi düşüncelerimizi izleyebiliriz. Bizim deneyimimizde yer alan korkunç ilahın Yahudilerin, Hristiyanların ve Müslümanların gerçek Tanrısı olduğunu sanırız ve bunun yalnızca talihsiz bir hata olduğunu her zaman anlamayız.

Ayrıca yeis vardır. Jean Paul Sartre (1905-80) insan bilincinde Tanrı'nın her zaman bulunduğu, tanrı biçimli boşluktan söz etti. Bununla birlikte, Tanrı varsa bile, Tanrı düşüncesi özgürlüğümüzü reddettiğine göre, onu reddetmek gerektiğinde ısrar etti. Geleneksel din bize tam insan olmak için insanlığın Tanrı düşüncesine boyun eğmesi gerektiğini söyler. Oysa biz insanlığı özgürlüğün bulduğu beden olarak görmeliyiz. Sartre'ın ateistliği avutucu bir öğreti değildi

582 Peter Berger, *Melekler Hakkında Söylenti.*

ama diğer varoluşçular Tanrı'nın yokluğunu olumlu bir kurtuluş olarak gördüler. Maurice Merleau Ponty (1908-61), merak duyumuzu artırmak yerine Tanrı'nın aslında onu reddettiğini ileri sürdü. Çünkü Tanrı tam bir kusursuzluğu simgeler, bizim yapabileceğimiz ya da kazanacağımız bir şey kalmamıştır. Albert Camus (1913-60) kahramanca bir ateistliği önerdi. İnsanlar, insanlığa duydukları arzuyu dışarı boşaltabilmek için cüretle Tanrı'yı reddetmeliydiler. Her zamanki gibi ateistlerin geçerli bir dayanakları vardı. Tanrı geçmişte gerçekten bir yaratıcılık gösterisi için kullanılmıştı. Olası her soruna veya duruma kapsamlı bir yanıt vermiş olsaydı, merak veya başarma duyularımızı gerçekten bastırabilirdi. Tutkulu ve bağlayıcı bir ateistlik usandırıcı ve yetersiz bir tektanrıcılıktan daha dinsel olabilir.

1950'lerde, A. J. Ayer (1910-91) gibi Mantıksal Olgucular, Tanrı'ya inanmanın bir anlamı olup olmadığını sordular. Doğa bilimleri bilginin tek güvenilir kaynağını sağlar çünkü deneysel olarak ölçülebilir. Ayer Tanrı'nın olup olmadığını değil, Tanrı düşüncesinin bir anlamı olup olmadığını sormuştu. Nasıl doğrulanabildiğini veya yanlış olduğunun gösterilebildiğini göremezsek bir ifadenin anlamsız olduğunu ileri sürdü. "Mars'ta gelişmiş yaşam var," demek, bunu elimizdeki gerekli teknolojiyle nasıl doğrulanabildiğimizi görebildiğimize göre anlamsız değildir. Benzer biçimde, geleneksel olarak Gökteki İhtiyar Adam'a inanan biri; "Ben Tanrı'ya inanıyorum," dediği zaman anlamsız bir ifade olmaz çünkü ölümden sonra bunun doğru olup olmadığını anlayacağız. Ama daha bir kılı kırk yaran inanır. "Tanrı bizim anlayabileceğimiz anlamda değildir," dediğinde sorun çıkar. Bu ifadeler fazla bulanık; nasıl sınandıklarını görmek olanaksız; bu nedenle anlamsızlar. Ayer'in dediği gibi: "Teizm çok karmaşıktır ve içinde 'Tanrı' geçen cümleler öyle tutarsız ve yanlışlanabilirlikten veya doğrulanabilirlikten öyle uzak görünüyor ki inanç veya inançsızlıktan, güven veya güvensizlikten söz etmek mantıksal olarak olanaksızdır."[583] Ateizm teizm kadar anlaşılmaz ve anlamsızdır. "Tanrı" kavramında reddedilecek veya kuşkuya düşülecek bir şey yoktur.

Freud gibi Olgucular da dinsel inancın bilimin üstesinden geldiği bir hamlığı gösterdiğine inanıyorlardı. 1950'lerden beri dilbilimci filozoflar, Ayer'in Doğrulama İlkesi adını verdiğinin kendi kendini doğrulayacağını belirterek Mantıksal Olguculuğu eleştirdiler. Günümüzde yalnızca fiziksel doğa dünyasını açıklayabilen bilim konusunda bizler daha az iyimser gibiyiz. Wilfred Cantwell Smith, Mantıksal Olgucuların, tarihte ilk defa, bilimin doğal dünyayı insanlıktan kesinkes ayrı gördüğü bir devir sırasında kendilerini bilim adamı olarak sunduklarını belirttir.[584] Ayer'in söz konusu ifadeleri, bilimin nesnel olgularında pekâlâ işe yarıyor ancak daha az kesin insan deneyimlerinde geçerlilikleri düşüyor. Şiir veya müzik gibi din de bu tür söylem ve doğrulamalara sığmaz. Son zamanlarda dilbilim filozofları, Antony Flew gibi dinsel bir açıklamadan çok doğal bir açıklama bulmanın daha akılcı olduğunu öne sürdüler. Eski kanıtlar işlemez: Düzen görüşü geçerliliğini yitirir çünkü doğal görüngünün kendi kurallarıyla ya da dışarıdan Bir Şey aracılığıyla hareket ettirilip ettirilmediğini anlamak için sistemin dışına çıkmamız gerekir. Doğaüstü değil ama nihai bir açıklama her zaman olabileceğinden, bizim "koşula bağlı" veya "eksik" varlıklar olduğumuz görüşü hiçbir şeyi kanıtlamaz. Flew, Feurbach, Marx veya Varoluşçulardan daha az iyimserdir. Acı çekme, kahramanca bir meydan okuma değil, tek ilerleme yolu olarak akıl ve bilim vardır.

Bununla birlikte, tüm dindar insanların "Tanrı"ya, evrenin açıklamasını sağlıyor diye bakmadıklarını gördük Çoğunluk, kanıtları ilgiyi başka yöne çekmek olarak yorumladı. Bilim yalnızca, kutsal yazıları kelimesi kelimesine okuma ve öğretileri nesnel olgu

583 A. J. Ayer, *Dil, Doğruluk ve Mantık.*

584 Wilfred Cantwell Smith, *Belief and History* (Charlottesville, 1985), s. 10.

konularıymış gibi yorumlama alışkanlığında olan Batılı Hristiyanlar tarafından tehdit edici görüldü. Kendi sistemleri içinde Tanrı'ya bir yer ayırmayan bilim adamları ve filozoflar, Tanrı düşüncesine genellikle Ortaçağ'da Yahudiler, Müslümanlar ve Yunan Ortodoks Hrisitiyanlarınca sonunda terk edilmiş bir düşünce olan İlk Neden olarak bakarlar. Onların aradıkları daha öznel "Tanrı" herkesçe aynı olan nesnel bir olguymuş gibi kanıtlanamazdı. Evrenin fiziksel sistemi içine, Budist nirvanasından daha fazla yerleştirilemezdi.

Nietzsche'yi hararetle izleyen ve Tanrı'nın öldüğünü ilan eden 1960'ların köktenci teologları, dilbilimci filozoflardan daha çarpıcıydılar. *Hristiyan Ateizminin İncili*'nde (1966) Thomas J. Altizer, Tanrı'nın ölümü "iyi haber"inin bizi zalim bir üstün ilahın köleliğinden kurtardığını iddia etti: "Yalnızca kendi deneyimimizde Tanrı'nın ölümünü kabul etmek ve hatta istemekle, Tanrı'nın İsa'da kendine yabancılaştırmasıyla karmaşık ve anlamsız hale getirilmiş bir aşkın ötelemeden, yabancı ötelemeden kendimizi kurtarabiliriz."[585] Altizer, ruhun karanlık gecesi ve terk ediliş acısından mistik terimlerle söz eder. Tanrı'nın ölümü yeniden anlamlı olabilecek Tanrı'nın önünde gerekli olan sessizliği gösteriyordu. Teolojinin yeniden doğmasından önce, tanrısal olana ilişkin tüm eski kavramlarımız ölmeliydi. Tanrı'nın bir kere daha bir olasılık olabilmesi için bir dil ve üslup bekliyorduk. Altizer'in teolojisi, bize sırrını açacağı umuduyla karanlık, tanrısız dünyaya saldıran şiddetli bir diyalektikti. Paul Van Buren daha açık ve mantıklıydı. *İncil'in Laik Anlamı*'nda (1963), dünyada eylemde bulunan Tanrı'dan söz etmenin artık olanaklı olmadığını iddia etti. Bilim ve teknoloji eski mitolojiyi geçersiz kılmıştı. Gökteki İhtiyar Adam'a olan basit inanç açıkça olanaksızdı, bu nedenle de teologların daha incelikli inançları da. Biz Tanrısız yapmalı ve Nasıralı İsa'ya tutunmalıyız. İncil "öteki insanları özgür kılan özgür bir insanın

585 Tomas J.J. Altize, *The Gospel of Christian Atheism* (Londra, 1966), s. 136

müjdesi"ydi. Nasıralı İsa kurtarıcıydı, "İnsan olmanın ne demek olduğunu tanımlayan bir insan."[586]

Radical Theology and the Death of God'da (1966), William Hamilton, bu tür teolojinin köklerinin, her zaman ütopik bir eğilimi olmuş ve kendisinin büyük teolojik geleneği olmamış Amerika Birleşik Devletleri'nde olduğunu belirtti. Tanrı'nın ölümü imgesi, Kitab-ı Mukaddes Tanrısı'na eski biçimiyle inanmayı olanaksızlaştıran teknoloji çağının bunalımını ve barbarlığını gösteriyordu. Hamilton, bu teolojik ruh durumunu, bir bakıma, yirminci yüzyılda Protestan olmak diye görüyordu. Luther manastırından ayrılmış ve dünyaya açılmıştı. Aynı biçimde o ve diğer Hristiyan köktenciler açıkça laik insanlardı. İnsan İsa'yı bulmak için Tanrı'nın olduğu kutsal yerlerden, teknoloji, güç, seks, para ve kent dünyasına geçtiler. Çağdaş laik insanın Tanrı'ya gereksinimi yoktu. Hamilton'ın içinde Tanrı biçimli boşluk yoktu: Kendi çözümünü dünyada bulacaktı.

Altmışların bu neşeli iyimserliğinde oldukça dokunaklı bir şey vardır. Elbette, çoğu insan için Tanrı'dan söz etmenin olanaksız hale geldiği konusunda köktenciler haklıydılar ancak 1990'larda kurtuluş ve yeni bir aydınlığın yakın olduğunu hissetmek acı verecek kadar güçtür. Hatta zamanında zengin, orta sınıf beyaz Amerikalıların bakış açılarına sahip oldukları için Tanrı'nın Ölümü teologları eleştirilmişlerdi. James H. Cone gibi siyah teologlar, beyaz insanların Tanrı adına gerçekten köle edilmiş insanlara sahiplerken nasıl olup da Tanrı'nın ölümü yoluyla özgürlükten söz etmekte kendilerini haklı hissettiklerini sordular. Yahudi teolog Richard Rubenstein'a göre, Nazilerin yaptığı Yahudi katliamı bu kadar yakınken Tanrısız insanlık konusunda kendilerini nasıl böyle olumlu hissedebildiklerini anlamak olanaksızdı. Bununla birlikte Rubenstein Yahudilerin dini kaldırıp atabileceklerini hissetmedi. Kendilerine uygulanan soykırımdan sonra, kendilerini geçmişlerinden koparmamalıydılar. Liberal

586 Paul Van Buren, *The Secular Meaning of the Gospel* (Londra, 193), s.138.

Museviliğin iyi, Avrupalı Yahudilerin ahlaklı Tanrısı işe yaramıyordu yine de. Fazlasıyla arıtkandı; yaşam trajedisini anlamazlıktan gelmiş ve dünyanın düzeleceğini sanmıştı. Rubenstein'ın kendisi Yahudi mistiklerin Tanrısı'nı yeğlerdi. Tanrı'nın kendi isteğiyle kendisine yabancılaşmasıyla yaratılmış dünyanın var olmasını sağladığı Luria'nın *tsimtsum* öğretisinden yola çıktı Rubenstein. Bütün mistikler Tanrı'yı ondan geldiğimiz ve ona döneceğimiz Hiçlik olarak görmüşlerdi. Rubenstein yaşamın boş olduğu konusunda Sartre'a katılıyordu; mistiklerin Tanrısı'nı insanın bu hiçlik deneyimine girişin yaratıcı bir yolu olarak gördü.[587]

Diğer Yahudi teologlar da Luriacı Kabbala'da teselli buldular. Hans Jonas Auschwitz'den sonra artık Tanrı'nın gücünün her şeye yettiğine inanamayacağımıza inanır. Tanrı dünyayı yarattığı zaman, kendini gönüllü olarak sınırlamış ve insan zayıflığını paylaşmıştı. Şimdi daha fazlasını yapamazdı ve insanlar dua ve Tevrat aracılığıyla Tanrı ve dünya için bütünlüğü onarmalıydılar. İngiliz teolog Louis Jacobs, buna karşın, *tsimtsum* imgesini bayağı ve insanbiçimci bularak bu düşünceden hoşlanmaz: Bu bize, Tanrı dünyayı nasıl fazlasıyla sözcük anlamına uygun bir halde yarattı, sorusunu sorma cesaretini verir. Tanrı, nefes alıp vermeden önce, sanki nefesini tutmuş gibi kendini sınırlamaz. Kudretsiz bir Tanrı yararsızdır ve insan varoluşunun anlamı olamaz. Tanrı'nın insanlardan büyük olduğu ve onun düşünce ve yollarının bizimki gibi olmadığı yollu klasik açıklamaya dönmek daha iyidir. Tanrı kavranılmaz olabilir ama insanlar bu tanımlanamaz Tanrı'ya güvenme ve anlamsızlığın ortasında bile bir anlam yükleme hakkına sahiptirler. Katolik teolog Hans Küng, gerçekten uzak *tsimtsum* mitosundansa trajedi için daha akılcı bir açıklama yeğlediğinden Jacobs'la aynı fikirdedir. İnsanların zayıf bir Tanrı'ya değil, insanlara Auschwitz'de dua edecek yeterli gücü veren yaşayan bir Tanrı'ya inanabileceklerini belirtir.

587 Richard L. Rubenstein, *After Auschwitz, Radical Theology and Contemporary Judaism* (Indianapolis, 1966).

Kimi insanlara Tanrı düşüncesinde anlam bulmak hâlâ olanaksız gelir. İsviçreli teolog Karl Barth (1886-1968) dinsel deneyim üzerindeki vurgusuyla Schliermacher'in Liberal Protestanlığı'na karşı çıktı. Ancak doğa teolojisine karşı çıkanların da öncülerindendi. Akılcı terimlerle Tanrı'yı açıklamaya çabalamanın, yalnızca insan zihninin sınırlı oluşundan değil, Düşüşle insanlık bozulduğu için de köktenci bir hata olduğunu düşündü. Tanrı'ya ilişkin biçimlendirdiğimiz her doğal düşünce hatayla kuşatılmıştır, bu nedenle böyle bir Tanrı'ya tapınmak putperestlikti. Tanrı bilgisinin tek geçerli kaynağı Kitab-ı Mukaddes'ti. Bu bütün dünyaların en fenası gibi görünür: Deneyim kovulmuştur; doğal neden kovulmuştur; insan zihni ayartılmış ve güvenilmezdir ve Kitab-ı Mukaddes tek geçerli vahiy olduğundan, diğer inançlardan bir şey öğrenme olanağı yoktur. Aklın güçlerine karşı bu kadar köktenci kuşkuculukla Kitab-ı Mukaddes'in doğrularının böyle tartışmasız kabulünü uzlaştırmak sağlıksız görünüyor.

Paul Tillich (1868-1965) geleneksel Batı tektanrıcılığının kişilik sahibi Tanrısı'nın gitmesinin gerektiğinden emindi ancak insanoğlu için dinin gerekli olduğuna da inanıyordu. Derinde kök salmış bir endişe insanlık durumunun parçasıdır: Bu nevrotik değildir çünkü kökü çıkarılamaz ve hiçbir terapi onu söküp atamaz. Gövdelerimizin yavaş yavaş ama kaçınılmaz biçimde çürüyüşlerini izlerken, yok olma dehşetinden ve yitmekten korkarız sürekli. Kişilik sahibi Tanrı'nın zararlı bir düşünce olduğu ve ölmeyi hak ettiği konusunda Tillich Nietzsche'yle aynı fikirdeydi:

> "Kişilik sahibi Tanrı" kavramı doğa olaylarıyla çatışır ya da "doğa olaylarının bağımsız bir sonucu olan" varlık, Tanrı'yı ötekilerin önünde bir doğa nesnesi haline getirir, varlıklar arasında bir varlık, belki de en yücesi ama yine

de bir varlık. Bu gerçekte yalnızca fiziksel sistemin yıkımı değil, anlamlı bir Tanrı düşüncesinin de yıkımıdır?[588]

Evreni tamir edip duran bir Tanrı saçmaydı; insan özgürlüğü ve yaratıcılığıyla çatışan bir Tanrı zorbaydı. Eğer Tanrı kendi dünyasında bir kişilik, senle ilgili bir ben, sonucundan ayrı bir neden olarak görülmüşse "o" kendinde Varlık değil bir varlık olur. Her şeye gücü yeten, her şeyi bilen bir zorba, her şeyi ve herkesi idare ettikleri makinanın önemsiz dişlileri haline getiren dünyadaki diktatörlerden çok da farklı değildir. Böyle bir Tanrı'yı reddeden bir ateistlik fazlasıyla haklıdır.

Bunun yerine biz bu kişilik sahibi Tanrı'nın üzerinde bir "Tanrı" aramalıyız. Bu konuda yeni bir şey yok. Kitab-ı Mukaddes günlerinden beri, tektanrıcılar dua ettikleri Tanrı'nın yapısındaki mantığa aykırılığın ayırdına varmışlardı, kişileştirilmiş Tanrı'nın aslında kişisellik dışı kutsallıkla dengelendiğinin ayırdındaydılar. Her dua, söz söylemesi olanaksız biriyle konuşma girişimi olduğundan, bir çelişkiydi; istemeden önce onlara ihsanda bulunan ya da bulunmayan birinden ricada bulunmaktı; kendi benimizden başka "ben"e daha yakın olan bir Tanrı'ya, kendinde Varlık olarak, "sen" diyordu. Tillich varlığın temeli olarak Tanrı tanımını yeğliyordu. Böyle Tanrı'nın üzerinde bir Tanrı'ya katılmak bizi dünyaya yabancılaştırmayıp gerçekliğe dâhil eder. Bizi kendimize döndürür. İnsanlar kendinde Varlık'tan söz ettikleri zaman simgeler kullanmalıdırlar: Onun hakkında sözcük anlamıyla veya gerçeğe uygun olarak konuşmak hatalı ve yalandır. Yüzyıllarca Tanrı simgeleri, "ilahi takdir" veya "ölümsüzlük" insanların yaşamın dehşetine ve ölüm korkusuna dayanmalarını kolaylaştırmıştır ama bu simgeler güçlerini yitirdikleri zaman korku ve kuşku kalmıştır. Bu korku ve

588 Paul Tillich, *Theology and Culture* (New York ve Oxford, 1964), s. 129.

endişeyi yaşayan insanlar, simgesel gücünü yitirmiş bir tektanrıcılığın gözden düşmüş Tanrısı'nın üzerindeki Tanrı'yı aramalıdırlar.

Tillich sıradan insanlarla konuştuğunda, teknik "varlık Temeli" teriminin yerine "nihai ilgi"yi yeğlemişti. Bu "Tanrı üzerindeki Tanrı"daki inanç deneyiminin bizim diğer duyusal veya zihinsel deneyimlerimizden ayırt edilebilir özel bir durum olmadığını vurguluyordu. Varlık olan Tanrı önde geldiğinden ve cesaret, umut ve üzüntü duygularımızın hepsinin temeli olduğundan "özel bir 'dinsel' deneyimim var" diyemezdiniz. Bu adı konmuş farklı bir durum değildi ama bizim olağan insan deneyimlerimizin hepsine yayılmıştı. Bir yüzyıl önce Feuerbach, Tanrı'nın insanın olağan psikolojisinden ayrı olmadığını söylediği zaman benzer bir iddiada bulunmuştu. Şimdi bu ateistlik yeni bir teizme dönüştü.

Liberal teologlar, çağdaş entelektüel dünyaya ait olmanın ve inanmanın olanaklı olup olmadığını keşfetmeye çalışmışlardı. Yeni tanrı kavramlarını biçimlendirirlerken diğer öğretilere yöneldiler: bilim, psikoloji, sosyoloji ve diğer dinlere. Bu girişimde de yeni bir şey yoktur. Origenes ve İskenderiyeli Clemens, üçüncü yüzyılda Yehova'nın Semitik dinine Platonculuğu tanıttıkları zaman bu anlamda Liberal Hristiyan olmuşlardı. Şimdi Cizvit Pierre Teilhard de Chardin (1881-1955) Tanrı'ya olan inancıyla modern bilimi uzlaştırmıştı. Tarih öncesi yaşama özel bir ilgisi olan bir paleontolojistti ve yeni bir teoloji yazmak için kendi evrim anlayışına dayandı. Bütün evrimsel mücadeleyi, evreni maddeden ruha, kişiliğe, sonunda da kişiliğin ötesinde Tanrı'ya iten bir ilahi güç olarak gördü. Tanrı, onun huzurunda dini bir ayin olan dünyada vücut bulmuştu ve her yerde vardı. De Chardin insan İsa üzerinde yoğunlaşmak yerine, Hristiyanların, Pavlus'un Koloselilere ve Efesoslulara mektuplarındaki Mesih'in evrensel tasvirini geliştirmelerini önerdi: Bu bakışta Mesih evrenin "son nokta"sı, Tanrı her şeyi içerdiğinde, evrimsel sürecin doruğuydu. Kutsal yazılar bize Tanrı'nın sevgi olduğunu söyler ve bilim bu çeşitlilik içinde daha büyük birliğe ve daha da büyük karmaşaya doğru doğal dünyanın ilerleyişini gösterir. Bu farklılık içinde birlik evrenin bütününü canlandıran sevgiyi kabul etmenin bir diğer yoluydu. De Chardin, aşkınlığını tam olarak yitirmiş Tanrı'yı dünyayla tamamen bir tuttuğu için eleştirildi ama onun dünyevi teolojisi çoğunlukla Katolik tinselliğin karakteristiğini oluşturan *contemtus mundi*'den ayıran sevindirici bir değişiklikti.

Birleşik Devletler'de 1960'larda, Daniel Day Williams (d. 1910), dünyayla Tanrı'nın birliğini de vurgulayan, Süreç Teolojisi diye bilinen görüşü geliştirdi. Tanrı'yı dünyadaki süreçlerle ayrılmaz biçimde bağlı gören İngiliz filozof A.N. Whitehead'den (1861-1947) oldukça etkilenmişti. Whitehead, duygusuz, kendine yeten bir diğer varlık olarak Tanrı'dan hiçbir anlam çıkaramadı ama Tanrı'nın sevgi uyandırma gücünün yirminci yüzyıla özgü peygamberce biçimini dile getirdi:

> Tanrı'nın var olanlar topluluğunun sürdürdüğü yaşama iştirak ederken acı çektiğini iddia ediyorum. Dünyanın çektiği acıda onun payı, bilmenin, kabul etmenin ve dünyada ortaya çıkan acıyı sevgiye dönüştürmenin en yüce yoludur. İlahi duyarlılıktan söz ediyorum. O olmadan, Tanrı'nın varlığından hiçbir anlam çıkaramam.[589]

O, Tanrı'yı "büyük dost, dert ortağı, anlayan" diye tanımladı. William, Whitehead'in tanımını sevdi; Tanrı'dan dünyanın "davranış"ı veya bir "olay" olarak söz edilmesi hoşuna gitti.[590] Doğal dünya deneyimimizin karşısına doğaüstü düzeni koymak yanlıştı. Tek bir varlık düzeni vardı. Bu indirgemeci de değildi. Doğa kavramımızın içine bütün arzuları, yetenekleri ve bir zamanlar mucize gibi gelmiş gizil gücü almalıyız. Bu, Budistlerin her zaman söylediği gibi "dinsel

589 Alfred North Whitehead, "Suffering and Being" *Adventures of Ideas*'da (Harmondsworht, 1942), s.191-2.

590 *Process and Reality* (Cambridge, 1929), s. 497.

deneyimler"i de içerir. Tanrı'yı doğadan ayrı olarak mı düşündüğü sorulduğu zaman, Williams emin olmadığını söyleyecektir. Her zaman kâfirlik olduğunu düşündüğü eski Yunan *apatheia* düşüncesinden nefret etti: Tanrı'yı uzak, aldırmaz, bencil olarak gösteriyordu. Panteizmi savunduğunu yalanladı. Onun teolojisi, Auschwitz ve Hiroşima'dan sonra kabul edilmesi olanaksızlaşmış, vazgeçilmiş bir Tanrı'yla sonuçlanan bir dengesizliği düzeltmeye çalışmaktı yalnızca.

Diğerleri modern dünyanın başarıları konusunda daha az iyimserdiler ve insanlara bir meydan okuyuş olarak Tanrı'nın üstünlüğünü elde tutmayı istiyorlardı. Cizvit Karl Rahner, Tanrı'yı en yüce giz ve İsa'yı insanlığın olabileceği kesin görünüş olarak alan daha aşkın bir teoloji geliştirdi. Bernard Lonergan da aşkınlık ve deneyime karşı düşüncenin önemini belirtti. Zihin yardım görmeden aradığı görüme erişemez: Sürekli olarak anlayışımızı engelleyen tutumumuzu değiştirmemizi gerektiren engellerle karşılaşır. Bütün kültürlerde, insanlar aynı zorunluluklara mecbur edilmişlerdir: Akıllı, sağduyulu, mantıklı olmak ve gerekirse, değişmek insanın kendi doğası, bu nedenle, kendimizi ve geçerli anlayışlarımızı aşmamızı ister ve bu ilke insanın kendi doğasındaki ciddi araştırmada ilah denilenin varlığını gösterir. Ve yine İsviçreli teolog Hans Urs von Balthasar, Tanrı'yı mantık ve soyutlamada aramak yerine sanata bakmamız gerektiğine inanır: Katolik vahyi aslında insanbiçimli olmuştur. Dante ve Bonaventure üstüne parlak çalışmaların da Balthasar Katoliklerin Tanrı'yı insanbiçiminde "görmüş" olduklarını gösterir. Ritüel hareketler, drama ve büyük Katolik ressamlardaki güzellik üstüne vurgular, Tanrı'nın insanın daha akılcı ve soyutlanmış yönlerinde değil duyularında bulunması gerektiğini gösterir.

Müslüman ve Yahudiler şimdiki zamana uyacak Tanrı düşüncelerini bulmak için dönüp geçmişe bakmayı denediler. Tanınmış bir Pakistanlı teolog olan Ebü'l Kelam Azad (öl. 1959), o kadar aşkın olmayıp hükmünü yitirmemiş ve çok d[illegible]lik sahibi olmayıp put haline gelmeyen Tanrı'yı görmenin bir [illegible]unu bulmak için Kur'an'a döndü. Bir yanda mecazi, süslü ve insanbiçimci tanımlarıyla, öte yanda Tanrı'nın eşsiz olduğunu sürekli anımsatmaları arasındaki dengeyi işaret ederek Kur'an'a ilişkin tezin simgesel yapısını ortaya koydu. Diğerleri Tanrı'nın dünyayla ilişkisini kavramak için Sufilere döndüler. İsviçreli Sufi Frithjof Schuon, Tanrı tek gerçeklik olduğundan, O ve dünyanın dışında tam olarak tanrısal bir şey olmadığını göstermek için Muhyiddin Arabi'nin Varlığın Tekliği (Vahdet el-Vücut) öğretisini yeniden canlandırdı. Bu görüşünü, bunun ezoterik bir doğru olduğunu ve Sufiliğin mistik disiplinleri bağlamında anlaşılabileceğini anımsatarak sınırlandırdı.

Diğerleri Tanrı'yı zamanın siyasi meydan okuyuşuna uygun ve insanlar için daha kolay bulunur hale getirdiler. İran devrimiyle sonuçlanan yıllarda, genç laik felsefeci Dr. Ali Şeriati, eğitimli orta sınıfın arasından çok büyük kalabalıkları peşinde sürükledi. Mollalar onun dinsel mesajının büyük bölümünü onaylamasalar da şaha karşı halkı harekete geçirmekte büyük oranda onun payı vardı. Gösteriler sırasında, kalabalıklar Ayetullah Humeyni'ninkilerin yanında onun posterini de taşıdılar; oysa Humeyni'nin İranı'nda durumunun ne olacağı bile belli değildi. Şeriati, Batılılaşmanın Müslümanları kendi kültürel köklerine yabancılaştırdığına inanıyordu ve bu düzensizliği ortadan kaldırmak için Müslümanlar inançlarının eski simgelerini yeniden yorumlamalıydılar. Muhammed, eski putperest ritlerinden hacca tektanrıcı bir anlam verdiği zaman aynısını yapmıştı. Kendi kitabı *Hac*'da Şeriati, okurlarını Mekke'ye hacı olmaya götürüyordu. Giderek, her bir hacının kendi imgelemine dayanarak dinamik bir Tanrı yaratması gerektiğini söylüyordu açıkça. Böylelikle, Kâbe'ye vardıklarında, kutsal yer boş olduğundan hacılar bunun ne kadar yerinde olduğunu anlarlardı: "Bu sizin son gideceğiniz yer değildir; Kâbe bir işarettir, yani yol kaybolmamıştır; o size yalnızca yönü gösterir."[591] Kâbe, kendi başına amaç olmaması gereken bütün insan

591 Ali Şeriati, *Hac*.

açıklamalarının, aşılmasının önemine tanıklık ediyordu. Niye Kâbe, hiçbir düzenlemenin ya da süslemenin olmadığı basit bir küptür? Çünkü o "evrende Tanrı'nın gizini" yeniden sunar: "Tanrı biçimsiz, renksiz, benzersizdir, insanın seçtiği, gördüğü veya düşlediği biçim veya durum ne olursa olsun, Tanrı değildir."[592] Haccın kendisi, eski sömürge devrinde birçok İranlının yaşadığı yabancılaşmanın anti teziydi. O, yaşamını sözü edilemez Tanrı'ya doğru ve onun çevresinde döndüren her insanın varoluş yönünün temsilidir. Şeriati'nin eylemci inancı tehlikeliydi: Şah'ın gizli polisi kendisine işkence edip sınır dışı etti ve hatta 1977'de Londra'da ölümünden onlar sorumlu olabilirler.

Martin Buber (1878-1965) tinsel süreç ve temel birlik için mücadele anlamında aynı derecede dinamik bir Musevilik görüşüne sahipti. Din, tamamıyla diğer insanlarla bir araya gelişlerimizde hemen her zaman olan, kişisel bir Tanrı'yla rastlaşmaktan oluşuyordu. İki dünya vardı: Biri, bizim diğer varlıklarla özne nesne, ben ve o olarak ilişki kurduğumuz uzay ve zaman diyarı; ikinci diyarda, diğerleriyle gerçekten oldukları gibi onları kendileri için bir amaç olarak görüp ilişki kurarız. Bu Tanrı huzurunda açığa çıkan Ben-Sen diyarıdır. Tanrı ne yapmamızı istediğini asla söylemediğinden, özgürlüğümüzü veya yaratıcılığımızı tehlikeye atmayan, Tanrı'yla sonsuz bir konuşmaydı yaşam. Biz onu bir mevcudiyet, emreden ve kendimiz için anlamlı olması gereken bir deneyim olarak yaşarız. Bu, çoğu Yahudi geleneğinin ortadan kaldırıldığı ve Buber'in geleneksel metin yorumlarında zaman zaman fazla zorlandığı anlamına gelir. Bir Kantçı olarak, Buber'in, yabancılaştırıcı bulduğu Tevrat'a ayıracak zamanı yoktu: Tanrı kanun yapıcısı değildi! Ben-Sen karşılaşması geçmiş bir geleneğin ağırlığı değil özgürlük ve kendiliğinden olan demekti. Bununla birlikte *mitzvot* çoğu Yahudi tinselliğinin merkezidir ve belki de bu Buber'in Yahudilerden çok Hristiyanlar arasında sevilmesinin nedenini açıklayabilir.

---

592 A.g.e. s. 48.

Buber "Tanrı" teriminin lekelenmiş ve küçük düşürülmüş olduğunun farkındaydı ama ondan vazgeçmeyi reddetti. "Aynı gerçekliği anlatan, ona eşit bir sözcüğü nereden bulayım?" Bu ifade, çok fazla kutsal bağlantıları olan, çok büyük ve karmaşık bir anlam taşır. Onun adına öyle korkunç şeyler yapıldığına göre, "Tanrı" sözcüğünü yadsıyanlara saygı duyulmalıydı.

> "Son şeyler" konusunda bir sessizlik dönemine girmeye niyetlenenlerin olmasını anlamak kolaydır böylece kötüye kullanılmış sözcükler belki kurtarılabilir. Ancak onları kurtarmanın yolu bu değildir. "Tanrı" terimini aklayamayız, onu bütünleştiremeyiz; ama hırpalanmış ve lekelenmiş haliyle, onu yerden kaldırabilir ve büyük keder saatinin üzerine yerleştirebiliriz.[593]

Öteki akılcılardan farklı olarak, Buber mitosa karşı değildi: O, can alıcı simgesel önemi olan dünyayı süsleyen tanrısal kıvılcımların Luriac mitosunu buldu. Kıvılcımların Tanrı'dan ayrılışı yabancılaşmanın insan deneyimini gösterir. Ötekilerle ilişki kurduğumuz zaman, temel birliği onaracak ve dünyadaki yabancılaşmayı azaltacağız.

Buber'ın Kitab-ı Mukaddes ve Hasidizme baktığı yerde, Abraham Joshua Heschel Hahamlara ve Talmud'a döndü. Buber'dan farklı olarak, modernleşmenin kişiliksizleştirici yönleri karşısında *mitzvot*'un Yahudilere yardım edeceğine inandı. Kişisel ilişkileri koparma ve kendi çıkarına kullanma modern yaşamın özellikleriydi: Tanrı bile bizim işimizi gören ve ustalıkla idare edilen bir nesneye indirgenmişti. Sonuç olarak din sıkıcı ve yavan oldu; Yapının altındakini araştırmak ve özgün korku, gizem ve merakı yeniden bulmak için "derin bir teoloji"ye gereksinimimiz vardı. Tanrı'nın varlığını

593 Martin Buber, 'Gottesfinstemis, Betrachtungen zur Beziehung zwischen Religion und Philosophie', Hans Küng, *Does God Exist? An Answer for Today*, çev. Edward Quinn (Londra, 1978), s. 508.

mantıksal olarak kanıtlamaya çalışmanın gereği yoktu. Akılcılık ve kavramlarla yapılacak bir şeyin olmadığı hazır bir korkudan ötürü Tanrı'ya inanç doğmuştu. Kitab-ı Mukaddes kutsallık duygusuna boyun eğecekse, şiir gibi mecazen okunmalıdır. *Mitzvot* da bize Tanrı huzurunda yaşamayı öğreten simgesel hareketler olarak görülmüş olsa gerektir. Her *mitzvah* günlük yaşamın küçücük ayrıntılarında karşılaşılan bir yerdir ve bir sanat çalışması gibi *mitzvot*'un dünyasının kendi mantığı ve uyumu vardır. Bunların dışında, Tanrı'nın insanlara gereksinimi olduğunun ayırdına varmalıyız. O filozofların uzak Tanrısı değil de peygamberlerin tanımladığı sevgi uyandırıcı Tanrı'dır.

Yirminci yüzyılın ikinci yarısında ateist filozoflar da Tanrı düşüncesinden etkilenmişlerdir. *Varlık ve Zaman*'da (1927) Martin Heidegger (1899-1976) Varlık'ı, O'nun Hristiyan anlayışındaki "Tanrı" olduğunu yalanlamasına karşın, Tillich'le oldukça benzer bir biçimde algıladı: O belirli varlıklardan farklıydı ve düşüncenin normal kategorilerinden ayrılıyordu. Ahlaki değeri Nazi rejimiyle bağlantısından dolayı yalan çıkmışsa da Heidegger'in çalışması kimi Hristiyanlara esin kaynağı olmuştur. Freiburg'daki konferansta yaptığı konuşması "Metafizik Nedir?"de Heidegger, Plotinos, Dionysos ve Erigena'nın çalışmalarında zaten işlenmiş birkaç düşünce geliştirdi. Varlık "Tam olarak Öteki" olduğuna göre, o aslında Hiçbir Şey-Hiçlik, ne yeni bir nesne ne de belirli bir varlıktır. Bununla birlikte o bütün diğer olması olası olanların eylediğidir. Eskiler hiçliğin hiçlikten çıktığına inanıyorlardı ama Heidegger bu deyişi tersine çevirdi: *ex nihilo omne qua ens fit*. Leibniz'in sorduğu bir soruyu sorarak konferansını bitirdi: "Niye hiçlik olmasındansa, varlıklar vardır?" İnsanlığın dünyaya verdiği değişmez yanıt olmuş şaşkınlık ve merak sarsıntısı uyandıran bir sorudur bu: Niye varolan bir şey hiç olmalıdır? *Metafiziğe Giriş*'ine (1953) Heidegger aynı soruyu sorarak başlamıştı. Teoloji yanıtın kendinde olduğuna inanıyor ve izi Bir Başka Şey'e, Tanrı'ya götürürüyordu. Ancak bu Tanrı bütünüyle diğeri olan bir şeyden çok yalnızca bir diğer varlıktı. Pek çok dindar insan paylaşsa da Heidegger'in biraz indirgemeci bir din Tanrısı düşüncesi vardı ama Varlık'tan söz ederken çoğunlukla mistik terimler kullanırdı. Ondan büyük bir paradoks olarak söz eder; düşünme sürecini Varlık'ı bekleme veya dinleme olarak tanımlar ve mistiklerin Tanrı'nın yokluğunu hissetmeleri gibi Varlık'ın dönüş veya çekilmesi deneyimini yaşar gibidir. İnsanların Varlık'ın varoluşunu düşünebilmeleri için yapabilecekleri hiçbir şey yoktur. Yunanlılardan beri, Batı dünyasındaki insanlar Varlık'ı unutma eğiliminde oldular ve onun yerine var olan üzerinde yoğunlaştılar; modern teknolojik başarıyla sonuçlanan bir süreç. Yaşamının sonuna doğru yazdığı "Bizi Yalnızca Bir Tanrı Kurtarabilir" başlıklı makalesinde, Heidegger zamanımızda Tanrı'nın yokluğu deneyiminin zihnimizi varlıklarla uğraşmaktan kurtarabileceğini önerdi. Ama Varlık'ı günümüze döndürmek için yapabileceğimiz bir şey yoktu. Gelecekte bir yenisinin gelmesini umabilirdik yalnızca.

Marksist filozof Ernst Bloch (1884-1977) Tanrı düşüncesini insanlık için doğal buldu. İnsan yaşamının bütünü geleceğe yönelmişti: Yaşamlarımızı eksik ve tamamlanmamış olarak yaşarız. Hayvanların tersine, asla yetinmeyip hep daha çok isteriz. Bu, yaşamımızın her noktasında kendimizi aşmak ve bir sonraki aşamaya geçmek zorunda olduğumuzdan bizi düşünmeye ve gelişmeye iter: Bebek emeklemek zorundadır, yeni yürüyen yetersizliklerinin üstesinden gelmek ve çocuk olmak zorundadır ve benzeri. Tüm düşlerimiz ve isteklerimiz ileriye, sonra gelene yönelir. Felsefe bile henüz olmayanın, bilinmeyenin deneyimi olan, merakla başlar. Sosyalizmde bir ütopya için ileriye bakar ancak, inancın Marksist reddine karşın, umudun olduğu yerde din de vardır. Feurbach gibi Bloch da Tanrı'yı henüz gerçekleşmemiş insan ülküsü olarak gördü ama bunu yabancılaşma olarak görmek yerine insanlık durumu için elzem buldu.

Frankfurt Okulu'nun Alman toplum kuramcısı Max Horkheimer da (1895-1973) "Tanrı"yı bir bakıma peygamberleri anımsatan önemli bir ülkü olarak gördü. O'nun varolup olmadığı ya da ona inanıp inanmamak gereksizdir. Tanrı düşüncesi olmaksızın kesin anlam, hakikat ya da ahlaklılık olmaz: Basit olarak bir tat, bir hal ya da bir kapris sorusuyla başlar etik politika ve ahlak bilimi "Tanrı" düşüncesini her nasıl olur da içermezse, pragmatik ve zekiden çok açıkgöz kalacaklardır. Kesin olan bir şey yoksa niye nefret etmemeliyizin ya da niye savaş barıştan daha kötüdürün hiçbir nedeni yoktur. Din esas olarak bir Tanrı var diye içte duymaktır. En baş düşlerimizden biri adalet özlemidir (çocukların şikâyetlerini nasıl da sıkça duyarız: "Hiç de adil değil!"). Din, acı çekiş ve hatayla yüz yüze gelen sayısız insanın arzularını ve suçlamalarını kaydeder. Bu bizi sınırlı doğamızın farkına vardırır; hepimiz dünyanın haksızlığının son sözcük olmayacağını umuyoruz.

Geleneklere uygun dinsel inançları olmayan insanların, Tanrı tarihinde keşfettiğimiz merkezî temalara dönüp onlara sarılmaları, bu düşüncenin, çoğumuzun varsaydığı kadar yabancı olmadığını gösterir. Bununla birlikte yirminci yüzyılın ikinci yarısında, bizim daha büyük bir uyarlamamız gibi davranan kişilik sahibi Tanrı düşüncesinden uzaklaşma hareketi yaşandı. Bu konuda yeni bir şey yoktur. Görmüş olduğumuz gibi Hristiyanların "Eski" Ahit'leri olduğunu söyledikleri Yahudi kutsal metinleri, benzer bir süreci gösterir; Kur'an Allah'ı, en başından Yahudi-Hristiyan geleneğinden daha az kişisel terimlerle ifade eder. Teslis ve mitoloji ve mistik dizgelerin simgeciliği gibi öğretiler, hepsi Tanrı'nın kişiliğin ötesinde olduğunu söylemeye çalışmışlardı. Yine de bu çoğu inanç sahibi için açıklığa kavuşturulmuş değildir. Woolwich Piskoposu John Robinson 1963'te *Honest the God*'ı yayımladığı zaman, eski kişilik sahibi Tanrı'nın "dışarıda" olduğunu onaylayamadığını belirtmiş, İngiltere'de gürültü kopmuştu. Akademik çevrelerde bu düşüncelerin sıradan olmasına karşın, Durham Piskoposu David Jenkins'in çeşitli söylemleri benzer bir kızgınlıkla karşılanmıştır. Cambridge, Emmanuel College'ın dekanı Don Cupitt de "ateist papaz" diye adlandırılmıştı: O, teizmin geleneğe uygun Tanrısı'nı kabul edilemez bulur ve dinsel deneyimi teolojinin önüne koyan, Hristiyan Budizminin bir biçimini önerir. Robinson gibi Cupitt de üç inançta da mistiklerin daha fazla sezgiye dayanan bir yoldan eriştiklerine zekâ yoluyla varmıştır. Yine de Tanrı gerçekten varolmamıştır ve "dışarıda" Hiçlik vardır düşüncesi yeni değildir.

Mutlak'ın yetersiz imgelerinin artan hoşgörüsüzlüğü var. Tanrı düşüncesi geçmişte felaket getiren bir etki için kullanılmış olduğundan, bu sağlıklı bir ikonoklasizmdir. 1970'lerden beri yeni gelişmelerin en belirgin niteliklerinden bir tanesi, Tanrı'nın üç dinini de içeren, en büyük dünya dinlerinde genellikle "köktendincilik" dediğimiz bir sofuluk türünün ortaya çıkmasıdır. Oldukça politik bir ruhanilikle yaklaşımı sözlü anlamlara dayalı ve hoşgörüsüzdür. Amerika Birleşik Devletleri'nde her zaman aşırılık ve vahye ilişkin bir gayret yanlısı olmuş Hristiyan köktendinciliği kendisini Yeni Sağ'a bağlamıştır. Tutucular yasal kürtajın kaldırılması, ahlaki ve toplumsal terbiye üzerinde baskı kurulması için mücadele ederler. Jerry Falwell'in Ahlaklı Çoğunluk'u Reagan'lı yıllarda şaşırtıcı politik başarı kazandı. Maurice Cerullo gibi diğer Evangelistler, İsa'nın söylediklerini sözcüğü sözcüğüne alan sahici inancın önemli bir belirtisinin mucizeler olduğuna inanıyorlardı. Tanrı inananlara dualarında istedikleri her şeyi verecekti. İngiltere'de, Colin Urquhart gibi köktendinciler aynı iddiada bulunmuşlardır. Hristiyan tutucular Mesih'in sevgi dolu merhametine daha az saygı duyar gibidirler. "Tanrı düşmanları" olarak gördükleri insanları suçlamakta acelecidirler. Yahudi ve Müslümanların sonunun cehennem ateşi olduğunu düşünür çoğu ve Urquhart tüm doğu dinlerinin şeytandan esinlendiklerini öne sürer.

Müslüman dünyasında da Batı'da fazlaca dillendirilmiş, benzer gelişmeler olmuştur. Müslüman köktendinciler hükümetler devirmişler ve İslam düşmanlarına ya suikast yaparak öldürmüşler ya da ölüm cezasıyla tehdit etmişlerdir. Aynı biçimde Yahudi köktendinciler, Batı Şeria ve Gazze Şeridi'nin işgal edilmiş bölgelerine, Arap sakinleri çıkarma amaçlarını açıkça ilan ederek, gerekirse şiddet kullanarak yerleşmişlerdir. Böylelikle, yakın olan Mesih'in gelişine bir hazırlık yaptıklarına inanırlar. Bütün biçimleriyle köktendincilik şiddete dayalı bir inançtır. Böylece İsrail Aşırı Sağı'nın en aşırı üyelerinden müteveffa Haham Meir Kahane, New York'ta 1990 yılında suikasta uğrayana dek şöyle konuşmuştur:

> Musevilikte, birkaç tane mesaj yoktur. Bir tane vardır. Ve bu mesaj Tanrı'nın istediğini yapmaktır. Tanrı kimi zaman savaşa girmemizi ister, kimi zaman, barış içinde yaşamımızı ister... Ama yalnızca bir mesaj vardır: Tanrı Yahudi devletini kurmak için bu ülkeye gelmemizi istemiştir.[594]

Yeşu'nun kitabının Tesniyeci bakış açısına bu geri dönüş, Yahudi gelişiminin yüzyıllarını yok eder. "Tanrı"yı diğer halkların insan haklarını yadsır konuma düşüren bu türden sataşmaları duyan insanların, iyisi mi geç olmadan biz onu bırakalım diye düşünmeleri şaşırtıcı değildir.

Bununla birlikte, son bölümde gördüğümüz gibi sofuluğun bu türü aslında Tanrı'dan uzaklaşmadır. Hristiyan "Aile Değerleri", "İslam" veya "Kutsal Toprak" gibi insani, tarihsel olguları dinsel bağlılık odakları yapmak putperestliğin yeni bir biçimidir. Bu kavgacı dürüstlük tipi, uzun Tanrı tarihi boyunca tektanrıcılar için sürekli bir baştan çıkarma, günaha yöneltme olmuştur. Otantik olmadığından reddedilmelidir. Yahudilerin, Hristiyanların ve Müslümanların Tanrısı, kabile tanrısı Yehova kendi halkını canice ayırt ettiğinden beri, talihsiz bir başlangıç yapmıştır. Bu ilkel kavim yaşam tarzına geri dönen ahir zaman savaşçıları, kabile değerlerini kabul edilemeyecek derecede yüksek bir konuma yüceltir ve önyargılarımıza meydan okuyacak aşkın gerçeklik için yapay ülkülerini ikame ederler. Ayrıca çok önemli olan bir tektanrıcı temayı reddederler. İsrail'in

---

594 Raphael Mergul ve Philippa Simmonot, *Israel's Ayatollahs; Meir Kahane and The Far Right in Israel* (Londra, 1987), s. 43.

peygamberleri Yehova'nın eski pagan kültünü yenileştireli beri, tektanrıcıların Tanrısı merhamet ülküsünün değerini vaaz vermiştir.

Bu merhametin Eksen Çağı'nda yaratılmış çoğu ideolojinin belirleyici bir niteliği olduğunu gördük. Merhamet ülküsü, Buda'ya ve *bodhisattvalar*'a bağlılıklarını (*bhakti*) ortaya çıkardıkları zaman Budistleri bile dinsel yönelimlerinde büyük bir değişiklik yapmaya mecbur etmişti. Peygamberler, toplum bütünüyle daha merhametli bir kavim özelliğini benimsemedikçe kült ve tapınmanın yararsız olduğunda ısrar etmişlerdi. Bu anlayışlar, hepsi de aynı Yahudi ülkelerini paylaşmış ve bunları yerine getirmek için Musevilikte büyük değişiklikler önermiş İsa, Pavlus ve hahamlar tarafından geliştirilmişlerdi. Kur'an, adil toplum ve merhametli bir evrenin yaratılmasını, Allah'ın yenileştirilmiş dininin özü yaptı. Merhamet özellikle ayrı bir erdemdir. Bencilliğimizin, güvensizliğimizin ve miras aldığımız önyargımızın sınırlarının ötesine geçmeyi gerektirir. Üç Tanrı dininin bu yüksek standartları elde etmekte defalarca başarısızlığa uğraması şaşırtıcı değildir. On sekizinci yüzyıl boyunca, teistler geleneksel Batı Hristiyanlığını büyük oranda reddettiler çünkü açık bir biçimde zalim ve hoşgörüsüz bir hale gelmişti. Aynısı bugün için de geçerlidir. Köktendinci olmayan, geleneksel müminler çoğunlukla onların saldırgan dürüstlüklerini paylaşırlar. "Tanrı"yı, Tanrı'nın kendisine yükledikleri kendi sevgi ve nefretlerini dayandırmak için kullanırlar. Bununla, kutsal ibadetlere titizlikle katılan Yahudi, Hristiyan ve Müslümanlar farklı etnik ve ideolojik topluluklara iftira ederek, dinlerinin temel doğrularından birini inkâr etmiş olurlar. Kendilerine Yahudi, Hristiyan ve Müslüman diyen insanlara eşitliksiz bir toplumsal düzeni savunmak da aynı derecede yakışıksız kaçar, Tarihsel tektanrıcılığın Tanrısı kurban etmeye değil merhamete, âdetlere uygun komünyondan çok sevecenliğe dayanır.

Kültçü bir din biçimini uygulayan insanlarla, Tanrı'nın merhameti duygusunu besleyenler arasında çoğu kere bir fark olmuştur. Peygamberler, tapınak ibadetinin yeterli olduğunu düşünen çağdaşlarına ateş püskürmüşlerdir. İsa ve Aziz Pavlus yardımseverlikle desteklenmezse yüzeysel törenlerin yararsızlaştığını açıklığa kavuşturdular: Öteki türlüsü ses çıkaran borudan ya da çıngırdayan zilden daha iyi değildi. Muhammed, Tanrı'nın tüm gerçek dinlerin bir koşulu olarak talep ettiği merhametlilik niteliğini yerine getirmeksizin Allah'ın yanında pagan tanrıçalarına da tapınmak isteyen Araplarla anlaşmazlığa düştü. Roma'nın pagan dünyasında da benzer bir ayrım olmuştu: Filozoflar dünyayı değiştireceğine inandıkları bir mesajı öğütlerken, eski külte dayanan din *status quo*'yu kutsuyordu. Bu belki de Tek Tanrı'nın merhamet dininin yalnızca bir azınlık tarafından uygulanmış olmasındandır; Tanrı deneyiminin uzlaşmaz etik taleplerinin aşırılığıyla karşılaşmak çoğuna güç gelir. Musa Sina Dağı'ndan kanun tabletlerini getireli beri çoğunluk, geleneksel, kendileri için yaptıkları korkutucu olmayan bir ilah imgesine, avutuculuğu ve atalardan kalma ritüelleriyle bir Altın Buzağı'ya tapınmayı yeğledi. Başpapaz Aaron, altın heykelin yapılmasına nezaret etti. Dinsel kurumun kendisi, çok fazla istekleri olan bir Tanrı'dan haberler getiren peygamber ve mistiklerin vahiylerine genellikle kulaklarını tıkadı.

Tanrı ayrıca değersiz bir her derde deva, sıradan yaşama bir seçenek ve hoşgörülü fantazi nesnesi olarak kullanılabilir. Tanrı düşüncesi sıkça, halkın afyonu olarak kullanılmıştır. Kendi cennetinde bir diğer Varlık -aynı bizim gibi yalnızca daha büyük ve daha iyi- olarak düşünüldüğünde, kendisi dünyevi tatların bir cennetinden tatmin olmuş olarak düşünüldüğü zaman bu ciddi bir tehlikedir. Bununla birlikte aslında, "Tanrı" insanların bu dünya üzerinde yoğunlaşmalarına ve hoş olmayan gerçeklikle karşılaşmalarına yardımcı olmak için kullanıldı. Yehova'nın pagan kültü bile tüm açık yanlışları için, rit ve mitosun kutsal zamanların tersine, kutsal olmayan zamanlardaki olaylara müdahalesini vurgulamıştır. İsrail'in peygamberleri halklarını, bu tarihsel olaylarda kendisini ortaya koyan Tanrı adına, yakın politik felaket ve kendi toplumsal kusurlarıyla yüzleşmeye zorladılar. Hri[illegible]iliş öğretisi dünyada kutsal her yerde et ve kanın varoluşunu vurguladı. Şimdi ve hemen olana ilgi özellikle İslam'da vurgulanmıştı: Hiç kimse, ruhani olduğu kadar politik bir dâhi de olan Muhammed kadar gerçekçi olamazdı. Daha önce de gördüğümüz gibi Müslümanların gelecek kuşakları onun, adil ve temiz bir toplum kurmakla insanlık tarihinde tanrısal istencin vücut bulacağı düşüncesine katılmışlardır. En başından, Tanrı eyleme geçmek için bir zorlayıcı olarak ele alınmıştı. Allah ya da Yehova olsun Tanrı'nın İbrahim'i Harran'da ailesinden ayrılmaya çağırdığı andan itibaren, kült bu dünyadaki somut eylemi ve eski kutsallıklardan acı veren bir ayrılışı içerdi.

Bu yerinden ediş ayrıca büyük gayret gerektirdi. Tamamıyla bir başkası olan Kutsal Tanrı, peygamberlerce büyük bir sarsıntı olarak yaşanmıştı. İnsanlarından da benzer bir kutsallık ve ayrılık talep etti. Musa'yla Sina Dağı'nda konuştuğu zaman, İsrail kavminden olanların dağa yaklaşmalarına izin verilmemişti. Paganizmin kutsallık görüşünü bozarak, insan ve tanrısal olan arasında aniden bütünüyle yeni bir uçurum açıldı. Bu nedenle, bireyselliğin ayrılmaz özerklik bilincinin görülmeye başlamasının bir sonucu olan dünyadan yabancılaşmanın gizil gücü ortaya çıkıyordu. Hem Musevilikte hem de İslam'da can alıcı önemi olan tektanrıcılığın, İsraillilerin kişisel sorumluluğu da geliştirmiş oldukları Babil'e sürgün sırasında kök salmış olması rastlantı değildir.[595] Hahamların her yerde hazır bir Tanrı düşüncesini insan kişiliğinin dokunulmaz hakları anlayışını geliştirmekte Yahudilere yardım etmesi için kullandıklarını gördük. Yine de yabancılaşma üç inançta da bir tehlike olmayı sürdürmüştür: Batı'da günahkârlık ve kötümser bir insanbilimi sürekli olarak Tanrı deneyimine eşlik etti. Musevilik ve İslam'da Tevrat ve Şeriat geleneğinin, hiçbir şeyin bu yasal şifrelere uyan insanları bu amaçtan geri döndüremediğini görmüş

595 Kişisel sorumluluk elbette Hıristiyanlıkta önemlidir, ancak Yahudilik ve İslam, Protestan reformcularla sonradan keşfedilen bu görüşü, kendilerinde ruhban aracı bulunmamasıyla vurgulamışlardır.

olsak da dıştan gelen bir yasaya uygun biçimde heteronomis olarak görülmüş olduklarına kuşku yoktur.

Böyle kölece boyun eğiş isteyen bir Tanrı'dan kurtulmayı öğütleyen ateistler, Tanrı'nın yetersiz ama ne yazık ki bildik imgesine karşı çıkmışlardı. Yine, bu fazlasıyla kişilik sahibi olan bir tanrı kavramına dayanıyordu. Bu Kitab-ı Mukaddes imgesindeki Tanrı hükmünün sözcük anlamına dayalı yorumuydu ve Tanrı'nın gökteki bir tür Büyük Birader olduğu varsayılıyordu. Bu kutsal Tiran imgesi gönülsüz insan kullarını yabancı bir kanuna uymaya zorlar. 1989 sonbaharında çok dramatik bir biçimde komünist rejimlerin çöküşünde de görüldüğü gibi tehditle, yurttaşlık itaati içinde halkı yıldırmak artık kabul edilebilir, hatta uygulanabilir değildir. Kanun yapıcı ve Yönetici olarak insanbiçimci Tanrı düşüncesi postmodernliğin yapısına uygun değildir. Bununla birlikte Tanrı düşüncesinin yapaylığından yakınan ateistler tamamıyla haklı değillerdi. Yahudilerin, Hristiyanların ve Müslümanların, diğer Mutlak kavramlarını da andıran, dikkat çekecek derecede benzer bir Tanrı düşüncesi geliştirdiklerini gördük. İnsanlar, insan yaşamında bir yüce anlam ve değer bulmaya çalıştıklarında, zihinleri belli bir yönde işler gibi görünür. Bu biçimde davranmaya zorlanmazlar; bu insan doğası için doğal bir şey gibidir.

Duygular göz yuman, saldırgan veya sağlıksız bir tutkuya yol açacak biçimde şimdiye dek bozulmamışlarsa, eleştirel zekâ tarafından biçim verilmeye muhtaçtırlar. Tanrı deneyimi, bu aklı da içeren öteki heyecanlarla bir tutulmalıdır. Felsefe deneyimi, Müslümanlar, Yahudiler ve daha sonra Batı Hristiyanları arasındaki akılcılığın yeni kültüyle Tanrı inancı arasında bağlantı kurma girişimidir. Sonunda Müslümanlar ve Yahudiler felsefeden uzaklaşmışlardır. Onlar, akılcılığın, özellikle bilim, tıp ve matematik gibi deneysel çalışmalarda yararlı olduğunu ancak kavramların ötesinde yer alan bir Tanrı tartışması için hiç uygun olmadığına karar verdiler. Yunanlılar bunu zaten anlamışlar ve kendi doğal metafiziklerine daha başında bir kuşku geliştirmişlerdi. Tanrı tartışmasında felsefi yönteminin geri adım attığı yerlerden biri tamamıyla farklı bir düzene ait gerçeklik yerine, Yüce Varlığı basitçe bir diğer varlıkmış gibi anlaşılması yolunda çağrışımlar yapmasıydı. Yine de, Tanrı'nın diğer deneyimlerle ilişkisinin zorunlu olduğu değerlendirmesini yalnızca bunun olabilme derecesini tanımlasa bile gösterdiğinden felsefenin, cesareti önemliydi. Tanrı'yı kendi kutsal gettosunda entelektüel bir yalıtıma itmek sağlıksız ve yapaydır. Bu insanları, 'Tanrı' tarafından esinlendiğinin varsayıldığı gibi davranmak için ılımlılık ve akılcılığın olağan ölçütlerine uymanın gerekmediğini düşünme konusunda cesaretlendirebilir.

Başlangıcından beri, Felsefe bilimle ilişki içinde olmuştu. İlk Müslüman Feylesofları metafizik terimlerle Allah'ı tartışmaya yönelten onların tıp, astronomi ve matematiğe duydukları büyük aşktı. Bilim genel görüşlerinde büyük bir değişim yaratmıştı ve onlar Tanrı'yı kendi Müslüman kardeşleriyle aynı biçimde düşünemediklerini anlamışlardı. Felsefi Tanrı kavramı Kur'an'ın bakış açısından belirgin biçimde farklıydı ama Feylesoflar o zaman ümmette kaybolma tehlikesi içinde olan bazı anlayışları kazanmışlardı. Böylelikle Kur'an diğer dinsel geleneklere göre fazlasıyla olumlu bir tutuma sahip oldu: Muhammed tek bir topluluğa özgü, yeni bir din kurduğuna inanmadı ve doğru yolu gösteren tüm inançların Tek Tanrı'dan geldiğini düşündü. Buna karşın dokuzuncu yüzyılda, ulema bunu göz ardı etmeye ve İslam kültürünü tek sahici din olarak göstermeye başladı. Feylesoflar, başka bir yol aracılığıyla varmalarına karşın, daha eski envrenselci yaklaşıma döndüler. Bugün bizim de benzer bir şansımız var. Bilim çağımızda, Tanrı konusunda atalarımızla aynı biçimde düşünemeyiz ama bilimin meydan okuyuşu kimi eski doğruları değerlendirmemizde bize yardımcı olabilir.

Albert Einstein'ın mistik dine yaklaşım içinde olduğunu görmüştük. Tanrı'nın zar atmadığına ilişkin ünlü sözüne karşın, kendi görelilik kuramının Tanrı kavramını etkileyeceğine inanmadı. 1921'de

İngiltere'ye ziyareti sırasında, Canterbury Başpiskoposu Einstein'a, göreliliğin teolojideki yansımalarının neler olduğunu sordu. Einstein şöyle karşılık verdi: "Hiçbir şey. Görelilik tamamen bilimsel bir konudur ve dinle hiçbir ilişkisi yoktur."[596] Hristiyanlar, Stephen Hawking gibi evrenbilimleri içinde Tanrı'ya bir yer bulamayan bilim adamlarınca korkutuldukları zaman, belki de Tanrı'yı hâlâ bizim düşündüğümüz gibi dünyayı yaratan bir Varlık olarak insanbiçimci terimlerle düşünüyorlardır. Gerçi yaratılış özgün haliyle sözcük anlamında anlaşılmamıştı. Yaratıcı olarak Yehova'ya ilgi duyulması Babil'e sürgüne dek Yahudilikte görülmedi. Bu Yunan dünyasına yabancı bir kavramdı: *ex nihilo* yaratılış 341'deki İznik Konsili'ne dek Hristiyanlığın resmî öğretisi değildi. Ne ki yaratılış Kur'an'ın ana öğretisidir, Tanrı'ya ilişkin bütün söylemlerinde olduğu gibi bu anlatılamaz bir hakikatin "mesel"i ya da bir "belirti"si (*ayât*) demektir. Yahudi ve Müslüman akılcılar bunu zorlu ve kuşkulu bir öğreti olarak gördüler ve çoğu reddetti. Sufiler ve Kabbalacılar Yunan yayılma benzetmesini yeğlediler. Her durumda, kozmoloji dünyanın kökenlerinin bilimsel bir tanımı değil fakat asıl olarak tinsel ve psikolojik bir hakikatin simgesel açıklamasıydı. Sonuç olarak Müslüman dünyasında yeni bilime ilişkin küçük çalkalanışlar vardır: Gördüğümüz gibi geleneksel Tanrı kavramı için bilimden çok yakın tarihin olayları tehdit oluşturmuştur. Yine de Batı'da, kutsal metinlerin sözcük anlamlarına uyan bir anlayış uzun süre egemen olmuştur. Kimi Batılı Hristiyanlar yeni bilimle Tanrı'ya olan inançlarının zayıflatıldığını hissettiklerinde, herhalde, bilimsel temelde olduğu kadar dinsel olarak da yadsınması gereken bireyci bir Tanrı bilgisi, belki de Tanrı'yı Newton'un büyük Mekanik'i olarak tasarlamaktaydılar. Bilimin meydan okuyuşu, kiliseleri kutsal metinlerdeki anlatımın simgesel yapısının yeni bir değerlendirmesine yöneltip sarsmış olmalıdır.

---

596 Philipp Frank, Einstein: *His Life and Times* (New York, 1947), s. 18-9.

Kişilik sahibi bir Tanrı düşüncesi günümüzde ahlaksal, entelektüel, bilimsel ve tinsel nedenlerden dolayı giderek daha kabul edilemez görünmektedir. Kabile, pagan günlerinden beri erkek olmuş, kişilik sahibi bir ilahla, cinsiyetinden dolayı, feministler de bağdaşamamışlardır. Yine de ondan "Dişi" olarak söz etmek diyalektik bir biçim dışında sonsuz Tanrı'yı insan kategorisine hapsedeceğinden aynı derecede sınırlayıcı olacaktır. Batı'da uzun süreden beri epeyce yaygınlaşan Tanrı'nın Yüce Varlık olarak eski metafizik tasarımının da yetersizliği hissedilmiştir. Filozofların Tanrısı şimdi geçersiz hale gelmiş bir akılcılığın sonucudur, bu nedenle onun varlığının geleneksel "kanıtlar"ı artık işlevsizdir. Filozofların Tanrısı'nın Aydınlanma'nın teistleri tarafından geniş kabul görmesi şimdiki ateizme atılan ilk adım olarak alınabilir. Eski Gök Tanrısı gibi bu tanrı da insanlardan ve günlük dünyadan o kadar uzaktır ki kolayca *Deus Otiosus* olabilir ve bizim bilincimizden çıkıp yiter.

Mistiklerin Tanrısı günümüz için olası bir seçenek gibi görünebilirdi. Mistikler Tanrı'nın bir Diğer Varlık olmadığında uzun zaman ısrar etmişlerdir; O'nun gerçekte hiç varolmadığını ve ona Hiçlik demenin daha doğru olduğunu iddia ederler. Bu Tanrı laik toplumumuzun ateist ruh durumuyla ve onun, Mutlak'ın yetersiz imgelerine duyduğu kuşkuyla uyumludur. Tanrı'yı, bilimsel kanıt aracılığıyla gösterilebilen, nesnel bir Olgu olarak görmek yerine, mistikler onun varlık temelinde yaşanan öznel bir deneyim olduğunda ısrar ederler. Bu Tanrı'ya imgelem aracılığıyla yaklaşılabilir ve anlatılamaz gizem, güzellik ve yaşamın değerini açıklayan diğer büyük sanatsal simgelere benzer bir sanat biçemi türü olarak görülebilir. Mistikler kavramları aşan bu gerçekliği açıklamak için müzik, dans, şiir, roman, öykü, resim, heykel ve mimariden yararlanırlar. Bütün sanatlar gibi mistisizm de göz yumucu duygusallık ve yansıtmaya karşı bir koruma olmak üzere, zekâ, disiplin ve özeleştiri gerektirir. Hem Sufiler hem de Kabbalacılar uzun zaman tanrının içinde dişi bir unsur ortaya çıkarmaya çalıştıklarından, mistiklerin Tanrısı feministleri bile memnun edebilmiştir.

Geri adım atmalar vardır, yine de Sabetay Sevi bozgunu ve günümüz Sufiliğinin gerileyişinden sonra mistisizm çoğu Yahudi ve Müslüman tarafından kuşkuyla karşılanmıştır. Batı'da mistisizm hiçbir zaman ana dinsel akımın görüşü olmamıştır. Protestan ve Katolik yenilikçiler mistisizmi ya yasakladılar ya da dışladılar ve bilimsel Akıl Çağı bu anlayış tarzını cesaretlendirmedi. 1960'lardan beri mistisizme karşı Yoga, meditasyon ve Budizm hevesiyle açığa çıkmış yeni bir ilgi vardır ama bizim nesnel, deneyci düşünüşümüzle kolayca uyum sağlayacak bir yakınlaşma değildir. Mistiklerin Tanrısı'nı kavramak kolay değildir. Bir ustayla uzun bir eğitimi ve çokça zaman harcamayı gerektirir. Mistik Tanrı olarak bilinen (çoğu adını anmayı reddeder) bu gerçeklik duygusunu kazanmak için çok sıkı çalışmak zorundadır. Mistikler, insanların bu Tanrı duygusunu, diğerlerinin sanatsal yaratmaya verdikleri aynı dikkat ve özen derecesiyle, kendileri için düşünerek yaratmış olduklarını sıkça vurgularlar. Hızlı zevklere, ayaküstü yemeğe ve anında iletişime alışmış toplumlar için çekiciliği yoktur. Mistiklerin Tanrısı hazır ve önceden paketlenmiş olarak gelmez. Bütün bir cemaate ellerini çırptıran ve dilleriyle konuşturan, halkı dinsel uyanışa teşvik eden bir vaiz tarafından yaratılmış hazır vecd kadar çabuk hissedilemez o.

Mistiklerin kimi tutumlarını edinmek olanaklıdır. Mistiğin eriştiği daha yüksek bilinç düzeyi için yetersiz bile olsak, Tanrı'nın hiçbir basit anlamında bulunmadığını, örneğin tam da "Tanrı" sözcüğünün yalnızca, sözü edilemeyecek biçimde onu aşan bir gerçekliğin simgesi olduğunu öğrenebiliriz. Mistik agnostisizm, dogmatik güvenle bu karmaşık konulara düşüncesizce atılmaktan bizi alıkoyacak bir sınırlama kazanmamıza yardımcı olabilirdi. Ama bu bilgiler yürekte hissedilmeyip kişisel olarak özümlenmemişlerse, anlamsız soyutlamalar gibi görünmeleri olasıdır. İkinci elden mistisizm, bir şiiri aslı yerine yazınsal bir eleştirisinin açıklamasından okumak kadar yetersiz olduğunu kanıtlayabilir. Mistisizmin çoğunlukla anlaşılması güç bir öğreti olarak algılandığını gördük, bunun nedeni mistiklerin halk kitlelerini dışarıda bırakmak istemeleri değil fakat bu doğruların yalnızca özel eğitimden sonra zihnin sezgisel bölümünce algılanabilmesidir. Mantıklı, akılcı yeteneklerle girilemeyen bu özel yola girildiği zaman farklı bir anlam taşıyabilirler.

İsrail peygamberleri kendi duygularını ve deneyimlerini Tanrı'ya yüklemeye başladıklarından beri, tektanrıcılar bir anlamda kendileri için bir Tanrı yaratmışlardır. Tanrı'nın, karşı karşıya gelinebilecek herhangi başka bir yarlık gibi açık bir olgu olarak görülmesi seyrektir. Günümüzde insanların çoğu bu yaratıcı çabaya girişme isteğini yitirmiş görünüyor. Bu durum bir felakete yol açmaz. Dinsel düşünceler geçerliliklerini yitirdiklerinde, genellikle acı vermeden yok olurlar: Deneycilik çağında insanın Tanrı tasarımı artık işimize yaramıyorsa, atılacaktır. Yine de geçmişte insanlar tinsellik için bir odak olacak yeni simgeleri her zaman yarattılar. İnsanlar merak duygularını ve yaşamın kutsal anlamını beslemek için kendi kendilerine her zaman bir inanç yaratmışlardır. Tam da çağdaş yaşamın nitelikleri olan amaçsızlık, yabancılaşma, *anomie* ve şiddet, onların "Tanrı" veya herhangi bir şeyi ne olduğu çok önemli değil düşünerek bir inanç yaratamadıkları şu anı işaret eder gibidir; çoğu insan ümitsizliğe düşmüştür.

Birleşik Devletler'de nüfusun yüzde doksan dokuzunun Tanrı'ya inandığını iddia ettiğini gördük, bununla birlikte köktendinciliğin, vahiyciliğin ve yobazlığın "hazır" karizmatik biçimlerinin yaygınlığı Amerika'da güven verici değildir. Artan suç oranı, uyuşturucu düşkünlüğü ve ölüm cezasının yeniden canlanması da ruhsal açıdan sağlıklı bir toplumun belirtileri değildir. Avrupa'da, bir zamanlar Tanrı'nın varolduğu insan bilincinde, büyüyen bir boşluk yar. Bu kuru yalnızlığı Nietzsche'nin kahramanca ateizminden oldukça farklı olarak ilk tanımlayan insanlardan birisi Thomas Hardy'ydi.

"Karanlıktaki Ardıçkuşu"nda, 30 Aralık 1900'de, yirminci yüzyıl sona ererken yazılmış, yaşamın anlamı içinde artık bir inanç yaratamayan ruhun ölümünü anlatır:

Küçük bir bahçe kapısına yaslanmıştım
Don tayf grisiydi
Ve Kış döküntüleri günün zayıflayan gözünü
Kederlendirmişti.
Dolaşık sarmaşık dalları gökyüzünü perdeliyordu
Kırık bir harpın telleri gibi,
Ve yakınlardaki bütün insanlar,
Ocaklarının başına gitmişti.
Toprağın keskin hatları
Yüzyılın uzanmış ceseti gibiydi,
Çukurlar bulutlu gölgelik,
Rüzgâr ölüm çığlığıydı.
Tohum ve doğumun eski vuruşu
Sertlik ve kuruluktan büzülmüş,
Ve topraktaki her ruh
Benim kadar şevksiz gibiydi.
O anda bir ses yükseldi
Başımın üstündeki çıplak sürgünlerden
Sınırlı bir neşenin
Yürekten gelen akşam duasıydı;
Ve yaşlı ardıç kuşu, ahlâk'ı zayıf, sıska ve küçük
Rüzgârdan kabarmış tüyleriyle,
Böylece ruhunu
Büyüyen kasvete katmayı yeğlemişti.
Böyle vecd dolu bir ses için
İlahi yazılmış değildi pek
Dünyevi şeyler hakkında
Yakında veya uzakta,

Düşünebildiğim orada ürpertiyle titrerken
Mutlu iyi geceler havasıyla
Ne bildiği ne de benim duymadığım
Kutsanmış bir umut vardı.

İnsanlar boşluğa ve yalnızlığa dayanamazlar; yeni bir anlam odağı yaratmakla boşluğu dolduracaklardır. Köktendinciliğin putları Tanrı'nın yerine geçecek kadar iyi değildirler; yirmi birinci yüzyıl için çarpıcı yeni bir inanç yaratacaksak, belki de bazı dersler ve uyarılar için Tanrı'nın tarihini gözden geçirmeliyiz.

Sözlük

Âlem-i misal (Ar.): , Saf imgeler dünyası; mistik Müslümanı Tanrı tefekkürüne götüren ilk imgeler, örnekler dünyası.

Âlim, (çoğ. Ulema) (Ar.): Müslüman din adamları, ruhban sınıfı.

Apatheia (Yun.): Ulaşılmazlık, sukûnet ve zarar verilemezlik. Yunan filozoflarının Tanrı'ya atfettikleri karakteristik özellikler olarak, Hristiyanların acı ve değişimden beri olan Tanrı kavramının özü olmuştur

Apofotik (Yun.): Sessizlik. Yunanlı Hristiyanlar, Tanrı'nın ulaşılmazlık ve gizemini anlatmak için her türlü teolojinin sessizlik ve paradoks öğesi içermesi gerektiği sonucuna varmışlardır.

Aşkenazim (İbr. "Almanya" sözcüğünden bozma): Almanya ile doğu ve batı Avrupa Yahudileri.

Atman (Hint.): Brahman'ın her bireyin kendisinde yaşadığı kutsal gücü.

Avatar: Hindu mitolojisinde bir tanrının insan biçimiyle dünyaya inmesi. Genellikle kişiliğinde kutsallığa vücud veren veya onda kutsallığın dirildiğine inanılan kişi için kullanılır.

Ayet, (çoğ. Ayât) (Ar.): İşaret, belirti. Kuran'da surelerden oluşan bölüm; Tanrı'nın kendisini Kuran cümlelerinde anlatması.

Batın (Ar.): Kuran'ın içsel anlamı. 'Batıni', Kuran'ın esoterik, mistik anlamına bağlanan kişi.

Beka (Ar.): Hayatta kalmak. Sufinin zirveye çıkıp özümlendikten sonra (fena), daha büyülü ve gelişmiş kendisine dönüşü.

Bakti (Hint.): Buda veya dünyaya insan olarak inmiş tanrılara bağlılık.

Bilgelik (Hikmet): İbranice Hokhma. Yunanca Soğura. Tanrı'nın kutsal planının kutsal yanlarda kişileştirilmesi. Gerçekliği anlaşılamıyacakken, insan algılarına seslenmek üzere yapılan Tanrı'nın bu dünyadaki etkinliklerini tanımlama yöntemi.

Bodhisattva (Hint.): Kendi nirvana'larını, insanlığın acısını dindirmek ve onlara kılavızluk etmek için erteleyen 'Buda olacak'lar.

Brahman (Hint.): Bütün varlıklara can veren kutsal güç; varoluşun içsel anlamı.

Buda (Hint.): Aydınlanmış olan; nirvana'ya, ulaşmış kişiler; özellikle Budacılığin kurucusu Siddharta Gautama'yı anlatır.

Diriliş (Enkarnasyon): Tanrı'nın insan biçiminde vücud bulması.

Dogma: Yunanlı Hristiyanlarca Kilise'nin kutsal, gizli, ancak mistik ve simgesel biçimde ifade edilebilecek geleneklerini tanımlamakta kullanılır. Batı'da, kategorik ve yetke olarak durağan düşünceler bütünü anlamına gelmektedir.

Dynameis (Yun.): Tanrı'nın güçleri. Tanrı'nın, ulaşılmaz özüne karşın, bu dünyada yaptıklarını anlatmak için kullanılır.

Eksen Çağı: Tarihçilerle İ.Ö. 800-200 dönemini belirtmek için kullanılır; uygar dünyada ortaya çıkan büyük dinlerin gelişim dönemi.

Ekümene (Yun.): Uygar dünya.

El-Yüce Tanrı: Kenan ilinde, İsrail oğullarının ataları İbrahim, İshak ve Yakub'un Tanrısı olduğu anlaşılan Tanrı.

En Sof (İbr. "sonsuz"): Yahudi mistik Kabbala teolojisinde Tanrı'nın bilinmez, ulaşılmaz özü.

Energeiai (Yun.): Etkinlikler. Tanrı'nın dünyadaki bizim kendisini fark etmemize yarayan işleri. Dynameis gibi, bu terim de Tanrı'nın dile getirilemez ve kavranılmaz özü dışında kalan Tanrı kavramını belirtmek için kullanılır.

Enuma Eliş: Babil'de Yeni Yıl Festivali sırasında söylenen yaratılış epiği.

Epiphany (Yun.): (Tecelli) Tanrı veya tanrıçanın dünyada insan biçimiyle görünmesi.

Etkinlikler: bkz. energeiai.

Felsefe (Ar.): Felsefe. İslam'ı eski Yunan akılcılığıyla yorumlama çabası.

Fenâ (Ar.): Yok olma, ölme. Sufi mistiğin Tanrı'yla kaynaşıp kendi varlığının erimesi.

Feylesof (Ar.): Filozof. İslam İmparatorluğu'nda felsefenin akılcı ve bilimsel ülkülerine bağlanan Müslüman ve Yahudiler için kullanılırdı.

Gaon (İbr.): Sözcük anlamı doruk veya yüksek rütbe. Altı ile on yedinci yüzyıllarda Orta Doğu'daki Talmud okullarının başındakilere verilen ad.

Getik (Far.): İçinde yaşadığımız ve duygularımızla algıladığımız geçici dünya.

Goy (çoğ. Goyim) (İbr.): Yahudi olmayanlar.

Hesychasm, hesychast: Yunanca *hesychia*'dan, iç sessizlik, durgunluk. Yunan Ortodoks mistiklerin söz ve konuşmadan kaçınan sessiz tefekkürü.

Homoousion (Yun.): Sözcük anlamıyla aynı madde veya özden yapılma. Bu çekişmeli terim Athanasius ve arkadaşlarınca, İsa'nın Baba ve Kutsal Ruh'la aynı özden (*ousia*) olduğunu dolayısıyla kutsallığını ileri sürmek için kullanılmıştır.

Hypostasis (Yun.): Bir insanın, içten görünümünü ifade eden özü karşısında, içyapısının dışsal ifadesi; dıştan görünüm. Yunanlılarca Tanrı'nın üç gizli özü Baba, Oğul ve Kutsal Ruh'u ifade etmek için kullanılmıştır.

İlkörnek: Antik tanrıların kutsal dünyası ile özdeşleştirilen, bizim dünyamızın özgün veya ilk biçimi. Pagan dünyada, buradaki her şey göksel dünyadaki bir gerçekliğin karşılığı veya kopyasıydı. Bkz. âlem-i misal.

İlm (Ar.): Şii Müslümanlarca İmamlara özgü olan gizli Tanrı bilgisi.

İmam (Ar.): Şiilerce Ali'nin soyundan gelen ve kutsallığın *avatar*'ı olan önder. Sünnilerce cemaate namaz kıldıran kişidir.

İşrak (Ar.): Aydınlanma. Yahya Suhreverdi'nin kurduğu tinsel felsefe okulu.

Kabbala (İbr.): 13. yy. da İspanya'da yazılan Zohar ve 16. yy. da yazılan Safed kitaplarıyla iki önemli dönemi olan, simgeci Yahudi mistisizmi.

Kenosis (Yun.): Kendini boşaltma.

Kerygma (Yun.): Yunanlı Hristiyanlarca Kilise'nin halka açık, akıl yoluyla beyan edilebilecek, dogma dışı öğretisi.

Logos (Yun.): Akıl, tanım, söz. Tanrı'nın *logos*'u Yunanlı teologlarca, Yahudi kutsal metinlerindeki Bilgelik'le veya Yuhanna İncil'indeki Söz'le özdeşleştirilmiştir.

Mabut: "Tanrı" olarak bildiğimiz gerçekliğin ulaşılmaz, gizli kaynağı.

Mana: Özgün olarak Güney Denizi Adalarının halkı tarafından kullanılan ve fiziki dünyayı işgal eden görünmez kutsal güçler.

Mantra (Hint.): Mistik, tinsel etkisi olduğuna inanılan hece, sözcük ya da dize.

Marrano (İsp.): Zorla Hristiyanlığı kabul edip, gizli olarak Yahudi inancını koruyanlar ve onların soyundan olanlar için kullanılan küçültücü terim.

Mezuza (İbr.): Kitab-ı Mukaddes'ten iki metin yazılı, mahfaza içinde kapı pervazına konulmuş, Tanrı kavramı ile dinin korunmasını belirten küçük parşomen.

Menok (Far.): Göksel, arketip varlıklar dünyası.

Merkava (İbr.): Araba. Bkz. Taht Mistisizmi.

Mişna (İbr.): Tannaim olarak bilinen eski Yahudi hahamlarca toplanan, düzeltilip kitap haline getirilen Yahudi yasası. Altı ana ve altmış üç alt bölüme ayrılır ve Talmud öğreti ve tartışmalarının temelidir.

Mitzvah (çoğ. Mitzvot) (İbr.): Emir.

Nirvana (Hint.): Sözlük anlamı "soğumak", "sönmek". Budistler nihai gerçekliği, insan yaşamının tam anlamıyla yaşanması ve amacına ulaşması ve acının sona ermesini anlatmak için kullanırlar. Tektanrıcı dinlerin nihai amacı Tanrı gibi nirvana da akılcı terimlerle anlatılamaz, farklı deneyim dünyasına aittir.

Numinous (Lat.): Tin. Her zaman huşu, merak ve korku uyandıran aşkınlık ve ilahilik duygusu.

Ortodoks, Ortodoksluk: Sözlük anlamıyla "doğru öğreti". Yunanlılarca, Arianusçuluk veya Nasturiler gibi sapkınlardan ayrılan kilisenin doğru öğretilerine bağlı olanları anlatmak için kullanılmıştır.

Ousia (Yun.): Öz, yapı. Bir şeyi oluşturan madde. Kişi veya nesnenin iç görünümü. Tanrı için kullanıldığında, insan deneyim ve bilgisinin dışında kalan kutsal özü anlatır.

Parzuf (çoğ. Parzufim) (İbr.): Yüz ifadesi. Teslisin personae'si gibi, Kabbala'nın bazı yorumlarında da Tanrı'nın kendisini insanlığa farklı yönleri olan farklı 'yüzlerle' bildirdiği düşünülmüştür.

Patriarklar: İsraillilerin ataları İbrahim, İshak ve Yakub'u anlatan terim.

Persona (çoğ. Personae) (Lat.): Artistin tiyatroda seyirciye canlandırdığı karakteri daha iyi tanıtmak ve sesini duyurabilmek için taktığı maske. Batı Hristiyanları tarafından Teslisin üç hypostasesini anlatmak için kullanılır.

Rig Veda: İ.Ö. 1500-900 yılları arasından kalma, Aryanların İndüs Vadisi'ni fethederek yerli halka kendi dinlerini kabül ettirmelerini anlatan şiirler toplamı.

Sefardim: İspanya Yahudileri.

Sefira (çoğul. Sefiroth) (İbr.): Tanrı'nın kendisini Kabbala'da açık etmesinin on aşaması.

Sufi, Sufilik: Mistikler ve İslam'da mistik tinsellik.

Sünnet (Ar.): Peygamber Muhammed'in davranış ve eylemleri.

Sünni: Şia gibi İmamlar yerine, Kur'an yanında hadis ve sünnetle şeriata dayalı İslam yorumu benimseyen Müslüman.

Şekina: İbranice şakan, çadır kurmaktan. Yahudi'nin Tanrı deneyimini, gerçekliğin dile gelmez yönünden ayırmak için, Tanrı'nın bu dünyadaki varlığını anlatan haham terimi. Kabbala'da sonuncu sefirotla özdeşleştirilir.

Şema: Yahudi inanç bildirimi: "Dinle (Şema) İsrail! Yehova bizim tanrımızdır, Yehova tektir" (Tesniye 6:4).

Şia, Şiilik: Ali taraftarı. İslam toplumunu Ali bin Ebu Talip soyundan gelen İmamların yönetmesi gerektiğini savunurlar.

Şiur Koma (İbr.): Hezekiel'in gök arabasında tahtta oturduğu kişiliği anlatan taıtışmalı beşinci yüzyıl metni.

Taht Mistisizmi: Hezekiel'in, Tanrı'nın sarayının salonlarındaki(bekhaloth) göksel tahtına gök arabasıyla (merkava) yapılan yolculuk imgesinde yoğunlaşan eski Yahudi mistisizmi.

Takva (Ar.): Tanrı bilinci.

Talmud (İbr.): Sözlük anlamı "çalışma", "öğrenim". Antik Yahudi metinleri üstüne klasik haham araştırmaları.

Tannaim (İbr.): Sözlü Yahudi geleneğini Mişna olarak bilinen kitapta toplayan ilk kuşak haham ve bilginler.

Tecelli: Bkz. Epiphany.

Tevil (Ar.): İsmaililer gibi ezoterik mezhepler tarafından, Kur'an'ın simgesel, mistik yorumu.

Tevrat: Kitab-ı Mukaddes'in ilk beş kitabı Tekvin, Çıkış, Levililer, Sayılar ve Tesniye'de belirlenen Musa yasası.

Tfillin (İbr.): Tesniye'de emredildiği gibi Yahudi kız ve erkek çocukların sabah duasında kalplerinin yakınına, alın ve sol kollarına taktıkları şema metinleri içeren küçük kara kutu.

Theophany (Yun.): Tezahür. Tanrı'nın insanlara kendisini göstermesi.

Tikkun (İbr.): Restorasyon. Yitshak Luria'nın Kabbalacılığında tanımlanan ve dağılmış ilahi kıvılcımların Tanrı'yla bütünleşmesini anlatan kurtuluş.

Tsimtsum (İbr.): Çekilme, büzülme. Yitshak Luria'nın mistisizminde Tanrı'nın yaratılışa yer açmak için çekilmesi; dolayısıyla kenosis ve kendisi snırlama eylemi.

Upanişadlar: Eksen Çağı'nda İ.Ö. sekizinci yüzyıldan ikinci yüzyıla kadar yazılmış Hindu kutsal metinleri.

Veda: Bkz. Rig Veda.

Vecd (Ar.): Sözlük anlamı kendinden çıkmak. Tanrı ile ilişkili kullanımında, kendisini insanlığa bildirmek için Tanrı'nın gizli kenosis'ini bildirir.

Yehova: İsrail'de Tanrı'nın adı. Özgün biçimiyle başka bir halkın Tanrı'sı olup Musa tarafından benimsenmiş olmalıdır. İki ve üçüncü yüzyıllardan sonra Yahudiler, YHWH biçiminde yazılan Yehova'nın adını telaffuz etmediler.

Yayılma (Sudûr, Emanation): Gerçekliğin çeşitli derecelerde tek, tektanrıcıların Tanrı olduğunu düşündükleri ana bir kaynaktan çıkarak yayıldığı süreç. Bazı Hıristiyan, Yahudi ve Müslümanlar, filozof ve mistikleri dâhil, Kitab-ı Mukaddes'teki yaratılışın bir anda olduğunu anlatan geleneksel öyküsünden çok, bu antik benzetmeyi kullanmayı yeğlemişlerdir.

Yoga: Hindistan'da çok eskiden beri geliştirilmiş olan ve zihnin güçlerini 'boyunduruk altına' alan teknikler. Yoğunlaşma teknikleriyle yogiler, gerçekliğin yoğunluğunu ve yüceliğini anlayıp huzur, sükûnet ve durgunluğa ulaşır.

Zann (Ar.): Tahim etme. İslam dininde yararsız teolojik kurgulamalar için kullanılır.

Ziggurat: Sümerler tarafından dünyanın birçok başka yerinde de görülen biçimde inşa edilmiş olan tapınak kule. İnsanların tanrılarıyla buluşmak üzere tırmanacakları yüksek taş merdivenleri olurdu.

Zikr (Ar.): Kuran'da belirtilen Allah'ın 'anımsama' yolu; Sufilikte, mantra olarak Allah'ın adlarını tekrarlama.

Ek Okuma İçin Öneriler

GENEL

BAILLIE, John, *The Sense of the Presence of God* (London, 1962).

BERGER, Peter,*Melekler Hakkında Söylenti.* Nihai gerçeğin içsel ve dışsal Tanrısı arasındaki çatışma üzerine aydınlatıcı bir denemeler dizisi.

BOWKER, John, The Religious Imagination and the Sense of God (Oxford, 1978). *Problems of Suffering in Religions of the World* (Cambridge, 1970). Her ikisi de dünyadaki dinler üzerine yetkin ve oldukça rahat okunabilen kitaplar.

CAMPBELL, Joseph, *Kahramanın Sonsuz Yolculuğu. Mitolojinin Gücü* (Bill Moyers'le birlikte) Geleneksel toplum ve büyük dinlerde mitoloji üzerine yapılmış popüler TV dizisinin metni.

CUPITT, Don, *Taking Leave of God* (London, 1980). "Hristiyan Budacılık"ta dışsal gerçekçi bir Tanrı'nın olmadığı tinselliğin meydan okuyucu ve güçlü bir savunusu.

ELIADE, Mircea. Karşılaştırmalı tinsellik üzerine en önde gelen uzmanlardan biri: mutlaka okunmalı. *Ebedi Dönüş Mitosu. Kutsal ve Dindışı. The Quest: History and Meaning in Religion* (çev. Willard J. Trask, Chicago, 1969).

JAMES, William, *The Varieties of Religious Experience* (New York ve Harmondsworth, 1982). Hâlâ önemli ve uyarıcı klasik bir çalışma.

KATZ, Steven T. (yay.) *Mysticism and Religious Traditions* (Oxford), 1983. Dünyadaki dinlerde dogma ile mistisizm arasındaki ilişki üzerine yararlı denemeler.

LOUTH, Andrew, *Discerning the Mystery, An Essay on the Nature of Theology*. (Oxford, 1983). Şiddetle önerilir; konunun tam özüne yönelik oldukça ekonomik bir çalışma.

MACQUARRIE, John, *Thinking About God* (London, 1975). *In Search of Deity. An Essay in Dialectical Theism*. Hristiyan tanrısının anlamı ve dinsel arayışta aklın sınırları ve kullanımı üzerine iki mükemmel kitap.

OTTO, Rudolf, *The Idea of the Holy, An Inquiry into the Non Rational Factor in the Idea of the Divine and its Relation to the Rational* (çev. .John W. Harvey, Oxford, 1923). Klasik ve temel bir kitap.

SMART, Ninian, *The Philosophy of Religion* (London, 1979). Akademik ve yararlı denemeler.

The Religious Experience of Mankind (New York, 1969, Glasgow, 1971). Oldukça yararlı bir araştırma.

SMITH, Wilfred Cantwell. Önde gelen bir Kanadalı bilim adamından üç muhteşem ve uyarıcı kitap.

Belief and History (Charlottesville, 1977). *Faith and Belief* (Princeton, 1979). *Towards a World Theology* (London, 1981).

WARD, Keith, *The Concept of God* (Oxford, 1974). Batı Hristiyanlığına ait bazı fikirlerin yararlı bir özeti.

WOODS, Richard (yay.), *Understanding Mysticism* (London ve NewYork, 1980).

ZAEHNER, R.H. *Mysticism Sacred and Profane* (London, 1957).

KİTAB-I MUKADDES

ALBRIGHT, W.F. *Yahweh and the Gods of Canaan* (London, 1968).

ALTER, Robert ve KERMODE, Frank (yay.), *The Literary Guide to the Bible* (London,1987). Yahudi ve Hristiyan kutsal metinleri üzerine önde gelen bilim adamlarınca yapılmış bazı ilginç çalışmaları içermektedir.

BARTLETT, John R. *The Bible, Faith and Evidence* (London, 1990). Mükemmel, bilimsel ve kolay okunan bir giriş.

CHILDS, Brerand S., *Myth and Reality in the Old Testament* (London, 1959).

DRIVER, G.R, *Canaanite Myths and Legends* (Edinburgh, 1956).

FISHBANE, Michael, *Text and Texture, Close Readings of Selected Biblical Texts* (New York, 1979). Şiddetle önerilir.

FOHRER, G., *A History of Israelite Religion* (New York, 1972).

FOX, Robin Lane, *The Unauthorised Version, Truth and Fiction in the Bible* (London, 1991). Kitab-ı Mukaddes'e tarihçi gözünden kolay okunan, bilimsel ve oldukça zevkli bir bakış.

FRANKFORT, H., *The Intellectual Adventure of Ancient Man* (Chicago, 1946).

GASTER, T.H., Thespis – Eski Yakındoğu'da Ritüel, Mit ve Drama (New York, 1950).

HESCHEL, Abraham, J., *The Prophets*, 2 Cilt, (New York, 1962). Bir klasik: Temel ve uyarıcı bir çalışma.

HOOKE, S. H., Ortadoğu Mitolojisi (London, 1963). Oldukça yararlı bir popüler özet.

JOSIPOVICI, Gabriel, *The Book of God, A Response to the Bible* (New Haven ve London, 1988). Bir edebiyat uzmanının gözünden Kitab-ı Mukaddes'e hassas ve orijinal bir bakış.

KAUFMANN, Yehezkel, *The Religion of Israel, From Its Beginnings to the Babylonian Exile* (çev. ve özet Moshe Greenberg, Chicago ve London, 1961). Klasikleşmiş bir bilimsel çalışmanın kolayca ulaşılabilir bir versiyonu.

NICHOLSON, E. W., *God and His People* (London, 1986). Mükemmel

PEDERSON, J., *Israel: Its Life and Culture* (çev. H. Milford, Coponhagen ve London, 1926). Bir diğer mükemmel çalışma.

SMITH, Mark S., *The Early History of God: Yahweh and the Other Deities in Ancient Israel* (San Francisco, 1990). Bilimsel ve ayrıntılı bir çalışma.

YENİ AHİT (İncil)

BORNKAMM, Gunther. İki büyük ve etkili çalışma:

Jesus of Nazareth (London, 1960).
Paul (London, 1971).
BOWKER, John, *Jesus and the Pharisees* (Cambridge, 1983). Uyarıcı bir bilim adamından mükemmel bir çalışma.
BULTMANN, Rudolf, *Jesus Christ and Mythology* (London, 1960).
DAVIES, W. D., *Paul and Rabbinic Judaism* (London, 1948).
HICK, John, (yay.), *The Myth of God Incarnate* (London, 1977). Önde gelen Britanyalı bilim adamlarınca kaleme alınmış tartışmalar yaratan ama uyarıcı bir dizi deneme.
KASEMANN, Ernst, *Perspectives on Paul* (London, 1971).
MOULE, C.F.D., *The Origin of Christology* (Cambridge, 1977).
SANDERS, E.P. Bilimsel ve önemli iki kitap:
Paul and Palestinian Judaism (London, 1977).
Jesus and Judaism (London, 1989).
THEISSEN, Gerd, *The First Followers of Jesus, A Sociological Analysis of the Earliest Christianity* (çev. John Bowden, London, 1978).
VERMES, Geza, *Jesus the Jew* (London, 1973). Oldukça değişik bir çalışma.
WILSON, R. Mc L., *Gnosis and the New Testament* (Oxford, 1968).

HAHAMLAR

ABELSON, J., *The Immanence of God in Rabbinical Literature* (London, 1912). Talmud'u ortaya çıkaran bir çalışma.
BELKIN, Samuel, In His Image, *The Jewish Philosophy of Man as Expressed in Rabbinic Tradition* (London, 1961). Hahamların günümüz dünyası açısından önemini ortaya koyan mükemmel bir çalışma.
FINKELSTEIN, L., *Akiba, Scholar; Saint and Martyr* (Cleveland, 1962).
KADDUSHIN, Max, *The Rabbinic Mind* (2. baskı, New York, 1962).
MARMORSTEIN, A., *The Old Rabbinic Doctrine of God; I: The Names and Attributes of God* (London, 1927).
Studies in Jewish Theology (yay. J. Rabinowits ve M. S. Law, Oxford, 1950).
MONTEFIORE, C. G., ve LOEWE, H. (yay.) *A Rabbinic Anthology* (New York,1974).

MOORE, George F., *Judaism in the First Centuries of the Christian Era*, 3 Cilt (Oxford, 1927-1930).

NEUSNER, Jacob, Life of Yohannan ben Zakkai (Leiden, 1962).

SCHECHTER, Solomon, *Aspects of Rabbinic Theology* (New York, 1909).

HRİSTİYANLIĞIN İLK DÖNEMLERİ

CHADWICK, Henry, *The Early Church* (London, 1967).

Early Christian Thought and the Classical Tradition (Oxford, 1966).

GEFFCKEN, J., *The Last Days of Greco-Roman Paganism* (London, 1978).Mükemmel.

GRANT, R. M., *Gnosticism and Early Christianity* (Oxford ve New York, 1959).

FOX, Robin Lane, *Pagans and Christians in the Mediterranean World From The Second Century AD to The Conversion of Constantine* (London, 1986). Vazgeçilmez bir kaynak.

FREND, W.H.C., *Martyrdom and Persecution in the Early Church, A Study of the Conflict from the Maccabees to Donatus* (Oxford, 1965). Genel konular hakkında da oldukça yararlı bilgiler içeren ilk Hristiyanlara yönelik zulümler üzerine etkileyici bir çalışma.

KELLY, J.N.D., *Early Christian Creeds* (London, 1950). *Early Christian Doctrines* (London, 1958).

LIEBESCHUETZ, J.H.W.G., *Continuity and Change in Roman Religion* (Oxford, 1979). Konuyla ilgili belki de en iyi çalışma.

LILLA, Salvatore, R. C., *Clement of Alexandria: A Study in Christian Platonism and Gnosticism* (Oxford, 1971).

NOCK, A.D., *Early Christianity and Its Helenistic Background* (Oxford,1994).

Conversion, The Old and the New in Religion from Alexander the Great to Augustine of Hippo (Oxford, 1933). Klasik ve aydınlatıcı bir çalışma.

PAGELS, *The Gnostic Gospels* (London, 1970).

Adam, Eve and the Serpent (London, 1988).

PAYNE, Robert, *The Holy Fire: The Story of The Fathers of The Eastern Church* (New York, 1957).

KİLİSE BABALARI VE TESLİS

BROWN, Peter. Bu dönemi çalışan bilim adamlarının en uyarıcılarından birince yazılmış yetkin ve etkileyici bir üslupla kaleme alınmış çalışmalar:

Augustine of Hippo: A Biography (London, 1967).

Religion and Society in the Age of St Augustine (Chicago ve London,1972).

The Making of Late Antiquity (Cambridge Mass. ve London, 1978).

Society and the Holy in Late Antiquity (London, 1982).

CHESNUT, R.C., *Three Monophysite Christologies* (Oxford, 1976). Şiddetle önerilir.

DANIELOU, Jean, *The Origins of Latin Christianity* (Philadelphia, 1977).

GREGG, Robert C. ve GROH, Dennis E., *Early Arianism A View of Salvation* (London, 1981).

GRIUMEIER, Aloys, *Christ in Christian Tradition: Apostolic Age to Chalcedon* (New York, 1965).

LACUGNA, Catherine Mowry, *God For Us, The Trinity and Christian Life* (Chicago ve San Francisco, 1973, 1991).

LOUTH, Andrew, *The Origins of The Christian Mystical Tradition. From Plato to Denys* (Oxford, 1981). Dinsel deneyim içinde öğretilerin nasıl kök saldığını gösteren mükemmel bir çalışma.

MCGINN, Bernard ve MEYENDORFF, John (yay.), *Christian Spirituality: Origins to The Twelfth Century* (London, 1985). Önde gelen bilim adamlarının bir dönem ve özellikle de Teslis üzerine kaleme aldıkları aydınlatıcı yazıları içeren mükemmel denemeler.

MEYENDORFF, John, *Byzantine Theology, Historical Trends and Doctrinal Themes* (New York ve London, 1975). Mükemmel bir genel kitap; Teslis ve Kristoloji konular üzerine özellikle ilginç.

Christ in Eastern Christian Thought (New York, 1975).

MURRAY, Robert, *Symbols of Church and Kingdom, A Study in Early Syriac Tradition* (Cambridge, 1975).

PANNIKKAR, Raimundo, *The Trinity and the Religious Experience of Man*. Teslis teolojisini diğer dinsel geleneklerle ilişkilendiren mükemmel bir kitap.

PELİKAN, Jaroslav, *The Christian Tradition, A History of the Development of Doctrine*, 5 Cilt. Vazgeçilmez bir seri. Şu ciltler bu dönemi kapsıyor:

I. *The Emergence of the Catholic Tradition* (100-600) (Chicago ve London, 1971).

II. *The Spirit of the Eastern Tradition* (600-1700) (Chicago ve London, 1974). İtirafçı Maksimos için.

III. *The Growth of Medieval Theology* (600-1300) (Chicago ve London, 1978). Canterburyli Anselmus ve Teslis ve Kristolojinin latin yorumu için.

PRESTIGE, G. I., *God in Patristic Thought* (London, 1952). Yunanca teknik terimler açısından özellikle yararlı.

WILLIAMS, Rowan, *Arius; Heresy and Tradition* (London, 1987).

MUHAMMED PEYGAMBER VE İSLAM

ANDRAE, Tor, *Muhammad, the Man and his Faith* (çev. Theophil Menzel, London, 1936). Bir kısmı güncelliğini kaybetmesine rağmen, yararlı bilgiler içeriyor.

ARMSTRONG, Karen, *Hazreti Muhammed, İslam Peygamberinin Biyografisi* (London, 1991 ve San Francisco, 1992).

GIMART, Daniel, *Les Noms Divins en İslam: Exegese Lexicographique et Theologique* (Paris, 1988).

HODGSON, Marshall G.S. *İslam'ın Serüveni*, 3 Cilt, (Chicago ve London, 1974). İslam'ın yalnızca tarihinden ibaret değil. Hodgson bu geleneğin gelişimini evrensel çerçevede ortaya koyuyor. Mutlaka okunmalı.

JAFRI, H.M., *Origins and Early Development of Shia Islam* (London,1981).

LINGS, Martin, *Hz. Muhammed'in Hayatı* (London, 1983).

HAN, Muhammed Zafirullah, *Islam, its Meaning for Modern Man* (London,1962).

NASR, Seyyid Hüseyin. Zihni meşgul edecek soruları gündeme getiren İranlı bilim adamı. Mutlaka okunmalı.

İslam: İdealler ve Gerçekler.

Islamic Spirituality, 2 Cilt. I: Foundation (London ve New York,1987)

II: Manifestations (London ve New York, 1991).

RAHMAN, Fazlur, *İslam*. Belki de en iyi tek ciltlik çalışma.

RUTHVEN, Malise, *Islam and the World* (London, 1984)..

RODİNSON, Maxime, *Hazreti Muhammed* (çev. Anne Carter, London, 1971). Marksist bir bilim adamından seküler yorum.

VON GRUNEBAUM, G.E., *Classical Islam, A History* (600-1258) (çev. Katherine Watson, London, 1970).

WATT, W. Montgomery. Üretken bir yazardan yararlı kitaplar:

Hz. Muhammed Mekke'de.

Hz. Muhammed Medine'de.

Islam and the integration of Society (London, 1961).

Hz. Muhammed'in Mekkesi.

WENSINCK, A. J., *The Muslim Creed, Its Genesis and Historical Development* (Cambridge, 1932). Çarpıcı bir bilimsel yapıt.

ORTA ÇAĞ'DA FELSEFE, KELAM VE TEOLOJİ

FARABİ, *Mutluluğu Kazanma – Platon Felsefesi – Aristoteles Felsefesi.* Filozofların tutumunun mükemmel bir sunumu.

CORBIN, Henri, *Histoire de la philosophie Islamique* (Paris, 1964)

FAHRİ, Mecit, *A History of Islamic Philosophy* (New York ve London, 1970). Konuyu günümüze kadar getiren bilimsel ve kolay okunan bir çalışma. Teolojik gelişmeleri de kapsıyor.

GILSON, Etienne, *Ortaçağ Felsefesinin Ruhu.*

GUTTMANN, Julius, *Philosophies of Judaism; the History of Jewish Philosophy from Biblical Times to Franz Rosenztweig* (London ve New York, 1964). Mutlaka okunmalı.

HUSIK, I., *A History of Medieval Jewish Philosophy* (Philadelphia, 1940).

LEAMAN, Oliver, *Ortaçağ İslam Felsefesine Giriş.*

MCCARTHIE, Richard, The Theology of al-Ashari (Beirut, 1953).

MEYENDORFF, John, *Gregory Palamas and Orthodox Spirituality* (New York, 1974).

MOREWEDGE, P. (yay.), *Islamic Philosophical Theology* (New York, 1979). (yay.) *Islamic Philosophy and Mysticism* (New York, 1981).

The Metaphysics of Avicenna (London, 1973).

NETTON, I.R., Muslim Neoplatonists, An Introduction to the Thought of the Brethren of Purity (Edinburg, 1991).

PEGIS, Anton C., *At the Origins of the Thomistic Notion of Man* (New York, 1963). Batı skolastisizminin Augustinus'çu kökenleri üzerine mükemmel bir çalışma.

PELİKAN, Jaroslav, *The Christian Tradition, A History of the Development of Doctrine*, 5 Cilt.

II: The Spirit of Eastern Christendom (600-1700), (Chicago ve London, 1974).

III: The Growth of Medieval Theology (600-1300), (Chicago ve London, 1978).

ROSENTHAL, F., *Bilginin Zaferi: İslam Düşüncesinde Bilgi Kavramı.*

Şerif, Mian Muhammed, *İslam Düşüncesi Tarihi.* Bütün konulara eşit ağırlık verilmemesine rağmen Razi ve Farabi hakkındaki kısımlar kayda değer.

VON GRUNEBAUM, G.E., *Medieval Islam* (Chicago, 1946).

WATT, W. Montgomery, *İslam Düşüncesinin Teşekkül Devri.*

İslam'ın İlk Dönemlerinde Hür İrade ve Kader.

Müslüman Aydın: Gazali Hakkında Bir Araştırma.

MİSTİSİZM

AFFIFI, A.E., *The Mystical Philosophy of ibnu'l Arabi* (Cambridge, 1938).

ARBERRY, AJ., *Tasavvuf: Müslüman Mistiklere Toplu Bakış.*

BAHTİYAR, Lale, *Sufi.*

BENSION, Ariel, *The Zohar in Muslim and Christian Spain* (London,1932).

BLUMENTHAL, David, *Understanding Jewish Mysticism* (New York, 1978).

BUTLER, Dom Cuthbert, *Western Mysticism, the Teaching of Saints Augustine, Gregory and Bernard on Contemplation and the Contemplative Life, Neglected Chapters in the History of Religion* (2. basım, London,1927).

CHITTICK, William C., *The Sufi Path of Love: The Spiritual Teachings of Rumi* (Albany, 1983).

CORBIN, Henri. Şiddetle önerilen üç kitap.

Avicenna and the Visionary Recital (çev. W. Trask, Princeton,1960).

Creative Imagination in the Sufizm of Ibn Arabi (çev. W. Trask, London, 1970).

Spiritual Body and Celestial Earth, From Mazdean Iran to Shiite Iran (çev. Nancy Pearson, London, 1990). Âlem-i Misâl üzerine mükemmel.

GREEN, Arthur, *Jewish Spirituality*, 1. Cilt (London, 1986).

GRUENWALD, Ithamar, *Apocalyptic and Merkavah Mysticism* (Leiden, 1980).

JACOBS, Louis, (yay.) *The Jewish Mystics* (Jerusalem, 1976 ve London, 1990).

LECLERCQ, J., (yay.) *Spirituality of the Middle Ages* (London, 1968).

LOSSKY, Vladimir, *The Mystical Theology of the Eastern Church* (London, 1957). Mutlaka okunmalı.

MARCUS, Ivan G., *Piety and Society.: The jewish Pietists of Medieval* Germany (Leiden, 1981).

MASSIGNON, Louis, *Hallac'ı Mansur'un Çilesi: İslam'ın Mistik Şehidi.* Klasik bir yapıt.

NASR, Seyyed Hossein (yay.), *Islamic Spirituality: I: Foundations* (London, 1987).

II: Manifestations (London, 1991).

NICHOLSON, Reynold A., *İslam Sufileri.* Yararlı bir giriş.

SCHAYA, Leo, *The Universal Meaning of the Kabbalah* (London, 1971).

SCHIMMEL, A.M., *İslam'ın Mistik Boyutları.* (Chapel Hill, 1975).

The Triumphant Sun: A Study of Mawlana Rumi's Life and Work (London ve Hague, 1978).

SCHOLEM, Gershom G. Alanın önde gelen bir uzmanı. Mutlaka okunmalı.

Major Trends in Jewish Mysticism, 2. basım (London, 1955).

Zohar: İhtişamın Kitabı.

On the Kabbalah and Its Symbolism (New York, 1965).

Jewish Gnosticism, Merkabah Mysticism and Talmudic Tradition (New York, 1960).

SMITH, Margaret, *Bir Kadın Sufi: Rabia.*

TEMPLE, Richard, *Icons and the Mystical Origins of Christianity* (Shaftesburg, 1990).

VALIUDDIN, Mir, *Contemplative Disciplines in Sufism* (London, 1980).

REFORMASYON DÖNEMİ

BOSSY, John, *Christianity in the West*, 1400-1700 (Oxford ve New York,1985). Kısa ama mükemmel bir çalışma.

COLLINSON, P., *The Religion of Protestants* (London, 1982).

CREW, P. Mack, Calvinist Preaching and Iconoclasm in the Netherlands (Cambridge, 1978). Protestan ikonoklazmı üzerine kayda değer.

DELUMEAU, Jean, *Catholicism Between Luther and Voltaire: A New View of the Counter Reformation* (London ve Philadelphia, 1977). Konular farklı ağırlıklarda ele alınmasına rağmen bazı yararlı bilgiler içeriyor.

EVENNETT, H.O., *The Spirit of the Counter Reformation* (Cambridge, 1968).

FEBVRE, Lucien, *The Problem of Unbelief in the Sixteenth Century* (çev. Beatrice Gottlieb, Cambridge Mass., 1982).

GREEN, Arthur (yay.), *Jewish Spirituality*, 1. Cilt (London, 1988) Lurian'ın Kabala'sı üzerine mükemmel makaleler.

MCGRATH, Alister E., *The Intellectual Origins of the European Reformation* (Oxford ve New York, 1987).

Reformation Thought, An Introduction (Oxford ve New York 1988).

A Life of John Calvin: A Study in the Shaping of Western Culture (Oxford, 1990).

NUTTALL, G.F., *The Holy Spirit in Puritan Faith and Experience* (Oxford, 1946).

PELİKAN, Jaroslav, *The Christian Tradition, A History of the Development of Doctrine*, 5. cilt.

IV: Reformation of Church and Dogma (Chicago ve London, 1984).

POTTER, G., *Zwingli* (Cambridge, 1976)

RAITT, Jill, (yay.) MCGINN, Bernard ve MEYENDORFF, John, ile birlikte *Christian Spirituality: High Middle Ages and Reformation* (New York, 1988 ve London, 1989).

TRINKAUS, Charles, *In Our Image and Likeness: Humanity and Divinity in Italian and Humanist Thought*, 2 Cilt (London, 1970).

OBERMAN, H. (yay.), *The Pursuit of Holiness in Late Medieval and Renaissance Religion* (Leiden, 1974).

WILLIAMS, G.H., *The Radical Reformation* (Philadelphia, 1962).

WRIGHT, A.D., *The Counter Reforrnation, Catholic Europe and the Non Christian World* (London, 1982).

AYDINLANMA DÖNEMİ

ALTMANN, Alexander, *Essays in Jewish Intellectual History* (Hanover NY,1981).

Moses Mendelsson: A Biographical Study, (Alabama, 1973).

BUBER, Martin, *Hasidism and Modern Man* (New York, 1958).

Jewish Mysticism and the Legend of Baal Shern (London, 1932).

BUCIOEY, Michael J., *At the Origins of Modern Atheism* (New Haven ve London, 1987). 18. yüzyılda Batı Hristiyanlığında tanrıtanımazlık ve ortodoksi üzerine vukuflu bir çalışma.

CASSIRER, Ernst, *The Philosophy of Enlightenment* (Princeton, 1951).

COHN, Norman, *The Pursuit of the Millennium, Revolutionary Millennarians and Mystical Anarchists of the Middle Ages* (London,1957). Ranters ve Puritan İngiltere'nin dirilişçileri üzerine bir bölüm içeriyor.

CRAGG, Gerald G., *The Church in the Age of Reason* 1648-1789 (Harmondsworth ve New York, 1960).

Reason and Authority in the Eighteenth Century (Cambridge, 1964).

DUPRF, Louis ve SALIERS, Don E., (yay.) *Christian Spirituality: Post Reformation and Modern* (New York ve London, 1989).

GAY, Peter, *The Enlightenment: An Interpretation*, 2 Cilt (NewYork, 1966).

GUARDINI, Romano, *Pascal For Our Time* (çev. Brian Thompson, New York, 1966).

HALLER, William, *The Rise of Puritanism* (New York, 1938).

HEIMERT, Alan, *Religion and The American Mind: From the Great Awakening to The Revolution* (Cambridge, Mass.1968).

LINDBERG, David C. ve NUMBERS, Ronald L. (yay.), *God and Nature; Historical Essays on the Encounter Between Christianity and Science* (Berkeley, Los Angeles ve London, 1986).

OUTLER, Albert C. *John Wesley* (Oxford ve New York, 1964).

OZMENT, S. E., *Mysticism and Dissent* (New Haven ve London, 1973).

PELİKAN, Jaroslav, *The Christian Tradition, A History of the Development of Doctrine,* 5. cilt.

V: Christian Doctrine and Modern Culture (Since 1700) (Chicago ve London, 1989).

SCHOLEM, Gershom G., *The Messianic Idea in judaism and Other Essays on Jewish Spirituality* (New York, 1971). Sabetaycılık ve Hasidizm üzerine denemeler.

ÇAĞDAŞ DÜNYADA TANRI

AHMED, Akbar S., *Postmodernizm ve İslam.*

ALTIZER, Thomas J.J. ve HAMILTON, William, *Radical Theology and the Death of God* (New York ve London, 1966),

BAECK, Leo, . *The Essence of Judaism* (New York, 1948).

BARTH, Karl, *The Knowledge of God and the Service of God* (çev. J. M. I. Haire ve I. Henderson, London, 1938).

BALTHASAR, Hans Urs von, *The Glory of The Lord,* 3 Cilt(Edinburgh, 1982-86). *Love Alone: The Way of Revelation* (London, 1968).

CHADWICK, Owen, *19. Yüzyıl Avrupalı Aklın Sekülerleşmesi.*

CONE, James H., *Black Theology and Black Power* (New York, 1969).

D'ANTONIO, Michael, *Fall from Grace; the Failed Crusade of the Christian Right* (London, 1990).

DE CHARDIN, Pierre Teilhard, *The Divine Milieu: An Essay on the Interior Life* (NewYork, 1987).

The Phenomenon of Man (NewYork, 1959).

HESCHEL, Abraham J., *The Insecurity of Freedom* (New York, 1966).

God in Search of Man (Philadephia, 1959).

HÜSEYİN, Asaf, *İran'da Devrim ve Karşı Devrim.*

İKBAL, Muhammed, *İslam'da Dini Düşüncenin Yeniden İnşası.*

KEDDIE, Nikki R., (yay.) *Religion and Politics in İran, Shi'ism from Quietism to Revolution* (New Haven ve London, 1983).

KOOK, Abraham Isaac, *The Essential Writings of Abraham Isaac Kook* (yay. ve çev. Ben Zion Bokser, Warwick NY, 1988).

KÜNG, Hans, *Does God Exist? An Answer for Today* (çev. Edward Quinn, London, 1978).

MALİK, Hafız, *Iqbal, Poet Philosopher of Pakistan* (New York, 1971).

MASTERSON, Patrick, *Atheism and Alienation, A Study of the Philosophic Sources of Contemporary Atheism* (Dublin, 1971).

MERGUI, Raphael ve SIMONNOT, Philippe, *Israel's Ayatollahs: Meir Kabane and the Far Right in Israel* (London, 1987).

MOTTAHEDEH, Roy, *Peygamberin Hırkası*. Şiddetle önerilir.

O'DONOVAN, Leo, (yay.), *A World of Grace, An Introduction to the Themes and Foundations of Karl Rabner's Theology* (New York, 1978).

SCHLIERMACHER, Friedrich Daniel Ernst, *On Religion; Speeches to Its Cultured Despisers* (New York, 1958).

The Christian Faith (çev. H. R. Mackintosh ve J. S. Steward, Edinburgh, 1928).

RICHES, John, (yay.), *The Analogy of Beauty: The Theology of Hans Urs von Balthasar* (Edinburgh, 1986).

ROBINSON, J. A. T., *Honest to God* (London, 1963). *Exploration into God* (London, 1967).

ROSENZWEIG, Franz, *The Star of Redemption*, 3 Cilt (New York, 1970).

RUBENSTEIN, Richard L., *After Auschwitz, Radical Theology and Contemporary Judaism* (Indianapolis, 1966).

SCHWEID, Eliezer, *The Land of Israel: National Home or Land of Destiny* (çev. Deborah Greniman, New York, 1985).

SMITH, Wilfred Cantwell, *Islam in Modern History* (Princeton ve London, 1957). Mükemmel ve ileriyi görmüş bir çalışma.

STEINER, George, *Real Presences, Is There Anything in What We Say?* (London, 1989).

TILLICH, Paul, *Olmak Cesareti*.

TRACY, David, *The Achievement of Bernard Lonergan* (New York, 1971).

WHITEHEAD, A.N., *Process and Reality* (Cambridge, 1929). Religion in the Making (Cambridge, 1926).

İndeks